# ALPENVEREINSFÜHRER

Ein Taschenbuch in Einzelbänden
für Hochalpenwanderer und Bergsteiger
zu den Gebirgsgruppen der

## OSTALPEN

Herausgegeben

VOM DEUTSCHEN UND VOM
ÖSTERREICHISCHEN ALPENVEREIN

Band
**SILVRETTA-GRUPPE**
Reihe: Zentralalpen

WALTHER FLAIG

# SILVRETTA

Ein Führer für Täler, Hütten und Berge
mit 32 Bildern auf Kunstdrucktafeln, mehreren Skizzen
und Kärtchen und mit einer Übersichtskarte

BERGVERLAG RUDOLF ROTHER · MUNCHEN

Umschlagbild: Im Herzen der Silvretta: Die Jamtalhütte der Sektion Schwaben des DAV gegen den Jamtalferner; von links nach rechts: Hintere und Vordere Jamspitze, die Dreiländerspitze.          Farbfoto Risch-Lau, Bregenz.

Berichtigter und ergänzter Nachdruck 1971
der 7. Auflage 1966.

ISBN 3 7633 1211 0

**Hergestellt in den Werkstätten Rudolf Rother, München**

(1652 / 7438)

# Geleitwort für den „Alpenvereinsführer"

Als 10. Band der vom Deutschen und vom Österreichischen Alpenverein gemeinsam herausgegebenen „Alpenvereinsführer" erschien 1958 der Führer durch die Silvretta-Gruppe. Nachdem sich in den früher erschienenen Bänden „Karwendelgebirge", „Allgäuer Alpen", „Ötztaler Alpen", „Stubaier Alpen", „Rätikon", „Glockner-Gruppe", „Zillertaler Alpen", „Kaisergebirge" und „Ferwall-Gruppe" die von beiden Vereinen gemeinsam festgelegten Richtlinien, insbesondere die von Walther F l a i g, Bludenz ausgearbeiteten Grundsätze bewährt haben, glauben die Herausgeber im Interesse der Bergsteiger und Bergwanderer, die Reihe in der gleichen Form fortsetzen zu sollen.

Auch die Neuauflage dieses Führers trägt somit dem steigenden Bedürfnis und der großen Nachfrage nach abgeschlossenen Werken für jede einzelne Gebirgsgruppe der Ostalpen Rechnung. Mit weiterer Vervollständigung der Reihe der Alpenvereinsführer wird im Laufe der nächsten Jahre ein Werk entstehen, das ähnlich wie der frühere „Hochtourist", jedoch ausführlicher hinsichtlich der einzelnen Gruppen der Ostalpen, ein auf den neuesten Stand gebrachter, zuverlässiger Ratgeber für alle Bergsteiger und Bergwanderer diesseits und jenseits der Grenzen ist.

Im Frühling 1966.

Für den Verwaltungsausschuß
des Österreichischen Alpenvereins
**Dr. E. Hörmann**

Für den Verwaltungsausschuß
des Deutschen Alpenvereins
**Dr. H. Faber**

# Inhaltsverzeichnis

## I. Teil: DIE SILVRETTAGRUPPE — Eine Übersicht

## II. Teil: DIE TALSCHAFTEN DER SILVRETTA

# III. Teil:

## TOURENSTANDORTE IN DER SILVRETTA

### Schutzhütten und Berghäuser

# IV. Teil:

## GIPFEL UND PÄSSE — Anstiege und Übergänge

# Vorwort des Verfassers

1

Mitte der Zwanzigerjahre begann ich eine Führerreihe zu veröffentlichen unter dem Sammeltitel „DIE NORD= RHÄTISCHEN ALPEN" = Rätikon, Silvretta, Fer= wall und Samnaun. 1924 erschienen der I. und II. Band, Rätikon und Silvretta, als meine ersten Führer dieser Art und daher auch mit all den Mängeln wie sie solchen Erstauflagen eines Neulings anhaften.

Weil aber diese Führer einem großen Bedürfnis ent= sprachen und überdies in einer ganz neuen und eigen= willigen Form aufgebaut waren, so fanden sie doch einen freundlich zugeneigten Leserkreis, dem ich heute noch sehr dankbar bin. Beide Bände sind seit Jahr= zehnten vergriffen. Als mich daher nach dem zweiten Weltkrieg der Verwaltungsausschuß des Österreichi= schen Alpenvereins in Innsbruck mit der Ausarbeitung der Richtlinien für den „AVF", den ALPENVER= EINS=FÜHRER, beauftragte; als der ÖAV dann diese Führerreihe gemeinsam mit dem DAV herauszugeben sich anschickte und als der BERGVERLAG RUDOLF ROTHER in München sich in großzügigster Weise für diese Führerreihe einsetzte, da bin ich gerne der Ein= ladung der Alpenvereine und des Herrn Rudolf Rother sen. gefolgt, diese meine Führer in der AVF=Reihe neu aufzulegen. Der Band RÄTIKON ist mit Hilfe meines Sohnes Günther Flaig bereits 1953 als 5. AVF=Band und 1966 in neuer Auflage erschienen. 1958 folgte dann der Band

## SILVRETTA

der hiermit 1966 seine dritte und insgesamt 7. Auflage erlebt.

Die praktische Erfahrung im letzten Jahrzehnt hat ge= zeigt, daß die meisten Bergfreunde, welche die Gebirgs= gruppen der Ostalpen — in unserem Falle die Sil= vretta — besuchen, keine ‚Bergsteiger' im überlieferten Sinne des Wortes sind. Sie wandern vielmehr über die Pässe und Jöcher auf den Höhenwegen von Hütte zu Hütte und besuchen meist nur leicht zu besteigende Aussichts= und Modeberge: das ist die große Gruppe der ehrenwerten Paßwanderer und bergbegeisterten

Jochgänger, das ist die Großzahl der Mitglieder alpiner Vereine aller Art — aber heute auch viele Nichtmitglieder.

Daneben besteht aber eine noch immer erfreulich große zweite Gruppe meist älterer Alpinisten, ‚Durchschnittsbergsteiger‘, die es lieben, nicht nur alle Modeberge zu besuchen, sondern auch andere Besteigungen mäßiger bis mittlerer Schwierigkeit, d. h. des II. und III., seltener des IV. Schwierigkeitsgrades zu versuchen.

Und schließlich ist da die kleine Gruppe der sog. ‚e x t r e m e n‘ Sportkletterer, der Sestogradisten, aber auch viele ernste H o c h t o u r i s t e n des IV. bis VI. Grades.

Diesem grundlegenden Wandel in der Entwicklung der Bergtouristik und des Alpintourismus (von Alpinismus und Hochtouristik im überlieferten Sinne kann man hier kaum noch reden) müssen auch die Führer und Taschenbücher Rechnung tragen. Ich habe dies hier erstmals in einem meiner Führer ganz folgerichtig durchgeführt. Zwar, an dem von mir aufgestellten und bewährten Grundschema meiner Führer, das auch in meine „Grundsätze" für die Alpenvereinsführer übernommen wurde, hat sich nichts geändert. Die Aufgliederung in vier Teile und die Beschreibung vom Talort über die Hütten zu den Pässen und Gipfeln wurde beibehalten. Aber der III. Teil, der sich mit den Tourenstandorten, Schutzhütten und Berghäusern und deren Zu= und Übergängen befaßt, wurde bis ins Kleinste so ausgebaut, daß die Benützer aus der großen Gruppe der Paßwanderer nunmehr wohl jeden Wunsch erfüllt sehen, weil sämtliche Übergänge und Durchquerungen der Gruppe von Hütte zu Hütte in b e i d e n Richtungen — z. B. von der Wiesbadner H. über die Ochsenscharte zur Jamtalhütte u n d umgekehrt! — beschrieben sind, die beliebtesten ganz eingehend.

Darüber hinaus wurden selbstverständlich wie bisher die Pässe und Gipfel und ihre Anstiege genau beschrieben, so daß auch die Bergsteiger aller Richtungen und Grade auf ihre Kosten kommen.

Diese erschöpfenden Beschreibungen erfuhren gebiets-
weise zwangsläufig gewisse Einschränkungen:

e r s t e n s , weil es sich um einen AVF handelt, also
das Gebiet der AV-Hütten usw. auf der österreichischen
Nordseite der Gruppe bevorzugt beschrieben werden
mußte;

z w e i t e n s , weil die beliebten Durchquerungen Ost—
West und umgekehrt ohnehin fast ausschließlich auf
der österreichischen Seite möglich und üblich sind. Eine
beschränkte Ausnahme davon machen nur die Silvretta-
hütten/SAC am Silvrettagletscher, was berücksichtigt ist;

d r i t t e n s besteht für die Schweizerseite der Gruppe
der „Clubführer" des SAC (s. R 55). Ich betone aber,
daß auch der Schweizer Teil so eingehend beschrieben
ist, daß jeder Geübte mit diesem Führer ein Auslangen
findet;

v i e r t e n s : die Kapitel, welche nicht unmittelbar der
bergsteigerischen Praxis dienen, die natur- und kultur-
geschichtlichen Abschnitte mußten auf Literaturhinweise
eingeschränkt und als Anhang am Schluß hinter den
praktischen Teil gestellt werden.

f ü n f t e n s : die weniger wichtigen Teile mußten im
Kleindruck gesetzt werden. Außerdem mußte reichlich
mit Hinweisen gearbeitet werden — beides, um den Um-
fang und Preis möglichst gering zu halten, d. h. im
ureigensten Interesse des Lesers.

Nach dem Vorgesagten ist es klar, daß diese Neuauflage völlig neu bearbeitet ist. Ich glaube deshalb auf
eine Wiederholung des Vorwortes der 1. Auflage ver-
zichten zu können. Nur meines Bergkameraden Franz
Z o r e l l , damals in Stuttgart, möchte ich hier dankbar
gedenken, denn von ihm ging die Anregung zum Sil-
vrettaband aus. Es bleibt mir noch, allen Helfern bei
dieser Neuauflage aufs herzlichste zu danken. Ich bitte,
von der Nennung einzelner Personen absehen zu dürfen, damit sich niemand zurückgesetzt fühlt.

Ganz allgemein danke ich den AV-Sektionen, die Ar-
beitsgebiete in der Silvretta haben, sowie den Hütten-
warten und Hüttenwirten, soweit sie mir geholfen
haben, an ihrer Spitze die Familie Albert Lorenz in

Galtür. Zu besonderem Dank bin ich, wie auch der Bergverlag, jenen Fremdenverkehrsinteressenten verpflichtet, die durch Beistellung von Bildern und Druckstöcken den Führer mit 32 (!) Bildseiten in Kunstdruck (anstatt nur mit 16) auszustatten erlaubten, vorab dem Verkehrsverein für Graubünden in Chur für den Schweizerteil; ferner den Gemeinden Galtür i. P., Gargellen i. M., Gaschurn i. M., Ischgl i. P., Partenen i. M., Samnaun im Samnauntal, Scuol-Schuls im U.-E., Gargellen-St. Gallenkirch i. M. und den Besitzern des Gasthof Bodenhaus im Fimbertal, Berghaus Idalpe im Fimbertal und Hotel Silvrettasee der Vorarlberger Illwerke A. G.

Zum Schluß drängt es mich, den Herren Rudolf Rother, Vater und Sohn, wie allen ihren Mitarbeitern im Bergverlag für die reiche Ausstattung und liebevolle Betreuung des Bandes herzlich zu danken.

Die Leser aber bitte ich um ihre freundliche Mitarbeit und Hilfe, wenn es gilt, Fehler auszumerzen oder Ergänzungen nachzutragen. Ohne diese innere Anteilnahme kann ein solches Werk nicht gedeihen, denn auch dies darf ich wohl einmal in aller Offenheit und Öffentlichkeit aussprechen: es gibt ganz gewiß keine mühseligere und schwierigere, langwierigere und materiell undankbarere Aufgabe als diese Führerarbeit, in der die Erfahrung eines ganzen Bergsteigerlebens verwertet ist. Wers bezweifelt, der versuche einmal auch nur e i n e  e i n z i g e wichtige Führe so zu beschreiben, daß jeder sie verstehen und — verantworten kann.

B l u d e n z, im Frühling 1971          W a l t h e r  F l a i g

# Zum Gebrauch des Führers

**2**

Ich bitte den Leser, sich z u e r s t mit diesem „Gebrauch" vertraut zu machen, dessen Kenntnis für die zweckmäßigste Auswertung der mühsamen Arbeit entscheidend ist. Zu diesen unerläßlichen Voraussetzungen gehören außer dem „Gebrauch" auch die Kenntnis des Vorwortes R 1, der Abkürzungen usw. R 3, 4 und der Schwierigkeitsbewertung R 5 sowie der Vorbemerkungen zu den einzelnen Teilen I.—V. Anstatt mühsam im Einzelfalle erwirbt man sich diese Gebrauchskenntnis besser i m G a n z e n durch mehrmalige Durchsicht von R 1—5. Und schließlich empfiehlt es sich, den I. Teil vor Benützung der übrigen Teile durchzusehen, am besten z e i t i g v o r R e i s e a n t r i t t.

a) **Randzahlen.** Der Führer ist aufgebaut auf dem bewährten System der Randzahlen = R und auf Randzahlenhinweise — z. B. s. R 12 — anstatt auf Seitenhinweise (diese erfolgen eindeutig unter ‚Seite' oder S.). Jeder wichtige Abschnitt trägt eine Randzahl und ist bei Bedarf untergeteilt mit kleinen Buchstaben, z. B. a), b) usw. oder mit römischen Ziffern, z. B. I., II. usw. Auch sie werden im Hinweis verwertet und erleichtern rasches Finden z. B.: s. R 181 b oder s. R 188 II.

Außerdem sind wichtige Hauptabschnitte, z. B. jede Schutzhütte, **in runden Zahlengruppen zusammengefaßt oder sie beginnen mit einer runden leicht zu merkenden Zahl,** der III. Teil z. B. mit R 150, die Saarbrücker H. z. B. mit R 200 usw. Am Schlusse jedes wichtigen Abschnittes sind außerdem „offene Randzahlen" gelassen, die es auch dem Leser ermöglichen, Nachträge einzufügen und ins Stichwortverzeichnis aufzunehmen.

b) **Aufbau und Inhalt** des Führers ergeben sich rasch durch das deshalb auf Seite 6, 7 und 8 v o r a n gestellte, ausführliche INHALTSVERZEICHNIS. Es zeigt mit einem Blick: der Führer ist in f ü n f T e i l e, I.—V. Teil, gegliedert. Die fünf Teile gewähren dem Leser zuerst eine **Übersicht** (I. Teil) und führen ihn dann folgerichtig von den **Talstationen** (II. Teil) über die **hochgelegenen Tourenstandorte** (III. Teil) auf die **Pässe und Gipfel** (IV. Teil). Im Anhang (V. Teil) folgen einige natur= u. heimatkundliche bzw. alpingeschichtliche Angaben. Der ganze Inhalt ist von West nach Ost aufgebaut. Im II. und III. Teil wird jeweils zuerst die österr. Nord= seite, dann die Schweizer Südseite beschrieben, auch dies von West nach Ost. Der IV. Teil ist in Gruppen von W nach O nach den fünf Untergruppen der West=, Mittel=, Ost=, Nord= und Südsilvretta gegliedert, s. Inhaltsverzeichnis Seite 8. Der Aufbau West—Ost dient jedoch nur der Ordnung und Übersicht, d. h. **alle Führen (Routen), Übergänge über Pässe usw. sind in beiden bzw. in allen praktisch möglichen Richtungen so beschrieben, daß der Leser des Führers seine Fahrten an jedem beliebigen Ort beginnen und in jeder belie= biger Richtung fortsetzen kann.**

c) das rascheste Finden irgend eines im Führer beschriebenen Ortes, Berges, Passes, einer Hütte usw. erfolgt:

I. durch das Inhaltsverzeichnis Seite 6—8 mit erstem grobem Überblick;

II. durch das Stichwortverzeichnis mit Rand= zahlenhinweis am Schluß des Führers mit höchst= möglicher Genauigkeit. Es enthält jeden wichtigen Namen; was im Inhaltsverzeichnis nicht rasch zu finden ist, findet man in jedem Fall im Stichwort= verzeichnis, und zwar unter den Eigennamen, nicht unter den Gattungsnamen oder Begriffen, also z. B. Piz Buin unter B u i n , nicht unter Piz, oder Fuorcla dal C u n f i n unter Cunfin, nicht unter Fuorcla!

d) **Das Verzeichnis der Fachwörter** und fremdsprach= lichen Bezeichnungen R 4 gibt über diese Gattungs= namen usw. Auskunft. Es empfiehlt sich, mit ihnen vertraut zu sein, weil die Wegbeschreibung wesentlich bildhafter wird, wenn man z. B. weiß, daß Fuorcla Scharte oder Paß bedeutet, Vadret = Gletscher ist.

e) **Namen und Höhenzahlen** sind in jedem Land den amtlichen Karten entnommen, s. R 50—52. Einige Er= läuterungen zur Namenkunde, Namengebung und Na= mendeutung findet man im Anhang unter R 1111.

**f) Karten.** Die Kartenbeilage des Führers genügt für allgemeine Übersicht und Planung. **Im übrigen ist die Beschreibung der Führen, Übergänge usw. ausschließlich (und soweit sie reicht) auf die Alpenvereins=Silvrettakarte = AV=Si=Ka** (s. R 501) **begründet, daß ihre gleichzeitige Benützung als Wanderbehelf ganz unerläßlich erscheint!** Wer sich dieses dringenden Rates entschlägt, muß damit rechnen, daß er sich nicht genügend orientieren kann. Für einen schmalen Streifen am Schweizer Gruppen=Südrand und für das Gargellental sind außerdem die anschließenden Blätter der Landeskarte der Schweiz = LKS (s. R 51) und der ÖK, s. R 52, nötig.

**g) Die Zeitangaben** stehen möglichst am Anfang jeder Führe als Gesamtzeit, außerdem sind bei Zwischenzielen auch Zwischenzeiten eingefügt. Sie sind immer von der letzten Zeitangabe gerechnet und anschließend zur bis dahin benötigten Gesamtzeit aufgerundet. Wenn also z. B. bei einem erreichten Zwischenziel steht: 1.15—1.30 h = 2.15—2.30 h, so heißt dies, daß von der letzten Zeitangabe beim letzten Zwischenziel bis hierher 1.15 bis 1.30 h gebraucht werden, vom Ausgangsort aber 2.15 bis 2.30 h. Dabei wurden die Zahlen grob ab= oder aufgerundet. Verbesserungen besonders willkommen!

Die Zeiten sind aus einer großen Erfahrung heraus sehr reichlich angegeben, weil aus vielen Gründen fast immer mehr gebraucht wird, als auf Wegweisern steht.

**h) Richtungsangaben** sind stets in der Marschrichtung gemeint, soweit nicht ausdrücklich orogr. = orographisch, d. h. hier wasserwärts in Richtung des fließenden Wassers eines Baches, Tales usw. zugesetzt ist.

**i) Literaturangaben.** Auf Einzelnachweise wurde aus Raummangel verzichtet: ein Führer ist keine literarische Monographie, er dient dem praktischen Gebrauch. Dazu genügen die Hinweise auf die wichtigsten Quellen, s. R 55—70 und im Anhang.

**k) Bildhinweise.** Viele Bilder tragen wesentlich zum leichteren Verständnis der Beschreibungen bei. Der Standort der Bilder findet sich notfalls im Bildver=

zeichnis (s. R 1120) am Schluß. Vgl. auch die Bilderläu=
terungen R 6, deren genaues Studium dringend empfoh=
len wird.

l) **Eignung: Geübte und Ungeübte.** Dieser AVF ist f ü r
g e ü b t e Bergwanderer und Hochtouristen bestimmt,
die Führen in diesem Sinne und Geiste beschrieben.
Es werden gewisse Grundkenntnisse alpiner Technik,
Ausrüstung und Erfahrung, und Führereigenschaften
vorausgesetzt. W e r  ü b e r  s o l c h e  n i c h t  v e r f ü g t,
w o l l e  s i c h  b i t t e  e i n e s  g e e i g n e t e n  **Bergführers**
b e d i e n e n. Dazu sind sie da!

# Abkürzungen und Literaturhinweise

**3**
Für fremdsprachige Leser sind auch die für Deutsch=
sprachige selbstverständlichen Abkürzungen erklärt.

| | | |
|---|---|---|
| AV | = | Alpenverein, heute entweder DAV oder ÖAV, früher DÖAV; s. dort |
| AVF | = | Alpenvereinsführer |
| AVM | = | Alpenvereins=Mitteilungen |
| AVS | = | Alpenvereinssektion |
| AV=Si-Ka | = | Alpenvereins=Silvretta=Karte, s. R 50 |
| AVZ | = | Alpenvereins=Zeitschrift, jetzt AV= Jahrbuch |
| B | = | Betten, deren Zahl bei Hotels, Ghf. usw. |
| Bd. | = | Band einer Schrift, eines Jahrbuches |
| Bearth | = | Geol. Lit.=Hinweis, s. R 55 |
| Beitl | = | Lit.=Hinweis, s. R 70 |
| bew. | = | bewirtschaftet |
| bez. | = | bezeichnet, markierter Weg |
| Bhf. | = | Bahnhof, Bahnstation |
| Bild | = | mit Ziffer = Hinweis auf die 32 bezif= ferten Bildtafeln, s. R 6; Bildverzeichnis am Schluß des Bandes unter R 1120 |
| Bl. | = | Blatt (einer Karte usw.) |
| Blodig | = | Lit.=Hinweis, s. R 62 |
| Braun | = | Lit.=Hinweis, s. R 55 |
| B. u. H. | = | Berge und Heimat, Monatsschrift des ÖAV |
| Cranz | = | Lit.=Hinweis, s. R 69 |
| DAV | = | Deutscher Alpenverein, Sitz in Mün= chen 22, Praterinsel 5 |
| DAVS | = | DAV=Sektion |
| d. h. | = | das heißt (= dies bedeutet) |
| DÖAV | = | Deutscher und Österr. Alpenverein, 1873—1937 |
| Eggerling | = | Lit.=Hinweis, s. R 55 |
| einschl. | = | einschließlich |
| F. u. Fcla. | = | Fuorcla = Scharte, Joch; s. R 4 |
| Finster= walder | = | Lit.=Hinweis, s. R 63 |
| Flaig=SiBu | = | Lit.=Hinweis, s. R 60 |

| | | |
|---|---|---|
| Flaig-SiGr | = | Lit.-Hinweis, s. R 61 |
| Flaig-SiFü | = | Lit.-Hinweis, s. R 56 |
| G u. Ghf. | = | Gasthof = Gaststätte mit Übernachtungsgelegenheit, s. Ghs. |
| ganzj. | = | ganzjährig bew. Ghf. usw. |
| Ghs. | = | Gasthaus, meist Gaststätte ohne Übernachtung |
| gr. u. Gr. | = | groß, großer, Groß usw., z. B. Gr. Piz Buin |
| h | = | hora (lateinisch) = Stunde(n), intern. Abkürzung für Zeitangaben in Stunden |
| H | = | Hotel = Gasthof meist höheren Ranges bzw. größerer Art und Preislage |
| H. | = | Hütte, z. B. Tübinger H. |
| Haug | = | Karte d. Jamgebietes, Beil. z. AVZ 1909, s. R 69 |
| HG. | = | Hauptgipfel, gleichsinnig OG = Ostgipfel usw. |
| „Hochtourist" | = | Lit.-Hinweis, s. R 59 |
| HU | = | Höhen-Unterschied (lotrecht gemessen) |
| Hubschmied | = | Lit.-Hinweis, s. R 55 |
| Jb. u. Jg. | - | Jahrbuch und Jahrgang (einer Schrift) |
| i. M. | | im Montafontal, Vorarlberg |
| i. P. | = | im Paznaun(tal), Tirol |
| i. U.-E. | = | im Unter-Engadin |
| kl. u. Kl. | = | klein, kleiner, Klein usw. z. B. Kl. Seehörner |
| Klebelsberg | = | Lit.-Hinweis, s. R 59 |
| Kleine | = | Lit.-Hinweis, s. R 64 |
| km | = | Kilometer = 1000 m |
| Krasser | = | Lit.-Hinweis, s. R 65 |
| L | = | Lager (Matratzen) meist im Sinne eines Notlagers, s. M und ML |
| l. | = | links |
| lad. | = | ladinisch = rätoromanisch, s. R 4 |
| lat. | = | lateinisch |
| Lit. | = | Literatur (Schrifttum), s. R 55—70 und Anhang R 1100—1112 |
| LKS | = | Landeskarte der Schweiz, s. R 51 |
| Ludwig | = | Lit.-Hinweis, s. R 66 |

18

| | |
|---|---|
| m | = meter, Meter bei Höhen= und Entfer=nungszahlen |
| m ü. M. | = meter über Meer (Meereshöhe) bei Höhenzahlen |
| M u. ML | = Matratzen, Matratzen=Lager in Schutz=hütten usw. |
| Min. | = Minuten (Entfernung) bei Zeitangaben |
| N | = Norden, steht auch für nördlich, sinn=gemäß NW, NO usw. |
| nördl. | = nördlich, s. auch N |
| O | = Osten, steht auch für östlich, s. N |
| ÖAV | = Österreichischer Alpenverein, Sitz in Innsbruck, Tirol, Gilmstr. 6/IV, s. AV, DAV und DÖAV |
| ÖAVS | = ÖAV=Sektion |
| ÖBB | = Österr. Bundesbahn |
| ÖK | = Österreich. Karte, s. R 52 |
| orogr. | = orographisch, = gebirgsbeschreibend, hier meist Richtungsangabe wasserwärts = in Richtung des fließ. Wassers |
| östl. | = östlich, s. O |
| P | = Pension, Gaststätte mit Übernachtungs=gelegenheit |
| P. | = Punkt (Kote) mit Höhenzahl einer Landkarte |
| Pfister | = Lit.=Hinweis, s. R 67 |
| R | = Randzahl, s. R 2a |
| r. | = rechts |
| rätorom. | = rätoromanisch, s. R 4 |
| Rh. B. | = Rhätische Bahn, Bahnlinien in Grau=bünden |
| rom. | = romanisch, s. R 4 |
| S | = Süden, steht auch für südlich |
| S. | = Seite |
| S. u. Sekt. | = Sektion des AV, SAC usw. |
| s. | = siehe |
| SAC | = Schweizer Alpenclub (wechselnder Sitz; man wendet sich an die nächste Sektion in Davos, Klosters oder Scuol) |
| SAC=SiFü | = Lit.=Hinweis, s. R 55 |
| SBB | = Schweizer Bundesbahnen |
| schw. | = Schweizer, schweizerisch |

| | | |
|---|---|---|
| sog. | = | sogenannt |
| T | = | Telefon, Fernsprecher |
| TL | = | Touristen-Lager in Schutzhäusern und Berggasthöfen; s. auch ML |
| u. | = | und |
| Üb. | = | Überschreitung eines Berges usw. |
| U.-E. | = | Unter-Engadin |
| ugkt. | = | umgekehrt, in umgekehrter Richtung |
| usw., usf. | = | und so weiter (etc.) und so fort |
| V. | = | Val oder Vadret, s. R 4 |
| Vadr. | = | Vadret, s. R 4 |
| Verh. | = | Verhältnisse, z. B. Schnee- und Wetterverhältnisse usw. |
| vgl. | = | vergleiche, siehe auch s. = siehe |
| W | = | Westen, steht auch für westlich |
| Weilenmann | = | Lit.-Hinweis, s. R 68 |
| westl. | = | westlich, s. auch W |
| Whs. | = | Wirtshaus, meist ohne Übernachtungsgelegenheit |
| VIW | = | Vorarlberger Illwerke |
| z. B. | = | zum Beispiel |
| zw. | = | zwischen |

# Fachwörter und fremdsprachliche Ausdrücke

**4**

In diesem Verzeichnis werden einige Fachwörter der Alpenkunde erläutert und einige Ausdrücke der unterengadinischen rätoromanischen Sprache, die häufig auf Karten und im Führer erscheinen. Die Kenntnis des Wortsinnes trägt zum Verständnis wesentlich bei.

| | |
|---|---|
| alb, alba | = weiß (rätorom.) vgl. Paraid alba = weiße Wand |
| Alm | = s. Alpe |
| Alpe | = alemannische Bezeichnung (Vorarlberg, Schweiz) für Hochweiden und deren Alphütten (im bajuvarischen Sprachraum, Tirol, Bayern usw. als „Alm") |
| aper, ausgeapert | = schneefrei, z. B. apere Felsen oder aperer Gletscher, d. h. firnschneefreier Teil des Gletschers, oder kurz Gletscherzunge |
| aua | = Wasser, Bach (rätorom.) z. B. aua naira = schwarzes Wasser |
| Bergschrund | = oberster Schrund (Spalte) des Gletscherfirns beidseitig aus Firn oder Eis bestehend im Gegensatz zur Randkluft, s. dort |
| bleis, Bleise, pleis | = steile Grashalden (aus dem Rätorom.) |
| Chamanna | = (Schutz-)hütte (rätorom.) |
| cotschen, cotschna | rot (rätorom.), z. B. Piz Cotschen = Rotspitz |
| Crap (oder Saß) | = Fels, Stein, Schrofen (rätorom.) |
| Cunfin | = Grenze (Grenzstein) rätorom. |
| Cuolmen | = Kulm = Paß, Joch, Sattel im rätorom. Bereich |
| dadaint | = innerhalb (inneres) rätorom. |
| dadoura | = außerhalb (äußerer) rätorom. |
| davo | = hinter, z. B. davo Lais = hinter den Seen |

| | | |
|---|---|---|
| Eisbruch | = | Gletscherbruch, s. dort |
| Eislawine, Eisschlag | = | zusammenstürzende Eistürme im Gletschereisbruch. |
| Ferner | = | tirolisch-bajuvarische Bezeichnung für Gletscher, s. Firn, Vadret |
| fil | = | Grat, rätorom. |
| Firn, Firnbecken | = | oberer Teil des Gletschers (Einzugsgebiet) mit Firnschnee bedeckt, im Gegensatz zur aperen Zunge |
| Führe | = | deutsches Wort für Route, d. h. gedachte Weglinie im Gelände, im Gegensatz zum gebahnten Steig, Weg |
| Fuorcla | = | Gabel = Scharte, Grateinsattlung, Lücke im Berggrat, aus rom. furca = Gabel |
| Furgge, Fürggeli, Furka, Fürkeli | = | Einsattlung, Scharte im Berggrat, aus rom. Furca, Fuorcla |
| gonda (Ganda) | = | Geröllhalde, Trümmerfeld, Blockwerk, Bergsturzhalde, Moränenblockfeld (rätorom.) |
| Gletscher | = | Ferner (in Vorarlberg und der Schweiz: Gletscher im rätorom. Vadret) |
| Gletscherbruch, Gletscherlawine | = | der steile zerklüftete Teil des Gletschers, dessen Einsturz Gletscherlawinen erzeugt |
| Gletscherzunge | = | der untere, apere, firnfreie und vereiste Teil des Gletschers unterhalb der Firngrenze |
| grand (grond) | = | groß (rätorom.), z. B. Piz Buin grand = Großer Piz Buin |
| Jausenstation | = | bes. in Innerösterreich übliche Bezeichnung für Gastwirtschaft, Restaurant |
| Joch | = | Grateinsattlung zwischen 2 Gipfeln, seltener auch Gipfelbezeichnung, s. Hochjoch bei Schruns |
| Jöchli | = | Montafoner Bezeichnung für ein kleines Joch |
| Kessi | = | (Fels)kessel, Felskar |
| lai (Mehrzahl lais) | = | See, rätorom. |

| | |
|---|---|
| Lücke | = Grateinschnitt meist von der Art einer Scharte und in größeren Höhen |
| Maisäß, Maiensäß | = privates kleines Berggut in Hochlage, eine Art Voralpe zw. Talhof und Hochalpe, im Montafon und Prätigau bräuchlich |
| Marangun | = Obersäß, Oberalp, oberste Hütte (Stafel) einer Alpe |
| nair, naira | = schwarz, vgl. Piz Nair = Schwarzhorn, rätorom. |
| Paß | = breite, meist bequem zu überquerende Einsattlung im Gebirgskamm |
| pitschen, pitschna | = klein, vgl. Piz Buin Pitschen = Kleiner Piz Buin, rätorom. |
| Piz | = Spitze, Berggipfel, rätorom. |
| Randkluft | = die Kluft (Spalte) zwischen dem Firn oder Eis des (aperen) Gletschers und dem Fels des Berges, im Gegensatz zum Bergschrund der Firnregion, s. dort |
| Rätoromanen | = Bewohner des Unterengadins u. a. Täler Graubündens |
| rätoromanisch oder ladinisch | = Sprache der 40 000 Rätoromanen in Graubünden (mehrere Dialekte) |
| Sattel | = meist flache Einsattlung im Berggrat |
| Scharte | = meist felsige scharf eingeschnittene schmale enge Einschartung im Berggrat, mit meist steilen Flanken |
| Schrägaufzug | = Standseilbahn der Illwerke in Partenen, jetzt „Vermuntbahn", s. R 90 |
| Thaja, Thaje | = Hütte, Alphütte (Almhütte) im rom. Bereich, auch in Tirol, z. B. Paznauner Thaja |
| Vadret | = Firn, Gletscherfirn, Gletscher, rätorom. Auf Karten auch mit V. abgekürzt |
| Val | = Tal, rätorom. |

# Schwierigkeitsgrad und Alpenskala

**5**
Wer einen Führer für Bergsteiger veröffentlicht, hat
die Pflicht, den Schwierigkeitsgrad der beschriebenen
Führen anzugeben, auch dann, wenn dies — wie bei
Gletschertouren und ‚kombinierten‘ Fahrten — ziem=
lich schwierig ist. Dies ist um so eher möglich, als
dieser Führer für geübte Bergsteiger eine gewisse Fähig=
keit zur Beurteilung der jeweiligen Verhältnisse vor=
aussetzen darf. Dann aber kann ohne Bedenken die
international anerkannte ALPENSKALA (s. unten) an=
gewendet werden; vollkommene Lösungen gibt es auf
diesem Gebiet ohnehin nicht. Bei Gletscherfahrten und
kombinierten Touren halte ich mir derart, daß ich den
jeweils vorangesetzten Angaben über normale Ver=
hältnisse jene für ungünstige in ( ) beifüge und auf be=
sondere Schwierigkeiten und Gefahren noch eigens
hinweise.

**Alpenskala.** Die Skala ist 6-stufig (6-gradig) und nur für
geübte Bergsteiger gedacht, nicht für Anfänger. Es ist
ein grundsätzlicher Unterschied, ob eine Führe für
Geübte „unschwierig" ist oder für Ungeübte!

**OeAV- und DAV-Sprachgebrauch**
 I = wenig schwierig
 II = mäßig schwierig
 III = ziemlich schwierig
 IV = sehr schwierig
 V = besonders schwierig
 VI = äußerst schwierig

**UIAA- und SAC-Sprachgebrauch**
 I = leicht
 II = mäßig schwierig
 III = ziemlich schwierig
 IV = schwierig
 V = sehr schwierig
 VI = äußerst schwierig

# Erläuterungen zu den Bildern

## I. TALORTE IN ÖSTERREICH

**6/I**

**Zu Bild 1:** St. Gallenkirch im inneren Montafon (Innerfratte) von WNW gegen OSO gesehen, mit der Vallüla, deren NW-Grat gegen den Beschauer herabzieht; rechts herab ihr S-Grat. Achtung: Tele-Aufnahme, Vallüla unnatürlich groß und nah! Siehe Bild 3 und 4.

**Zu Bild 2:** Gargellen gegen S, gegen Valzifenztal und Schlappinerjoch (3). Hinter dem Ort die Gabelung ins Valzifenztal geradeaus und ins Vergaldnertal (V. T.) links. In der Bachgabel die Parzelle Vergalden (V). 2 = Schlappinerspitze. Über Vergalden die Ritzenspitzen (1) mit Selsner K. (S) und Alphorn (A). Rechts der Schlappinergrat (4) und die Madrisa (5). MH = Lage der Madrisahütte.

**Zu Bild 3:** Gaschurn, Hauptort im inneren Montafon, mit Montafoner Talstraße, talein gegen O, gegen Talschluß bei Partenen (s. Bild 4). Im Talschluß die Vallüla, rechts davor der Zaferner (Grat) und Schattenkopf.

**Zu Bild 4:** Partenen im Talschluß des Montafons gegen O. Hier die Ortsmitte mit der Kirche gegen den Ortsteil „Im Loch" im Talschluß, wo die Silvretta-Hochalpenstraße beginnt und rechts nach S durch das Untervermunt emporführt, vgl. Bild 5. Überm Talschluß die Vallülatäler mit Breitkopf links und Vallüla rechts.

**Zu Bild 5:** Partenen (P) mit Schrägaufzug und Silvrettastraße: Links das Tal Untervermunt mit der Silvrettastraße vom Loch (L) und Gufelgut (G) bis Kardatscha (K) und Vermuntsee (3), dahinter das Kromertal (2) mit Litznergruppe (1). Rechts über Partenen das Tschambreutal, an seinem Oberende das Schafbodenjoch (7) mit Schafbodenspitze (8). Rechts rückwärts das Garneratal, dahinter der Matschuner Grat (9). Tr = Bergstation Trominier, von dort Tunnel der Höhenbahn (4) zum Vermuntsee (3). 5 = Tschambreuspitze. 6 = Strittkopf.

**Zu Bild 6:** Silvrettastraße im Oberen Groß‹ vermunt (Obervermunt) gegen Bielerhöhe (BH) und Silvrettasee, davor die Staumauer, hinter dem See der Bielerdamm, dahinter links hinab das Tal Kleinvermunt Richtung Galtür. Über dem Kleinvermunt der Klein‹ vermuntkamm (1) und die Bieltaler Berge rechts, dar‹ über das Fluchthorn (2). Beim linken Ende der Stau‹ mauer das Hotel Silvrettasee (H), beim linken Ende des Bielerdammes der Ghf. „Piz Buin" (G). Vor der Stau‹ mauer das „Silvrettadorf" mit dem weißen Madlener‹ haus (M) und der VVS‹Skihütte (V). Links vom Ill‹ bachbett die Silvrettastraße und Druckrohrleitung, rechts von der Ill der Tschifanellaweg (3) und der Weg ins Kromertal (4). 5 = Wegkreuzung am Kromertal‹ eingang; links hinab (6) zum Vermuntsee.

**Zu Bild 7:** Ischgl am Eingang des Fimbertales gegen S. Vorne die Trisanna, Talfluß des Paznauntales und die Paznauntalstraße von Galtür (r.) nach Landeck (l.). Hinter Ischgl die Bergstraße und der abkürzende Fuß‹ weg ins Fimbertal nach rechts. Links das Velilltal mit dem Bürkelkopf.

**Zu Bild 8:** Galtür im Innerpaznaun gegen das Jamtal im S. Dicht unterhalb des Kirchdorfes vereinigen sich der Vermuntbach [von rechts (6) aus dem Kleinver‹ munt] mit dem Jambach zur Trisanna. Nach rechts zum Zeinisjoch und zur Bielerhöhe (6) = Silvretta‹ straße. Über dem Ort der Gorfen (5) mit dem Gorfen‹ steig (G). Im Jamtal‹Schluß der Jamtalferner. 1 Gams‹ hörner, rechts dahinter die Augstenköpfe, 2 = Gems‹ spitze, 3 = Urezzasjoch, 4 = Jamspitzen. Ganz links der Weg ins Larein‹Tal (L. T.).

## II. TALORTE DER SCHWEIZ

**6/II**
**Zu Bild 9:** Klosters‹Platz im Prätigau gegen die Silvrettagruppe (Sardascatal). Talein die Bergstraße nach Monbiel‹Sardascatal und Alpe Novai‹Vereinatal, das

von rechts in die Bildmitte mündet. Überm Talschluß links der Silvrettagletscher und *paß. Links vom Paß das Silvretta*Eckhorn. Vom Paß nach rechts: Gletscherkamm, Verstanklator und *hörner, Canardhorn, Roggenhörner, Vereina*Weißhorn; ganz rechts oben Lauizughorn. Vorne die Linie der Rh. B. Landquart — Klosters — Davos — Filisur (— Engadin).

**Zu Bild 10:** S u s c h , der bedeutsame Knotenpunkt im Unterengadin und an der Flüelastraße gegen Piz Linard (3). Durch Susch die Unterengadiner Straße und die Linie der Rh. B. nach Scuol. Von Susch nach links: Beginn der Flüelastraße. Vor der Linardgruppe das Val Sagliains. Vom Piz Linard (3), 3410 m, und davor rechts herab das Val Glims mit der SAC*Linardhütte im O und deren Zugang von rechts. Die Linard*Südflanke über dem Val Glims, rechts herab der SO*Grat mit dem Linard Pitschen, 2974 m (Schulter), links herab der SW*Grat, davor Piz Glims. 1 = Hintere Plattenhörner. 2 = Schwaderlochfurke. 4 = Silvretta*Hauptkamm beim Silvrettapaß.

**Zu Bild 11:** S c u o l * S c h u l s im Unterengadin gegen S ü d o s t s i l v r e t t a , gegen das Tal La Clozza. Rechts dahinter Piz Champatsch*Soèr und Fil Spadla. Ganz links Bhf. Scuol, Endstation der Rh. B.: daneben Seilbahn Scuol—Motta Naluns gegen die Gruppe des Piz Minschun ganz links.

**Zu Bild 12:** Das Hochalpendorf S a m n a u n , 1835 m, gegen S, gegen Val Maisas mit Muttler, 3294 m. Vorne rechts nach Westen führt durch den Samnauntalschluß der Weg zum Zeblasjoch und ins Fimbertal (Silvretta).

### III. TOURENSTANDORTE IN ÖSTERREICH
**6/III**
**Zu Bild 13:** T ü b i n g e r H ü t t e auf der ostseitigen Hochstufe („Trogschulter") des Garneratales gegen den V a l g r a g g e s k a m m und G a r n e r a g r a t im SO. Von links nach rechts: 1 = Blodigturm, 2 = Zwillinge, 3 und 4 = Nördl. und Südl. Plattenturm, 5 = Östl. Plattenspitze, 6 = Plattenjoch und *gletscher, 7 = Westl.

Plattenspitze. 8 = Schwabenplatte. Über die steile alte
Stirnmoräne des Plattengletschers führt der Weg (12)
zum Plattenjoch. 9 = zum Hochmaderer und ‑joch.
10 = zum Garnerajoch und Vergaldnerjoch. 11 = zum
Hochjöchli.

**Zu Bild 14:** Saarbrücker Hütte auf der Ost‑
schulter des Kleinlitzners gegen den Großlitzner
mit der Führe (1) übern Litznergletscher zum Litz‑
nersattel. Rechts vom Sattel der NO‑Pfeiler
(ca. 2900 m) und NO‑Grat des Litzners. Sch. = Scharte
im NO‑Grat, die man von SO erreicht. W = Litzner‑
W‑Grat zum Eisjoch rechts. 2 = Litzner‑Nordwand.
Links rückwärts der oberste Ostgrat = O. Vgl. Bild 15.

**Zu Bild 15:** Litznergruppe und ‑gletscher von
Tschifanella, von NO, mit Saarbrücker Hütte im O auf
dem Ostgratsockel des Kleinlitzners. (Vgl. Bild 14.)
Von links nach rechts: 1 = Litzner‑Vorgipfel, davor
der NO‑Grat. 2 = Großlitzner mit Zugang (‑‑‑) zur
Nordwand (vgl. Bild 14). 3 = Eisjoch mit Anstieg.
4 = Gr. Seehorn, 5 = Seelücke, 6 = Südgrat der Östl.
Kromerspitze. 7 = Zum Litznersattel. 8 = Tschifanella‑
weg. 9 = Vom Kromertal und Vermuntsee herauf, Tal‑
weg über die Schwarzen Böden.

**Zu Bild 16:** Madlenerhaus, dahinter das Haus
des Staumauerwärters. 1 = Nördl. Valgraggesspitze,
2 = Hochmadererjoch. KT = Kromertaleingang. 5 = Unt.
Madernera‑Täli, 3 = Hochmaderer, 4 = Strittkopf.

**Zu Bild 17:** Hotel Silvrettasee an der Bieler‑
höhe und Silvrettahochalpenstraße gegen S. 1 = Hohes
Rad, 2 = Gr. Piz Buin, 3 = Kl. Piz Buin, 4 = Fuorcla
dal Cunfin, davor der Ochsentaler Gletscher, 5 = Sil‑
vrettahorn, 6 und 7 = Östl. und Westl. Uferweg des
Silvrettasees, 8 = Eingang des Ochsentales. Parkplatz
= Posthaltestelle „Bielerhöhe".

**Zu Bild 18:** Bieltaler Berge und Getschner‑
scharte von W (Bieltaler Seite), vom Runden Kopf,
2376 m, gesehen. Vorne rechts der Weiße Bach (WB),
ihm entlang die Wegspur (8) von der Bielerhöhe zur

Getschnerscharte (4). 1 = südlichste Hennebergspitze,
2 und 3 = Vord. und Mittl. Getschnerspitze, 5 = Hint.
Getschnerspitze, 6 = Madlenerspitze, 7 = Zu den
Hennespitzen, zum Henneberggferner usw. 9 und 10
= Zugang aus dem Inneren Bieltal und von der Wies=
badner H. her. Q = Quelle.

Zu Bild 19: W i e s b a d n e r H ü t t e gegen S. Links der
Vermuntgletscher und =paß (1), rechts der Ochsen=
taler Gletscher (8) Richtung Fuorcla dal Cunfin (4).
Zwischen den zwei Gletschern das Wiesbadner Grätle
mit Übergang (3) zum Piz Buin (2). Ganz rechts das
Signalhorn (5) und Anstiege zur Eckhornlücke (9)
usw. 7 = Zum Tiroler Gletscher, Radsattel usw.

Zu Bild 20: J a m t a l h ü t t e g e g e n J a m t a l f e r n e r.
1 = Urezzasjoch, 2 = Hintere und 3 = Vordere Jam=
spitze, dazwischen das Jamjoch. 4 = Dreiländerspitze,
5 = Ob. Ochsenscharte, 6 = Zum Jamtalferner, 7 = Zur
Getschnerscharte, Totenfeld usw. 8 = ins Jamtal (Tal=
weg nach Galtür. Von der Hütte unmittelbar nach
links (O) gehts ins Breite Wasser und Futschöltal
(Zahnjoch, Fluchthorn, Futschölpaß).

Zu Bild 21: J a m t a l h ü t t e g e g e n F l u c h t h o r n.
F = Futschöltal und =bach. B.W. = Breites Wasser.
1 = Weg zum Gamshorn. 2 = Weg ins Futschöltal
(Zahnjoch, Futschölpaß). 3 = Zum Chalausferner.
4 = Zum Jamtalferner. 5 = Zur Jambachbrücke, 2104 m
und zur Getschnerscharte. Fluchthorn: N, M, S
= Nord=, Mittel= und Südgipfel; rechts herab: SW=
Grat. K = Krone.

Zu Bild 22: H e i d e l b e r g e r H ü t t e i m O b e r e n
F i m b e r t a l gegen SW: 1 = Krone, 2 = Zahnspitze,
3 = Zahnjoch. 4, 5 und 6 = Süd=, Mittel= und Nord=
gipfel des Fluchthorns, davor die Ostschulter, 2850 m,
der Larainfernerspitze. Von der Hütte links hinauf das
Tälchen, durch das der Weg zum Zahnjoch führt.
Links der Schatten von P. 2304. — Vgl. Bild 23.

Zu Bild 23: Der Alpengasthof B o d e n h a u s i m F i m=
b e r t a l gegen die Fluchthörner rechts; links davon

Zahnjoch, Zahnspitze, Krone und Kronenjoch, ganz links die Breite Krone. Vgl. Bild 22.

**Bild 24:** Ski⸗ und Berghaus Idalpe überm Id⸗ und Fimbertal gegen das Innere Fimbertal, Fluchthorn⸗ gruppe und Larainkamm mit Gemsbleisspitze rechts. Ganz links Höllspitze. Vgl. Bild 23.

## IV. TOURENSTANDORTE IN DER SCHWEIZ

**6/IV**
**Zu Bild 25:** Die Silvrettahütten/SAC gegen O und SO. Hinter den Hütten rechts herab und links hinauf das Mädjitäli (MT), durch das der Weg zum Silvrettagletscher und Rotfurka führt. 1 = Sil⸗ vrettahorn⸗Südgrat, 2 = Eckhornlücke, 3 = Silvretta⸗ Eckhorn, 4 = Signalhorn, davor und rechtshin Sil⸗ vrettagletscher und ⸗paß (5). Rechts davon der vier⸗ gipfelige Gletscherkamm (6) mit dem Kammgletscher. 7—10 Verstanklagruppe: 7 = Verstanklator, 8 = Torwache, 9 = Verstanklahorn und 10 = Ver⸗ stanklaköpfe überm (verdeckten) Verstanklatal (V).

**Zu Bild 26:** Das Vereinagebiet gegen Osten: Vernelatal (V.T.) links und Süsertal (S.T.) rechts vom Aufstieg zum Pischahorn gesehen. Berg⸗ haus Vereina im O, rechts davon die Vereinahütte, da⸗ hinter die Alpe Vereina. 1 = Vernela⸗Rothorn, 2 = Ver⸗ stanklaköpfe, 3 = Verstanklalücke, 4 = Verstanklahorn, 5 = Schwarzkopf oder Chapütschin, dazwischen der Vernelasattel. 11 = Lage der Fuorcla Zadrell oder Ver⸗ nelapaß. 6 = Ungeheuerhörner, 7 = Westl. Platten⸗ hörner, 8 = Piz Linard, 9 = Piz Fleß mit Nordgipfel (Z), 10 = Weg ins Süsertal zum Fleßpaß (13) und ins Val Torta (V. T.) bzw. zum Vereinapaß (12). A. F. V. = Alpe Fremdvereina. 14 = Ins Jörital, vgl. Bild 27.

**Zu Bild 27:** Berghaus Vereina gegen das Jöri⸗ tal mit Jörigletscher und Flüela⸗Weißhorn. Die Jöri⸗ seen liegen auf der obersten Talstufe. Die Steigspur dort hinauf führt stets links östl. vom Jöribach.

**Zu Bild 28:** Die Tuoihütte des SAC im Val Tuoi gegen NW, gegen Piz Buin Grand und Richtung Vermuntpaß (rechts hinter der alten Stirnmoräne versteckt). Der Piz Buin zeigt die Südwand und rechts die Ostflanke mit den Ostwandpfeilern.

## V. ANSTIEGSBILDER

**6/V**

**Zu Bild 29:** Kromerkamm und Litznergruppe von den Zwillingen im Valgraggeskamm mit dem Litznergletscher (I) und Seegletscher (II). Vorne links der Kromergletscher (III) und der Schweizergletscher (IV). 1 = Großlitzner. 2 = Eisjoch. 3 = Gr. Seehorn mit Anstieg über die Westflanke auf den NW-Grat. 4 = Seehornscharte, dahinter die Verstanklaköpfe. 5 = Piz Linard. 6 = die Kleinen Seehörner mit Anstieg von N. 7 = Östl. und 8 = Westl. Kromerspitze, dazwischen die Kromerscharte (9). 10 = Kromerlücke. 11 = Mittelgrat. 12 = Schweizerlücke. Über diese drei der Übergang von der Saarbrücker H. zur Tübinger H. (----) und umgekehrt. 13 = Lage der Seelücke.

**Zu Bild 30:** Die beiden Buine von W von der Fuorcla dal Cunfin am Nachmittag nach Neuschnee im Frühsommer. 3174 = höchster Punkt des Wiesbadner Grätle. 1 = Führe vom Grätle her zur Buinlücke (B.-L.) und Anstieg über die Buin-Westflanke. 2 = Zugang zum Buin vom Ochsentaler Gletscher her. 3 = Von und zur Fuorcla dal Cunfin. 4. = Kl. Buin-Nordflanke. 5 = Westgrat.

**Zu Bild 31:** Ausblick vom Großen Piz Buin auf die Bergwelt Graubündens. 1 = Piz Fliana mit W-Grat rechts herab und Anstiegen und Zugängen zu ihm (6 und 7). 2 = Piz Linard. 3 = Piz Sagliains. F = Fuorcla Linard. 4 = Piz Fleß. 5 = Flüela-Weißhorn, links davon Flüela-Schwarzhorn. 9 und 10 = Zugänge aus dem Val Tuoi über Plan Rai (P. R.) zur Mittagsplatte (MP) und zum Fliana. 8 = Fuorcla dal Cunfin und zum Silvrettapaß. A = Albulagruppe. B = Berninagruppe. BB = Bergeller Berge (kaum kenntlich in der Ferne).

**Zu Bild 32:** Im Aufstieg über den Ochsentaler Glet=
scher (vorne): Rückblick gegen O auf die O c h s e n =
s c h a r t e n (2 = Unt., 3 = Obere). 1 = Ochsenkopf.
4 = Vord. Jamspitze. 5 = D r e i l ä n d e r s p i t z e mit
Normalanstieg und Verbindungsgrat (6) zum Piz Jera=
mias. 7 = Von der Wiesbadner Hütte zu den Ochsen=
scharten usw. 8 = Von der Wiesbadner Hütte zum
Vermuntpaß. 9 = Querverbindung von der Ochsen=
scharte zum Ochsentaler Gletscher oder zum Vermunt=
paß. 10 = Von bzw. zur Wiesbadner Hütte zum und
vom Ochsentaler Gletscher.

7—9  Offene Randzahlen für Nachträge.

# I. TEIL
## Die Silvrettagruppe
### Einführung und Übersicht

**10**

Die geografisch-sachlich richtige Bezeichnung ist zweifellos „SILVRETTA-GRUPPE". Die allgemein bräuchliche Abkürzung aber ist „SILVRETTA", womit eben diese Gruppe zwischen Schlappinerjoch im W und Fimberpaß im O, Zeinisjoch im N und Flüelapaß im S gemeint ist. Ich folge diesem Brauch.

In Verbindung mit dieser Einführung wird ergänzend und ausdrücklich auf die zusammenfassende Übersicht über „Die Silvrettagruppe" hingewiesen, die der Verfasser im AV-Jahrbuch 1955 zur neuen AV-Silvrettakarte veröffentlicht hat, s. R 61.

### Lage — Grenzen — Wesen — Gliederung

**11**

**Lage.** Anerkannte Grenze zwischen Ost- und Westalpen ist die Linie Bodensee — Hinter-Rhein — Splügenpaß — Comer See. Die Silvretta liegt also in den O s t a l p e n. Diese Ostalpen werden in drei parallele Längsstreifen gegliedert: In Nördliche und Südliche Kalkalpen und in die Zentralalpen dazwischen. Die Silvretta liegt in den Z e n t r a l a l p e n und zwar, von W, vom Rhein her gerechnet, an zweiter Stelle nach der Rätikongruppe am Nordrand der zentralen Ostalpen. Zur besseren Übersicht werden gerne jeweils mehrere Gruppen zu einer Alpen-(unter-)gruppe der Ostalpen zusammengefaßt, in unserem Bereich die vier Gruppen Rätikon, SILVRETTA, Verwall und Samnaun als NORDRÄTISCHE ALPEN\*. 1951 hat W. Strygowski (in der Festschrift ‚Geografische Studien' für Prof. Dr. J. Sölch, Wien 1951) für diese vier Gruppen die Bezeichnung „Vermuntalpen" vorgeschlagen. Der Begriff und Raum „VERMUNT" ist jedoch zu sehr auf die Silvrettagruppe beschränkt, als daß er sich so ausweiten ließe. Ich behalte

---

\* Die frühere Schreibweise Rhätikon, rhätisch usw. wird von den beteiligten Ländern und Nomenklaturkommissionen abgelehnt. Nur die „Rhätische Bahn" (Rh. B.) muß diese alte Form aus praktischen Gründen beibehalten.

# Übersichtskarte

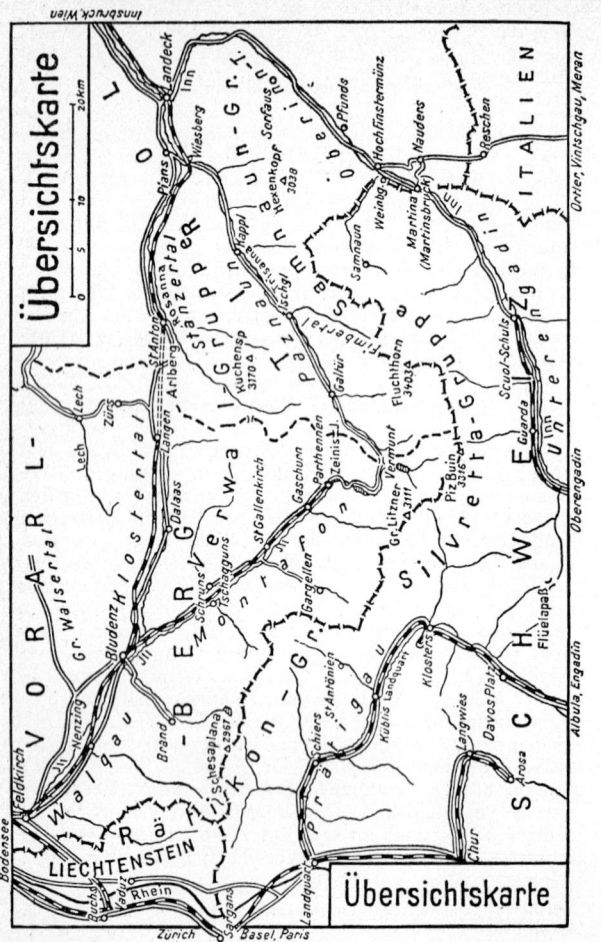

Übersichtskarte

daher die Bezeichnung „Nordrätische Alpen" bei.
Wie das nebenstehende Übersichtskärtchen zeigt, bilden
die vier Gruppen — grob umrissen — ein Dreieck, das
auf der Spitze steht. Die Spitzenpartie wird von der Silvretta eingenommen, die von den anderen drei Gruppen
im W (Rätikon), N (Verwall) und O (Samnaun) umrahmt wird. Die Basis des Dreiecks ist die Linie Feldkirch — Bludenz — Arlberg — Landeck. Ihr entlang
laufen Arlbergbahn und -straße, die zugleich die
rascheste Anreise vermitteln; s. R 18.

**12**
**Grenzen:** Als Nordgrenze gegen die Verwallgruppe
ist das **Zeinisjoch** unumstritten, ebenso das **Schlappinerjoch** als Westgrenze gegen die Rätikongruppe. Bis
1934 war auch der **Fimberpaß** als Ostgrenze gegen
die Samnaungruppe unangefochten, aber im SAC-Clubführer „Silvretta-Samnaun" 1934 (s. R 55) wurde leider
die Grenze zwischen diesen zwei Gruppen auf den Futschölpaß verlegt.

Diese Änderung ist unbegründet und unannehmbar, weil dadurch die
Fluchthorn-Larain-Gruppen zum Samnaun kämen! Dies läßt sich
weder geografisch noch orografisch noch geologisch noch touristisch
begründen, denn das Fluchthorn und seine Kämme zählen seit jeher
zur Silvretta, auch bei den Schweizer Alpinisten seit Coaz und Weilenmann. Außerdem würde durch diese willkürliche Grenzziehung das
Tourengebiet der Jamtalhütte in unzweckmäßigster Weise aufgespalten,
sobald ein Führer und Taschenbuch — wie in unserem Fall — sich
nur mit der Silvretta (oder dem Samnaun) allein befaßt. Aus dem
gleichen Grund — Aufspaltung des Tourengebietes der Heidelberger
Hütte — ist auch der Tasnapaß (der sonst noch annehmbarer wäre) ungeeignet. Wir haben aber hier vor allem auch die touristisch-bergsteigerischen Belange zu beachten und bleiben deshalb beim Fimberpaß oder Cuolmen d'Fenga als Ostgrenze gegen die Samnaungruppe.

Umstrittener ist die Süd- oder Südwestgrenze
gegen die Albulagruppe und die Plessuralpen. Als natürliche Wasserscheide ist der Flesspaß, 2453 m, zweifellos die beste orografische Grenze, geografisch wäre aber
der Vereinapaß, 2585 m, unmittelbar daneben, viel
besser geeignet. Touristisch sind aber beide ganz ungeeignet, weil sie das geschlossene Tourengebiet des Berghauses Vereina mitten zerschneiden.

Man hat sich daher schon immer für die ganz augenfällig zweckmäßigere **Flüelapaßgrenze** entschlossen, die

auch wir übernehmen, obgleich dadurch ein fünfter
Paß, **Wolfgang,** zwischen Davos und Klosters, nötig
wird als Grenze gegen die Plessuralpen.

**13**

**Die anerkannte Grenze der Silvrettagruppe** — von W
über N und O und S bzw. SW wieder nach W — ver=
läuft daher wie folgt: Schlappinerjoch, 2202 m, Gargel=
lental (Valzifenzer Bach — Suggadin) bis zur Einmün=
dung des Suggadin in die Ill bei St. Gallenkirch. Mon=
tavon aufwärts (Ill—Zeinisbach) über Gaschurn nach
Partenen zum Zeinisjoch, 1822 m, durchs Paznauntal
abwärts (Vermuntbach — Trisanna) über Galtür —
Mathon bis Ischgl zur Einmündung des Fimberbaches.
Durchs Fimbertal aufwärts (Fimberbach oder im Ober=
lauf Aua da Fenga) zum Fimberpaß oder Cuolmen
d'Fenga, 2608 m, durchs Val Chöglias—Val Sinestra
hinab bis zur Einmündung des Branclabaches in den
Inn oder En bei Ramosch (Remüs) im Unterengadin
oder Engiadina Bassa. Innaufwärts durchs Unterengadin
über Scuol (Schuls—Tarasp) — Ardez — Guarda —
Lavin bis Susch oder Süs bis zur Einmündung der Su=
sasca oder der Flüelastraße. Val Susasca — Flüelapaß,
2283 m, Flüelabach — Davos — Landwasser — Wolf=
gang (Paß), 1560 m, — Lareter Bach — Klosters=Platz —
Landquart — Klosters=Dorf — Schlappinerbach —
Schlappin — Schlappinerjoch.

Diese Silvretta=Gruppengrenze überschreitet die Staats=
grenze zwischen Österreich und der Schweiz im W auf
dem Schlappinerjoch, im O im oberen Fimbertal auf
dem Plan Buèr in 2120 m ü. M. zwischen Grenzstein
Nr. 5 und 6.

**14**

**Das Wesen der Silvrettagruppe** wird bestimmt einerseits
durch die Kristallingesteine ("Urgesteine"), vorherr=
schend Gneise und Hornblende, aus denen die Gruppe
aufgebaut ist, und andererseits durch die Höhenlage
ihrer Gipfelflur zwischen 2500 und 3400 m, meist aber
über 3000 m ü. M., wodurch die Gruppe in den Bereich
der in unseren Alpen dauernd vergletscherten Hoch=
lagen emporgehoben ist. In der ersten Auflage dieses

Führers wurden 235 Gipfel über 2000 m beschrieben, davon 70 über 3000 m.

Das wasserreiche, vergletscherte Urgebirge mit seinen bräunlichroten oder grüngrauen Felsen bestimmt aber das Bild auch dadurch, daß schroffe und reichgetürmte Felsgrate vorherrschen. Reine Firnberge, deren Gletscherkleid das Felsgerüst allseitig einhüllt, fehlen vollständig, auch reine Firngrate sind sehr selten. Die Silvretta stellt also eine Mischung von Fels- und Gletschergebirge mit ziemlich einmaligem Charakter dar. Vergleichsweise ähnlichem Gebirgscharakter begegnen wir z. B. in den Zillertaler Alpen, im Kaunergrat der West-Ötztaler Alpen oder in den Bergeller Granitbergen der Südrätischen Alpen.

## 15

**Die Gliederung der Gruppe** ist „stockförmig" und nicht einheitlich, weil eine rein schweizerische Hauptmasse, die Verstankla-Linard-Flüela-Gruppe, aus dem Hauptkamm nach SW herausgerückt ist. Diese Schweizer Silvretta schließt am Silvrettapaß an den Hauptkamm an. Trennt man sie in dieser Weise bildlich ab, so gewährt der verbleibende Silvretta-Hauptkamm, dessen Nordabdachung meist österreichisch, dessen Südflanke durchaus schweizerisch ist, ein sehr übersichtliches Bild, wenigstens auf der Nordseite. Wie die Kartenbeilage zeigt, ist der Hauptkamm zwischen Schlappinerjoch und Fimberpaß bei allgemein west-östlichem Verlauf in der Mitte (Buingruppe) leicht nach Süden ausgebaucht. Von diesem Hauptkamm strahlen nach N (und S) zahlreiche Seitenkämme aus. Die sieben Nordkämme, deren einige sich nochmals teilen, verlaufen im allgemeinen ziemlich genau nach N, parallel mit den trennenden Tälern. Die Südkämme aber verlaufen nur im O ziemlich genau nach S, im W und SW aber bilden sie jene unregelmäßigen Untergruppen rings um das Vereinatal, welche auch den höchsten Silvrettagipfel, den Piz Linard, 3410 m, einschließen. Er ist allerdings nochmal eigenwillig aus dem Halbkreis der Vereina-Umrahmung nach SO herausgerückt und liegt ganz im Bereich des Inns (En). Als eine Art Gegenstück liegt der zweithöchste Silvrettaberg, das Fluchthorn, 3399 m, im NO und ebenfalls außerhalb des Hauptkammes.

**Die Vallülagruppe** ist in eigenartiger Weise im N, in der genauen Mitte des Nordrandes der Gruppe, zwischen Bielerhöhe und Zeinisjoch, von den Quelltälern der Ill und Trisanna umflossen und so aus dem Gruppenverband herausgelöst — eine kleine Bergwelt für sich. Diese Lage macht die Vallüla zu einem einmaligen Aussichtspunkt, weil die Gruppe im Halbkreis um sie aufgestellt ist und außerdem das Montafon und das Paznaun fast in ihrer ganzen Länge einzusehen sind.

## 16

**Die 5 Untergruppen der Silvretta.** Die Gruppe läßt sich zur besseren Übersicht über diese sonst „unordentliche" Gliederung sehr leicht in 5 Untergruppen aufteilen, wodurch der Aufbau plötzlich sehr übersichtlich wird:

1. WEST=SILVRETTA: Zwischen Schlappinerjoch und Rote Furka (Klosterpaß).
2. MITTEL-SILVRETTA: Zwischen Rotfurka und Futschölpaß bzw. Bielerhöhe und Verstanklator.
3. OST=SILVRETTA: Zwischen Futschölpaß und Fimberpaß.
4. NORD=SILVRETTA: Zwischen Zeinisjoch und Bielerhöhe.
5. SÜD=SILVRETTA: Zwischen Verstanklator und Flüelapaß—Wolfgang.

**In dieser Form und Reihenfolge ist der Führer aufgebaut.**

## 17

**Gliederung und Zugänglichkeit.** Die uneinheitliche Gliederung der Gruppe bringt es mit sich, daß von der österreichischen Seite nur der Hauptkamm und dessen Nordkämme direkt erreichbar sind, diese allerdings in besonders günstiger Weise, weil die Täler Paznaun und Montafon bis ins Herz der Gruppe hinaufstoßen und überdies jetzt durch die Silvretta=Hochalpenstraße miteinander verbunden sind. Die Schweizer Silvretta, besonders die Vereina=Umrahmung, dagegen ist nur von der Schweizer Seite direkt zugänglich, von W aus dem Prätigau und der Landschaft Davos, von O und S aus dem Unterengadin, wobei wiederum eine Paßstraße, die Flüelastraße, eine Verbindung zwischen den beiden

Tälern vermittelt. Von der österreichischen Nordseite sind diese Gebiete der Schweizer Silvretta rings um das Vereinatal direkt nur über die Pässe des Hauptkammes und auf den Umwegen durch das Sardaska=Vereina=Tal oder durch das Val Lavinuoz erreichbar. Alle direkten Übergänge von N in das Vereinagebiet über die Verstanklagruppe sind schwierige Bergfahrten in Eis und Fels und nur für geübte Hochtouristen.

## Reisewege in die Silvretta

**18**
Alle Reisewege in die Silvretta von O, N und W laufen nordseitig fast ausnahmslos in der einen **Hauptverkehrs=ader Arlberglinie und Arlbergstraße bzw. Silvretta=Hochalpenstraße** zusammen. Auf der Südseite bilden die A l b u l a b a h n und die F l ü e l a s t r a ß e mit ihren Zufahrten aus dem Prätigau und Unterengadin eine Art Parallele dazu.

**19**
**Auf der österreichischen Nordseite,** Feldkirch — Bludenz — Arlberg — Landeck, führt die elektrische Arlberglinie ostwärts weiter von Landeck über Innsbruck (Brenner) — Wörgl (Kufstein—München) — Schwarz-ach=St. Veit (Tauernbahn Kärnten) — Bischofshofen (Graz) — Salzburg — Wien mit Anschlüssen nach ganz Nord=, Ost= und Südost=Europa.

a) Von Feldkirch führen Linien über Bregenz—Lindau, ferner St. Margarethen und Buchs in den gesamtdeut=schen Raum und in die Schweiz, mit Anschlüssen nach ganz West= und Nord=Europa. Die von internationalen D= und Luxuszügen befahrene Arlberglinie der Österr. Bundesbahn (Ö.B.B.) ist damit in Landeck und Bludenz, wo sämtliche D-Züge halten, unmittelbar mit dem Bereich dieses Führers verbunden.

**20**
b) D e r  m o t o r i s i e r t e  B e r g s t e i g e r: Anfahrten von O, N und W. Was für die Bahnen gesagt wurde, gilt auch für die mit diesen Bahnlinien gleich oder ähn=lich verlaufenden S t r a ß e n, d. h. für den Auto= und Busverkehr. Anfahrten sind außerdem möglich: durch

den Bregenzer Wald und über den Hochtannbergpaß, durch das Lechtal über den Flexen= und Arlbergpaß oder über den Fernpaß—Imst—Landeck, ferner über Scharnitz oder durch das Unterinntal über Innsbruck — Landeck ins Paznaun und Unterengadin.

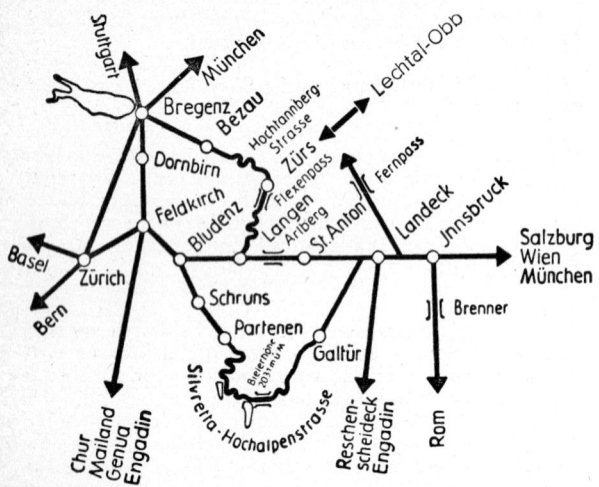

Von Landeck führt eine Postautolinie ins Paznaun nach Galtür, von dort auf die Bielerhöhe (Silvretta= straße). Von Bludenz führt die „Montafonerbahn" nach Schruns und Postautolinien von Schruns (einzelne Kurse auch von Bludenz direkt) nach Gargellen und Partenen bzw. auf die Bielerhöhe (Silvrettastraße). Die Kurse von Galtür und Partenen auf die Bielerhöhe ent= lang der Silvrettastraße werden im allgemeinen erst ab Juni und bis September geführt. Wird die Straße früher frei oder bleibt sie länger offen, verkehren die Postauto= kurse auch vor und nach der fahrplanmäßigen Zeit nach Bedarf. Näheres über die Silvrettastraße unter R 100! S. auch nebenstehendes Kärtchen und unsere Kartenbeilage.

**21**

**Auf der Schweizer Süd≠ und Westseite** (Scuol—Davos—
Klosters — Landquart — Buchs) schließt das Graubünd≠
ner Straßennetz und das der „Rhätischen Bahn" (Rh. B.)
in Landquart und Chur an die Rheintalstraße und an
die Schweizer Bundesbahnen (SBB) an, die wiederum
in Sargans an die obgenannte inneralpine Hauptver≠
kehrsader Zürich — Buchs — Arlberg mit der Strecke
Sargans — Chur anschließt. Diese Linie setzt sich nach
W über Zürich nach Genf bzw. Basel — Paris mit An≠
schlüssen an ganz Nordwest≠ und Westeuropa fort.

**22**

a) Das Prätigau und das Tal von Davos sind durch
eine Bahnlinie der Rh. B. Landquart — Klosters —
Davos — Filisur raschest zugänglich, desgleichen das
Unterengadin über die Albulalinie und die Unterenga≠
diner Strecke der Rh. B. Chur — Albula — Scuol.
b) Landeck und Scuol sind außerdem durch Post≠
kurse ganzjährig verbunden. Überdies befährt der
direkte Postautokurs München — St. Moritz (über den
Fernpaß) diese Strecke. Im Sommer verbindet ein Post≠
autokurs über den Flüelapaß Davos mit Susch im Unter≠
engadin in beiden Richtungen.

**23**

c) Der motorisierte Bergsteiger. Anfahrten aus
dem Bodenseeraum und von der Schweizer Seite. Alle
Anfahrten vereinigen sich im Rheintal≠Straßenstück Sar≠
gans — Landquart — Chur und führen entweder von
Landquart durchs Prätigau nach Klosters und Davos
oder auf verschiedenen Straßen und Pässen (Lenzer≠
heide, Domleschg) ins Albulatal und auf der „Zügen≠
straße" in die Landschaft Davos, die wiederum durch
die Flüelastraße mit dem Unterengadin verbunden ist.
Das Unterengadin kann man von W auch durchs Ober≠
engadin und von O von Landeck durchs Oberinntal
oder über den Reschenpaß oder auch Ofenpaß aus Süd≠
tirol oder Oberitalien erreichen. Die Silvrettagruppe
kann also, zusammen mit der Rätikon≠ und Samnaun≠
gruppe auf einem Straßenring völlig umkreist werden,
der auf der Nord- und Südseite die Gruppe unmittelbar

berührt: Feldkirch — Bludenz — Montafon — Silvrettastraße (Bielerhöhe) — Paznaun — Landeck — Scuol —
Susch — Flüelapaß — Davos — Klosters — Land=
quart — Feldkirch.

## Grenzübertritte in die Silvretta

**24**

Das hier beschriebene Gebiet übergreift zwei Staaten:
die Bundesrepublik **Österreich** und die Schweizerische
Eidgenossenschaft, kurz die **Schweiz.** Auf der Schweizer
Seite ist nur e i n Kanton, G r a u b ü n d e n, auf der
österreichischen Seite sind z w e i Bundesländer betei=
ligt, T i r o l im O und V o r a r l b e r g im W. Die Staats=
grenze Österreich/Schweiz verläuft in der Hauptsache
über den Hauptkamm der Silvretta vom Schlappinerjoch
über die Litzner–Buin= und Jam—Augstenberg=Gruppe
bis zum Piz Faschalba oder Grenzeckkopf, 3048 m. In
diesem Gipfel biegt sie aus dem allgemein west=
östlichen Verlauf im rechten Winkel nach N ab und
führt über das Fluchthorn bis zur Gemsbleisspitze,
3015 m. In ihr biegt sie wiederum im rechten Winkel
nach O ab und überquert das Fimbertal (in etwa 2120 m
Sohlenhöhe) hinauf zum Piz da Val gronda, 2812 m, der
bereits in der Samnaungruppe liegt. Das Gebiet der
Silvrettagruppe in unserem Sinne verläßt die Grenze also
also bei Überquerung des Fimberbaches im Talgrund.
Die Heidelberger Hütte liegt sonach auf Schweizer
Boden.

Der Bergsteiger, der also die ganze Silvrettagruppe be=
suchen will, ist entweder zu Grenzübertritten im Hoch=
gebirge oder zu verschiedenen Anreisewegen, sei es von
der österreichischen, sei es von der Schweizer Seite
aus, gezwungen.

a) **Im Hochgebirge** ist der Grenzübertritt auf Grund
einer stillen Vereinbarung so geregelt, daß der Tourist,
der im Besitz eines ordentlichen Ausweises ist und keine
zollpflichtige Ware mit sich führt, die Grenze in beiden
Richtungen bis zum nächsten Hochgebirgsstandort,
Schutzhütte oder Berghaus, überschreiten kann, voraus=
gesetzt, daß er nicht ins Tal absteigt, sondern wieder
über die Hochgebirgsgrenze ins Ausgangsland zurück=

kehrt, wobei dieser neuerliche Grenzübertritt auch an anderem Ort als bei der ersten Überschreitung erfolgen kann. Beispiel: Von der Wiesbadner Hütte über die Fuorcla dal Cunfin zur Silvrettahütte und zurück über die Rotfurka zur Saarbrücker Hütte oder zum Madlenerhaus. Wird der Tourist in einem Notfall nach dem Grenzübertritt zum Abstieg ins Tal gezwungen, ist er verpflichtet, sich beim nächsten Grenz= und Zollposten des Nachbarlandes zu melden.

b) **Der sogenannte ordentliche Grenzübertritt** aus einem Staat in den anderen, z. B. zu längerem Aufenthalt als Tourist, kann also in unserem Bereich n i c h t im Hoch= gebirge erfolgen, sondern nur auf den sogenannten „Zollstraßen". Dies sind in unserem Bereich als die zwei nächstgelegenen jene im Oberinntal bzw. Unterengadin an den Straßen zwischen Landeck bzw. Nauders und Scuol an den Zollgrenzämtern Schalklhof (österr. Zoll) und Martina (Martinsbruck, Schweizer Zoll); ferner jene im Raum Feldkirch — Vaduz — Buchs d. h. die Zollgrenzämter in Tisis an der Straße Feldkirch — Schaan — Vaduz (Liechtenstein) — Buchs (Schweiz) oder die Bahnzollgrenzämter in Feldkirch bzw. Schaan bzw. Buchs an der gleichlaufenden Bahnlinie. Wer die Staats= und Gebirgsgrenzen an anderen Orten über= schreitet, tut dies auf eigene Verantwortung und Gefahr. Den genauen Grenzverlauf entnehme man unserer Kartenbeilage (oder den amtlichen Karten).

c) **Die Lage der Heidelberger Hütte auf Schweizer Boden** ist touristisch belanglos, d. h. die Hütte kann von österreichischer Seite ohne weiteres und ohne Paß= oder Visumzwang besucht werden, sofern ein Übergang ins Schweizer Unterengadin unterbleibt. Das Mitführen eines ordentlichen Personalausweises ist in jedem Fall ratsam.

d) **Die Ländergrenze Tirol/Vorarlberg** tritt touristisch nicht in Er= scheinung. Sie beginnt in der Dreiländerspitze an der Schweizer Grenze und läuft übers Hohe Rad — Bielerhöhe und Vallüla zum Zeinisjoch und Arlberg. Man findet sie in der AV=Karte der Silvretta= gruppe eingetragen, desgleichen in unserer Kartenbeilage angedeutet.

## 25
**Währungen und Devisen, Geld und Zahlungsmittel.**
In Österreich: Schilling; 1 S = 100 Groschen. In der Schweiz, auch

im Samnauntal und in Liechtenstein: Schweizer Franken; 1 sfr = 100 Rappen oder Centimes. In sämtlichen Ländern, Tälern und Haupt= orten bei Banken, Kassen und Verkehrsämtern, vielfach auch in Hotels und meist auch auf Schutzhütten werden beide Währungen aber auch andere Zahlungsmittel z. B. DM usw., ferner Reiseschecks usw. ge= wechselt oder in Zahlung genommen. Es empfiehlt sich jedoch, die Schecks usw. im ersten größeren Talort einzuwechseln.

26—29 Offene Randzahlen für Nachträge.

# Wetter und Jahreszeiten in der Silvretta

**30**

**Wetter und Klima** in der Silvretta werden bestimmt durch ihre inner= alpine Lage in den Zentralalpen und durch ihre nach W und NW geöffneten Talschaften Prätigau und Montafon. Das bei uns als Schlechtwetter, Regen= und Schneebringer vorherrschende West= wetter dringt durch diese westoffenen Täler in die Gruppe ein, staut sich dann an den Hauptkämmen und Wasserscheiden und bringt so der W=Seite der Gruppe reichlichere Bewölkung und mehr Nieder= schlag als ihren süd= und ostoffenen Gebieten im Windschatten des Westwetters. Die Botaniker sprechen deshalb auch von einem „Buchenbezirk" im niederschlagsreicheren Prätigau (und Montavon) usw. und von einem „Föhrenbezirk" im trockeneren Unterengadin. Das innere Prätigau ist diesem Westwetter noch wesentlich zugäng= licher als das verhältnismäßig niederschlagsarme Montafon. Einwand= freie Messungen haben gezeigt, daß z. B. in Klosters im Prätigau erheblich mehr Niederschläge und mehr trübe Tage sind als in Scuol im Unterengadin, so z. B. jährlich 117 trübe Tage in Klosters, aber nur 70 in Scuol (Braun=Blanquet, s. R 55). Ähnliche, wenn auch nicht so ausgeprägte Unterschiede herrschen zwischen dem Montavon und Paznaun, mit dem Zeinisjoch als Wetterscheide, aber auch zwischen der österreichischen Nordseite im Montafon und Paznaun und der Schweizer Südseite (Südostseite) im Unterengadin. Die ausgeprägte Wetterscheide am Arlberg entlang der europäischen Wasserscheide Rhein/Donau ist schon lange und besonders auch den Einheimischen wohl bekannt (s. Anhang).

Mit anderen Worten: Bei solchen mehr örtlichen Wetterlagen in der Silvretta kann man durch raschen Standortwechsel von W nach O und von N und NW nach S und SO oft einige Tourentage „retten", besonders auch dann, wenn man sich jetzt mit niedrigeren Gipfelzielen oder Pässen begnügt, die oft wolkenfrei oder doch unter dem unteren Wolkenhorizont sind (und dann meist sehr stimmungs= reiche Bilder schenken!), während die Spitzen der Hochgipfel ins Gewölk hinaufragen und keine Aussicht bieten. Solche typische nied= rigere lohnende Ziele sind z. B. die Bielerspitze bei der Bielerhöhe oder der Vermuntkopf bei der Wiesbadner Hütte, der Kleinlitzner und die Kromerspitzen bei der Saarbrücker Hütte, der Pfannenknecht bei der Jamtalhütte, ferner die Berge östlich der Heidelberger Hütte bzw. des Fluchthorns.

Manche Gipfel bieten solche günstige Verhältnisse auch mehr ihrer besonderen Lage als ihrer Höhe wegen, so besonders die Vallüla mit ihren Nachbarn, nicht selten auch das Hohe Rad, der Hochmaderer, die Heimspitze, das Flüela=Weißhorn und ähnlich gelagerte Berge. Die (Schnee=)Niederschläge nehmen aber nicht nur in der Waag= rechten entlang solchen Wetterstraßen gegen das Gruppeninnere zu, sondern auch in der Senkrechten; d. h. in der Hochsilvretta und **mit wachsender Höhenlage** ist mit z. T. wesentlich größeren Niederschlägen (z. B. Neuschnee) und also auch mit reichlicherer Bewölkung und dementsprechendem Einnebeln der Hochgipfel und Hauptkämme zu rechnen. Niedrigere Inselberge zwischen ihnen und tiefe Einsattlungen sind dann auch aus diesen Gründen eher nebelfrei und lohnende Ziele.

Die in unserer AV-Sika (AV-Silvrettakarte, s. R 50) mehrfach eingetragene Bezeichnung „Ombrometer" bezeichnet (Jahres-)Niederschlagsmesser, hochbeinige, große Weißblechbehälter mit Niederschlagsfangkorb. Sie werden dem Schutze der Berggänger empfohlen und müssen unberührt bleiben.

**Die Höhenlage der Silvretta** im vergletscherten Bereich bringt es mit sich, daß der Bergfreund dort zu jeder Jahreszeit mit **Schneefall** in den Hochlagen über 2000 m rechnen muß, auch im Hochsommer, besonders auch bei und nach **Hochgewittern,** wobei nicht selten Hagel anstelle des Schnees tritt. Man darf daher nie ohne genügenden Wetter- und Kälteschutz zu größeren Hochwanderungen und Gipfelfahrten aufbrechen. Das hat schon mancher mit schweren körperlichen Schäden oder gar mit dem Tode bezahlt.

Das eigentliche **Einschneien** des Hochgebirges findet jedoch meist erst im November / Dezember statt und die ganz großen Schneefälle des Alpenwinters, die erst das Hochgebirge richtig skibar machen, fallen in den Hochlagen überhaupt erst im Spätwinter (und Frühling).

# 31

**Jahreszeiten.** Dieser Führer ist vornehmlich für den Sommertouristen bestimmt, also vor allem für die Monate Juni, Juli, August und September, mit dem Kernstück zwischen Ende Juni und Mitte September. Es entspricht ungefähr der üblichen Sommer-Bewirtschaftungszeit der Hütten und Berghäuser. Mehr und mehr beginnt sich jedoch der sehr begrüßenswerte Brauch einzubürgern, die Hütten vom Winter an, etwa ab Mitte Februar, bis in den Herbst hinein d u r c h g e h e n d zu bewirtschaften. Damit eröffnen sich dem Bergsteiger als Sommerskifahrer (auch mit Kurz- und Sommerskiern) ganz neue Möglichkeiten frühsommerlicher Hochtouristik, weil Mai/Juni dazu in der Hochsilvretta schlechthin ideale Gelegenheiten bieten, die ohne bewirtschaftete Hochtourenstandorte meist verloren gehen.

Der **M a i** ist geradezu glanzvoll für Fahrten mit Pickel und Ski.

Der **J u n i** allerdings wird von Wetterkundigen „der April des Hochgebirges" genannt und meist mit Recht. Erwischt man aber schöne Tage und ist man gar noch Sommerskifahrer, so ist die Wonne unbeschreiblich, weil feinster Firnschnee neben der Blütenpracht des Bergfrühlings liegt. Außerdem: die Silvrettastraße ist jetzt auf, und man kann sogar übers Wochenende nach skilaufen in der Hochsilvretta und zugleich auf aperen S- und SW-Flanken schon prächtig klettern. Denn im Mai und Juni kann man meist schon alle südseitigen Felsfahrten ausführen, dabei mit Kurzski zum Einstieg wandern und dann vom Felsfuß zur Hütte hinab wieder mit Ski abfahren. Dazu kommen die langen Tage und die hellen Nächte. Aber Vorsicht vor Gewittern! Runter vom Grat!

**J u l i  u n d  A u g u s t** gelten mit Recht als die idealen, warmen und meist wettersicheren Monate, wenn auch noch immer zeitweise mit

Gewittergefahr zu rechnen ist, besonders im W und NW der Gruppe. Dafür gehen die Spalten auf den Gletschern jetzt auf, die Spaltenbrücken werden morsch und dünn. In kritischen Spaltenzonen, Gletscherbrüchen und an Bergschründen vorsichtig sein! Im August gibt es auch oft schon saftige Vereisungen, zumal im Zeichen des Gletscherschwundes unserer Zeit. Steigeisen leisten dann gute Dienste und werden oft unentbehrlich.

Im Juli/August sind die leicht erreichbaren Hütten usw. oft überlaufen, besonders von Tagesgästen. Der Bergsteiger tut gut, sich sein Bett oder Lager rechtzeitig und — wenn er Vereinsmitglied ist — nachdrücklich zu sichern.

Der September ist gerne wetterbeständig und meist still, die Nacht aber oft schon kalt, die Tage sind kurz. Die Vereisung kann jetzt schon sehr bös sein, ebenso die Spaltengefahr. Beträchtliche Schwierigkeiten bringen die ersten Neuschneefälle in den Felsen. Die verfügbare Zeit für eine große Fahrt darf jetzt nicht überschätzt werden.

Der Oktober ist oft von schönstem Wetter begünstigt, zumal wenn bei „Temperaturumkehr" Nebelseen die Täler füllen und die Strauchheiden und Bergmatten in feurigen Farben glühen. Oft herrscht schier absolute Stille. Für bescheidene Ziele oder sehr schnelle und ortskundige Bergsteiger ist dies eine traumhaft schöne Jahreszeit im Hochgebirge der Silvretta. Wer noch nie im Spätherbst in diesen Hochalpen weilte, kennt sie noch lange nicht. Wenn man Glück hat, findet man noch die eine oder andere Hütte sogar bewirtschaftet, weil der Hüttenwirt jetzt vor dem Einwintern noch allerlei vorzusorgen hat. Fast immer werden bei Schönwetter im Herbst die angesagten Bewirtschaftungszeiten der Hütten überschritten. Mehrere private Berghäuser (Bielerhöhe, Zeinisjoch, Garfreschahüsli, Gargellen, Berghaus Vereina, die FlüelaBerghäuser, Hof Zuort usw.) sind außerdem ganzjährig bewirtschaftet. Das nütze man!

Im November ist zwar ähnliches Wetter wie im Oktober andauern, aber meist schläft die Hochsilvretta im November, Dezember und Januar ihren Winterschlaf. Hochtouren sind jetzt nur sehr wetterharten Kennern und kühnen Könnern erlaubt. Der Ski ist meist unentbehrlich, obgleich noch kein rechter „Skischnee" wirklich gute Skibahn im Hochgebirge bietet, die Spalten noch schlecht und tückisch verschneit sind.

## 32

Das Skigebiet der Silvretta hat beinahe Weltruf bei den alpinen Skitouristen. Fast alle Talorte sind Wintersportplätze, viele weitberühmt, wie Gargellen, Gaschurn, Galtür, Ischgl, KlostersDavos und ScuolFtan. Fast alle Hütten und Berghäuser sind im Spätwinter (meist ab Mitte Februar) bewirtschaftet und wahre Dorados des alpinen Skiläufers. Doch dies ist nicht Zweck dieses Führers. Ich darf auf meinen 1965 neu aufgelegten „Silvretta Skiführer", **Paznaun/Montafon"** verweisen, der vom Bergverlag Rudolf Rother mit 2 großen Skikarten, vielen Bildern usw. bestens ausgestattet ist. Dort findet der Skifahrer und Skitourist sämtliche Skigebiete der Silvretta nach Standorten erschöpfend beschrieben; s. R 58.

## 33

Bekleidung und Ausrüstung des Bergwanderers und Hochtouristen in der Silvretta werden durch die vorbeschriebenen alpinen Verhältnisse, Wetterlagen und Gefahren des vergletscherten Hochgebirges be oder sich auf leichte Gipfel mit alpinen Steiganlagen beschränkt stimmt, sowie durch die Bergziele. Wer nur die Schutzhütten besucht (s. R 38, Tourenpläne), kann natürlich im Hochsommer und bei guten Verhältnissen mit einer wesentlich einfacheren Ausrüstung und auch ohne Eispickel usw. auskommen, weil sämtliche Hütten und Berghäuser der Silvretta auf meist guten schneefreien Wegen erreichbar und ohne Firn oder Gletscher zu betreten sind. Dagegen gibt es nur wenige Paßübergänge von Hütte zu Hütte usw., die völlig gletscherfrei sind; auch auf diesen muß man oft noch mit Altschnee und Firnresten rechnen, welche die Weganlagen bedecken oder unterbrechen und Ungeübte oder Schlechtgerüstete in ernste, auch tödliche (Absturz-)Gefahren bringen können.

Alle diese Alpenwanderungen führen fast ausnahmslos ins Hochgebirge, meist hoch über der Waldgrenze, wo auch bei Schönwetter sehr beträchtliche Temperaturunterschiede zwischen Tag und Nacht, morgens und abends, die Regel sind, besonders in Gletschernähe oder bei Hochgewittern, Wetterstürzen und im Wechsel der Jahreszeiten. Ein Mindestmaß warmer Kleidung, Wetter- und Kälteschutz, sind daher auch dazu selbstverständliche Voraussetzungen für den verantwortungsbewußten Berggänger, sei er nun schlichter Paßwanderer oder geübter Hochtourist. Diese Wanderkleidung muß fürs Hochgebirge so beschaffen sein, daß notfalls der g a n z e Körper, außer dem „Gesicht", gegen Kälte und Unwetter geschützt ist.

Es ist daher unverantwortlich, wenn viele und meist ungeübte bergfremde Touristen nur in kurzen, kniefreien Turnhöschen oder sogen. Shorts u. dgl., oder nur mit ärmellosen Sporthemdchen, mit Halbschuhen usw. bekleidet, selbst auf Gletschern herumlaufen, um dann blaugefroren und erschöpft nicht nur die Hilfe und Kleidung der bessergerüsteten in Anspruch zu nehmen, sondern oft auch den Bergrettungsdienst aufzubieten. Straßenschuhe mit glatten Leder- oder Gummisohlen sind besonders gefährlich. In Höhenlagen muß man sich auch stets gegen Sonnen- und Gletscherbrand entsprechend schützen mit Salben, Sonnenbrillen usw. Starke Verbrennungen sind schmerzhaft, bringen Fieber und Schwäche.

Wichtigster Wetter- und Kälteschutz: Warme Unterwäsche, Hemden mit langen Ärmeln. Wolljacke oder Pullover. Kniehose oder Skihose oder lange Hosen. Schuhverschluß (Gamaschen). Jacke, am besten mit Mufftaschen. Windbluse (Wettermantel) mit Kopfhaube. Handschuhe, Fäustlinge. Regenhaut oder Rucksackschirm.

Ausrüstung: Wer ins Hochgebirge (Firnregion) der Silvretta will, muß mindestens grobe hohe Wanderschuhe, starksohlig mit alpinen Profilgummisohlen (oder mit leichtem Nagelbeschlag) tragen. Ein leichter Eispickel ist besser als ein Stock, weil jedes kleine steile Firnfeld den Pickel nötig machen kann (Stufen, sichern). Den Wetter- und Kälteschutz, Tagesproviant usw. führt man im Rucksack mit. Alles andere (Skitäschchen, Netze usw.) ist ungenügend und — wenn sie in der Hand getragen werden müssen — hinderlich und gefährlich.

Der Kletterer und Hochtourist kann mit grob profilierten alpinen Profilgummisohlen sämtliche leichte Firnwanderungen und alle Felsfahrten, auch die schwierigeren, begehen. Kletterschuhe sind dann kaum nötig. Für schwierigere Eis- und Gletschertouren sind abnehmbare Randbeschläge zu den Gummisohlen oder Steigeisen zusätzlich nötig. Als Steigeisen genügen zehnzackige Eckensteineisen, Zwölfzacker sind nicht unbedingt nötig. Für ganz leichte Gletscherwanderungen

und Gipfelfahrten des I. und II. Grades genügen etwa 15 bis 25 m
Seil für 2 Personen, 20 bis 30 m Seil für 3 bis 4 Personen. Für schwie=
rige Fels= und Eistouren des III. und IV. Grades usw. werden 20 bis
30 bis 40 m für 2 bis 3 bis 4 Personen empfohlen und allenfalls ein
leichtes Hilfsseil (40 m Reepschnur), sowie Tretschlingen (auf Glet=
schern) und einige Abseilschlingen und Haken. Für die Felsfahrten
größeren Stiles und Schwierigkeitsgrades und zum Abseilen werden
zwei Seile von mindestens 30, besser 40 m empfohlen, ferner Hilfs=
oder Doppelseil, Haken verschiedener Art, Karabiner, Abseilhaken
und =schlingen. Vor den vielen alten morschen Abseilringen wird
gewarnt!

## Alpine Gefahren

**34**

Von den alpinen Wettergefahren wurde bereits gespro=
chen, s. R 30, 31. Die Kenntnis von den anderen übli=
chen alpinen Gefahren eines vergletscherten Hoch=
gebirges wird vorausgesetzt: Abrutsch= und Absturz=
gefahr auf Steilfirn, Steilrasen, Steilschrofen und Fels=
gelände; Ausbrechen von Felsgriffen; Steinschlag be=
sonders in (Eis=)Rinnen (Couloiren) und im eisdurch=
setzten Felsgelände oder unter Schneewächten; Lawinen=
und Schneerutschgefahr; Spaltengefahr auf Gletschern.
Das Gneis=(Granit=) und Hornblendegestein der Sil=
vretta ist von ganz verschiedenartiger Beschaffen=
heit, teilweise sehr fest, teilweise sehr brüchig. Viel=
begangene Felsfahrten, wie z. B. Großlitzner=O= und
=W=Grat sind meist an sich schon aus gutem Fels gebaut
und außerdem abgeklettert, d. h. verhältnismäßig sicher
im Gestein. Vorsicht ist aber in dem oft vereisten Glet=
schergebirge immer am Platz. Andere, auch vielbegan=
gene Felsen wie z. B. am „Wiesbadner Grätle" sind
infolge Nordlage oder wegen schlechten Gesteins oft
steinschlägig, weniger aus sich selber als weil oft viele
Partien gleichzeitig im Gewände sind. Hier rechne man
immer mit dem Ungeschick oder der Rücksichtslosigkeit
der „Oberen".

Firn= und Neuschneelawinen können sich auf
Steilhängen, auch auf Steilrasen, immer bilden bei gro=
ßer Wärme, Sonneneinstrahlung, Föhn und Erwei=
chung oder nach Neuschneefall. Solche lahnige Hänge
dürfen nur sehr vorsichtig und nur von oben her be=
treten bzw. losgetreten werden.

Spaltengefahr auf den Silvrettagletschern ist tatsächlich verhältnismäßig gering, wenn man sich an die vielbegangenen Führen hält. Das berechtigt aber nicht zum seilfreien Begehen größerer Gletscher wie der Ochsentaler oder der Silvrettagletscher, der Jamtal- oder Chalausferner, wo gerade in den letzten Jahrzehnten unangeseilte leichtfertige Touristen schwere (und auch tödliche!) Spaltenstürze heraufbeschworen haben. Besonders gewarnt sei vor verdeckten Spalten in der Firnzone folgender vielbegangener Gletscher: Seegletscher; Silvrettagletscher zwischen Rotfurka und Silvrettapaß, am Silvrettapaß selber; Ochsentaler Gletscher: im Eisbruch und besonders in der Firnmulde oberhalb des Bruches auf den Führen zu den Buinen, zur F. d. Cunfin, zum Silvrettahorn und zum (vom) Wiesbadner Grätle. Jamtalferner: zwischen der Zunge und der Oberen Ochsenscharte, besonders unterhalb letzterer; zwischen Zunge und Urezzasjoch bzw. Jamspitzen, besonders oben. Im Firnwinkel zwischen Oberer Ochsenscharte und Jamspitzen; Chalausferner.
Weniger begangen, aber u. U. sehr spaltengefährlich sind: der Steilfirn des Litznergletschers gegen den Großen Litzner hinauf; der Kammgletscher, der Verstanklagletscher, Verstanklator und besonders die Firnmulde La Cudera oberhalb des Eisbruches des Vadret Tiatscha. Klostertaler Gletscher, Schattenspitzgletscher, Schneeglockengletscher, Totenfeld, Larainferner gegen die Schnapfenspitzen hinauf. Zu Zeiten sehr spalten- und eisschlaggefährlich sind: Vadret Tiatscha, Vadret da las Maisas, Futschölferner und Futschölpaßferner; sie alle sind großem Wechsel unterworfen. Den Vadret Tiatscha fand ich im Sommer mehrmals ganz unpassierbar, nachdem ich ihn vorher schwierig durchstiegen hatte. Er wurde aber auch schon von sehr erfahrenen Skitouristen ohne Abschnallen durchfahren!

### Bergrettungsdienst und Unfallhilfe

**35**
sind im ganzen Bereich bestens eingerichtet. Auf der österreichischen Seite wird das ganze Gebiet vom Österr. Bergrettungsdienst (ÖBRD) der alpinen Vereine Österreichs betreut, auf der Schweizer Seite vom Schweizer

Rettungsdienst, der vom SAC und SSV usw. organisiert ist. Sie haben Rettungsstationen in allen größeren Talorten, Meldestellen auf allen Schutzhütten usw., die meist auch mit allem nötigen Rettungsgerät, manche sogar mit Telefon ausgestattet sind. Wo dies bekannt ist, ist es bei den betreffenden Schutzhäusern vermerkt. Es ist selbstverständlich, daß der Bergrettungsdienst nur dann alarmiert werden darf, wenn örtlich zu wenig Hilfe geleistet werden kann oder ernste Gefahr für Leib und Leben der Verunfallten besteht. Wer nicht unfallversichert ist, muß die Bergrettungskosten Verunfallter selber tragen. — Außerdem finden sich mehrere sogenannte SOS=Telefone entlang der Flüelapaßstraße. Sie sind jederzeit zugänglich, an die Telefonzentrale Davos angeschlossen und durch rotweiße Tafeln kenntlich gemacht, aber nur für SOS=Notrufe bestimmt.

## Alpines Notsignal

**36**

Wer in Bergnot gerät, wendet das international gültige „Alpine Notsignal" an, um Hilfe herbeizurufen. **Es besteht aus einem beliebigen hör= oder sichtbaren Zeichen, das 6mal in der Minute in regelmäßigen Abständen gegeben und nach 1 Minute Schweigepause** (oder nach einem längeren aber regelmäßig wiederkehrenden Abstand) **so oft wiederholt wird, bis eine Antwort erfolgt.**

Die Antwortsignale bestehen aus 3mal in der Minute mit regelmäßigen Abständen gegebenen Zeichen. Es ist Pflicht jedes Bergtouristen, über ein aufgenommenes, hör= oder sichtbares alpines Notsignal der nächsten Unfallmeldestelle Mitteilung zu machen und Hilfeleistung auszulösen.

Notsignal für Flugrettung siehe R 1201 im Nachtrag!

Die Eintragungen in Hütten= und Gipfelbücher oder eine gebührende Benachrichtigung der Gast= und Hüttenwirte usw. über das jeweilige Tagesziel, geplante Rückkehr oder Weiterreise usw. sind Pflicht, damit der Bergrettungsdienst und seine freiwilligen Helfer nicht umsonst aufgeboten werden müssen bzw. daß Nachforschungen rasch möglich sind.

## Bergführer und Hüttenwirte

**37**

In den Talschaften der Silvretta in Österreich und in der Schweiz stehen in allen größeren Talstationen, aber z. T. auch in kleinen Orten staatlich geprüfte (autorisierte) Bergführer, Skiführer (und Skilehrer) in genügender Zahl zur Verfügung. Sie werden durch die örtlichen Verkehrs= oder Gemeindeämter gerne vermittelt. Auch die Sektionen der alpinen Vereine vermitteln sie; im Bereich dieses Führers neben den hüttenbesitzenden Sektionen des DAV, ÖAV und SAC die Sektion Vorarlberg des Österr. Alpenvereins in Bludenz und Schruns und die Sektion Landeck, auf der Schweizer Seite die SAC=Sektionen in Klosters, Davos und in Scuol.

Ein „Berg= und Skiführerverzeichnis" des ÖAV und DAV findet man in dem periodisch erscheinenden „Taschenbuch für AV=Mitglieder" jeweils nach neuestem Stand. In diesem Führer können solche Verzeichnisse des steten Wechsels wegen nicht aufgenommen werden. Das gilt auch für die Hüttenwirte und Hüttenwarte der AV= und SAC=Hütten. Wer eine Hütte bzw. einen Hüttenwirt anschreiben will (z. B. wegen Quartierbestellung), schreibt einfach an die Hütte und gibt als Postamt deren Talort an, also z. B.: An die Jamtalhütte des DAV, Post Galtür, Paznauntal, Tirol; dies ist der kürzeste Weg. Bergsteigerschulen in Galtür, Klosters und Schruns; Auskunft erteilen die Verkehrsämter, auch über Tourenführungen in die Silvretta.

## Tourenpläne

**38**

Die Aufzählungen folgen mit wenigen Ausnahmen der Anordnung des Führers von W nach O (N nach S). Sie können natürlich genau so gut in umgekehrter Richtung begangen werden. Die Durchquerungen sind in beiden Richtungen gleich reizvoll. Farbenfotografen wandern besser von O nach W mit dem Licht im Rücken, Schwarzweiß=Fotografen besser umgekehrt wegen des Gegenlichtes.

Teilpläne können leicht mit anderen Teilstücken verbunden werden. Auf Randzahlen und Seitenhinweise wurde bewußt verzichtet, es wäre eine unerträgliche Häufung von Zahlen. Man findet jeden Standort, Paß (Übergang) und Gipfel leicht im Stichwortverzeichnis.

**39**

D u r c h q u e r u n g e n sind besonders bei Skifahrern beliebt, aber auch im Sommer und in beiden Richtungen sehr lohnend. Die schönsten Durchquerungen führen aber über mehrere Gletscher und dürfen nur angeseilt und unter Führung erfahrener Gletschergänger begangen werden. Sehr gut lassen sich auch zwei oder drei der verschiedenen Durchquerungen von etwa je 1 Woche

Dauer zu einer zwei= bis dreiwöchigen Doppeldurch=
querung, hin und zurück, verbinden, wobei nie der
gleiche Weg bzw. Paß oder Übergang beim Rückweg
benützt zu werden braucht, so viele Möglichkeiten
bieten sich.

Es steht natürlich im Belieben und Können des Berg=
wanderers, geeignete Gipfel „am Wege" und beson=
ders an den Jöchern und Pässen „mitzunehmen", z. B.
die Westl. Plattenspitze beim Übergang übers Platten=
joch, die Dreiländerspitze von der Ochsenscharte, das
Fluchthorn vom Zahnjoch oder die Bielerspitze von der
Bielerhöhe. Diese Gipfel am Wege der Durchquerungen
werden aber nicht einzeln aufgeführt. Die Zwischen=
stationen (Tagesabschnitte) sind durch die Hütten,
Berghäuser usw. gegeben.

**40**
**Große nordseitige Durchquerung** von W nach O oder
umgekehrt: etwa 1 Woche (5—7 Tage). Schruns — Gar=
gellen — Vergaldnerjoch (oder St. Gallenkirch — Gar=
freschahüsli — Matschunerjöchli) — Mittelbergjoch —
Tübinger H. — Plattenjoch — Schweizerlücke — Kro=
merlücke (oder Seelücke) — Saarbrücker H. — Litzner=
sattel — Winterlücke — Klosterpaß — Rote Furka —
Silvrettahütten — Silvrettapaß — Fcla. d. Cunfin —
Wiesbadner Grätle (oder Ochsentaler Gletscher) —
Wiesbadner H. — Obere Ochsenscharte (oder Tiroler
Scharte) — Jamtalhütte — Zahnjoch — Heidelberger H.
— Fcla. da Val Gronda — Bodenhaus — Ischgl (oder
Zeblesjoch — Samnaun). Anstatt von Gargellen kann
die Fahrt auch von Klosters über Schlappin — Garnera=
joch — Tübinger H. angetreten werden, weiter wie oben.

**41**
**Große nord= und südseitige Durchquerung** von O nach
W oder umgekehrt; etwa 1 Woche (6—8 Tage). Sent —
Hof Zuort — Fimberpaß (oder Scuol — Schliverahütte
— Fcla. Champatsch — Tasnapaß) — Heidelberger H.—
Kronenjoch — Jamtalhütte — Jamjoch — Tuoihütte —
Mittagsplatte — Silvrettapaß — Silvrettahütten — Sar=
dascatal (Klosters) — Berghaus Vereina — Jöri=Flüela=
furgge — Davos.

**42**

**Große meist gletscherfreie nordseitige Durchquerung**
von W nach O oder umgekehrt; etwa 1 Woche
(6—7 Tage). St. Gallenkirch — Garfreschahüsli — Mat=
schuner Jöchli (oder Gaschurn — Lifinarhütte) —
Tübinger H. — Hochmadererjoch — Bielerhöhe —
Getschnerscharte — Jamtalhütte — Kronenjoch — Hei=
delberger H. — Zeblesjoch — Samnaun (oder Fimber=
paß — Hof Zuort — Sent) oder Idalpe — Ischgl.

**43**

**Große Durchquerung von N nach S,** aus Österreich in
die Schweiz oder umgekehrt; 2—3—5 Tage. Vom Zeinis=
joch bis Bielerhöhe weglos. Galtür (oder Partenen) —
Zeinisjoch — Kopser Sattel — Vallülatäler — Bieler=
spitz — Bielerhöhe — Klostertal — Rote Furka — Sil=
vrettahütten; ab hier 2 Möglichkeiten: entweder, kür=
zer, a) Silvrettapaß — Mittagsplatte — Tuoihütte —
Guarda oder länger b) Sardascatal — Berghaus Vereina
— Jöriflesspaß — Susch im Unterengadin (oder auch
Jörifürggli — Flüelapaß — Davos). Die Fahrt kann
auch auf der Bielerhöhe begonnen oder beendet wer=
den; außerdem gibt es vom Arlberggebiet her schöne
Zu= und Übergänge über die Verwallgruppe zum
Zeinisjoch, s. „Ferwallführer" von F. Malcher (Berg=
verlag Rudolf Rother). Vgl. R 339!

**44**

**Die schönsten leichten Aussichtsberge** der Silvretta.
Von W nach O und N nach S; mit Hilfe der Durch=
querungen R 39—43 leicht und beliebig zu verbinden zu
1—2—3 schönen Tourenwochen mit (für Geübte) leich=
ten Gipfelbesteigungen. Die Krone gebührt der Vallüla
als schönster Aussichtsberg der Nordseite; es folgen
Hohes Rad, Piz Buin, Hochmaderer, Augstenberg,
Westl. Plattenspitze, Heimspitze, Jamspitzen, Grenz=
eckkopf, Piz Tasna und Pischahorn.

Westsilvretta: Älpeltispitz von Klosters, Heim=
spitze von Gargellen oder Garfrescha. Versettla — Mat=
schunergrat vom Garfreschahüsli oder Lifinarhütte;
Hinterberg von der Tübinger H.; Westl. Plattenspitze
von der Tübinger oder Saarbrücker H.; Hochmaderer

von der Tübinger H. oder Bielerhöhe. Sonntagspitze von der Saarbrücker H. Schiltfluh von der Fergenhütte.

Mittelsilvretta: Tälihorn von der Silvrettahütte; Signalhorn oder Piz Buin von der Silvrettahütte oder Tuoihütte oder Wiesbadner H.; Vermuntkopf von der Wiesbadner H.; Hohes Rad von der Wiesbadner H. oder Bielerhöhe; Rauher Kopf von der Wiesbadner H. oder Bielerhöhe. Hennekopf oder =spitze von der Bie= lerhöhe. Dreiländerspitze von der Wiesbadner H., Jam= tal= oder Tuoihütte, desgleichen die Hintere Jam= spitze. Chalausköpfe und Augstenberg von der Jamtal= hütte. Westl. Gamshorn von der Jamtalhütte. Piz Cot= schen von Murtera (Ardez).

Ostsilvretta: Grenzeckkopf oder Breite Krone von der Jamtalhütte oder Heidelberger H. Piz davo Lais oder Piz Tasna von der Heidelberger H. Piz Minschun von der Schliverahütte. Larainfernerspitze von der Hei= delberger H. Vergiel von Galtür. Gorfen von Galtür.

Nordsilvretta: Ballunspitze vom Zeinisjoch oder Galtür. Vallüla von der Bielerhöhe. Bielerspitz von der Bielerhöhe.

Südsilvretta: Bürgenkopf und Pillerhorn vom Vereinahaus. Ochsentälihorn vom Vereinahaus. Pischa= horn und Gorihorn vom Vereinahaus oder Flüelatal oder Davos. Flüela=Weißhorn vom Vereinahaus ode Flüelahospiz. Piz Linard von der Linardhütte.

## 45

**Die schönsten leichten oder mäßig schwierigen Fels= klettereien und kombinierten Firn= und Felsfahrten.**
Eine beschränkte Auswahl des I., II. und z. T. des III. Grades; s. auch R 44. Grobeinstufung bei schwan= kenden Grenzen. Anordnung von W nach O. Immer sind die leichteren oder mäßig schwierigen, sogenann= ten Normalanstiege gemeint.

Westsilvretta: Valisera, Rotbühlspitze, Eisentäli= spitze, Kessigrat, Gr. Fergenhorn, Leidhorn und Kess= ler, Valgraggesspitzen. Östl. Plattenspitze, Gr. u. Kl. Seehörner, Verhupf= und Lobspitzen, Winterberg, Großlitzner=Ostgrat.

**Mittelsilvretta:** Rotfluh, Silvretta-Egghorn, Silvrettahorn, Schneeglocke, Klostertaler Egghörner, Gr. u. Kl. Buin. Piz Fliana, Piz Champatsch, Piz Mon — Jeremias, Dreiländerspitze. Ochsenkopf, Tirolerkopf, Rauher Kopf, Haagspitze sowie die meisten Gipfel der Bieltaler Berge und des Kleinvermuntkammes bis zum Gorfen. Jamspitzen, Piz da las Clavigliadas, Gemsspitze, Chalausköpfe und -spitzen, Augstenköpfe, Augstenberg, Piz Futschöl.

**Ostsilvretta:** Piz Tasna, Piz Nair, Piz Minschun, Piz Soer, Piz Mottana. Krone, Zahnspitze, Fluchthorn-Südgipfel, Schnapfenspitze. Die Gipfel des Jamtaler und des Larainkammes, ausgenommen die unter R 46 genannten schwierigeren Berge. Gemsbleisspitze.

**Nordsilvretta:** Ballunspitze, Gr. u. Kl. Vallüla, Schattenkopf — Cresperspitz.

**Südsilvretta:** Gletscherkamm, Torwache, Verstanklaköpfe, Roggenhorn, Piz Zadrell, Piz Saglains, Piz Linard, Piz Fless, Piz Murtera, Flüela-Weißhorn, Gori- und Pischahorn, Gatschieferspitz.

**46**
**Schwierige und sehr schwierige Fels- und Eisfahrten,** vornehmlich des III. und IV. Grades, selten des V. Grades. Eine Auswahl. Größere Fahrten oder Stellen des VI. Grades sind mir aus der Silvretta nicht bekannt.

**Westsilvretta:** Gesamtüberschreitung der Fergengruppe. Fergenkegel-Überschreitung W—O oder O—W. Fergenkegel-Südwand, eine der schönsten Wandkletereien. Rotbühelspitze — Eisentälispitze Gratübergang. Garnerakamm: Gesamtüberschreitung vom Garnerajoch zum Plattenjoch. Garneraturm-Überschreitung N—S und SO-Kante, prächtige Kantenkletterei. Südlicher oder ganzer Valgraggeskamm: Gesamtüberschreitung von S nach N oder umgekehrt, großartige rassige Fahrt. Südl. Valgraggeskamm: die Strubichführen durch die Ostwände der Türme; die Westanstiege. Hochmaderer von S und O: die gewaltige zerklüftete Südflanke und Ostseite, die mächtigen Pfeiler und wilden Schluchten sind noch unerschlossen.

Kleinlitzner=Überschreitung über alle Grate. Kl. See=
hörner von S oder SO. Gr. Seehorn — Gr. Litzner: Ge=
samtüberschreitung von NW nach O. Großartig die
Süd= und Nordwand des Gr. Litzners, Südwand nur
Fels, Nordwand Eis und Fels. Gesamtüberschreitung
aller Lobspitzen vom Litznersattel zur Bielerhöhe, Grat=
fahrt großen Stiles. Schwarze Wand: Übergang von der
Sonntagspitze. Die hohe rassige Ostkante und die
schöne SO=Wand (Südwand) sind noch unerschlossen!
Mittelsilvretta: Teil= oder Gesamtüberschreitung
des Silvrettakammes vom Silvrettapaß oder F. d. Cunfin
bis zu den Egghörnern, sehr lang und rassig. Die präch=
tigen Ostgrate des Silvrettahorns und der Schattenspitze;
die N=Firnwand der Schneeglocke. Kl. P. Buin von S;
Gr. P. Buin von S und O, Wand= und Pfeilerfahrten
großen Stiles in meist schönem Fels. Überschreitung
beider Buine von O nach W oder von N nach W oder O.
Gratübergang Piz Tiatscha — Piz Fliana von SW
nach N oder NW. Gratübergang Piz Mon — Piz Jere=
mias — Dreiländerspitze. Dreiländerspitze=Ostgrat, sehr
lohnend. Teilüberschreitungen der Kämme zwischen den
Ochsenscharten und dem Gorfen. Gratüberschreitung
des Hint. Satzgrates von NO nach SW, lange große
Grattour. Besteigung der Totennadeln. Gratüberschrei=
tung des Vord. Satzgrates von NO nach SW, ganz große
Gratfahrt. Gesamtumkletterung des Totenfeldes. Grat=
überschreitungen der Madlenerspitze, aller Getschner=
spitzen von SW nach NO, große Fahrt. Die Ostabstürze,
Flanken, Pfeiler und Rippen der Hennebergspitzen und
der Sedelspitzgruppe, großteils noch unerschlossen.
Gesamtüberschreitung gratentlang vom Urezzasjoch bis
zum Augstenberg, sehr interessant. Gesamtüberschrei=
tung der Augstenberggruppe gratentlang von den Aug=
stenköpfen zum Augstenberg (Augstenspitzen), eine
der schönsten ganz großen Gratfahrten. Augstenberg
von N, vom Futschölferner über den Hängegletscher
und die direkte N=Wand auf den N=Gipfel (Nördl.
Augstenspitze); sehr rassige Eis= und Felsfahrt. Augsten=
berg von O, vom Futschölpaß über den Futschölpaß=
ferner, eine der rassigsten Gletscherfahrten der Sil=
vretta. Piz Futschöl über den SO=Grat, große prächtige
Grattour, in Verbindung mit anschließender Gesamt=

überschreitung des ganzen Augstenberggrates von den Augstenspitzen bis zu den Augstenköpfen eine der größten und schönsten Gratüberschreitungen in der Silvretta.

Ostsilvretta: Gesamtüberschreitung gratentlang vom Futschölpaß oder vom Kronenjoch zum Zahnjoch. Besteigung des Paulcketurms. Überschreitung der Zahnspitze von N nach S, gratentlang, und auf den Paulcketurm. Fluchthorn: Überschreitung aller drei Gipfel von N nach S oder umgekehrt, große ernste Grattour. Fluchthorn über den SO=Grat auf den Südgipfel, Übergang über Mittelgipfel zum Nordgipfel, Abstieg nach W. Fluchthorn SW=Grat, vieltürmige großartige Grattour. Fluchthorn = Nordwand (Strubich) neben der Nordwand des Verstanklahorns die rassigste der Silvretta. Fluchthorn: außerdem noch schwierige aber kaum lohnende West= u. Ostanstiege auf alle 3 Gipfel. — Gratwanderung vom Gamshorn zur Schnapfenspitze, große meist leichte Grattour, landschaftlich großartig. NW=Grat des Östl. Gamshorns. Schnapfenspitze über die direkte Nordflanke, rassige kombinierte Eis= und Felsfahrt. — Im Jamtaler und im Larainkamm sind Gratüberschreitungen großen Stiles und beliebiger Ausdehnung möglich, Teilstrecken vermutlich bergsteigerisch noch unerschlossen. — Berglergruppe: Dreiköpfl über den ungemein wilden Verbindungsgrat vom Berglerkopf, eine der längsten und schwierigsten Grattouren der Silvretta, teilweise noch unbegangen, so das Schlußstück, der Dreiköpfl=NO=Grat; einsame wildromantische Felslandschaft. Berglerkopf=Nordwand und SW=Wand, eine „Felstour I. Ranges" (Strubich). Mittagskopf von N und W.

Nordsilvretta: Vallüla=NW=Grat, eine der schönsten Gratklettereien der Silvretta. Vallüla=Ostgrat aus dem Kl. Vermunt. Überschreitung der Ballunspitze von NO nach S. Umkletterung der Vallülatäler, gratentlang. Gratüberschreitung Kl. — Gr. Vallüla.

Südsilvretta: Überschreitung des Gletscherkammes vom Silvrettapaß zum Verstanklator. Überschreitung der Torwache von O nach W gratentlang und Gratübergang zum Verstanklahorn, eine der schönsten und längsten Grattouren. Überschreitung Verstanklahorn — Chapütschin von NW nach S, Gratfahrt großen Stiles. Verstanklahorn: direkte Nordwand (Flaig), mit der Fluchthorn=Nordwand die längste und schwierigste Nordwandführe. Überschreitung aller Verstanklaköpfe von SW und W nach O, auch mit Gratübergang zum Verstanklahorn; große Gratfahrten. Die Nordwände der Verstanklaköpfe. Nordanstieg (Paulcke) auf den Verstanklahorn=NW=Grat und über ihn zum Gipfel, ab nach S und W, Überschreitung großen Stiles. Grat= überschreitung der Unghürhörner von W nach O, eine der schönsten Grat= und Felsfahrten der Silvretta. Grat= überschreitung des viergipfeligen Massivs der Platten= hörner von W nach O oder umgekehrt, Grattour gro= ßen Stiles. Gratüberschreitungen des Flüela=Weißhorns von NO nach SW oder nach NW; oder von W und SW nach NW.

Piz Linard: seine 4 Grate und 4 Flanken bzw. Wände erlauben viele Überschreitungskombinationen, z. T. große Fahrten, aus dem Vereina=Flessgebiet ins Val Glims oder umgekehrt oder ins Val Lavinuoz, z. B. W=Flanke und S=Flanke, SW=Grat und NO=Grat, NW= Grat und SO=Grat oder S=Flanke. Ganz großartig und für geübte Hochtouristen nicht besonders schwierig: Überschreitung von N nach S oder W aus dem Val La= vinuoz über die wildeinsame Nordwand.

## Silvretta-Seenwanderungen

**47**

Die Silvretta ist (neben den Stauseen der Illwerke) überreich an klei= nen Hochgebirgsseen, so schön und vielartig, daß es sich lohnt, besonders für Fotografen, eigene Silvretta=Seenwanderungen zu unter= nehmen. Ich zähle zu diesem Zweck die schönsten Seegebiete hier auf, deren meiste in unserer AV=SiKa (s. R 48) zu finden sind. Nördl. des Hauptkammes von W nach O: die Seelein am Augstberg im Winter= tal und auf dem Roßberg im Vergalden; das Heimbühlseeli und andere auf der Garneraseite der Heimspitzgruppe und des Madrisellagrates. Die Tschiffanellaseen am Weg Madlenerhaus — Saarbrücker Hütte und jene auf der Ostseite des Lobspitzgrates. Mehrere prächtige Seelein auf der NO=Seite der Vallüla, aber auch im SW des Berges. Viele Seen nördl. und südl. des Hennekopfes im Bieltal; gegenüber der Radsee am Hohen Rad. Viele Moränenseen N und NW vom Rauhkopfgletscher und einer dicht SO vom Vermuntkopf. Mehrere Seen auf dem Kühalpeli hoch überm innern Jamtal, und im Gletscher= schutt unterm Fluchthornferner.

Südl. des Hauptkammes, auf der Schweizer Seite von O nach W, zurück: Die ‚Lais‘ (= Seen) S vom Piz davo Lais und die vielen Seen am Muot da Lais (= Seehügel) im oberen Val Urschai. Viele Moränenseen im oberen Val Urezzas und im obersten Val Tuoi. Zwei Seen im oberen Vernelatal und ganze Reihen kleiner Seelein auf der nördl. Trogschulter dieses Tales am Roggenhorn. Die Seen am Flesspaß und die vielen buntfarbigen Jöriseen im obersten Vereina N des Flüela-Weißhorns — eine einzigartige Seelandschaft. Viele und sehr schöne Seen auf der S- und SW-Seite der Litznergruppe: Auf der Oberalp-Silvretta, im Seetal, am Augstberg, am Seegletscher. Im oberen Schlappin der Hühnersee und zwei Seen am Sädelhorn. Und zuletzt die kaum je besuchten Seen N des Alpeltispitz: ‚Bei den Seen‘.

Die beiden Stauseen der Illwerke, der untere. oder Vermuntsee und der obere der Silvrettasee (an der Bielerhöhe) lassen sich mühelos umwandern; der obere auf guten neuen Weganlagen als eine der schönsten See- und Rundwanderungen der Silvretta; man vgl. die Kartenbeilage.

## 48–68    Karten – Führer – Standard-Literatur

**48**

Aus praktischen Zwecken werden jene Silvretta-Karten, welche wir den Benützern dieses Führers als kaum entbehrliche Begleiter empfehlen zu müssen glauben, hier schon aufgeführt, desgleichen jene Führer und Schriften, welche praktische oder unentbehrliche Hilfen und Ergänzungen darstellen oder aus anderen Gründen als eine Art „Standard-Literatur“ der Silvretta lesenswert erscheinen oder aber dem Verfasser als wichtige Quellen dienten. Alle übrigen Quellen findet man im Anhang.

Der interessierte Leser sei besonders auch auf das AV-Jb. 1955 hingewiesen, dem nicht nur die AV-Silvretta-karte anliegt, sondern das auch entsprechende Begleitartikel enthält; s. R 50, 61, 63.

Die gesamte Silvrettagruppe aber ist literarisch nur in einem Bergsteigerbuch in Wort und Bild und in allen Bereichen beschrieben: im „SILVRETTA-BUCH“; s. R. 60.

**49**

I. Wanderkarte Silvretta 1 : 50 000. Vielfarbiger Reliefdruck. Bergverlag Rudolf Rother, München 19, Postfach 67. Mit vier Seiten Kurztext (Tourenstandorte), der diesem Führer entnommen ist. Die wichtigsten AV-Steige und Wanderwege sind rot eingezeichnet. Die sehr plastische Karte reicht vom Zeinisjoch im N bis Guarda im S, vom Schlappiner Joch bis zum Fimberpaß und eignet sich gut zur Wanderschaft in der Silvretta.

II. Übersichtskarte der Silvretta bzw. der Nordrätischen Alpen: Ich empfehle als beste „Freytag & Berndt Touristenkarte" 1:100 000, Blatt 37, RÄTIKON SILVRETTA VERWALL (und SAMNAUN).

Mehrfarbige Karte mit Wanderwegen, sehr übersichtlich. Ihr Inhalt ergibt sich aus nebenstehendem Kärtchen, d. h. sie enthält als derzeit einzige Karte dieser Art die ganze Silvrettagruppe und alle ihre Talschaften, zugleich alle vier Gruppen der Nordrätischen Alpen (s. R 11): Silvretta, Rätikon, Verwall, Samnaun.

**50**

AV=SiKa = Alpenvereins=Silvrettakarte: „Karte der Silvrettagruppe" 1:25 000, herausgegeben vom ÖAV mit einem Druckkostenzuschuß des DAV. Beilage zum AV=Jahrbuch 1955; s. auch R 61 u. 63. Die schöne Schichtlinienkarte beruht auf der Neuaufnahme für die ÖK (s. R 52) und der LKS (s. R 51). Diese neueste und beste Silvrettakarte des Hauptkammes und der österreichischen Silvretta bildet die wichtigste Kartengrundlage dieses AV=Führers. Alle Kartenangaben bzw. Geländehinweise beziehen sich auf diese Karte! Viele Angaben sind nur in Verbindung mit ihr verständlich. Sie wird daher allen dringend, ja als unentbehrlich empfohlen, die mehr als nur eine flüchtige Bekanntschaft mit der Silvretta und diesem Führer machen wollen. Von dieser Karte ist auch eine Skikarte erschienen, s. R 53 b.

Ihres großen Maßstabes wegen enthält die Karte leider nicht die ganze Silvrettagruppe. Es fehlen: der Westrand der Westsilvretta (Gargellen, Garfrescha), der Süd= und Ostrand der Mittel= und Ostsilvretta (Val Si=

nestra, Unterengadin) und der SW=Teil der Südsil=
vretta mit der Linardgruppe. Zur Ergänzung müssen
daher dienen: die Übersichtskarte (R 49) oder die LKS
(R 51) und die ÖK (R 52).

## 51

**LKS = Landeskarte der Schweiz** 1: 50 000 der Eidgen. Landestopo=
graphie Bern, Ausgaben ab 1950: die Normalblätter 497, 498, 499 oder
die Kartenzusammensetzungen 249 „Tarasp' (Mittel= Ost= und Teile
der Süd=Silvretta einschl. Verstankla=Linard=Gruppe) und 248 „Präti=
gau" (Westrand der West= und Südsilvretta).
Diese außerordentlich schöne mehrfarbige Gebirgskarte, ein Kunst=
werk, ist mit Schichtlinien und einer sehr plastischen Relieftönung
ausgestattet. Der Schweizer Teil unserer AV=SiKa beruht auf ihr.
**Das Blatt „Flüelapaß" der LKS** 1: 100 000 ist die schönste Karte der
Silvrettagruppe in diesem Maßstab und mit ungemein plastischer Relief=
wirkung. Sie schließt aber im N am Zeinisjoch ab, so daß sie zwar fast
die ganze Gruppe enthält, nicht aber die Täler Montafon und Paznaun,
von denen nur die Orte Partenen und Galtür noch eingetragen sind.
Um so vollständiger sind die schweizerseitigen Täler eingetragen.

## 52

**ÖK = Österreichische Karte** 1: 50 000 und 1: 25 000, mehrfarbig. Her=
ausgegeben von der Landesaufnahme beim Bundesamt für Eich= und
Vermessungswesen in Wien VIII; für die Silvretta: Blatt Nr. 169
Partenen und Nr. 170 Mathon.
Die sehr schöne neuaufgenommene Schichtlinienkarte in zarten Farben
und mit Relieftönung ist ein Meisterwerk österreichischer Kartographie.
Die AV-Silvrettakarte 1955 (R 50) ist aus dieser Neuaufnahme zusam=
mengedruckt; den dort fehlenden Teil der Westsilvretta (Gargellental,
Valiseragruppe, Vermiel) findet man auf Blatt 169 Partenen. Aus den
zwei Blättern 169 und 170 kann sich der interessierte Tourist eine
prächtige Silvrettakarte zusammenstellen, auf der auch die ganze
Schweizer Silvretta bis in die Talgründe bestens ausgeführt ist.
[Von der neuen ÖK 1: 25 000 sind 1956 folgende Blätter erschienen:
Nr. 169/1 Gargellen, 169/2 Partenen, 170/1 Galtür, 170/2 Mathon, 170/3
Piz Buin.]

## 53

**Skikarten der Silvretta:**
a) Die 3 schönen B e r g v e r l a g s = S k i k a r t e n der West=, Mittel=
und Ostsilvretta 1: 50 000 liegen dem Silvretta=Skiführer von W. Flaig
bei, s. R 58. Diese drei Skikarten umfassen die ganze Silvretta einschl.
Fimber= und Gargellental, nur das Vereinagebiet fehlt, ist aber im
Skiführer beschrieben, mit Nebenkarte.
b) Von der AV=SiKa (R 50) ist eine Ausgabe mit Skirouten erschie=
nen, gleichen Inhaltes wie R 50.
c) In Z u m s t e i n s Landkartenhaus, München 22, erschien Zumsteins
Wander= und Skikarte Nr. 8: Silvretta usw. 1: 50 000, mit Höhen=
linien, rotem Weg= und Skiroutennetz. Die Karte ist ein Zusammen=
druck der Siegfriedkarte, s. R 51. Sie ergänzt die unter a und b
genannten Skikarten nach O (Samnaun) und S (Unterengadin).
54 Offene Randzahl für Nachträge.

**55**
**SAC⸗SiFü = Clubführer des SAC,** Bündner Alpen,
VIII. Band, Silvretta—Samnaun. Verfaßt von
Carl Eggerling, Chur (Silvretta) und Prof. Dr. Carl
Täuber, Höngg/Zürich (Samnaun). Herausgegeben
vom Schweizer Alpenclub 1934. Der Führer beschreibt
nur den Schweizer Teil der Silvretta einschl. Grenz⸗
kamm, ist aber wertvoll durch seine Literaturangaben
und durch seine vortrefflichen Abschnitte über **Geologie**
(Dr. P. Bearth), **Botanik** (J. Braun⸗Blanquet und W.
Schibler) und über **Ortsnamen** (I. U. Hubschmied). —
So wie dieser Führer des SAC in vielen Angaben sich
einvernehmlich auf meinen ersten Silvrettaführer (s.
R 56) stützte, so stützte auch ich mich wiederum jetzt
da und dort im Schweizer Teil auf diesen SAC⸗Club⸗
führer. — Neuauflage in Arbeit.

**56**
**Flaig⸗SiFü = Flaig Walther** „Hochgebirgsführer durch
die Nordrhätischen Alpen", Band II, Silvretta, mit
Kartenbeilage und Anstiegsskizzen (Bergverlag Rudolf
Rother, München, und Vorarlberger Verlagsanstalt
Dornbirn, 1924). Der Führer bildet die wesentliche
Grundlage für diesen AVF. Er ist längst vergriffen, in
mancher Hinsicht überholt, aber seiner zahlreichen
alpingeschichtlichen und literarischen Angaben wegen
noch immer eine wichtige Quelle.

**57**
**Flaig Walther und Hermine** „Alpenpark Monta⸗
fon", Führer und kleine Heimatkunde der Talschaft
Montafon. Herausgegeben vom Verkehrsverband Mon⸗
tafon, Schruns, Vorarlberg; 6. vermehrte Auflage 1966.
Er enthält den ganzen Vorarlberger Anteil der Silvretta⸗
gruppe, eine Beschreibung der Silvretta⸗Hochalpen⸗
straße und eine ausführliche Natur⸗ und Heimatkunde
des Montafons.

**58**
**Flaig Walther** „Silvretta-Skiführer" Ost-Rätikon, Ver-
wall, Paznaun und Montafon. Mit 2 großen mehrfarbigen
Skikarten 1:50 000, 7 Nebenkarten und 34 Skirouten-

bildern (Bergverlag Rudolf Rother, München, 1965, 9. Auflage). Der Führer ist das winterliche Gegenstück dieses AV-Führers für den Skifahrer. Er enthält aber nicht nur die Skigebiete der hier beschriebenen Silvretta, sondern auch die angrenzenden Gebiete der Nordrätischen Alpen; s. auch R 53a.

**59**

„Der Hochtourist in den Ostalpen" IV. Bd. Zentrale Ostalpen, II. Abschnitt: S i l v r e t t a , bearbeitet von Walther **Flaig** und Franz Zorell. Geologisches von **Dr. R v. Klebelsberg** (Leipzig 1926). Der Führer ist vergriffen, aber noch immer wertvoll, besonders wegen seines geologischen Beitrages.

## Standard-Literatur

**60**

**Flaig = SiBu = Flaig Walther** „D a s S i l v r e t t a = B u c h — Volk und Gebirg über drei Ländern". Erinnerungen und Erkenntnisse eines Bergsteigers und Skitouristen mit über 40 Bildern und Karten. 5. Auflage. 248 Seiten. Bergverlag Rudolf Rother, München, 1961. Vollständig neu und im Großformat 19 × 24 cm bebilderte, auch textlich wesentlich vermehrte Auflage mit farbigem Schutzumschlag.

Das Buch ist derzeit d i e e i n z i g e S i l v r e t t a = M o n o = g r a p h i e . Es enthält neben zahlreichen Erlebnisschil= derungen auch mehrere Kapitel zur bergsteigerischen Erschließungsgeschichte, Natur= und Heimatkunde der Silvretta und gewährt eine vollkommene Übersicht über die ganze Gruppe. Es bildet eine wesentliche Grundlage und die wichtigste Ergänzung dieses Führers.

**61**

**Flaig — SiGr. =** „D i e S i l v r e t t a g r u p p e — eine bergsteigerische Betrachtung im Jahre 1955. Mit besonderer Berücksichtigung des österreichischen Anteiles zwischen Fimber= und Gargellental" von Walther Flaig. Alpenvereins=Jahrbuch 1955, S. 5 bis 28, mit 3 Bildern. Der Inhalt ist in dem Untertitel ausgedrückt.

**62**

**Blodig Dr. Karl:** D r e i A r t i k e l ü b e r d i e S i l v r e t t a g r u p p e in der AVZ, lebendige Schilderungen, die ein anschauliches Bild der beschriebenen Gebiete geben und mit den wertvollen Aquarellen E. T. Comptons geschmückt sind:
a) „Aus dem Gebiet der Tübinger Hütte (Garneratal, Vorarlberg)" AVZ 1910, S. 183—201.

b) „Die Bergwelt des Cromertales (Gebiet der Saarbrücker H.)"
AVZ 1912, S. 199—217.
c) „Aus der Silvrettagruppe (Madlenerhaus und Wiesbadener H.)"
AVZ 1914, S. 288—314, und „Schluß" des Artikels in der AVZ 1921,
S. 91—112.

## 63
**Finsterwalder, Dr. Karl,** Innsbruck: „Namen und Siedlung in der
Silvretta". AV-Jb. 1955, S. 29—41. Neueste, zusammenfassende Arbeit
zur N a m e n k u n d e.

## 64
Kleine, Karl: „Altes und Neues aus der S i l v r e t t a". SAC-Alpen
1932, S. 422 — 432. Mit wichtigen erschließungsgeschichtlichen Ergänzungen.

## 65
**Krasser, Leo:** „D i e   S i l v r e t t a g r u p p e" — eine kurzgefaßte
Monographie, 16 Seiten; vornehmlich natur- und volkskundliche
Übersichten. Erschienen im „Feierabend", Wochenbeilage zum „Vor-
arlberger Tagblatt" 43./44. Folge, Bregenz, 24. Okt. 1936. Enthält auch
eine gedrängte Übersicht der Fauna und Flora der Silvretta.

## 66
**Ludwig, A.:** „H ö h e n  u n d  T i e f e n  i n  d e n  A l p e n — Erinnerungen aus dem Rätikon, der Silvrettagruppe und Tödikette". Illustr.
St. Gallen 1908. Warmherzige Erlebnisschilderungen von fast allen
wichtigen Hochgipfeln der Silvretta; interessantes alpines Zeitbild
um die Jahrhundertwende. Noch heute mit Genuß zu lesen.

## 67
**Pfister, O. von,** München: „D i e  S i l v r e t t a - G r u p p e" in „Die
Erschließung der Ostalpen" 2. Bd., S. 3—36, mit Bildern. Berlin 1894.
Das grundlegende Werk der alpinen Erschließungsgeschichte bis 1894.

## 68
**Weilenmann, J. J.:** „A u s  d e r  F i r n e n w e l t", illustr. Neuauflage
Bd. I „Rätikon — Silvretta — Verwall" (Bergverlag Rudolf Rother,
München 1923). Weilenmann, „der schreibende Maler", ist ein Klas-
siker der „Goldenen Zeit" (golden age) des Alpinismus, ein kühner
Bergsteiger und glänzender Schriftsteller, dessen köstliche Schilde-
rungen und Zeitbilder heute so lebendig und lesenswert sind wie sie
es immer waren.

## 69
**Cranz, H.:** „D i e  J a m t a l g r u p p e", AVZ 1909, S. 213—235; gut
bebilderte, grundlegende Monographie der Jamtalumrahmung mit
wertvoller Kartenbeilage von Haug.

## 70
**Beitl, Prof. Dr. Richard:** „An der Silvretta-Hochalpenstraße" — Land
und Leute, Geschichte und Technik (Dornbirn 1926). Gut bebilderte
Einzelbeschreibung mit Panorama.

71—79  Offene Randzahlen für Nachträge.

**Bild 1  St. Gallenkirch im Montafon gegen Talschluß mit Vallüla**
Erläuterung s. R 6/I                    Telefoto: Risch-Lau, Bregenz

Bild 2 Gargellen im Montafon gegen Süden., gegen Valzifenztal und Schlappiner Joch (3). Ritzenspitzen (1) und Madrisa (5). V = Vergalden. VT = Vergaldener Tal. M.H. = Lage der Madrisahütte.
Erläuterung s. R 6/I

Foto: Nipp, Lustenau

# II. TEIL

## Die Talschaften der Silvretta

### Talorte und Talunterkünfte

**80**

Das Gebiet der Silvrettagruppe ist touristisch durch fol=
gende **vier Haupttäler** umgrenzt bzw. zugänglich:

Im NW, in V o r a r l b e r g, durch das 40 km lange
MONTAFON (Ill=Fluß), im NO, in T i r o l, durch das
40 km lange PAZNAUN (Trisanna=Fluß), im SW, in
der S c h w e i z, durch das 40 km lange PRÄTIGAU
(Landquart=Fluß), und durch die Landschaft Davos
(Landwasser=Fluß), im SO, in der S c h w e i z, durch ein
25 km langes Teilstück des UNTERENGADINS (Inn=
Fluß) mit dem Samnaun.

Keines dieser vier Haupttäler begleitet die Silvretta in
ihrer ganzen Länge; Näheres bei den Talschaften.
Montafon und Paznaun sind durch die Silvretta-Hoch=
alpenstraße über die Bielerhöhe (und durch die Arl=
bergbahn und =Paßstraße) miteinander verbunden;
Prätigau=Davos und das Unterengadin durch die
Wolfgang= und Flüela=Paßstraße (oder durch die
Albulabahn und =Paßstraße).

Die Täler werden in obiger Reihenfolge und dem natür=
lichen Reiseweg entsprechend vom Taleingang zum Tal=
hintergrund beschrieben. Dazu werden die wichtigsten
Angaben über die Verkehrsmittel und Unterkünfte ge=
macht. Die stets wechselnden Fahrpläne können nicht
angegeben werden; man entnehme sie den üblichen
Kursbüchern.

U n t e r k ü n f t e: Die Angaben über Unterkünfte in
Talorten werden nicht nur gemacht, um dem Silvretta=
fahrer die Vorausbestellung oder die Suche nach einem
Quartier zu erleichtern, sondern weil dank den moder=
nen Verkehrsmitteln (Alpenstraßen mit Bus=Verkehr,
Sessellifts und Seilbahnen) heute f a s t a l l e Talorte
a u c h a l s T o u r e n s t a n d o r t e für Bergfahrten im
Bereich dieser Verkehrsmittel sehr wohl geeignet sind.
So kann man z. B. heute praktisch von jedem Ort des

inneren Montafons oder Paznauns z. B. die Bielerspitze
oder auch die Vallüla als Tagestour unternehmen,
indem man mit Post= oder Privatauto zur Bielerhöhe
und zurück fährt.

Gaststätten: Unter dieser Sammelbezeichnung wer=
den alle Hotels (H), Gasthöfe (G), Pensionen (P, HP
u. GP) usw. zusammengefaßt und möglichst der Größe
nach geordnet. Meist (aber nicht immer!) stehen die
Großhotels usw. im Rang und Preis höher als die klei=
neren, so daß sich der Tourist selber ein grobes Bild
machen kann. Die Gaststätten wurden den offiziellen
Verzeichnissen der Verkehrsverbände entnommen. Da
manche kurzsichtigen Gastwirte diesen nicht angehören,
scheinen sie hier auch nicht auf, d. h. die Angaben sind
ohne Gewähr.

## Täler in Österreich

**81**

Die Täler liegen in zwei verschiedenen Bundesländern
der Bundesrepublik Österreich:

a) **Das Montafon** liegt im polit. Bezirk Bludenz in V o r -
a r l b e r g, dem westlichsten Bundesland Österreichs,
Landeshauptstadt Bregenz a. B. Alle Auskünfte, Hotel=
und Gaststättenverzeichnis des Landes, einschl. Mon=
tafons, Prospekte usw. durch den L a n d e s v e r b a n d
f ü r F r e m d e n v e r k e h r i n V o r a r l b e r g, Bregenz,
Montfortstr. 4, Tel. 2473 und 3055; oder durch den
Verkehrsverband **Montafon**, Schruns, Kirchplatz, Tel.
Schruns 253. Ortsprospekte auch durch die Verkehrs=
oder Gemeindeämter.

b) **das Paznaun** liegt im polit. Bezirk Landeck des Bun=
deslandes Tirol, Landeshauptstadt Innsbruck. Alle Aus=
künfte, Hotel= und Gaststättenverzeichnis, Prospekte
für das Paznaun und Oberinntal entweder beim L a n =
d e s v e r k e h r s a m t f ü r T i r o l in Innsbruck, Land=
haus, oder beim **Verkehrsamt Landeck**, Tirol.

## Das Montafon in Vorarlberg/Österreich

**82**

Die Ill entspringt im Ochsentaler und Vermuntgletscher
(Silvretta) und fließt über Schruns-Bludenz wenig W
Feldkirch in den Alpenrhein. Das Illtal von der Quelle

bis zur Vereinigung mit der Alfenz (Klostertal) kurz vor Bludenz (= 40 km) heißt **Montafon**, das restliche Illtal Bludenz — Feldkirch (= 21 km) heißt Walgau. Das Montafon schließt also bei Bludenz an die Arlberglinie der Österr. Bundesbahn (Ö.B.B.) und an die Arlbergstraße an, mit zwei Verkehrsmitteln:

a) Montafonerbahn Bludenz — Schrunz (Normalspur), 13 km, etwa 40 Min. Fahrzeit über Lorüns — St. Anton i. M. — Vandans — Kaltenbrunnen — Tschagguns — Endstation Schruns. Ganzjähr. elektr. Betrieb bzw. Dieselfahrzeuge. Anschluß im Bhf. Bludenz an alle bedeutenden Züge der Arlberglinie; kein später Nachtverkehr.

b) Autopostlinien, jeweils ganzjährig mit mehreren Kursen täglich:

I. Schruns — St. Gallenkirch — Gortipohl — Gaschurn — Partenen, 18 km, 60 Min. Fahrzeit. In der Hochsaison direkte Kurse ab Bhf. Bludenz.

II. Schruns — Gargellen, 14 km, 60 Min., in der Hochsaison direkte Kurse ab Bhf. Bludenz.

III. Im Sommer Schruns — Partenen — Silvrettastraße bis Bielerhöhe; etwa 2 h. Ab Partenen 60 Min. Fahrzeit bis Bielerhöhe; dort Anschluß an die Silvrettastraßenkurse Bielerhöhe — Galtür, s. R 101.

c) Straßen: Bludenz — Schruns — Partenen — Bielerhöhe und Schruns — Gargellen. Die Silvrettastraße Partenen — Bielerhöhe — Galtür ist im Winter geschlossen.

d) **Der Reisende ins Montafon** reist also in jedem Fall nach Bludenz (oder Landeck, s. R 106) und von dort entweder mit der Montafoner Bahn oder Autopost an **den Zielort weiter** (oder aber von Landeck mit Autopost über Galtür und die Bielerhöhe ins Montafon).

e) **Das Tal Montafon** ist durch die Talenge und den Knick bei der sogen. „Fratte" zwischen Schruns und St. Gallenkirch beim Straßentunnel in ein äußeres und inneres Montafon, die sogen. „Außerfratte" und „Innerfratte" geteilt. Die Talschaft selber wird durch die drei Gebirgsgruppen Rätikon im SW, Silvretta im SO und Verwall im N und NO gebildet. Die Silvrettagruppe begleitet das Tal Montafon also nur auf der Strecke St. Gallenkirch — Partenen bzw. — Gargellen.

f) Das M o n t a f o n gilt mit Recht als eines der schönsten Alpentäler der Ostalpen, als „ALPENPARK MONTAFON", weitberühmt ob seiner landschaftlichen Schönheiten, seiner hübschen Montafoner Häuser und Trachten und der vielseitigen Bergwelt ringsum. Eingehende Beschreibung des Tales im Führer „Alpenpark Montafon", s. R 57.

Es folgt die kurze Beschreibung der Talorte von W nach O; Bludenz als Einfallstor ist vorangestellt, zählt aber nicht zur Talschaft Montafon.

g) Ä r z t e in Schruns, mit Spital, und St. Gallenkirch. Modernes Spital in Bludenz. Bergrettungsdienste und Meldestellen in Bludenz, Schruns, Gaschurn und Partenen.

## 83

**Bludenz,** Bhf. 585 m, Bezirkshauptmannschaft und wichtigster Verkehrsknotenpunkt an der Arlberg-Westrampe, mit allen Einrichtungen eines modernen Fremdenverkehrszentrums. Verkehrsamt gegenüber dem Bhf. Tel. 2170. Banken, Geschäfte aller Art, modernes Spital, Ärzte, Apotheke usw. Sitz der Sektion Vorarlberg des ÖAV, Sekretariat Mutterstraße 9; 12 Min. vom Bhf., Bürozeit nur vormittags. Telefon 26 39.

a) V e r k e h r: Schnellzugstation der Arlberglinie, Halt sämtlicher Züge. Kopfstation der Montafonerbahn Bludenz — Schruns, s. R 82a. An der Reichsstraße Nr. 1 über den Arlberg. Abzweigung der Straße ins Montafon und über die Bielerhöhe (Silvrettastraße, s. R 100) ins Paznaun. Seilbahn Bludenz — Muttersberg.

b) G a s t s t ä t t e n: H Bludenzer Hof 60 B, G Weißes Kreuz 46 B, H Post 30 B, HP Hoher Frassen 28 B, G Österr. Hof 26 B, G Arlberger Hof 20 B, H Löwen 20 B, G Krone 20 B, G Schesaplana 18 B, G Alfenz in Stallehr 14 B, G Traube in Braz 13 B, G Burgstaller 11 B, G Eisenbahn 9 B. Zahlreiche Privatzimmer. Auskunft, Prospekte und Hotelliste: Verkehrsamt Bludenz a. Bhf. Neu: Schloßhotel 20 B.

## 84

#### Äußeres Montafon. Orte und Bahnstationen:

a) S t. A n t o n i. M., 659 m, 6 km von Bludenz, rechts der Ill. Station der Montafonerbahn und -Straße. — G a s t s t ä t t e n: G Adler 12 B und G Post 4 B.

**b) Vandans i. M.**, 650 m, 8 km von Bludenz, links der Ill. Halte=
stelle der Montafoner Bahn rechts der Ill; über die Ill in den Ort.
**Gaststätte:** G Sonne 25 B. 50 Privatbetten.

**c) Tschagguns i. M.**, 700 m, 12 km von Bludenz, links der Ill.
Station der Montafoner Bahn rechts der Ill, über die Illbrücke in den
**Ort.** Bekannter Sommerkurort und Wintersportplatz in schöner Hang=
lage, z. T. weitverstreute Walsersiedlung. Sessellift Tschagguns—Grabs
(Rätikon); Schrägaufzug Tschagguns bzw. Latschau—Golm im Bau.

**Gaststätten:** H Adler 40 B, G Sonne 28 B, G Jochum 14 B,
P Marent 20 B, G Löwe 10 B. Zahlreiche Privatbetten und Ferien=
häuschen. Auskunft: Verkehrsverein Tschagguns.

## 85

**Schruns,** 700 m, Marktgemeinde und Hauptort des Mon=
tafons, in schönster Lage inmitten der Bergwelt, ältester
Kurort des Landes. Berühmte Kuranstalt, Sauna usw.
Ärzte, Apotheke, Drogerie, Geschäfte aller Art, Bank,
Buchhandlung usw. **Sitz des Verkehrsverbandes Mon=
tafon,** Büro am Kirchplatz ganztägig geöffnet, Auskünfte,
Prospekte usw., Geldwechsel. Tel. 253. Bezirk Mon=
tavon der Sektion Vorarlberg des ÖAV. Rettungsstelle.
Bedeutender Wintersportplatz. Wintersportverein und Ski=
klub. Bergsteigerschule (Anmeldung im Konsum).

**Verkehr:** Endstation der Montafonerbahn, Aus=
gangspunkt der Autoposten, ins innere Montafon, Gar=
gellen, Partenen, Bielerhöhe, Abfahrt am Bhf. Post=
und Telegraphenamt, Autotaxi, Garagen, Tankstellen.
Montafoner Hochjochbahn Schruns — Kapellalpe, Sessellift.

**Gaststätten:** Kurhotel Montafon; 3 Hotels (Krone, Löwe,
Taube); 5 Gasthöfe (Hochjochbahn, Kreuz, Linde, Rhätikon, Schäfle)
und 18 Pensionen; viele Privatzimmer, Ferienhäuschen, Cafés usw.
Verzeichnisse, Prospekte, Auskunft: Verkehrsamt Schruns am Kirchplatz.

## 86

**Gargellen und das Gargellental.** Gargellen, 1424 bis
1600 m. Autostraße bis Gargellen=Vergalden, 1600 m,
Autopost nur bis Gargellen=Kirche, ab Bhf. Schruns, in
der Saison direkt ab Bhf. Bludenz. Sessellift von Gar=
gellen über die Gargellenalpe auf den Schafberg. Postamt,
Verkehrsverein, der alle Auskünfte erteilt.

**Achtung!** Gargellen als Tourenstandort s. R 151 ff.;
Madrisahütte R 152.

**Gargellen** liegt in dem vom Montafoner Haupttal
der Ill bei St. Gallenkirch=Galgenuel nach S abzweigen=
den Gargellental (15 km), Suggadinbach. Das Gargel=

lental ist eines der schönsten Hochgebirgstäler der Ost‹
alpen, mit dem großartigen Talschluß der Madrisa und
der Ritzenspitzen. Das Tal bildet die Grenze zwischen
der Rätikongruppe im W und der Silvrettagruppe im O.
Es ist Ausgangspunkt für den Übergang über das
Schlappinerjoch nach Klosters und für die westlichste
Silvretta: Rotbühlspitzgruppe, Heimspitz‹Valisera‹
Gruppe, Übergang zur Tübinger H. 30 Min. S oberhalb
Gargellen am Eingang in das Valzifenztal liegt die
Madrisahütte. Unmittelbar S von Gargellen‹Vergalden
gabelt sich das Tal in das Valzifenztal nach S und Ver‹
galdner Tal nach O.

Man beachte: Die Autostraße ins Gargellental hat zwei
Zufahrten:

Von Schruns her talein Abzweigung beim Postautohalt „Montafoner
Hüsli", man fährt also nicht bis St. Gallenkirch. Vom Montafoner
Hüsli führt die Gargellenstraße rechts über die Ill und durch den
Ortsteil Galgenuel ins Gargellental empor. In Galgenuel mündet
eine Zufahrtsstraße direkt von St. Gallenkirch in die Gargellen‹
straße ein.

Aus dem inneren Montafon (Bielerhöhe) kommend, zweigt man in
St. Gallenkirch dicht W der Ortsmitte ab hinab nach Galgenuel, wo
man auf die Gargellenstraße trifft wie oben.

**Gargellen,** 1424 m, mit Gargellen‹Vergalden, ist
einer der bedeutendsten Sommerkurorte und Winter‹
sportplätze der Silvretta. (Im Munde der Einheimischen
ist das Wort Gargellen nicht bräuchlich, es lautet aus‹
schließlich ‚Gargella', Ton auf dem e.)
Führungen in Fels und Eis, auch der Silvretta. Berg‹
führer, Skiführer, Skilehrer, Sport‹ und Lebensmittel‹
geschäfte. — **Vgl. Bild 2!**

Gaststätten: H Madrisa 80 B, H Bachmann 70 B, H Gargellen-
hof 50 B, H Vergalden 50 B, H Alpenrose 35 B, H Edelweiß 30 B;
G Heimspitze 30 B; Appartement Haus Montafon 59 B; H-Garni
Marmotta (25 B) und Suggadin (14 B); Café Klocker 11 B; P Rüti 6 B;
70 Privatbetten. Auskunft: Verkehrsamt Gargellen.

## 87
**St. Gallenkirch‹Gortipohl,** 886 m. Postautohaltestelle der
Linie Schruns—Partenen bzw. Bludenz—Partenen, etwa
7 Kurse tägl. ab Bhf. Schruns, in der Saison ab Bhf. Blu‹
denz. Beliebte Sommerfrische. Postamt, Arzt, Kaufläden
usw. St. Gallenkirch ist Ausgangspunkt für die ganze
West‹Silvretta, besonders für das Garfreschengebiet,
s. R 162. — **Vgl. Bild 1!**

Gaststätten: Im Ort: GP Adler 30 B, GP Rößle 30 B, G Gemse 16 B, G Hirschen 10 B, P Zamangspitze 14 B. In Galgenuel (Autohalt nach Gargellen; 15 Min. vom Ort): G Stern 10 B, P Reinhilde 30 B. In Gortipohl (Autohalt der Strecke nach Gaschurn, 15 Min. talein): G Traube 17 B, P Alpenrose 13 B, G Edelweiß 10 B, Alpenjugendheim und Jugendherberge (Dr. Erna Kuschkowitz) mit Betten und Lagern. Viele Privatzimmer, Vermittlung durch die Gemeinde.

## 88

**Gaschurn,** 1000 m. Postautohalt der Linie Schruns — Partenen — Bielerhöhe, etwa 7 Kurse tägl. ab Bhf. Schruns, in der Saison ab Bhf. Bludenz. Beliebter Sommerkurort und Wintersportplatz in schöner Tallage; überm Talschluß die Vallüla. Gaschurn ist Ausgangspunkt für die ganze West= und Mittel=Silvretta, besond. Talstation für das Garneratal mit der Tübinger H. und der Versettlabahn, s. R 170! Talstation für das Versailhaus, 2400 m. — Vgl. Bild 3!

Postamt, Arzt, Bergrettungsdienst, Verkehrsamt, Bergführer, Skiführer und Skilehrer am Ort, Ladengeschäfte aller Art, Autotaxi, Tankstelle, Schwimm= u. Sonnenbad.

Gaststätten: H Rößle=Post 50 B, G Edelweiß 38 B, G Krone 34 B, P Sonnblick 20 B, G Verwall 20 B, G Versettla 5 B. Zahlreiche Privatzimmer, Vermittlung durch das Verkehrsamt.

## 89

**Partenen,** 1027 m, Fraktion der Gemeinde Gaschurn, Postautohalt bzw. Endstation der ganzjährigen Montafoner Kurse und der Sommerkurse zur Bielerhöhe, s. R 101, Ende der Montafoner Talstraße, Beginn der Silvrett**astraße,** s. R 100. Beliebter Sommerkurort und Wintersportplatz. Im Talschluß des Montafons. Östlich Partenen teilt sich das Tal in das Untervermunt (Silvrettastraße) nach S, das Vallülatal nach O und das Ganifer zum Zeinisjoch nach NO. Partenen ist wichtigster Ausgangspunkt und Talstation für die Mittelsilvretta. Talstation der Vermuntbahn ins Vermunt, s. R 90.

Postamt, Verkehrsamt, Bergrettungsdienst, Bergführer, Skiführer, Skilehrer am Ort, Ladengeschäfte aller Art, Autotaxi, Tankstelle. — Kavernenkraftwerk; sehenswert!

Talstation für die Vermunttäler und ihre Hütten und Berghäuser: Tübinger H., Saarbrückner H., Madlenerhaus, Hotel Silvrettasee und G Piz Buin, ferner Wiesbadner H. Abkürzung aller dieser Zugänge mittels Schrägaufzug s. R 90 oder auf der Silvrettastraße (Postauto usw.). — **Vgl. Bild 4 und 5!**

Gaststätten: H Zäres 40 B, G Partenenhof 40 B, G Bizul 36 B, G Silvretta 30 B, G Sonne 30 B, G Fitz 18 B, G Piz Buin 17 B, 20 ML, G Guter Tropfen 25 B, 25 ML, P Breitspitz 28 B, 50 ML; Privatzimmer. Auskunft: V.-V. Partenen.

## 90

**Vermuntbahn Partenen — Tromenier** (Standseilbahn, Materialseilbahn der Illwerke), Talstation (etwa 1020 m) in Partenen, 2 Min. vom Café Fitz (Postautohalt), Auto= zufahrt. Zwischen 9 und 18 h sind bestimmte Fahrten für den Personenverkehr freigegeben gegen Benützungs= gebühr. Auffahrt auf offener Plattform mehrmals tägl. etwa 20 Min. zur Bergstation Trominier, 1732 m. Weiter etwa 30 Min. Fußmarsch, dem horizontalen Bahngeleise nach durch Tunnels (beleuchtet; r. gehen) zur Kar= datscha und zum Vermuntstausee; weiter s. R 103 b. — **Vgl. Bild 5!**

Benützungsgebühr: Partenen — Trominier für Berg= und Tal= fahrt je S 5.— je Person. Die Karten für die Berg= bzw. Talfahrt berechtigen zur Rückfahrt am selben Tage. Personen, die nach Benüt= zung des Schrägaufzuges auf der Silvrettastraße einem Motorfahr= zeug zusteigen, haben S 5.— Benützungsgebühr (Straßenmaut) zusätz= lich zu entrichten.

91—99 Offene Randzahlen für Nachträge.

## Die Silvretta-Hochalpenstraße

## 100

kurz Silvrettastraße genannt, ist eine der schön= sten Alpenstraßen. Sie ist als rascher Anreiseweg für den Silvrettabesucher im Sommer von großer Bedeutung und wird daher hier kurz beschrieben. Eingehende Be= schreibungen der Straße in beiden Richtungen sowie der Werksanlagen der Vorarlberger Illwerke AG in Partenen und in den Vermunttälern, der Stauseen usw. findet man im Führer „Alpenpark Montafon", s. R 57, und im Silvretta=Buch, s. R 60. Karte s. R 20! **Vgl. Bild 5, 6 und 17!**

Kurzbeschreibungen des Straßenverlaufes in beiden Rich= tungen nachstehend unter R 102—104!

Die Silvretta=Hochalpenstraße befindet sich im Privat= besitz der Vorarlberger Illwerke AG in Bre= genz. Sie führt auf über 2000 m ü. M. empor und ver= bindet über den Paß „Bielerhöhe" das Tal Montavon in Vorarlberg mit dem Tal Paznaun in Tirol. Sie führt also durch das Herzstück der Silvretta: „VERMUNT". Unmittelbar an und um die Bielerhöhe liegen wichtige Unterkünfte, die unter Bielerhöhe beschrieben sind; s. R 220.

Die Silvrettastraße erhielt in den Jahren 1961/62 fast durchgehend einen modernen Belag und gewisse Verbesserungen und Verbreiterungen. Jeder geübte Pkw-Fahrer kann sie mit Genuß befahren.

**Technische Angaben und Benützungsvorschriften.** Die Vorarlberger Illwerke als Besitzer der Straße haben verschiedene Vorschriften erlassen und heben eine Benützungsgebühr (Straßenmaut) ein.

a) F a h r z e u g b e s c h r ä n k u n g e n: Auf der Silvrettastraße dürfen nur Fahrzeuge verkehren, die folgende Abmessungen nicht überschreiten: größte Länge 9 m, Höchstgewicht 9 t, maxim. Radstand 4,6 m, größte Spurweite (gemessen von der Außenkante der äußersten Räder) 2,4 m. Größter Wendekreis-Durchmesser 18 m.

Der Verkehr mit Personenkraftwagen mit zugelassenen Anhängern ist gestattet, sofern die Gesamtlänge des Fahrzeuges 9 m nicht überschreitet. LKW- und Traktorenverkehr nur mit Sondergenehmigung und nur für den örtlichen Zubringerdienst; Durchfahrt nicht gestattet. Talfahrende Wagen wollen die Ausweichen benützen. Bergfahrende Wagen haben Vorfahrtsrecht!

b) M a u t - o d e r B e n ü t z u n g s g e b ü h r. Das Benützungsentgelt für die Silvrettastraße wird auf die Person des Besuchers und — mit Ausnahme von Lastfahrzeugen aller Art — nicht auf die Gattung des Fahrzeuges abgestellt:

1. Jeder fahrende Besucher (Motorrad, PKW, Omnibus) zahlt bei seinem Durchgang in den Einhebestellen Partenen-Loch und Galtür-Wirl S 10.— Tagesbenützungsgebühr.

2. Wer die Silvrettastraße nach einer Durchfahrt verläßt und die Rückfahrt am gleichen Tag antritt, zahlt zusätzlich für die Rückfahrt S 3.— je Person. (Fahrscheine, Gebührzettel aufbewahren!)

3. Wer auf der Silvretta-Hochalpenstraße im Raum Bielerhöhe — Stausee Vermunt zur Talfahrt nach Galtür oder nach Partenen einem Motorfahrzeug zusteigt (z. B. Touristen, die von einer Bergtour kommen), zahlt S 5.— Benützungsgebühr.

4. Benützungsentgelt für Kinder und Jugendliche: Kinder bis zum 6. Lebensjahr fahren frei; Kinder vom 6. bis 14. Lebensjahr zahlen 50 % des Entgeltes.

5. Über Ermäßigungen für Schülergemeinschaften und über die Gebühren für Lastfahrzeuge usw. geben die Vorarlberger Illwerke-AG Betriebsabteilung Schruns Auskunft.

c) Ö f f n u n g s z e i t e n: Die Befahrungsmöglichkeit der Silvrettastraße in ihrer ganzen Ausdehnung ist von den Witterungsverhältnissen abhängig und bei normalen Verhältnissen im allgemeinen in der Zeit von Ende Mai bis Mitte Oktober möglich. Im Frühjahr und Frühwinter geben der Landesverband für Fremdenverkehr in Bregenz, Tel. 2473, der Vorarlberger Auto-Touring-Club, Dornbirn, Tel. 2406, und die Vorarlberger Illwerke-AG in Bregenz, Tel. 3891, Auskunft über die Befahrungsmöglichkeit. Bei Unterbrechungen der Silvrettastraße infolge Vermurungen oder anderer Elementarereignisse werden entsprechende Warnungstafeln bei der Abzweigung der Montafoner

Straße von der Bundesstraße bei Bludenz, ferner nach der Ortschaft Schruns, in Partenen und Galtür, ferner bei der Abzweigung der Paznauntalstraße von der Bundesstraße Nr. 1 (Arlbergstraße) bei Pians aufgestellt.

**101**

d) H a f t u n g : Die Vorarlberger Illwerke-AG übergibt die in ihrem Privatbesitz befindliche Silvrettastraße dem öffentlichen Verkehr freibleibend bis auf Widerruf. Sie übernimmt dabei keinerlei wie immer geartete Haftung für Unfälle aller Art auf der Silvretta-Hochalpenstraße.

## Postomnibusverkehr auf der Silvrettastraße: Die Postverwaltung unterhält einen regelmäßigen Omnibusverkehr von Partenen bis nach Galtür, wobei der Fahrplan so aufgestellt ist, daß vom Bhf. Bludenz bzw. Bhf. Schruns ein durchgehender Omnibusverkehr bis nach Landeck mit Anschluß am Bhf. Landeck und umgekehrt besteht (z. T. mit Umsteigen auf der Bielerhöhe). Es verkehren in der Hochsaison mehrere Kurse täglich in beiden Richtungen, man entnimmt sie den öffentlichen Fahrplänen und beachte, daß besonders im Herbst die Kurse mit Sonderwagen auch über die fahrplanmäßige Kurszeit hinaus nach Bedarf noch betrieben werden.

### Beschreibung der Silvrettastraße

**102**

**Allgemeine technische Angaben:** Gesamtlänge von der Kirche in Partenen bis zur Kirche in Galtür 25,3 km. Normalsteigung 10 %, 32 Kehren mit 5 % Steigung. Einspurige Straße mit 3,5 m Breite. Ausweichstellen von genügender Länge in Sichtweite von ungefähr 150 m. Parkplätze an verschiedenen Aussichtspunkten usw.: Parkplatz Kardatscha bei km 8,5 unterhalb vom Vermuntstausee. Parkplatz Alpwirtschaft Vermunt beim km 9,2. Parkplatz Krafthaus Obervermunt beim km 10,6. Parkplatz bei Kehre 30 zwischen Krafthaus Obervermunt und Bielerhöhe bei km 13,2. Parkplatz beim Madlenerhaus bei km 14,8. Drei Parkplätze am Silvretta-Stausee auf der Bielerhöhe bei km 15,0: erster Platz etwa 200 m vor dem Stausee westl., zweiter Platz unterhalb des Hotels Silvrettasee, dritter Platz 200 m weiter links oberhalb der Straße nahe beim Ghf. Piz Buin. Parkplatz Pritzenalpe bei km 22,4 beim Düker Kleinvermunt (Rohrleitung), alles gemessen ab Partenen. Die Silvrettastraße beginnt bzw. endet in Partenen, 1051 m, im Montavon im W bzw. in Galtür, 1580 m, im Paznaun im O. Höchster Punkt auf der Bielerhöhe 2032 m. Der Talschluß des Montavons liegt also um mehr als 500 m tiefer als der des Paznauns, d. h. die Straße überwindet von Partenen zum Höchstpunkt über 1000 m Höhenunterschied, von Galtür aber nur um 450 m. Die Montavoner Westrampe der Straße ist 15,65 km, die Tiroler Ostrampe 9,65 km lang.

### Kurzbeschreibung der Silvrettastraße von W nach O

**103**

a) Die Montafoner Straße endet bei der Kirche in P a r t e n e n auf 1051 m ü. M. Dort schließt eine Gemeindestraße von 1,3 km Länge bis zur Einhebestelle Partenen-Loch auf 1113 m ü. M. **an.** Hier beginnt die eigentliche **Silvretta-Hochalpenstraße.** Durch das steile und enge Tal der Ill, Untervermunt, entwickelt sich die Straße über 25 Kehren und rund 9 km mit mäßiger Steigung bis zum Stausee Vermunt **auf 1750 m ü. M.** bei der Alpwirtschaft Vermunt.

b) Dann führt sie waagrecht entlang dem Vermuntstausee bis zum Krafthaus des Obervermuntwerkes am Seespitz und Südende des Sees. (Hier zweigen ab: der Aufstieg zur Saarbrücker Hütte durch das Kromertal und der Übergang zur Tübinger Hütte über das Hochmadererjoch.)

c) Vom Krafthaus des Obervermuntwerkes am Seespitz führt die Straße über 5 km mit weiteren Kehren durch das Obervermunt und Hochtal nach O auf die **Bielerhöhe** beim Silvrettastausee und S c h e i t e l p u n k t auf 2032 m ü. M. Vor dem letzten Anstieg zur Bielerhöhe zweigt im Obervermunt eine Straße rechts nach S und SO ab zum Madlenerhaus vor dem sich ebenfalls ein Parkplatz befindet.

d) Auf der Bielerhöhe und der Landesgrenze Vorarlberg/Tirol steht das Hotel Silvrettasee und der Ghf. Piz Buin; s. Bielerhöhe. Abzweigung des Weges zur Wiesbadner H.

e) Von der Landesgrenze und Paßschwelle auf der Bielerhöhe führt die Straße rund 8 km lang über zwei Kehren in das Kleinvermunt hinab und nach NO hinaus ins innerste Paznaun zur Einhebestelle Galtür-Wirl, 1584 m. Hier endet die Silvretta-Hochalpenstraße.

f) Eine 1,8 km lange Gemeindestraße führt nach G a l t ü r , 1584 m. In Galtür beginnt die Paznauntalstraße, Bundesstraße Nr. 188, und führt hinaus durch das Paznaun nach Pians und Landeck, s. R 105a.

### Kurzbeschreibung der Silvrettastraße von O nach W

**104**

a) Von der Dorfmitte bei der Kirche in **Galtür,** 1584 m, führt eine 1,8 km lange Gemeindestraße auf dem Südufer der Trisanna talein zur Einhebestelle Galtür-Wirl, 1624 m, im Talschluß. Hier beginnt die eigentliche **Silvretta-Hochalpenstraße** und wendet sich mit einem rund 8 km langen Stück nach SW durch das Kleinvermunt empor, zuletzt mit zwei Kehren auf die **Bielerhöhe** an der Landesgrenze zwischen Tirol und Vorarlberg, und am Silvrettastausee entlang zum S c h e i t e l p u n k t auf 2032 m ü. M. Auf der Bielerhöhe (s. dort) stehen das Hotel Silvrettasee und der Ghf. Piz Buin. Hier zweigen die Wege zur Wiesbadner H. und zur Saarbrückner H. ab.

b) Vom Scheitelpunkt an der Bielerhöhe wendet sich die Straße nach W hinab in Obervermunt, wo links unter der Staumauer das Madlenerhaus liegt. Das 5 km lange Straßenstück Obervermunt windet sich zuletzt mit fünf Kehren nach W hinab zum Krafthaus Obervermunt am Seespitz und Südende des Vermuntstausees, dann nach N am Ostufer des Sees entlang zu seinem Nordende bei der Alpwirtschaft Vermunt, 1750 m.

c) Unmittelbar neben der Staumauer beginnt die Straße ins Untervermunt hinabzusteigen über Kardatscha, bei einer Länge von rund 9 km mit 25 Kehren von 1750 m am Stausee hinab auf 1113 m bei der Einhebestelle Partenen-Loch. Hier endet die Silvretta-Hochalpenstraße. Ein 1,3 km langes Straßenstück verbindet die Einhebestelle mit **Partenen,** 1051 m, wo bei der Kirche die Montafoner Straße beginnt und durch das Tal Montafon über Schruns nach Bludenz führt, s. R 82c.

**Das Paznauntal**, kurz **Paznaun** (Ton auf der 2. Silbe), ist 40 km lang und von der T r i s a n n a durchflossen. Sie entspringt wie die Ill im Herzen der Silvretta, im Bieltalferner im Kleinvermunt, vereinigt sich bei Wiesberg mit der Rosanna (Stanzertal) zur Sanna, die bei Landeck in den Inn mündet. Das Paznaun ist ein großartiges Tiroler Hochalpental mit mächtigen Bergflanken und riesigen Wäldern hinter dem schluchtartigen Taleingang bei Wiesberg. Die Siedlungen liegen alle im Talgrund, ausgenommen Kappl mit Langesthei.

Die Silvrettagruppe begleitet nur das innerste Paznaun südseitig von Ischgl, von der Mündung des Fimberbaches, bis zum Zeinisjoch (bzw. Bielerhöhe). Das untere Paznaun ist südseitig von der Samnaungruppe begleitet, während die ganze Nordseite des Tales von der Verwallgruppe begrenzt wird.

a) Die Paznaunstraße ist im Ausbau. Weil es noch geraume Zeit erfordern wird, so ist bei der noch teilweise schmalen Straße unbedingt Vorsicht geboten, zumal es an Ausweichen fehlt und die Postomnibusse die Vorfahrt haben; deren Verkehrszeiten beachten!

Die Straße zweigt 5 km westl. Landeck bzw. 1 km westl. Pians von der Arlbergstraße (Bundesstraße Nr. 1) ab, führt steil hinab ins Sannatal, dann über die Sanna und südufrig zur Rosanna=Trisanna=Flußgabel und scharf links nach S unter der berühmten Trisannabrücke der Arlberglinie hindurch ins eigentliche Paznaun (Trisanna). Dann nach SW und W wechselseitig talein bis Galtür bzw. Zeinisjoch und Bielerhöhe. Die Talstraße berührt alle Orte außer Kappl-Dorf.

b) P o s t a u t o k u r s e  i n s  P a z n a u n : ganzjährig; mehrmals täglich ab Bhf. und Stadt Landeck bis Galtür und zurück. Von Galtür im Sommer weiter zur Bielerhöhe (Silvrettastraße, s. R 101). Fahrkarten für die Postkurse auch im Landesreisebüro im Bhf. Landeck (Schalterhalle) und in der Stadt neben Hotel Schwarzer Adler. H a l t e s t e l l e n ,  E n t f e r n u n g e n  u n d  F a h r z e i t e n des Postautos auf der Paznaunstraße: Vom Bhf. Landeck durch die Stadt über den Inn (W) nach Pians an

der Arlbergstraße und -bahn, 5 km und 25 Min. Fahrzeit
von Landeck. Dann auf der Paznaunstraße am Ghf.
Trisannabrücke vorbei nach See i. Paznaun, 12 km, und
50 Min. Weiter über Kappl, Haltestelle „Hirschen" im
Tal, nicht im Ort (20 km, 70 Min. von Landeck) und
Ischgl (30 km, 1.45 h) nach Galtür (40 km von
Landeck, 2.15 h Fahrzeit).

c) **Haltestelle Wiesberg,** 960 m, der Arlberglinie Landeck — St. Anton
a. Arlberg ist zwar die nächste Bahnstation am Paznaun-Taleingang,
wird aber kaum als Zielbahnhof für Reisende ins Paznaun benützt,
weil nur Personenzüge halten und wird man etwa 15 Min. hinabsteigen muß zur Postautohaltestelle an der Paznaunstraße beim Ghf.
„Trisannabrücke" (10 Betten), was mit viel Gepäck sehr mühsam ist.
d) **Station Pians,** 950 m, liegt noch ungünstiger zur Paznaunstraße.
Kein D-Zug-Halt. 15 — 20 Min. hinab (30 Min. hinauf) in Ort
Pians, 859 m.

**Der Tourist fährt also am besten bis zur Schnellzug-
station Landeck und von dort direkt vom Bhf. mit Postauto ins Paznaun.**

e) Ärzte: Talarzt in Kappl. Weitere Ärzte in Galtür,
Landeck und Zams, wo ein modernes Spital ist.

**106**     **Die Talorte des Paznauns ab Landeck**

**Landeck,** Bhf. 776 m, 15 Min. östl. der Stadt. Bus-Pendel-
verkehr zu den Zügen. Halt sämtlicher Züge der Arlberglinie. Wichtigster Verkehrsknotenpunkt Westtirols
an der Arlberg- und Oberinntalstraße (Unterengadin,
Südtirol). **Wichtigste Bahnstation für das Paznaun.**
Ausgangspunkt der Autopostkurse ins Paz-
naun, s. R 105b. Ausgangspunkt (und Bahnstation)
für die Postautokurse ins Oberinntal —
Unterengadin (Scuol/Schuls) und ins Samnaun,
s. R 122, 132b. Mietauto. Alle Geschäfte, Landesreisebüro, Geldwechsel usw. Sektion Landeck des ÖAV.

3 Hotels mit 140 B, 15 Gaststätten mit 150 B.
**Viele Privatzimmer durch das Verkehrsamt.**

**107**
**Pians,** Bhf. 912 m, Ort 425 m, 5 km von Landeck, in schöner Lage
an der Arlbergstraße zu Füßen der Parseierspitze. — Gaststätten:
G Post 32 B, G Bären 22 B.

**108**
**See i. Paznaun,** 1058 m, 12 km von Landeck. Talort für die
Ascher Hütte im Samnaun. — Gaststätten: Frohe Aussicht, Hirsch,
Lamm, Rößle mit einigen Betten und 20 Privatbetten.

**109**

K a p p l im Paznaun. Postautohaltestelle: G Hirschen (4 B) an der
Talstraße, 1160 m, 20 km von Landeck. Kappl-Dorf, 1258 m, 1 km
Seitenstraße ins Dorf empor; in schöner Lage 100 m überm Talboden.
Tourengebiet im Verwall, Niederelbehütte DAV. Gaststätten: G Post-
Siegele 50 B, G Krone 8 B.

**110**

## Ischgl im Paznaun, 1377 m, 30 km von Landeck an der Postautolinie. Stattliches Tiroler Dorf. Bekannte Sommerfrische und Wintersportplatz an der Mündung des Fimbertales; 1 km talein der Weiler Paznaun, der dem Tal den Namen gab, und 5 km talein die Ortschaft Mathon am Eingang ins Larraintal. Vgl. Bild 7!

Ischgl ist das erste und wichtigste Einfallstor in die Ost-
Silvretta für das Fimbertal, das Grenztal der Silvretta
gegen die Samnaungruppe im O. Talort für das Bodenhaus und die Heidelberger H., ferner für die Idalpe.
Postamt, Verkehrsamt, Verkehrsverein, verschiedene
Ladengeschäfte, Tankstelle, Bergführer, Skiführer, Skilehrer.

G a s t s t ä t t e n : H Post 80 B, H Madlein 35 B, G Goldner Adler 30 B,
G Tyrol 30 B, G Sonne 30 B, G Silvretta 28 B, G Meyer 20 B,
G Edelweiß 14 B. In Mathon: G Rößle. Zahlreiche Privatzimmer,
Liste im Unterkunftsverzeichnis des Verkehrsvereins.

I. **Silvrettabahn Ischgl—Idalpe**, Seilschwebebahn, 2 Kabi-
nen für je 50 Pers. Talstation 1355 m am SW-Ortsrand von
Ischgl, N der Talstraße; Bergstation 2320 m auf der Idalpe
beim Idalpenhaus, s. R 330.

HU = 965 m, Länge 3982 m. Fahrtgeschwindigkeit 10 m/sec. Fahrt-
dauer 8,8 Min. = 300 Pers./h in beiden Richtungen. Prospekt mit Fahrplan und Preisen durch die Betriebsleitung Ischgl. *Betriebszeiten* (unver-
bindlich): Im Sommer vom 1. 6. bis 15 9. von 8—17 Uhr stündlich.
Vom 16. 4. bis 15. 9. und 16. 9. bis 1. 10. nach Bedarf. — Hervor-
ragendes Skigelände! Über Winter- und Skibetrieb, Abfahrten, Skilift
usw. vgl. den Silvretta-Skiführer von W. Flaig (s. R 58).

II. **Achtung:** Außer zur Auffahrt in das prächtige Berg-
und Skigebiet der Idalpe (R 330) kann die Seilbahn im
Sommer und besonders im Winter zur Verkürzung des
Aufstieges bzw. Anmarsches zum Bodenhaus (s. R 320) und
zur Heidelberger Hütte (s. R 300) benützt werden, sowie
für die dadurch sehr erleichterten Übergänge ins Samnauntal und Alp Trida (s. R 132).

**111**
**Galtür im Paznaun,** 1583 m, oberste Gemeinde im Paz≠
nauntal, Dorfmitte und Ortskern bei der Kirche, weit≠
zerstreute Ortsteile. Endstation der Postautokurse Land≠
eck — Galtür. Ausgangspunkt der Postautokurse zur
Bielerhöhe (Silvrettastraße, s. R 100 und 101b). Weit≠
berühmter alpiner Sommerkurort und Wintersportplatz
am Eingang in die Silvrettatäler: Laraintal, Jamtal,
Kleinvermunt und zum Zeinisjoch, mit Jamtalhütte, den
Unterkünften an der Bielerhöhe und der Wiesbadner H.
sowie dem Zeinis≠Gasthof. Hauptausgangspunkt für die
Mittel≠, Ost≠ und Nord≠Silvretta. **Vgl. Bild 8!**

**Postamt,** Arzt, Sportgeschäfte, Verkehrsverein, Laden≠
geschäfte, Hallenbad, Bank usw. Wohnsitz berühmter
Bergführerfamilien (Lorenz, Walter usw.). Bergführer, Ski≠
führer, Skilehrer. Bergsteigerschule, Tourenführungen.

Gaststätten: H Alpenrose 65 B, H Fluchthorn 60 B, H Rößle 60 B,
G Paznauner Hof 34 B, P Ballunspitze 20 B, P Edelweiß 20 B,
G Landle 18 B. Sehr viele Privatzimmer. In der Liste des Verkehrs≠
amtes sind über 40 Häuser mit bis zu 15 Privatbetten verzeichnet.
112—114 Offene Randzahlen für Nachträge.

## Täler in der Schweiz

**115**
Die Täler auf der Schweizer Seite der Silvretta — Präti≠
gau, Davos und Unterengadin — liegen alle im östlich≠
sten Kanton der Schweiz, im schönen GRAUBÜNDEN,
das sich mit Recht „Land der 150 Alpentäler" nennt
und an dessen außergewöhnlicher landschaftlicher
Schönheit und Vielseitigkeit die Silvretta reichen An≠
teil hat, besonders im Unterengadin, im innersten Präti≠
gau und Hochtal Davos. Alle wesentliche „Literatur über
Graubünden" aber findet man in dem vom Verkehrs≠
Verein für Graubünden (s. unten) herausgegebenen
mehrseitigen Verzeichnis, vgl. auch R 30, 31.

Über alle Einrichtungen des Fremdenverkehrs in Grau≠
bünden geben die kantonalen Prospekte, Hotelverzeich≠
nisse und zahlreiche andere Druck≠ und Werbeschriften
Auskunft, welche der **„Verkehrsverein für Graubün≠
den"** C h u r , Schweiz, Tel. (081) 2 13 60 / 61 herausgibt,
darunter der für Fremde wichtige, saisonweise Prospekt
über „Vorteilhafte Fahrausweise für Ferienausflüge",

ferner der Prospekt „Mit der Rhätischen Bahn durch Graubünden" u. a. m. Der handliche kleine Taschen= fahrplan für die Ostschweiz „FIX" enthält alle Eisen= bahnen, Bergbahnen, Post= und Autokurse, Ski= und Sessellifts, Fahrtaxen usw. in Graubünden. Außerdem geben die einzelnen Orte, Verkehrsbüros usw. Ortspro= spekte usw. heraus, die man sich direkt oder bei Reise= büros besorgt. Siehe auch R 21—23, Reisewege nach Graubünden. — **Vgl. die Bilder 9—12!**

## Das Prätigau in Graubünden

**116**

Das fast 50 km lange, prächtige mattenreiche Alpen= tal ist durchflossen von der Landquart, die im Silv= retta=Verstanklagletscher entspringt und bei Landquart in den Alpen=Rhein mündet. Das Tal ist fast in seinem ganzen Lauf im N von der Rätikongruppe, im S von den Plessuralpen begrenzt, die das Parsenn=Skigebiet tragen und das Tal weltbekannt gemacht haben: Küb= lis — Serneus — Klosters — Davos. Die Silvrettagruppe umschließt nur den großartigen Talschluß bei Klo= sters, mit dem Blick auf den Silvrettagletscher und seine Berge. Wir beschränken uns daher hier auf diesen Ort und das innerste Prätigau. Im übrigen Tal zwischen Landquart und Klosters liegen zahlreiche Orte mit Gast= stätten aller Art. Man entnimmt sie dem offiz. Gast= stättenverzeichnis Graubündens.

Verkehrswege: Das Tal Prätigau und die Land= schaft Davos sind dem Verkehr erschlossen durch die Straße und durch die elektrische Bahnlinie der Rhäti= schen Bahn (Rh. B.) Chur — Landquart — Küblis — Klosters — Davos — Filisur. Schnellzugsverkehr und Speisewagen; Anschlüsse in Landquart an die SBB=Linie Chur — Landquart — Sargans — Zürich bzw. Buchs — St. Gallen und Buchs — Feldkirch — Arlberg und Bodensee. In Filisur Anschluß an die Albulalinie und =straße Chur — Engadin. In Davos außerdem Anschluß an die Flüelastraße über den Flüelapaß ins Unterenga= din: Susch — Zernez und Susch — Scuol, Straße und Bahn. Siehe auch R 21—23.

Bild 3 Gaschurn, Hauptort im inneren Montafon, gegen Talschluß bei Partenen mit Vallüla.
Foto: Risch-Lau, Bregenz
Erläuterung s. R 6/I

**Bild 4 Partenen im Talschluß des Montafons. Beginn der Silvretta-Hochalpenstraße. Gegen Vallülatal und -spitze.**

Erläuterung s. R 6/I

Foto: Risch-Lau, Bregenz

**Klosters,** 1250 m. Man unterscheidet Klosters=P l a t z, 1250 m, und Klosters=D o r f, 1127 m, s. R 118, etwa 1 bis 1,5 km entfernt. Klosters=Platz ist Schnellzugstation der Rhätischen Bahn. In Klosters=Dorf kein Schnellzughalt. Klosters ist der Hauptort des inneren Prätigaus an der Prätigauer Talstraße Landquart — Klosters — Wolf= gang — Davos — Filisur. Klosters ist als bedeutender Kurort mit allen Einrichtungen des modernen Frem= denverkehrs ausgestattet, die einzeln aufzuzählen sich erübrigt. Alle Auskünfte durch den Kurverein (Ver= kehrsbüro) Klosters, Tel. (083) 3 84,40. **Vgl. Bild 9!**

Klosters ist ein weitberühmter Kurort und durch Klosters — Parsenn — Gotschna ein weltbekannter Wintersportplatz, in präch= tiger sonniger Lage im Talschluß des Prätigaus mit schönem Blick auf den Silvrettagletscher, einziger Talort der West=Silvretta mit einem Gletscherblick vom Ort aus. Wer einen guten Überblick über die Schweizer Silvretta von W her gewinnen will, fährt mit der Gotschnabahn von Klosters=Platz, 1200 m, in 15 Min. auf den G o t s c h n a g r a t, 2300 m (gutes S i l v r e t t a = P a n o r a m a im Prospekt der Luftseilbahn und im Sonderprospekt des Kurvereins).

Klosters ist wichtigstes Einfallstor in die Schweizer West-, Mittel- und Südsilvretta und Talstation für die Silvrettahütten/SAC, Berghaus Vereina, Fergenhütte und Seetalhütte; ferner für S c h l a p p i n, siehe R 118. Aus= gangs= oder Endpunkt für Silvretta=Durchquerungen. Bergführer, Skiführer, Skilehrer, „Bergsteigerschule Silv= retta" (sehr gut) mit Kursen und Führungen besonders auch in die Silvretta. Schönes Strandbad. Sitz der Sekt. Prätigau des SAC ist Schiers im unteren Tal, in Klo= sters eine größere Gruppe dieser Sektion.

G a s t s t ä t t e n in Klosters=Platz: H o t e l s: Vereina Grand Hotel 200 B, Silvretta 200 B, Pardenn 80 B, Sporthotel Parsenn 80 B, Weißes Kreuz 70 B, Belvedere 70 B, Chesa grischuna 45 B, Alpina 30 B, Bündnerhof 30 B, Sporthof 30 B, G Hirschen 20 B, Wyneck 15 B. P e n s i o n e n: Chalet Linard 25 B, Rhätikon 20 B, G Sonne 17 B, Villa Daheim 15 B, G Casanna 12 B, Haus Berghoeve 10 B, G Stein= bock 10 B, Begonia 9 B, Post in Aeuja 8 B, Skihaus Alpenrösli 6 B, ML, mit Wohnküche für 12 Personen, Café Gotschnastübli 5 B. Viele Privatzimmer und Ferienhäuschen (Chalets), durch den Kurverein. — In Klosters=Schwendi, 1665 m: Berghaus Florin 20 B und 65 ML.

**118**

**Klosters=Dorf,** 1127 m, liegt 1 — 1,5 km talaus und eine Bahnstation vor Klosters=Platz am Eingang ins Schlap= pintal, d. h. es ist für Touren in dieses Tal und seine

Berge der Westsilvretta besonders günstig gelegen; Tal=
station für den Tourenstandort Schlappin (s. dort), für
den Übergang übers Schlappinerjoch nach Gargellen
und übers Garnerajoch zur Tübinger H. Bergführer
usw. s. Klosters-Platz.

**Gaststätten** in Klosters=Dorf: H Albeina 50 B, P Schäublin 30 B,
Sporthotel Kurhaus 20 B, P Silvapina 15 B, P Madrisa 10 B, P Dörfli=
stube 4 B. — In Klosters=Serneus, 1037 m (Bahnstation): H Kur=
haus Bad Serneus 40 B, H Mezzaselva 20 B.

**119**

**Wolfgang** (Davos), 1560 m. Der Paß Wolfgang an der Straße und
Bahnlinie (Haltestelle) Klosters — Davos verbindet das Prätigau mit
dem Landwassertal von Davos. Er trennt die Südsilvretta von den
Plessuralpen.

**Gasthaus** Kulm 15 B, nahe der Eisenbahnstation Wolfgang.
Wolfgang ist geeignet als Ausgangsort für Bergfahrten in der West=
abdachung der Südsilvretta, besonders in der Umrahmung des Mönch=
alptales: Hörnli, Pischahorn, Gatschiferspitze usw.

## Die Landschaft Davos

**120**

**Davos** besteht aus zwei zusammengebauten Ortsteilen:
Davos= P l a t z , 1560 m, im SW und Davos= D o r f ,
1574 m, im NO des Hochtales des „Landwassers" (Fluß).
Beide Ortsteile sind Stationen der Rh. B. und liegen an
der Straße Klosters — Wolfgang — Davos=Dorf — Da=
vos=Platz — Filisur bzw. Flüelapaß, s. R 21—23. Haupt=
ort ist Davos=Platz. Der weltbekannte Kurort, eine
kleine Weltstadt im Hochgebirge, in herrlicher Sonnen=
lage mit Blick auf die Albula=Silvretta=Berge bedarf
keines besonderen Hinweises oder Aufzählung seiner
zahlreichen modernsten Einrichtungen des Fremden=
verkehrs, zumal Davos als Ausgangspunkt direkt für
die Silvretta nur beschränkte Bedeutung hat. Außer den
Übergängen über die Pischa=Flüela=Gruppe führen alle
Anmärsche zur Silvretta entweder über Klosters oder
durchs Flüelatal (s. dort). Alle A u s k ü n f t e , Hotel=
verzeichnisse usw. durch den Verkehrsverein Davos,
Tel. (083) 3 51 35. — Davos ist Sitz der Sektion Davos
des SAC und des berühmten Skiclub Davos.

D a v o s ist Ausgangspunkt für die Unterkünfte im
Flüelatal (R 121) und — mit Übergang über die Flüela=
Pischa=Gruppe — auch für das Berghaus Vereina. Von
Davos direkt kann vor allem die Umrahmung des

Mönchalptales besucht werden, ferner die Silvretta=
berge des Flüelatales (s. dort), letztere auch rasch durch
Anfahrt auf der Flüelapaßstraße, auch mit Autopost,
s. R 121.

Gaststätten: Davos=Platz verfügt über 34 Hotels
und 20 Pensionen, Davos=Dorf über 21 H und P, die
hier nicht alle aufgezählt werden können. Man wendet
sich an den Verkehrsverein, der auch Privatzimmer ver=
mittelt, Tel. s. oben.

### Flüelatal und Flüelapaß

**121**

a) Die Flüelapaßstraße von Davos=Dorf, 1560 m,
über den Flüelapaß, 2383 m, nach Susch, 1438 m, im
Unterengadin, ist 27 km lang. Das Hospiz, rom. Ospiz
Flüela, auf der Paßhöhe, 2383 m, liegt genau in der
Mitte. Entlang der nur im Sommer geöffneten Paßstraße
stehen mehrere SOS=Telefone, stets zugänglich, aber
nur für Notrufe zu benützen. Weitere Telefone in den
drei Gasthöfen an der Straße: Alpenrose, Tschuggen
und Ospiz Flüela, die alle drei als Tourenstützpunkte
geeignet und deshalb weiter unten unter e, f und g kurz
beschrieben sind.

Der Paß bzw. das Flüelatal und das Val Susasca bilden
die Grenze zwischen der Südsilvretta im N und der
Albulagruppe im S, er ist damit zugleich Grenzlinie
dieses Führers.

b) Postautokurse auf der Flüelastraße (s. auch R 21—23) verkehren
nur im Sommer, etwa ab Mitte Juni bis Ende September, wenn die
Straße offen ist, 2—3 Kurse täglich in beiden Richtungen. Die Kurse
beginnen am Bhf. Davos=Platz und endigen in Susch (30 km) bzw.
Zernez. Fahrzeiten Davos—Susch etwa 1.30 h, Susch—Davos etwa 1.45 h,
bis Zernez etwa 15 Min. mehr. In Susch Anschluß an Postkurse und
Rh. B. Richtung Scuol und Zernez (Oberengadin, Ofenpaß, Münstertal).
Haltestellen der Flüela=Autopost: Davos=Platz Bhf. und Haupt=
post, Davos=Horlauben Post, Davos=Dorf Post, Ghf. Alpenrose, Ghf.
Tschuggen, Wegabzweigung Jörifürggli-Vereina (beim Wegerhaus 2207
der LKS; die Autopost hält also eigens für Fahrgäste, die den belieb=
ten Übergang über die Jörifluelafurka, 2725 m, oder über das Jöri=
fürggli [Winterlücke der LKS], 2850 m, ins Vereinatal, Berghaus
Vereina, machen wollen). Ospiz Flüela, Susch Post und Station.

c) Fußmarsch über den Flüelapaß. Wer das schöne und interessante
Flüelatal der Davoser Seite bzw. das Val Susasca der Engadiner Seite
des Passes zu Fuß bewandern will, kann zur Vermeidung der Straße
von Davos=Dorf bis zum Ghf. Tschuggen, 1938 m, einen sehr schönen

und lohnenden Fußweg benützen. Man verläßt die Flüelastraße kurz nachdem die Straße von der Davoser Talebene in den Taleingang einmündet: rechtsab auf der Brücke über den Flüelabach und jenseits sofort links dem Fußweg nach am Bachufer, anfangs durch schönen Wald talein und empor zum Tschuggen, 8 km ab Davos-Dorf, etwa 2—2.30 h. Vom Tschuggen folgt man der Straße (oder weglos neben ihr) bis zum Wegerhaus 2207 m, etwa 3,5 km, 50 — 60 Min. Aufstieg. Dort zweigt wieder ein Fußweg von der Straße links ab und führt auf der N-Seite des Baches zur Paßhöhe bzw. Straße, 350 m NW vom Ospiz Flüela, 2383 m, etwa 2 km und 45 — 50 Min. Aufstieg.

Auf der Engadiner Seite des Passes im Val Susasca bestehen außer kurzen Wegspuren und kleinen Abkürzungen an Kehren keine Fußwege. Man muß auf der Straße (oder weglos neben ihr) bleiben, 4.30—5 h Aufstieg von Susch zum Paß.

d) **Unterkünfte und Tourenstandorte an der Flüela-straße.** Von den 3 Gasthöfen liegen 2 auf der Davoser Flüelaseite, 1 auf der Paßhöhe, alle 3 an der Straße. Alle 3 sind Postautohalte.

e) **Gasthof Alpenrose im Flüelatal,** 1830 m, 12 B. Unmittelbar N der Flüelastraße; in der LKS eingetragen. Postautohalt, 5 km und 15 Min. Fahrzeit ab Davos-Dorf (30 Min. ab D.-Platz), etwa 1.30—1.45 h Fußmarsch. Ausgangspunkt für Bergfahrten in der Pischa-Flüela-Gruppe (s. dort), besonders für die Südanstiege auf den Kamm Hörnli-Pischahorn und für die Übergänge ins Vereinatal: Eisenfürggli, Jöriflüelafurka, Winterlücke (Jörifürggli), s. dort.

f) **Gasthof Tschuggen an der Flüelastraße,** 1938 m, 16 B. Im Talgrund unmittelbar S der Straße in einer Kehre, s. LKS. Postautohalt, etwa 7,5 km und 20 Min. Fahrzeit von Davos-Dorf, 2—2.30 h Fußmarsch. Standort für Touren wie oben bei e) Ghf. Alpenrose. Hier beginnt der Steig über das Eisenfürggli (s. dort), 2766 m, ins Vereinatal.

g) **Ospiz Flüela auf dem Flüelapaß,** 2283 m, 18 B. In schöner Lage auf der Paßhöhe, unmittelbar SW der Straße, zwischen ihr und dem Schottensee, s. LKS. Postautohalt, je etwa 13,5 km von Davos bzw. Susch und 40 bzw. 45 Min. Fahrzeit, 4.30—5 h Fußmarsch von Davos oder Susch. Idealer Standort für schöne Bergfahrten auf der Silvretta- und Albulaseite, besonders für die Flüela-Pischa-Gruppe. Höchstgelegener Standort für Flüela-Weißhorn und für den schönen Übergang über die Winterlücke (Jörifürggli), 2850 m, ins Vereinatal. Auf der Albulaseite besonders lohnend: Flüela=Schwarzhorn.

## Das Unterengadin in Graubünden

**122**

**Das Unterengadin** begrenzt die Silvrettagruppe im SO und S zwischen Ramosch/Remüs im O (NO) und Susch/ Süs im W (SW). Dieses von Graubündner Romanen besiedelte Tal des Inns, romanisch En, zählt unstreitig zu den schönsten Alpentälern der Schweiz mit einer ge= radezu heroischen Landschaft zwischen den Unterenga= diner Dolomiten im S und der Silvretta im N, besonders in der schönen Talweitung bei Scuol/Schuls—Tarasp— Vulpera. Auf der Silvrettaseite liegen zahlreiche der hübschen romanischen Engadiner Dörfer. Es zählt zu den schönsten Erlebnissen des Silvrettabesuches, nach den Bergfahrten und Wanderungen in ihrem Hoch= gebirge in die sonnigen Täler der Engadiner Seite und zu diesen Engadiner Dörfern abzusteigen oder das schöne Bad Scuol—Tarasp—Vulpera und den auf der Südseite angrenzenden Schweizer Nationalpark zu besuchen. **Vgl. Bild 10—12 und 28!**

Verkehrswege: Das romantische Tal hat ebenso romantische Zufahrten, eine Bahnlinie und mehrere Straßen:

a) **Von der Schweizer Seite,** d. h. von W entweder mit der Rh. B. von Chur oder von Landquart über Davos= Filisur auf der großartigen Albulalinie nach Bever und hinab innabwärts über Zernez nach Scuol/Schuls, 3.30 bis 4.30 h Fahrzeit von Chur. Oder mit Autopost von Davos über den Flüelapaß nach Susch, etwa 1.30 h Fahr= zeit; in Susch schließt die Flüelastraße an die Unter= engadiner Talstraße und Rh. B. an. Schließlich kann man über den Albula= oder Julierpaß ins Oberengadin reisen und dort die Rh. B. oder die Straße ins Unter= engadin erreichen.

b) **Von der Tiroler Seite,** von O, mit Autopost von Landeck, s. R 106 durchs Oberinntal — Schalklhof (österr. Zoll) — Vinadi (= Weinberg, Abzweigung der Straße ins Samnauntal) — Martina (= Martinsbruck, Schweizer Zoll, Abzweigung einer Straße zum Reschen=

paß und nach Südtirol usw.) und weiter durch das Unterengadin nach Scuol/Schuls; 64 km von Landeck bis Schuls, 3—3.30 h Fahrzeit, etwa 2 Kurse täglich in beiden Richtungen, Gemeinschaftsbetrieb der österr. u. Schweizer Post. Landschaftlich außerordentlich großartige Fahrt. (Siehe W. Flaig „Vom Engadin zum Comer See", Verlag Schroll, Wien, 1955.) Zum Grenzübertritt in Martina sind die üblichen Grenzpapiere nötig.

In Scuol/Schuls schließt diese Autopostlinie an die Rh. B. an. Außerdem verkehrt auf dieser Strecke der direkte Autopostkurs von München über Landeck nach St. Moritz und umgekehrt, während der Saison täglich in beiden Richtungen. Und schließlich kann man aus Südtirol oder aus dem Veltlin durch den Vintschgau bzw. über das Stilfser Joch und den Reschen= oder Ofenpaß ins Unterengadin reisen.

### Die Talorte des Unterengadins

Zur Beachtung: Das Unterengadin ist von Rätoromanen bewohnt. Sie sprechen die als vierte Landessprache der Schweiz anerkannte romanische Sprache in einem ladinischen Dialekt. Die Bevölkerung versteht jedoch und spricht meist auch die deutsche Sprache. Die Ortsnamen erhielten vor einiger Zeit wieder ihre rein romanische Form. Es werden die romanischen Formen vorangesetzt, die „deutschen", soweit sie noch bräuchlich sind, dahinter, z. B. Scuol/Schuls.

Die Talorte des Unterengadins, soweit es die Silvretta begleitet, liegen alle an der Unterengadiner Talstraße bzw. Linie der Rh. B. oder sind mit dieser Straße bzw. den Bahnstationen durch kurze Straßenstücke u. Autopost verbunden. Jeder Ort hat Postamt bzw. Bahnstation.

## 123

**Susch** (früher Süs, nicht mehr bräuchlich), 1438 m. Station der Rh. B. Ausgangspunkt der Flüelapaßstraße nach Davos, die hier von der Unterengadiner Talstraße abzweigt. Das hübsche Dorf liegt gerade an dem Knie des Inns mit dem er von Zernez her genau nördlich fließend nun wieder nach O umbiegt. Von Susch geht man auch aus für die Übergänge über den Flesspaß und Jöriflesspaß ins Vereinatal; zu diesem Zweck kann man mit der Flüela=Post bis zur Einmündung des Val Fleß fahren. Eigene Haltestelle! Vgl. Bild 10!

Gaststätten: H Schweizer Hof 35 B, H Rhätia und Post 20 B.

**124**
**Lavin,** 1412 m. Station der Rh. B. 1432 m, dicht oberhalb
des Ortes. Hübsches altes Engadiner Dorf direkt am
Eingang ins Val Lavinuoz u. Ausgangspunkt für den
einfachen Tourenstandort Marangun (s. dort) in diesem
Tal, sowie für die Übergänge ins Vernelatal, zu den
Silvrettahütten und in die Buingruppe.

Gaststätten: G Linard 15 B, G Weißkreuz 5 B.

**125**
**Guarda,** 1653 m, und **Bos=cha,** 1664 m. Station der Rh. B.
1432 m, d. h. 30—45 Min. Aufstieg zum Ort hinauf,
nach Bos=cha etwas weiter. Ein Fußweg führt direkt
zum Ort, eine Fahrstraße über Guarda nach Bos=cha.
Postauto von der Station nach Guarda mehrmals täglich
in beiden Richtungen. Besonders hübsches altes Enga=
diner Dorf, östl. vom Eingang ins Val Tuoi. Talstation
für die Tuoihütte, s. dort. Übergang über den Vermunt=
paß zur Wiesbadner Hütte und über das Jamjoch zur
Jamtalhütte.

Gaststätten in Guarda: P Piz Buin 15 B; in Bos=cha P Craista 20 B.

**126**
**Ardez,** 1464 m (früher auch Steinsberg, jene Engadiner
Gemeinde, die einst großen Besitz im Vermunt hatte,
dort, wo jetzt der Silvretta=Stausee ist!), Station der
Rh. B. 1432 m dicht unterm Dorf. Besonders hübsches
Engadiner Dorf westl. vom Eingang ins Val Tasna und
damit auch ins Val Urschai (Fuorcla da Tasna — Hei=
delberger Hütte) und zum Paß Futschöl — Jamtalhütte
bzw. ins Val Urezzas (Fuorcla d'Urezzas—Jamtalhütte).

Gaststätten: P Edelweiß 20 B, P Craista 20 B, H Aurora 17 B,
P Alpina 8 B, P Posta veglia 7 B, P Cotschen 7 B.

**127**
**Fetan** (Ftan), zwei Dorfteile: Grond, 1709 m, und Pit=
schen, 1644 m, in prächtiger Lage hoch am Talhang,
sonnseitig, 5 km W oberhalb Scuol/Schuls. Ganzjährige
Autopostkurse mit Schuls, 15 Min. Fahrzeit, mehrere
Kurse täglich in beiden Richtungen. Außerdem Station
Fetan, 1335 m, d. h. etwa 45—60 Min. Aufstieg zum
Ort hinauf, daher besser und rascher von Schuls mit
Autopost. Talstation für die Chamanna da Naluns und

Chamanna da Schlivèra (Naluns= und Schlivèrahütte);
Übergänge in die Silvretta von diesen Hütten, s. dort.

Gaststätten: H Bellavista 40 B, P Laret 14 B, P Cantieni 4 B,
Privatzimmer und Ferienwohnungen. Auskunft: Verkehrsverein Fetan.

**128**

**Scuol/Schuls=Tarasp=Vulpéra.** Scuol liegt nördlich des
Inns, Vulpéra=Tarasp auf einer Terrasse jenseits, südl.
des Inns, im SW von Schuls. Schuls besteht aus zwei
Ortsteilen: S u r a , 1244 m, oben und S o t , 1198 m, SW
unterhalb. Der B a h n h o f , Endstation der Unterenga=
diner Linie der Rh. B., liegt WSW oberhalb von Schuls,
1287 m. Busverbindung zwischen Bhf. und Ort. Schuls
ist auch Ausgangspunkt bzw. Endstation der Postauto=
kurse nach Landeck, Samnaun u. Kurhaus Val Sinestra.

L u f t s e i l b a h n von Scuol auf Motta Naluns zu den
Ski- und Berghütten N a l u n s (s. R 440) auch Schlivèra.
**Vgl. Bild 11!**

Der berühmte Sommer= und Badekurort und Winter=
sportplatz liegt besonders schön am Sonnenhang mit
den prächtigen Schaustücken der Unterengadiner Dolo=
miten gegenüber Piz Lischanna, Piz Pisoc usw. Auf
den Terrassen jenseits des Inns (mehrere Brücken über
den Inn) viele schöne Wanderungen im Raum Tarasp=
Vulpéra und San Jon, in herrlichen Wäldern. Schönes
Strandbad in Vulpera.

Der moderne Kur= und Badeort ist mit allen Einrich=
tungen des modernen Fremdenverkehrs ausgestattet, die
aufzuzählen hier nicht nötig erscheint. Mehrere Ärzte,
Heilbäder. Alle Auskünfte, Prospekte usw. durch den
**Kurverein Scuol=Tarasp,** Tel. (084) 9 13 81. Bergführer,
Skiführer, Skilehrer. Rettungsstelle. Sektion Unter=
engadin des SAC.

S c u o l / S c h u l s ist Ausgangspunkt für alle Wande=
rungen und Bergfahrten in der SO=Silvretta, ins Val
Sinestra — Hof Zuort und zu den Hütten auf Naluns
und Schlivéra, s. Fetan R 127, sowie zu all den Über=
gängen von dort aus ins Fimbertal (Heidelberger H.
usw.) und ins Paznaun und Samnaun.

Gaststätten in S c u o l : H Engadiner Hof 130 B, H Belvedere
100 B, H Post 60 B, H Victoria 50 B, H Quellenhof 50 B, H Guar=
daval 40 B, H Hohenfels 40 B, H Lischana 40 B H Du Parc garni 40 B,

H Krone 20 B, H Valentin 15 B, HP Bären 15 B, HP Silvretta 15 B, HP Filli 30 B, H Terminus 25 B, H Bahnhof 25 B, H Traube 25 B, P Sternen 14 B, P Villa à Porta 13 B, P Hartmann 12 B, P Bellavista garni 11 B, P Alpenrose 10 B, P Montana garni 9 B, P Crusch Alba 8 B. In Tarasp: Grand Hotel Kurhaus 250 B. In Vulpera, 1268 m: H Waldhaus 270 B, H Schweizer Hof 210 B, Villa Maria 40 B, Villa Silvana 35 B.

**129**

**Sent,** 1430 m, an der Straße von Scuol ins Val Sinestra. Postautoverbindung mit Scuol, 3,5 km, täglich mehr= mals. Außerdem Haltestelle des Postautos von Scuol ins Samnaun und nach Landeck, mehrere Kurse täglich in beiden Richtungen, desgleichen der Autopost Scuol — Kurhaus Val Sinestra. Ausgangspunkt für Wanderungen in der Spadlagruppe der Silvretta und im Val Sinestra. Gaststätte: H Rezia 25 B.

**130**

**Ramosch**/Remüs, 1231 m, auf der Ostseite des Ein= ganges ins Val Sinestra, das man jedoch im Sommer besser mit Postauto von Scuol über Sent zum Kurhaus Val Sinestra erreicht, von Ramosch zu Fuß über Manas (Vnà) zum Hof Zuort, s. dort. Haltestelle der Postauto= kurse von Scuol nach Samnaun und Landeck, mehrere Kurse täglich in beiden Richtungen. Zufahrt aus dem Oberinntal s. R 122. Gaststätten: P Arina 6 B, P Bella vista 3 B, G Post 2 B.

**131**

**Val=Sinestra=Bad,** 1480 m, Kurhaus Val Sinestra. Be= kanntes Kurhaus und Heilbad, stärkste Arsen=Eisen= quelle Europas. Postauto von Scuol. Stilles Alpental mit prächtigen Waldwanderungen, besonders talein zum Hof Zuort.

### Das Samnaun in Graubünden

**132**

Das Samnauntal mit den Orten Compatsch, Laret und Samnaun und mit dem Berghaus Alp Trida, wird hier nur erwähnt, weil es ein besonders interessanter Ausgangs= oder Endpunkt für Silvretta=Durch= querungen von O nach W bzw. umgekehrt ist.

a) **Das Samnaun** ist ein echtes Hochalpental mit prächtigen Wäldern und einsamen Bergen ringsum. Die Übergänge in die Silvretta führen am besten über das Zeblesjoch zur Heidelberger Hütte oder vom Berghaus Alp Trida über das Viderjoch zur Idalpe und durch das

Fimbertal zur Heidelberger Hütte. Schließlich ist ein Übergang über die Fuorcla Maisas zum Hof Zuort und weiter über den Fimberpaß zur Heidelberger Hütte möglich.

b) Die Samnaunstraße zweigt in Vinadi oder Weinberg beim G Vinadi (8 B) ab. Dorthin mit Autopost von Scuol oder von Landeck s. R 122b. Von Vinadi führt die Samnaunpost über Compatsch—Laret nach Samnaun.

**Compatsch,** 1717 m, beliebter Ferien= und Wintersportplatz, Talort für die Alp Trida.

Gaststätten: H Steinbock 30 B, H Piz Urezza 30 B, G Alpen= blick 12 B.

**Berg= und Skihaus Alp Trida,** 2263 m, 40 B, in besonders schöner Hochgebirgslage, 2—2.30 h von Compatsch. Übergang zur Idalpe und ins Fimbertal.

**Laret,** 1730 m, kleiner Ort zwischen Compatsch und Samnaun. — Gaststätten: P Jenal 24 B, Café Prinz 7 B. — Tankstelle.

**Samnaun,** 1846 m, berühmter Sommerkurort und Wintersportplatz, schöne Lärchenwälder. Ausgangspunkt für das Zeblesjoch. Endstation der Autopost von Vinadi an der Inntalstraße. Tankstelle und Autotaxi.

Gaststätten: H Muttler 75 B, H Silvretta 65 B, H Stammer= spitze 50 B, H Alpina 25 B.

Bemerkung: Von Landeck bzw. Tirol aus über Schalklhof—Vinadi ist das Samnauntal ohne Passierung des Schweizer Zolls zu besuchen möglich, weil es ein sogenanntes **Zollausschlußgebiet** ist. (Die Zoll= grenze nach der Schweiz wird erst in Martina überschritten.)

**Aus diesem Grund können zahlreiche Waren in Samnaun besonders billig gekauft werden, vor allem Benzin, Dieselöl, Spirituosen,** Textilien usw. — **Vgl. Bild 12!**

133—149  Offene Randzahlen für Nachträge.

# Tourenstandorte in der Silvretta

## Schutzhütten und Berghäuser

**150**

Vorbemerkung: Im III. Teil werden — von W nach O, zuerst auf der österreichischen, dann auf der Schweizer Seite — die hochgelegenen **Tourenstandorte, Schutzhütten** und **Berghäuser** behandelt, ihre Zugänge und die wichtigsten Übergänge vom jeweils beschriebenen Standort zu den nächstgelegenen Standorten im Umkreis.

a) Zugang: Als natürlicher ‚Zugang‘ ist grundsätzlich nur der jeweils kürzeste, direkte Zugang von unten, von der nächsten Talstation beschrieben; in der Regel also nur einer (ausgenommen die Unterkünfte auf dem Zeinisjoch und der Bielerhöhe sowie die Tübinger und Heidelberger Hütte, die zwei bzw. drei Zugänge haben). Zugänge, die über Pässe usw. führen, sind stets als ‚Übergänge‘ von dem betreffenden Nachbarstandort aus beschrieben und dort zu suchen, der ‚Zugang‘ zur Wiesbadner Hütte von den Silvrettahütten/ SAC. über den Silvrettapaß und Fuorcla dal Cunfin ist also **als Übergang** von und **bei diesen** Silvrettahütten/SAC. beschrieben und zu finden!

b) Übergänge und Pässe: Die bei den „Übergängen“ von einem Standort zum anderen bei der Wegbeschreibung überquerten **Pässe, Joche, Scharten** und **Einsattlungen** aller Art werden hier nur im Zuge der Wegbeschreibung genannt, nicht aber als Paß oder Scharte an sich beschrieben. Diese oro- und geographische Einzelbeschreibung der Pässe, Joche usw., mit deren genauer Lage zwischen den angrenzenden Gipfeln usw., erfolgt im IV. Teil „Gipfel und Pässe“ an ihrem natürlichen Ort, das Plattenjoch also z. B. zwischen den Beschreibungen der Westl. und der Östl. Plattenspitze. Dies wird bei den Wegbeschreibungen der Übergänge nicht wiederholt und nicht mit Randzahlen-Hinweisen versehen. Wer also z. B. im Zuge der Wegbeschreibung des Überganges von der Tübin-

ger H. zur Saarbrücker H. das Plattenjoch überschreitet
und näheres über dieses Joch wissen will, der schlage
bitte unter dem Jochnamen im Stichwortverzeichnis nach.

**151**

a) T o u r e n s t a n d o r t e : Obgleich bei den heutigen
Verkehrsmitteln auch Talorte als Tourenstandorte vermehrte Bedeutung gewonnen haben (s. R 80), so wird
der Tourist doch mit Vorteil besser von den hochgelegenen Standorten, vor allem von den Schutzhütten
und Berghäusern ausgehen, die deshalb von den Talorten getrennt beschrieben werden, ausgenommen Gargellen, das hier wie dort beschrieben werden mußte:
s. R 86 und 153.

Die Beschreibung geht wieder **von W nach O** und von
N nach S, zuerst auf der österreichischen Seite, dann
auf der Schweizer Seite; zuerst die Tourenstandorte in
der Westsilvretta, dann in der Mittel-, Ost- und Nordsilvretta und zuletzt in der Südsilvretta. Manche Unterkünfte dienen auch für zwei Untergruppen, sind aber
grundsätzlich bei der erstbeschriebenen behandelt.

b) U n t e r k u n f t  a u f  A l p h ü t t e n (Almen). Die meisten Hochtäler der Silvretta sind durch Schutzhütten so gut erschlossen, daß
die Unterkunft auf Alphütten (Almen) nicht mehr nötig ist. Die Alphütten, die Sennen und Hirten, sind daher meist (und von seltenen
Ausnahmen abgesehen, z. B. die Alp Marangun im Val Lavinuoz,
s. dort) nicht mehr entsprechend eingerichtet bzw. eingestellt, d. h.
man kann nie oder doch nur in Fällen von Bergnot usw. mit Unterkunft oder gar Verpflegung rechnen und bestenfalls für 2—3 Personen auf Notlagern. Es erscheint selbstverständlich, daß der Tourist Rücksicht nimmt, die Sennen bei ihrer schweren Arbeit nicht
unnötig belästigt und sich für genossene Gastfreundschaft erkennt-
lich zeigt.

**152**

a) Über Z e l t p l ä t z e  in der H o c h s i l v r e t t a als Ausgangspunkte für Touren erscheinen Einzelhinweise nicht nötig. Man kann
praktisch überall zelten, wo ein genügend großer ebener Zeltplatz und
Wasser zu finden ist und das ist fast überall möglich. Die idealsten
Zeltplätze sind zweifellos die Talschlüsse und vor allem jener Täler,
die keine Schutzhütten haben, z. B. im inneren Klostertal oder Schlappiner Tal, im oberen Vallüla- oder im Larraintal, im Valisera oder im
Val Fleß, Val Lavinuoz oder Val Urschai, Urezzas usw. Ideal zum
Zelten sind auch die sog. „Trogschultern" der Silvrettatrogtäler,
d. h. die flachen Hochstufen seitlich hoch über den Talböden, wo
oft viele kleine Seen liegen. Diese Seenlandschaften sind unter R 47
beschrieben und damit auch fast alle besonders geeigneten hochalpinen
Zeltplätze aufgezählt. — Zeltet man im Weidebereich der Viehalpen
(Almen), so empfiehlt es sich dringend, Zelte, Wäsche usw. vor dem

sehr zudringlichen Weidevieh zu schützen. Großvieh zertrampelt nicht nur Zelte sondern zerkaut oder „frißt" mit Vorliebe vom Schweiß „salzige" Wäschestücke! — Angesichts der Überlaufenheit mancher Gebiete vor allem im Vermunt, empfiehlt es sich, nicht unmittelbar an Wegen oder bei Schutzhütten zu zelten, es sei denn, man kann nach Vereinbarung das Zelt unter den Schutz des Hütten‹ wirtes stellen. Eine vorherige Absprache wird dringend angeraten, vor allem auf Schweizer Boden.

b) Campingplätze. Mit den vorgenannten Zeltplätzen (siehe a) sind jene des Bergsteigers im Hochgebirge gemeint, nicht soge‹ nannte Campingplätze und Parkplätze der Straßentouristen. Solche finden sich entlang den Tal‹ und Paßstraßen rings um die Silvretta in genügender Zahl bei fast allen Talorten, Pässen usw.

# A. Tourenstandorte

### in der österreichischen Silvretta
### zwischen Schlappinerjoch und Fimberpaß

Vom Gargellen- zum Fimbertal und zum Zeinisjoch.

## Gargellen und Madrisahütte im Gargellental

**153**
**Gargellen,** 1424—1600 m. Richtig: Gargella, sprich: Gargälla. Ton auf dem ä. Der wichtige und ideale Tourenstandort für die Heimspitze‹ und Rotbühlspitz‹ gruppe ist als Talort unter R 86 beschrieben, einschließlich Straßenzufahrt und Gaststätten, die alle als Ausgangsorte für Bergfahrten im Gargellental ge‹ eignet sind und alle auf wenige Minuten im Umkreis um die Kirche von Gargellen gelegen sind mit 2 Aus‹ nahmen: die Pension Rüti liegt 15—20 Min. westl. ober‹ halb der Kirche in schöner aussichtsreicher Hochlage und das Hotel Vergalden liegt 30 Min. südl. oberhalb im Ortsteil Vergalden, in der Talgabel zwischen Ver‹ galdner‹ und Valzifenzer Bach, s. Bild 2.

**154**
Die Madrisahütte bei Gargellen, im Eingang des Valzifenztales, 1 h S talein, ist eine sektionseigene Schutzhütte der DAV‹Sekt. Karls‹ ruhe, aber allgemein zugänglich. Schlüssel bei Sepp Winkler, Haus Nr. 38 in Gargellen (zwischen den Hotels Madrisa und Alpenrose, von der Kirche talaus). Auskunft über die Hütte durch die DAV‹ Sekt. Karlsruhe. Lage: s. Bild 2.

Die Madrisahütte, 1650 m, ist unbew. und nur für Selbstversorger, mit 16 M und 6 L, Decken, Holz, Geschirr usw. Sie liegt auf dem W‹Ufer des Valzifenzbaches im Eingang des Valzifenztales gegen‹ über der Alpe Valzifenz, 1688 m, ca. 1 h von Gargellen‹Kirche.

Zugang: Man erreicht sie von Gargellen entweder auf dem Fußweg entlang dem W-Ufer des Valzifenzbaches oder auf dem Sträßlein und Alpweg über Vergalden zur Alpe Valzifenz (die l. oben
bleibt) und rechtshin über die Brücke, dann jenseits links nach S
empor zur nahen Hütte.

## 155

Achtung! Die Wegbeschreibungen erfolgen von
Gargellen-Kirche (Postamt, Endstation der Postautos).
Wer vom Hotel Vergalden oder von der Madrisahütte
ausgeht, möge dies entsprechend berücksichtigen.

Der Übergang von der Madrisahütte ins Vergaldner Tal erfolgt leicht
und fast ohne Höhenverlust, indem man kurz auf dem rechtsufrigen
Talweg absteigt, dann rechts am Oberrand der Parzelle Vergalden
entlang nach NO und O ins Vergaldner Tal hinüberquert (Weg).
Unter der Parzelle Vergalden versteht man das ganze Ge-
lände-Dreieck im Winkel zwischen dem Zusammenfluß des Valzifenzer und Vergaldner Baches; es ist am Oberrand z. T. vom Vergaldner Wald gesäumt.

## Zugang nach Gargellen

### 156

Siehe R 86, Straßenzufahrt! Es gibt nur einen **Zugang**:
aus dem Montafoner Tal entweder von der Postautohaltestelle Montafonerhüsli, ca. 810 m, an der Montafoner Talstraße, oder von St. Gallenkirch, 884 m, bzw.
dessen Parzelle Galgenuel, 833 m, und jeweils auf der
Straße nach Gargellen; nicht zu fehlen, zu Fuß je
ca. 2.30 h bis Gargellen-Kirche, nach Vergalden 3 h,
nach Madrisahütte 3.30—4 h. Landschaftlich ungewöhnlich schön und lohnend: prächtige Bergwälder
und Bergwasser, großartiger Talschluß (Gargellner Madrisa).

### Übergänge von Gargellen aus

### 157

Von Gargellen in den Rätikon, welcher das Tal im W
begrenzt, führen mehrere Übergänge. Die zwei wichtigsten sind:

a) Von Gargellen über die Alpe Röbi, Sarottlatal,
Sarottlapaß und Plasseggajoch in 4.30—5 h zur
Tilisunahütte ÖAV;

b) Von Gargellen übers St. Antönier Joch nach
St. Antönien, Schweiz, 3.30—4 h. — Nähere Be-
schreibungen dieser Übergänge im AVF-Bd. Rätikon
(Bergverlag Rudolf Rother, München).

**158**

**Von Gargellen über das Schlappiner Joch nach Schlap=
pin und Klosters.** Fußweg, 4—5 h. Interessanter, land=
schaftlich sehr lohnender Übergang in die Schweiz.
Auch der Aufstieg zum Joch lohnt schon.

**Zur Beachtung:** Von Vergalden wurde 1961/62 eine Fahrstraße ins
innere Valzifenztal gebaut. Man folgt entweder dieser Straße oder,
soweit noch erhalten, dem alten Weg:

a) Von Gargellen auf dem Strässchen nach V e r g a l =
d e n und (das Hotel V. bleibt links) rechts S ins
V a l z i f e n z t a l hinein und immer auf dem Ostufer,
links vom Bach, über die (untere) Valzifenzalpe, 1688 m,
nach S talein zum Talknick bei der oberen Valzi=
fenzalpe.

b) Kurz vor dem Talknick rechts W über den Bach,
ca. 1820 m (1.30—1.45 h) und mit Kurzkehren gerade
und steil nach S empor zum **Schlappiner Joch,** 2202 m;
1—1.15 h = 2.30—3 h. Grenzpaß, Grenztafel Öster=
reich/Schweiz. Schöner Blick nach S über die Land=
schaft Davos in die Albula= und Plessuralpen (Tinzen=
horn).

c) Vom Schlappiner Joch jenseits gerade nach S rechts=
ufrig hinab durch den Bachgraben, später links über
den Bach und am Ostufer in Kehren nach S hinunter,
zuletzt wieder rechts über den Bach nach dem Som=
merdorf Schlappin (s. dort) mit kleinem Stausee; Som=
mer=Gasthof, 1658 m. Weiter talab durch den steilen
Schlappintobel, zuerst rechts, später links vom Schlap=
pinerbach hinab nach Klosters=Dorf; 4—5 h; s. R 118.

**159**

**Von Gargellen übers Vergaldner Joch zur Tübinger
Hütte.** Alpweg und AV-Weg, markiert, 4.30—5 h und
mehr. Vielbegangener Übergang, frühmorgens schattig,
später heiß.

**Bemerkung:** Von Vergalden wurde 1961/62 eine Fahrstraße ins Ver=
galdner Tal gebaut. Man folgt entweder dieser Straße oder — soweit
noch erhalten — dem alten Weg:

a) Von Gargellen auf der Straße nach S Richtung
Vergalden, ca. 12—15 Min., talein bis über den Ver=
galdner Bach. Jenseits S des Baches bei Wegteilung
links nach SO der weißblauen Markierung nach über
die Matten von Vergalden hinauf an den Rand des

Vergaldner Waldes und links am Bildstöckle vorbei
nach O ins Vergaldner Tal hinein. 10 Min. vom
Bildstöckle links hinab auf Brücke über den Bach
und weiterhin stets links vom Bach auf dem Nordufer
im Talgrund nach SO talein empor zur Vergaldner
Alpe, 1820 m, 1.15—1.30 h = 1.30—1.45 h.

b) Etwa 100 m weiter talein Wegteilung: (großer Stein,
Wegweiser; hier zweigt die blauweiße Markierung links
empor zur Heimspitze ab). Zum Vergaldner Joch geht
man aber im Talgrund ca. 0.45—1 h weiter talein nach
SO in den Hintergrund des Tales. In ca. 2200 m Höhe
wendet sich der Weg scharf links zurück nach N empor
auf eine Hochstufe, dann wieder rechts nach O und SO
auf das **Vergaldner Joch**, 2515 m. 1 h = 3.30—4 h.
Prächtiger Silvretta= und Verwallblick. Im SO die
Litzner=Seehorngruppe hinterm Garnerakamm.

Zur Beachtung: Vom Vergaldner Joch ab ist der Weiterweg
nach O auf der AV=Sika (s. R 50) dargestellt. Die Tübinger Hütte
ist vom Joch noch nicht sichtbar.

c) Vom Vergaldner Joch nach SO hinab in das Hoch=
kar und hinüber auf das Mittelbergjoch, 2415 m
(15 Min.), eine flache schulterartige Einsattlung im
NO=Gratrücken des Mittelberges. Von hier erblickt man
die Tübinger H. genau im SO jenseits des Garneratales
am Rand der Hochtalstufe (Bild 13). Steil im Zickzack
nach SO hinab und nach S auf die diesseitige Hochtal=
stufe hinunter, auf der man (rechts an der Zollwach=
hütte, 2196 m, vorbei) in weitem Halbkreis nach S, O
und NO und durch riesige Trümmerfelder in ca. 2200 m
Höhe den Garneratalschluß fast waagrecht ausgeht, hin=
über zur Tübinger Hütte, 2191 m; 0.45—1 h
= 4.30—5 h und mehr.

d) Hinterbergjoch: Geübte können aus dem Vergaldner Tal
anstatt übers Vergaldner Joch auch weglos übers unschwierige Hin=
terbergjoch, ca. 2590 m, zur Tübinger Hütte. Im hintersten Ver=
galdner Tal angelangt geht man in gleicher Richtung weiter nach SSO
empor auf den Rotbühel und die oberste Hochtalstufe, dann eher
links haltend nach SO, zuletzt nach S gerade über Schutt hinauf zum
Hinterbergjoch zwischen Mittelberg links und Hinterberg rechts;
1.15—1.30 h aus dem inneren Vergalden. — Jenseits weglos über
Steilrasen und Geröll gerade hinab nach SO durch das Hochkar
bis auf den Garnerajochweg. Ihm nach links abwärts nach O zur
Wegteilung bei der Zollwachhütte; weiter wie oben bei c nach rechts
SO und O bzw. N zur Tübinger Hütte hinüber.

**160**

**Von Gargellen übers Heimbühljöchli** (oder übers Ver=
galdner Joch) **und Matschuner Joch nach Garfrescha**
(oder zum Lifinarhaus). Teils Weg, teils Steigspuren
oder weglos, z. T. markiert. 5—7 h. Selten begangen,
für ausdauernde und berggewohnte Touristen aber sehr
lohnend, landschaftlich höchst reizvoll. Bei unsichtigem
Wetter kaum zu finden und dringend abzuraten.

a) Von Gargellen wie bei 159a zur Vergaldner
Alpe, 1.30 h. ca. 100 m weiter talein beim Wegweiser
zur Heimspitze am großen Stein 1. nach N der weiß=
blauen Markierung nach auf Steigspuren steil empor
auf die flachere Hochstufe des „Schafberges", 1 bis
1.15 h = 2.30—2.45 h.

b) hier, ca. 2300 m, verläßt man den Heimspitzeweg
und steigt weglos aber leicht über die Schafweiden des
Schafberges nach ONO und O empor auf das **Heimbühl=
jöchli**, ca. 2480 m, zwischen dem Heimbühl, 2540 m,
links im N und den markanten Zacken der „Heimbühl=
türm", 2499 m rechts; 0.45—1 h = 3.15—4 h. Präch=
tiger Silvrettablick nach O und SO. Der aussichtsreiche
Heimbühl kann von hier aus leicht in ca. 15—20 Min.
gratentlang erstiegen werden.

c) Vom Heimbühljöchli gerade hinab über Schutt zum
Heimbühlseeli und links oder rechts (schöner links)
um das Seeli herum und nach O und NO über das
Lange Bergli hinab zum **Matschuner Joch**, 2390 m,
15—20 Min.

d) Vom Joch jenseits, der roten Markierung und
Steigspuren nach NW und W, dann N hinab ins
innerste Novatal genannte Tal des Vermielbaches.
Auf Wegspuren am kleinen Zerres=Seeli vorbei, später
auf gutem Alpweg im Talgrund über die Alpe Nova,
zuerst links, später rechts vom Bach talaus, zuletzt
waagrecht (hier nicht links durch die Bachschlucht hin=
ab!) hinaus zu den Maisäßen von Garfrescha und
zum Alpengasthof „Garfreschahüsli" (s. R 162), 1.30
bis 2 h = 5.30—6 h. S. auch R 161.

e) Anstatt übers Heimbühljöchli kann man das Matschuner Joch
auch über das Vergaldner Joch erreichen (ca. 1.30 h mehr), indem
man wie bei 159a und b aufs Vergaldner Joch steigt und
über den Vorderberg und Kuchenberg auf deutlicher Wegspur, dann

97

auf der Ost« oder Garneraseite des Grates durch die Hochkarmulden nach N zum Matschuner Joch wandert; weiter wie oben bei d) nach Garfrescha.

f) Zum Lifinarhaus: Sehr ausdauernde bergtüchtige Touristen können vom Matschuner Joch auch entlang der Hochstufe von Matschun und über den aussichtsreichen Madrisella»Versettla»Gratrücken weglos weiterwandern und kurz vor der Burg, 2247 m, rechts nach NO und O auf der Garneraseite zum Lifinarhaus (s. R 168) hinabsteigen, 3—4 h vom Matschuner J.

**161**
**Von Gargellen durchs Valiseratal übers Gampabinger Jöchli nach Garfrescha.** Teilweise nur Wegspuren oder weglos, ca. 5—6 h. Nur für Geübte. Sehr selten begangen; romantischer landschaftlich groß» artiger Übergang.

a) Von Gargellen auf der Talstraße talaus zur Fidelis» kapelle, 1288 m, und weitere ca. 10 Min. talab, bis man gegen» über den Maisäßen von Sarottla rechts auf der Brücke über den Suggadin zum Maisäß Valisera hinüber kann. Nach O steil empor ins untere Valiseratal, dann links über den Bach und jenseits rechts steil hinauf zur Alpe Valisera, 1598 m, ca. 1.30 h. Weiter auf später kaum kenntlichen Steigspuren talein und immer links am Bergfuß nach O entlang, bis die Steigspuren steil links nach N hinauf und — wieder besser kenntlich — unter den Felsen entlang nach N hinausleiten auf die „Gampabinger Jöchli" ge» nannte begrünte Schulter. Weiter rechts nach O auf den obersten Gampabinger Berg hinüber, 2—2,15 h = 3.30—4 h. Nun gerade nach O hinab zur Alpe Nova und durchs Vermieltal dem Alpweg nach hinaus nach Garfrescha (s. R 162) 1.15—1.30 h = 5—6 h.

## Garfrescha im Vermieltal ob St. Gallenkirch

**162**
Auf waldumgebener Schulter des Berggrates (Versettla» kamm), der das Vermieltal rechts im O begleitet, liegen die Maisäße von **Garfrescha** oder Garfreschen um 1500 m, durch die **Garfreschabahn** (Doppelsessellift; s. R 168!) mit St. Gallenkirch verbunden. Unterkünfte:

a) Alpengasthof Garfreschen, oder Garfreschahüsli, um 1500 m. Besitzer Willy Tschanhenz, Talstation und Post St. Gallenkirch im Montafon; siehe R 87. 45 Betten, 45 Touristenlager; weitere Unterkunft in Maisäßhütten. Ganzjährig voll bewirtschaftet. Eigene Gepäckseilbahn: Talstation (mit Tel. zur Garfreschenhütte) 5 Min. vom Postautohalt und Postamt St. Gallenkirch; Auskunft dort oder durch den Konsumverwalter in St. Gallenkirch.

Von der Garfreschenhütte prächtiger Ausblick ins äußere Montafon auf Schruns und Bartholomäberg. Links vom Montafon und jenseits des Gargellentals die Ost-Rätikon» berge, rechts jenseits des Montafons West-Verwallberge.

b) **Ernst-Rieger-Hütte**, 1480 m, der DAV-S. Lindau i. B., 10 M und L, beschränkte Benützung nur für AV-Mitglieder und deren Gäste; Auskunft durch die Sektion Lindau. Unbewirtschaftet und verschlossen. Schlüssel bei Alois Tschofen, St. Gallenkirch-Gant, Hs.-Nr. 261, Postautohalt, s. R 163.

c) **Tourengebiet**: Bester Standort für die Nord-seite der Heimspitze-Valisera-Gruppe, besonders auch im Frühling und Herbst. Einzigartige Gratwanderungen im Versettla-Madrisellagrat. Prächtiges Skigebiet. S. Flaig, Silvretta-Skiführer R 58.

### 163

**Zugang** von St. Gallenkirch (Bild 1) nach Garfrescha, mit der **Garfreschabahn** (s. R 168!) 10 Min. oder zu Fuß 1.45—2.15 h. Gepäckaufzug s. 162a. Zwei Möglichkeiten: a) von St. Gallenkirch-Postamt, Postautohalt (s. R 87): gegenüber vom Ghf. Rössli (Wegtafel) von der Dorf-straße abzweigend gerade hinab zum Illsteg (Brücke). Jenseits am Südufer der Ill Wegtafel: Waldweg Grandau —Garfrescha—Heimspitze. Diesem Weg folgend durch Wald und Bergsturztrümmer steil empor zum Weiler Grandau, 0.45 h. Von dort in Kehren gerade nach S über steile Waldlichtungen und Bergwiesen empor nach Gar-frescha, 1—1.15 h. Die Ernst-Rieger-Hütte liegt gleich rechts am N-Rand von Garfrescha; der Ghf. Garfrescha weiter zurück am jenseitigen SO-Rand der Hochstufe und Siedlung.

b) vom Postautohalt St. Gallenkirch-Gant (1. Halte-stelle östl. talein Richtung Gaschurn ab St. Gallenkirch-Postamt) gerade nach S hinab zur Illbrücke und jen-seits nach S empor nach Grandau. Weiter wie bei a); ca. 20 Min. kürzer als dort.

### Übergänge von Garfrescha

### 164

Von Garfrescha ins untere und mittlere Gargellental und nach Gar-gellen. Es gibt zwei Möglichkeiten: a) führt ins äußere Gargellental, b) ins mittlere; beide nur für trittsichere Berggänger.

a) **Über die Neualpe**: Von Garfrescha auf dem waagrechten Alpweg nach S ins Vermieltal hinein bis zum Bach, auf Brücke über den Bach und jenseits kurz empor, dann meist weglos (aber gut rot mar-kiert) nach r. NW über die Parzelle Kobl und die Weiden der Neu-alpe sanft ansteigend hanghin talaus bis an Rand der Steilhänge ins Gargellental. Sehr steil und rauh durch Bergwald hinab zu den Maisäßen Neuberg-Planetsch und entweder r. N nach St. Gallenkirch,

2.15—2.45 h; oder nach W über den Suggadinbach (Brücke) zum Ghs. Reuttehorn, Postautohalt an der Gargellenstraße.

b) **Über Gampabinger Berg und Jöchli**, s. R 161. Keine Markierung, meist weglos, nur für Geübte. Von Garfrescha **wie oben** bei a) ins Vermieltal hinein und **entweder jenseits des Baches gerade** nach SW auf Steigspuren auf den Rücken des (unteren) Gampabinger Berges und ihm nach über P. 2155 empor. **Oder** Vermieltal einwärts zur Alpe Nova, 1730 m, 0.45—1 h, und von dort nach W gerade steil empor über Weiden auf den obersten Gampabinger Bergrücken, bei P. 2290 m, 1.30—2 h = 2.30—3 h. Prächtiger Ausblick ins Montafon.

Über den Rücken nach S empor bis unter die Schrofen des Schwarzköpflis, dann rechts W auf die (G a m p a b i n g e r  J ö c h l i genannte) Schulter seines NW-Grates hinüber und linksum nach S und SO unter den Felsen entlang (Steig), dann steil hinab ins V a l i s e r a t a l; großartiger Talschluß: Nordabstürze der Valisera-Heimspitze.

Im Valisera-Talgrund rechts nach W und NW talaus und hinab auf Alpweg über die Alpe Valisera, 1598 m, hinunter, dann links über den Bach und hinab über die Maisäße Valisera an Suggadin, auf Brücke zur Gargellenstraße hinüber. Ihr nach talein nach Gargellen, 2—2.30 h = 4.30—5 h.

## 165
**Von Garfrescha übers Matschuner Joch und Heimbühljöchli nach Gargellen**, 5—6 h, s. R 160. Bis zum Matschuner Joch gut markiert. Teilweise weglos, nur für berggewohnte Touristen; landschaftlich besonders schön.

a) Von Garfrescha, 1500 m, auf dem rot markierten Alpweg fast waagrecht und genau S ins Vermieltal hinein, über den Vermielbach und jenseits am Westufer nach S talein zur Alpe Nova, 1730 m, 1 h.
b) Weiter auf Steigspuren (rote Markierung) nach S talein — ab hier Novatal genannt — am kl. Zerresseeli vorbei bis in Talschluß. Dann links nach O über Steilstufen empor und zuletzt rechts nach S zum **Matschuner Joch** hinauf, 2390 m, 2.15 h = 3—3.15 h. Schöner Silvrettablick nach O und SO.

c) Hier verläßt man die rot markierte Steigspur (zum Vergaldner Joch) und steigt weglos rechts nach W über den breiten Gratrücken („Langes Bergli“) empor zum lieblichen Heimbühlseeli, 2469 m. Rechts um das Seeli herum und gerade über Schutt hinauf zum **Heimbühljöchli**, ca. 2480 m, zwischen den markanten Heimbühltürmen links und dem Heimbühl, 2540 m, rechts (der von hier aus leicht erstiegen werden kann, prächtige Rundschau), 0.45 h 3.45—4.15 h.
d) Vom H e i m b ü h l j ö c h l i jenseits nach WNW über die steinigen Weiden des S c h a f b e r g e s weglos hinab, bis man die blauweißmarkierte Wegspur des Heimspitzeweges erreicht und ihr nach links steil nach SW zur Vergaldner Alpe absteigen kann. Durchs V e r g a l d n e r  T a l nach W talaus, dann über den Bach und über Vergalden nach G a r g e l l e n = 5.30—6 h.

**Zur Beachtung:** Zur Fahrstraße von Gargellen ins Untere Vergaldner Tal. Vgl. R 159 und R 186 c.

e) **Abkürzung übers Kellajöchli.** Geübte können im innersten Novatal anstatt nach O übers Matschuner Joch auch nach SW durch das steile Hochkar der sog. Heimspitz-Kella (Kella mundartlich von

100

Kehle, wie Hochkehle) gerade (und oben eher rechts haltend) empor=
steigen aufs Kellajöchli, ca. 2500 m; jenseits gerade nach SW hinab
auf die Hochstufe des Schafbergs und zum Heimspitzweg wie bei
d. Wesentlich kürzer aber auch mühsamer als übers Matschuner Joch.
Ungeübten dringend abzuraten.

f) Von Garfrescha übers Matschuner und **Vergaldner Joch**
nach Gargellen, vgl. R 166: wie dort zum Vergaldner J., weiter wie
bei R 186c nach Gargellen.

## 166
**Von Garfrescha übers Matschuner- und Vergaldner Joch
zur Tübinger Hütte. 5—6 h.** Langer aber sehr vielseitiger
lohnender Übergang; sehr gut rot markiert; Steigspuren,
z. T. AV=Steig.

Wie bei R 165a und b aufs **Matschuner Joch.** Weiter
immer der roten Markierung entlang nach S durch die
Hochkare auf der Garnera=Seite des Kammes entlang,
Steigspuren, die nach ca. 1,5 km Weglänge halbrechts
auf die Kammhöhe emporsteigen und über die sanften
Grathöcker des Kuchen= und Vorderberges (2523 und
2553 m) zum **Vergaldner Joch**, 2515 m, führen, 4.30 bis
5 h. Weiter wie bei R 159 c übers **Mittelbergjoch**
(Bild 13) zur Tübinger Hütte 0.45—1 h = 5.15—6 h.
(Vom Vergaldner Joch kann man natürlich auch wie
bei R 186 c durchs Vergaldner Tal nach Gargellen.)

## 167
Von Garfrescha über den Gantekopf nach Gaschurn, 3—3.15 h. Land=
schaftlich sehr abwechslungsreich. Mehrere Möglichkeiten:

a) Von Garfrescha über Markierung nach auf Wegspuren
direkt über den bewaldeten breiten NW=Gratrücken auf den **Gante=
kopf**, 1959 m, 1—1.15 h. Dieser Aufstieg führt öfters durch Sumpf=
gelände; nur bei trockenem Wetter ratsam. Weiter über den breiten
Rücken in die flache Einsattelung unmittelbar S vom Gantekopf.

b) Diese Einsattelung wird von den Einheimischen „Gaschurner"
genannt, weil hier ein beliebter Übergang und Pfad aus dem Novatal
nach Gaschurn führt. Seiner Pfadspur nach kann man nach O, zeit=
weise durch Wald **nach Gaschurn** absteigen, 2.30—3 h von
Garfrescha.

Oder kurz nach O empor zur Bergstation der Versettlabahn (s. R 170!)
und mit ihr nach Gaschurn. — Vom Gaschurner Sattel kann man
auch nach S ins Novatal absteigen und nach Garfrescha zurück wan=
dern; schöne Rundtour; s. c).

c) Über Alp Nova : Besser, aber weiter als bei a) über den
NW=Gratrücken ersteigt man den Gantekopf bzw. Gaschurner Sat=
tel aus dem Vermiel= bzw. Novatal. Wie bei 165a zur Alp Nova;
links nach O über den Bach und auf ausgeprägten Steigspuren nach
NO z. T. durch schütteren Wald empor zum Gaschurnerl Weiter
wie oben bei b).

## Die Garfreschabahn bei St. Gallenkirch

**168**

Doppelsessellift von St. Gallenkirch auf Garfrescha (Garfreschahüsli und Riegerhütte, s. R 162/63). Talstation 850 m an der Ill zwischen St. Gallenkirch und Gortipohl; Parkplatz, Straßenzufahrt. Eigene Postautohaltestelle. Bergstation 1500 m auf Garfrescha-Maiensäß unweit der Riegerhütte, 5 Min. vom Garfreschahüsli. Bergrestaurant 3 Min. Fahrzeit, ganzjähriger Betrieb.

**169**

Mit der Garfreschabahn ist das schöne Tourengebiet und Wegnetz von Garfrescha rasch erreichbar, ebenso die Übergänge zur Versettlabahn, nach Gaschurn, Gargellen und ins Garneratal, s. R 164—167 und 170.

## Die Versettlabahn bei Gaschurn

**170**

Sessellift in zwei Sektionen in das schöne Wanderland am Versettla- und Matschuner Grat. Talstation, 1000 m ü. M., an der Umfahrungsstraße von Gaschurn, 5 Min. von der Ortsmitte, Straßenzufahrt und Parkplatz. Mittelstation, 1480 m, im Bergwald. Bergstation, 2010 m, auf dem Berggrat zwischen Gantekopf und Burg-Versettla; Bergrestaurant. 2 × 10 Min. Fahrzeit. Betriebszeit Juni bis Oktober.

**171**

Großes, gut bezeichnetes Wegnetz. Prächtige Höhenwege und Übergänge nach Garfrescha (s. R 168) ferner über den Versettla-Madrisella- und Matschuner Grat ins Novatal, nach Gargellen, ins Garneratal und zur Tübinger Hütte s. R 153—161 und 180 ff.

172—179  offene Randzahlen für Nachträge.

## Die Tübinger Hütte im Garnertal

**180**

**Tübinger Hütte,** 2191 m, der DAV-Sektion Tübingen, erbaut 1908. Die Hütte enthält 12 B in Zimmern und 50 M in 4 Lagern, zentrale Luftheizung, elektrisches Licht, Wasserleitung, neues AV-Schloß. Von Ende Juni bis Ende September (Anfang Oktober) voll bewirtschaftet (im Winter: von Ende Februar bis über Ostern); in der Zwischenzeit nur mit AV-Schlüssel zugänglich. Gepäckaufzug aus dem inneren Garneratal s. R 181 d. Nachts (abends) Signallicht a. d. Hüttendach. Bild 13! Lage und Zugänge: Die Hütte liegt auf der Ostseite des innersten Garnera-Talschlusses unmittelbar am Rand der ausgeprägten, ca. 2200 m hohen Talstufe (= „Trogrand" des eiszeitl. Gletschertrogtales), welche den Talschluß im südl. Halbkreis umzieht. Nächster Zugang von Gaschurn, zugleich Tal- und Poststation s. R 88. Außerdem zwei weitere Zugänge: vom Vermunt-Stausee übers Hochmadererjoch R 182 und von Trominier übers Schafbodenjoch R 183. Weitere „Zu-gänge" s. die Übergänge zur Tübinger H. vom Madlener-haus, der Saarbrücker H., Seetalhütte, Schlappin (Klo-sters), Gargellen, Garfrescha und Lifinarhaus.

Tourengebiete: Die gesamte Garnera-Umrahmung = Heim-spitze-Valisera-Gruppe, östl. Rotbühlspitzgruppe, Garneragruppe, Valgraggeskamm (oder Valgragiskamm), Hochmaderergruppe und Seehorn-Litznergruppe. Auch die Berge um den Schlappintalschluß sind z. T. erreichbar. Diese Gruppen bieten schlechthin alles vom Aussichtsberg mit Steiganlage (Westl. Plattenspitze, Hochmaderer, Heimspitze) bis zur rassigen Kletterei II. bis IV. Grades in großer Zahl, besonders Gratüberschreitungen großen Stiles (Garneragruppe, Valgragiskamm, Seeschyen usw.). Im Spätwinter sehr schönes Ski-tourengebiet. Näheres im Silvretta-Skiführer s. R 58.

Rundwanderungen: Die Lage der Tübinger H. gestattet einige sehr lohnende, ja großartige (vielfach weglose und daher nur Geüb-ten ratsame) Rundwanderungen, vor allem rund um den Kessigrat: Garnerajoch — Hühnersee — Hochjöchli. Oder rings um den Gar-nerakamm: Plattenjoch — Schottensee — Schottenseelücke — (Hüh-nersee) — Hochjöchli. Ferner rings um den Mittelberg: Hinterberg-joch — Rotbühl — Vergaldner Joch — Mittelbergjoch. Oder rings um den Valgragiskamm: Plattenjoch — Schweizerlücke und -glet-scher — Kromertal — Maderneirataäli — Hochmadererjoch. Den Kro-merkamm umkreist man besser von der Saarbrücker H. aus, s. dort.
Literatur, kleine Auswahl: a) s. R 62a (Blodig). b) s. R 60/61 (Flaig). c) Festschrift „60 Jahre Sektion Tübingen, DAV 1891—1951" (Tübingen 1951) mit wichtigen Beiträgen zur Sektions- und Hütten-geschichte, über die Flora und Geologie des Hüttengebietes (Mayer und Oberdorfer). Bilder: s. Bild 13.

Vgl. die Schilderungen in Wort und Bild in meinem **Silvrettabuch**, 5. Auflage 1961, Seite 48 ff, 212 ff, s. R 60!

Rundsicht von der Tübinger H.: Talaus jenseits des Montavons das Westverwall zwischen Geister- und Tollespitze, dahinter die Rote Wand (Klostertaler Berge). Rechts, östl. überm Garneratal er-heben sich von links nach rechts: im N Alpilakopf, Hochmaderer-Westgratende; im NO Noristurm, Nördl. und Südl. Valgragisspitze, im O Valgragistürme, im OSO und SO Schwabenturm, rechts da-hinter Blodigturm, Zwillinge, Nördl. und Südl. Plattenturm, Östl. Plattenspitze, im SSO Plattenjoch, Westl. Plattenspitze, Garnera-turm und -spitzen; im S Hochjöchli, im SSW und SW Kessikopf, -spitze und -horn. Im W Garnerajoch, dahinter Eisentälispitze. Weiter nach rechts im W bis N: Hinterberg und -joch, Mittelberg mit -joch (rechts auf der Schulter), die Ausläufer der Heimspitz-gruppe und ganz rechts der Matschuner-Versettlagrat.

## Zugänge zur Tübinger Hütte

Durch den Bau der „Vermuntbahn" Partenen — Trome-nier und der Silvretta-Hochalpenstraße erhielt die Tü-binger H. zwei weitere Zugänge (R 182, 183); einen drit-ten durch die Versettlabahn, s. R 170 und 1202!

**181**

**Von Gaschurn durchs Garneratal zur Tübinger Hütte;**
3.45—4.30 h. Schöne Wanderung durch ein noch un=
berührtes Hochgebirgstal. Besonders lohnend in Ver=
bindung mit der Garneraschlucht, s. f);

**Bemerkung:** 1961/62 wurde eine Fahrstraße der VIW von Gaschurn
über Ganeu ins innere Garneratal gebaut. Das „unberührte Hochgebirgs=
tal" gilt also nur mehr vom Ende dieser Straße. Straßenbenützung nur
für Anliegerverkehr.

a) Vom Postautohalt Gaschurn=Postamt (Kirche), 980 m,
kurz auf der Straße SO talein, dann hinter der Kirche
(Wegweiser) auf der Bergerstraße rechts nach S über
die Ill und jenseits der Brücke links nach S über die
Talebene zum Bergfuß, dann über den Garnerabach,
12—15 Min.;

b) auf der neuen Fahrstraße in Kehren (östl. der Garnera=
schlucht, die rechts bleibt; der Schluchtweg zweigt bei der
1. Linkskehre rechts ab, s. f) über Lichtungen zwischen
Waldstreifen empor zu den Maisäßen von Ganeu, 1400 m,
0.45—1 h = 1—1.15 h.

c) Der Weiterweg ab Ganeu führt immer im Talboden
des Garneratales auf dem Ostufer talein, am Sumpf=
gelände des verlandeten ehemaligen Garnerasees vorbei
über die äußere (1675 m) und innere (1807 m) Garnera=
alpe (Stafel) zum sogenannten „Hohlen Stein", 1890 m,
1.45—2 h = 2.45—3.15 h. Wegteilung: links der kürzeste
Weg steil aber direkt zur Tübinger H. empor 1—1.15 h
= 3.45—4.30 h. Oder

d) Zum Gepäckaufzug und durch den Talschluß: vom Hohlen
Stein rechts über den Garnerabach und jenseits etwa 15—20 Min.
talein zur Talstation (Felsblock) des Gepäckaufzuges, etwa 1970 m.
Wer sein Gepäck, Rucksack usw. zur Hütte aufziehen lassen will,
verschnürt es im Kasten der Tragrolle, schlüpft dann in die kleine
Höhle unterm Felsblock daneben, wo ein Feldtelefon in Holzkiste
steht. Kurbel mehrmals drehen, Hörer abnehmen, Gepäckaufzug
anmelden.

e) Für den Weiteraufstieg zur Hütte geht man n i c h t
zum „Hohlen Stein" zurück, sondern bequemer weiter
nach S talauf, bei Wegteilung nicht rechts (zur Zoll=
wachhütte, Garnerajoch und Vergaldner Joch), sondern
links weiter durch den Talschluß und links nach NO
empor zur Hütte, ca. 30 Min. mehr als bei c).

f) **Durch die Garneraschlucht** oder Fenggatobel. Den
Aufstieg ins Garnera bis Ganeu kann man auch durch
die großartige Garneraschlucht nehmen, nicht viel wei=

ter als auf dem Ganeuer Weg. Wie oben bei 181a von
Gaschurn an Bergfuß und auf dem Ganeuer Weg bis
zur 1. Linkskehre, ca. 1100 m, Wegweiser in die Garnera=
schlucht. Rechts in die Schlucht und auf dem Schlucht=
weg am Wasserfall vorbei immer diesseits links des
Baches auf dem O=Ufer durch Wald steil in Kehren
ca. 0.45—1 h empor durch die ganze Schlucht. In
1400 m Höhe mündet der Weg auf die Wiesen von
Ganeu aus. Weiter wie bei c) ins Garneratal.

**182**
Vom Vermuntstausee übers Hochmadererjoch zur Tü=
binger Hütte, 2.45—3.30 h. Bei Auffahrt mit Postauto
zum Stausee kürzer als R 181; nur 750 m Aufstieg, aber
300 m Abstieg. Landschaftlich sehr lohnend; leicht
mit Besteigung des Hochmaderers zu verbinden. Al=
piner AV=Steig. Gesamt=Zeitaufwand gleich wie bei
R 181.
a) Zufahrt zum Vermuntstausee entweder wie
bei R 101 mit Autopost oder wie bei R 90 mit dem
Schrägaufzug und entlang der Höhenbahn zum Stausee
(zu Fuß s. R 227). Vom Wirtshaus Stausee am See ent=
lang ca. 10 Min. auf der Silvrettastraße zum Oberver=
muntwerk am Seespitz, 1753 m. Vom Seespitz wie bei
R 201 d auf die Talstufe am Kromertaleingang bei der
Wegteilung, Wegweiser, ca. 1900 m, 20—25 Min.
b) Hier verläßt man den Kromertalweg und biegt auf
kaum kenntlichen Wegspuren rechts nach W ab über
sumpfige Weiden in 6—8 Min. an Bergfuß zum über=
grünten Blockwerk, wo der Weg, wieder besser kennt=
lich, links in kurzen Zickzacks 10—12 Min. W gerade
emporsteigt; dann ca. 20 Min. rechtshin NNW am
Hang entlang ins unterste Madernéra=Täli. Jetzt nach
W empor in den hintersten schuttbedeckten Talboden
immer links, S vom Bach. Im meist noch schneege=
füllten Talgrund bei P. 2185 über Schnee (Schutt) bis
nahe unter die Felsen, dann rechts N über den Bach
und steil über Schutt hinauf, bis man linkshin, W,
auf die nächste Talstufe queren kann. Weiterhin im=
mer am rechten sonnseitigen Schutthang empor, später
links unter dem markanten Jochturm durch und hin=
auf zum Hochmadererjoch, 2505 m, 1.15—1.30 h = 2.30
bis 2.45 h und mehr vom Seespitz.

c) Vom Hochmadererjoch jenseits (W) nicht gerade hinab, sondern auf dem AV-Steig rechts hinterm Jochturm auf der W-Seite absteigend nach N in den Schuttwinkel hinterm Jochgrat am Fuß des Hochmaderers. Wegteilung: Rechts hinauf der Gunserweg auf den Hochmaderer, s. dort.

d) Zur Tübinger H. links nach W am sonnseitigen Schutthang ins Gatschettatäli hinab bis auf ca. 2300 m (wo bei P. 2290 von rechts NW der Schafbodenjochweg einmündet, s. R 183).

e) Der gut markierte Weiterweg ist nicht zu fehlen: zuerst fast waagrecht nach SW über P. 2301 und 2281 nach S, dann nach SW hinab zur Tübinger H., 40 bis 50 Min. = 3—3.30 h und mehr.

## 183

**Von der Vermuntbahn-Bergstation Partenen — Tromenier über Schafbodenjoch und Sandgrat zur Tübinger Hütte;** 4—4.30 h und mehr. Landschaftlich besonders schöner Höhengang, aber langwierig und mühsam, zahlreiche Gegensteigungen, nur für Geübte, nur mit leichtem Gepäck zu empfehlen und nur bei guter Sicht. Bei Nebel oder nachts (auch mit Laterne) n i c h t zu finden! Mäßig gut rot markiert, großteils nur Wegspuren und Schafsteige. Vgl. Bild 5!

a) Auffahrt mit Schrägaufzug (s. R 90), 20 Min. von Partenen zur Bergstation Trominier, 1732 m. Wenige Schritte rechts neben dem Geleise der Höhenbahn horizontal nach O, dann rechts ab steil (Treppe, Wegtafel Zur Tübinger H. am Baum) und rechts neben einer Baracke empor. Wenig oberhalb derselben bei Wegteilung rechts mit einigen Kehren hinauf zu den Schneezäunen der Lawinenverbauung; zwischen ihnen rechts nach SW empor an Waldrand, etwa 1880 m, 15—20 Min.

Prächtiger Tiefblick ins Montavon hinaus, Gaschurn, St. Gallenkirch. Jenseits die Verwallgruppe; gerade gegenüber, über Tafamunt, das Versailhaus, ganz rechts das Zeinisjoch.

Ab hier über P. 1893 (Inner-Tschambreu) in etwa 1900 m Höhe nahezu waagerecht, später etwas abwärts auf guter Wegspur 1 km über Alpenrosenhänge genau W zur Bergecke, 1875 m (Stange, Außer-Tschambreu), 15 Min.; rechts Tiefblick auf Partenen. Linksum nach S ins Tschambreutal (an seinem Oberende rechts im SSW das Schafbodenjoch) und genau S weglos bachentlang durch dies Tal empor, später rechts von den Bachrunsen hinauf zu P. 2082 am Rande des oberen Schuttkares, 30 Min. = 1—1.15 h. Rechts dem horizontalen Schafsteig etwa 8 Min. nach W entlang zu grüner Stufe, dann wieder links weglos (Stein mit rotem Dreieck markiert) nach SW über Geröll und Felsstufen hinauf ins oberste flache Schuttkar, 2240 m, unterm Joch. Auf gutem Schafsteig rechts W unter die Felsen hinauf und ihnen entlang links nach S zum Schafbodenjoch empor, etwa 2350 m, 0.45 h = 1.45—2.15 h.

b) im Vorblick im SW der Sandgrat (Sattel), das nächste Ziel: 5 Min. nach S am Grat zum Bergfuß hinauf, dann rechts, SW im Steilschutt auf Schafsteig hinüber und hinab zum Sandgrat.

c) Vom Sandgratsattel scharf links nach O kurz waagerecht
ins Hochkar Inner≈Alpila hinein und wieder rechtsum nach
S und W auf Schafsteigspuren über P. 2193 hinab; jenseits des Baches
durch den flachen Karboden hinaus WSW an Karrand, aber nicht in
die Steilhänge des Garneratales hinab, sondern in etwa 2160 m Höhe
links nach S zu Punkt 2161 und auf gutem Schafsteig, einen Steil≈
graben überquerend ab und auf unter den Westabstürzen des Hoch≈
maderer NW≈Grates durch ins nächste namenlose Hochkar. An seinem
Rand in etwa 2200 m Höhe SSO entlang, unterm Hochmaderer≈W≈
Fuß durch ins nächste Hochtal: Gatschettatäli. Achtung:
jetzt nicht dem Schafsteig nach rechts nach S hinab, sondern nach
SO etwa 100 m Höhenunterschied taleinwärts auf steigen zum
P. 2290 mitten im Gatschettatäli. Hier trifft man auf den guten Weg
vom Hochmadererjoch. Ihm nach rechts nach SW und S in 35 bis
45 Min. zur Tübinger H. wie bei R 182 d und e, 4—4.30 h und mehr.
d) Zum großartigen Zugang von der Versettlabahn übern Matschuner
Grat vgl. R 1202!

## Übergänge von der Tübinger Hütte

Die besondere Lage der Hütte im innersten Garnera≈
tal, das an ein halbdutzend Hochtäler ringsum grenzt,
erlaubt außerordentlich viele interessante Übergänge:

**184**
Von der Tübinger Hütte übers Vergalner und Matschuner Joch und
den Versettlagrat zur Bergstation der Versettlabahn und nach Ga≈
schurn. Großartiger Höhenweg und Gratwanderung, 5—6 h; gut be≈
zeichnet. Wie bei R 186 aufs Vergaldner Joch. Ab dort auf dem
Tübinger Höhenweg übers Matschuner Joch und den Versettlagrat
zur Bergstation (s. R 170). Talfahrt nach Gaschurn. Vgl. auch R 1202!
c) Nach Gaschurn geht man noch weiter rechts des Baches talaus
und über Ganeu oder durch die Garneraschlucht, s. R 181, nach Ga≈
schurn in Talgrund hinab und links über den Garnerabach und später
über die Ill nach Gaschurn hinüber.

**185**
Von der Tübinger Hütte übers Vergaldner und Matschuner Joch nach
Garfrescha, 4—5 h. Eine sehr lohnende aber langwierige Höhen≈
wanderung für ausdauernde Berggänger, gut markiert, s. R 166.
Wie bei R 186 übers Mittelbergjoch zum Vergaldner Joch, 1.15 bis
1.45 h. Vom Joch wie bei R 160 e über Vorder≈ und Kuchenberg
zum Matschuner Joch und wie bei R 160 d durchs Novatal (Vermiel)
nach Garfrescha.
Noch großartiger ist die Fortsetzung der Gratwanderung zur Ver≈
settla, vgl. R 473/74.

**186**
Von der Tübinger H. übers Mittelberg≈ und Vergaldner
Joch nach Gargellen, 4—4.30 h. AV≈Weg, rot mar≈
kiert; beliebter und lohnender Übergang durch ernste
eintönige Hochgebirgslandschaft. Das Vergaldner Joch
ist von der Hütte nicht sichtbar, wohl aber das Mittel≈
bergjoch jenseits des Talschlusses im NW, rechts auf
der NO≈Schulter des Mittelberges, mit der Weganlage.

a) **Um auf die andere Talseite** zu gelangen, geht man den ganzen Garneratalschluß in weitem Bogen waagrecht aus: aus der Hütte tretend links und von der SW-Ecke der Lawinenmauer auf dem AV-Weg wenige Schritte über die 2 kleinen Wasserläufe zur nahen Wegteilung. Man geht r e c h t s nach S u. SW immer in ca. 2200 m Höhe auf der Talstufe, später nach W, überquert die Bergsturztrümmer und erreicht nach NW und N einbiegend die Wegteilung (Wegweiser) links W von der Zollwachhütte, 2196 m, 20 Min.

b) Man geht rechts nach NW und N fast waagrecht weiter (links zum Garnerajoch, s. R 187), dann mählich ansteigend am Fuß des Joches und in Zickzacks nach NW hinauf zum M i t t e l b e r g j o c h, 2415 m. Schöner Rückblick auf den Garneratalschluß und die Hütte. Weiter durch das Hochkar W und NW hinüber und hinauf zum **V e r g a l d n e r J o c h**, 2515 m, 1.20 bis 1.30 h = 1.45—2.15 h.

(Hier zweigt rechts übern Vorderberg der rot bez. Weg zum Matschuner Joch und nach Garfrescha ab, s. R 185, ferner die Führen zur Heimspitze, s. dort.)

c) **N a c h G a r g e l l e n** vom Joch jenseits nach NW und W abwärts über die Schafweiden bis gegen den Steilrand am Vergaldner Tal vor, dann links nach S hinab ins innerste Vergalden. Bei einem großen Steinmann biegt der Weg rechts um und führt nach NW auf der rechten Talseite über die Alpe Vergalden talaus, dann links auf Brücke über den Bach und hinaus nach Vergalden bzw. hinab nach **G a r g e l l e n**, s. R 153 und 86, 2.30 h = 3.30—4 h und mehr.

**Zur Beachtung:** Durchs untere Tal Vergalda führt jetzt eine Fahrstraße nach Vergalda und Gargellen; vgl. R 159.

d) **W e r z u m H o t e l V e r g a l d e n** (s. R 155) oder **z u r M a d r i s a h ü t t e** (s. R 154) will, geht nicht rechts hinab nach Gargellen, sondern am Oberrand (Waldrand) von Vergalden entlang zum Hotel 10 Min. bzw. von dort ins Valzifenztal zur Madrisahütte, 30—40 Min.

e) **Ü b e r s H i n t e r b e r g j o c h.** Gelangen können von der Tübinger H. anstatt übers Vergaldner Joch auch weglos aber ohne Schwierigkeit übers Hinterbergjoch, etwa 2590 m, zwischen Mittel- und Hinterberg ins oberste Vergalden hinüber und wie oben nach Gargellen hinab, ungefähr gleich weit.

**187**

Von der Tübinger Hütte übers **Garnerajoch nach Schlappin und Klosters,** 4—5 h. Der kürzeste Übergang in die Schweiz bzw. ins Prätigau.

a) Wie bei R 186 a in 15—20 Min. zur Wegteilung bei der Zollwachhütte. Links auf dem Jochsteig nach W durch das Hochtal empor bis unter eine Felsstufe und links SW, zuletzt wieder W 'hinauf zum **G a r n e r a j o c h ,** 2489 m, Zollwachhütte, 1 h = 1.15—1.30 h. Jenseits weglos durch das **G a r n e i r a t ä l i** bachentlang (Steigspuren) SW hinab, zuletzt, vor dem letzten Steilabfall, links vom Bach nach SO zum Innersäß (Alphütte, 2062 m) im inneren **S c h l a p p i n t a l** (Kübliser Alp). Auf dem Alpweg W talaus erst links, dann rechts vom Schlappinbach nach Schlappin (s. dort), und weiter nach Klosters, s. R 158 und 17.

b) Übers **Hochjöchli.** Geübte können den Übergang ins oberste Schlappintal anstatt übers Garnerajoch auch über das höhere Hochjöchli (s. dort) und den Hühnersee nehmen, weglos und etwa 1 h weiter als a, aber ungleich interessanter.

**188**

Von der Tübinger zur Saarbrücker Hütte bieten sich **vier verschiedene Übergänge** an, jeder in seiner Art lohnend und verschieden (s. auch R 203):

**I.)** R 189: Übers Plattenjoch — Schweizer= und Kromerlücke, der kürzeste und beliebteste Übergang über 3 kleine Gletscher (Firnflecken).

**II.)** R 190: Übers Plattenjoch — S=Grat der Östl. Kromerspitze — Kromerlücke, der sog. gletscherfreie Übergang; etwas weiter und mühsamer als I., aber (mit leichter Besteigung der Östl. Kromerspitze) auch interessanter.

**III.)** R 191: Übers Plattenjoch — Seegletscher — Seelücke — Litznerfirn, über drei Gletscher.

**IV.)** R 192: Übers Hochmadererjoch und durchs Kromertal, völlig gletscherfreier Übergang, aber erhebliche Gegensteigung.

**189**

Von der Tübinger Hütte übers **Plattenjoch — Schweizerlücke — Kromerlücke zur Saarbrücker Hütte,** 2.30 bis 3.15 h. Einer der meistbegangenen Übergänge der Silvretta, besonders lohnend. Zum Teil AV=Steig, rot markiert, über 3 kleine Gletscher, fast immer gespurt; oft kleine Spalten. **Vgl. Bild 13 und 29!**

a) Aus der Hütte tretend links; der Weg beginnt unmittelbar südl. der Hütte an der SW=Ecke der Lawinenmauer, überquert die 2 kleinen Wasserläufe dort und teilt sich sofort jenseits: man geht **l i n k s** nach SO

und weiter fast immer genau in dieser Richtung (Platten=
joch), zuerst über den b e g r ü n t e n  a l t e n  M o r ä n e n =
r ü c k e n, dann in vielen Kurzkehren steil empor über
die alte Stirnmoräne auf deren Oberrand und in das
flache schutt= und schneebedeckte Hochtal und Becken
des (ehemals größeren) P l a t t e n g l e t s c h e r s. Immer
links an seinem Nordrand über Geröll und Schnee auf
Steigspuren so lange nach SO steil empor, bis man in
der obersten flachen Firnmulde leicht rechts nach S
hinaufsteigen kann zum sommers meist schneefreien
P l a t t e n j o c h, 2728 m, 1.30—1.45 h.

b) Im **Vor**blick die Litzner=Seehorn=Gruppe, eines der schönsten
Bergbilder der Silvretta und ein Glanzpunkt der Alpen. Die nahe
W e s t l.  P l a t t e n s p i t z e  (s. dort), W überm Joch, ein be=
rühmter Aussichtsberg, kann von hier in 30—40 Min. auf alpinem
Steig leicht erstiegen werden.

c) Im O die Schweizerlücke, das nächste Ziel, zwischen
Östl. Plattenspitze links und Westl. Kromerspitze rechts.
Zuerst am breiten Jochrücken links nach SO und O
auf der Seegletscherseite entlang fast waagrecht und in
wenigen Minuten hinüber auf gutem Weg zur S c h w e i =
z e r l ü c k e, 2744 m, Wegtafel. (Hier zweigt der sog.
„Gletscherfreie Weg“, R 190 und der Seetalweg, R 191,
rechts ab.)

d) Über Blockwerk jenseits, NO der Lücke, auf den
Firn des kleinen S c h w e i z e r g l e t s c h e r s hinab und
waagrecht querend nach O zur niedrigen Einsattlung
auf dem schuttigen M i t t e l r ü c k e n. (Im Vorblick im
O ist jetzt die Kromerlücke, das nächste Ziel, sichtbar
zwischen Östl. Kromerspitze rechts und Kleinlitzner
links.) Vom Mittelrücken steil rechtshin über Schutt
hinab auf den Firn des K r o m e r g l e t s c h e r s — Ach=
**tung! Steinschlag von der Westl. Kromerspitze!** — und
meist fast waagrecht querend hinüber und kurz hin=
auf über Schutt zur K r o m e r l ü c k e, 2729 m, 35 bis
45 Min. = 2.15—2.30 h. Südlich oberhalb der Lücke
wenige Schritte aufsteigend erblickt man im O drunten
die Saarbrücker Hütte. Großartiger Anblick der Litzner=
gruppe.

e) Auf gutem AV=Weg steil nach O in Zickzacks hin=
ab und linkshin unterm Kleinlitzner durch zur S a a r =
b r ü c k e r  H ü t t e, 2538 m (s. R 200), hinunter, 15 bis
20 Min. = 2.30—3.15 h.

**190**

**Von der Tübinger Hütte übers Plattenjoch auf dem „Gletscherfreien Weg" zur Kromerlücke und Saarbrücker Hütte**, 3.30—4 h. Der Weg umgeht Schweizer- und Kromergletscher rechts im S. Teilweise nur Steigspur, Markierung und Weg z. T. verfallen.

a) Wie bei R 189a—c zur S c h w e i z e r l ü c k e, ca. 1.45 bis 2 h, die aber nicht überschritten wird. Bei der Wegteilung vor der Lücke r e c h t s auf der Seetalseite entlang; nach 100 m neue Wegteilung: nicht rechts hinab sondern geradeaus weiter auf die ausgeprägte Schulter (prächtiger Aussichtspunkt) in der SW=Flanke der Westl. Kromerspitze hinauf. Weiter ab und auf mühsam über Geröll quer durch ihre Südflanke, dann schräg durch die SW=Flanke der Östl. Kromerspitze nach SO empor auf ihren Südgrat bei ca. 2800 m.

Prächtiger Rundblick. In der Tiefe im NO die Saarbrücker H. rechts am Fuß des Kleinlitzners. Die Östl. Kromerspitze, 2845 m, kann von hier leicht (links, W, unterm Grat entlang) in wenigen Minuten erstiegen werden, idealer Orientierungspunkt.

b) Kurz rechts am Grat entlang, dann quer übern Grat hinweg links nach N durch die steile schuttige Ostflanke hinab und zur K r o m e r l ü c k e, 2729 m, hinüber. Weiter wie bei 189e rechts nach O hinab zur Saarbrücker H.

**191**

**Von der Tübinger Hütte übers Plattenjoch und Seelücke zur Saarbrücker Hütte**, 3.15—4 h (o d e r z u r S e e t a l h ü t t e). Sehr abwechslungsreicher Gletscherübergang, am besten morgens früh bei Hartfirn.

a) Wie bei R 189a—c zur S c h w e i z e r l ü c k e, 1.45 bis 2.15 h, die links oben bleibt. Bei der Wegteilung rechts nach S und ca. 100 m weiter bei der nächsten Wegteilung w i e d e r u m r e c h t s in Kehren über Geröll und Schrofen auf Steigspuren so lange hinab, bis man links am Fuß der Steilflanke der Westl. Kromerspitze unter P. 2697 durch weglos auf den Seegletscher hinüberqueren kann. An seinem N=Rand entlang nach OSO über Firn (Eis) zur S e e l ü c k e hinauf, 2776 m.

b) V o n d e r S e e l ü c k e z u r S a a r b r ü c k e r H ü t t e hinab kann man entweder über Firn und Geröll am linken W=Ufer des Litznerfirns hinab und auf Steigspuren zum Weg unter der Kromerlücke hinüberqueren. Auf ihm zur Hütte hinab. Oder gerade über den Litznerfirn hinunter in die Moränenmulde unterhalb der Hütte und von dort kurz auf dem Weg zur Hütte' hinauf.

c) Zur Seetalhütte. Wie oben bei a) gegen den Seegletscher hinunter, dessen Zunge aber links bleibt; man geht über Geröll in die Seemulde W der Gletscherzunge hinab, läßt die Gletscherseen, auch den Schottensee, rechts, und geht zwischen Gletscher und Seen über die Gletscherbäche nach S und SW in die kleine Einsattlung zwischen dem Westfuß der Kleinen Seehörner und dem Seehügel südl. vom Schottensee. Hier beginnt wieder eine deutliche Wegspur, die genau nach S über die Schrofen und am linken Hang des Seetals hinab zum See und zur Seetalhütte an seinem Südende führt, 2062 m, 1—1.15 h von der Schweizerlücke, s. R 385.

**192**
**Von der Tübinger Hütte über das Hochmadererjoch ins Obervermunt** (zum Vermuntstausee 3.00—3.45 h, oder zur Bielerhöhe 3.30—4.15 h, oder zur Saarbrücker Hütte 5—6 h). Sehr lohnender Übergang, leicht mit dem Hochmaderer zu verbinden. Bez. AV=Steig. Vgl. R 182.

a) Aus der Tübinger H. tretend geht man rechts um die Hütte, wo der Weg an der NO=Ecke beginnt und — nicht zu fehlen — nach NO über P. 2281, dann nach N über P. 2301 nach NO zum P 2290 im Gatschettatäli führt, 1 h (hier zweigt der Schafbodenjochsteig nach NW ab, s. R 193 und 183).

b) Durch das Gatschettatäli links am Sonnenhang nach O über Geröll empor zur Wegteilung, ca. 2500 m, 0.45 h = 1.45—2 h, im obersten Talwinkel am Fuß der Südflanke des Hochmaderers (links Abzweigung des Gunserweges auf den Hochmaderer, s. dort).

c) Zum Joch geht man rechts nach S auf der Westseite unter dem Jochgrat entlang über Blockstufen empor zum Hochmadererjoch, 2505 m, 2.15—2.30 h.

d) Vom Hochmadererjoch jenseits nach O dicht unterm Südfuß des Jochturmes durch in das Geröllkar hinab. Im Vorblick das Obervermunt mit der Silvrettastraße zur Bielerhöhe (Staumauer). Links über dem Kar die mächtigen Südpfeiler des Hochmaderers.

Immer links am Sonnenhang, später in Kehren hin= unter in den innersten Karboden des unteren M a d e r= n é r a t ä l i bei P. 2185, wo meist noch ein Schneefeld liegt. Ab hier r e c h t s v o m B a c h ! über Blockwerk, später Rasenschrofen nach O talaus. In 2100 m Höhe, wo das Täli steil ins Schweizer Vermunt abfällt, rechts am Hang hin nach SO, zuletzt im Zickzack hinab nach O hinüber zur Wegkreuzung am K r o m e r t a l e i n= g a n g = S t a n g e, etwa 1900 m, ca. 1—1.15 h ab Joch. Wegteilung:

e) Z u r S a a r b r ü c k e r H ü t t e rechts nach S durch das Kromertal wie bei R 201.

**193**

f) Z u m S e e s p i t z (Krafthaus) am Vermuntsee und zur Silvrettastraße geht man nach N dem schlechten Weg nach gerade hinab und rechts über die Brücke zum Krafthaus an der Silvrettastraße. Am See entlang in 10 Min. zum Wirtshaus Stausee, Postautohalt, am Nordende des Sees. Autopost und Fahrgelegenheiten nach Partenen und zur Bielerhöhe, s. R 100—104.

**194**

g) Z u m S c h r ä g a u f z u g, Bergstation Trominier, geht man vom Wirtshaus Stausee ca. 10 Min. auf der Sil= vrettastraße hinab in den Hochtalboden W Kardatscha unter der Staumauer und sofort nach Überschreiten des Baches (Ill, um 1700 m) jenseits kurz empor nach W auf das Geleise der Höhenbahn; rechts ihr entlang durch mehrere Tunnels zur Bergstation Trominier, ca. 35—45 Min. vom Stausee. Näheres s. R 90.

**195**

h) F u ß w e g z u r B i e l e r h ö h e. Von der Wegkreuzung, 1900 m, am Kromertaleingang nach O etwas abwärts zum Kromerbach, wo meist ein Notsteg über den Bach führt. Jenseits genau nach O ill= aufwärts durch das Großvermunt auf schlecht kenntlichen Steig= spuren mit alter Markierung. P. 1927 bleibt links. Über P. 1923 zu P. 1934 mitten im Lobspitz=Bergsturz, wo man auf den Tschiffern= ellaweg trifft und ihm folgt steiler links über die Ill und rechts zum Madlenerhaus und zur Bielerhöhe, s. R 225 und Bild 6!

**196**

Von der Tübinger Hütte übers Schafbodenjoch zur Bergstation Trominier des Schrägaufzuges nach Par= tenen, 4.15—5 h und mehr. Nur für Geübte mit leich=

tem Gepäck, dann eine sehr lohnende aber langwierige
Höhenwanderung (als Abstieg ins Montafon) s. R 183!

a) Von der Tübinger H. wie bei R 192 a zur Wegteilung im G a t -
s c h e t t a t ä l i, 1—1.15 h. Man verläßt den Weg zum Hochmadererjoch und folgt der roten Markierung links nach NW zum Schafbodenjoch, zuerst von 2300 auf 2200 m absteigend, dann nach N unter
den Westausläufern des Hochmaderers durch, später einen Tobelgraben überquerend in das Hochtal I n n e r e A l p i l a. Bei P. 2161
nach O und NO durch dieses Hochtal empor auf den S a n d g r a t,
der von rechts, S, gewonnen wird, dann hinüber zum S c h a f -
b o d e n j o c h, etwa 2350 m.

b) Auf anfangs deutlichem Schafsteig steil nach NO hinab ins
T s c h a m b r e u t a l über P. 2082 zu P. 1884 im Talgrund. Achtung!
Nicht weiter im Talboden absteigen, sondern halbrechts am Hang
nach N, NO und O hinaus auf die Bergnase bei P. 1875, Stange. Auf
Steigspuren nach O durch die Alpenrosenhänge etwas ansteigend
hinüber zu P. 1893, dann absteigend schräg nach NO auf deutlicher
Steigspur der Markierung nach, an Waldrand und zwischen den
Zäunen der Lawinenverbauung hindurch, zuletzt im Zickzack links
nach N hinab zur Bergstation Trominier, 1732 m, s. R 90. Talfahrt nach Partenen 20 Min.

197—199 Offene Randzahlen für Nachträge.

### Die Saarbrücker Hütte im Kromertal

**200**
**Saarbrücker Hütte,** 2538 m, der AVS Saarbrücken, 1911
erbaut. Die höchstgelegene Schutzhütte der Silvretta in
besonders schöner Aussichtslage. Bild 14 u. 15!

D i e  H ü t t e enthält 24 B in Zimmern, 40 M in mehreren
Lagern und 10 Notlager. Wasserleitung (Widder), Zentralheizung. Von Ende Februar bis ca. Mitte Oktober
voll bewirtschaftet. In der übrigen Zeit nur mit neuem
AV-Schlüssel zugänglich; Winterraum 10—12 M und
Decken. Ideales alpines Skitourengebiet, s. Flaig Silvretta-Skiführer R 58. Notfunk mit Bielerhöhe.

L a g e : Die Hütte liegt auf einer kleinen schmalen nach
N und O steil abfallenden Schulterstufe im Ostgrat des
Kleinlitzners, 300 m über den „Schwarzen Böden" des
obersten Kromertalbodens, rund 600—700 m über dem
Großvermunt bzw. Vermuntsee und schon von dort
sichtbar.

N ä c h s t e  „T a l s t a t i o n e n" (und Tel.) sind die Post-
autohaltestellen an der Silvrettastraße am Vermuntsee
(je eine am Südende, beim Krafthaus am „Seespitz", und
am Nordende beim Gasthaus) und auf der Bielerhöhe.

Nächster Talort im Montafon und Postadresse: Partenen, 1051 m. Nächster Talort im Paznaun: Galtür, 1584 m, beide Orte als

Zugänge gleich geeignet (s. R 201, 202, 225—228); Postautos s. R 101 (zur Bielerhöhe); Schrägaufzug von Partenen nach Trominier s. R 90. Als weitere „Zugänge" vgl. die Übergänge von der Tübinger H., Madlenerhaus, von der Wiesbadner H., von den Silvrettahütten und von der Seetalhütte.

Tourengebiet ist vor allem die ganze Litzner=Seehorngruppe mit dem Lobgrat, ferner der Valgragges= (auch Valgragis=)kamm und die Garneragruppe mit idealen leichten Aussichtsbergen: Östl. Kromerspitze, Westl. Plattenspitze, Sonntagsspitze, Winterberg, Sattelkopf und Verhupfspitze. Und mit schönsten Bergfahrten in Fels und Eis aller Art vom II.—IV. Grad, darunter die beliebte Litzner= Seehorn=Überschreitung, eine der schönsten „klassischen" Kletterfahrten der Silvretta.

Rundwanderungen: Von der Saarbrücker H. lassen sich einige besonders schöne Rundwanderungen machen, großteils weglos, nur für Geübte. Rund um den Kleinlitzner: Kromerlücke und =gletscher — Schwarze Böden. Rund um den Kromerkamm: Seelücke — Seegletscher — Schweizerlücke — Mittelrücken — Kromerlücke oder umgekehrt. Rund um die Litznergruppe, besonders großartig: Seelücke — Seegletscher — Seetal — Augstberg — „Scharte" (2682 m) — Ober Silvretta — Winterlücke — Litznersattel; statt durchs Seetal kann man auch durch die Seehörnerscharte zwischen Gr. und Kl. Seehörnern; auch umgekehrt lohnend. Ferner rings um den Lobgrat oder um die Glötterspitze u. a. m.

Literatur; kleine Auswahl: a) R 62 b (Blodig; mit den schönen Compton=Bildern!), b) R 60 und 61 (Flaig), c) G. Schmoll gen. Eyssenwerth, „Skiführer der Umgebung der Saarbrücker H." ohne Jahrzahl; veraltet, durch R 58 überholt. Karte: AV=Sika, s. R 50.

Das herrliche Berg- und Skigebiet ist in Wort und Bild geschildert in meinem Silvrettabuch, 6. Auflage 1970, S. 48 ff, S. 71 ff usw.; s. R 60!

Rundsicht von der Saarbrücker H.: Unmittelbar W über der Hütte der Kleinlitzner, links davon im W die Kromerlücke (falsch Böckingscharte) und die Östl. Kromerspitze. Im S Gr.=Litzner (Nordwand!) links und Gr.=Seehorn rechts zwischen Seelücke rechts im SW und Litznersattel links im SO. Links vom Litznersattel der Sattelkopf und links davor die Glötterspitze, links dahinter der Lobgrat mit Ht. Lobspitze=Lobturm. Der Durchblick zwischen Lobgrat rechts und Kleinlitzner links: in der Tiefe die „Schwarzen Böden" und rechts davon die Weiden von Tschifernella (Tschifanella), in Verlängerung des Kromertales der Vermuntsee, links über ihm die Ausläufer des Hochmaderer=Tschambreugrates. Genau über dem Stausee am Horizont in der Verwallgruppe: Pflunspitze und Kalter Berg, der bekannte Skiberg südl. des Arlbergs. Davor die Höhen von Tafamunt mit Versailhaus. Weiter links der Valschavieler Maderer. Nach rechts am Horizont der markante Klotz des Patteriol, rechts davon Ku-

chen* und Küchelspitze. Davor die Nordsilvretta: Kresperspitz, Schat*
tenkopf*Vallülagruppe; rechts davon im Durchblick die Innerpaz*
nauner Berge.

## Zugänge zur Saarbrücker Hütte

Es sind nur zwei eigentliche „Zugänge" ohne Gegen*
steigung: von (Partenen) — Vermuntsee — Seespitz
durchs Kromertal, der kürzeste; und von (Galtür) —
Bielerhöhe über Tschifernella, der schönste. Der auch
beliebte „Zugang" von der Bielerhöhe durchs Kloster*
tal und übern Litznersattel ist als Übergang zu werten
und unter R 232 bei der Bielerhöhe beschrieben.

### 201
**Von Partenen — Montafon durchs Kromertal zur Saar*
brücker Hütte**, 2.30—4 h und mehr, je nach Anfahrt
usw.; zu Fuß 4.30—5.30 h.

a) Kürzester Zugang: Auffahrt auf der Silvretta*
straße mit Postauto von Partenen (oder von Gal*
tür über die Bielerhöhe) zum Vermuntsee bzw. zum
Seespitz (ca. 1 h Fahrzeit) s. R 101. Weiter wie unten
bei d.

b) Auffahrt von Partenen mit der Vermuntbahn zur
Bergstation Tromenier (20 Min.) und Fußmarsch ent*
lang der Höhenbahn zum Vermuntsee und Seespitz
1—1.15 h, wie bei R 90. Weiter wie bei d.

c) Schließlich kann man auch zu Fuß wie bei R 227
von Partenen durch das Untervermunt zum Vermuntsee
und Seespitz aufsteigen und weiter wie unten bei d
zur Hütte; zus. ca. 4.30—5.30 h.

d) **Vom Seespitz durchs Kromertal zur Saarbrücker
Hütte**, 2.30—3.15 h, AV*Weg, teilweise weißrotweiß
markiert. Man beachte, daß die Saarbrücker H. schon
vom Vermuntsee aus sichtbar ist: links auf dem Grat*
absatz des Kleinlitzners.

Unmittelbar südl. vom Krafthaus des Obervermunt*
werkes am Seespitz, 1753 m, wo die Silvrettastraße
zu steigen beginnt, geht man rechts ab von der Straße
und waagrecht auf dem Fahrweg nach S, nach 3 bis
4 Min. über die Ill (Brücke) und zum nahen Ende
des Fahrwegs rechts. Weiter links auf dem schlechten
Fußweg nach S 20—25 Min. über die Alpweiden

(mehrere Wegspuren) empor auf die flachere Stufe am eigentlichen Kromertaleingang, ca. 1900 m (kurz vorher rechts Felsblock mit Stange der Winter≠ markierung). Diese Stufe und Wegkreuzung heißt „Soppa":

Wegkreuzung: Rechts nach W der AV-Steig zum Hochmadererer≠ joch — Tübinger H. Tafel, s. R 182. Links nach O über den Kromer≠ bach zur Bielerhöhe, s. R 195.

e) Zur Saarbrücker H. geht man — der Bach bleibt links — weiter durch das Kromertal nach SW hinauf bis der Bach bei P. 2050 nach W biegt, 20 Min. = 40—45 Min vom Seespitz. Über den Bach und jen≠ seits zuerst kurz nach W, dann links nach S über den Rücken zwischen den zwei Kromerbächen empor (links die Zollwachhütte, 2220 m, 20—25 Min.) und wieder am Bach entlang über die flachen Schwarzen Böden nach S, erst links, dann rechts vom Bach talein (rechts im SW die Steilabstürze des Kleinlitzners; links auf seinem O≠Grat die Hütte). Man beachte: der Weg führt nicht direkt zur Hütte hinauf sondern talein über Ge≠ röll und Moränenschutt durch das alte Gletscherbett nach SW und später W empor auf den Moränenwall unmittelbar südl. unter der Hütte, zuletzt von S in Kehren nach N hinauf zur Hütte = 2.15—3.00 h vom Stausee.

**202**
**Von der Bielerhöhe (Galtür) über Tschifernella zur Saarbrücker Hütte**; sog. **Tschifernellaweg**, 3.00—3.30 h. Eine der schönsten Alpenwanderungen, sehr lohnend; bez. AV≠Steig. Vgl. Bild 6 u. 15!

a) Von der Bielerhöhe (Postautohaltestelle an der Stau≠ mauer) nach W auf Fußweg hinab in Talgrund und links zwischen den Baracken (des sog. Silvrettadorfes) durch zum **Madlenerhaus**. Dann auf Steigspuren am Rand des tiefen Illbachgrabens, 5—6 Min. z. T. durch Latschen nach W hinab und dort, wo von rechts (N) ein kleiner Seitenbach in den Illbachgraben hin≠ abfällt, links über die Ill, 1941 m, dann am Süd≠ uferrand rechts nach W entlang talab. Nach ca. 10 Min. erreicht man die Bergsturztrümmerhalde (der Vord. Lobspitze), die man nach W noch immer absteigend durchquert.

Erst etwa in der Mitte der Trümmerhalde, dicht südl.
P. 1934, beginnt der Weg zu steigen und führt am Steil=
hang nach WSW empor, erreicht in 2100 m Höhe
den Rand der Hochfläche von Tschifernella, überquert
ein grünes Hochtälchen nach W und erklimmt eine
Bergnase am jenseitigen Rand. Prächtiger Rundblick:
zurück zur Bielerhöhe und hinab auf den Vermuntsee;
im NW und W der Hochmaderer=Valgraggeskamm.
Jetzt immer genau SW über die Tschifernella=Weiden
ansteigend, dann an mehreren kleinen Seen S. P. 2331
und an mächtigen Gletscherschliffen vorbei (im Vor=
blick im SW jetzt die Saarbrücker H. auf dem O=Grat
des Kleinlitzner; links davon die Litzner=Seehorn=
Gruppe); dann nach S auf die inneren Schwarzen Bö=
den hinab, kurz am Bach entlang und über den Kro=
merbach (kl. Steg), jenseits über Moränenschutt nach
S, SW und — bei den Leitungsmasten — nach W hin=
über zum Kromertalweg (s. R 201). Ihm entlang auf=
wärts nach W und zuletzt von S nach N zur Saar=
brücker H. hinauf.

## Übergänge von der Saarbrücker Hütte

**203**

Von der Saarbrücker H. zur Tübinger H. sind drei bzw.
vier Übergänge möglich:

I. R 204: Über Kromer- und Schweizerlücke — Plat=
tenjoch, der kürzeste und beliebteste Übergang über 3
kleine Gletscher.

II. R 205: Durch die Südflanken der Kromerspitzen,
der sog. gletscherfreie Übergang, auch sehr lohnend.

III. R 206: Über Seelücke — Plattenjoch, auch über 3
Gletscher und ebenso interessant:

IV. R 207: Übers Hochmadererjoch, ganz gletscherfrei,
aber mit Höhenverlust und Gegensteigung.

**204**

**Von der Saarbrücker H. über Kromer= und Schweizer=
lücke — Plattenjoch zur Tübinger H.,** 2.30—3 h. Sehr
lohnend; die 3 Gletscherfirne sind meist leicht zu queren.
Bei Neuschnee Vorsicht auf Spalten.

a) Aus der Saarbrücker H. tretend rechts nach W unterm Kleinlitzner durch sanft ansteigend, dann im Zickzack NW hinauf in die Kromerlücke, 2729 m, 25—30 Min.

b) Nach W waagrecht über den Firn des Kromer= gletschers (Achtung! Steinschlag von der Westl. Kromerspitze!), dann über Schutt steil auf den Mit= telrücken (im NW die wilde Phalanx des Valgragis= kammes). Weiter nach W und NW waagrecht über den Schweizerfirn und kurz über Blockwerk in die Schweizerlücke, 2744 m, hinauf (Grenze; im Vor= blick im W das Plattenjoch, links davon die Westl. Plattenspitze und der Garneragrat).

c) Jenseits wenig ab und auf nach W (auf Schweizer Boden) zum Plattenjoch, 2728 m, hinüber, 1.30 bis 1.45 h.
Großartiger Anblick der Litzner=Seehorn=Gruppe, schönstes Gipfel= paar der Silvrettagruppe, ein Glanzpunkt der Alpen. Die nahe Westl. Plattenspitze, ein berühmter Aussichtsberg, kann vom Joch auf leich= tem Klettersteig in 35—40 Min. erstiegen werden.

d) Zur Tübinger H. vom Plattenjoch nach N hin= ab über den Firn des kleinen Plattengletschers und immer rechts an seinem Nordrand, später nach NW über Geröll und Schnee hinab in die flache Schutt=(Schnee=)Mulde vor der Zunge des unbedeu= tenden ehemals größeren Gletschers. Man geht vor an W=Rand der Mulde (von hier aus in der Tiefe am Hochtalrand die Tübinger H. im NW sichtbar) und jetzt wieder auf AV=Weg steil über die begrünte Stirn= moräne nach W hinab über P. 2361 und durch das be= grünte Hochkar nach NW an Hochtalrand zur (hinter einer Lawinenmauer versteckten) Tübinger H.

## 205
Von der Saarbrücker H. durch die Südflanken der Kromerspitzen und übers Plattenjoch zur Tübinger H., sog. gletscherfreier Übergang, 2.30—3—3.30 h. Sehr interessant, etwas länger und mühsamer aber aussichts= reicher als R 204. Steig z. T. verfallen.

a) Wie bei 204 a auf die Kromerlücke, 30 Min., dann nicht jenseits nach W hinab sondern links kurz am Jochgratrücken entlang und links durch die schuttige Ostflanke der Östl. Kromerspitze empor auf deren Süd=

grat um 2800 m. Schöner Rundblick. (Die Östl. Kro=
merspitze, 2845 m, kann von hier aus leicht, links
unterm Grat entlang, erstiegen werden, sehr lohnend;
idealer Orientierungspunkt.)

b) Jenseits nach NW durch die schuttbedeckte SW=
Flanke des Berges hinab und durch die felsigschut=
tigen SO=Hänge der Westl. Kromerspitze ansteigend,
immer den Steigspuren nach (Markierung verfallen) auf
die Schulter (prächtiger Aussichtsbalkon) in der SW-
Flanke des Berges. Durch diese Flanke querend hinüber
auf guter Wegspur zur S c h w e i z e r l ü c k e, die rechts
bleibt, und weiter wie bei 204 c und übers P l a t t e n =
j o c h zur Tübinger H.

**206**

**Von der Saarbrücker H. über Seelücke und Plattenjoch
zur Tübinger H.**, 3.30—4 h. Interessanter, abwechslungs=
reicher Übergang über drei Firnfelder, auch mit den
Gr. oder den Kl. Seehörnern zu verbinden.

a) Von der Saarbrücker H. leicht zur S e e l ü c k e hin=
auf, am besten zuerst ein wenig absteigend und rechts
ausholend ü b e r d e n F i r n zur Lücke hinauf oder auf
R 204 bis unterhalb der Kromerlücke (aber nicht zur
Lücke hinauf), dann auf Steigspuren links u n t e r d e r
Ö s t l. K r o m e r s p i t z e d u r c h nach S über Geröll
(mühsam) und Firn hinauf zur Seelücke, 2776 m,
0.45—1 h.

b) Jenseits rechts am N=Rand des Seegletscherfirns
hinab nach W, bis man ober= oder unterhalb von
P. 2697 (= unterste Steilstufe des SW=Rückens der
Westl. Kromerspitze) hindurch in das geröll= und
schneegefüllte Hochkar unterm Plattenjoch hinüber
aufsteigen kann. Auf Steigspuren rechts ausholend
empor gegen die Hänge rechts von der Schweizerlücke,
bis man auf R 205 trifft und auf ihm zur Lücke hin=
überquert; weiter wie bei R 204 c und d übers Platten=
joch zur Tübinger H.

**207**

**Von der Saarbrücker H. übers Hochmadererjoch zur
Tübinger H.**, 4.30—5 h; zwar gletscherfrei aber mit
ziemlichem Höhenverlust und Gegensteigung, doch
landschaftlich sehr lohnend; auch mit dem Hochmaderer
zu verbinden. Von der Hütte auf dem Talweg R 201

hinab über die Schwarzen Böden und durchs Kromer=
tal hinaus bis zur Wegteilung ins Groß= und Schweizer=
vermunt am Talausgang, ca. 1900 m, und ca. 15 Min.
o b e r h a l b vom Seespitz (Vermuntsee). Von hier wei=
ter links nach W wie bei R 182 empor ins Maderneira=
Täli und übers Hochmadererjoch zur Tübinger H.

**208**

**Von der Saarbrücker H. über die Seelücke zur Seetal=
hütte (u n d n a c h K l o s t e r s)** I = unschwierig; 2.30
bis 3 h (bzw. + 3.30 h). Kürzester leichter Übergang
in die Schweiz und nach Klosters im Prätigau. Über
2 leichte Gletscherfirne.

a) Wie bei R 206 zur S e e l ü c k e hinauf und jenseits
gerade oder mehr rechts am N=Rand am Seegletscher=
firn (Eis) hinab in die S e e m u l d e. Bei gutem Firn
kann man ziemlich gerade linkshaltend nach W hinab
und die Gletscherbäche rechts lassend direkt in die kl.
Einsattlung zwischen dem W=Fuß des Seehörnli
(= P. 2751) und dem Seehügel südl. vom Schottensee
hinüberqueren. Weiter auf Steigspuren steil nach S ins
Seetal hinab und linksseitig talaus zum See und zu der
unbew. Seetalhütte (s. dort) des SAC, 2062 m, am Süd=
ende des Sees.

b) Nach Klosters geht man weiter auf dem Alpweg
linksseitig talab ins Sardascatal und auf der Talstraße
W nach Klosters hinaus, 3.15—3.30 h.

**209**

**Von der Saarbrücker H. auf den Litznersattel und ins
Klostertal** zur Klostertaler Hütte (I). Der Aufstieg zum
Litznersattel und der Übergang ins Klostertal ist das
Kernstück für mehrere andere Übergänge und viele Berg=
fahrten. Er wird daher hier ohne Hüttenziel be=
schrieben, aber doch bis zur wichtigen Wegteilung im
inneren Klostertal (d. h. zum Hüttenplatz der späteren
Klostertal-Hütte (s. R 1203!), die dort später eröffnet
werden wird). Die weiteren Übergänge von dort aus
zur Bielerhöhe s. R 213 a und c; zur Wiesbadner H.
durchs Ochsental s. R 213; oder zur Wiesbadner H.
übern Silvrettapaß s. R 212; zu den Silvrettahütten
s. R 235.

a) Aus der Saarbrücker H. tretend links wenige Mi=
nuten auf dem T a l w e g hinab. Kurz bevor der Tal=

weg scharf linksum nach O ins Kromertal abbiegt,
geht man rechts auf der Wegspur über den Moränen=
rücken fast waagrecht nach S entlang und quert (östl.
unter dem Felskopf P. 2675) links auf den Firn (Eis)
des Litznergletschers hinein und hinab. Weiter
nach SO Richtung Litznersattel über den Firn des Glet=
schers (im Spätsommer Eis) erst wenig, später steiler
und nach S ansteigend hinauf auf den breiten (teils
firn= teils schuttbedeckten) Litznersattel, 2737 m,
0.45—1—1.15 h.

Vom Litznersattel (s. dort) schöner Blick nach SO auf den Kloster=
taler=Silvrettakamm, auf Sonntagspitze und Winterberg. Hier Ab=
zweigung der Führen zur Winterlücke und zum Klosterpaß, s. R 210;
ferner der Anstiege zur Sonntagspitze, Winterberg, zum Großlitzner
und zum Sattelkopf bzw. auf den Verhupf= und Lobgrat.

b) Vom Litznersattel ins innere Kloster=
tal hinab: Östl. des Sattels ein kleiner Gletschersee,
dahinter im O ein Moränenwall mit zwei flachen Kup=
pen, auf der linken, nördl. Kuppe ein markanter heller
Felsblock. Vom Sattel über Firn (Eis; manchmal einige
kleine Spalten) nach O hinab und rechts (S) vom
Eissee über Moränenschutt oder Altschnee hinauf zu
dem genannten Block. Auf der steilen Ostflanke des
Moränenwalles auf Steigspuren zuerst kurz rechts hin=
ab nach S, dann immer nach SO und auf dem linken
Hang durch das Verhupftäli hinab, den breiten
Moränenschuttstufen entlang meist weglos aber un=
schwierig hinab bis in die unterste Hochtalmulde dicht
W von P. 2518, einem ganz markanten Gletscherschliff=
Felsrücken („Elefant" genannt) rechts vom Bach. Jetzt
entweder weglos gerade hinab oder links über den Bach
und jenseits dem bezeichneten Steig nach steil hinab in
Kromertalgrund (35—45 Min. = 1¹/₂—2 h). Über den
Kromerbach und jenseits 10 Min. nach O empor zur
**Klostertaler Hütte** des DAV; Näheres im Nachtrag unter
R 1203. — Wer nicht zur Klostertaler Hütte will, hat
mehrere Möglichkeiten:

c) Je nach Ziel geht man links nach N rechtsseitig
klostertalauswärts zur Bielerhöhe (R 213) oder zur
Wiesbadner Hütte (R 213) oder nach S talein zur Rot=
furka (R 234) oder zum Klosterpaß (R 233) usw. oder
schließlich nach O empor zum Klostertaler Silvretta=
kamm, seinen Scharten und Gipfeln.

Von der Saarbrücker H. über Litznersattel — Winter=
**lücke — Klosterpaß — Rotfurka zu den Silvrettahüt=
ten/SAC.** I = unschwierig. 3.15—3.45—4.15 h (s. auch
R 211). Eine der schönsten und interessantesten Wan=
derungen der Hochsilvretta über vier Jöcher und Glet=
scherfirne. Nur für Geübte oder mit Führer.

a) Von der Saarbrücker H. zum Litznersat=
tel wie bei R 209 a ca. 1 h. Vom Sattel erblickt man
im SSO jenseits vom Glötterfirn und rechts überm Ver=
hupftäli die Sonntagsspitze und dicht rechts daneben
die Winterlücke, das nächste Ziel. Vom Sattel quert
man rechts über Firn (Eis) nach S (Richtung Winter=
berg) und mit möglichst wenig Höhenverlust etwas
rechts ausholend quer durch die (bei Vereisung ziem=
lich steile!) Firnmulde, dann quer über den Schutt=
rücken, der von rechts vom Fuß des Litznermassivs her=
abkommt; weiter nach SO dicht unter dem tiefsten
Felssporn des Winterbergs durch, dann leicht über Firn
schräg unterm Grat entlang empor zur Winterlücke,
2852 m, 25—30 Min. = 1.30—1.45 h. Die Lücke liegt
unmittelbar am W=Fuß der Sonntagsspitze (s. dort),
die von hier in 6—7 Min. leicht und sehr lohnend er=
stiegen werden kann.

b) Von der Winterlücke zum Klosterpaß im
S: Auf der Schweizer Südflanke des Grenzgrates auf
ziemlich gutem Steig im Zickzack kurz hinab, dann
linkshin über eine Rippe und nochmals hinab, dann
links unter einer Felswand durch auf eine ausgeprägte
Rippe und jenseits hinunter in eine begrünte Rinne, die
man überquert. Unter einer Felsstufe, zuletzt über plat=
tige Felsen fast waagrecht hinüber zum groben Block=
werk am Klosterpaß, 2751 m, 20—25 Min. = 1.45 bis
2.15 h. Stange, Grenze (Im O der Silvrettakamm vom
Gletscherkamm rechts bis zu den Eckhörnern links;
im W u. a. die Kl. Seehörner und die Seeschyen.)

c) Der Abstieg vom Klosterpaß (Steigspuren)
auf der österr. Klostertaler Ostseite des Passes beginnt
ganz links am Nordende der Paßlücke. Durch das Steil=
kar über Schutt und Schnee, meist am linken Rand
gerade hinab auf eine begrünte Hochstufe, ca. 2600 bis
2650 m, Wegweiser. Wegteilung:

d) **Zur Rotfurka** nicht nach O auf den Steigspuren ins Klostertal hinunter sondern auf dieser Hangstufe in ca. 2620 m Höhe rechts nach S entlang, auf und ab, an der Zollwachhütte, 2623 m, vorbei (die man aber auch links liegen lassen und vom Wegzeiger auf der Ein= sattlung vorher — etwa 200 m NW der Hütte — gerade nach S abwärts gehen kann). Nun zuerst nach S etwas abwärts, dann rechts ausholend mit möglichst wenig Höhenverlust und genau nach SO über Geröll und Firn links hinauf zur **Rotfurka**, 2688 m, 0.45—1 h = 2.30—3.15 h. Grenztafel Österreich/Schweiz. Schöner Blick auf Silvrettagletscher und Verstanklagruppe.

e) **Von der Rotfurka** jenseits auf der Schweizer Südseite in Kurzkehren steil nach SO hinab an Glet= scherrand (der zusehends zurückapert). Rechtsum nach W am und auf dem Gletscherrand entlang zum Mo= ränenrücken, wo man dicht südlich von P. 2532 den Hüttensteig aufnimmt und ihm nach, links vom Glet= scherbach durch das Moränental hinabsteigt bis fast in Höhe der Hütten; dann rechts über den Mädjibach zu den **Silvrettahütten/SAC** hinüber, 0.45—1 h = 3.30—4.15 h.

**211**
Andere Übergänge von der Saarbrücker H. zu den Sil= **vrettahütten/SAC.** Außer dem schönsten Übergang R 210 gibt es noch mehrere andere Möglichkeiten:

a) **Durchs Verhupftäli und innere Kloster= tal.** Wie bei R 209 übern Litznersattel ins innere Klo= stertal hinab, wobei man zuletzt rechts ausholend mög= lichst wenig Höhe zu verlieren trachtet. Weiter talein über die Rotfurka (s. R 235). Trotz Höhenverlust eher kürzer als R 210; ca. 3—4 h.

b) **Über Winterlücke — Ober Silvretta.** Nur für Geübte oder mit Führer, kein Weg, nicht markiert. Landschaftlich großartig. Wie bei R 210 a auf die Win= terlücke. Jenseits weglos nach SW steil über Schrofen und Schutt hinab ins Kar „Ober Silvretta" mit seinen vielen Seen. Nach S im Bogen durch das Kar in ca. 2350 m Höhe W unter P. 2498 (W Tälihorn) durch ins Galtürtäli hinüber, das man links ausholend im Bo= gen ausgeht nach SO zum Sattel östl. P. 2454 hinauf.

Auf Steigspur gerade nach S hinab zu den Hütten, 3.30—5 h.

c) Schließlich kann man auch wie bei R 208 über die Seelücke — Seetalhütte-SAC — Alp Sardasca und von dort zu den Silvrettahütten (s. dort) gehen. Schön und interessant aber großer Höhenverlust; 4.30—6 h und mehr. Zwischenstation auf der Seetalhütte (s. dort) möglich.

## 212
**Von der Saarbrücker H. über Rotfurka — Silvretta= paß — Fuorcla dal Cunfin zur Wiesbadner H.** (o d e r z u r T u o i h ü t t e), 5—6—7 h und mehr. I—II = un= schwierig bis mäßig schwierig, je nach Schnee=, Eis= und Spaltenverhältnissen.

Nur für Geübte oder mit Führer. Vor leichtfertiger Be= gehung ohne Führung und Seil oder bei unsichtigem Schlechtwetter wird ausdrücklich gewarnt (bereits mehrere tödliche Unfälle, Spaltenstürze usw.!). Eine sehr lange, aber besonders großartige Gletscherwande= rung über je 6 bzw. 7 Pässe und Gletscherfirne. Durch Nächtigung auf den Silvrettahütten/SAC kann man die Fahrt in zwei bequeme Tagestouren teilen, was sehr zu empfehlen ist.

a) Wie bei R 209 und 210 von der Saarbrücker H. über Litznersattel — Winterlücke — Klosterpaß und Rot= furka (2.30—3.15 h) auf den Silvrettagletscher hinab. Beim Abstieg von der Rotfurka hält man so früh als möglich links (Steigspuren) unterm Gletscherrücken entlang auf den Silvrettagletscher hinein. Dort nimmt man etwa bei P. 2656 die Führe von den Silvrettahüt= ten/SAC (s. R 397) zum Silvrettapaß auf und folgt ihr (meist gespurt) über den Silvrettafirn hinauf zum S i l = v r e t t a p a ß, 3003 m, 1—1.15 h = 3.30—4.30 h. **Beim Aufstieg und am Paß Vorsicht auf Spalten!** Weiter über die Fuorcla dal Cunfin, 3043 m (0.30 h) zur Wies= badner H., wobei man je nach Kenntnis und Verhält= nissen sowohl auf der Winterführe über den Ochsen= taler Gletscher als auch auf dem Sommerweg über den Ochsentalerfirn übers Wiesbadner Grätle (s. dort) bzw. den Vermuntgletscher gehen kann, zusammen ca. 5.30 bis 7 h und oft wesentlich mehr; s. R 392 und 397!

b) **Anstatt über den Silvrettapaß** kann man (meist etwas schwieriger und weniger bequem!) auch über die Eck=hornlücke (s. dort), ca. 3040 m. Landschaftlich ebenso schön und eigenartig wie über den Silvrettapaß, sonst kein nennenswerter Unterschied.

c) **Zur Tuoihütte:** Vom Silvrettapaß kann man auch nach SO über die Mittagsplatte und Planrai nach O zur Tuoihütte des SAC absteigen, s. R 392 und 262.

**213**

**Von der Saarbrücker H. übern Litznersattel und durchs Kloster= und Ochsental zur Wiesbadner H.** (o d e r z u r B i e l e r h ö h e) 3.30—4—4.30 h, I = unschwierig. Der kürzeste direkte Übergang zur Wiesbadner H., aber nicht ganz eisfrei. Nur teilweise Weg und markiert, da=her alpine Übung und Trittsicherheit oder Führung er=forderlich. Landschaftlich sehr schön und lohnend.

a) **Wie bei R 209 übern** L i t z n e r s a t t e l und durchs V e r h u p f t ä l i hinunter ins I n n e r e K l o s t e r t a l, zuletzt etwas links nach NO zum Klosterbach hinab und an erster geeigneter Stelle übern Bach, 1.30—2 h, wo man bald jenseits oberhalb des Baches auf den guten K l o s t e r t a l w e g trifft. Auf ihm immer rechts vom Bach am Ostufer talaus bis zur Wegteilung, ca. 2100 m, am Taleingang, 35—40 Min. = 2—2.45 h.

Zur (1970/71 ff.) im Bau befindlichen Klostertalhütte der DAV-Sektion Wiesbaden bitte den Nachtrag R 1203 nach=lesen.

b) **I n s O c h s e n t a l** geht man nicht links zur Brücke sondern rechts auf dem breiten Weg weiter nach SO hinab zur Brücke über die Ill, 2041 m, am Eingang des Ochsentales. Über die Brücke und rechts ca. 100 m zum Weg zur W i e s b a d n e r H ü t t e hinauf. Wie bei R 251 b durchs Ochsental empor zur Hütte 1.15—1.45 h.

c) **Z u r B i e l e r h ö h e :** Von der Weggabel am Kloster=taleingang kann man links (kürzer) wie rechts, am West= oder Ostufer des Silvrettasees auf dem breiten S e e = r u n d w e g entlang zur Bielerhöhe gehen (25—30 Min.); **Achtung!** Alte Brücke (ca. 2110 m) überm Klostertaler Bach abgetragen! Neue Brücke weiter unten ca. 2090 m! zum Silvrettadorf, Madlenerhaus und VVS=Haus direkt: nur links, wobei man auf der Staumauer=Krone nur ca. 100 m entlang geht, dann links hinab und rechts über die Ill (Brücke) zum Silvrettadorf und Madlenerhaus u. VVS=Haus hinüber, 30—40 Min.

**214**
**Von der Saarbrücker Hütte über Tschifernella zum Madlenerhaus und zur Bielerhöhe.** Guter Bergsteig, AV=Weg, markiert. 1.30—2.15 h. Eine der schönsten Bergwanderungen in der Silvretta.

a) Aus der Hütte tretend links auf dem Talweg nach S hinab, dann nach O über die Moränenschuttfelder hinunter, wo der Weg entlang den Leitungsmasten ab= wärts führt. Am dritten Mast, vom Bergfuß gerechnet, Wegtafel: Madlenerhaus. Hier zweigt der Tschifer= nellaweg rechts ab und führt bald steiler über einen Moränenrücken nach N hinab (rechts der Gletscher= bach) bis in den dort ebenen Bachtalgrund. Kurz am Bach entlang, dann bei 2 Markierungsstangen dies= und jenseits des Baches auf kleiner Brücke über den Bach.

b) Jenseits kurz empor auf die hügelige, grüne Hoch= fläche von Tschifernella. Unter mächtigen Gletscher= schliffen (rechts oben) durch nach NO an zwei hüb= schen Seelein vorbei, dann abwärts über die begrünten gerölldurchsetzten Hügel bis hinaus auf eine vorge= schobene Bergnase, wo man halbrechts im O erstmals das Silvrettadorf mit dem weißgetünchten Madlener= haus erblickt, sowie die Staumauer und das Hotel auf der Bielerhöhe. Links in der Tiefe der Vermuntsee. — Der Weg führt rechtshin nach O hinab auf eine schöne Weidestufe und an ihrem Rand entlang über zwei Bäche und eine kleine Geländeschwelle hinab in die Steilhänge von Obervermunt, die der Weg rechtshin abwärts quert, desgleichen anschließend den riesigen Schuttkegel der Bergsturzhalde von der Vorderen Lob= spitze. An ihrem Unterrand entlang, später wieder etwas ansteigend zwischen mächtigen frischen hellweißen Bergsturzblöcken, dann am Illbachgraben entlang, bis sich der Steig dem Ufer bzw. Bach dort nähert, wo gegenüber ein kleiner Seitenbach in die Ill mündet. Hier über die Ill und am jenseitigen Ufer=Oberrand entlang aufwärts auf Steigspuren durch Latschen direkt zum Madlenerhaus. Oder 15 Min. weiter durch das Sil= vrettadorf und empor auf die Bielerhöhe, links von der

Staumauer (Autobus-Haltestelle an der Silvrettastraße, gegenüber dem Hotel Silvrettasee, siehe Bielerhöhe).

215—219 offene Randzahlen für Nachträge.

## BIELERHÖHE, 2071 m

### Berg- und Skizenter Hochsilvretta:

Madlenerhaus, Hotel Silvrettasee, Gasthof Piz Buin, VVS-Skihütte

**220**

Vorbemerkung: Bis zur Eröffnung der Silvretta-Hochalpenstraße 1954 bestand im Vermunt nur eine Unterkunft, das Madlenerhaus. Der Straßenverkehr führte 1956 zur Eröffnung eines Hotels und eines Gasthofes auf der Bielerhöhe und 1957 der VVS-Skihütte im Silvrettadorf. Alle diese Unterkünfte liegen auf oder an der Bielerhöhe, der einzigartigen Paß- und Seelandschaft auf der europäischen Wasserscheide Rhein-Donau zwischen Groß- und Kleinvermunt, zwischen Montafon und Paznaun oder Vorarlberg und Tirol. — So entstand ein neues Berg- und Ski-Zentrum Hochsilvretta auf der Bielerhöhe. Unter ihrem Namen sind daher diese Unterkünfte zusammengefaßt. Über Landschaft und Natur der Bielerhöhe s. R 1102 f. Bilder Nr. 5, 6, 16, 17, 18. Zur Lage der Unterkünfte und Weganfänge vgl. den Lageplan nebenan. **Bitte Nachtrag R 1116 beachten!**

a) Nächste Talstationen und Post der Bielerhöhe: **Galtür** i. P., 1584 m, und Bahnstation **Landeck** i. Tirol; **Partenen** i. M., 1051 m, mit Bahnstation **Schruns** i. M. Zufahrten, Zugänge und Übergänge s. R 225 bis 228, 230—242. Rundtouren: R 243. Rundsicht: R 229.

b) Tourengebiete der Bielerhöhe: Vallülagruppe, Bieltaler Berge mit dem Hohen Rad und Kleinvermuntkamm, der Lobgrat, Hochmaderergruppe, Nördl. Valgraggeskamm von O, Klostertalumrahmung. Vgl. auch die Tourengebiete der Tübinger-, Saarbrücker- und Wiesbadner Hütte. Zur raschen Orientierung werden empfohlen: Bielerspitze und Runder Kopf.

c) Skigebiete der Bielerhöhe: die Bielerhöhe liegt mitten in den großartigen Skigebieten der Mittelsilvretta, besonders der Bieltaler, Klostertaler und Ochsentaler Berge. Alles Nähere mit Skikarte im Silvretta-Skiführer von W. Flaig, s. R 58.

d) Literatur über die Bielerhöhe: s. Flaig, Silvrettabuch, 5. Aufl. 1961, S. 150 ff, 187 ff und in anderen Kapiteln, sowie mit vielen Bildern; s. R 60! Siehe ferner R 56—59, 61, 62, 65, 68 und R. Beitl „An der Silvrettastraße" (1956).

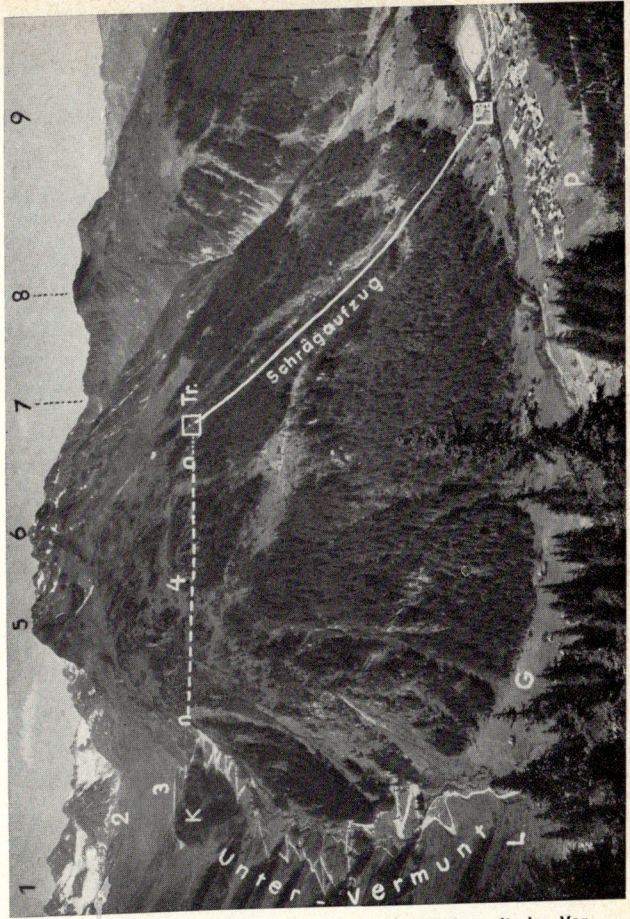

Bild 5 **Partenen (P) im Montafon gegen Westsilvretta mit der Vermuntbahn (Schrägaufzug) und Silvrettastraße im Untervermunt.**

Erläuterung s. R 6/I

Foto: R. Mathis, Landeck

Bild 6 **Silvrettastraße im Obervermunt (Großvermunt) gegen Bielerhöhe (BH) mit ihren 4 Unterkünften (G, H, V, M).**
Erläuterung s. R 6/I                          Foto: Rhomberg, Dornbirn

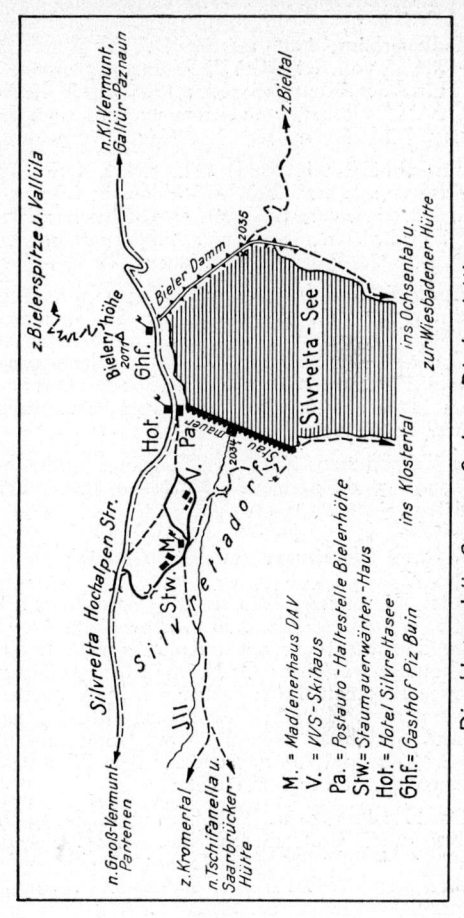

n.Kl.Vermunt, Galtür-Paznaun

n.Bielerspitze u.Vallüla

z.Bieltal

Silvretta Hochalpen Str.

Bieler Damm

Bielerh'höhe 2071

Ghf.

Hot.

Pa.

Silvretta-See

2055

N.

M.

Stw.

Silvrettadorf

2031

ins Ochsental u. zurWiesbadener Hütte

z.Kromertal

n.Schifanella u. Saarbrücken-Hütte

n.Groß-Vermunt, Partenen

ins Klostertal

M. = Madlenerhaus DAV
V. = WS-Skihaus
Pa. = Postauto-Haltestelle Bielerhöhe
Stw.= Staumauerwärten-Haus
Hot.= Hotel Silvrettasee
Ghf.= Gasthof Piz Buin

Die Unterkünfte auf der Bielerhöhe.

## Das Madlenerhaus im Großvermunt

**221**
**Das Madlenerhaus,** 1986 m, der DAVS Wiesbaden
wurde 1884/85 von der DÖAVS Vorarlberg erbaut als
zweite Hütte der österr. Silvretta; 1906 wurde sie von
der DÖAVS Wiesbaden übernommen und mehrfach
vergrößert. Bild 16.

Das Haus enthält 20 B, 35 M, 20 L, elektr. Licht, Heizung, Waschräume, usw., kein AV-Schloß. Es ist von ca.
10. 2. bis 1. 5. sowie vom 1. 6. bis 1. 11. voll bewirtschaftet;
in den Zwischenzeiten Aus- und Unterkunft im Ghf.
Piz Buin, s. R 223! Post: Galtür, Paznaun, Tirol.

**Lage:** Am SW-Rand der ,Silvrettadorf' genannten ehem.
Bausiedlung der VIW westl. unter der Staumauer und
wenige Meter N des Illbachgrabens. Eine bei der Alphütte Großvermunt (300 m NW des Madlenerhauses)
von der Silvrettastraße abzweigende Straße führt dicht
südl. am Haus entlang; dort auch Parkplatz; weitere
Parkplätze im Silvrettadorf.

Nächste Talstationen, Zufahrten, Zugänge und Übergänge, Touren- und Skigebiete, s. R 220a—d, bzw. R 225—
228 und R 230—242.

## Hotel Silvrettasee auf der Bielerhöhe

**222**
**Das Hotel Silvrettasee,** 2040 m, der Vorarlberger Ill-
werke (VIW) AG wurde 1956 eröffnet. Bild 17. Das
moderne Sporthotel mit allem Komfort enthält 80 B
in 60 Zimmern. Telefon: Gaschurn 246, Telegramme:
Silvrettasee Partenen. Post: Partenen i. M. Vorarlberg.
Geöffnet von ca. Mitte Februar bis ca. Mitte Oktober.
Berg- und Skiführer, Skischule. Das Hotel unterhält
auch ein Motorboot für Fahrten auf dem Silvrettasee,
Schiffslände gegenüber dem Hotel.

**Lage:** Das Hotel und seine Parkplätze liegen am N-Ufer
des Silvrettasees und am SW-Rand der Bielerhöhe
unmittelbar an der Silvretta-Hochalpenstraße, genau
gegenüber dem N-Ende der Staumauer (Postauto-
Haltestelle), s. Lageplan bei R 220. Über Zufahrt usw.
s. R 220 a.

Große Parkplätze unmittelbar westlich unter (vor) der Bielerhöhe, ferner am Nordende der Staumauer und zwischen Hotel Silvrettasee und dem Ghf. Piz Buin, sowie beim Ghf selber.

## Alpengasthof Piz Buin an der Bielerhöhe

**223**
**Gasthof Piz Buin,** 2030 m, der Familie Niedermeier, Post= und Talstation im Paznaun: Galtür, Tirol, Haus= Nr. 64. Der neuzeitliche Gasthof mit Zentralheizung usw. enthält 37 B, Garage, Parkplatz. Von ca. 10. 2. bis 1. 5. und von 1. 6. — 1. 11. jedes Jahres geöffnet.
**Lage:** Der Gasthof und sein Parkplatz liegen am SO= Rand der Bielerhöhe, dicht N der Silvrettastraße und genau gegenüber dem N=Ende des Bielerdammes; s. Lageplan bei R 220. Über Zufahrt usw. s. R 220 a.

### Die VVS-Skihütte im Silvrettadorf

**224**
Die VVS=Skihütte, 1990 m, im Silvrettadorf ist Eigentum des Ver= bandes Vorarlberger Skiläufer (VVS), Bregenz a/Bodensee, Öster= reich. Alle Anfragen dorthin an Dipl.=Ing. Ludwig Burtscher, Par= tenen i. M. — Die „Hütte" befindet sich in der Westhälfte eines der zweistöckigen Gebäude der VIW im Silvrettadorf. Sie enthält 28 B in 5 Schlafräumen, in jedem Stock einen Aufenthaltsraum mit elektr. Kochgelegenheit und je einen Waschraum mit Warmwasser. Elektr. Heizung mit Münzzähler.

Die Hütte ist **nicht bewirtschaftet.** N u r f ü r S e l b s t v e r s o r g e r oder mit Verpflegung im Madlenerhaus, bzw. in den Gaststätten auf der Bielerhöhe. Gebühren ähnlich denen des AV. Die Hütte wird vom Staumauerwärter der VIW betreut, der auch Auskünfte erteilt.
**Lage:** Im Silvrettadorf, 2 Min. östl. vom Madlenerhaus s. Lage= plan bei R 220, dort auch Lage des Hauses des Staumauerwärters; s. Bild 6. Zufahrt usw. s. R 220 a.

### Zugänge zur Bielerhöhe

Solange die Silvrettastraße geöffnet ist von Frühling bis Herbst (s. R 100), kann man mit dem Postauto oder Motorfahrzeugen usw. von Bludenz — Schruns — Partenen oder von Landeck — Galtür auf die Bielerhöhe fahren, von W außerdem mit der Vermuntbahn (s. R 90) und Postauto; s. Bild 4, 5, 6.
**225**
Z u f a h r t  v o n  W  a u s  d e m  M o n t a f o n. Entweder auf der Straße (s. R 100 und 103) ab Partenen bzw. Schruns mit Postauto (s. R 101) usw. oder von Par= tenen mit der Vermuntbahn (R 90) nach Tromenier und

Fußmarsch ca. 45 Min. horizontal zur Silvrettastraße am
Vermuntsee und Weiterfahrt auf der Straße (Postauto usw.).
(Im Winter nur mit Vermuntbahn und allenfalls Wei=
terfahrt mit Schneewiesel des Hotels Silvrettasee.
Näheres beim Hotel und in meinem Silvrettaskiführer,
s. R 58.)

**226**

Z u f a h r t  v o n  O  a u s  d e m  P a z n a u n. Auf der Sil=
vrettastraße von Galtür mit Postauto usw., s. R 100
bis 102 und 104. Im Winter allenfalls mit Schnee=
wiesel des Hotels Silvrettasee, von Galtür aus. Näheres
beim Hotel.

**227**

Z u g a n g  z u  F u ß  v o n  W  a u s  d e m  M o n t a f o n  zur Bieler=
höhe, Bild 4, **5**, 6. Es gibt zwei Möglichkeiten:

I. V o n  P a r t e n e n  m i t  d e r  V e r m u n t b a h n nach Tromenier
und von dort zu Fuß zum Vermuntsee und durchs Großvermunt zur
Bielerhöhe. Dazu von Partenen Auffahrt wie bei R 90 nach Berg=
station Trominier, etwa 30 Min. und weiter zu Fuß entlang den
Geleisen der Höhenbahn der VIW durch mehrere Tunnels (be=
leuchtet, rechts gehen!) dann auf offener Strecke hoch überm Unter=
vermunt in etwa 30 Min. zur Endstation der Höhenbahn.

a) Nun entweder kurz links hinab auf die Silvrettastraße und ihr
entlang jenseits der Talmulde empor über Kardatscha zum
Restaurant Stausee am Vermunt=Stausee, 15—20 Min. = 1.15 h.

b) Oder auf Fußweg rechts weiter empor ans Westende der S t a u =
m a u e r und über diese hinüber zum Restaurant (s. auch R 103),
20—25 Min. = 1.30 h.

c) Weiter auf der Silvrettastraße waagerecht am See entlang zum
Krafthaus des Obervermuntwerkes am S e e s p i t z, 1753 m, 10 bis
12 Min. (Wegteilung: Rechts über die Ill zur Saarbrücker H. und Tü=
binger H. usw., s. R 201 und 182.) — Z u r  B i e l e r h ö h e ent=
weder der Straße nach oder kürzer, z. T. auf den bezeichneten Ab=
kürzungen, Fußwegen, zuletzt oberhalb der Kehren unweit P 1960 ent=
lang der Druckrohrleitung zum Madlenerhaus usw. oder hinauf zur
Bielerhöhe; 1—1.15 h = 2.30—3 h. — Oder noch k ü r z e r , aber
zuerst rauh und steil: ganz der Druckrohrleitung nach!
Man geht gleich am Seespitz, genau gegenüber dem Obervermunt=
werk, 1753 m, von der Straße links ab und SO neben der Druckrohr=
leitung auf Steigspuren steil empor auf die Hochstufe von Groß=
vermunt, wo die Rohre kurz verschwinden. In gleicher Richtung
weiter auf Wegspur, bis sie wieder auftauchen, dann quer über die
Straße und weiter der Leitung entlang (Weg) ins Silvrettadorf usw.

II. V o n  P a r t e n e n  z u  F u ß  d u r c h s  U n t e r =  u n d  O b e r =
v e r m u n t  zur Bielerhöhe. Straße und Fußweg im Wechsel, 3.15 bis
3.30—4 h, Bild 5 und 6.

Vom Kirchplatz in Partenen, 1051 m, Postautohaltestelle, etwa
6—700 m = 7—8 Min. auf der Straße talein nach O bis rechts ein
Weg und Brücke über die Ill führen (P. 1079). Weiter auf Fußweg
an den Bauernhöfen des „Guflgut" vorbei nach SO an Eingang ins

Untervermunt. Auf Brücke wieder über die Ill, dann der Silvrettastraße nach bis sie rechtshin die Ill überquert. Man verläßt die Straße
und steigt weiter stets links ostufrig der Ill auf Fußwegen nahe dem
Talgrund empor, überquert die zurückkommende Silvrettastraße ein
erstesmal bei der Brücke, 1269 m, und dann wieder kurz bevor sie
bei der Brücke, 1447 m, die Ill endgültig nach W überquert. Weiter:
links und bald steil in Kurzkehren zwischen Waldstreifen empor in
das Hochtälchen östl. Kardatscha und nach S zum Restaurant Stausee
am Vermuntsee; 1.45—2 h. Weiter oben bei I c zur Bielerhöhe 1.15
bis 1.30 h = 3.15—4 h.

**228**
Von Galtür zu Fuß durchs Kleinvermunt zur Bielerhöhe.
2.30—2.45 h. Kaum lohnend, weil man jetzt fast durchaus der Silvrettastraße folgen muß, es sei denn, man geht mehr oder weniger
weglos und auf alten Steigspuren über die Alpweiden und zwar von
Wirl (etwa 2 km talein von Galtür-Kirche) bis zum fast ganz verlandeten Kl. Vermuntsee, 1720 m, besser auf dem Nord- bzw. Westufer des Vermuntbaches etwa 1—1.15 h; und vom Kl. Vermuntsee ab
(wo die Silvrettastraße den Bach nach W überquert) in etwa 1—1.15 h
auf dem Ostufer bzw. im Talgrund weiter zur Bielerhöhe, wobei man
die Riedböden beim Gr. Vermuntsee rechts läßt und die Straße erst
beim Nordende des Bielerdammes, 2035 m, wieder betritt; 1.15 bis
1.30 h = 2.30 h.

## Rundsicht von der Bielerhöhe

**229**
Für alle 4 Unterkünfte auf der Bielerhöhe wird die
Rundsicht gemeinsam vom meistbesuchten Aussichtspunkt, vom Kreuz am sog. „Veesenmeyerstein" (nach
einem Pfarrer V. und verdienten Vorsitzenden der
DAVS Wiesbaden) beschrieben. Er befindet sich 100 m
NW des Hotels Silvrettasee; auf der AV-SiKa mit †
bezeichnet. Siehe Bild 6, 16, 17, 18.
Im S der Silvrettasee, ca. 2030 m, = Illtal. Das Seetal
gabelt sich am S-Ende des Sees ins Ochsental links
(zur Wiesbadner H.) und Klostertal rechts (zur Rotfurka, Litznersattel usw.). Im Winkel zwischen den
zwei Tälern die Gruppe der Klostertaler Egghörner und
Schattenspitzen, und zwar ganz vorne die Kl. Schattenspitze, 2703 m, dahinter die Kl. Egghörner, rechts darüber die Große Egghorn, 3120 m. Links dahinter die
Schattenspitze, 3202 m und vor ihrem Ostgrat links
herab der Schattenspitzgletscher. Über den Schatten-
spitze-Ostgrat schaut das Silvrettahorn, 3244 m, herein und über seinen Ostgrat gerade noch der kleine
spitze Gipfel des Signalhorns, 3210 m. Links davon die
Fuorcla dal Cunfin, 3043 m, dann Kl. und der Gr.

Piz Buin, 3312 m, davor der Ochsentaler Gletscher.
Links SSO überm See das breite Hohe Rad, 2934 m,
hinter dem links im O das Bieltal liegt, dahinter die
Bieltaler Berge von rechts nach links: Totenfeldkopf,
Madlenerspitze, 2969 m, mit Madlenerferner, weiter
links: Hint. Getschnerspitze, Getschnerscharte (Übergang zur Jamtalhütte), Mittl. und Vord. Getschnerspitze über dem Henneberglerner, Hennebergspitzen.
Vor diese schieben sich Hennekopf und Hennespitzen
links, 2707 m. Links dahinter der Nördl. Kleinvermuntkamm mit Bodmerspitze usw. Davor her links
hinab nach NO das Tal Kleinvermunt, Richtung Galtür.
Links vor das Kleinvermunt schiebt sich gerade über
der Bielerhöhe im NO der Steilhang, über den die
Vallüla=Steiganlage bzw. zur Bielerspitze emporzieht.
Die Bielerspitze links darüber genau im N über der Bielerhöhe ist der nächste leicht erreichbare Aussichtsgipfel. Von der Bielerspitze nach W der Grat Schatten-
kopf=Kresperspitze, der im W ins unterste Großvermunt abfällt. Im W, jenseits vom Obervermunt von
rechts nach links: der massige Hochmaderer, 2823 m,
das Hochmadererjoch, 2505 m (Übergang zur Tübinger H.) und links hin der lange gezackte Valgragges-
oder Valgragiskamm: Nördl. und Südl. Valgragisspitze und die Valgraggestürme. Davor her links hinauf das Kromertal. Links davor schiebt sich im WSW
die Hochstufe Tschifernella (Weg zur Saarbrücker H.).
Die zerklüftete Kl. Lobspitze, der „sterbende Berg",
2760 m, mit Bergsturzhalde, schließt den Rundblick. —
Die Grenze zw. den zwei westlichsten Bundesländern
Österreichs, Vorarlberg im W und Tirol im O und die
Wasserscheide Rhein/Donau verläuft vom Hohen Rad
gratentlang herab dicht O vom Bielerdamm und der
Bielerhöhe, 2071 m, dann empor zur Bielerspitze (und
Vallüla).

## Übergänge von der Bielerhöhe

**230**
Die Übergänge von der Bielerhöhe werden alle vom
Verkehrsmittelpunkt aus beschrieben, vom **Ausgangspunkt: Postauto-Haltestelle Bielerhöhe** beim P a r k -
p l a t z  am N o r d e n d e  d e r  S t a u m a u e r , gegenüber

dem Hotel; siehe Lageplan bei R 220 und Bild 17 und 6. Man erreicht diesen Verkehrsknotenpunkt:

a) vom Ghf. Piz Buin in 4—5 Min. entlang der Silvrettastraße.

b) vom Madlenerhaus und der VVS-Skihütte, d. h. vom Silvrettadorf auf dem vom Nordrand der Siedlung nach O schräg ansteigenden Fußweg zum Nordende der Staumauer, 12—15 Min. (oder entlang der Silvrettastraße.)

c) Um vom Silvrettadorf (Madlenerhaus und VVS-Hütte; Bild 6) das Südende der Staumauer bzw. den Westuferweg des Silvrettasees ins Klostertal usw. zu erreichen, braucht man nicht über die Bielerhöhe und die ganze Staumauer zu gehen! Kürzer: Aus dem Madlenerhaus tretend geht man links nach O, aber nicht auf der Straße sondern neben der Druckrohrleitung auf dem Weg am Bachgrabenrand in 2—3 Min. hinunter zur Illbrücke und jenseits auf dem breiten Fahrweg bleibend (Achtung! Nicht dem weiter oben rechts abzweigenden Fußweg folgen!), links empor in Kehren auf die Staumauerkrone, die man nicht genau am Südende sondern 100 m weiter N erreicht, wo ein Felsriegel die Mauer zweiteilt, s. Bild 17!, 12—15 Min.; zum Westuferweg kurz nach rechts S über die Staumauer.

d) Die kürzesten Übergänge in die Schweiz von der Bielerhöhe: I. Entweder über die Wiesbadener H. (s. dort) und Vermuntpaß - Val Tuoi ins Unterengadin nach Guarda oder Lavin; II. oder über die Saarbrücker H. (siehe dort) und Seelücke ins Prätigau nach Klosters; III. oder über die Rotfurka—Silvrettahütten/SAC ins Prätigau.

e) Ufer-Ringweg um den Silvrettasee; s. Bild 17! Von der Bielerhöhe führt sowohl ein Ostuferweg vom Südende des Bielerdamms, als auch ein Westuferweg vom Südende der Staumauer zum Eingang ins Ochsental bzw. ins Klostertal ca. 25—35 Min. Weil aber die beiden Taleingänge bzw. Wege auch an der Talgabel miteinander verbunden sind (vom Klostertaler Bach zur Ill mit guten Brücken über beide) so führt auch ein Uferringweg rings um den See, denn Bielerdamm und Staumauer sind ja durch die Silvrettastraße verbunden. Der Weg über die Staumauer führt auf der breiten Mauerkrone, der über den Bielerdamm neben der Dammkrone entlang. Der Ostuferweg ist in sich vollkommen waagrecht, Bild 17. Der Westuferweg führt wenig auf und ab und steigt gegen den Eingang des Klostertales zur Brücke etwas an.

Zur Klostertaler Hütte s. R 1204 im Nachtrag!

Ins Ochsental geht man kürzer auf dem Ostuferweg, ins Klostertal kürzer auf dem Westuferweg. Vom Silvrettadorf zum Westuferweg geht man direkt zum Südende der Staumauer wie oben bei c, zum Ostuferweg wie bei b.

Dieser Ufer-Ringweg von der Bielerhöhe rings um den Silvrettasee, 1.15—1.30—2 h, ist in ca. 2035—2100 m Höhe einer der schönsten alpinen Spaziergänge der Ostalpen.

## 231

**Von der Bielerhöhe zur Tübinger Hütte** zwei Möglichkeiten, gleich lohnend; a) etwas kürzer und gletscherfrei, b) mit der Möglichkeit, auf der Saarbrücker H. Zwischenhalt zu machen.

a) Übers Hochmadererjoch. Wie bei R 232a auf dem Tschifernellaweg bis in die Mitte der Bergsturzhalde der Lobspitze, 15—20 Min. wo nahe P. 1934 der Weg halblinks empor wieder zu steigen beginnt, verläßt man ihn und geht immer links des Illbachgrabens genau W talaus, bald weglos, bald auf Steigspuren, auf **und ab an P. 1923 vorbei, P. 1927 rechts lassend durch Sumpfböden immer W hinab zum Kromerbach.** Dann über ihn und jenseits kurz steil empor zur Wegkreuzung am Kromertaleingang, ca. 1900 m. 30—45 Min. = 1—1.15 h. Weiter wie bei R 182b zur Tübinger Hütte = 4—4.30 h. **Achtung!** Kromerbach-Überschreitung oft schwierig! Daher besser vom Madlenerhaus auf der Silvrettastraße (Abkürzungen) zum Vermuntsee hinab und von dort weiter wie bei R 182!

b) Über die Saarbrücker H. wie bei R 232 und von dort weiter wie bei R 203 zur Tübinger H.

## 232

**Von der Bielerhöhe über Tschifernella** (oder durchs Kromertal) **zur Saarbrücker Hütte:**

a) Wie bei R 202 über Tschifernella, 3—3.30 h.

b) oder wie bei R 231a zum Kromertal-Eingang und weiter wie bei R 201e zur Saarbrücker H.; wegen oft schwierigem Bachübergang abzuraten.

## 233

**Von der Bielerhöhe durchs Klostertal und über den** Litznersattel zur Saarbrücker Hütte, 3.30—4.15 h und mehr; vgl. auch R 234. Interessanter landschaftlich großartiger Übergang, aber weiter als über Tschifernella; nur für Geübte; z. T. weglos, über einen kl. Gletscher.

a) Von der Postautohaltestelle auf der Bielerhöhe wie bei 230e auf dem Westuferweg des Silvrettasees bis zur neuen Brücke über den Klosterbach, 25—35 Min.

b) Über die neue Brücke und kurz auf dem Weg weiter, dann rechtsab (Achtung! nicht vor der Brücke dem alten Weg auf dem Westufer des Baches talein folgen! Kein Weiterweg! Viel mühsamer, länger!). Der neue gut kenntliche Klostertaler Weg ist nicht zu fehlen, er führt stets auf dem Ostufer des Baches erst flach im Talgrund bis P. 2174, dann langsam steigend am Hang nach SW und SSW talein empor zur ersten Wegkehre in der Talenge NW P. 2362 ca. 1 h = 1.30. **Achtung!** Zur Klostertaler Hütte (links oben) siehe R 1203/04 im Nachtrag!

c) Ins **Verhupftäli und zum Litznersattel** geht man aber **nicht** auf dem Weg weiter SSO Richtung P. 2362 zur Rotfurka, sondern bei der ersten Kehre (Zickzack) genau 2300 m, verläßt man den Weg und geht rechts SSW flach weiter, quert über grobes Blockwerk (Holzstab mit Pfeil), zum Bach hinab und geht dies oder jenseits am Bach entlang talein bis rechts der Verhupfbach steil aus dem Verhupftäli herabkommt. Hier verläßt man den Talgrund und steigt ins Verhupftäli empor, und zwar **entweder** auf Steigspuren (markiert) rechts (N) des Baches über die ihn begleitende Bergrippe gerade empor; **oder** weglos unschwierig links (S) des Bachgrabens (höher oben links ausholend). Beide Anstiege führen zum P 2518, einem ganz auffallenden Gletscherschliff-Felskopf (sog. „Elefant") dicht S des oberen Bacheinschnittes, ca. 30 Min. = 2.10—2.30 h.

d) Damit steht man am Eingang des **oberen Verhupftäli**, eines „klassischen Moränentales und Zeugnis ehemals größerer Vergletscherung". Am rechten Rand des Moränentales im NW dicht unter den unteren Felsschrofen von P. 2655 erkennt man eine ausgeprägte Moränenterrasse gegen die man jetzt ansteigt: zuerst halbrechts wenige Schritte hinab, über den Verhupfbach und jenseits auf dem noch begrünten blockdurchsetzten Gehänge dicht rechts neben dem Stirnmoränenwall (auf dem ein großer Block sitzt) so lange empor, bis man linkshin auf die erwähnte Moränenterrasse hineinqueren kann. Über sie leicht nach NW empor an Fuß eines steilen Moränenkopfes, den man direkt ersteigt (Steigspuren).

e) Man steht jetzt vor der breiten oben fast horizontalen Stirnmoräne des Sattelgletschers. Gegen ihren höchsten Punkt (in der Mitte) empor, zuletzt rechtshin auf den Oberrand bei einem großen hellen Block. Im W im Vorblick der nahe **Litznersattel**. Man geht abwärts, links um den Gletschersee, nach W und über den Firn oder Eishang empor (manchmal einige

Spalten) zum Sattel, 2737 m, 45—55 Min. = 3—3.15 h und mehr.

f) Vom Westrand des Litznersattels erblickt man im NW jenseits des Litznergletschers in der Tiefe die Saar‍brücker H. auf der Ostgratschulter des Kl. Litzners. — (Auf dem Sattel Abzweigungen zum Litzner links nach SW und zum Verhupfgrat rechts nach NO!)

Vom Sattel leicht zuerst nach NNW, dann mehr WNW über den Firn (Eis) des Litznergletschers hinab. Nicht direkt auf die Hütte zu halten sondern mehr links Richtung P. 2675 (Felskopf) bis ans jenseitige Ufer des Gletschers, ca. 2550 m; dann nach den kleinen Randmoränenwällen nach N hinüber auf den Talweg, den man einige Minuten unterhalb der Hütte trifft; auf ihm zur Hütte hinauf, 35—40 Min. = 3.30—4.15 h und mehr.

**234**
**Von der Bielerhöhe durchs Klostertal zum Klosterpaß** (und ins Prä‍tigau). Uralter Übergang. Früher viel, heute selten begangen; für Einsamkeitssucher! Wichtig als Zugang zu den angrenzenden Graten oder auch als interessanter Übergang aus dem Klostertal zur Saar‍brücker H.

a) Wie bei 235 bis P. 2405 im innersten Klostertalgrund, 2.10 bis 2.20 h. Hier verläßt man den Talgrund und folgt dem anfangs sehr schwer kenntlichen halbverfallenen Weg, der zuerst nach SW über die Schutthänge schräg hinaufführt, dann rechtsum nach NW zum Teil in Zickzacks empor auf die breite Hochstufe der westl. Tal‍flanke, ca. 2600 m, 40—50 Min. = 2.50—3 h.

b) Jetzt nicht links waagrecht nach S zur Zollhütte (und Rotfurka; s. R 210d), sondern rechts weiter empor zuerst nach NNW, dann (Wegweiser) nach W gerade steil hinauf gegen den Klosterpaß, immer rechts am N‍Rand des steilen oft noch schneegefüllten Hoch‍tales. Auch die Kl. Steilwand zum Paß hinauf erklimmt man rechts über Steilschutt. Dann über grobes Blockwerk einige Meter links zur Paßlücke 3.30—3.45 h (Die Fortsetzung der Führe geht weglos rechts nach N zur Winterlücke und Sonntagspitze hinauf und weiter übern Litznersattel zur Saarbrücker H., s. R 255 d und 233 f.)

c) Ins Sardascatal und Prätigau hinab steigt man weglos nach W über steile Schrofen und Schutt ins schöne Hochkar (Ober‍Silvretta) hinab. Weiter nach SW über P. 2530, dann zwischen P. 2411 und 2310 hinab, später links vom Bach zur Alphütte, 2065 m, hinüber. Dort gewinnt man eine Steigspur nach S und kurz darauf den Weg von den Silvrettahütten SAC nach W hinab über P. 1960 ins Sardascatal; von dort auf dem Sträßchen nach Klosters hinaus; ca. 1.30—1.45 h bis zur Alpe Sardasca, ca. 2 h mehr bis Klosters = 6.30—7.15 h.

d) Vom Klosterpaß über die Winterlücke zur Saarbrücker H. s. R 255 d.

**235**

**Von der Bielerhöhe über die Rote Furka zu den Sil≈
vrettahütten/SAC.** Kürzester Übergang zu einem Stütz≈
punkt in der Schweiz, sehr schöne Wanderung, harm≈
loses Firnfeld, z. T. weglos. **Achtung! Nachtrag R 1203
beachten: DAV-Hüttenbau im Klostertal!**
a) Wie bei R 233 a und b **ins mittlere Kloster≈
tal** zur Enge (2300 m) und Talstufe NW vor P. 2362;
1.30—1.45 h. Weiter auf dem Weg in einigen Zickzacks
nach SO und S empor, dann in 2360 m Höhe flach
talein nach S zu einer Quelle (letztes Quellwasser).
Hier ungefähr der voraussichtliche Platz für die immer dringlichere
Touristenhütte im inneren Klostertal. Schöner Rundblick: nach W
auf die Litznergruppe überm Verhupftäli und nach SW auf die
kühnen Türme der Schwarzen Wand. Im S der Gletscherrücken mit
der Roten Furka; links oben im O die schön Klostertaler Egghörner.
b) Wenig abwärts über Moränenwälle nach S in den
innersten flachen Talgrund bei P. 2405 m hinein,
ca. 40 Min. = 2.10—2.20 h (hier zweigt der Steig zum
Klosterpaß halbrechts ab, s. R 234 a).
c) Zur **Rotfurka** geht man weglos gerade durch
den Talgrund nach S empor, dann über Firn (Eis) des
schwindenden westl. Klostertaler Gletschers gerade nach
S empor. Man beachte: der in der Mitte des Firnfeldes
schräg von links oben nach rechts unten herabstoßende
schmale Felssporn bleibt links. Man steigt rechts da≈
neben in die oberste Firnmulde zuletzt halblinks nach
SO über Schnee und Geröll zur Roten Furka oder
Rotfurka empor, 2688 m, 45—60 Min. = 3—3.30 h.
Prächtiger Ausblick nach S und SO auf den Silvretta≈
gletscher und Umrahmung.
d) Zu den **Silvrettahütten/SAC** hinab wie bei
R 210 e (0.45—1 h = 3.45—4.15 h und mehr).

**236**

**Von der Bielerhöhe durchs Ochsental zur Wiesbadner
Hütte** (und über den Vermuntpaß ins Unterengadin).
Dieser beliebte „Übergang" und Ausflug von der Bie≈
lerhöhe deckt sich mit R 257, dem Zugang zur Wies≈
badner Hütte. Dort auch die Übergänge in die Schweiz.

**237**

**Von der Bielerhöhe durch das Radkar über die Radschulter und über
den Radsattel zur Wiesbadener Hütte. 3.30—4.30 h.**
Weiter und mühsamer als R 238 durchs Bieltal und über den Rad≈
sattel aber auch wesentlich großartiger und für Geübte sehr lohnend,

auch leicht mit der Besteigung des Hohen Rades zu verbinden. Viel*
fach weglos, nicht immer leicht zu finden; bei unsichtigem Wetter
dringend abzuraten.

a) Von der Postautohaltestelle Bielerhöhe 4—5 Min. auf der Sil*
vrettastraße nach O zum Bielerdamm und 5—6 Min. auf dem
Dammweg bis zum Dammknick bei P. 2035, Wegzeiger. Hier links
ab vom Damm und auf dem Bieltalweg ca. 4 Min. bis in das Tälchen
am Bergfuß. Rechtsab vom Bieltalweg wenige Meter im Tälchen
empor an den Fuß des steilen B a c h t o b e l s, der hier von SO
herabkommt (in der AV*SiKa SO von P. 2046 genau eingetragen,
desgl. der Zickzackweg dicht östl. vom Tobelgraben). Kurz im Bach*
graben emporsteigend trifft man auf diesen Weg (alte weißgrüne
Markierung), der alsbald links aus dem Graben herausführt und in
Zickzacks neben ihm emporsteigt. Man folgt ihm bis nahe dem Ober*
ende des breiten Tobels, ca. 25—30 Min. = 40—45 Min.

b) A c h t u n g ! Wegteilung bei genau 2200 m: N i c h t r e c h t s
SW zu der Betonruine hinauf, s o n d e r n h a l b l i n k s n a c h SO
e m p o r. Der breite N*Gratrücken des Gratkopfes bleibt mählich
rechts; in seiner NO*Flanke immer der Wegspur folgend nach S
sanft empor. Bieltal einwärts durch grüne Mulden, Blockwerk und
über Hangterrassen auf die Stufe bei P. 2387. Rechts W mächtige
Blockhalde. Schöner Überblick über die Bieltalumrahmung. Im Vor*
blick jetzt das Hohe Rad mit der Radschulter links, dazwischen die
Radscharte und davor das meist schneegefüllte R a d k a r. Durch
dieses Schutt* und Schneekar führt der Weg: Von P. 2387 einem
Grünstreifen entlang, dann unter zwei kleinen Felswänden durch
und schräg rechts empor an Karrand, 15 Min. = 1.30—1.45 h. Auf
Steigspuren ins schuttgefüllte Kar hinein, dann am linken Rand auf
guter Wegspur ins Kar empor, später rechts im Kargrund über
Schutt und Schnee, zuletzt steil zur Radscharte, 2692 m, zwischen
Hohem Rad rechts und Radschulter links. 1 h = 2.30—3 h und
mehr. —

Von der höchsten SO*Ecke der R a d s c h u l t e r herrlicher Rund*
blick über die ganze Bieltalumrahmung und auf die Buingruppe (Von
hier nach W über die Ostgratrippe Klettersteig in 35—45 Min. aufs
Hohe Rad, s. dort.)

c) Von der Radschulter jenseits auf Zickzacksteig steil nach S hinab,
dann über eine schuttige Hochstufe nach Süden (oft Schneereste)
auf und ab z u m R a d s a t t e l, 2652 m, 0.30 h = 3—3.40—4 h.
Schöner Blick auf die Umrahmung des Ochsentales.

d) Vom Radsattel zur W i e s b a d e n e r H ü t t e wie bei 238e,
35—45 Min. = 3.30—4—4.30 h und mehr.

# 238

## Von der Bielerhöhe durchs Bieltal übern (Radsee und) Radsattel zur Wiesbadner Hütte, 3.15—4 h.

Einer der schönsten gletscherfreien Übergänge und
Wanderwege der Silvretta (Edmund-Lorenz-Weg).

a) Von der Postautohaltestelle Bielerhöhe 4—5 Min.
nach O auf der Silvrettastraße am See entlang zum Bie*
lerdamm und rechts auf dem Dammweg ca. 6—7 Min.
entlang bis zum letzten Dammknick; Wegzeiger. Hier
zweigt von der Dammkrone der B i e l t a l w e g links

hinab ab, überquert das sumpfige Gelände zum Berg=
fuß hinüber und führt schräg links am Hang nach O
empor zum Bieltal=Eingang, ca. 15—20 Min. = 25 bis
30 Min. Hier endet der breite gebahnte Weg bald am
Ufer des Bieltalbaches unweit der Bachfassung (links
in der Bachschlucht). Man geht nun auf Steigspuren
bequem durch den Talgrund talauf, stets diesseits rechts
des Baches, bis man sich nach ca. 1—1.15 h (= 1.30 bis
1.45 h) genau gegenüber von den gewaltigen dunklen
Bergsturzblöcken befindet, welche dort — und nur
dort! — jenseits des Baches auf dem Talboden liegen,
ca. 2340 m; beim a von Bieltal der AV=SiKa.
(Wegteilung. Eine rot bezeichnete Führe führt links über den Bach
zur Getschnerscharte, s. R 240.)
b) **Zum Radsattel** und Radsee zweigt eine (ab hier gut
rot bezeichnete) Steigspur halbrechts nach SW ab und
führt (an einem Block mit roter Aufschrift M. H. vor=
bei) aus dem Talgrund über Weiden allgemein süd=
lich zunehmend steiler empor, dann linkshin über den
dort herabstürzenden Bach (Abfluß des Radsees). Links
neben diesem Bach in Kurzkehren steil empor und
linkshin nach S auf eine flache Hochstufe; 20 bis
30 Min. = 1.50—2.15 h; ca. 2460 m.
c) (Abzweigung zum Radsee, 15—20 Min. hin und zurück: Hier kann
man rechtshin nach NW und N zum nahen Radsee hinüberqueren,
sehr lohnend, besonders wenn man den See umwandert und über
die Hochstufe nach S zurück zur rot bez. Wegspur geht.)
d) Zum Radsattel weiter auf der rot bez. Steigspur nach
S und SSW empor am Rand der ausgeprägten Felszone
unterm Sattel. Über die plattigen Felsen fast weglos der
roten Bezeichnung nach in ca. 20—25 Min. zum R a d =
s a t t e l = 2.15—2.45 h (Wegteilung: Rechts am Sat=
telgratrücken entlang zur Radschulter und zum Hohen
Rad, s. dort.)
e) V o m R a d s a t t e l z u r W i e s b a d n e r H ü t t e : jen=
seits steil im Zickzack hinab in das Hochtälchen am
Hangfuß. (Neue Wegteilung: ein alter Weg zweigt
halbrechts hinab ab, s. f.) Bei sichtigem Wetter geht
man aber der neuen Bezeichnung nach halblinks (Fels=
block mit roter Aufschrift W. H.) an Punkt 2532 vor=
bei genau S über mehrere Hügel (P. 2602) und Hoch=
tälchen der roten Bezeichnung und zahlreichen Stein=
männern entlang in schöner Höhenwanderung bis an

Südrand der Hochfläche (35—45 Min.). Kurz nach SO steil hinab in den Bachgraben (Westl. Tiroler Gletscherbach) und übern Bach, dann in steilen Kehren und wenig Minuten gerade hinab zur nahen Wiesbadner Hütte 3.15—3.45—4 h. — Der Weg Radsattel — Wiesbadner Hütte heißt „Edmund-Lorenz-Weg".

f) Vom Hochtälchen ca. 2520 m am Fuß des Radsattels kann man auch auf dem alten Weg nach SW hinab zu P. 2432, wo man auf einen anderen alten Hüttenweg trifft, der nach S zum Teil wieder ansteigend über P. 2445 zur Hütte führt, etwa gleich weit wie bei e.

**239**
**Von der Bielerhöhe durchs Bieltal und übers Bieltaljoch zur Wiesbadener Hütte. 3.15—4.30 h.**
Etwas weiter als R 238, aber interessanter; vielfach wegloses Ödland z. T. leicht vergletschert.
a) Wie bei R 238a ins innere Bieltal zur Wegteilung, ca. 2340 m, gegenüber den Bergsturzblöcken jenseits des Bielbaches, 1.30—1.45 h. Weiter im Bieltalgrund SSO einwärts über Moränenfelder zwischen oder rechts von den Gletscherbächen über P. 2403 und 2541, dann durch die Firn- (Eis-) und Geröllmulde am W-Rand des Bieltalferners gerade nach S empor über Firnflecken und Gestein zum (kl. Gletschersee) B i e l t a l j o c h, ca. 2740 m und nördl. von P. 2772, zwischen Bieltalkopf rechts und Rauher Kopf links; ca. 1 h = 2.30—2.45—3 h.
b) Man wendet sich rechts (W) durch die tiefste Einsattelung nach W und SW hinab in das moränenreiche mit kleinen Seen geschmückte Hochtal und in schöner Höhenwanderung nach Belieben mehr nach W oder SW (z. B. über den Moränenrücken NW P. 2701) und hinab auf die ca. 2600 m hohe Hochstufe, bis man auf die rote Markierung der Wegspur vom Radsattel zur Wiesbadner Hütte trifft und ihr entlang wie bei R 238e zur Hütte geht, 0.45—1 h = 3.15—4 h und mehr.

**240**
**Von der Bielerhöhe durchs Bieltal über die Totenfeldscharte zur Jamtalhütte.**
Nur für Geübte oder mit Führer; selten begangen; meist wegloses Ödland; 2 kl. Gletscher; landschaftlich großartig.
a) Wie bei R 239a auf den Bieltalferner, aber nicht rechts am W-Rand sondern über die Mitte, links an der Schuttinsel, P. 2678, vorbei nach SO und zuletzt O empor über Firn oder Eis zur T o t e n f e l d s c h a r t e, 2844 m, zwischen Totenfeldkopf links und den NO-Grattürmen der Haagspitze rechts; 3.15—3.45 h. A c h t u n g : Es ist wichtig, die Scharte genau zu treffen, weil die anderen Gratscharten, besonders NO des Totenfeldkopfes höher und z. T. viel schwieriger sind!) Vorsicht! In der Scharte meist große Wächte nach der Jamseite.
b) Den Überstieg über die Wächte sucht man je nach Verhältnissen ganz links am Fels oder rechts oben. Jenseits über Steilfirn oder Steilschutt und Geschröf gerade hinab auf das T o t e n f e l d (Ferner) und an seinem linken N-Rand über Firn (Eis) gerade nach O hinab, später über steile Moränenhänge, an einer schönen Quelle vorbei, die Gletscherbäche rechts lassend, zuletzt stark links haltend nach NO, so daß man die nach NNO zur Jambachbrücke bei P. 2104 hinab-

ziehende Steigspur erreicht. Ihr nach zur Brücke. Jenseits der Brücke auf dem Getschnerschartenweg, etwas nach rechts S aus= holend zuletzt nach NO zur Hütte hinauf. 1.30—2 h = 4.45—5.15 h und mehr.

c) Anstatt über die Totenfeldscharte kann man auch (besonders im Winter vorzuziehen!) ü b e r die Haagspitze (s. dort) aufs obere Toten= feld hinüber und ihm entlang wie bei b ins Jamtal, 1 h mehr.

## 241
## Von der Bielerhöhe über die Getschnerscharte zur Jam= talhütte, 4—4.30—5 h.

Der kürzeste und beste direkte Übergang von der Bie= lerhöhe ins Jamtal. Nur für Geübte; teilweise weglos und über ein kleines Firnfeld. Landschaftlich sehr loh= nend. Bei unsichtigem Wetter schwer zu finden; s. Bild 18. — Bei sehr frühzeitigem Aufbruch kann der Westaufstieg ganz im Schatten erfolgen. — Bis unter die Moräne des Madlener Ferners gibt es zwei Zugänge: Auf dem sog. alten Weg über den Runden Kopf und durch das Tal des Weißen Baches, kürzer als d III; oder durch das innere Bieltal, ca. 30—45 Min. mehr. Sonst beide Wege als gleichwertig zu bezeichnen.

a) Von der Postauto=Haltestelle Bielerhöhe 4—5 Min. auf der Silvrettastraße nach O zum Bielerdamm, dann 5—6 Min. auf dem Dammweg bis zum Dammknick bei P. 2035, Wegzeiger. Hier links ab vom Damm und hin= ab auf dem B i e l t a l w e g an Bergfuß hinüber, dann schräg links durch den Nordhang auf breitem Weg nach O empor zum Bieltal=Eingang bei P. 2095, 12 bis 15 Min. Der breite Weg endigt bald nach P. 2095. Auf Steigspuren nach SSO diesseits des Baches im Talgrund ca. 15—20 Min. talein zu einer groben Blockhalde (die erste, die bis an Bachgraben reicht!). Hier verläßt man den Bieltalgrund.

b) Jenseits O des Baches hoch oben der Felsrand des „R u n d e n K o p f e s", 2367 m; etwas weiter rechts, talein, kommt der „W e i ß e B a c h" herab. Dort wo der Bach oben auftaucht, dort erreicht der „alte Weg" die Hochstufe. Zum Bieltalbach hinab und über ihn (meist ein Brett als Steg). Jenseits gerade, zunächst weg= los, empor bis der Hang steiler wird, dann halbrechts (alte Markierung und Wegspur) später in zahlreichen Kurzkehren, zuletzt wieder halbrechts an Rand der

Hochstufe und des Bachgrabens des Weißen Baches
hinauf; 25—35 Min. = 1—1.15 h.

(Von hier leicht in wenigen Minuten links nach NW zum nahen
„Runden Kopf" (s. dort) hinauf, kenntlich an seiner Steinmauer,
einer Weidegrenze. Prächtiger Aussichtspunkt, im Vorblick im SO
die Getschnerscharte) s. Bild 18.

c) Der Weiterweg ist nur schwach kenntlich aber nicht
zu fehlen: immer am Weißen Bach entlang (später
rechts der Ombrometer 2464) bis vor die Stirnmoräne
des Madlenerferners (am Fuß einer Felsstufe links, über
welche der Bach von links herabstürzt; dicht N der
Q. = Quelle der AV-SiKa, ca. 2440 m) 15—20 Min.
(Hier mündet von rechts die rot markierte Wegspur
aus dem inneren Bieltal ein.)

d) Man hat nun mehrere Möglichkeiten:

I. Rechts über den Bachgraben und vor der Stirnmoräne, die links bleibt, genau nach S zum P. 2485 ansteigend bis man 200 m weiter in ca. 2500 m Höhe auf
die neue rote Markierung der Wegspur von der Wiesbadner Hütte zur Getschnerscharte trifft. Ihr nach links
steil über Schuttschrofen nach O und SO empor zur
Felsinsel 2713 im Madlenerferner und über Firn,
zuletzt über steiles Geröll und plattiges Geschröf zur
Getschnerscharte, 2839 m, hinauf, 1—1.15 h = 2.30 bis
2.45 h und mehr. Fortsetzung bei e. (Von der Scharte
schöner Rückblick ins Vermunt; im Vorblick im O
und SO die mächtigen Fluchthorn- und Augstenberg-
gruppen.)

II. Man kann auch auf Wegspuren unter der Felsstufe
durch nach O auf die Moräne empor (Wegzeiger) und
ihr entlang nach S die vorbeschriebene Führe I. erreichen; oder einfach gerade über das Trümmerfeld und
den Firn zur Scharte hinauf; Fortsetzung bei e. (Achtung: Vor einer Benutzung des alten steinschlagbedroh-
ten Weges links durch die Südflanke des W-Grates
der Mittl. Getschnerspitze, der aufgelassen ist, wird
dringend abgeraten.)

III. Schließlich kann man hierher bzw. auf die Stirnmoräne des
Madlenerferners und zu P. 2713 auch gelangen, indem man wie bei
R 238a ins innere Bieltal aufsteigt, beim Bergsturz den Bach überquert und die neu rot markierte Führe zuerst nach N auf die Hochstufe, dann rechtsum nach O Richtung P. 2713 und zur Getschnerscharte verfolgt.

Bild 7 **Ischgl im Paznaun gegen Fimbertal-Eingang und -Straße rechts und Velliltal mit Bürkelkopf links.**

Erläuterung s. R 6/I                          Foto: R. Mathis, Landeck

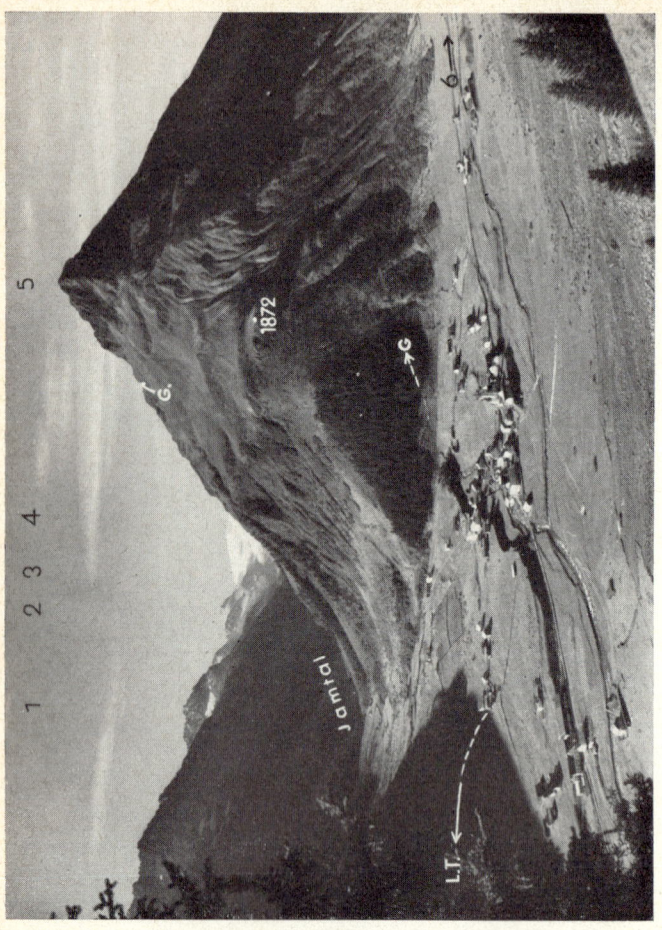

Bild 8 **Galtür im Paznaun gegen Jamtalschluß und Gorfen (5) mit Gorfenführe (G). L.T. = ins Laraintal. Ende der Silvrettastraße (6) und Beginn der Paznaunstraße links talab.**

Erläuterung s. R 6/I                    Foto: Risch-Lau, Bregenz

e) **Von der Getschnerscharte ins Jamtal** hinab halte man sich genau an die Steigspur und Markierung: kurz O hinab, dann links nach N unter den Felsen entlang und wieder nach O am Bergfuß hinab (das
Schutt- und Schneekar bleibt rechts); dann durch eine
kleine Schartenlücke im untersten SO-Gratrücken der
Mittl. Getschnerspitze hindurch. Jenseits in steilen
Kurzkehren hinab und links nach NO, einen Grashang
querend nach O und SO hinab, dann auf Blöcken über
den Getschnerbach. Weiter schräg am Schrofenhang
Jamtal-einwärts nach SO hinab zur Brücke, 2104 m,
übern Jambach und jenseits, im Bogen rechts ausholend zuletzt nach N empor zur Jamtalhütte, 2168 m.

**242**
**Von der Bielerhöhe über die Bielerspitze zum Zeinis-
joch.** 3.30—4 h und mehr. Großteils wegloses Ödland,
nur für Geübte. Landschaftlich großartig. Geübte
können auch eine Vallüla-Überschreitung mit dem
Übergang verbinden, s. dort.
Man kann zwar auch den Krespersattel, 2445 m, zwischen Bielerspitze und Schattenkopf als Übergang benützen, geht aber viel bequemer und schöner über die Bielerspitze.

a) **Auf die Bielerspitze:** Von der Postautohaltestelle Bielerhöhe nach N, links am Hotel vorbei über
die Hügel der Bielerhöhe auf Steigspuren nach NO
westl. am P. 2071 vorbei in 7—10 Min. an Bergfuß hinüber. Man nimmt den am Steilhang gut kenntlichen
Vallülasteig auf und steigt im Zickzack gerade nach
N empor (Achtung: bei der ersten Kehre rechts
nicht dem Weg nach rechts O folgen, sondern links
bleiben!). Später nach NO und in 2200 m Höhe rechts
auf eine Rasenschulter hinauf. Der Weg führt jetzt
NO hanghin über Punkt 2259, quert dann ein breites
steiles Tobel und erklimmt jenseits in Kehren nach O
die Hochstufe „Maißboden", 2300—2350 m; 0.45—1 h.
Nach nur kurzem Weiteraufstieg verläßt man hier auf
dem Maißboden den Vallülasteig nach links, N.
(Ungeübte mögen sich nicht durch den Vallülasteig zu einer Vallüla-
Besteigung verleiten lassen. Der Steig endet am Einstieg! Weiterweg:
Klettersteig nur für Geübte!

b) Man geht über die Weiden leicht nach N weglos
empor. In 2400 m Höhe schon trifft man auf einen
Schafsteig, der nach links am Oberrand des vorer-

wähnten Tobels entlang führt (und auf dem man auch bequem zum Krespersattel, 2445 m, hinüberqueren kann). Man folgt dem Schafsteig aber nur wenige Minuten, bis man bequem rechts nach N in die tiefste Einsattlung zwischen der Kl. Vallüla rechts und Bielerspitze links emporsteigen kann = P. 2506 der AV-SiKa; 25—30 Min. = 1.15—1.30 h.

Die nahe Bielerspitze, ca. 2545 m, mit herrlichem Tief- und Rundblick kann von hier in wenigen Minuten gratentlang über Schutt bestiegen werden; s. R 983.

c) Vom Gratsattel östl. der Bielerspitze über Blockwerk, Schutt oder Schnee leicht nach NW hinab in das Hochkar (bei P. 2209). Man hat von hier an zwei Möglichkeiten:

I. Über die Vallüla-Terrassen: Man steigt nicht weiter ins Unt. Vallülatäli ab, sondern quert in ca. 2300 m Höhe halb-rechts in allgemein nördl. Richtung und wenig absteigend durch die westseitigen Vallülakare (auch am See, 2275 m, kann man vorbei) und unter dem Vallüla-NW-Grat in ca. 2200—2100 m Höhe durch. Dann quer durch die Blockfelder der Vallüla-Nordseite nach NO und O ins Obere Vallülatäli hinüber. Quer über das Täli und unterm Sag-grat in ca. 2100 m Höhe nach NW auf das Kopser Jöchli, bei P. 2175 m, hinüber. Auf Steigspuren nach NO und N über die Kopser Alpe zum Stausee hinab und auf dem Ringweg r. ostseitig um den See zum Ghf. Zeinisjoch, 1822 m. 1.45—2.15 h = 3.30—4 h und mehr. Siehe auch R 335 und 995.

II. Bei unsichtigem Wetter geht man leichter durchs Untere Vallüla-täli hinab und talaus, bis man bequem rechts nach O ins Obere hin-überqueren kann zur oberen Vallülaalpe, 1890 m. Von dort auf Steig-spuren NO übers Kopser Jöchli und weiter wie bei I.

## Rundtouren von der Bielerhöhe

**243**

Die zentrale Lage der Bielerhöhe in einem riesigen Wegnetz erlaubt eine Großzahl von Rundwanderungen. Hier einige der schönsten:

a) Rings um den Lobgrat: Klostertal — Litznersattel — Saarbrücker H. — Tschifernella.

b) Rings ums Hohe Rad: Bieltal — Radsattel (oder Rad-schulter) — Wiesbadener H. — Ochsental — Silvrettasee.

c) Rings um die Vallüla: Mit Postauto nach Galtür-Wirl, zu Fuß übers Zeinisjoch (bis hierher auch mit Fahrzeug) nach Par-tenen; mit Postauto zurück auf die Bielerhöhe. — Oder wie bei R 242 zum Zeinisjoch und zurück über Galtür-Wirl.

d) Rings um den Silvrettakamm: Klostertal — Rote Furka — Silvrettahütten/SAC. — Silvrettapaß — Fcla. dal Cunfin — Wiesbadener H. — Radschulter — Bieltal. (Die Silvrettahütten/SAC. können natürlich auch rechts liegen bleiben.)

e) Rings um die Bieltaler Berge: Bieltal — Getschner-scharte — Jamtalhütte — Jamtalferner — Tirolerjoch oder Ochsen-scharte — Bieltaljoch oder Radsattel — Bieltal.

Die Klostertaler Hütte des Alpenvereins. Die Hütte wurde in den Jahren 1969—1971 unweit P. 2362 der AV-SiKa von der Sektion Wiesbaden des DAV erbaut. Näheres im Nachtrag unter R 1203/04.

245—249 Offene Randzahlen für Nachträge.

## Die Wiesbadner Hütte am Vermuntgletscher im oberen Ochsental

**250**

Wiesbadner Hütte, 2443 m, der DAVS Wiesbaden, 1896 erbaut und mehrfach vergrößert, eine der höchst= und schönstgelegenen Silvrettahütten. Bild 19 und 32 (30 und 31). Notfunk mit Bielerhöhe!

Die Hütte enthält 24 B und 70 M in Zimmern und Lagern mit Zentralheizung, elektr. Licht, Selbstversorgerraum, neues AV=Schloß, Winterraum mit 12 M, Decken und Holz. Bewirtschaftet von Mitte (Ende) Februar bis ca. Mitte Mai; an Pfingsten nach Bedarf; ferner von Anfang Juli bis Mitte (Ende) September. Postadresse: Galtür im Paznaun, Tirol.

Lage: ca. 150 Höhenmeter über dem inneren Ochsentalgrund auf einer Hangstufe der rechten östl. Talflanke und unmittelbar S des steilen Bachgrabens, durch den der Abfluß des Tiroler Gletschers zur Ill hinabfällt. Etwa 250 m weiter talein und etwas höher liegt die ‚Zollwach=H. Ochsental'.

Die nächste „Talstation" ist heute im Sommer die Bielerhöhe (Postautohaltestelle) bzw. deren Talorte Galtür i. P. und Partenen i. M. Bis zur Bielerhöhe s. R 220—230. Nächste Bahnstationen: Landeck i. Tirol, Oberinntal, und Schruns im Montafon, Vorarlberg; in der Schweiz: Guarda im Unterengadin; s. R 85, 106 und 125. Kürzester Zugang von der Bielerhöhe s. R. 251.

Tourengebiete: Die ganze Umrahmung des Ochsentales und teilweise auch des Bieltales sowie des oberen Val Lavinuoz und Val Tuoi: Silvrettahorngruppe, Buingruppe, Flianagruppe, nördlichste Verstanklagruppe, Dreiländerspitzgruppe, Ochsentaler Berge mit dem Hohen Rad, Bieltaler Berge. Rundwanderungen s. R 272.

Skigebiete: Ochsentaler und Bieltaler Umrahmung. Das Gebiet der Wiesbadner H. zählt zu den schönsten hochalpinen Skigebieten der Silvretta. Alles Nähere im Silvretta=Skiführer von W. Flaig mit Skikarte, Routen= bildern usw. s. R 58.

Lit.: s. Flaig Silvrettabuch, 5. Aufl. 1961, mit vielen Bil= dern (R 60) und AV-Jahrbuch 1955 (R 61); Blodig AVZ 1914 und 1921; ferner R 63, 68 und 69.

Rundsicht von der Wiesbadner H. (s. Bild 19 und 32): Genau im S der Piz Buin, quer davor nach links und rechts das viergipfelige Wiesbadner Grätle (von rechts nach links: P. 3030, 3022, 3144 und 3174). Links vom Buin und Grätle der Vermuntpaß; weiter nach links (O): Piz Mon, Piz Jeremias=Dreiländerspitze; links von ihr die Obere und Untere Ochsenscharte, links davor der nahe Vermuntkopf genau SO über der Hütte (= der nächste umfassende, für Geübte leichte Aussichtspunkt bei der Hütte). Im S, rechts vom Wies= badner Grätle der Ochsentaler Gletscher (früher auch Westl. Vermuntferner) hinter dem man die Senke der Fuorcla dal Cunfin ahnt (aber nicht sieht), dann wei= ter nach rechts: Signalhorn, Silvretta=Eckhorn, rechts davor das stolze Silvrettahorn (Ostgrat), das nach rechts in die Schneeglocke übergeht. Dann die schlanke Pyra= mide der Schattenspitze, der lange Grat zum Kloster= taler Egghorn, die niedrigen Kleinen Egghörner und als Eckpfeiler des Kammes die Kleine Schattenspitze, rechts davon das Ochsental (dahinter die Lobspitzen) rechts von den Hängen des Hohen Rades begleitet. Rasch erreichbar ist auch die aussichtsreiche „Grüne Kuppe" zwischen Vermunt= und Ochsentaler Glet= scher, s. Bild 19 und R 257 b.

### Zugänge zur Wiesbadner Hütte

Die Wiesbadner H. hat streng genommen nur einen Zugang, durchs Ochsental, R 251. Wer aber genug Zeit und nicht zu viel Gepäck hat, kann auch den Übergang von der Bielerhöhe übern Radsattel, R 238, bzw. über die Radschulter, R 237, als besonders schöne „Zugänge" wählen und auf R 251 absteigen: schöne Rundtour. Auch der Über= gang von der Tuoihütte übern Vermuntpaß ist als Zugang aus dem Unterengadin (Guarda) zu werten.

Bitte beachten: Die Zugänge aus dem Paznaun von Galtür (ca. 5—6 h zu Fuß) und aus dem Montafon von Partenen (ca. 5½ bis 7 h zu Fuß) bzw. die Zufahrten bis zur Bielerhöhe sind bereits

dort unter R 220—230 beschrieben. Durch Auffahrt mit dem Postauto bis zur Bielerhöhe (und allenfalls Motorbootfahrt von dort bis
Südende des Silvrettasees) kann der Zugang zur Wiesbadner H. sehr
gekürzt werden.

## 251
**Von der Bielerhöhe durchs Ochsental zur Wiesbadner
Hütte,** 2.20—2.40—3 h. Kürzester und bequemster Zu-
gang. Rot bez. und gut zu finden, s. Bild 17.

a) Von der Postautohaltestelle Bielerhöhe am N-Ende
der Staumauer (s. R 230 und Bild 17) hat man 2 Möglichkeiten: entweder links (ostufrig) oder rechts (westufrig) um den Silvrettasee; vgl. R 230 e. Kürzer ist der
I. Ostuferweg: Auf der Silvrettastraße 3—4 Min.
nach O, dann rechts ab auf den Bielerdamm-Weg
und seiner Fortsetzung immer am See entlang horizontal auf breitem Uferweg (Abzweigungen links empor
nicht benützen!) nach S bis nahe dem Ochsental-Ein-
gang am Ende des Sees, ca. 35—45 Min. Links in das
Ochsental einbiegend beginnt der Weg sanft zu steigen
(rechts unten die Brücke über die Ill ins Klostertal und
zum (oder vom) Westuferweg, dessen Verbindungsweg
hier in Ochsentalerweg einmündet). Fortsetzung bei b).
(Im südl. Teil des Ostuferwegs sind links vom Weg einige „Schrift-
steine" aufgestellt vom (jetzt im See versunkenen) ehemaligen
„Veltlinerhüsli" das ist eine später verfallene Taverne aus ver-
gangenen Zeiten vom Saumverkehr über Klosterpaß und Vermuntpaß;
Näheres in meinem Silvretta-Buch S. 153 ff.; s. R 60.

II. Westuferweg ins Ochsental: Wie bei R 230 e
auf dem Westuferweg zur Brücke übern Klostertaler-
bach. Über die Brücke und links ins Ochsental.

b) Durchs Ochsental zur Wiesbadner H.
bleibt man auf dem Steig stets links auf dem Ostufer,
zuerst ca. 1500 m im Talgrund (bis in Höhe von P.2131
an der Ill), dann am Hang empor auf eine Hangstufe
zwischen 2300 und 2400 m; an ihrem Rand entlang
empor. (Im Vorblick, mit der Buingruppe darüber,
rechts im S der Ochsentaler Gletscher, rechts davon
der Silvrettahorn-Kamm). Zuletzt kurz vor der Hütte
überquert der Weg, links ausholend, einen breiten Bachgraben zur Hütte hinüber; 1.45—2.15 h = 2.30—2.45 h.
III. **Achtung!** Man kann auch den aussichtsreichen
„alten oberen Weg" zur Wiesbadner Hütte benützen:
Von der Ostufermitte des Silvrettasees (s. AV-SiKa!)

schräg links empor ins Ochsental über P. 2208—2312—2432—2445 zur Hütte! (Soll wieder instandgesetzt werden.)

## Übergänge von der Wiesbadner Hütte

**252**
G r o b e Ü b e r s i c h t über die vielen Möglichkeiten. Die Über*gänge sind von W über S und O nach N geordnet.

a) Die Lage der Hütte im Herzen der Mittelsilvretta erlaubt zahl*reiche großartige Übergänge, die fast alle über Gletscher führen. Der Brauch, diese winters tiefverschneiten Gletscher mit Ski viel*fach ohne Seil zu befahren, berechtigt nicht, diesen Brauch auch im Sommer ohne Ski zu üben. Alle diese Gletscher können zeitlich und örtlich sehr spaltengefährlich sein!

b) Ü b e r g ä n g e   z u r   B i e l e r h ö h e : Außer dem Talweg, R 253, ist besonders R 270 übern Radsattel oder R 269 und 271 zu empfehlen. Gute Gänger können auch die beliebte Rundtour über die Fuorcla dal Cunfin (R 255, 256 und 257) und Rotfurka als „Abstieg" bzw. Übergang benützen.

c) Z u r   S a a r b r ü c k e r   H. 3 Möglichkeiten: „Unten herum" über Bielerhöhe oder Klostertal — Litznersattel, R 253 oder 254; „oben herum" über Fuorcla dal Cunfin und Rotfurka, R 256—259.

d) Bei den Ü b e r g ä n g e n   i n   d i e   S c h w e i z sind jene nach W ins Prätigau über die Silvrettahütten/SAC. und jene nach S ins Unterengadin durchs Val Tuoi oder Lavinuoz oder Tasna zu unter*scheiden.

e) Ein direkter Übergang von der Wiesbadner H. i n s   V e r e i n a *L i n a r d * G e b i e t wird selten ausgeführt und kommt nur ge*übten Hochtouristen zu, auch der leichteste über Paraid alba — Vadr. da las Maisas (Oberes Val Lavinuoz) und die Fuorcla Zadrell = R 261 ist schwierig und s e h r   l a n g !

f) I n s   J a m t a l und zur Jamtalhütte gibts mindestens 4—5 Mög*lichkeiten: Über die Ochsenscharte, R 265; über die Tiroler Scharte, R 266; Totenfeldscharte, R 267 und Getschnerscharte, R 268 usw.

**253**
Von der Wiesbadner Hütte durchs Ochsental zum Sil*vrettasee und zur Bielerhöhe; kürzester Abstieg 1.30 bis 2 h. Dieser vielbegangene Übergang ist zugleich der Ab*stiegsweg von der Wiesbadner H. nach N, weil die Bielerhöhe und ihre Unterkünfte sowie die Postauto*haltestelle dort ja ca. 450 m tiefer und am Abstieg ins Montafon und Paznaun liegen. Steigt (oder fährt) man ins Paznauntal ab, so braucht man das Madlenerhaus nicht zu berühren.

a) Aus der Wiesbadner H. tretend rechts um die Hütte auf dem Talweg über den nahen Bachgraben westl. der Hütte und auf dem breiten Hüttenweg stets rechts*seitig talaus, zunächst auf einer flachen Hangstufe, spä*ter steiler hinab in die Talmitte und durch den Tal* grund immer rechts der Ill hinaus. Nach ca. 1—1.15 h am Talausgang, unweit von der Südspitze des Silvrettasees Wegteilung: Der Weg ins Klostertal bzw. links um den Silvrettasee (Westuferweg) zweigt links hinab ab zur Illbrücke, siehe c.

b) Der kürzere O s t u f e r w e g zur Bielerhöhe geht rechts weiter diesseits der Ill talaus und führt waagrecht am Ostufer unterm Hohen Rad entlang N hinaus, geht dann in den Bielerdammweg über (30—35 Min.) und ihm entlang zur Silvrettastraße am Dammende gegenüber vom Ghf. Piz Buin. Wenige Minuten links auf der Straße see≈entlang nach W zur Postautohaltestelle Bielerhöhe am Nordende der Staumauer gegenüber vom Hotel Silvrettasee, 1.30—1.45 h; Bild 17. Zum Madlenerhaus bzw. VVS≈Skihaus im Silvrettadorf nach W hinab, 8—10 Min., s. R 220 und 230; 1.45—2.15 h.

c) Auf dem W e s t u f e r w e g des Silvrettasees zur Bie≈lerhöhe: Man geht am Ausgang des Ochsentales (s. a) bei der Wegteilung halblinks nach W hinab zur Ill≈brücke, 2041 m, dann jenseits empor nach NW zur Brücke über den Klostertaler Bach und jenseits des Baches rechts nach N auf dem Westuferweg am See entlang zur Staumauer und Bielerhöhe≈Postautohalte≈stelle wie bei b. Zum Madlenerhaus usw. geht man nur ca. 100 m auf der Staumauer entlang, dann links nach W hinab und über die Illbrücke zum Haus hin≈über.

d) Wer genug Zeit hat oder auf diesem Talweg aufge≈stiegen ist, dem sei als Abstieg der Übergang ü b e r n R a d s a t t e l usw., R 269—271 empfohlen; weiter als a—c oben, aber viel interessanter.

**254**
**Von der Wiesbadner H. durchs Ochsen≈ und Kloster≈tal übern Litznersattel zur Saarbrücker H.,** 3.30—4.30 h und mehr. Nur für Geübte.

a) V o r b e m e r k u n g : Wer nicht „Oben herum" übern Litznersattel will, kann auch wie bei R 252 zur Bieler≈höhe bzw. zum Madlenerhaus absteigen und von dort wie bei R 202 über Tschifernella zur Saarbrücker H. aufsteigen, zus. ca. 4.30—5.30 h.

b) Wie bei R 252a d u r c h s O c h s e n t a l hinab bis an Talausgang, dann links über die Illbrücke, 2041 m, und zum Klostertaleingang hinauf, 1.10—1.30 h. Aber jetzt nicht über die Brücke, sondern bei der Wegteilung links ab nach SW und wie bei R 233 b—f durchs Klostertal, Verhupftäli und übern Litznersattel (Bild 14 und 15) zur Saarbrücker H. 2.30—3.15 h = 3.45—4.30 h und mehr. Siehe Nachtrag R 1116!

## 255

**Von der Wiesbadner H. über Fuorcla dal Cunfin — Silvrettapaß — Rotfurka — Klosterpaß — Winterlücke — Litznersattel zur Saarbrücker H.;** I = unschwierig; 5—6—7 h und mehr. Große Gletscher= und Fünf=pässefahrt. Nur für Geübte! R 212 vorher nachlesen, bitte! Bis zur Rotfurka auch als 1. Teil der Rundtour um den Silvrettakamm bzw. zur Bielerhöhe.

a) Wie bei R 256 oder 257 zur Fuorcla dal Cunfin und weiter wie bei R 259 übern Silvrettapaß bis unter die Rotfurka, 3.15—4.30 h. Hierher auch über die Eckhornlücke wie bei R 258.

b) Weiter über die Rotfurka: In ca. 2640 m Höhe auf dem Silvrettagletscher verläßt man die Führe 259 und hält sich rechts gegen den ‚Gletscherrücken', bis man unter der Rotfurka die steile Steigspur nach NW hinauf gewinnt zur Roten Furka, 2688 m, 0.30—0.45 h = 3.45—5 h. (Wegteilung: Zum Klosterpaß wie bei c oder zur Bielerhöhe gerade hinab durchs Klostertal, 2 h; zum Litznersattel außerdem aus dem inneren Klostertal durchs Verhupftäli wie bei R 233 b).

c) Zum Klosterpaß: Von der Roten Furka erblickt man im NNW auf einem Felskopf gegenüber die Zollwachhütte, 2623 m, das nächste Ziel, das man mit möglichst wenig Höhenverlust die Firnmulde aus=gehend, leicht erreichen, aber auch rechts liegen lassen kann, und kurz vor der Zollhütte gerade nach N wei=tergeht. Über die anschließende Hochstufe auf und ab nach N (Wegzeiger) bis zur Wegteilung SO unterm Klosterpaß (Wegzeiger). Jetzt links nach NW und W steil empor auf den Paß, 2751 m, wie bei R 234 b; 1 h = ca. 4.30—5.45 h.

d) Der Steig über die Winterlücke, 2832 m, be=ginnt dicht N der Klosterpaßlücke und führt auf der W=Seite des Grates nach N, später in steilen Zickzacks über mehrere Rippen zur Lücke hinauf; 0.30—0.45 h

= ca. 5—6.30 h. (Von hier in wenigen Minuten auf die Sonntagsspitze, 2882 m, sehr lohnend.)

e) **Zum Litznersattel** über den Firn „Im Glötter" auf der N≈Seite des Grates wenig schräg absteigend nach NW unter dem Felssporn des Winterberg≈Nordfußes durch und hinauf über Schutt und Firn (Eis) zum Litz≈ nersattel, 2737 m. Weiter zur Saarbrücker H. hinab (Bild 14 und 15) wie bei R 233 f, 35—40 Min. = 5.30 bis 6.15—7 h und mehr.

f) Für die großartige Rundfahrt um den Silvrettahorn≈ kamm (oder zur Bielerhöhe) geht man wie oben bis zur Roten Furka und dann durchs Klostertal rechts vom Bach hinaus. Zur Wiesbadner H. zurück geht man durchs Ochsental, s. R 213 b. Zur Bielerhöhe geht man vom Ausgang des Klostertales kürzer links, aber auch rechts um den Silvrettasee, je ca. 30—40 Min.

## Übergänge von der Wiesbadner Hütte in die Schweiz

Weil die **zwei Aufstiege zur Fuorcla dal Cun≈ fin über das Wiesbadner Grätle oder übern Ochsentaler Gletscher „Standardstrecken"** für zahlreiche Übergänge und Gipfelfahrten sind, so wer≈ den sie eigens vorweg beschrieben. Bei guten Firn≈ und Spaltenverhältnissen ist die Führe R 257 übern Ochsen≈ taler Gletscher kürzer und einfacher. Dagegen ist die Spaltengefahr hier in der Regel größer als bei R 256. Bei beiden Gletschertouren müssen aber die zu zeiten spaltengefährlichen Firnmulden bzw. Eisbrüche des Ochsentaler Gletschers überquert werden. Es wird ausdrücklich vor dem unverantwortlichen seilfreien Begehen ohne Führer gewarnt, das schon mehrfach zu tödlichen Unfällen geführt hat.

### 256

Von der Wiesbadner H. über das Wiesbadner Grätle zur Fuorcla dal Cunfin und zur Buinlücke. I = un≈ schwierig, 2.30—3.15 h und mehr; stark von den Ver≈ hältnissen abhängig, nur für Geübte oder mit Führer. Dies ist die übliche Sommerführe, zugleich Nordzugang zum Piz Buin und seiner ganzen Umgebung, s. auch R 257. Besonders lohnend: Aufstieg auf R 257, Abstieg auf R 256.

a) Zur Beachtung: **„Wiesbadner Grätle"** nennt man den dem Gr. Piz Buin nördl. vorgelagerten Grat zwischen Vermuntgletscher im O und Ochsentaler Gletscher im W; s. Bild 19 und 30 und die AV=SiKa.

Von der Wiesbadner H. gesehen verdeckt „das Grätle" den Piz Buin fast ganz mit seinen vier Gipfelpunkten 3144 und 3174 links im SO des Grates bzw. P. 3022 und 3030 rechts im NW=Teil. Über die eingesattelte Mitte des Wiesbadner Grätles ca. 3000 m dicht SO von P. 3022 geht die Führe:

b) Aus der Wiesbadner H. tretend geht man links auf den deutlichen Steigspuren Richtung Dreiländer= spitze, läßt eine erste Rechtsabzweigung ca. 300 m SO der Hütte unbeachtet, folgt weiter dem Moränensteig links, bis man einige hundert Meter weiter in ca. 2520 m Höhe (und bevor der Moränensteig links nach O steiler ansteigt) auf Steigspuren rechts (Richtung Vermunt= paß) nach S früher oder später auf den Vermuntglet= scher hinüberwechseln kann, was praktisch überall mög= lich ist.

c) Über die Vermuntgletscherzunge oder am linken Rand Richtung Vermuntpaß empor, bis man auf einer flacheren Eisstufe mählich rechts nach SW und W an Fuß des steileren Firnhanges unterm Wies= badner Grätle hinüber= und hinaufqueren kann. Über diesen Steilfirn SW empor Richtung die Einsattlung links von P. 3022 (= zweiter Grätlesgipfel von rechts, s. Bild 19; er sendet einen deutlichen unten breit ge= fächerten Gratrücken gerade nach N bzw. NO herab in Firn). Diesen Felssporn läßt man rechts und steigt links davon über Firn steil zum Felsrand empor. Der Einstieg wechselt je nach Firnlage. Der brüchige Fels ist stark abgeklettert. Vorsicht auf Steinschlag von Vor= aussteigenden! — Der Aufstieg verläuft im ganzen ziemlich gerade und wenig schräg von rechts unten nach links oben in unschwieriger Kletterei (I) empor in den Gratsattel, ca. 3000 m, SO von P. 3022.

Überraschender Blick über die Firnmulde des Ochsentalergletschers **auf die Buingruppe links und den Silvrettahornkamm rechts. Rechts von den Buinen im SW die flache Fuorcla dal Cunfin. Zwischen den** Buinen die Buinlücke. (Weitere Anstiege aufs Grätle siehe unten **bei g.)**

d) **Vom Grätle** durch die Firnmulde des Ochsen‑
taler Gletschers **zur Fuorcla dal Cunfin**: kurz
über Blockwerk nach SW und S auf den Firn und fast
waagrecht in weitem Bogen nach S und SW durch die
Firnmulde, unter den riesigen Bergsturzblöcken am
NW‑Fuß des Gr. Piz Buin durch, bis man sich etwa
genau N vom **Kleinen** Buin befindet (es ist völlig
sinnlos, schon vorher über den meist gefährlichen Berg‑
schrund steil empor direkt zur Buinlücke zu steigen,
wenn man ihn wenige 100 m weiter W mühe‑ und ge‑
fahrlos umgehen kann!).

e) **Zur Fuorcla dal Cunfin** (= Grenzscharte),
3043 m, geht man in gleicher Richtung nach SW, dann
W weiter wenig ansteigend mühelos empor in die
Scharte, 2.30—3.15 h. Staatsgrenze, Grenzmarke Nr. 17
im Schartenfels!

Großartiger Ausblick nach SW auf Piz Linard und die
Berninagruppe links davon.

(Weiter übern Silvrettapaß zu den Silvrettahütten s.
R 259 und zur Rotfurka s. R 255. Ins Val Lavinuoz
s. R 260, ins Val Tuoi s. R 262. Gipfelanstiege unter den
Gipfelnamen.

f) **Zur nahen Buinlücke** oder Fuorcla Buin
(3056 m, Bild 30) biegt man bei der Wegteilung am
Nordfuß des Kl. Buin links nach S und SO ein, leicht
ansteigend mühelos zur Lücke. Von dort auf den Gr.
Buin, s. R 707.

g) **Das Wiesbadner Grätle** können Geübte auch zwischen
P. 3030 und 3022, s. Bild 19, übersteigen, wobei also der bei c er‑
wähnte Nordsporn von P. 3022 links im O bleibt. Rechts davon über
brüchigen Fels, für Geübte unschwierig (I) empor; mehrere Mög‑
lichkeiten und Gratausstiege. Jenseits über Fels bzw. Blockwerk auf
den Firn und weiter wie bei d. Dieser Aufstieg empfiehlt sich nur
Geübten, wenn am Normalanstieg zu viele Partien (Steinschlag!)
klettern.
Geübte Kletterer können auch über den z. T. schwierigen N‑Grat auf
P. 3030 klettern, wobei schon unterhalb P. 2840 eingestiegen wird.

**257**
**Von der Wiesbadner Hütte über den Ochsentaler Glet‑
scher zur Fuorcla dal Cunfin** (und zur Buinlücke
bzw. Eckhornlücke). I (—II) = unschwierig (bis
mäßig schwierig); 2.15—3 h und mehr, sehr von Ver‑
hältnissen abhängig. Sehr schöne Gletschertour. Dies ist
die übliche Winter‑Führe der Skitouristen, im Auf‑

stieg und in der Abfahrt. Jetzt auch häufig im Sommer begangen, bei gutem Firn einfacher und kürzer als R 256, aber größere Spaltengefahr. Bei Vereisung Steigeisen nötig. Nur für geübte Gletschergänger oder mit Führer; Seilsicherung unerläßlich! Siehe Bild 19.

a) Von der Wiesbadner H. erblickt man im S jenseits vom Ochsentalgrund die „Grüne Kuppe", 2579 m, zwischen Vermuntgletscher links und Ochsentaler Gletscher rechts (s. AV=SiKa., wo auch die Steigspur eingetragen ist). Über den Moränensattel dicht S (hinter) dieser Kuppe führt die Steigspur durch.

b) Aus der Wiesbadner H. tretend links nach SO ca. 300 m talein auf dem Moränensteig Richtung Ochsenscharte—Dreiländerspitze, dann auf Steigspur rechts nach S über das Moränenfeld empor (bei Spurteilung rechts bleiben) bis auf ca. 2500 m am Ostrand der Gletscherzunge. Jetzt rechts waagerecht nach WSW quer über die Gletscherzunge ans Westufer, wo man eine Steigspur findet, die NW, Richtung Grüne Kuppe, auf den erwähnten Moränensattel, ca. 2550 m, südl. der Kuppe führt (von hier leicht auf die Grüne Kuppe, 2579 m, lohnender Rundblick). Über den Sattel (kl. Moränensee) nach W und SW auf den Ochsentaler Gletscher hinüber. Ansteigend quer über die Gletscherzunge, weiter unten oder weiter oben, je nach Firn=, Eis= und Spaltenverhältnissen, und in Richtung Silvrettahorn bis nahe dem anderen Ufer. (Der Eisbruch bleibt also links, kann aber zu Zeiten auch etwa in der Mitte schwierig (II—III) durchstiegen werden.) In der Firn= oder Eismulde am W=Rand des Gletschers unterm Silvrettahorn entlang (Vorsicht auf Eis= oder Steinschlag vom Gletscherrand rechts über der Felsstufe!) gerade nach S empor, zuerst steiler, dann zunehmend flacher (Vorsicht auf Quer= und Längsspalten!) unterm Signalhorn durch bis in die Firnmulde NO der **Fuorcla dal Cunfin**, 3043 m, und halbrechts nach SW leicht zur Fuorcla hinauf (Grenze! Grenzmarke im Schartenfels.) (Über die Weiterwege s. bei R 256e, 255—262 u. anliegenden Gipfeln.

c) Zur Buinlücke geht man die oberste Firnmulde östl. vom Signalhorn im Bogen nach O aus hinüber zur Lücke, 3056 m (s. Bild 30); zum Buin s. R 707.

d) Zur Eckhornlücke usw. zweigt man schon unterm Signalhorn rechts ab; Näheres s. R 258.

**258**

**Von der Wiesbadner Hütte über die Eckhornlücke zu den Silvretta-**
**hütten/SAC.,** I = unschwierig; 4.15—5.30 h. Nur für Geübte oder
mit Führer; weniger begangen und schwieriger als über die Fuorcla
dal Cunfin (R 256 oder R 257) und übern Silvrettapaß (R 259).

a) Wie bei R 257a und b über den Ochsentaler Gletscher empor bis auf ca. 2900 m bzw. bis man etwa über der Mitte
der Signalhorn-NO-Wand steht. Man wendet sich scharf rechts nach
W und steigt über den zwischen Signalhorn links und Silvrettahorn
rechts herabkommenden Seitenfirn so lange nach NW empor, bis
man leicht gerade nach W zur Eckhornlücke, ca. 3040 m, hinauf
kann; die tiefste Lücke ist dicht rechts N vom Silvretta-Eckhorn.
Blick nach W ins Prätigau hinaus. 2.30—3.15 h. Von hier unschwierig aufs Eckhorn oder Silvrettahorn, s. dort.

A c h t u n g! Zum Übergang nach W aber nicht links zur tiefsten
sondern rechts zur oberen nördlichen Lücke! Vgl. bitte zuerst R 686!

b) Von der nördl. Lücke nach W je nach Firn gerade oder
meist besser mehr rechts über Firn, Schrofen und Steilschutt hinab
in die Firnbucht des Silvrettagletschers. Weiter nach W, zuletzt nahe
dem rechten Ufer entlang abwärts unter der Rotfurka durch, wo man
R 210e aufnimmt und zu den Silvrettahütten/SAC verfolgt; 1.15 bis
1.30 h = 3.45—4.30 h und mehr; s. Bild 25.

c) Ist der Ochsentaler Gletscher stark zerklüftet, so geht man leichter aber ein wenig weiter wie bei R 256 über das Wiesbadner
Grätle Richtung Fuorcla dal Cunfin, die man aber links oben
läßt und nach NW unterm Signalhorn durch wie oben bei a zur
Eckhornlücke aufsteigt. Weiter wie bei b.

**259**

Von der Wiesbadner Hütte über Fuorcla dal Cunfin
und Silvrettapaß zu den Silvrettahütten/SAC. I = unschwierig; 3.45—5.15 h und mehr. Eine der schönsten Gletschertouren der Silvretta. Nur für Geübte
oder mit Führer; Seilsicherung dringend anzuraten.

a) Wie bei R 256 oder 257 auf die Fuorcla dal Cunfin,
2.15—3 h und mehr; Grenze! Im W das nächste Ziel:
der flache Silvrettapaß.

b) Von der Fuorcla möglichst flach nach W durch die
Firnmulde der Cudèra hinüber, dicht unter dem S-
Sporn des Signalhorns durch und hinauf zum Silvrettapaß, 3003 m; 30 Min. = 2.45—3.30 h. Vorsicht auf Paßspalten besonders jenseits auf der W-Seite!

c) Vom Silvrettapaß flach nach NW hinab, dann bald
steiler über die Gletscherstufe (Querspalten!) hinunter
nach N in die nördl. Firnmulde des Silvretta-Glet-
schers. Im Bogen wieder links nach W hinab, dann
halbrechts NW Richtung Rote Furka und am Gletscherrand und Fuß des ,Gletscherrückens' nach W hin-

aus und wie bei R 235 e durchs Mädjitäli hinab zu den Silvrettahütten/SAC; 1.15—1.45 h = 3.45—5.15 h.

**260**

Von der Wiesbadner H. über Fuorcla dal Cunfin zur Alp Marangun im Val Lavinuoz, II—III = mäßig schwierig bis schwierig; nach Verhältnissen und Führe stellenweise auch sehr schwierig; 4.30—6 h. Nur für Geübte. Landschaftlich einzigartig. Für das mittlere und untere Val Lavinuoz benötigt man die LKS (R 51) oder die Karte R 49.

a) Zur Fuorcla dal Cunfin wie bei R 256 oder 257, 2.15—3.15 h.
b) Von hier ab 2 bzw. 3 Führen ins Val Lavinuoz hinab:
I. Über Paraid alba. So heißt die firn- und schuttbedeckte Schulter zwischen dem SO-Gratfuß der Torwache und P. 2962 am Ostende der Schulter. Von der Fuorcla dal Cunfin SW durch die Cudèra-Firnmulde (Vorsicht! Parallelspalten!) und schräg links nach S und SO über den Bergschrund und Steilfirn (oder Eis) auf den Rücken der Paraid alba, meist 100—200 m W von P. 2962. (Notfalls Aufstieg auch weiter westl. in den Torwachefelsen.) Jenseits über Firn (Eis), Geröll und Steilstufen in die steile Rinne hinab, welche nach O (NO) auf dem Vadret Tiatscha mündet. Wenn die Rinne viel Schmelzwasser führt, kann sie ungangbar sein. Wo sie unten steiler abbricht, hält man sich links hinaus über plattige Bänder auf den Gletscher hinab. Quer über seine Zunge und am O-Rand über Moränen ins Val Lavinuoz und hinaus zur Alphütte Marangun, 1.30 bis 2 h = 4—5.30 h und mehr (bzw. nach Lavin 1.15—1.30 h mehr).
II. Über P. 2814 und Las Maisas, d. h. über den steilgestuften Felsrücken bei P. 2814, der den Vadret da Las Maisas östl. begrenzt. Wie bei I auf Paraid alba. Anstatt nach O in die Rinne hinab quert man den obersten Trichter nach SW und S gegen P. 2814 hinab und steigt von dort gegen P. 2504, über die Steilstufen und Bänder hin und her ab (nicht leicht zu finden). Zuletzt ganz rechts (S) halten gegen die Gletscherzunge bzw. auf den Kamm der linken Seitenmoräne und über sie ins Val Lavinuoz hinab zur Alp Marangun (oder nach Lavin) wie bei I. und bei c. Vgl. R 413!
III. Über Vadret Tiatscha. Bei sehr guten Firnverhältnissen die kürzeste Führe, aber im Herbst schwierige Eistour (III—IV) manchmal unmöglich. Von der Fuorcla dal Cunfin gerade SSW über die Cudèra hinab, deren Firn-Abfluß (zwischen den Felspfeilern P. 2973 links und P. 2962 rechts) als Vadret Tiatscha in die Tiefe bricht. Meist am besten mitten durch den Eisbruch, später eher links (O) gegen die Flianafelsen. Ist der untere Bruch ungangbar, so weicht man links nach O auf eine auffallende Bandstufe in den Flianawänden aus, wenn die Randkluft dies gestattet. Über diese Bandstufe nach SO, bis man leicht rechts nach SSW über Geröll ins Val Lavinuoz und nach Marangun hinaus kann wie bei I.
c) Von der Alp Marangun (s. dort), 2023 m, nach Lavin-Bhf., 1432 m geht man auf dem Alpweg zuerst rechts vom Bach, ab 1800 m, Alp Dadoura, links vom Bach talaus zum Bhf. Lavin links dicht ob dem Ort. 1.15—1.30 h.

**261**

Von der Wiesbadner H. über Fuorcla dal Cunfin — Paraid alba — F. Zadrell zum Berghaus Vereina; II (—III) = mäßig schwierig (bis schwierig). Langwierig, schwer zu finden, nur für geübte Hochtouristen. Landschaftlich großartiger hochromantischer Übergang.

a) Wie bei R 260a und b I auf **Paraid alba** und wie bei II zum Rücken oberhalb P. 2814 hinüber. Weiter nach W und SW quer über den Vadret da las Maisas (oberhalb seines Abbruches) ansteigend und jenseits WSW emporkletternd quer über den Gratrücken, der vom Chapütschin bzw. von P. 3076 gegen P. 2915 hinabzieht. Jenseits des Gratrückens hinab in die Firn- und Geröllmulde SW dieses Grates. Großartiger Linardblick! Weiter abwärts nach SW und W, so hoch als gut möglich unterm S-Grat des Chapütschin durch und hinauf zur **Fuorcla Zadrell** (oder Vernelapaß), 2752 m, 5.15 bis 6.45 h.

b) Von der Fuorcla Zadrell leicht nach W über Firn und Schutt durchs Vernelatal, zuletzt Alpweg rechts vom Bach zum Berghaus Vereina, 2—2.30 h = 7—9 h.

c) Anstatt über die Fuorcla Zadrell kann man vom Vadret da las Maisas auch übern Vernelasattel, 3135 m, zwischen Verstanklahorn und Chapütschin; ungleich schwieriger, höher und länger und nur dann zu raten, wenn man das Verstanklahorn oder den Chapütschin von dort aus besteigen will.

## 262
## Von der Wiesbadner H. über Fuorcla dal Cunfin — Mittagsplatte — Plan Rai zur Tuoihütte; I = unschwierig, 3.45—5 h und mehr je nach Führe und Verhältnissen. Prächtiger Übergang in die Schweiz, zwar wesentlich weiter aber auch interessanter als übern Vermuntpaß (R 263). Leicht mit Piz Buin oder Signalhorn oder Piz Fliana zu verbinden. Bild 31.

a) Wie bei R 256 oder 257 auf die Fuorcla dal Cunfin, 2.15—3.15 h und jenseits gerade nach S in wenigen Minuten zur **Mittagsplatte** oder Plan da Mezdi hinab.

b) Man geht nicht bis zum tiefsten Punkt, dem Firnpaß, 2886 m (Spalten, Bild 31!), vor, sondern schon vorher links ab über die Felsen der Mittagsplatte in die Firnmulde von **Plan Rai** hinab. An ihrem linken Rand nach O leicht hinaus gegen die Schulter von **Cronsel** (2660 m; guter Orientierungspunkt, lohnend). Man steigt zwischen Cronsel rechts und Gr. Buin links auf Steigspuren (oder Firn) hinab ins innerste Val Tuoi und nach SO zur **Tuoihütte**, 2250 m, hinüber, unmittelbar jenseits des Baches; 1.30—1.45 h = 3.45—5 h und mehr. Nach Guarda s. R 263 e.

c) Man kann auch rechts südl. von Cronsel weglos nach O direkt zur Tuoihütte hinab; mühsam.

d) **Über die Buinlücke.** Anstatt über Fuorcla dal Cunfin und Plan Rai kann man auch über die Buinlücke. Abstieg südseits aber wesentlich schwieriger (II—III) und nicht zu empfehlen, weil dort häufig Steinschlag. — Wie bei R 256 oder 257 in die **Buinlücke** oder **Fuorcla Buin**, 3056 m, 2.30—3.30 h. Achtung auf Wächte

nach S! Jenseits steil durch die oben manchmal vereiste Rinne (Il Chamin = der Kamin genannt). Dann über Firn und Schutt hinab nach
Plan Rai bzw. Cronsel und wie oben bei b zur Tuoihütte; 1.45 bis
2.30 h = 4—6 h.

## 263

Von der Wiesbadner H. übern Vermuntpaß zur Tuoihütte (Guarda). I = unschwierig; 2.15—2.45 h. Kürzester und bequemster Übergang ins Unterengadin, teilweise Steig- und Wegspuren. Beidseitig leicht vergletschert.

a) Von der Wiesbadner H. wie bei R 256 auf Steigspuren zur Zunge des Vermuntgletschers und über sie
empor bis gegen den Fuß des Steilhanges zum Wiesbadner Grätle hinauf; 1—1.15 h.

b) Hier verläßt man die Führe zum Wiesbadner Grätle
und geht nach SO weiter sanft ansteigend über den
Gletscher direkt Richtung Vermuntpaß weiter. Unmittelbar vor dem Paß ist ein tiefer Windkolk in den
Gletscher eingesenkt (Vorsicht bei unsichtigem Wetter!). Man läßt den Kolk links und steigt rechts bis
fast unter die Felsen empor, bis man im Geröll leicht
linkshin auf Wegspur zum Paß hinabqueren kann;
15—20 Min. = 1.15—1.30 h.

c) Vermuntpaß, 2796 m, Grenzpaß, Grenztafel und -stein. Wenig
östl. oberhalb des Passes kleine Schutzhütte der österreichischen Zoll-
wache (Notunterstand). Auch unmittelbar W der Grenztafel an
einem Felsblock kleine alte Grenzerhütte.

Vom Paß beschränkter Blick nach S über die Reste des kleinen Vadret Vermunt ins Val Tuoi und die Berge jenseits des Unterengadins,
Münstertaler Alpen. Halbrechts im SW die mächtig zerklüfteten Abstürze der Großen Piz-Buin-Ostflanke.

d) Der Abstieg vom Vermuntpaß ins Val Tuoi:
Von der Grenztafel rechts (W) horizontal über die
Moränenblöcke hinweg in den Windkolk des Vadret
Vermunt hinab und linkshin SO durch die langgezogene Firnmulde dieses Windkolkes sanft hinab bis
an ihr Ende. Nun (nicht rechts (S) hinab über die
Gletscherzunge in das Moränental (See), sondern)
halblinks nach SO auf Steigspur über Schutt
querend hinüber auf die mächtige Moränenterrasse und
auf ihrem rechten Rand talaus (Wegspuren) bis an
den Südrand der Moränenstirne. Steil über die Stirnmoräne hinab, dann links über einen Bach und hanghin
abwärts zur Tuoihütte, 2250 m; 1—1.20 h = 2.15—2.45 h.

e) **Nach Guarda.** Von der Hütte auf gutem Steig nach S zur Alp Suot und auf gutem Alpweg immer linksseitig talaus nach Guarda, 1653 m, bzw. zum Bhf. G., 1432 m, 1.30—2 h von der Hütte.

## Übergänge ins Jamtal

**264**

Von der Wiesbadner H. über die Obere Ochsenscharte und das Jam=joch ins Val Tuoi oder Val Urezzas=Tasna (oder ins Jamtal); I—II = unschwierig bis mäßig schwierig. 4.30—6 h und mehr. Nur für Geübte.

Hochinteressante, landschaftlich sehr schöne Übergänge, leicht mit den anliegenden Gipfeln zu verbinden; Bild 32 und 20.

a) Wie bei R 265 auf die Ob. Ochsenscharte. 1.30—1.45 h. Jenseits nach SO mit möglichst wenig Höhenverlust durch die Firn= mulde hinüber und hinauf über Firn (Eis) Steilschutt und Schrofen gegen die Schulter oben dicht rechts (S) der Vorderen Jamspitze (im Verbindungsgrat zur Dreiländerspitze). Der Grat bzw. die Schulter können je nach Firn (Eis) usw. mehr oben rechts oder noch höher oben mehr links gewonnen werden. Von der Schulter leicht hinüber zum Jamjoch, 3078 m; 0.45—1.15 h = 2.15—3 h. (Von hier leicht auf die Jamspitzen, s. dort.) Wegteilung:

b) Ins Val Tuoi steigt man rechts nach SW über Firn (Eis), Schutt und Schrofen auf den Kleinen Vadr. Tuoi hinab und über P. 2580 und Plan Furcletta leicht zur Tuoihütte hinunter; s. R 263. 1.15 h = 3.30—4.15 h. (Den P. 2580 kann man auch über oder östlich um die Hintere Jamspitze herum und durch das Kar zwischen Piz Tuoi und Piz Urezzas erreichen, ca. 30—40 Min. mehr.)

c) Ins Val Urezzas und Tasna (Ardez) geht man vom Jam=joch nach O hinab Richtung Urezzasjoch und sobald als möglich nach SO und S, leicht auf beliebiger Führe über die Schutt= und Rasenhänge zu unterst nach O ins Val Urezzas hinab (ca. 2100 bis 2200 m; nur Alphütten!) und durch dieses Tal ins Val Tasna und weiter links= oder rechtsufrig talaus nach Ardez-Bhf., 1432 m; 3 bis 4 h = 5.15—7 h; vgl. R 282 a.

d) Ins Jamtal geht man vom Jamjoch nach O u. NO, dann nach N übern Jamtalferner hinab und entweder über die Zunge wie bei R 265 oder übers Rußköpfle zur Jamtalhütte hinab; 1.45—2.30 h vom Jamjoch.

**265**

Von der Wiesbadner H. über die Obere Ochsenscharte zur Jamtalhütte; Bild 32 und 20. I = unschwierig, 3.30—4 h und mehr je nach Verhältnissen. Schöne Zweigletscherfahrt, nur für Geübte oder mit Führer; Seilsicherung ratsam; bei starker Ausaperung des Jam= talferners Steigeisen zu empfehlen. Beliebter und meist bequemster Übergang ins Jam; vgl. R 791!

Vorbemerkung: Die Untere Ochsenscharte, die von der Oberen durch einen ca. 300 m langen Felsrücken (2977 m) getrennt ist, ist nicht mehr gut gangbar. Man geht heute ausschließlich über die Obere südliche Scharte nahe dem Fuß der Dreiländerspitze (oder über die Tiroler Scharte, s. R 266).

a) Aus der Wiesbadner H. tretend, geht man links um die Hütte zur SO=Front, wo mehrere AV=Wege beginnen (Wegtafeln). Man wählt den mittleren, Richtung Zollwachhütte, sanft ansteigenden Weg (also nicht den horizontalen unteren Weg und auch nicht den links steiler ansteigenden oberen Weg). Der Weg führt unter der Zollwachhütte (links oben) durch und bald an einem kleinen Bach entlang, den er dann rechts überschreitet und von jetzt an immer über Moränenhalden und =kämme nach SO emporsteigt (rote Markierung, Steinmänner, vereinzelt Stangen).

Bei Wegteilung im Zweifelsfall immer links. Der Weg (Steigspur) läßt den Gletscher rechts unten, überquert unmittelbar S vom Vermuntkopf eine Flachstufe und steigt ab hier genau O über die Moränenrücken empor, bis diese sich am Rande der obersten Gletscherfirnmulde verflachen und verlieren. Hier erst, über 2800 m, wird der Gletscherfirn betreten. Über ihn, höher oben rechts nach SO und S einschwenkend (die Unt. Ochsenscharte bleibt links, desgl. der tiefe Windkolk dort) über Firn Richtung Dreiländerspitze empor, bis man am Ende des (die beiden Ochsenscharten verbindenden) Felsgrates die verfirnte **Obere Ochsenscharte**, ca. 2970 m, erreicht (1.30—1.45 h), Bild 32.

b) Die Scharte liegt unmittelbar am N=Fuß der Dreiländerspitze (s. dort), die von hier leicht erstiegen wird. Von dem Kleinen Felskopf dicht N der Firnscharte kann man den Abstieg jenseits gut überblicken! — Schöner Rückblick auf die Ochsentalumrahmung, besonders schön Piz Buin. Im Vorblick die 3 Fluchthörner, rechts davon das Augstenbergmassiv und ganz rechts die Vordere Jamspitze. Im NO in der Tiefe die Jamtalhütte (hinter der Gletscherzunge).

c) Von der Oberen Ochsenscharte über den Jamtalferner hinab (Bild 20): Man holt der Wächte wegen zuerst von der Scharte einige Schritte rechts S aus, wendet sich dann aber sofort nach O und links hinab nach N, meist immer nahe dem Gletscherrand unter dem Felsfuß entlang, bei Vereisung weiter unten unter Ausnützung der NW=Randmoränenstreifen [oder auch auf der Mittelmoräne rechts, die Gletschermitte aber immer rechts lassend], bis man die unterste Gletscher=Flachstufe über der Gletscherzunge erreicht, ca. 2600 m, meist am besten nahe dem NW= Ufer, S und SO von P. 2685.

d) **Man beachte: Jetzt muß der Gletscher von links nach rechts, von W nach O und NO in seiner ganzen Breite überquert werden,** bis man — mählich an seiner rechten Seite absteigend — den Gletscher verlassen und die rechte Seitenmoräne rechts (O) von der Glet= scherzunge erreichen kann, wo der Weg zur Jamtal= hütte wieder beginnt.

e) Dieser Weganfang ist ständigen Veränderungen unterworfen. Er erklimmt aus dem Tälchen zwischen Gletscher und Moräne aufsteigend die Höhe des Mo= ränenkammes und folgt ihrem Rücken und den Mo= ränenhängen talaus und talab, später auf gutem Weg über P. 2325 am begrünten Hang entlang hinab zur Jamtalhütte, 2165 m, 1.30—2 h = 3.30—4 h und mehr.

f) Anstatt die Gletscherzunge zu überqueren **und ostufrig auf dem** Moränenweg talaus zu gehen, ging man früher auch am linken W= Rand des Gletschers und Gletschervorfeldes weglos über Moränen (sehr mühsam) talaus und über die Brücke, 2104 m, zur Jamtalhütte hinüber. Nicht zu empfehlen.

**266**
**Von der Wiesbadner H. über die Tiroler Scharte und den Jamtalferner zur Jamtalhütte; I = unschwierig, 3—4 h.** Neben der Oberen Ochsenscharte der kürzeste Übergang ins Jam, meist etwas schwieriger als R 265. Bei schlechten Eisverhältnissen auf dem Jam=Seiten= ferner aber nicht zu empfehlen. Unter Umständen ziemlich schwierig.

a) Aus der Wiesbadner H. tretend links um die Hütte, wo unmittelbar hinter der Hütte nahe der SO=Ecke der gute AV=Steig beginnt (Wegzeiger), welcher in Zickzacks nach NO zunehmend steiler emporführt (12—15 Min.), auf eine ausgeprägte Nase dicht vor dem (vom Tiroler Gletscher kommenden) westlichen oder äußeren Tirolerbach. Wegteilung:

b) Man geht n i c h t über den Bach (Weg zum Rad= sattel usw.), sondern bleibt diesseits, steigt rechts über den Rücken bachentlang nach O empor und quert dann — den Vermuntkopf und seine Steigspur rechts lassend — nach O über Geröll talein und aufwärts auf den Tiroler Gletscher hinauf. Über seinen Firn

(Eis) immer nach O leicht zur **Tiroler Scharte**, 2935 m; 1—1.15 h. Schöner Blick nach O und SO auf die Jam= umrahmung.

c) Von der Tiroler Scharte auf den Jamtal= ferner hinab zwei Möglichkeiten:

I. Gerade nach O auf den Steilfirn (Eis) des kleinen Seitenarmes des Jamtalferners hinab, wobei man sich meist besser eher links am Tiroler Kopf entlang hält. (Im Spätsommer bei Vereisung kann dieser Abstieg sehr zeitraubend und gefährlich werden, s. II.) Sobald der Ferner wieder flacher wird, wendet man sich rechts nach SO hinab auf den Hauptstrom des Jamtalferners und steigt an seinem linken Nordrand entlang bis auf ca. 2600 m ab. Weiter wie bei R 265 d quer über die **Fernerzunge** (Bild 20) ans Ostufer und zur Jamtalhütte hinab, 2—3 h = 3—4 h.

II. Macht starke Vereisung den Steilabstieg nach O schwierig, so kann man von der Scharte rechts unterm Ochsenkopf durch immer nach SO schräg absteigend die Schnee= und Blockfelder der Ochsen= kopf=Ostflanke queren (zwischen P. 2849 links und 2996 rechts) auf den Jamtalferner hinab, den man also höher oben betritt. Weiter= abstieg wie bei R 465 c und d.

## 267
**Von der Wiesbadner H. übers Bieltaljoch—Totenfeldscharte (oder Haagspitze) zur Jamtalhütte** I—II = unschwierig bis mäßig schwie= rig; 4.15—5.30 h und mehr. Weglos. Vgl. R 240. Nur geübten Hoch= touristen zu empfehlen oder mit Führer. Selten begangen, aber sehr interessant. Bei unsichtigem Wetter abzuraten!

a) Wie bei R 269 aufs Bieltaljoch und waagrecht weiter nach NO unter der Haagspitze durchquerend, dann nach O zur Totenfeld= scharte hinauf, 2844 m, 1.45—2 h (s. R 240 a!).
b) Weiter wie bei R 240 b oder c aufs Totenfeld und ins Jamtal hinab, 2—2.30 h = 4.30—5.30 h.
c) Schließlich können Geübte vom Rauhkopfgletscher auch über die Rauhkopfscharte zwischen Rauhem Kopf und Tiroler Kopf auf den Jamtalferner hinüber; II—III, 4.30—5 h.

## 268
**Von der Wiesbadner Hütte über den Radsattel — Biel= tal und Getschnerscharte zur Jamtalhütte**; I = un= schwierig, 5.30—7 h. Langwieriger aber interessanter Übergang für Geübte, die nicht über die Gletscher (R 265 und 266) wollen; das Firnfeld der Getschner= scharte ist meist harmlos. Bei schlechter Sicht dringend abzuraten!

a) Wie bei 270 a—e übern Radsattel ins innere Bieltal zur Wegkreuzung ca. 2350 m gegenüber dem Bergsturz, 2—2.15 h. Wegteilung:

b) Nicht weiter linksufrig talaus, sondern rechts übern Bielbach zu den Bergsturzblöcken hinüber und weglos (aber rot markiert) am steilen rechten Talhang nach N (talauswärts) schräg empor gegen die Gletscherschliffe (Rundfelsen) bei P. 2386. Auf dieser bergseitig talartig eingetieften Hochstufe und sumpfigen Mulden nach N entlang bis an ihr Ende. Dann halbrechts NNO auf die nächste Hochstufe hinauf, 30 bis 35 Min. = 2.30—2.45 h. Jetzt erblickt man im N den Ombrometer, 2464 m (Niederschlagsmesser), den man links läßt und sich rechts nach O über Grasböden zum Steilhang südl. P. 2485 wendet, der mit Geschröf und Moränengeröll gegen P. 2713 im (ehem.) Madlenerfirn hinaufführt (Bild 18!). Hier mündet diese Führe in jene von der Bielerhöhe ein. Weiter wie dort bei R 241 d I. zur Getschnerscharte hinauf, 1.15 bis 1.45 h = 3.45—4.30 h. Weiter wie bei 241 e zur Jamtalhütte hinab, 2—2.15 = 5.30—7 h.

## 269
Von der Wiesbadner H. übers Bieltaljoch—Bieltal zur Bielerhöhe: I = unschwierig, 3.15—4.30 h. Selten begangener aber leichter Übergang durchs einsame Ödland einer alten Gletscherlandschaft; weglos, nur bei guter Sicht. Sehr lohnend.

a) wie bei R 270 a und b auf die Hochstufe 2600 m nördl. vom Bach des Tiroler Gletschers (20—25 Min.), aber jetzt nicht weiter der Markierung entlang nach N Richtung Radsattel, sondern weglos halbrechts nach NO etwa über P. 2612 und P. 2701, dann über die flache Zunge des Rauhkopfgletschers hinüber Richtung Bieltaljoch, zuletzt über eine kleine plattige Steilstufe (westl. unter P 2772) ins Joch hinauf; 1.15—1.30 h.

b) Jenseits am linken Rand des Bieltalferners hinab und immer linksufrig durchs Bieltal hinaus wie bei R 270 h (Bild 17) zur Bielerhöhe, 1.30—2.15 h = 3.15—4.30 h.

## 270
**Von der Wiesbadner H. übern Radsattel durchs Bieltal zur Bielerhöhe**; 2.45—3.15 (—4) h. Rot markiert, z. T. Steinmänner. Teils Steigspur, teils Weg. Bei schlechter Sicht für Ungeübte nicht ratsam. Landschaftlich einer der schönsten unvergletscherten Übergänge der Silvretta durch unberührte Urgebirgslandschaft. (Auch mit der Besteigung des Hohen Rades zu verbinden, s. auch R 271.)

Von der Wiesbadner H. zum Radsattel zwei Möglichkeiten, entweder auf dem neuen Weg b oder auf dem alten c.

a) Aus der Wiesbadner H. tretend links um die Hütte und wie bei R 266 empor auf die kleine Nase am äußeren westlichen Tirolerbach. Wegteilung: Man geht (nicht rechts diesseits des Baches [zur Tiroler Scharte] sondern) links über den Bach, wo sich jenseits der Weg sofort neuerdings teilt: der „alte" Weg führt links waagrecht weiter (s. c).

b) der „neue" Weg zum Radsattel aber steigt (rot markiert) unmittelbar nach der Bachüberschreitung kurz rechts, dann halblinks in ca. 7—8 Min. steil empor auf die gewellte Hochfläche um 2600 m, die er nun fast weglos nach N Richtung Radsattel auf und ab überquert, hügelauf, hügelab über P. 2602 den roten Zeichen und Steinmännern nach. Nach ca. 25 bis 30 Min. hinab unmittelbar an Fuß des Radsattels (kurz vorher Felsblock mit roter Aufschrift: W. H.; hier mündet von links (W) der „alte" Weg ein). In steilen Kehren über den Südhang zum **Radsattel** empor, 12 bis 15 Min. = 1.15—1.30 h. Fortsetzung bei d.

Der neue Weg wurde zum Andenken an seinen Erbauer, den früh verstorbenen Bergführer und Hüttenwirt **„Edmund-Lorenz-Weg"** benannt.

c) Der „alte" Weg führt von der Wegteilung 10 Min. ob der Wiesbadner H. sofort nach Bachüberschreitung des Baches zuerst waagrecht links ausholend, dann ansteigend über W, NW nach N empor am Fuß des Radsattels weiter wie bei b bzw. d.

d) Auf dem Radsattel Wegteilung. 10 Schritte rechts ob der Stelle, wo der Weg die Sattelhöhe erreicht, liegt ein Stein mit roter Aufschrift: ← H. R. und W. H. →. Links nach NW am Sattelrücken entlang führt der AV-Steig zur Radschulter bzw. zum Hohen Rad, s. R 271. Landesgrenztafel Vorarlberg/Tirol; s. auch R 820!

e) Ins Bieltal und zur Bielerhöhe überquert man den Sattel nach N hinab, der roten Markierung nach. Nach ca. 80 Schritten liegt rechts unterhalb ein Block mit roter Aufschrift: M. H. (= Madlener Haus). Achtung: Beim Block nicht sofort gerade hinab, sondern zuerst oberhalb kurz am Hang hinaus (Wegspur) und dann erst abwärts. Der Steig durchquert jetzt eine felsige Zone, meist weglos, plattig und steil; man halte sich genau an die rote Markierung, um nach ca. 12—15 Min. Abstieg die Wegfortsetzung auf den anschließenden Schafweiden zu erreichen. Weiterweg kaum noch zu fehlen, in nördl. Richtung zuletzt steil hinab an einem Bach entlang und links über ihn in ca. 30 Min. ins Bieltal hinab. Fortsetzung bei g!

f) Abstecher zum Radsee: Bevor man den Steilabstieg ins Bieltal (nach Durchquerung der Felszone) antritt, kann man links-hin nach NW über eine Hochstufe leicht zum nahen Radsee hinab und hinüber queren. Landschaftlich sehr lohnend! Den Radsee um-wandern! Leicht zurück zum Steig ins Bieltal hinab. Mehraufwand ca. 25—45 Min.

g) Der Steig erreicht den inneren Bieltalgrund genau dort, wo am Ufer gegenüber jenseits des Bielbaches mächtige Bergsturzblöcke lie-gen (beim a des Wortes Bieltal der AV-SiKa; nur an dieser Stelle im Bieltal!). Wegkreuzung (kurz vorher oberhalb Block mit roter Aufschrift: M H). Der Weg über die Getschnerscharte ins Jamtal zweigt hier rechts ab über den Bach, s. R 268b.

h) Der Weiterweg durchs Bieltal hinaus ist nicht zu fehlen. Man bleibt stets diesseits links vom Bach bis an Talausgang ca. 40—45 Min. = 2.20—3 h. Im Vorblick jetzt Bielerdamm, Silvrettasee usw.; rechts hin-ab die Silvrettastraße durchs Kleinvermunt (nach Galtür).

Hier am Bieltalausgang beginnt der breite Weg der Illwerke von der Bielbachfassung (rechts in der Bachschlucht) zur Bielerhöhe, links schräg durch die Hänge hinab und kurz zum Bielerdamm hinauf, 15 bis 20 Min. Über den Bielerdamm an sein Nordende (beim Ghf. Piz Buin), dann auf der Silvrettastraße am See entlang in 5 Min. zur Postautohaltestelle **Bielerhöhe** am Nordende der Staumauer (gegenüber vom Hotel Sil-vrettasee). Zum Madlenerhaus im Silvrettadorf wenige Minuten nach W hinunter. 2.45—3.15 h (—4 h).

**271**
**Von der Wiesbadner H. übern Radsattel zur Rad-**schulter (und durchs Radkar zur Bielerhöhe); 4—5 h. Nur für Geübte. Bei schlechter Sicht abzuraten. Land-schaftlich schönster Übergang zur Bielerhöhe. Bis zur Radschulter markiert; Weg- und Steigspuren.

a) Wie bei R 270 a, b und d zum Radsattel 1.15—1.30 h. Vom Radsattel 100 m nach NW am Sattelgrat empor, dann halbrechts auf einer Hangstufe in der Ostflanke des Hohen Rades auf Steigspur entlang, ab und auf, dann in Zickzacks über den steilen Südhang der Rad-schulter auf ihren Südrand empor, 25—30 Min. = 1.45 bis 2.15 h.

Die Radschulter, 2697 m, zieht sich 150 m fast horizontal (eingemuldet und oft schneegefüllt) an der Radflanke entlang nach N; vom Höchstpunkt der Schulter prächtiger Rundblick! Hier auf der Schulter zweigt halblinks gegen den roten Felsturm des Ostgratfußes der Klettersteig über diesen Grat aufs Hohe Rad ab (s. dort), ca. 0.45—1 h, nur für Geübte!

c) Der Abstieg von der Radschulter durchs Radkar zur Bielerhöhe beginnt in der Einsattlung am Nordende der Radschulter: über Schnee, später Schutt zuerst gerade, dann wenig links und wieder rechtshin in Kargrund hinab, wo rechts im groben Blockwerk sich die Steigspur fortsetzt bis an das waagrechte Nord-Ende des Kargrundes hinab. Hier links über den schmalen Kar-Graben und linksseitig auf guter Wegspur hinab am Osthang des Radkopfes nach N über die grüne Schulter bei P. 2387, später hoch überm unteren Bieltal nach NW hinaus (ca. 2200 m) auf die steilen NW-Hänge (Tiefblick auf Bielerhöhe und Silvrettasee) und in vielen Zickzacks rechts neben einem Tobelgraben hinab zum Bielerdamm. Über ihn zur Bielerhöhe (Ghf., Hotel, Postautohaltestelle; Bild 17) oder zum Silvrettadorf (Madlenerhaus usw.), wie bei R 270 h [s. auch R 220—224] 2.15—2.45 h = 4—5 h.

## 272 Rundtouren von der Wiesbadner Hütte

Die Hütte erlaubt eine besonders große Zahl von Rundwanderungen, meist über mehrere Gletscher und nur für Geübte. Hier einige Vorschläge:

a) Rund ums Hohe Rad über Radsattel (oder Radschulter oder Bieltaljoch) — Bielerhöhe — Silvrettasee — Ochsental.

b) Rund um den Silvrettakamm, nächst c und d die großartigste Rundtour: Fuorcla dal Cunfin — Silvrettapaß — Rote Furka (oder Eckhornlücke — Rote Furka) — Klostertal — Ochsental.

c) Rund ums Signalhorn und Silvretta-Eckhorn: Eckhornlücke — Silvrettapaß — Fuorcla dal Cunfin; oder leichter umgekehrt.

d) Rund um die Buine: Fuorcla dal Cunfin — Mittagsplatte — Cronsel — (Tuoihütte) — Vermuntpaß.

e) Rund um die Dreiländerspitze (und Jamspitzen): Obere Ochsenscharte — Jamjoch (oder Urezzasjoch) — Tuoihütte — Vermuntpaß; oder umgekehrt.

f) Rund um den Ochsenkopf: Tiroler Scharte — Obere Ochsenscharte; oder umgekehrt.

g) Rund um die Ochsentaler und Bieltaler Berge gibt es verschiedene Möglichkeiten über die Ochsen- oder Tiroler Scharte bzw. Getschnerscharte oder Totenfeldscharte bzw. Rauhkopfscharte; oder umgekehrt.

273—279 Offene Randzahlen für Nachträge.

## Die Jamtalhütte
### 280

Jamtalhütte, 2165 m, der DAV-Sektion Schwaben, Stuttgart, erbaut 1882 als erste AV-Hütte in der Silvretta, mehrfach vergrößert. 1958/61 wurde ein 2. Gebäude, der „Robert-Leicht-Bau" errichtet und durch einen Zwischentrakt mit der alten Hütte verbunden. Von allen Silvrettahütten hat sie das größte und vielseitigste hochalpine Tourengebiet im Sommer und Winter zugleich. Bild 20 und 21.

Die Hütte enthält 76 B und 130 ML in zahlreichen Zimmern und Lagern; elektr. Licht, Zentralheizung, Selbstversorgerraum, Winterraum mit 4 M und 10 Decken. Neues AV-Schloß.

Seit mehreren Generationen bewirtschaftet von der altberühmten Bergführerfamilie Lorenz nach Vater Albert jetzt der Sohn Franz Ghf. Paznaunerhof in Galtür-Tschaffein im Paznaun, Tirol, zugleich Postadresse. Voll bewirtschaftet von Mitte Februar bis Ende Mai (über Pfingsten nach Bedarf) und vom 1. Juli bis Mitte (Ende) September.

Lage: Die Hütte liegt frei und sonnig im Winkel zwischen Jambach im W und Futschölbach im O, nahe letzterem, und ca. 60—70 m überm Jamtalgrund, ca. 300 m vom Jambach und mitten in der Ausmündung des Futschöltales ins Jamtal. (Etwa 120 m nördl. unterhalb der Hütte liegt eine große Zollwachhütte.)

Nächste Talstation und Postautohaltestelle: Galtür im Paznaun, Tirol, s. R 111, 2.15—2.30 h Abstieg. Nächste Bahnstationen: Landeck in Tirol (alle Züge: s. R 105 und 106) und Wiesberg (nur Personenzüge, s. R 105 c); im Unterengadin: Guarda und Ardez (s. R 125 und 126).

Tourengebiete: Ungewöhnlich viele und vielartige, das umfangreichste Sommertourengebiet einer Silvrettahütte. Gesamte Umrahmung des Jamtales und Jamtalferners und des Futschölbachtales: Bieltaler und Ochsentaler Berge, Dreiländerspitzgruppe (aber auch die Buine), Jamspitzen, Augstenberggruppe, Kronenkamm und Fluchthorngruppe und Jamtaler Berge. Viele schöne Rundtouren s. R 295. Das ganze Tourengebiet ist auf der AV-SiKa (R 50) dargestellt.

Skigebiet: Außerordentlich großartig und vielseitig, zumal die Hütte nicht allzu hoch liegt (große Abfahrten!) und doch ganz schneesicher über 2000 m. Alles Nähere mit Skikarten usw. im Silvretta-Skiführer von W. Flaig, s. R 58.

L i t. : Grundlegend die Monographie von Cranz, mit der Karte von Haug, s. R 69. Außerdem R 55, 58, 60, 61, 63, 68 und AVS Schwaben, Festschrift 1920, S. 98. **Das herrliche Berg- und Skigebiet** ist besonders ausführlich in Wort und Bild geschildert in meinem **Silvrettabuch**, 5. Auflage 1961, S. 22 ff, 35 ff, 71 ff usw. Vgl. R 60!

R u n d s i c h t : Im S der Jamtalferner mit Umrahmung: halbrechts im SW die Dreiländerspitze mit der Oberen Ochsenscharte rechts davor. Vom Gipfel links herab der schöngestufte Ostgrat, links davon die Vordere Jamspitze, links hinter ihr die Hintere (dazwischen das Jamjoch). Weiter links das verfirnte Urezzasjoch (Fuorcla d'Utezzas). Links davor schiebt sich der Rußkopf, 2693 m, links hinten die Gemsspitze und der Grat zu den Chalausköpfen vorschaut. Dann verdecken die Hänge des Vorder- und Mittelgrundes die rückwärtigen Gipfel im Hauptkamm bis weiter links im SSO und SO hoch oben die schönen Augstenköpfe (P. 2966 rechts vom Kleinen Hänggegletscher) aufragen. Davor die begrünten Kuppen und Weiden des eigentlichen namengebenden „Augstenberges", so genannt weil er erst „im Augst" mit Weidevieh bestoßen wird. Links dahinter der Futschknecht, 2822 m, der steil und tief links ins „Breite Wasser" des Futschölbaches abfällt. Links hinter ihm taucht die dreizackige Krone, 3188 m, auf. Ihr NGrat links verschwindet hinter den Moränenkuppen, über die der Steig zum Zahnjoch führt. Nach links empor im O der vieltürmige SWGrat des Fluchthorns mit Haupt, Mittel und Nordgipfel. Links davor und im NNO die Gamshörner. Nach N talaus das Jamtal. — Im SW das Totenfeld (Ferner), links und rechts davon der Hintere und Vordere Satzgrat; rechts hinter dem Vorderen Satzgrat im W die Madlenerspitze und die Hintere Getschnerspitze, rechts davon die Getschnerscharte (Übergang zur Bielerhöhe), weiter rechts die Mittlere und Vordere Getschnerspitze und rechts von ihnen die lange Reihe der vielen Hennebergspitzen talaus. — Die nächsten leichten und lohnenden Aussichtspunkte mit Weganlagen sind im S das nahe Steinmannli, 2353 m, und der Rußkopf, 2693 m, im NO das Westl. Gamshorn, 2987 m.

## Zugänge zur Jamtalhütte

Obgleich die Jamtalhütte nur einen direkten Zugang aus dem Paznaun hat, R 381 von Galtür, so ist doch ausnahmsweise der Übergang von Ardez über den Futschölpaß als „Zugang" aus dem Unterengadin hier beschrieben, weil es im Val TasnaUrschai noch keinen Tourenstützpunkt (Klubhütte) gibt. Alle übrigen „Zugänge" von den Nachbarhütten usw. (Bielerhöhe, Wiesbadner H., Tuoihütte und Heidelberger H.) sind bei diesen Hütten als Übergänge zur Jamtalhütte beschrieben.

**281**

**Von Galtür i. P. durch das Jamtal zur Jamtalhütte;** 2.45—3.30 (bis 4) h; ca. 10 km Straße und Karrenweg; ca. 600 m Höhenunterschied. Der einzige direkte Zugang. Autostraße bis zur Scheibenalpe (Scheibenthaja), 5,5 km; von dort bis zur Hütte Fahrweg für Pferdefuhrwerk, 4,5 km. Nicht zu fehlen. (Fußweg s. c.) Ab Scheibenthaja Verbot für Motorfahrzeuge aller Art!

a) **Von Galtür**, 1584 m, von der Ortsmitte und Postautohaltestelle unweit der Kirche vor dem Hotel Rößle≈Post geht man links am Hotel Rößle entlang nach S auf der Straße ca. 100 m talein, dann links über den Jambach und rechts immer S der Straße nach ins Jamtal hinein, zuerst ca. 3 km auf dem Ostufer links vom Jambach bis zur Straßenbrücke, 1697 m, 0.45—1 h. Über den Jambach und jenseits rechts vom Bach auf dem Westufer weitere ca. 2,5 km auf der Straße talein zur Scheibenthaja, Alphütte, 1833 m, 0.35—0.45 h = 1.20—1.45 h.

(Die Autostraße, unterhalb im Bachgrund, endigt 500 m weiter talein bei der Jambachfassung, 1841 m, der Illwerke. Der Bach wird unter≈ irdisch bzw. mit Düker quer über das Kleinvermunt in den Ver≈ munt≈Stausee geleitet; s. AV≈SiKa!)

b) **Das Fahrsträßlein zur Jamtalhütte** beginnt bei der Scheiben≈Alphütte und führt weitere 3 km nach S am Hang und Westufer talein bis zur Brücke, 2005 m (0.50—1 h = 2.10—2.45 h), überquert den Jambach und steigt — immer nach S — am Ostufer jetzt steiler empor, überbrückt kurz (gegenüber der Zollwachhütte) den Futschölbach und steigt kurz links südl. empor zur **Jam≈ talhütte**, 2165 m, 0.35—0.40 h = 2.45—3.30 (—4) h.

c) Wer nicht der Straße nach will, kann **von Galtür auf Fuß≈ wegen ins Jamtal** und zwar von der Kirche bzw. vom Schulhaus z u e r s t auf dem **W e s t u f e r über** Galtür≈Mühl bis zur Menta≈ Alpe, 1635 m, dann entweder weiter, z. T. weglos westufrig bis zur Brücke 1697, oder schon bei der Menta≈Alpe übern Bach und der Straße nach zur Brücke, 1697 m. Von hier bleibt man durchaus links vom Jambach **a u f d e m O s t u f e r**: über die Schnapfenalp und über P. 1775, an der Jamfassung, 1841 m, vorbei auf Steigspuren, fast im≈ mer am Bach entlang bis wenig südl. der Brücke, 2005 m, wo der Steig in den Fahrweg einmündet und wie bei b zur Hütte führt. Die Fußwege sind nur bei trockenem Wetter zu empfehlen. Entfernungen und Marschzeiten wie oben bei a und b.

## 282

**Von Ardez im Unterengadin durchs Val Tasna über den Futschölpaß zur Jamtalhütte**, 5.15—7 h. Einziger eisfreier Zugang bzw. Übergang aus dem U'Engadin ins Jam. Für das Untere Val Tasna benötigt man die LKS, R 51, oder die Üb.≈Karte R 49.

a) Vom Bhf. **A r d e z**, 1432 m, nach NO (rechts oben die Ruine Steinsberg) in den Ort hinauf und auf der Hauptstraße rechts am Ostausgang des Ortes, weiter auf dem Sträßchen nach Fetan, zuerst nach ONO, dann bei P. 1563 (großartiger Blick engadin≈abwärts und auf die Unterengadiner Dolomiten rechts des Inns) scharf links nach N ins enge **V a l T a s n a** hinein und auf der Straßenbrücke über den Tasnabach. Sofort jenseits der Brücke verläßt man die Straße und steigt links auf dem Alpweg ins Val Tasna empor, stets auf dem Ostufer rechts vom Bach, z. T. durch Wald, hoch oben durch die

Talenge ‚Valmala', 1979 m. (Alphütte jenseits auf dem W=Ufer; ab hier auch AV=SiKa!)

b) Weiter: Val und Alpe Urezzas bleiben links im W, man geht nach N talein ins Val Urschai und über die Alpe Urschai, 2106 m; bis hierher guter Alpweg, ca. 3—3.30 h ab Ardez Bhf. Weiter immer ostufrig auf Steigspuren nach NNO talein zur Alphütte Marangun d'Urschai, 2210 m; hier hinab zum Bach, bei einem großen Fels=block auf Brücke ans Westufer. Jenseits kurz nach N im Zickzack über Grashänge hoch, bis man den deutlich sichtbaren am Hang Hang nach NO emporziehenden Weg erreicht hat, der mählich gegen den Fuß des Futschöl=SO=Grates herankommt. Hier biegt er nach N um und führt in dem Geröllkessel in Windungen aufwärts zum Fut=schölpaß, 2790 m, 2—2.15 h = 5—5.30 h.

c) Vom Futschölpaß zur Jamtalhütte hinab geht man auf Steigspuren nach N an der kleinen Zollwach=Hütte, 2742 m, vor=bei, gerade nach N ins breite Futschöltal hinab; der Bach und Grund bleibt stets links. Am „Finanzerstein" (großer Felsblock, kleine Hütte, rechts Abzweigung des AV=Steiges zum Zahnjoch) links vorbei nach NW hinab ins flache „Breite Wasser" 2344 m und westwärts immer rechts vom Bach auf dem AV=Steig talab, dann unweit der Hütte links übern Futschölbach und nach W zur Jamtalhütte hinüber, 1.15—1.30 h = 5.30—6.15—7 h.

## Übergänge von der Jamtalhütte

Die Übergänge sind von W über S nach O ge=ordnet. Die Jamtalhütte bietet eine sehr große Zahl von Übergängen, zumal fast alle Übergänge zu den Nach=barhütten usw. auf mehreren Führen möglich sind, so zur Bielerhöhe, Wiesbadner H., Tuoih. ins Val Tasna, zur Heidelberger H. usw. Einen bräuchlichen leichten und direkten Übergang (Paß oder Scharte) aus dem Bereich der Jamtalhütte ins Laraintal gibt es nicht, wer einen solchen hochtouristischen Übergang machen will, muß ihn aus den Führen über den betr. Gipfel — etwa über die Schnapfenspitze — zusammen=stellen oder über die Schnapfenscharte (R 909) gehen.

### 283
Von der Jamtalhütte über die Getschnerscharte zur Bielerhöhe; I = unschwierig, 4.30—5.15 h, rot mar=kiert; nur für Geübte.

Der Übergang ist zwar nicht eisfrei, aber der einzige nur schwach vergletscherte nach W; das Firnfeld W der Scharte ist meist harm=los; s. auch R 284. Fast der ganze Aufstieg ist von der Jamtalhütte aus einzusehen.

a) Aus der Jamtalhütte tretend rechts auf die Südseite der Hütte zu den Wegtafeln und rechts auf dem AV=Steig nach SW im Jamtalgrund, dann scharf rechts nach NW und W zur Brücke, 2104 m, übern

Jambach. Jenseits rechts nach NW über steile Rasenhänge gleichmäßig ansteigend bis zum kleinen Getschnerbach. Auf Blöcken über ihn und in Kehren über einen steilen Grashang empor. Dann wenig links haltend nach W unter Felskopf durch in grobes Geröllfeld im Getschnerkar. An dessen Ende sich noch mehr nach SW wendend und einen geneigten Grashang querend bis unter eine kleine Scharte im Grat, der von der Mittl. Getschnerspitze nach SO ins Kar herabstößt. In wenigen steilen Kurzkehren in diese Scharte hinauf und jenseits entlang den unteren Randfelsen der Mittl. Getschnerspitze mühsam im Geröll nach NW empor, zuletzt nach links, (W) biegend, zur **Getschnerscharte**, 2839 m; 2.45—3.15 h. Prächtiger Westblick zur Bielerhöhe usw.

b) Abstieg von der Getschnerscharte nach W. Man beachte: der alte steinschlägige Steig rechts unter der Mittl. Getschnerspitze entlang ist aufgelassen und nicht zu empfehlen!

Bei sehr guten Firnverhältnissen steigt man gerade über Geröll (Firn) und Schrofen und wieder Firn hinab und geht durch die tiefste Firn- und Moränenmulde talaus und hinab ins Tal des Weißen Baches (beim Q der AV-SiKa., ca. 2450 m).

c) Rechts am Weißen Bach entlang flach talaus, S (links) vom „Runden Kopf" auf Steigspur steil hinab ins Bieltal, über den Bach, jenseits talaus und wie bei R 270 h über P. 2095 auf gutem Weg hinab und über den Bielerdamm zur Bielerhöhe, 1.30—2.15 h = 4.15 bis 5.30 h.

d) Ist der gerade Abstieg von der Getschnerscharte nach W wegen Vereisung ungeeignet, so quert man halblinks schräg abwärts nach W auf den Madlenerfirn hinab und steigt über die Insel 2713 (rote Markierung) nach NW und W auf die Hochstufe bei P. 2485 ab.

e) Ab hier zwei Weiterwege ins Bieltal:

I. Entweder rechtshin wie oben bei c entlang dem Weißen Bach ins Bieltal und zur Bielerhöhe oder
II. der roten Markierung nach zuerst nach W, dann linksum nach S absteigend ins innere Bieltal hinab.

Über den Bach und jenseits talaus wie bei R 270 h zur Bielerhöhe. Etwa 30—45 Min. mehr als bei c.

**284**

**Von der Jamtalhütte über die Getschnerscharte und Radsattel zur Wiesbadner H.** I = unschwierig; 5.30—7 h. Der einzig ziemlich eisfreie aber auch langwierige Übergang zur Wiesbadner H. Nur für Geübte, nur bei guter Sicht!

a) Wie bei R 283 a auf die Getschnerscharte und wie bei d und e II über P. 2713 usw. ins innere Bieltal hinab; bei den großen Bergsturzblöcken (am Ostufer), wo man den Talboden erreicht, oder etwas weiter talein übern Bach und rechts hinüber zur Wegkreuzung Inneres Bieltal, ca. 2340 m, 1.15 bis 1.45 h = 4.15—5 h.

Weiter wie bei R 238 b—e übern Radsattel zur Wiesbadner H., 1.30—1.50 h = ca. 5.30—7 h.

**285**

Von der Jamtalhütte über die Totenfeldscharte (oder Haagspitze) zur Bielerhöhe oder Wiesbadner H., I—II = unschwierig bis mäßig schwierig je nach Verhältnis. Großteils weglos, über zwei kleine Gletscher, nur für Geübte und nur bei guter Sicht ratsam. Der Aufstieg ist großteils von der Jamtalhütte aus einzusehen.

a) Wie bei R 283 a über den Jambach ans Westufer. Jenseits aber nicht rechts (Richtung Getschnerscharte) sondern links nach SSW auf Steigspur schräg talein empor; bei Wegteilung links talein bleiben. Die Steigspur verliert sich in ca. 2250 m Höhe. Man geht weglos weiter mehr und mehr nach W empor gegen das Totenfeld (Ferner), dessen Abflüsse stets links bleiben. Unweit einer Quelle vorbei (letztes Trinkwasser) über Moränen empor unterm Vorderen Satzgrat entlang nach W auf den rechten Rand des Totenfeldes und beliebig meist nahe dem N-Rand über das Eis- bzw. Firnfeld empor bis unter die steilen Schutthänge (oder Firn) der Totenfeldscharte, ca. 2800 m.

b) Mühsam gerade empor gegen die große Schartenwächte, die man meist rechts am Nordende (oder in der Mitte bei einem Felsköpfle) überschreitet (Vorsicht!) auf die Totenfeldscharte, 2844 m, 2.45—3.30 h und mehr. Prächtiger Rückblick auf Fluchthorn-Augstenberg. Im Vorblick im W das Hohe Rad jenseits des Bieltals.

c) Von der Totenfeldscharte zur Bielerhöhe steigt man leicht gerade nach NW über den Bieltalfirn hinab ins Bieltal und geht wie bei R 269 zur Bielerhöhe hinaus; 1.30—2 h = 4.15—5.30 h und mehr je nach Führe und Verhältnissen.

d) Von der Totenfeldscharte zur Wiesbadner H. quert man über den Bieltalfirn mit möglichst wenig Höhenverlust links nach W und SW unter der Haagspitze durch zum Bieltaljoch, ca. 2740 m, hinüber und steigt wie bei R 239 b zur Wiesbadner H. ab, 1.15—1.45 h = 4—5.15 h.

e) Anstatt über die Totenfeldscharte kann man auch über die Haagspitze (II—III) auf den Bieltalfirn hinüber, wobei man über den ganzen Totenfeldfirn am rechten Rand nach SW emporsteigt, bis sich zu oberst rechts gegen N ein überraschend leichter Aufstieg in die Scharte zwischen den Haagspitzegipfeln (s. dort) öffnet (höchster Punkt 3029 m, links im W); 4—5 h. Jenseits gerade über Steilfirn (Eis) hinab auf den Bieltalferner, 15—45 Min. und mehr je nach Verhältnis. Weiter wie oben bei c oder d (Mehraufwand ca. 1.30 bis 2.30 h).

## 286

Von der Jamtalhütte über die Tirolerscharte zur Wies=badner Hütte (oder über die Rauhkopfscharte) I—II = unschwierig bis mäßig schwierig, 3.50—5 h je nach Verhältnissen. Über 2 Gletscher, nur für Geübte oder mit Führer. Bei Vereisung des Jam=Seitenferners zur Scharte hinauf unter Umständen schwierige Eistour (III). Neben der leichteren Ochsenscharte (s. R 287) der beliebteste und kürzeste Übergang zur Wiesbadner H. Firnaufstieg in der Morgensonne, deshalb früh auf=brechen.

a) Wie bei R 287 a u. b an das NW=Ufer des Jamtal=ferners SW. Punkt 2685, ca. 2650—2700 m ü. M.
Dem Moränengeröllstrich der anfangs noch kl. Seiten=moräne entlang im Bogen rechts nach W u. NW über den Seitengletscher empor (der Hauptgletscher bleibt links zurück) bis man sich unter dem steilen Firnhang (Eishang) bzw. Firnrücken befindet, mit dem der südl. Arm des Seitenferners links (S) entlang den Felsausläu=fern des Tirolerkopfes hier steil nach W emporsteigt Richtung Tirolerscharte. Über diesen Firnhang gerade empor. Oberhalb flacher durch die Firnmulde des Hoch=firns nach W zur **Tirolerscharte**, 2935 m, hinauf, 2.30 bis 3.30 h. Schöner Rückblick auf die Jamumrahmung.
b) Im Spätsommer bei Vereisung ist der Steilhang schwierig; die letzten Firnreste halten sich meist rechts; wenn auch sie vereisen, weicht man mit Vorteil ganz links (S) aus wie bei d.
c) Von der Tirolerscharte leicht über den Tiroler Gletscher nach W hinab. Vor der Zunge im Ge=röll links Steigspur, später links vom Talgraben und =bach über einen Rücken nach W auf gutem Steig hin=ab, zuletzt links nach SW in Kehren zur Wiesbadner H. hinunter; 1—1.20 h = 3.30—5 h.
d) Bei Vereisung des Steilhanges umgeht man diesen wie folgt: Auf dem NW=Rand des Jamferner=Hauptstromes weiter nach SSW empor unter der Felsinsel P. 2849 durch, bis man (ca. 200 m südl. von P. 2849) leicht rechtsum nach NW und N über grobes

Blockwerk bzw. Firnfelder emporsteigen und unter der Ost=
flanke des Ochsenkopfes nach NNW meist leicht auf
den Hochfirn und zur Tirolerscharte aufsteigen kann. Weiter wie
bei c.

e) Über die Rauhkopfscharte: anstatt wie bei b nach W
zur Tirolerscharte steigt man nach N über den ganzen Seitenferner
empor, bis man links nach W, später NW, durch die oberste Firn=
mulde, zur Rauhkopfscharte (ca. 3000 m, zwischen Tiroler und
Rauher Kopf) hinauf kann; II—III. Jenseits zuerst rechts nach N
ausholend (von hier leicht auf den Rauhen Kopf, s. dort) über den
Rauhkopfgletscher hinab und über P. 2701 und 2611 wie bei R 239 b
bzw. 238 e zur Wiesbadner H. hinab; 4.30—5.30 h.

**287**

## Von der Jamtalhütte über die Obere Ochsenscharte zur Wiesbadner H.

I = unschwierig (—II = mäßig schwie=
rig); 3.15—4.30 h und mehr; Bild 20. Der leichteste
und schönste und daher meist auch kürzeste Über=
gang zur W. H.; über zwei Gletscher, nur für Geübte
oder mit Führer. Seilsicherung dringend anzuraten. Be=
liebte Skitour. Firnaufstieg in der Morgensonne, daher
früh aufbrechen.

a) Aus der Jamtalhütte tretend geht man rechts
auf die Südseite der Hütte zu den Wegzeigern und
wählt (Wegtafel!) den rechten (unteren) der zwei nach
Süden ansteigenden AV=Wege (nicht aber den rechts
zum Jambach hinab). Der gute rot bez. Weg führt
an den begrünten Hängen entlang sanft ansteigend, spä=
ter auf einer Hangstufe an einem kleinen Bachtälchen
entlang über P. 2325 nach SSW empor auf den aus=
geprägten Kamm der alten rechten Seitenmoräne des
ehemals größeren Jamferners, die sich gegen den Ruß=
kopf hinaufzieht. In etwa 2500 m Höhe (0.45—1 h)
Wegteilung. Der Steig zum Rußkopf führt weiter über
die Moräne empor.

b) Der Steig zum Jamgletscher aber führt steil
hinab zum Gletscherrand (meist mehrere häufig wech=
selnde Abstiegssteige). Fortsetzung weglos über das Eis
(Firn) der Gletscherzunge nach SW empor und
mählich nach WSW (W) einbiegend quer über die
Zunge des Jamtalferners an seinen Rand nahe
dem NW=Ufer.

c) Auf dem Gletschereis oder Firn uferentlang (schma=
ler Randmoränenstreifen) nach SW, später nach S (am
Fuß der Ochsenkopf=Ostflanke und der Unt. Ochsen=
scharte entlang) empor Richtung Dreiländerspitze. Im

Spätsommer manchmal Querspalten, die entsprechend umgangen werden müssen. Man steigt auf den Firn, zuletzt meist links ausholend, so lange nach S empor, bis man fast die gleiche Höhe wie die **Obere Ochsenscharte** rechts erreicht hat und (die Schartenwächten und Randklüfte rechts lassend) rechtsum nach W u. NW auf die verfirnte Scharte, ca. 2970 m, hinaufqueren kann, unmittelbar am N-Fuß der Dreiländerspitze; 2.30—2.45 h und mehr, je nach Führe und Verh. Schöner Westblick auf Piz Buin und Silvrettakamm.

den. Man wendet sich halbrechts nach NW und geht gerade oder in sanftem Rechtsbogen über den Firn des Vermuntgletschers hinab, dann immer nahe dem rechten Rand und bald nach W auf den Moränenrand hinaus, wo in ca. 2800 m Höhe eine Steigspur beginnt und über die Randmoränenfelder, bald steil, bald flacher hinabführt nach W (ein Ombrometer = Niederschlagsmesser, ca. 2665 m, bleibt links). Unterm Vermuntkopf wendet sich der Steig halbrechts nach NW hinab, zuletzt unter der Zollwachhütte Ochsental vorbei, zur nahen Wiesbadner H., 2443 m; 0.45—1 h = 3.15—4.30 und mehr.

e) Über die Untere Ochsenscharte: Obgleich diese Scharte wegen wachsender Ausaperung nicht mehr begangen wird, weder im Sommer noch im Winter, auch der brüchigen und steinschlägigen Schrofen wegen dringend davon abgeraten wird, so sei doch kurz festgestellt, daß die Scharte von W (Vermuntseite) bei Umgehung des Windkolkes ganz leicht zu erreichen ist, nach O aber mit einer heute 60—80 m hohen brüchigen Schrofenwand und Steilschutt niederbricht, die man zwar an mehreren Stellen ersteigen kann, aber angesichts des meist viel leichteren und kürzeren Überganges über die nahe Obere Ochsenscharte kaum ohne Zwang erstiegen wird.

## 288
**Von der Jamtalhütte über die Obere Ochsenscharte in die Schweiz, zur Tuoihütte oder zu den Silvrettahütten/SAC. I—II = unschwierig bis mäßig schwierig.**
Die Obere Ochsenscharte vermittelt auch die zwei kürzesten Übergänge aus dem Jam in die Schweiz, ins Unterengadin bzw. Prätigau. Ins Val Tuoi vgl. auch R 289.
a) Wie bei R 287 a—c zur Oberen Ochsenscharte, 2.30 bis 2.45 h.
I. Zur Tuoihütte (und ins U'Engadin) geht man zuerst genau nach W über den Vermuntfirn hinab, dicht unterm Felsfuß P. 2928 durch, dann fast horizontal SW zum Vermuntpaß hinüber (Achtung auf den Windkolk! Rechts umgehen, s. R 263 b); 25—35 Min. und mehr je nach Firn. Weiter wie bei 263 d zur Tuoihütte hinab

1.10—1.20 h (3.30—4—4.30 h), bzw. nach Guarda 4.30—5.30 h s. R 421
II. Zu den Silvrettahütten/SAC geht man wie bei I Richtung Vermuntpaß, läßt ihn und den Windkolk dort aber links liegen und quert mit möglich wenig Höhenverlust an NO-Fuß der Felsen des Wiesbadner Grätles hinüber. Ihnen entlang auf breiten Firnstufen mit wechselnder Steile empor an Einstieg zum Wiesbadner Grätle; s. R 256 a—c; weiter wie dort zur Fuorcla dal Cunfin und weiter wie bei R 259 über Silvrettapaß zu den Silvrettahütten/SAC (bzw. ins Prätigau) ca. 5.45—7.30 h von Hütte zu Hütte.

### 289
Von der Jamtalhütte übers Jamjoch (oder Urezzasjoch) zur Tuoihütte. I—II = unschwierig bis mäßig schwierig je nach Verhältnissen; 3.45—4.15—5 h. Bild 20. Nur für Geübte oder mit Führer; Seilsicherung nötig. Siehe auch 288 a, I. Leicht mit Besteigung der Jamspitzen usw. zu verbinden.

a) Entweder wie bei R 287 a und b auf die Jamtalfernerzunge und über ihn nach S und SO empor gegen P. 2772 (Nordfuß der Gemsspitze). Oder wie bei R 290 b über den Rußkopf dorthin.

b) Weiter nach S durch die Firnmulde zum Urezzasjoch und von dort nach W zum Jamjoch hinauf oder bei guten Spaltenverhältnissen schon 4—500 m vor dem Urezzasjoch halbrechts nach SW und W empor (Spalten!) zum Jamjoch, 3078 m, zwischen Vord. und Hint. Jamspitze; 2.30—3.15 h und mehr. (Von hier leicht auf die Jamspitzen, s. dort.)

c) Vom Jamjoch wie bei R 264 b zur Tuoihütte hinab = 4—5 h und mehr.

d) Anstatt übers Jamjoch kann man auch östl. um die Hint. Jamspitze herum zwischen ihr und Piz Urezzas durch ins Val Tuoi absteigen = 4—5 h.

### 290
## Von der Jamtalhütte über das Urezzasjoch ins Val Tasna und nach Ardez. I = unschwierig; ca. 5.30 bis 6.30 h. Bild 20. Nur selten begangen, langer Talmarsch. Vergletschert. (Unvergletschert: s. Futschölpaß R 292.)
a) Um auf den oberen Jamtalfirn Richtung Urezzasjoch zu gelangen, hat man zwei Möglichkeiten:

I. Über die Gletscherzunge: Wie bei R 287 a und b auf die Zunge, dann nach S und SO und wieder S über den Firn empor zuerst Richtung Gemsspitze, dann Richtung Urezzasjoch, 2906 m, 2.30—3 h.

II. Über den Rußkopf. Wie bei R 287 a zur Wegteilung auf dem Moränenkamm. Weiter über die Moränen auf Steigspuren nach S empor Richtung Rußkopf, dann steil über seine Nordflanke auf Zickzacksteig hinauf zur Zollwachhütte auf dem Rußkopf, 2693 m (Notunterschlupf), 1.30—2 h.

b) Leicht weiter nach S über den Firn dicht rechts am Punkt 2772 vorbei zum **Urezzasjoch**, 2906 m; 0.45—1 h = 2.30—3.30 h. Je nach Firn und Spalten.

c) Vom Urezzasjoch leicht nach S gerade hinab, links oder rechts von der Nase P. 2891 vorbei über Urezzas Cuortas zur Alphütte Marangun d'Urezzas, 2273 m. Weiter im Talgrund, ab Valmala (Talenge beim Zusammenfluß von Val Urezzas und Urschai) rechts oder links talaus durchs V a l T a s n a bis zur Straßenbrücke, 1571 m (der LKS), im untersten **Val Tasna**. Auf der Straße rechtsufrig (W) hinab nach A r d e z , 1464 m, und zum Bhf., 1432 m. 3—4 h = 5.30 bis 6.30 h.

d) Anstatt übers Urezzasjoch kann man auch wie bei R 291 ü b e r d i e F. C h a l a u s u n d U r s c h a i ins Val Urezzas-Tasna absteigen, ca. 1.30—2.30 h mehr.

## 291
**Die Große Jam-Vier-Gletscher-Rundtour: Von der Jamtalhütte über Fuorcla Chalaus — F. Urschai — F. Urezzas — zur Jamtalhütte zurück oder umgekehrt.** Eine der schönsten Gletscherrundtouren der Silvretta. Nur für Geübte oder mit Führer und mit Seilsicherung. Geübte und schnelle Bergsteiger können 5—10 Dreitausender ‚mitnehmen'. In beiden Richtungen gleich lohnend. Frühzeitiger Aufbruch wird empfohlen. II (—III) = mäßig schwierig (bis schwierig); ca. 4.30 bis 6 h und mehr ohne Gipfel, je nach Führe, Ziel und Verhältnissen.

a) **Zur Fuorcla Chalaus:** Aus der Jamtalhütte tretend, geht man rechts auf die Südseite zu den Wegzeigern und wählt den linken oberen der nach S ansteigenden AV-Steige (Wegtafel), der an den W-Hängen des „Steinmannli" (2353 m) nach S über die reichgestufte Westflanke des Augstenbergmassivs emporführt und sich zuletzt im Moränenschutt vor der Gletscherzunge des Chalausferners (südl. Punkt 2606) verliert.

b) Über den Ferner (eher mehr links haltend, je nach Spalten) gerade nach SO empor zur **F. Chalaus**, 3003 m; 2.30—3.15 h.

Von hier aus leicht nach O auf die Augstenspitzen (s. dort) oder auch auf die Chalausspitzen.

c) Leicht über den Firn des Vadret da Chalaus nach S und sobald als möglich rechts um die Südl. Chalausspitze herum nach SW hinüber und hinauf zur **F. Urschai**, 2994 m; 15—20 Min. und mehr je nach Firn.

Aus der Firnmulde kann man die Chalausköpfe im NW oder die Scharten dazwischen, von der F. Urschai aus den Piz Urschai (s. dort) leicht besteigen.

d) Von der F. Urschai leicht nach SW über den Va=
dret d'Urezzas hinab und so hoch als möglich unter der Gemsspitze durch und halbrechts nach NW zum **Urez=**
**zasjoch** (oder F. d'Urezzas) hinauf, 35—45 Min. = 3.30—4.30 h.

Von hier leicht auf die Jamspitzen, Piz Urezzas und Tuoi, s. dort.

e) Vom Urezzasjoch über den Jamtalfirn nach N hin=
ab entweder über den Rußkopf, vgl. R 290 und Bild 20 oder über die Gletscherzunge; 1.30—2.15 h = 5—7 h ohne Gipfelziele.

f) Anstatt übers Urezzasjoch kann man von der F. Urschai bzw. kurz vor= oder nachher über eine der Gemsscharten, S oder N von Punkt 3068 (NW der F. Urschai) auf den Ob. östl. Jamtalfirn hinüber und von dort leicht entweder die Chalausköpfe oder die Gemsspitze (s. dort) besteigen. Abstieg über den Firn am rechten Ufer S unter P. 2940 m durch u. über d. Rußkopf oder über die Jamtalferner=
zunge zur Jamtalhütte zurück, ca. 5—6 h, ohne Gipfel.

**292**
**Von der Jamtalhütte über den Futschölpaß durchs Val**
**Tasna nach Ardez.** Der älteste Paß zw. Unterengadin und Paznaun. Bild 21. Der einzige direkte unverglet=
scherte Übergang ins Unterengadin, bez. Weg, ca. 4.30 bis 5.30 h.

a) Wie bei R 294 durchs Futschöltal und „Breite Wasser" zum „Finanzerstein". Weiter im Talgrund stets links vom Bach nach S talein und empor zum **Futschölpaß,** 2790 m; 2—2.30 h. Staatsgrenze. Grenz=
tafel, Grenzstein Nr. 2 u. 3.

b) Jenseits gerade auf markiertem Steig nach SSO hin=
ab und am rechten Hang hinaus zur Bergecke, 2485 m. Rechts nach SW ins Val Urschai hinab, links auf Brücke übern Bach zur Alphütte Marangun d'Urschai, 2210 m, hinüber. Von hier ab stets ostufrig talaus durchs Val Urschai — Valmala — Val Tasna nach Ardez wie bei R 290d; 2.15—3 h = 4.30—5.30 h.

**293**
**Von der Jamtalhütte übers Kronenjoch zur Heidel=**
**berger Hütte** (oder ins Unterengadin); 5—6 h, Bild 21.

Kein Weg, keine Markierung, selten begangen, einsam, ziemlich langwierig aber sehr interessante Ödlandwanderung. Nur für Geübte und
nur bei guter Sicht. Schöner und lohnender aber ziemlich weiter ist
dieser Übergang in Verbindung mit der Überschreitung des Grenz-
eckkopfes (s. dort) vom Futschölpaß zum Kronenjoch gratentlang.

a) Wie bei R 294 zum Finanzerstein im mittl. Futschöltal. Weiter ca. 800—1000 m im Futschölgrund auf
dem Futschölpaßweg talein, dann beliebig links nach
SO durch das geröllerfüllte Futschölkar hinauf über
P. 2833 steil und mühsam zum **Kronenjoch** empor,
2974 m; 2.30—3.15 h.

Grenzjoch, Grenzstein Nr. 7. Von hier leicht auf die nahe Bischofs-
spitze im S oder auf die Krone im N, s. dort; bzw. ganz leicht auf
die Breite Krone im O.

b) Vom Kronenjoch in wenigen Minuten etwas abwärts nach O hinüber zum Breite-Kronen-Joch (Falsches Kronenjoch), 2958 m.

c) Über kleine Firnfelder und Moränenhänge mühsam,
weiter unten über Schaf- und Alpweiden immer genau
nach NO hinab an P. 2687 rechts vorbei ins innerste
Val fenga oder Fimbertal, hier „davo Dieu"
genannt. Im Talgrund auswärts nach NO, dicht links
an P. 2542 vorbei durch den Grund der Aua Naira
(= Schwarzes Wasser), dann den Bachgrund rechts
unten lassend über Alpweiden genau nach N, durch das
Tälchen dicht links am markanten Hügel, 2304 m, vorbei hinab zur Heidelberger H.; 2.15—3.45 h = 4.45 bis
6.30 h und mehr.

d) Das Kronenjoch vermittelt auch einen direkten Übergang aus
dem Jamtal in die Schweizer Ostsilvretta und
Unterengadin:

I. Ins Val Lavèr-Sinestra (zum Hof Zuort, s. dort). Wie
oben zum Kronenjoch und nach O nordhalb unter der Breiten Krone
durch und dicht unterm Tasnapaß (Fuorcla da Tasna bleibt rechts)
entlang, dann über die Fuorcla d'Lavèr, 2851 m. Bald jenseits der
Fuorcla halbrechts über den Sattel, 2619 m, und Tiral (s. auch II.)
ins Val Lavèr hinab. Auf Alpweg zuerst rechtsseitig, dann linksseitig talaus zum Gasthof „Hof Zuort" (s. dort), 1711 m
(oder weiter durchs Val Sinestra nach Ramosch im Unterengadin);
5.30—7 h.

II. Nach Motta Naluns oder Scuol im Unterengadin. Wie
oben bei I nach Tiral, ca. 2550 m (hierher auch über die Fuorcla
da Tasna [Tasnapaß] und den Vadret da Tasna zwischen Piz
Lavèr und Piz Tasna durch und über den Sattel, 2619 m). Weiter
nach S über die Fuorcla Champatsch, 2730 m, nach Motta Naluns
(siehe dort!), 2280 m, Hütte und Seilbahn-Bergstation nach Scuol, siehe
R 128; oder direkt durch Tal „La Clozza" nach Scuol, 6—7—8 h
und mehr.

**Von der Jamtalhütte über das Zahnjoch zur Heidel=
berger Hütte.** I = unschwierig; 3.30—4.15 h. Dieser
kürzeste, direkte Übergang aus dem Jam ins Fimbertal
führt im NO vom Zahnjoch über ein kleines harm=
loses Firnfeld, kann praktisch aber als unvergletschert
angesprochen werden, weil der Kronenferner nicht be=
treten werden muß. Nur für Geübte, bei unsichtigem
Wetter nicht leicht zu finden. Rot bez. AV=Weg, stel=
lenweise nur Steigspuren oder weglos.

a) Aus der Jamtalhütte tretend geht man rechts
auf die Südseite der Hütte zu den Wegzeigern und so=
fort links (Wegtafel) nach O talein, dann links auf
Brücke über den Futschölbach. Der Weiterweg voll=
zieht sich ausschließlich links vom Futschölbach
auf seinem N=Ufer langsam ansteigend und über eine
kleine Felsenschwelle auf die flache Talstufe „Breites
Wasser", 2344 m.

b) An ihrem linken Rand entlang an einer Quelle vor=
bei, dann halbrechts nach SO durch den Bachgraben
empor auf eine zweite begrünte Stufe, 2446 m. Links an
deren SO=Rand einige große Bergsturzblöcke, darunter
links der ‚Finanzerstein', ca. 2480 m (kl. Unterstands=
hütte), 0.45—1 h. Wegtafel. Wegteilung: (der Weg zum
Futschölpaß geht rechts im Talgrund weiter, s. R 292).

c) Der AV=Steig zum Zahnjoch (und zum Ein=
stieg in die Fluchthorn=Südflanke) zweigt links ab am
Finanzerstein vorbei und führt gut kenntlich und nicht
zu fehlen in östl. Richtung steil empor über die be=
grünten Hänge, zuletzt durch ein kl. oft noch schnee=
gefülltes Moränental und rechts hinauf auf die geröll=
bedeckte Höhe der alten nördl. Seitenmoräne des
(ehemals größeren) Kronenferners, ca. 2820 bis
2850 m. Großartiger Rückblick auf das eisbehängte
Massiv des Augstenberges im SW. Nun auf dem Trüm=
merfeld des breiten Moränenrückens immer Richtung
Zahnjoch sanft ansteigend am Fuß der Fluchthorn=
Südflanke und deren „Weilenmann=Rinne" durch ent=
lang nach ONO auf stellenweise kaum kenntlicher
Steigspur zum Zahnjoch, 2945 m, hinauf. 1.15—1.30 h
= 2.15—2.40 h (s. auch e!).

Grenzjoch, Grenzstein Nr. 8. Wenig NO vom Joch schöner Tiefblick ins Fimbertal hinaus; auch die Heidelberger Hütte ist sichtbar.

d) Der Abstieg ins Fimbertal verläuft im
ganzen in gerader Linie vom Joch nach NO zur Hütte
hinab. Man wendet sich zuerst nach NNO (nicht
nach O!) über den Firnrest des ehemaligen Vadret
da Fenga hinab (der Geröllrücken des P. 2898 bleibt
rechts!); im Steilfirn Spalten möglich; Vorsicht!

In etwa 2700 m Höhe geht der Firn in das große Moränenvorfeld über. Bei einer Markierungsstange beginnt
hier der AV-Steig wieder und führt nach NO dicht
rechts an der kleinen (ost- und nordseitigen) Schrofenwand von P. 2574 vorbei, dann bald über Alpweiden
hinab zur Heidelberger Hütte, 2264 m, 1.20—1.30 h
= 3.30—4.15 h.

e) Über den Kronenferner zum Zahnjoch: Der Gang
über die Moränen unterm Fluchthorn entlang ist ab ca. 2800 m bis
zum Zahnjoch beim derzeitigen, verfallenen Zustand des ‚Weges' sehr
mühsam. Geübte können mit Vorteil zwischen ca. 2700 und 2800 m
(bzw. schon weiter unten, vor Betreten des Moränentales) an geeigneter Stelle rechts nach SO auf den Kronenferner hinein (bzw.
hinüber und hinauf) queren und über ihn mühelos zum Zahnjoch
aufsteigen.

## Rundtouren von der Jamtalhütte

### 295

a) Die schönste Rundtour über die vier Gletscher wurde unter
R 291 beschrieben.

b) Um die Vordere Jamspitze: Übers Jamjoch mit Auf-
oder Abstieg von (nach) NW wie bei R 264.

c) Rings um das Augstenbergmassiv: Übern Futschölpaß — Val Urschai und Urezzas — Urezzasjoch (oder F. Urschai -
F. Chalaus) oder umgekehrt. Sehr lohnend.

d) Rings um den Grenzeckkopf: Futschölpaß — Inner-
stes Val Urschai — Plan da Mattun — Lai da Faschalba — F. da
Tasna (oder direkt zum) — Kronenjoch — Futschöltal, oder umgekehrt.

e) Rings um die Kronengruppe: entweder wie d, aber
übers Zahnjoch zurück oder übers Zahnjoch hinüber und ostseitig
herum zum Kronenjoch.

f) Die großartige Umkreisung des Fluchthorns
allein (Zahnjoch — Larainfernerjoch) ist nur möglich mit Überschreitung der Schnapfenspitze (s. dort) von N nach S oder umgekehrt.

g) Um die Fluchthorngruppe und den Jamtalkamm, sehr lohnend:
Zahnjoch (— Heidelberger H.) — Larainfernerjoch oder Ritzenjoch —
Laraintal — Galtür — Jamtal.

ziele wie Schnapfenspitze, Krone, Piz Tasna oder eine Winterbesteigung des Fluchthorns. Alles Nähere mit Skikarten und Bildern in meinem Silvretta-Skiführer, s. R 58.

**Das herrliche Skigebiet** ist in Wort und Bild erschöpfend geschildert in meinem **Silvrettabuch**, 5. Aufl. 1961, S. 71 ff, vgl. R 60!

L i t e r a t u r : Eine erschöpfende monographische Bearbeitung des Gebietes fehlt leider noch. Es wird auf die Schriften von Weilenmann (R 68), Cranz (R 69) und Flaig (R 60, 61) verwiesen. Außerdem: Schranz, R., „Eröffnung der Heidelberger Klubhütte mit Beschreibung des Fimbertales" (Heidelberg 1890). Flaig, W., „Im Fimber", Alpenfreund, München 1925, S. 6. Toth-Sonns, W., „Täler um den Piz Tasna". DAZ 1936, S. 1—6. Hanausek, Dr. E., „Skiparadies Fimbertal — einmal anders gesehen". ÖAVS „Austria-Nachrichten", 1954, Folge 1.

Eine ziemlich gute aber knappe und z. T. überholte Übersicht über die Fimberberge gibt Dr. C. Täuber im SAC-Jb. 1912, S. 31—40.

R u n d s i c h t : Die Rundsicht direkt vor der Heidelberger H. aus ist zwar auch sehr schön, ungleich besser aber vom nahen P. 2304 SO ob der Hütte. Das Schaustück ist das Fluchthorn genau im SW, von links nach rechts: Haupt- oder Südgipfel, Mittelgipfel und die zweigipflige Nordspitze, davor der Ostgrat der Larainfernerspitze. Vom Fluchthorn-Südgipfel links herab der SO-Grat, am Gratfuß das verfirnte Zahnjoch (Übergang ins Futschöl — Jamtal), links davon die hübsche Zahnspitze, links hinter ihr die Krone. Vor ihre linke Ostabdachung schiebt sich im Mittelgrund die Kuppe von P. 2670, links hinter der die Breite Krone auftaucht und links zum breiten verfirnten Tasnapaß oder Fuorcla da Tasna absinkt. Links darüber der Piz Lavèr genau im S. Es folgen von rechts nach links herwärts im S und SSO: Piz Davo Lais, P. 2873 (Vorgipfel im Spi d'Ursanna-Grat), der Fimberpaß im SO: Ils Calcuogns, Fuorcla und Piz Davo Sassè (genau im O); links dahinter Piz Fenga pitschna = P. 2725 der AV-SiKa), links hinter ihm Piz da Val Gronda, dessen sanfte Linksabdachung nach W ins Fimbertal absinkt.

Kehren wir zum Fluchthorn zurück; rechts vor seinem N-Gipfel steigt der lange SO-Gratrücken über die Schulter, 2850 m, zur Larainfernerspitze an. Rechts von ihr genau im W die Heidelberger Scharte und rechts darüber die hübsche Heidelberger Spitze. Rechts von ihr das Ritzenjoch oder F. Larain, 2690 m (Übergang nach Galtür). Rechts davon rückwärts die Gruppe der Gemsbleissspitze, hinter deren Ostabdachung rechts der einsame Berglerkamm vom Zirmli links über Blauer Kopf und Berglerhorn bis zum Mittagskopf rechts; rechts dahinter das äußerste Nordende des Kammes, der Rauhe Kogel unmittelbar SSW über Ischgl i. P. — Dahinter und rechts im Talausschnitt jenseits des Paznauntales die Verwallberge um die Niederelebehütte (DAV): die Fatlar-Madaungruppen.

## Zugänge zur Heidelberger Hütte

Auch die Heidelberger Hütte hat nur e i n e n richtigen Zugang vom Tal von Ischgl i. P., R 301. Weil aber die „Zugänge" von Galtür, Ardez und Samnaun nicht als „Übergänge" von zwischenliegenden Berghütten beschrieben werden können, so werden sie hier als „Zugänge" beschrieben.

**Zur Beachtung:** Nach Erstellung der **„Silvrettabahn"** Ischgl—Idalpe (vgl. R 110 I—II, 330) ergeben sich interessante und verkürzte Zu- und Übergänge von dort über das Bodenhaus (vgl. R 301 c, 321 d, 323) oder übers Zeblasjoch und Fcla. da Val Gronda.

## 301
**Von Ischgl im Paznaun durchs Fimbertal über die Bodenalpe zur Heidelberger H.,** 3.45—4.30 (—5) h.
5,5 km Autostraße bis Bodenalpe (Ghf. „Bodenhaus", s. R 320); von dort 7 km Fahrweg für Jeep oder Pferde≈ fuhrwerk bis zur Hütte, daher im Sommer nicht zu fehlen.

a) Von Ischgl i. P., 1311 m, von der Postautohalte- stelle beim Hotel Post auf der Straße nach O zur Kirche hinauf und hinter der Kirche herum (Fußgänger können vor, W der Kirche rechts hinauf abkürzen) und empor an südl. Ortsrand am Bergfuß. Nun e n t w e d e r rechts auf der Straße weiter, die weit rechts nach W ausholend durch Wald in Fimbertal≈ eingang hinaufführt;
o d e r kürzer von den obersten Häusern Fußweg gerade nach S empor durch steile Waldlichtung, an deren Oberende man wieder auf die Straße kommt. Man folgt ihr talein durch Wald empor (tief links unten die Fimberschlucht), dann auf Brücke über den Fimberbach aufs Ostufer zur Lichtung der V o r a l p e P a r d a t s c h (1681 m, kl. Kapelle); 1—1.15 h. (Hier zweigt links der Fahrweg zur Idalpe von der Talstraße ab, s. R 330.)

b) Weiter talein auf der Fimbertalstraße, ca. 3 km, immer auf dem Ostufer, teilweise durch Wald bis 500 m vor der Bodenalpe (ab hier AV≈SiKa!, s. R 50 und Bild 23!) wieder über Brücke aufs Westufer und ihm entlang nach S zur B o d e n a l p e, 1842 m, 0.45—1 h = 1.45—2.15 h.

(Rechts oben bei der kleinen Kapelle der Alpengasthof Bodenhaus, s. R 320.) Die Werkstraße führt noch ca. 500 m talein bis zur Fimberbachfassung der Illwerke. Der Fimberbach wird, wie der Jambach, s. R 281, in einem Stollen nach W quer übers Laraintal ins Jamtal und weiter in Vermuntstausee ,übergeleitet'.

c) Von der Bodenalpe weiter 300 m auf der Straße nach S talein, dann links auf Brücke übern Fimberbach und wieder am O≈Ufer talein über die ‚Paznauner Wiesen' nach S empor; die Straße geht in Fahrweg über, überquert den Vesilbach (links oben die Gampner-

ab, dann auf der Brücke, 2008 m, aufs W-Ufer hin-
alpe), führt 1 km weiter wieder zum Fimberbach hinüber und bleibt jetzt bis zur Hütte rechts westl. des
Fimberbaches. (Vom „Bodenhaus" kann man auch auf
einem Alpweg durchwegs westufrig hierher gelangen.)
d) Weitere ca. 2 km talein (von der Brücke, 2008 m)
überquert der Karrenweg im ,Plan Buèr', 2120 m ü. M.,
die Schweizer Grenze (Grenzstein Nr. 5; s. R 300) und
erreicht nach weiteren 2 km, immer nach S zuletzt kurz
halblinks nach SSO führend, die Heidelberger Hütte,
2264 m. 2—2.15 h = 3.45—4.30 (—5) h von Ischgl.

**302**

**Von Galtür durchs Laraintal über das Ritzenjoch zur
Heidelberger H.** 4.15—5 h. Alpwege und AV-Steig,
einer der schönsten alpinen Wanderwege und Übergänge der Silvretta, durch das wildeinsame Laraintal;
sehr lohnend.
a) Von Galtür-Ortsmitte ins Laraintal: Von
der Postautohaltestelle vor dem Hotel Rößle geht man
links ostseitig am Hotel kurz entlang nach S, dann links
über die Brücke (Jambach), jenseits sofort kurz links
hinauf, dann sofort halbrechts nach SSO auf dem Wie-
senweg 200 m entlang in Ortsteil ,Gampele'. Bei den
letzten Häusern rechts nach SSO empor auf den Hügel,
1602 m, und dort bei Wegteilung links hinüber nach O
hangentlang in Wald hinauf auf dem rot markierten
,Höhenweg' ins Laraintal, durch Wald und Lichtungen
sanft ansteigend, dann bei P. 1722 quer über ein breites
Lawinentobel (hier nicht rechts durch das Tobel hinauf),
sondern
b) links auf dem Laraintalweg weiter über einen kl.
Bachgraben auf eine Lichtung, 1719 m, Wegtafel, 35
bis 45 Min. Bank, Rückblick auf Galtür.
c) Kurz darauf mündet von links der Waldweg von
Galtür-Tschafein ein, Wegtafel (man kann also auch
von Galtür—Tschafein usw. direkt hierher, anstatt von der Ortsmitte). Rechts nach O durch schönen
Bergwald empor, später waagrecht nach SO und zuletzt
nach S etwas abwärts ins Laraintal hinein, ca. 1800 m.
20—25 Min. = 1—1.15 h. (Hier mündet von links das
Sträßlein von Tschafein bzw. ein Fußweg ein auf dem
man auch direkt von Mathon durchs unterste La-

raintal heraufsteigen kann.) Weiter, an der Äußeren Larainalpe, 1860 m, vorbei, stets nach S und immer rechts vom Bach (die Innere Alpe bleibt links jenseits des Baches) im Talgrund über Weiden und Geröll auf Wegspur talein (immer angesichts des gewaltigen Talschlusses mit Fluchthorn links und Schnapfenspitze rechts) bis zur Zollwachhütte, 2133 m; 1—1.15 h = 2—2.30 h.

d) Kurz vor der Hütte links übern Bach und am O-Ufer weiter im Talgrund nach S ca. 400—500 m talein empor. Hier verläßt man den Larainbachgrund, etwa 2180 m, und steigt links nach O, später SO steil empor durch ein Seitental, links am markanten Felskopf, 2590 m vorbei (Quelle), zuletzt durch ein Geröllkar aufs R i t z e n j o c h oder F u o r c l a   L a r a i n, 2690 m, 1.30—2 h = 3.30—4 (—4.30) h. Grenzjoch, Grenztafel: Österreich im W, Schweiz im O, Grenzstein Nr. 11. Geübte können von hier leicht die angrenzenden Gipfel Heidelberger Spitze und Hoher Kogel (s. dort) gratentlang besteigen.

e) V o m   R i t z e n j o c h   i n s   F i m b e r t a l hinab geht man auf Wegspuren im Zickzack zuerst gerade nach O hinab in die begrünte Mulde westl. P. 2511, dann rechts südseitig um dieses kleine Köpfle herum (im SO jetzt im Talgrund die Heidelberger H.) und wieder in Kehren nach O über einen Rücken zw. zwei seichten Bachgräben steil hinab bis auf ca. 2380 m, dann scharf rechts über die kleine Bachrunse und nach SO hinab direkt Richtung Heidelberger Hütte im flachen Talboden, 2264 m; 40—50 Min. = 4.15—5 (—5.30) h.

**303**

**Von Ardez durchs Val Tasna zur Heidelberger Hütte, über Futschölpaß — Kronenjoch oder übern Tasnapaß.** 5.30—6.30 h und mehr, je nach Führe und Verhältnissen. Sehr langwierig und heiß, aber landschaftlich sehr schön.

a) V o n   A r d e z wie bei R 282 a und b zur Alphütte Marangun d'Urschai, 2210 m, im inneren Val d'Urschai.

b) Ab hier 2 Möglichkeiten:

I. Entweder ü b e r   F u t s c h ö l p a ß — K r o n e n j o c h : weiter wie bei R 282 b auf den Futschölpaß. Von dort nach NO und O ins Obere Futschölkar hinüber und wie bei R 293 übers Kronenjoch ins Fimbertal und zur Heidelberger Hütte, wie 5.30—6.30 h. Gute Gänger können vom Futschölpaß auch gratentlang übern Grenzeckkopf zum Kronenjoch, zwar weiter, aber ungleich schöner.

II. Oder ü b e r n   T a s n a p a ß : Von Marangun d'Urschai, 2211 m, weiter im Talgrund einwärts, Wegspuren links N vom Bach, nach Plan da Mattun, 2295 m, Talschluß. Dem kleinen Bachgraben ent-

lang weglos nach NO steil empor ins Hochkar beim Lai da Fasch=
alba, 2647 m. In gleicher Richtung weiter über begrüntes Moränen=
gelände, Schutt und Firn nach NO zum Tasnapaß, 2835 m, 5—6 h.
c) Vom Tasnapaß meist weglos nach N über Firn und Schutt hinab
und stets links vom Bach über die Weiden talaus (s. auch R 293 c)
zur Heidelberger Hütte 1.15—1.25 h = 6.15—7 h und mehr.

### 304
**Von Samnaun übers Zeblasjoch und Fuorcla da Val Gronda zur**
**Heidelberger Hütte;** 3.30—4.15(—5) h. Kürzester Zugang bzw. Über=
gang aus dem Samnauntal; sehr lohnend, im 2. Teil weglos aber immer
unschwierig.
a) Von Samnaun, 1846 m, auf dem guten Zeblasjoch-Steig, zuerst
südl., bald aber rechts nördl. vom Bach steil aufs Zeblasjoch, 1.45
bis 2.15, auch Samnaunerjoch, 2539 m, Grenzjoch, Grenzstein Nr. 17,
Wegzeiger. Ab hier auf der AV-SiKa s. R 50.
b) Vom Zeblasjoch weglos nach SW durch das Hochtal über Alp=
weiden mit möglichst wenig Höhenverlust hinüber und hinauf zum
begrünten Köpfle, 2554 m, Steigspuren. Durch das Tälchen nach SSW
gerade empor auf die Fuorcla da Val Gronda, 2752 m (in den Karten
ohne Namen), 0.45—1 h = 2.30—3.15 h. Grenzjoch, Grenzstein Nr. 14,
Wegzeiger; leicht nach W auf den kleinen Piz Val Gronda, 2812 m,
prächtiger Rundblick, sehr lohnend.
c) Durch das Hochtälchen Fenga Pitschna (= Klein Fimber) rechts
haltend hinüber nach SW in die kleine Einsattlung, etwa 2650 m,
zwischen Piz davo Sassé links im S und Piz Fenga Pitschna rechts
(= 2725 m; in der Karte ohne Namen). **Achtung! Sich bei unsich=**
**tigem Wetter nicht talab nach SO abdrängen lassen! Das Tälchen**
**entwässert ins Unterengadin!**
Man quert vom kleinen Sattel, etwa 2650 m, nun absteigend links so
lange nach W, bis man im SW in der Tiefe die Heidelberger Hütte
erblickt. Gerade über Schutt und Weidehänge zu ihr hinab; 1.15
bis 1.30 h = 3.30—4.15—5 h.
d) Man kann natürlich vom Zeblasjoch auch auf dem Jochweg durchs
Vesiltal ins Fimber hinab, dann Fimbertal-einwärts zur Heidelberger H.
Dies ist aber wesentlich weiter und nicht so schön wie b und c.

## Übergänge von der Heidelberger Hütte

Die Übergänge sind von W über S nach O und N ge=
ordnet. Einige sehr selten begangene Übergänge sind
nur grob, für Geübte aber genügend beschrieben.

### 305
**Von der Heidelberger H. übers Ritzenjoch ins Larain=**
**tal und nach Galtür,** 3.45—4.30 h. Rot bez., kürzester
Übergang nach Galtür, auch kürzer als über Ischgl.
a) Aus der Heidelberger H. tretend geht man links
auf die W=Seite, wo der Weg zum Ritzenjoch beginnt
und nach NW sanft ansteigend über die Weiden von
Fenga da Ramosch emporführt auf den steilen Rücken,
der zwischen 2 kleinen Bachgräben zur Bergnase
P. 2521 hinaufzieht; über ihn im Zickzack empor, dann

links S um P. 2521 herum, weiter in Kehren steil nach
W zum Ritzenjoch hinauf, 1—1.20 h.
Ritzenjoch oder Fuorcla Larain, 2690 m, Grenzjoch, Grenzstein Nr. 11,
Grenztafel. Geübte ersteigen leicht die jochbildenden Gipfel, Hoher
Kogel und Heidelberger Spitze (s. dort).
b) Vom Ritzenjoch ins Laraintal auf Steig=
spuren nach NW durch das Hochkar über Schutt rechts
unterm markanten Felskopf, 2690 m, hinab über steile
Schafweiden in innersten Talgrund, ca. 2180 m. Noch
500 m ostufrig diesseits des Baches rechts N talaus,
dann gegenüber der kl. Zollwachhütte links übern La=
rainbach und am W=Ufer immer im Talgrund hinaus
über die Innere Larainalpe (Hütten jenseits am O=Ufer)
zur Äußeren Larainalpe, 1860 m, 1.45 h = 2.30—3 h.
c) Ab hier mehrere Abstiege ins Paznaun:
I. Nach Galtür=Ortsmitte auf dem ,Höhenweg':
Von der Alpe noch ca. 500 m auf der Fahrstraße hinab
bis kurz nach der 2. Kehre links ein Weg abzweigt,
der meist waagrecht, später etwas ansteigend nach N,
NW u. W durch Wald um den Berg herum und hinab
zu einer Wegteilung im Wald, ca. 1715 m, führt, Weg=
tafel.

Man geht links kurz nach S auf eine Waldlichtung
hinaus, 1719 m, Wegtafel, Bank, Ausblick auf Galtür.
Weiter links nach SW und WSW über mehrere Tobel
und Bachgräben durch den Bergwald über P. 1698
und 1653 hinaus auf die Wiesen SO Galtür und hinab
in die Ortsmitte bei der Kirche und Postautohaltestelle
beim Hotel Rößle, 1.15—1.30 h = 3.45—4.30 h und
mehr.
II. Nach Galtür—Tschafein auf dem oberen
Larainweg: Wie bei Ia zur Wegteilung, aber rechts hin=
ab durch den Wald in Talboden und rechts auf Brücke
über die Trisanna hinüber nach Tschafein auf die Paz=
naunstraße, 3.30—4.30 h.
III. Von der Äußeren Larainalpe kann man auch auf
der Fahrstraße (unterer Larainweg) nach Tscha=
fein; oder auf Fußweg gerade durchs ganze Laraintal
hinab nach Mathon, 3.45—4.30 h.

**306**
Von der Heidelberger Hütte übers Larainfernerjoch ins Laraintal
(und nach Galtür), 5—6.15 h. I = unschwierig. Nur für Geübte.

Weiter, aber auch interessanter als übers Ritzenjoch. Zugleich Zu=
gang zu den Bergfahrten im Laraintalschluß.

a) Wie bei R 307 a in die Karmulde bei P. 2574 und jetzt rechts ab
nach W weglos über Geröll (Firnstreifen) durch das Kar empor
zum **Larainfernerjoch**, 2853 m, 1.45—2.15 h. — Grenzjoch, Grenz=
stein Nr. 9. Von hier leicht auf die Larainfernerspitze (s. dort).
b) Vom Larainfernerjoch leicht über den Firn (Eis) des Larain=
ferners nach W hinab und im weiten Bogen über den westl. Teil der
Gletscherzunge hinab nach N auf die großen Moränenfelder im
innersten Laraintal, am W=Rand des Karbodens entlang und auf
Steigspuren links vom Bach zur Zollwachhütte, 2133 m, 1.20—1.40 h
= 3—3.45 h. Weiter wie bei R 305 b und c ins Paznaun, 2.15—2.30 h
= 5.15—6.15 h.

## 307

# Von der Heidelberger H. übers Zahnjoch zur Jamtal=hütte.

3.30—4.15 h (—5 h), I = unschwierig. Nur für
Geübte. Bild 22 und 23. Der kürzeste und beliebteste
Übergang ins Jam; leicht aber harmlos vergletschert.
Das erste Ziel, das Zahnjoch dicht links vom Flucht=
horn ist von der Hütte aus zu sehen (Bild 22!). Der
Aufstieg verläuft im ganzen gesehen in einer Linie
direkt zum Joch.

a) Unmittelbar hinter, südl. der Heidelberger H., be=
ginnt der rot markierte AV=Steig und führt zuerst
nach S durch das flache Tälchen empor zwischen P. 2304
links und den Berghängen rechts, dann halbrechts nach
SW Richtung Zahnjoch, stellenweise kaum kenntlich,
über die mit Felsblöcken durchsetzten Schafweiden „Las
Gondas", später schräg über ein von W herabkommen=
des flaches Seitental genau gegen die Felsschrofen von
P. 2574 und dicht links unter ihnen entlang ins schutt=
und moränenbedeckte Hochkar SW oberhalb von
P. 2574 hinauf, 45—50 Min.
b) Jetzt zuerst WSW Richtung Fluchthorn=Mittel=
gipfel auf Steigspuren oder weglos, dann wieder Rich=
tung Zahnjoch SW und zuletzt fast nach S über Mo=
ränen an einer Markierungsstange vorbei und über
einen kleinen Firnrest zwischen P. 2898 links und
Fluchthornfuß rechts hinauf zum **Zahnjoch**, 2945 m,
1—1.15 h = 1.45—2.15 h. Grenzjoch zwischen Flucht=
horn und Zahnspitze, Grenzstein Nr. 8, Schweiz im O,
Österreich im W.
c) Vom Zahnjoch ins Jamtal; anfangs im Mo=
ränenschutt keine oder schlecht kenntliche Steigspur in
allgemeiner WSW=Richtung auf der breiten Schutt=

**Bild 9 Klosters-Platz im Prätigau gegen Silvretta. Schweizer Haupt-einfallspforte von Westen in die Silvretta.**

Erläuterung s. R 6/II                                    Foto: Schmelz, Klosters

Bild 10 **Susch im Unterengadin am Südfuß des Flüelapasses gegen Piz Linard (3). Im O die Linardhütte SAC.**

Erläuterung s. R 6/II                    Swissair-Photo AG, Zürich

und Moränenbank am S=Fuß des Fluchthorns wenig abwärts entlang, unter der Weilenmann=Rinne (Einstieg zum Fluchthorn=Südanstieg) durch, bis die Wegspur wieder auftaucht und zunehmend besser über den breiten Rücken der rechten Seitenmoräne entlang führt, dann halbrechts in ein enges Moränental hinableitet und anschließend gut kenntlich über die begrünten Steilhänge nach SW ins mittlere Futschöltal hinabführt zum ‚Finanzerstein' (großer Felsblock) ca. 2480 m, 1.10—1.25 h = 3—3.40 h.

d) Auf gutem AV=Steig immer rechtsseitig durchs Futschöltal und das ‚Breite Wasser' nach W hinab und kurz vor der Hütte links über Futschölbach zur Jamtalhütte, 2165 m, hinüber; 35—45 Min. = 3.30 bis 4.15—5 h.

e) Geübte können vom Zahnjoch auch über den Kronenferner am rechten Rand bis an sein Ende, ca. 2800 m, absteigen und dann halbrechts so lange nach W schräg abwärts hinüberqueren, bis sie wieder auf die Wegspur von c stoßen.

## 308
**Von der Heidelberger H. übers Kronenjoch zur Jamtalhütte,** 4.45 bis 5.15(—6) h und mehr. I = unschwierig. Nur für Geübte. Praktisch unvergletschert (harmlose Firnreste der ehemaligen Vadret da Fenga). Mühsamer aber sehr schöner Übergang durch echtes Ödland, größtenteils weglos, nicht leicht zu finden, nur bei guter Sicht ratsam.

a) Unmittelbar hinter der Heidelberger H. nach S weglos durch das kleine Tälchen empor und Fimbertal=einwärts nach S immer rechts vom Bachgrund langsam ansteigend, an der Aua Naira (= Schwarzes Wasser) entlang, dann halbrechts nach SW ansteigend über den kleinen Sattel (zwischen P. 2542 links und Bergfuß rechts) ins oberste Talbecken und fast in seinen Hintergrund (Davo Dieu), ca. 2560 m.

b) Jetzt halbrechts zuerst Richtung Breite Krone, dann mehr rechts, Richtung Kronenjoch steil über Schafweiden, dann über Moränengeröll und Firnflecken hinauf in das Joch, 2958 m, **Breites Kronenjoch oder Falsches Kronenjoch**, zwischen Breiter Krone links und Krone rechts. Leicht in wenigen Minuten nach W hinauf zum **Kronenjoch, 2974 m,** 2.30—3.15 h.

Kronenjoch zwischen Krone und Bischofspitze, Grenzjoch, Grenzstein Nr. 7, Schweiz im O, Österreich im W. Von hier leicht auf die angrenzenden Gipfel; besonders lohnend über Bischofspitze — Grenzeckkopf gratentlang zum Futschölpaß und ins Jam.

c) Vom Kronenjoch ins Futschöltal weglos steil über Geröll nach W ins Futschölkar hinab und leicht über Schutt und Schafweiden hinaus nach NW in Futschölgrund beim Finanzerstein (großer Felsblock). Weiter wie bei 307e zur Jamtalhütte, 2.15 bis 2.30 h = 4.45—5.15 (—6) h.

**309**

**Von der Heidelberger H. nach Ardez im Unterengadin,** 5.15—6.30 h und mehr, langwierig. Mehrere Möglichkeiten:

a) Übers Kronenjoch und Futschölpaß: Wie bei R 308 übers Kronenjoch ins Futschölkar und sobald als tunlich nach W und SW zum Futschölpaß hinüber. Weiter wie bei R 292 hinab nach Ardez.

b) Übern Tasnapaß: Wie bei R 308a nach Davo Dieu im obersten Fimbertalschluß, dann gerade nach S hinauf zum Tasnapaß, 2.15—2.45 h.

c) Vom Tasnapaß ins Val Urschai weglos über Firn, Moränen und Schutt zum Lai da Faschalba, 2647 m, hinab und seinem Abfluß entlang steil hinunter ins Val Urschai. Weiter wie bei R 292 nach Ardez.

**310**

**Von der Heidelberger H. über Fuorcla d'Lavèr und Fuorcla Davo Lais — Tiral — Fuorcla da Champatsch zu den Hütten von Schli‹ vèra — Naluns** (oder nach Scuol), 7—9 h. Der einzige direkte Über‹ gang nach Scuol (Schuls) im Unterengadin. Sehr lang und mühsam, aber interessant.

a) Wie bei R 308a nach Davo Dieu im obersten Fimbertalschluß. Leicht über Geröll und Firn zuerst Richtung Tasnapaß und so bald als möglich mehr halblinks nach SO zur Fuorcla d'Lavèr hinauf, links vom Piz Lavèr, 2851 m.

b) Jenseits nach O, kleine Steilstufe umgehend, hinab und sobald als möglich halbrechts nach OSO hinüber zum Sattel 2619 (nicht nach O weiter ins Val Davo Lais hinab!)

c) Hierher anstatt über Fuorcla d'Lavèr auch von Davo Dieu nach SO empor über die 50 m niedrigere Fuorcla Davo Lais, 2807 m (SW Piz Davo Lais; in den Karten ohne Namen!) und nach S am See, 2655 m, vorbei zum Sattel, 2619 m, hinab.

d) Weiter vom Sattel, 2619 m, genau S durch die grüne Mulde nach dem Hochtal „Tiral" hinüber, das man nach S zwischen 2500 m und 2600 m durchquert und dicht südl. P. 2586 (kleiner See) halbrechts nach SSW über Schutt auf Fuorcla Champatsch, 2730 m, emporsteigt.

e) Jenseits gerade nach S hinab ins Hochtal Champatsch, das man zwischen 2500 m und 2400 m rechts haltend nach S unterm Mot da Ri entlang seinem Osthang durchquert, den Ostrücken des Piz Clunas bzw. des P. 2545 in ca. 2400 m links umquert zur Chamanna da Schlivèra, 2391 m (Schlivèrahütte, s. dort).

f) Leicht nach SSO über Weiden hinab zur nahen Cham. da Naluns (s. dort), 2280 m; bzw. zur Bergstation der Seil‹ bahn nach Scuol hinab; oder zu Fuß nach Schuls hinunter.

g) Von der Fuorcla da Champatsch kann man auch ohne die Hütten zu berühren talab über Jonvrai, 2180 m, dann auf Alpweg zuerst rechts, später links vom Bach nach Scuol hinab.

**311**

**Von der Heidelberger H. über Fuorcla Davo Lais (oder Fuorcla d'Lavèr) zum Hof Zuort oder zum Kurhaus Val Sinestra.** 4.30—5 h. Nur bei guter Sicht. Der schönste Übergang ins Val Sinestra durch einsames Ödland.

a) Wie bei R 308 a und 310 c über die Fuorcla Davo Lais (oder wie bei 308 a und 310 a und b über Fuorcla d'Lavèr) nach Davo Lais bzw. über den Sattel, 2619 m, nach Tiral.

b) Man kann aber sowohl direkt durchs Val Davo Lais (steil nur für Geübte) als auch von Tiral ins Val Lavèr hinab zur Alpe Pra San Flurin, 2080 m. (Hier endet die AV=SiKal Weiterweg nur auf der LKS, s. R 51.) Auf Alpweg zuerst rechts S vom Bach, über L'Era talab zur Brücke, 1919 m; hier Wegteilung:

d) Zum Kurhaus Val Sinestra (und auch zum Hof Zuort) jenseits ca. 50 m empor, dann rechts nach O talaus, bei Weg= teilung rechts und steil hinab nach SO zum Hof Zuort (siehe dort), 1711 m, Gasthof. Weiter ins Unterengadin s. R 312.

d) Zum Kurhaus Val Sinestra (und auch zum Hof Zuort) bleibt man rechts vom Bach und geht durch Wald nach O, SO und S (hier Abzweigung links zum Hof Zuort) hinab. Nach Überquerung des wilden Tobeltales „Val da Ruinas" links hinab zum Kurhaus Val Sinestra, Ab hier Postauto nach Sent, s. R 131.

## 312
## Von der Heidelberger Hütte über den Fimberpaß durchs Val Chöglias zum Hof Zuort (und nach Ramosch im Unterengadin), 4 bzw. 5.30—6 h. Rot bez. Weg. Kürzester und bester Übergang zum Hof Zuort und ins Unterengadin.

a) Aus der Heidelberger H. tretend geht man rechts nach O auf dem rot bez. Weg übern Fimberbach und am Osthang des Tales in einigen Kehren kurz empor, dann rechts ansteigend nach S und SO taleinwärts an den Westhängen von Ils Calcuogns entlang, dann links einbiegend südl. unter ihnen durch nach O hinauf zum flachen Fimberpaß oder Cuolmen d'Fenga, 2608 m, 1—1.15 h.

Schöner Rückblick auf die Fluchthorngruppe. Im Vor= blick im O die Samnaunberge: Stammerspitze links und Muttler rechts.

b) Vom Fimberpaß nach O und NO am linken Hang hinab in die oberste Talmulde, 2440 m, die nach O steil abbricht (Wasserfall). Links nach N ausholend hinab nach Storta Gronda; unter der Steilstufe rechts nach S zurück, über den Bach und am rechten Ufer hinab nach NO ins Val Chöglias, 2054 m, dann übern Bach und meist auf dem Ostufer talaus nach Griosch, 1817 m.

c) Zum Hof Zuort geht man rechts ab und steil nach S zum Bach hinunter, über die Brücke und jen= seits am Waldrand entlang flach hinaus zum Ghf. ,Hof Zuort' (s. dort), 1711 m, 2.45—3 h = 3.45—4.15 h.

d) **Nach Ramosch** im Unterengadin geht man von Griosch (s. b) weiter auf dem Fahrweg stets am Ostufer auf Lichtungen hoch über der bewaldeten Branclaschlucht talaus über Vna (Manas) nach Ramosch, 1231 m bzw. Posthaltestelle, 1175 m, s. R 130. 1.30 bis 2.15 h = 5.30—6.15 h.

e) **Zum Kurhaus Val Sinestra** geht man vom Hof Zuort in die schöne Branclaschlucht hinab und ihr entlang linksufrig auf Fußweg talaus, zuletzt rechts übern Bach zum Kurhaus Val Sinestra, 1521 m, 0.45 bis 1 h = 4.30—5.15 h, s. R 131.

## 313

**Von der Heidelberger H. über die Fuorcla da Val Gronda und Zeblasjoch ins Samnauntal,** 3.45—4.30 (—5) h. Kürzester Übergang ins Samnaun. Sehr lohnend; bis Zeblasjoch weglos, nur bei guter Sicht ratsam.

a) Von der Heidelberger H. erblickt man genau im O den Piz Davo Sasse, 2792 m; links hinter ihm schaut die kleine Rückfallkuppe des Piz Fenga Pitschna, 2725 m, noch vor. Der flache, nicht sichtbare Hochsattel, ca. 2650 m, zwischen beiden Gipfeln ist das erste Ziel, das man über Weide und Schutthänge leicht erreicht.

b) Um Piz Fenga Pitschna rechts herum durch die Hochtalmulde „Fenga Pitschna" (= Klein-Fimber) nach NO (nicht nach SO hinabl) hinüber und hinauf zur **Fuorcla da Val Gronda,** 2752 m; 1.40—2.15 h.

Grenzjoch, Grenzstein Nr. 14, Wegtafel, von hier leicht auf den kleinen Piz da Val Gronda mit prächtigem Rundblick.

c) Vom Sattel, 2752 m, nach NO hinab, an P. 2554 rechts vorbei, Steigspuren, und durch die Hochtalmulde des obersten Vesiltales (auf österr. Boden) hinüber und hinauf zum **Zeblasjoch,** 35—45 Min. = 2.30—3 h.

Zeblasjoch oder Samnauner Joch, 2539 m, Grenzjoch, Grenzstein Nr. 17, Wegtafel. Von hier gratentlang zum Pellinerkopf oder zur Vesilspitze.

d) **Vom Zeblasjoch nach Samnaun:** auf gutem Steig durch die Jochmulde „Zeblas" über Pischa links vom Bach steil hinab, später (unten) rechts vom Bach flach talaus nach Samnaun, 1846 m; 1.15—1.30 h = 4—5 h.

## 314

**Von der Heidelberger H. über Fuorcla da Val Gronda — Zeblasjoch — Inner-Viderjoch zum Berghaus Idalpe** (oder Alp Trida), 5—6 h. Langwierige aber großartige Höhenwanderung.

a) Wie bei R 313 zum **Zeblasjoch,** 2.30—3 h. Jenseits nicht rechts hinab ins Samnaun sondern **links** nach N und NO horizontal, später ansteigend durch das Hochtal Zeblas unterm Pellinerkopf (falsch Pauliner-K.) hindurch aufs **Inner-Viderjoch,** 2704 m. Jenseits durchs Höllenkar hinab ins Idtal und rechtsseitig talaus, bis auf etwa 2200 m hinab, wo man leicht rechts nach N zum Berghaus Idalpe, 2311 m (s. dort), hinaufqueren kann, 2.30—3 h = 5—6 h und mehr. Bild 24.

b) Zum Berghaus Alp Trida geht man vom Zeblasjoch nach NO unterm Inner-Viderjoch durch zum Salaser Sattel, 2674 m, und immer allgemein NO durch die Hochmulden bzw. übers Salaser und Alptrider Eck auf die Weiden der Alp Trida hinüber und hinab zum Berghaus; s. R 132.

## 315
## Von der Heidelberger Hütte zum Bodenhaus und zur Idalpe.

a) Von der Heidelberger H. zum Gasthof auf der Bodenalpe geht man dem Talweg nach talaus und bleibt, im Gegensatz zum Aufstiegsweg, am besten durchaus auf dem linken Uferweg W des Fimberbaches, d. h. 2 km nach Überschreiten der Staatsgrenze (bzw. nach ca. 1 h Abstieg von der Hütte) und ca. 150 m vor der Brücke, 2008 m, geht man waagrecht weiter und weitere ca. 2,5 km immer linksufrig hinaus zum Bodenhaus, s. R 320 und Bild 23.

b) Vom Bodenhaus zur Idalpe, s. R 325 und Bild 24.

## Rundtouren von der Heidelberger Hütte
### 316
Die Heidelberger H. bietet besonders im S und O eine große Zahl reizvoller und für Geübte meist leichter Rundwanderungen. Hier eine kleine Auswahl:
a) Rund um die Heidelberger Spitze und (oder) Lerainfernerspitze übers Ritzen- und Larainfernerjoch oder umgekehrt, sehr lohnend; oder auch über die Heidelberger Scharte, 2821 m, zwischen den 2 Gipfeln.
b) Rund ums Fluchthorn, nur über die Schnapfenspitze (s. dort) möglich, schwierig aber großartig für geübte Hochtouristen.
c) Rund um die Kronengruppe übers Zahnjoch und Kronenjoch oder umgekehrt; sehr schön, besonders bei Benützung der ostseitigen Hochstufe um 2900 m unter den Gipfeln entlang. Lauter Ödland!
d) Um die Breite Krone, übern Tasnapaß und das Falsche Kronenjoch (2958 m), durch das einsame Hochtal mit dem schönen See zwischen Breiter Krone und Piz Faschalba, sehr lohnend.
e) Um die Faschalbagruppe: großartig aber weit: Tasnapaß — Futschölpaß und zurück übers Kronenjoch oder umgekehrt.
f) Um Piz Tasna, sehr weit aber großartig, nur für Geübte: Tasnapaß — Plan da Mattun — Ils Sulvadis — Scharte 2799 m (zwischen Piz Nair und Minschun) — Fuorcla da Champatsch — Vadret da Tasna (Sattel, 2920 m) — Tasnapaß oder Fuorcla d'Lavèr.
g) Rund um Piz Lavèr (oder) um P. 2879 und 2898 — Fuorcla Davo Lais — Fuorcla d'Lavèr oder Sattel, 2920 m, zwischen Piz Lavèr und Piz Tasna; oder umgekehrt. In jedem Fall ziehe man die hübsche Seelandschaft „Davo Lais" mit ein.
h) Rund um Piz Davo Sassè. Sehr hübsch für Geübte: Fuorcla Davo Sassè (2593 m, s. Piz Davo Sassè) in der Karte ohne Namen. —

Davo Sassè — Fenga Pitschna und nördl. um Piz Davo Sassè herum zur Heidelberger H. zurück.

317—319 Offene Randzahlen für Nachträge.

## 320 Alpengasthof Bodenhaus im Fimbertal

**Bodenhaus,** auch Bodenwirt oder Ghf. Bodenalpe, 1842 m. Eigentum von Anton Walser, Post Ischgl i. P., Tirol. Auf einem schönen Wiesenplan mitten in einem reichen Berg= und Skigebiet und angesichts des Flucht= horns im Talschluß. — Das Haus bietet günstige Zwi= schenstation am Weg zur Heidelberger Hütte.

Das Haus enthält 20 B und 15 M und wird den ganzen Sommer über von Anfang Juni bis Mitte Ok= tober vom Eigentümer voll bewirtschaftet, außerdem im Winter ca. von Mitte Februar bis über Ostern; Weih= nachten=Neujahr nach Bedarf. Nächste Talstation (Post= auto) Ischgl i. P., s. R 110.

Tourengebiet: Das Haus ist eigentlich der einzige höher gelegene Standort für Touren im nördl. Larain= Berglerkamm, außerdem für die Samnaunberge auf der Ostseite des Fimbertales, Vesilgruppe — Bürkelkopf. Herrliches Skigebiet auf der Ostseite des Tales. Alles Nähere in meinem Silvretta=Skiführer, s. R 58.

## 321 Zugänge zum Bodenhaus

a) Von Ischgl i. P. wie bei R 301 der Straße nach ca. 1.45—2.15 h. Zufahrt mit starken Motorfahrzeugen bis zum Haus.

**Achtung:** Ein neuer besonders hübscher „Zugang" ergibt sich durch die Auffahrt mit der **Silvrettabahn** von Ischgl zur Idalpe (vgl. R 110 I—II!) und von dort über Saßgalun zum Bodenhaus, siehe unten bei d und R 332 d.

b) Von der Heidelberger H. wie bei R 315 durch das Fimbertal herab.

c) Von Galtür entweder über Ischgl oder wie bei R 302 über das Ritzenjoch zur Heidelberger H. und von dort zum Bodenhaus, wobei man aber die Heidelberger Hütte auch rechts liegen lassen und direkt links N talab zum Bodenhaus gehen kann.

d) Vom Berghaus Idalpe über Saßgalun und Paznauner Taje auf Alpwegen in gemütlicher Wanderung. 1.15—1.30 h; s. R 332 d.

## Übergänge vom Bodenhaus

Die Übergänge nach W ins Jam usw., nach S und SO ins Unter= engadin usf. führen alle über die Heidelberger H., sind dort be= schrieben und dort bitte nachzulesen.

**322**

Vom Bodenhaus ins Laraintal und nach Galtür über die Heidelberger H. s. R 301 c und über das Ritzenjoch s. R 305. 5.30—6 h.

**323**

Vom Bodenhaus zur Heidelberger Hütte im oberen Fimbertal ca. 2—2.30 h, s. R 301 c. Wer eine größere Höhenwanderung mit diesem „Übergang" verbinden will, dem sei die prächtige leichte Bergwanderung über den Piz bzw. die Fuorcla da Val Gronda empfohlen; wie bei R 324 ins oberste Vesiltal bzw. -kar, aber nicht links zum Zeblasjoch sondern rechts nach S zum P. 2554 hinauf (Wegspuren) und wie bei R 304 über Fenga Pitschna zur Heidelberger H., ca. 5—6 h.

**324**

Vom Bodenhaus übers Zeblasjoch nach Samnaun, 4—5 h. Sehr schöne Wanderung, rot bez. Weg. Vom Bodenhaus auf der Straße talein übern Fimberbach und empor an die Ausmündung des Vesiltales. Etwa 200 m bevor das Bergsträßlein den Vesilbach überschreitet links ab und auf dem Nordufer des Baches, der stets rechts bleibt, empor ins Vesiltal und zum Zeblasjoch, 2539 m; 2.15—2.45 h. Wie bei R 313 hinab nach Samnaun.

**325**

Vom Bodenhaus über Saßgalun zur Idalpe. Prächtige Bergwanderung, 2.15—2.30 h. Vom Bodenhaus auf der Talstraße talaus, übern Fimberbach und am Ostufer weitere 150 m auf der Straße talaus bis zum kleinen Seitenbach. Hier zweigt rechts der kleine Fußweg ab nach SO über Wiesen, dann durch Wald und über Weiden nach O zu den Hütten der Paznauner Taje, 1999 m. Weiter nach SO empor. aber nahe der Waldgrenze links ab nach O und NO schräg über Alpweiden empor auf die eingesattelte Schulter rechts vom markanten Saßgalunkopf, 2261 m; 1.10—1.20 h. (Im Vorblick im NNO droben die Idalpe.) Jenseits, rechts haltend ins Idtal hinab, das man überquert und jenseits über die Alpweiden der östl. Talhänge auf Wegspuren steil emporsteigt zum Berghaus Idalpe, 2311 m; s. R 330.— 40—50 Min. = 2—2.30 h.

326—329 Offene Randzahlen für Nachträge.

## Berg- und Skihaus Idalpe überm Fimbertal

**330**

Idalpe, 2311 m, in herrlicher Lage auf der Idalpe bei der Bergstation der Silvrettabahn, s. R 110! (Weitberühmtes Skigebiet; alles Nähere in meinem Silvretta-Skiführer mit Karten und Bildern, s. R 58.)

**Zur Beachtung:** Mit Erstellung der **Silvrettabahn Ischgl—Idalpe** — vgl. R 110 I—II! — ergaben und ergeben sich mannigfache Änderungen im Bereich der Idalpe. Umbau des Berghauses usw. Die nachstehenden Angaben erfolgen mit Vorbehalt und der Bitte, sich vom Verkehrsverein Ischgl i. P. die neuesten Prospekte usw. einzuholen.

Das Haus enthält 30 B und 20 M und ist von Ende Juni bis Mitte September bzw. Ende Januar bis Anfang

Mai voll bewirtschaftet von Hotelier Franz Grissemann, Hotel Post, Ischgl i. P. (s. R 110), zugleich Postadresse, Talstation, Auskunft, Gepäcktransport zur Idalpe usw.
Das ungewöhnlich schön und hochgelegene Haus liegt zwar auf der Westgrenze der Saumnaungruppe, ist aber durch seine Lage überm äußeren Fimbertal praktisch der östlichste Stützpunkt der Silvretta(-Ski)gebiete und vor allem wichtige Brücke ins Samnauntal und zum Berg- und Skihaus Alp Trida, s. R 132.
Das Tourengebiet umfaßt die schönen meist leichten besonders als Skiziele berühmten Westsamnaunberge, vor allem Greitspitze, Pellinerkopf, Salaser K., Flimspitze, Bürkelkopf (3036 m) und Pardatscher Grat, alle für Geübte leicht zu besteigen und hier nicht näher beschrieben.

**331**
K ü r z e s t e r  Z u g a n g :  Auffahrt mit der Silvrettabahn, vgl. oben und R 110.
Z u g a n g (und Zufahrt mit Jeep des Hotel Post in Ischgl) bis zur Idalpe. Auf der Fimbertalstraße wie R 301 bis Pardatsch, 1681 m; von dort auf dem Alp- und Fahrweg zur Idalpe, nicht zu fehlen, ca. 2.30—3 h. (Durch die Silvrettabahn überholt!)
Vom Bodenhaus zur Idalpe **s. R 325.**

## Übergänge von der Idalpe

**332**
a) Z u r  A l p  T r i d a und ins Samnauntal übers Äußere Viderjoch oder übers Flimjoch, ca. 2.30—3.30 h.
b) Nach Samnaun durchs Idtal und übers Innere Viderjoch c. 3.30 bis 4 h.
c) Z u r  H e i d e l b e r g e r  H. über Zeblasjoch (s. auch d): hinab ins Idtal, durchs Höllenkar aufs Innere Viderjoch und jenseits rechts hinüber zum Zeblasjoch. Weiter wie bei R 304 über Fuorcla da Val Gronda — Fenga Pitschna zur Heidelberger H. 5—6 h.
d) Ü b e r  S a ß g a l u n zum B o d e n h a u s und zur Heidelberger H. vgl. R 325. Hinab ins Idtal und jenseits empor über Saßgalun zum Bodenhaus hinab, 1.30 h; weitere 2—2½ h fimbertalaufwärts zur Heidelberger H. wie bei R 301.
333—334 Offene Randzahlen für Nachträge

## 335  Zeinisjochhaus am Kopsspeicher

Im Bereich der Alpe Kops westlich vom Zeinisjoch wurde durch eine Staumauer von 122 m größte Höhe ein Stausee, der **Speicher Kops,** mit einem Fassungsvermögen von 43,5 Millionen cbm geschaffen. Die Staumauer selbst besteht aus einer Gewölbemauer mit künstlichen Widerlager, Kronenlänge 400 m, und anschließend aus einer Gewichtsmauer von 214 m Kronenlänge. Sie zählt zu den größten Staumauern Österreichs. — Vom Kopsspeicher führt ein Druckstollen und ein Druckschacht bei einem Gefälle von 780 m zum Kopswerk, das als dzt. größtes Kavernenkraftwerk Österreichs gegenüber dem Vermuntwerk in Partenen (siehe R 89) 200 m tief im Berg auf der Verwallseite erbaut wurde und besichtigt werden kann. — Der **Stausee von Kops** ist ein Schmuck der weiten Jochlandschaft. Besonders lohnend ist die Umwanderung des Sees auf dem Ringweg; siehe unten bei R 335 II.

**I. Gasthof Zeinisjoch oder Zeinisjochhaus,** 1822 m, auf dem Zeinisjoch gut 1 km W der Paßhöhe Zeinisjoch, 1842 m, Ende der Autostraße der Illwerke von Galtür über Wirl zum Zeinisjoch. In prächtiger Sonnenlage an der Nordgrenze der Silvrettagruppe gegen die Verwallgruppe.

Das moderne Haus hat 80 B, Fließwasser, Telefon usw. und ist ganzjährig bewirtschaftet von der Familie J. Lorenz (früher Pächter der Wiesbadner H.) aus der bekannten Bergführerfamilie in Galtür. Post- und Talstation Galtür i. P., Tirol.

**II. Ringweg um den Kops-Speicher.** 1.30 h vom Zeinisjochhaus und zurück. Besonders lohnende Wanderung. Vom Zeinisjochhaus entweder zur Vorsperre und zum See hinunter und links, ostwärts um den See; oder zum Parkplatz bei der Aussichtswarte und zur Staumauer hinab und über sie von Westen um den See.

Tourengebiet. Weil das Zeinisjoch Gruppengrenze zw. Ferwall im N und Silvretta im S ist, so liegen die Silvretta=Tourengebiete nur südlich des Joches und Hauses. Die Ballunspitze=Vallülagruppe, letztere nur übers Kopser Jöchle zw. Saggrat und Breiter Spitz mit kl. Gegensteigung erreichbar. Nördl. vom Joch liegen die Fluh= und Fädnerspitzen im Ferwall. Joch und Haus sind aber auch wichtige Bindeglieder zw. Paznaun und Montafon einerseits und zum Arlberg anderseits. Das Joch und seine Zugänge aus dem Paznaun und Montafon sind auf der AV=SiKa dargestellt, das Gebiet nördl. vom Joch aber fehlt dort; vgl. die Übersichtskarte R 49, die bis zum Arlberg reicht. Das herrliche Skigebiet beidseits des Joches ist (vom Standort Zeinisjoch aus) in meinem Silvretta=Skiführer mit Skikarte genau beschrieben, s. R 58.

**336**

Zufahrt und Zugang von Osten, von Galtür im Paznaun. Auf der Autostraße über Wirl nicht zu fehlen; 1.15—1.25 h von Galtür. Wer abseits der Straße gehen will, kann von Wirl über die Faulbrunn= alpe bzw. Klein=Zeinis und südl. vom Alpkogel, zum Zeinisjochhaus aufsteigen; 1.30 bis 1.45 h. Weitere Zufahrt auf der Werkstraße von der Pritzenalpe an der Silvrettastraße (Mautstraße).

**337**

**Zugang von Westen, von Partenen im Montafon;**
2.30—3.15 h. Straße und Fußweg. Partenen liegt 500 m tiefer als Galtür, der Zugang ist daher länger bzw. höher. Der vom Zeinisjoch nach W ins Montafon fließende Bach heißt Zeinisbach; in seinem teilweise schmalen tiefen Bachtal, „Ganifer" genannt, liegen zwei Voralpen, Außer-Ganifer und Inner-Ganifer.

Achtung: Die Zugänge von Partenen haben mit Erstellung des „Kopsspeichers" (Stausee) am Zeinisjoch wesentliche Veränderungen erfahren; von der Silvrettastraße oberhalb der Mautstelle im „Loch" abzweigend wurde eine Straße durchs Ganifer zum Zeinisjoch gebaut; für Motorfahrzeuge gesperrt! Ihre Begehung bedarf keiner Beschreibung; 2.30—3 h.

a) **Von Partenen** zwei Fußwege ins **Außer-Ganifer:**

I. Über Frons: Von der Kirche (Postautohaltestelle) in Partenen, 1051 m, auf der Dorfstraße (bzw. Silvrettastraße) ca. 300 m = 4—5 Min. talein, wo links (Wegzeiger) der obere Fußweg ins Ganifer und zum Zeinisjoch abzweigt. Ihm nach empor an Oberrand der Wiesen, dann am Zaun rechts und kurz darauf bei Wegteilung (Wegzeiger) nicht waagrecht weiter sondern halblinks **empor** talein nach O später durch schönen Bergwald mit einigen Kehren über P. 1397 hinauf in eine Lichtung; auf der flachen Bergstufe horizontal nach NO zu den Hütten von Außer-Ganifer (diesseits nördl. des Baches bleiben), 1447 m, 1.10 bis 1.20 h. Weiter bei b **oder auf der neuen Straße!**

b) **Von Außer-Ganifer zum Zeinisjoch:** links (N) vom Zeinisbach flach im Talgrund talein zu den Hütten von Inner-Ganifer, 1500 m. Hier verläßt der Weg den Talboden und steigt schräg am Hang empor, überquert den Verbellner Bach (Brücke) und steigt auf der bewaldeten Bergnase zwischen Verbellner und Zeinisbach in Kehren steil empor und links nach N zur Wegteilung bei P. 1646; 40—45 Min. = 1.45 bis 2 h. (Der Weg links nach N führt durchs **Verbella** zur **Heilbronner H.**)

Man geht rechts nach O empor durch einen bewaldeten Graben, an einem Bildstock vorbei und über die kleine Einsattelung, 1844 m, sanft hinab zum Gasthof Zeinisjoch, 1823 m.

c) Geübte können als „Zugang" zum Zeinisjoch aus dem Montafon auch den romantischen Weg durchs Vallülatal und übers Kopser Jöchle wählen, von Partenen=Loch über die Untere und Obere Alpe Vallüla, ca. 4.30— 5 h.

### 338

**Übergang vom Zeinisjoch zur Bielerhöhe im Vermunt.** Der Über= gang erfordert bis 5.30—6 h je Führe und Verh. Es gibt leider noch keine Steiganlage vom Zeinisjoch nach S direkt in die Silvretta. Ge= übte können jedoch mit leichtem Gepäck und bei guter Sicht weg= los folgenden sehr romantischen, landschaftlich großartigen Über= gang ins Vermunt machen. (Man vgl. zuerst die genaue Beschreibung von S nach N, s. R 242!)

a) Vom Ghf. Zeinisjoch nach S und SO am Alpkogelhaus vorbei und links nach O ausholend hinüber nach S und SW über die Innere Kopsalpe (Steigspuren) empor aufs flache Kopser Jöchle, ca. 2150 m, zwischen Saggrat links und Breiter Spitz rechts.

b) Um einen der Sättel östl. oder westl. der Bielerspitze zu er= reichen, kann man

I. entweder unten herum, d. h. nach SW zur Oberen Vallüla= alpe hinab auf Steigspuren und so hoch als möglich (in ca. 1800 m Höhe) ins Tal des Unteren Vallülabaches hinüber und durch dieses empor nach S und SO auf den Sattel dicht links östl. vom Schattenkopf = Krespersattel.

Vom Krespersattel, 2445 m, W der Bielerspitze nicht gerade nach S ins Vermunt hinab (Steilstufen!) sondern links nach OSO bis südl. unter der Bielerspitze, dann nach SSO steil hinab (nur für Geübte!) auf den Vallülaweg und zur Bielerhöhe.

II. oder vom Kopser Jöchle nach SO ins obere Vallülatal hinab und über die Terrassen N und W von der Vallüla unter ihrem NW= Gratfuß durch hinüber nach S über P. 2209 ins oberste Kar N der Bielerspitze und zu dem Sattel östl. von ihr ca. 2500 m empor.

c) Vom Sattel östl. der Bielerspitze nach O und SO hinab auf den Maisboden, wo man auf den Vallülaweg trifft und ihm entlang zur Bielerhöhe absteigt.

### 339

**Vom Zeinisjoch zum Arlberg**, 5.30—7 h, geht man am besten auf gut bez. AV=Wegen übers Verbellner Winterjöchle, 2271 m (rechts oben die Heilbronner Hütte (DAV), 2320 m) und durchs Schönferwalltal (Konstanzer Hütte (DAV). 1768 m, rechts am Ausgang des Fasul= tales) bzw. durch das Ferwalltal nach St. Anton a. A. (D=Zugstation der Arlbergbahn). Wers nicht eilig hat, wird diesen langen Über= gang mit Vorteil durch Nächtigung auf einer der zwei genannten AV=Hütten unterteilen.

a) Der Übergang aus der Montafoner Silvretta zum Arl= berg kann auch von Partenen (oder von Gaschurn über Tavamunt) ohne Berührung des Zeinisjoches durchs Ganifer wie bei R 337 und direkt zum Verbellner Winterjöchle genommen werden.

b) Vom Paznaun zum Arlberg. Von Galtür oder Ischgl führt außerdem ein sehr schöner Übergang über die Friedrichshafener Hütte und das Schafbichljoch bzw. durch das Fasultal und über die Konstanzer Hütte nach St. Anton a. A.; ca. 6—7 h und mehr.

340—349 Offene Randzahlen für Nachträge.

# B. Tourenstandorte in der Schweizer Silvretta

**350**

Die Schutzhütten und Berghäuser der Schweizerseite, die als Tourenstandorte in Frage kommen, sind teils Clubhütten des SAC (Linard=H., Fergen=H., Seetal=H., Silvretta=H., Tuoi=H.), teils Berghäuser und Skihütten im Privatbesitz (Berghäuser im Flüelagebiet und Vereina, Chamanna il Cler, die Naluns=Schliverahütten, Hof Zuort). Dazu kommen einige Alphütten.

Im Gegensatz zu den AV=Hütten und Berghäusern der österr. Nordsilvretta, die sich alle lückenlos durch Übergänge für mehrere Durchquerungen aneinanderreihen lassen, stehen die Standorte der Schweizer Süd= und Südwestseite alle ganz für sich und lassen sich gar nicht oder nur schwierig verbinden, ausgenommen Flüela und Vereina, Silvretta und Tuoi. Dagegen spielen die Silvretta=Hütten/SAC eine wichtige Rolle als Schweizer Westzugang zur Nord=Durchquerung.

**Die SAC=Hütten** sind nicht voll bewirtschaftet wie die AV=Hütten, sondern entweder ganz unbewirtschaftet wie die Linard= und Fergenhütte oder nur in der Hochsaison bewartet wie die Silvrettahütte und Tuoihütte. Dafür sind sie meist offen und ohne Schlüssel ganz oder teilweise zugänglich und mit dem nötigsten Kochgerät, Brennholz und Decken versorgt.

Nur die unteren Flüela=Gasthöfe, Berghaus Vereina und Hof Zuort sind g a n z j ä h r i g  b e w i r t s c h a f t e t.

**Karten:** Soweit die Schweizerseite auf unserer AV=SiKa (s. R 50) enthalten ist, fußen unsere Beschreibungen nur auf dieser Karte, für die übrigen Teile auf der LKS (s. R 51).

**351**

Die Gasthöfe und Berghäuser im Flüela=Pischagebiet, das von W teilweise auch direkt von Davos aus besucht werden kann, sind bereits unter R 121 (120) beschrieben. Diese Gasthöfe und der Verkehrsverein Davos geben gerne ergänzende Auskünfte über saisonbedingte Verhältnisse und Änderungen.

## Berghaus Vereina

**352**

**Berghaus Vereina,** 1943 m, 18 B, 30 M. Tel. Klosters 5216, ganzj. bew. vom Besitzer Fam. Antonietti & Brosi, Sportgeschäft Klosters=Platz, zugleich Postan=

schrift. Preise für SAC= und AV=Mitglieder und gleich=
gestellte Vereine für Betten sfr. 4.50, Nichtmitglieder
sfr. 5.50; für Matratzen sfr. 1.50 bzw. sfr. 2.50. Außer=
dem Selbstversorgerraum im Haus mit 10 Lagern (Preis
sfr. 3.— bzw. sfr. 4.—). Das Haus ist vorzüglich ein=
gerichtet und geführt. Führungen und Skikurse, Berg=
führer, Skiführer usw. meist am Ort. Sehr schönes Ski=
gebiet, Näheres s. im Silvretta=Skiführer von W. Flaig
(R 58).

L a g e. Das Berghaus Vereina liegt im Winkel zwischen
Vereina= und Vernelatal und =bach und besonders
günstig mitten in einem der tourenreichsten und groß=
artigsten hochalpinen Tourengebiete der Silvretta: Ver=
stankla=Gr., Vereinakamm, Vernelakamm, Linard=Gr.,
Fleß=, Flüela=, Pischa=Gruppen. Vgl. Bild 26 und 271
K a r t e : LKS Bl. 497 und 498 oder Zus.=Setzung 248
und 249; für Flüelastraße — Ostrampe noch Blatt 517
und 518.

Die ehemalige V e r e i n a h ü t t e des SAC, 1960 m, mit etwa 40 La=
gern, liegt unweit SO vom Berghaus und ist jetzt diesem ange=
schlossen, Preise wie oben, Auskunft dort. Vgl. Bild 26.

A c h t u n g ! Die Straßen ins Vereina= und Sardascatal
sind ab Monbiel für jeglichen privaten Motorfahrzeugver=
kehr gesperrt! Es gibt keine Ausnahme-Bewilligungen!

Dafür besteht eine von der Eidgen. Postverwaltung kon=
zessionierte Autolinie („Personentransport") von Klo=
sters bis zum Berghaus Vereina, die vom S p o r t g e -
s c h ä f t G o t s c h n a in K l o s t e r s (als Konzessionär)
mit Spezialfahrzeugen und mit festem Fahrplan betrie=
ben wird, 45 Min. Fahrzeit. Auskunft Verkehrsbüro
Klosters, Tel. (083) 3 84 40 oder Berghaus Vereina
Tel. (083) 3 82 16.

Zur Autolinie ins Sardascatal vgl. R 391.

**353**
**Zugang von Klosters zum Berghaus Vereina,** Fahr=
straße. 3.40—4 h.

a) Von Klosters=Platz bis zur Straßengabel, 1416 m,
im Wald ober der Alpe Novai, 2 Möglichkeiten:

I. S t r a ß e nördl. der Landquart: Von Klosters=Platz=
Bhf. zum Schulhaus, wo die Straße ins Sardascatal ab=
zweigt; auf ihr nach O talein über Monbiel bis zur

Straßengabel, 1416 m, im Wald oberhalb der Alpe Novai, 1.45—2 h (Forts. bei b).

II. Fußweg südl. der Landquart: Vom Bhf. Klosters-Platz zum Hotel Vereina und auf dem Fußweg ("Diet-helm-Promenade") der Landquart nach O talein bis entweder südl. gegenüber der Alpe Novai, hier auf Betonbrücke über den Vereinabach und an den Alp-hütten, 1360 m, von Novai vorbei auf die Straße zur Straßengabel, 1416 m, 1.45—2 h; oder schon über die Landquartbrücke, 1334 m, gegenüber Alpe Pardenn und auf die unter I. genannte Straße und ihr nach zur Straßengabel, 1416 m, auf Novai.

b) Bei der Gabelung, 1416 m (Novai), rechts ab nach S auf dem Fahrweg ins Vereinatal bis zum Berghaus, nicht zu fehlen; 1.45—2 h = 3.30—4 h.

### 354

**Zugänge (Übergänge) aus dem Flüelagebiet zum Berghaus Vereina.**

I. Übers Eisenfürkli, 2766 m, zwischen Pischahorn und Gori-horn; 3.45—4.30 h, I = unschwierig.

a) Vom Ghf. Tschuggen (s. R 121) an der Flüelastraße, 1938 m, auf gutem Alpweg östl. über den Tschuggenberg, dann NO ins Tschug-gentäli und zum Fürkli hinauf, 2766 m, 2.15—3 h. — b) Jenseits über einen Firnfleck und durchs Eisentäli zum Berghaus hinab, weglos, 1.30—1.45 h = 3.45—4.30 h.

II. Über die Jöriflüelafurka, 2725 m, am Südgratfuß des Gorihorns, 3.30—5 h.

a) Vom Wegerhaus, 2207 m, auf Karlimatten (Postautohaltestelle, s. R 121) auf Steigspur nach NNO zur Furka hinauf, 2—2.30 h. b) Jenseits nach O hinab zu den Jöriseen und über den Abfluß des größten Sees bei P. 2489 zur Signalstange auf der Felsbarre NO davon. Von dort stets ostseitig, rechts vom Jöribach nach N hinab ins Vereinatal und zum Berghaus 1.30—2 h = 3.30—4.30 h.

III. Über die Winterlücke, ca. 2850 m am NW-Grat des Flüela-Weißhorns, 4.45—5.30 h. Vgl. Bild 27.

a) Vom Wegerhaus, 2207 m (s. II oben) nach SO und O über die Weiße Rüfe ins Hochkar darüber und nach NO zur Lücke, ca. 2850 m, 2.30—3 h.

b) Jenseits nach NO und N über den Firn des Jörigletschers, dann nach NW und links um den großen See herum, dann rechts nach O über seinen Abfluß bei P. 2489; weiter wie II. oben zum Berghaus Vereina, 2.15—2.30 h = 4.45—5.30 h.

### 355

**Zugänge (Übergänge) aus dem Unterengadin zum Berghaus Vereina**

Drei Übergänge: Vereinapaß, Fleßpaß und Jörifleßpaß (s. R 359!). Alle drei sehr interessant und lohnend, s. auch R 365.

I. Über den Jörifleßpaß, 2561 m, zw. Flüela-Weißhorn und Muttelhorn, 5.16—6 h.

a) Von Susch (oder vom Flüelapaß) wie bei II unten ins Val Fleß bis zur Alpe Fleß Dadaint, 2119 m, dann links nach SW (Wegspur) ins Hochtal ,Tantermozza-Fleß' und über Geröll nach W auf den

Paß, 2561 m; 3.30—4.15 h. — b) Jenseits auf Steigspur rechts an den Jöriseen entlang zur Signalstange auf der Felsrampe NO des unteren Sees. Rechts vom Jöribach ostufrig talab zum Berghaus Vereina, 1.45—2.15 h = 5.15—6 h. Vgl. Bild 27.

II. Übern Fleßpaß, 2453 m, vom Val Fleß-Torta ins Süser-Vereinatal, 4—5 h. Vgl. Bild 26 und 27.
Von Susch auf der Flüelastraße 5,8 km zur Postautohaltestelle Val Fleß (oder vom Flüelapaß-Hospiz hierher) und durch das Val Fleß und das anschließende Val Torta auf den Fleßpaß, 2453 m; 3.15 bis 3.45 h; wo man wenig NO vom Paß auf dem Weg vom Vereinapaß her trifft und scharf linksum nach W durch den Bachgraben steil hinab ins Süsertal und hinaus zum Berghaus Vereina verfolgt. 50 bis 60 Min. = 5—6 h.

III. Übern Vereinapaß, 2585 m, vom Val Sagliains ins Süser-Vereinatal, 5—6 h. Vgl. Bild 27 und 26.
a) Von Susch oder Lavin je ca. 2 km = 20—25 Min. auf der Enga-din-Talstraße bis zur Ausmündung des Val Sagliains; Abzweigung Wegzeiger. Unter der Bahnlinie durch auf dem rotweißrot markierten Weg nach N und NW ins Val Sagliains hinauf und stets links vom Bach empor bis auf ca. 2400 m dicht vorm Vereinapaß; jetzt linksum nach W hinauf auf den Paß, 2585 m, 3.45—5 h.
b) Jenseits auf Wegspur nach W (WSW) gegen den Flesspaß hinab aber kurz vorher rechts nach W durch den steilen Bachgraben ins Süsertal hinunter und rechts hinaus zum Berghaus Vereina, 1.15 bis 1.30 h = 5—6 h. (Vorsicht bei unsichtigem Wetter! Nicht SW übern Flesspaß ins Val Torta-Fless abirren! Führt ins Engadin zurück statt nach Vereina!)

## Übergänge vom Berghaus Vereina

Das Berghaus Vereina bietet eine große Zahl sehr schöner und loh-nender ganz verschiedenartiger Übergänge in die Nachbartäler; drei ins Flüelagebiet (und entweder nach Davos oder nach Susch), 4—5 h direkt ins Unterengadin. Man vgl. zuerst R 354 und 355.

### 356
Über das Eisenfürkli, 2766 m, ins Flüelatal, 3.30—4.15 h, I = un-schwierig, nur für Geübte.
a) Vom Berghaus Vereina nach SW durchs Eisentäli weglos und zuletzt über einen kleinen Firnrest auf das Fürkli zw. Gorihorn und Pischahorn; 2.15—3 h. — b) Jenseits auf Steigspur und Weg zum Gasthof Tschuggen (s. R 121) an der Flüelastraße hinab, 1.—1.15 h = 3.30—4.15 (—5) h.

### 357
Über die Jöriflüelafurka, 2725 m, ins Flüelatal; 4—5 h. Vgl. Bild 27!
a) Vom Berghaus Vereina nach SO übern Vernelabach, jenseits bei der Wegteilung rechts ins Jöritäl hinein nach S und immer links ostufrig vom Bach auf Steigspuren empor auf die Felsrampe (Signal-stange) bei den Jöriseen. Jetzt rechts W bei P. 2489 m über den Ab-fluß des großen Sees und westl. empor auf die Furka, 2.30—3 h. — b) Jenseits auf Steig nach SSW hinab zum Wegerhaus, 2207 m, an der Flüelastraße (Postautohalt, s. R 121), 1.15—1.30 h = 3.45—4.30 h.

### 358
Über die Winterlücke, ca. 2850 m, ins Flüelatal, 4.30—5.30 h, I = un-schwierig. Besonders schön, nur für Geübte. Vgl. Bild 27!

a) Wie bei R 357 auf die Felsrampe (Signalstange) bei den Jöriseen, dann rechts W um die Seen herum auf den Jörigletscher und
über ihn SW zur Lücke, ca. 2850 m; 3.15—3.45 h. — b) Jenseits
weglos durch das Kar hinab und über die Weiße Rüfi hinunter zum
Wegerhaus, 2207 m, an der Flüelastraße, Postautohalt (s. R 121),
1.15—1.30 h = 4.30—5.30 h.

## 359

**Über den Jöriflesspaß, 2561 m, ins Val Fless und nach Susch.** Außerordentlich lohnend, schön und interessant, auch als Rundtour, siehe c,
5—6 h. Vgl. Bild 27!
a) Vom Berghaus Vereina wie bei R 357 auf die Felsrampe bei den
Jöriseen, dann links nach OSO an den Seen entlang auf Wegspur
zum Jöriflesspaß, 2561 m; 2.30—3 h.
b) Jenseits nach O, später links vom Bach auf Wegspur NO hinab
zur Alpe Fless Dadaint und rechts nach SO auf gutem Alpweg durchs
Val Fless zur Flüelastraße hinunter (ca. 1850 m; Postautohalt ,Val
Fless'), weiter 8,5 km Straße nach Susch, 2.30—3.15 h = 5—6.30 h
(oder rechts empor ca. 10 km zum Flüela-Hospiz, 2388 m, auch
Postauto).
c) Als Rundtour: Von der Alpe Fless Dadaint kann man auch wie
bei R 355 II über Flesspaß ins Vereinatal zurück, 2.30 h; überaus lohnende Rundwanderung.

## 360

**Über den Flesspaß, 2453 m, nach Susch ins Unterengadin;** 3.30 bis
4.15 h (mit Postauto ab Flüelastraße). Vgl. Bild 26 und 27.
a) Vom Berghaus Vereina wie bei R 361 zum Flesspaß, 1.30—1.45 h,
aber nicht weiter nach O sondern scharf rechts um an einigen winzigen Seen vorbei nach SW ins Val Torta hinab, später nach S
zur Alpe Fless Dadaint. Weiter wie bei R 359 b zur Flüelastraße
und nach Susch, 2.15—2.45 h = 3.30—4.15 h.

## 361

**Über den Vereinapaß ins Unterengadin nach Susch oder Lavin,**
5—6 h. Alter direktester Übergang ins Unterengadin, rotweißrot
markiert, s. auch R 360. Vgl. Bild 26 und 27.
a) Vom Berghaus Vereina nach SO auf dem Weg ins Süsertal über
den Vernelabach (Staumauer), bei Wegteilung jenseits des Baches
links schräg empor ins Süsertal und durch dieses nach O, stets links
N vom Bach empor; oben bei der Bachgabel rechts dem rechten
südl. Bach entlang durch den steilen Bachgraben empor auf die
Randhöhe des Flesspasses, der aber rechts zurück bleibt! Weiter links
nach O und ONO über die Miesböden zum Vereinapaß, 2585 m;
2.15—2.45 h. Großartiger Linardblick im O!
(Man kann von der Bachgabel im Süsertal oben auch weglos am
linken Bach empor auf die Miesböden und zum Paß, etwas kürzer.)
b) Am kleinen Paßseelein links entlang und jenseits hinab ins Val
Sagliains. Durchs ganze Tal, stets rechts S des Baches hinaus bis
zur Ausmündung des Tales, unter der Bahnlinie durch auf die En-
gadin-Talstraße zwischen Lavin links und Susch r., je ca. 2 km
20—25 Min. in diese Orte = 2.45—3.15 h = 5—6 h.

## 362

**Vom Berghaus Vereina über den Vereinapaß und die Fuorcla dal
Glims, 2802 m, zur Linardhütte.** I = unschwierig, nur für Geübte;
4.45—5.30 h. Einziger direkter Übergang zur Linardhütte. Vgl. Bild 26.

Motta Naluns
2135 m

Seilbahn

Bild 11 **Scuol (Schuls)-Tarasp-Vulpera im Unterengadin gegen die Südost-Silvretta.**
Erläuterung s. R 6/II
Foto: Rauch, Scuol

Bild 12 **Samnaun, gegen Val Maisas und Muttler. Vorne: Nach rechts zum Zeblasjoch.**
Erläuterung s. R 6/II                              Foto: R. Mathis, Landeck

a) Vom Berghaus Vereina wie bei R 361 zum Vereinapaß, 2.15 bis 2.45 h; dann ins obere Val Sagliains hinab und oberhalb P. 2385 durch schräg empor nach SO über Geröllstreifen, eine Felsstufe rechts unten lassend, gegen den SW=Fuß des Piz Linard hinauf und zur Fuorcla, 2802 m, zw. Piz Linard und Piz Glims empor, 1.30 bis 1.45 h = 3.30—4.30 h. — b) Jenseits durch das Hochkar ‚Glims' rechts an den kleinen Seen vorbei hinab und links vom Bach (Steig= spur) zur Linardhütte hinunter, 0.45—1 h = 4.45—5.30 h.

### 363
**Übern Vereinapaß und die Fuorcla dal Linard ins Val Lavinuoz.** I (—II) = unschwierig (bis mäßig schwierig), nur für Geübte! Rassiger und großartiger Übergang, 5—7 h. Vgl. Bild 26.

a) Wie bei R 361 auf den Vereinapaß, 2.15—2.45 h. Gegenüber im O der Piz Linard, links davon die tiefste Einschnitt = Fuorcla dal Linard (s. dort). Man quert links ausholend möglichst hoch hinüber, zuletzt über Firn, Geröll und Schrofen zur Fuorcla, 0.45—1 h = 3.15—4 h. — b) Jenseits steil über Schrofen, Steilschutt (Firn, Eis, zu Zeiten Randkluft oder Bergschrund) auf den kleinen Muntanellas= gletscher hinab und linksseitig (N) nach O hinab, später über Mo= ränen, plattige Schrofen, Steilrasen, bis man auf die alte Spur des Zadrellweges stößt; ihm nach rechts übern Bach (SO) und links NO zurück ins Val Lavinuoz hinab, entweder zur Alphütte Marangun, 2—3 h = 5—7 h; oder gerade hinab und rechts hinaus, zuerst rechts, später links vom Bach auf Alpweg nach Lavin, 1.10—1.20 h = 6.15 bis 7 h.

### 364
**Über die Fuorcla Zadrell oder Vernelapaß, 2752 m, ins Val Lavi=nuoz.** I = unschwierig, nur für Geübte, 5—6 h, landschaftlich groß= artig. Vgl. Bild 26.

a) Vom Berghaus Vereina über die Alpe Vereina links N vom Vernelabach ins Vernelatal auf Steigspuren (die sich später ver= lieren) zur Hirtenhütte, 2200 m, 1.30 h. Weiter talein und weglos bis in den Talschluß hintern Kessel empor, dann links ausholend zuletzt über Firnflecken empor zur Fuorcla, 2752 m, 2—2.30 = 3.30—4 h. Einzigartiger Linardblick!

b) Jenseits zunächst nach S in das schuttige Hochkar hinab, dann SO über Geröll, später Rasen hinunter, wo man bald auf eine alte schwach kenntliche Wegspur stößt, die weiter unten über den Ostrücken des Piz Sagliains hinabführt, dann den Bach aus dem Val Muntanellas überschreitet und in Zickzacks den Talgrund erreicht. Weiter wie bei 363 b zur Alpe Marangun oder nach Lavin. 1—1.15 h = 5—5.15 h bzw. 6.30 h nach Lavin.

### 365
**Über die Fuorcla Zadrell und Parait alba ins zentrale Silvretta=**
Vermuntgebiet (Silvrettahütten/SAC, Wiesbadner H. und Tuoihütte). Vgl. R 261! I—II = unschwierig bis mäßig schwierig. Nur für ge= übte Hochtouristen oder mit Führer. Der einzige nicht zu schwierige Übergang von Vereina in die Zentralsilvretta. Nur bei guter Sicht! 8—10 h und mehr, je nach Ziel und Verh.; sehr langwierig!

a) Wie bei R 363 auf die Fuorcla Zadrell, 3.30—4 h. Jenseits links nach O hinüber in das Schutt=(Firn=)Kar südl. P. 3076 (Chapütschin= SO=Grat) und schräg rechts nach NO in die Scharte links vom P. 2915 hinauf.

b) Über die Scharte und jenseits hinab und links N auf den Vadr. da
las Maisas hinüber. (Hierher auch über den Vernelasattel, s. dort,
sehr schwierig!) Links ausholend über den Firn zu P. 3037 hinauf;
von dort nach NO auf die flache Schulter der Parait alba oberhalb
P. 2962 hinauf. Jenseits am bestgeeigneten Ort (sehr wechselnd, notfalls links im W über Felsen) über Steilfirn (Eis) gegen das Verstanklator oder in die Cudera-Firnmulde hinunter; 2—3 h und mehr.
c) Weitere vier Möglichkeiten:
I. Übers Verstanklator ins Verstanklatal oder über die
Krämerköpfe zu den Silvrettahütten/SAC; s. R 402 und 697.
II. Übern Silvrettapaß zu den Silvrettahütten/SAC, s. R 259c.
III. Über die Fuorcla dal Cunfin zur Wiesbadner Hütte,
s. R 397 und 212.
IV. Über die Mittagsplatte zur Tuoihütte, s. R 262 b.

**366**
**Rundtouren vom Berghaus Vereina.** Auf die schönste Rundtour über
den Jöriflesspaß und Flesspaß oder umgekehrt haben wir bereits
unter R 359 c hingewiesen. Eine andere sehr schöne Rundfahrt rings
um die Plattenhörner usw.: Vernelatal—Schwaderlochfurke oder über
P. 2978 östl. von Piz Zadrell und zurück über den Vereinapaß;
oder umgekehrt. Vgl. Bild 10, 26 und 27.

367—369 offene Randzahlen für Nachträge.

# Linardhütte oder Chamanna dal Linard im Val Glims

**370**
Linardhütte oder Chamanna dal Linard, 2327 m, der
Sektion Unterengadin des SAC, 1902 erbaut, in prächtiger, aussichtsreicher Lage hoch über dem Unterengadin. Vgl. Bild 10. (Vom Sassauta-Grat NO ober
der Hütte herrlicher Blick unterengadin-abwärts.)
Die Hütte ist unbewirtschaftet aber offen; 15 M
und 15 Notlager, Holz, Decken, Kochgeschirr usw.
für Selbstversorger. Quellwasser ca. 40 Schritt W der
Hütte.
Lage: Im (Val) Glims (sprich: ljims) wenig oberhalb
einer Steilstufe die das Tälchen überquert und ca. 30 m
östl. vom Glimsbächlein, das aus dem Hochkar herabkommt, im Winkel zwischen ihm und einem alten begrünten Moränenkamm. Karte: LKS Bl. 498 oder Zus-
setzung 249.

## Zugänge zur Linardhütte

**371**
Nur ein direkter Zugang von Lavin (R 371). Aus dem
Val Lavinuoz, s. R 372. Vom Berghaus Vereina s. R 362.
Zugang von Lavin zur Linardhütte: 2.30—3 h, blau-
weiß markierter Fahrweg und Fußweg.

Dort wo in Lavin die Talstraße den Lavinuozbach (Aua L.) auf Brücke überquert, zweigt der Fahrweg ab, Wegtafel. Über Wiesen, dann durch den Wald „God Laret" nach W empor zur Wegteilung (Tafel): hier rechts nach N u. NO steil im Zickzack durch Wald in die Lichtung bei P. 1957 hinauf; ab hier Fußweg. Links nach WNW durch Lichtungen an und ob der Waldgrenze auf die Bergkante am SO=Rand des Val Glims. Der markierte Pfad (ab hier auf Bild 10!) führt jetzt wenig abwärts nach N ins Val Glims hinein und östl. des Rückens, welcher die Hütte trägt, im Zickzack hinauf zu ihr.
(Eine andere Wegspur führt rechts oberhalb der vorgenannten, z. T. an einem alten Bewässerungsgraben entlang und über einige Fels=schrofen direkt zur Hütte empor.)

**372**
Aus dem Val Lavinuoz quer durch die Osthänge des Linard auf Saus=sauta und zur Linardhütte; 3.30—4 h, I—II = unschwierig bis mäßig schwierig nur für Geübte, nur bei trockenem Wetter wegen gefähr=lichem Steilrasen und Grasschrofen; Steigeisen, Graseisen angenehm. Von der Alp d'Imez westl. über die steilen Grashänge hinauf, bis von S her aus den steilen Grasschrofen heraus ein Gemswechsel zu erkennen ist. Man folgt ihm ca. 20 Min., auf und ab nach S. Dann oberhalb der Steilabstürze über steile Grasschrofen hinauf, bis man auf einen weiteren horizontal nach S führenden Gemswechsel stößt. Auf ihm weiter bis man über steile Grasrinnen rechts empor zu P. 2672 emporsteigen kann. Von der Grathöhe Sassauta nach SW hinab über die Grashänge zur Hütte.

## Übergänge von der Linardhütte

gibt es streng genommen nur einen leichten Übergang: R 373; vgl. auch R 372.

**373**
Von der Linardhütte über die F. d. Glims, 2802 m, und übern Ver=einapaß zum Berghaus Vereina. I = unschwierig, nur für Geübte; bis Val Sagliains kein Weg! Vgl. Bild 10! 4—5 h.
a) Von der Linardhütte NNW ins Hochkar Glims hinauf. Die kleinen Seen bleiben rechts, dann nach W in die F. d. Glims empor, 2802 m, 1.15—1.30 h. — b) Jenseits halbrechts NW unterm Linard, aber oberhalb einer Felsstufe schräg hinab gegen P. 2385 im Inneren Val Sagliains am Fuß des Vereinapasses. — c) Weiter wie bei R 355 III übern Vereinapaß (1.30 h = 2.30 h) zum Berghaus Vereina 4—5 h. — d) Anstatt übern Vereinapaß kann man auch über die Schwaderlochfurka und durchs Vernelatal, ca. 1 h mehr.

**374**
Über Sassauta ins Val Lavinuoz; I—II = unschwierig bis mäßig schwierig; heikler, schwierig zu findender Übergang, nur für Ge=übte, nur bei trockenem Wetter. 2.30—3 h.
a) Von der Hütte talein und bald rechts empor nach NO auf den grasgestuften Grat Sassauta bis etwa zum P. 2672 hinauf, 0.45—1 h.

Wundervoller Engadin=Blick bis nach Tarasp hinab. — b) Jenseits
östl. durch steile Grasrinnen hinab bis nach etwa 200 m Abstieg
links über die Rippen ein Gems= und Schafwechsel quer nach N
führt und schnell absteigend sich verliert. Man folgt ihm und strebt
nun über steiles Geschröf hinab bis oberhalb der letzten unüberwind=
lichen Steilabstürze, wo neuerdings ein Wechsel deutlich ausgeprägt
**auf und ab nach N zieht. Man folgt ihm ca. 20 Min. bis etwa in
Höhe der Alpe d'Immez im Talgrund, ein Abstieg möglich wird.
Vom Talgrund über Weiden talein nach Marangun, 1.45—2 h
= 2.30—3 h (oder talaus nach Lavin).**

## Sommerdorf Schlappin im Schlappintal

### 375
**Das Sommerdörflein Schlappin (Voralpe)** liegt 1658 m südl. vom
Schlappinerjoch, am Sonnenhang nördl. des Schlappinbaches dort
wo das Schlappintal einen scharfen Knick nach S macht. Kleiner
Stausee beim Dorf. Neben einer Anzahl Bauern= und Privathütten be=
steht ein gutgeführtes **Touristenheim Schlappin** mit Betten und La=
gern, am S=Rand beim Stausee, bewirtschaftet ab Anfang Juni bis
Anfang Oktober. Alle Auskünfte durch den Verkehrsverein Klosters=
Dorf. — Schlappin ist einziger Standort für Touren im Schlappintal,
so weit man nicht kürzer oder besser je nach Ziel von der Fergen=
hütte, Tübinger Hütte oder Seetalhütte ausgehen kann. Auf den Alp=
hütten im Innerschlappin keine Unterkunft. — K a r t e : LKS Bl. 497
oder Zus.=setzung 248 und 249.
Zugang von Gargellen übers Schlappinerjoch s. R 158.

### 376
**Zugang von Klosters=Dorf nach Schlappin. 1.15—1.30 h.**
a) Vom Bahnhof Klosters=Dorf, 1124 m, auf der Talstraße kurz nach
O zur Ortsmitte, wo der Weg in Schlappintobel nach N abzweigt,
zuerst als kleine Straße (zum E=Werk), dann als steiler steiniger
Weg zunächst rechts ostufrig zum Schlappinbach, dann bei der
Brücke, 1410 m, über den Bach und links westufrig steil empor zum
Stausee und links W von ihm zum Touristenheim und Sommerdorf
Schlappin.

## Übergänge von Schlappin

Neben dem häufig benützten alten Übergang übers Schlappinerjoch
wird nur noch der übers Garnerajoch zur Tübinger H. öfters benützt.

### 377
**Von Schlappin übers Schlappinerjoch nach Gargellen; 2.45—3.15 h.**
Alter beliebter Übergang aus dem Prätigau ins Montafon. Rot bez.
Weg.
a) Am Nordrand des Dörfleins zweigt vom Ortsweg der Schlappiner=
weg nach N ab, überquert NO den Schwarzbach und steigt östl.
vom kleinen Bach, der vom Joch herabkommt, in Kehren nach N
empor, führt dann nach W zum Bachgraben zurück, der bei genau
2000 m ü. M. überquert wird. Jenseits links, westl. des Baches steil
nach N empor zum Schlappinerjoch, 2202 m, 1.25—1.45 h.
b) Vom Joch jenseits gerade in Kehren hinab ins Valzifenztal und
rechts vom Valzifenzbach talaus über die untere Valzifenzalpe (links
gegenüber im W die Madrisahütte, s. R 154) und über Vergalden
nach Gargellen s. R 153, 1.15—1.45 h = 2.45—3.15 h.

**378**

**Von Schlappin übers Garnerajoch zur Tübinger Hütte, 3.15—4 h.**
Kürzester Zugang von Klosters in die österr. Westsilvretta.
a) Von Schlappin nach O talein, zuerst besser links nördl., später
rechts südl. vom Bach übers Außersäß, 1830 m, zum Innersäß der
Kübliser Alp, 1.15 h. Dicht SW der Alphütte, 2026 m übern Bach
und jetzt nicht weiter im Talgrund einwärts sondern links nach N
und NW auf gut kenntlicher Steigspur über eine Steilstufe ins Garneira hinauf und durch dieses Täli nach NO, zuletzt rechts nach O
aufs Garnerajoch, 2489 m, 1.20—1.45 h = 2.30—3 h. (Grenztafel
Schweiz/Österreich, kl. Zollwachhütten.) Ab hier AV-SiKa!
b) Vom Joch auf rot markiertem Weg nach NO, dann O hinab
durch das Hochkar zur Wegteilung und Wegtafel bei der Zollwachhütte, 2196 m (s. auch R 159 c) und in weitem Bogen rechts ausholend horizontal durch den Talschluß hinüber zur jenseits bereits
sichtbaren Tübinger H., 0.45—1 h = 3.15—4 h.

**379**

**Sonstige Übergänge von Schlappin in die Westsilvretta.**
Mehrere Möglichkeiten, alle weglos und nur selten begangen, nur für
Geübte. 1 Übergang ins Garneratal, 2 ins Seetal und 2—3
zur Fergenhütte, die letzteren nur auf der LKS, die anderen noch auf der AV-SiKa eingetragen.
a) Fast alle gehen vom Innersäß, der Kübliser Alp, 2026 m, im
Innerschlappintal aus. Bis dorthin s. R 378 a. 1.15 h.
I. Übers Hochjöchli (Hühnertälijoch), 2695 m, zur Tübinger
Hütte, 4.30—5.15 h. Vom Innersäß (siehe a) weiter SO und O talein,
bis man leicht nach N zum Hühnersee hinauf kann, 1.45—2 h
= 3—3.15 h. Vom See gerade nach NO zum Jöchli hinauf, 45 Min.
und jenseits links halten hinan zur Tübinger H. 1 h = 4.30—5.15 h.
II. Über die Schottenseelücke zum Schottensee (und zur
Seetalhütte oder Saarbrücker H.). Wie oben bei I. zum Hühnersee,
3 h von Schlappin und nach O, zuletzt über Steilschutt auf die
Schottenseelücke, 2644 m, LKS, zw. Seeschyen und P. 2686; 35 bis
45 Min. = 3.30—3.45 h. Jenseits steil über Schrofen, Rasen und
Schutt zum Schottensee hinab, 20—30 Min. = ca. 4 h. — 1. Zur
Seetalhütte rechts hinab nach S wie bei R 191 c, 35—45 Min.
= 4.30—5 h. — 2. Zur Saarbrücker H. über den Seegletscher hinauf zur Seelücke und wie bei R 191 b zur Hütte hinab,
1.15—1.30 h = ca. 5.30 h
II. Übern Scheienpaß zur Seetalhütte 4—4.30 h. Vom Inner-
säß (siehe a) nach SO und O ins oberste Schlappin hinauf, aber
nicht nach N zum Hühnersee sondern weiter nach O, rechts vom
P. 2363 der AV-SiKa vorbei, dann steil über Gras und Schutt (Firn)
nach SO hinauf zum Scheienpaß, ca. 2570 m, unmittelbar S von
P. 2583, 3—3.15 h von Schlappin. Jenseits nach O über Steilrasen
und Geröll ins obere Seetal und rechts nach S zum See und zur
Hütte (s. R 385), 50—70 Min. = 4—4.30 h.
IV. Über die Fergenfurka zur Fergenhütte, 4.30—5.15 h.
Die Furka, 2650 m, liegt östl. der Fergengruppe. Man geht vom
Innersäß durchs Juonentäli und rechts nach W auf die Furka. Jen-
seits gerade ins Kar „Inner Fergen" hinab und unten rechts nach W
zur Hütte hinüber; s. R 384.
V. Über die Rote Furka zur Fergenhütte 4.30—5 h. Vom
Innersäß talein über P. 2131, dann rechts nach SSW zur Furka hinauf
über Rasen und Schrofen, zuletzt durch eine Schutt- und Schnee-

rinne zwischen dem Fergen=Nordpfeiler links und Schiltfluh rechts.
Jenseits steil über Rasen und Geröll zur Fergenhütte hinab; s. R 383.
VI. Über die Schiltfurka zur Fergenhütte. Von Schlappin
über Säß (Hirtenhütte, 2085 m) und „Bei den Seen" zur Furka und
jenseits zur Hütte hinab, 4—5 h; s. R 382.

## Die Fergenhütte

**380**
**Fergenhütte,** 2141 m, erbaut von der Sektion Prätigau
(SAC), unbew. für Selbstversorger, offen. 18 M, Dek=
ken, Kochgeschirr, Holz usw. Gebühr und Zahlungs=
weise s. Anschlag in der Hütte.

In prächtiger Lage am S=Hang des schönen Touren=
gebietes der Fergengruppe. Außer übers Wochenende
kaum besucht. Kein Skigebiet. Karte: LKS Bl. 497.
Lage: Südl. der Fergenhörner wenig ob dem Zusam=
menfluß der beiden Quellbäche des Valschmelatobels.

*Fergenhütte gegen Schiltfluh links und Fergenhörner rechts*
*Gezeichnet von Karlheinz Matthies*

Die Hütte steht am äußeren Rand einer kleinen Terrasse über dem Tobel, unmittelbar östl. seines Hauptbaches.

**381**

**Zugang von Klosters zur Fergenhütte; 3.15—3.45 h,**
Straße, Alpweg und Fußweg.
Von Klosters-Platz wie bei R 353 I oder II auf Straße oder Fußweg zu den Alpen Pardenn u. Garfiun (1390 m und 1373 m) deren Alphütten ca. 400 m bzw. 300 m oberhalb der Straße liegen. Etwa in der Mitte zwischen den beiden Alphütten zweigt von der Talstraße der Alpweg nach N ab. Er führt mit mehreren Kehren, zweimal weit nach O ausholend hinauf zur Alphütte Obergarfiun, 1935 m. Hinter der Alphütte auf Fußsteig weiter im Zickzack aufwärts nach N, östl. des Valschmelatobels, zuletzt einen Tobelarm querend zur Hütte hinauf.
(Ortskundige können auch schon bei Schwendi von der Straße ab und auf Alpweg durch den „Pardenner Wald" (oberhalb der Alpe Pardenn) aufsteigen bis zur Waldgrenze (Kl. Hütte, 1753 m), wo nördl. oberhalb ein Fußweg schräg rechts nach O zur Hütte hinaufführt.

### Übergänge von der Fergenhütte

**382**

Übergänge mit Weganlagen gibt es von Fergen aus nicht. Alles ist mehr oder weniger wegloses Hochalpengelände, nur für geübte Bergsteiger; für sie einige kurze Hinweise.
Über die Schiltfurka, 2637 m, ins Schlappintal 3.30—4 h.
Von der Fergenhütte unter der Schiltfluh durch, NW, ins Hochkar „Groß-Schilt". Durch dieses auf die Furka, 2—2.15 h zwischen Schiltfluh und Alpeltigrat. Jenseits hinab nach W zu den Seen und über Säß (Hirtenhütte, 2085 m) auf Steigspur ins Schlappintal und nach Schlappin.

**383**

Über die Rote Furka, ca. 2700 m, ins Schlappintal. Von der Fergenhütte gerade nach N durch das Hochkar „Außer Fergen" empor zur Furka, 1.45—2 h, wobei man links auf der Schiltfluhseite bleibt wegen Steinschlag von den Fergenhörnern herab. Jenseits gerade hinab zum Innersäß, 2026 m und talaus nach Schlappin, 2 h = 4 h.

**384**

Über die Fergenfurka, 2650 m, ins Schlappintal oder zur Tübinger H., Saarbrücker H. und Seetalhütte.
a) Von der Fergenhütte NO ins Hochkar „Inner Fergen" empor und nach N (geringe Steigspuren) zur Furka hinauf, 1.30—1.45 h. Jenseits kurz nach N, dann halbrechts NO ins Juonentäli hinab und

durch dieses ins Schlappintal hinunter, talaus nach Schlappin. 2—2.15 h
= 3.30—4.30 h.

b) Zur Tübinger Hütte (5—6 h) geht man vom Ausgang des
Juonentäli rechts nach NO durchs oberste Schlappintal im Bogen
hinüber nach N und wie bei R 379 I. übern Hühnersee und Hochjöchli ins Garnera hinüber.

c) Zur Saarbrücker Hütte (6—6.30 h) geht man wie oben
bei b) zum Hühnersee und weiter wie bei R 379 II. über die Schottenseelücke und Seelücke zur Saarbrücker H.

d) Zur Seetalhütte (4.30—5.15 h) geht man wie bei b) ins
innerste Schlappin und wie bei R 379 III. nach O übern Scheienpaß
ins Seetal und zur Hütte hinüber.

## Die Seetalhütte

**385**

Seetalhütte, ca. 2065 m, der Sektion St. Gallen (SAC).
In einer Alphütte eingerichtete unbew. kleine Hütte
für Selbstversorger, offen, 12 M, Kochgeschirr, Holz,
Decken usw. Gebühren s. Anschlag in der Hütte.
Lage: Dicht östl. der Südspitze des „Feldsees", 2062 m,
im Seetal SW der Litzner-Seehörnergruppe. Das Seetal
ist ein nördl. Seitental des innersten Sardascatales. Die
Hütte ist in der AV-SiKa eingetragen, nicht aber in
der LKS.

Tourengebiet: Die östl. Fergengruppe, Garneragruppe, Kromergrat und Litznergruppe.

Zugang von Klosters zur Seetalhütte, 3.30—4 h.

**386**

Wie bei R 353 I. oder II. zur Straßengabel, 1416 m, im Wald oberhalb der Alpe Novai. Weiter links nach O auf dem Sträßlein durch
schönen Bergwald talein über Alp Spärra, 1575 m (ab hier AV-
SiKal) bis zu den Hütten der Alpe Sardasca (1648 m; 2.30—3.15 h),
wo das Sträßlein endigt. Nördl. hinter den Hütten zweigt der Alpweg ins Seetal ab und führt stets rechts östl. des Baches nach N
empor zur Seealpe, 2021 m. Auf Steigspuren in wenigen Minuten
zum See und Hütte hinauf, 1 h = 3.30—4 h.

## Übergänge von der Seetalhütte

**387**

Die Seetalhütte bietet einige interessante, meist hochalpine Übergänge; nur für Geübte. Nachstehend eine Auswahl; Geübte finden
weitere Möglichkeiten an Hand der Karte.

a) Zur Fergenhütte geht man übern Scheienpaß und die Fergenfurka, 4—5 h, s. R 384.

b) Ins Schlappintal entweder übern Scheienpaß oder über die Schottenseelücke, letztere etwas weiter aber sehr lohnend; 3.30—4.15 h
bzw. 4.30—5 h, s. R 379 II. und III.

c) Zur Tübinger Hütte am besten übern Schottensee und Plattenjoch,
3.15—4 s. R 188 und 206 b. Oder über die Schottenseelücke und das
Hochjöchli, s. R 379 I. 4—4.30 h.

d) **Direkt ins Kromertal** und zum Vermuntsee geht man über die Schweizerlücke, 3.30—4.15 h.

e) **Zur Saarbrücker Hütte** und ins Kromertal bzw. zur Bielerhöhe geht man durchs Seetal hinauf und übern Schottensee, Seegletscher und Seelücke, 3—4 h (bzw. 4—5—6 h).

f) **Zu den Silvrettahütten/SAC (untenherum)** geht man am kürzesten, wenn auch mit Höhenverlust, über Alp Sardasca und weiter wie bei R 391 b, 2.30—3.15 h.

g) **Zu den Silvrettahütten/SAC (obenherum)** können Geübte auch sehr lohnend von der Hütte nach O über den Augstberg zur „Scharte", 2682 m, und über Obersilvretta nach S wie bei R 211 b zu den Hütten, 4—5 h und mehr.

388/89 offene Randzahlen für Nachträge.

## Silvrettahütten/SAC

### Silvrettahütte und Silvrettahaus

**390**

Silvrettahütten/SAC in prächtiger Aussichts= und Son=nenlage mit weitem Blick ins Prätigau hinaus und in=mitten eines großartigen Tourengebietes. Vgl. Bild 25! Die Silvrettahütten, 2339 m (2341 m LKS) sind Eigentum der Sektion St. Gallen des SAC. Sie bestehen aus der stets offenen Klubhütte — Silvrettahütte — (20 M, Decken, Holz, Kochgeschirr usw.) und aus dem größeren Silvrettahaus (6 B, 50 M, Telefon) einige Meter unterhalb der Hütte. Das Haus ist im Sommer von Anfang Juli bis Ende September und im Winter von Mitte März bis Ende April, sowie an Pfingsten vom Pächter bewirtschaftet, der zugleich die Hütte beauf=sichtigt. Nächste Tal= und Bahnstation und Postadresse: Klosters im Prätigau. Gebühren: Vgl. die Anschläge in den Hütten.

Die erste und sehr schlichte kleine Silvrettahütte wurde 1865 von der Sektion Rhätia des SAC erbaut und war die erste Klubhütte in der Silvrettagruppe, zugleich die dritte vom Schweizer Alpenclub erbaute Hütte. Die jetzige 1891 von der Sektion Davos SAC erbaute Hütte wurde 1910 von der Sektion St. Gallen erworben, desgleichen das ursprünglich private Silvrettahaus.

L a g e : Die Hütte liegt 2339 m hoch im sonnigen west=offenen Mädjitäli (MT auf Bild 25!), etwa 100 m NW vom Mädjibach, ca. 300 m SSO vom begrünten Schro=fenrücken des ‚Birchenzuges' = P. 2454, der das Mädji=täli vom Galtürtäli trennt und großartigen Rundblick und Orientierung gewährt.

Tourengebiete: Die gesamte Umrahmung des Sil=
vretta= und Verstanklagletschers mit den anschließen=
den Gruppen: Litznergruppe, Silvrettakamm, Kloster=
taler Berge, Buin= und Flianagruppe, Verstanklagruppe,
mit Gipfelzielen jeder Art. Eines der gipfelreichsten
und vielseitigsten Tourengebiete der Silvretta. Sehr
schönes hochalpines Skigebiet bis in Frühsommer hin=
ein. Näheres in meinem Silvretta=Skiführer s. R 58.
Karten: Die Hütten und ihr Tourengebiet sind ge=
samthaft auf der AV=SiKa und auf der LKS Bl. 498
bzw. 249 zu finden; nur für den westlichsten Teil des
Zuganges von Klosters bis zur Alp Spärra benötigt man
Blatt 497 der LKS, doch ist dies Straßenstück notfalls
auch ohne Karte leicht zu finden.

Rundsicht von den Silvrettahütten:

Großartiger Talblick nach W durchs Sardascatal ins Prätigau hinaus
auf Klosters. Links über Klosters die felsige Casannaspitze, mit
langem Grat linkshin zur hellen Davoser Weißfluh. Über den grünen
Almbergen des Prätigau erhebt sich rechts von der Casanna in der
Ferne (das Rheintal ist dazwischen) das massige Ringelgebirge
und rechts davon anschließend die Grauen Hörner (Piz Sol),
die hinter dem sich nun vorschiebenden Grat des gezackten Keß=
ler (Fergengruppe, Silvretta) verschwinden. Links über dem Sar=
dascatal (links vor der Weißfluh) steigt das Canardhorn auf und
vor dieses schiebt sich der Roggengrat, dessen grüne unteren Steil=
hänge schöne Erosionsbilder, besonders in dem eigenartigen Hasen=
tobel, gewähren. Links über den Grat steigt über dem Roggen=
gletscher die schöne halbrunde Kuppe des Roggenhornes auf, dessen
langer Ostarm links herüber zur Roggenfurka und zum Rot=
horn. Dann schiebt sich der nahe Mädjikopf vor und links hinter
ihm steigen im S die steilen Nordwände der Verstanklaköpfe auf.
Selbst die schlanke Spitze des Verstanklahorns ist von dem freien
Platz unterhalb des Silvretta h a u s e s sichtbar. Dann schieben sich
die grünen Hügel der nächsten Umgebung vor und die Stirnmoränen
des Silvrettagletschers, über denen im O die Rotfluh auftaucht. An
sie schließt sich links herwärts und vielfach begrünt der lange Grat
zum Tälihorn an, dessen Signal herableuchtet. Der Birchenzug
schließt nach links zum Keßler hin das Bild.
Besser ist die R u n d s i c h t  v o m  n a h e n  B i r c h e n z u g, 2454 m.
Von dort im N die ganze Litznergruppe und im O der ganze Sil=
vrettagletscher mit dem Silvrettapaß darüber. Links vom Paß:
Signalhorn, Silvretta=Eckhorn, Silvrettahorn, Rotfluh. Rechts vom
Paß der Gletscherkamm, den das tiefe Verstanklator von der Tor=
wache und dem gewaltigen Verstanklahorn trennt. In langem Zug
schließen sich die Verstanklawände mit den Verstanklaköpfen an
(vgl. Bild 25!) sowie der ganze Kamm bis zum Canardhorn im W.

## Zugänge zu den Silvrettahütten/SAC

Die Hütten haben nur einen direkten Zugang aus
dem Tal, von Klosters, s. R 391. Alle anderen ‚Zu=

gänge' sind Übergänge aus den Nachbartälern und von deren Hütten, bei diesen als Übergang zu den Silvrettahütten beschrieben und dort nachzulesen, bitte. Dies gilt auch für den ‚Zugang' aus dem Unterengadin von Guarda über die Tuoihütte, s. R 422a II.

Achtung! Die Straßen ins Sardasca= und Vereinatal sind ab Monbiel **für jeglichen privaten Motorfahrzeugverkehr gesperrt!** Es gibt keine Ausnahmebewilligungen!

Dafür besteht eine von der Eidgen. Postverwaltung konzessionierte **Autolinie** („Personentransport") von **Klosters bis Alp Sardasca,** die von der Parsenn-Garage H. Wittwer, Klosters, mit Spezialfahrzeugen betrieben wird. Nur im Sommer! Kein fester Fahrplan, vorherige Anmeldung daher unerläßlich und an die Parsenn=Garage erbeten.

Zur Autolinie ins Vereinatal vgl. R 353.

## 391
**Zugang von Klosters zu den Silvrettahütten/SAC;** 4.30 bis 5.15 h, Straße und Fußweg, nachmittags sehr sonnig und heiß.

a) Von Klosters=Platz, 1200 m, entweder auf der Straße nördl. oder auf Fußwegen südl. der Landquart (Näheres s. R 353a I. und II.) zur Alpe Novai bzw. zur Straßengabel, 1416 m, im Wald ob der Alpe Novai, 1.45—2 h. Man geht links nach O auf dem Sträßlein durch schönen Bergwald und über die Weiden der Alp Spärra, 1755 m (ab hier AV=SiKa!) zu den Hütten der Alp Sardasca, 1648 m; 1—1.15 h = 2.45—3.15 h. Ende des Sträßleins.

b) Weiter auf dem Saumweg nach O (nicht links nach N ins Seetal!) und über den von Obersilvretta kommenden Bach, P. 1680, zur Wegteilung jenseits des Baches am Fuß des sog. ‚Silvrettaecks': (der „alte" Weg führt links, NO übers Eck hinauf), man geht besser rechts auf dem „neuen" Weg nach O, dann über den Galtürtälibach und nach SO über die sog. Birchen= züge in Kehren steil empor ins Mädjitäli, dessen Bach immer rechts bleibt; zuletzt wieder nach O und NO zu den Hütten hinauf; 1.45—2 h = 4.30—5.15 h.

Die zentrale Lage am Silvretta=Westrand ergibt zahl=
reiche Übergänge in die Mittelsilvretta, d. h. sie sind
z. T. in die beliebten Silvretta=Durchquerungen einge=
gliedert und dort z. T. auch schon beschrieben. Rei=
henfolge von NW über N nach O und S und W.

**392**

**Zugang zum Silvrettagletscher und zur Roten Furka.**
Weil die Mehrzahl der Übergänge diesen Zugang be=
nützen muß, wird er vorweg beschrieben. Vgl. Bild 25.

a) Von den Silvrettahütten auf gutem Steig nach O
ca. 100 m zum Mädjibach, der mit großen Blöcken
„überbrückt" ist. Auf seinem O=Ufer immer rechts
vom Bach durch das Mädjitäli NO auf deutlichem
Steig empor auf die Moränen im Vorfeld des Glet=
schers; Steindauben. Dicht S unter dem Moränenkopf,
2532 m, durch nach O und halblinks (der Weg ver=
liert sich dann und wann) gegen den Fuß des „Glet=
scherrückens" hinauf und entweder ihm entlang über
Moränenschutt oder am oder auf dem Gletscherrand
nach O (über Schutt, Firn oder Eis, je nach Verh.) bis
in Höhe der rötlichen Geröllhalde, welche links von
N, von der Roten Furka herabkommt, ca. 2610 m; ca.
40—50 Min. Wegteilung:

b) Zur Roten Furka, 2688 m, links nach NW
steil auf Steigspur über die Geröllschrofen 15—20 Min.
= 1.10—1.30 h.

c) Zum Silvrettapaß oder zur Eckhornlücke usw.
nach O und SO über den Gletscher empor wie bei
R 395 bzw. 396, oder auf anderen Führen je nach Ziel.

**393**

Von den Silvrettahütten/SAC zur Seetalhütte. a) Man geht trotz
Höhenverlust am kürzesten unten herum über Alp Sardasca und von
dort wie bei R 386 zur Hütte hinauf, 2.30—2.45 h. — b) Schöner und
interessanter, aber weiter ist der Übergang oben herum (nur für Ge=
übte): ins Galtürtäli hinüber (auf Steigspuren zw. Birchenzug, 2454 m,
und P. 2479 durch, dann W unter P. 2498 durch) und über Ober=
silvretta zur ‚Scharte', 2682 m. Jenseits W hinab über den Augstberg
ins Seetal und zur Hütte; 3.14 h. Vgl. R 387 g.

**394**

**Von den Silvrettahütten/SAC zur Saarbrücker Hütte**
gibt es mehrere Möglichkeiten:

I. Über die Rote Furka und Klosterpaß. Der beliebteste Übergang. Nur für Geübte. I = unschwierig, aber z. T. weglos. 3.30—4.15 h. Wie bei R 392 auf die Rote Furka 1.10—1.30 h. Weiter wie bei R 255 a—e über den Klosterpaß — Winterlücke — Litznersattel zur Saarbrücker H. 2.15 bis 2.45 h = 3.30—4.15 h.

II. Über Obersilvretta. Nur für Geübte. 4.30—6 h und mehr, je nach Führe und Verh. Wie bei R 393 nach Obersilvretta. Ab hier mehrere Möglichkeiten:

a) Von Obersilvretta entweder steil gerade zur Winterlücke hinauf oder rechts haltend den Weg vom Klosterpaß zur Winterlücke gewinnen und ihm entlang. Weiter wie oben bei I.

b) Von Obersilvretta nach N und NW über die „Scharte", 2682 m ins Hochkar jenseits nach W hinüber und entweder über die schwierigere Seehörnerscharte und die Seelücke oder durchs oberste Seetal und über den Schottensee — Seegletscher — Seelücke zur Saarbrücker H.

### 395
**Von den Silvrettahütten/SAC über die Rotfurka ins Klostertal und entweder** zur Bielerhöhe **oder** zur Saarbrücker H. Nachtrag R 1116 beachten!

a) Wie bei R 392 auf die Rotfurka, 1.15—1.30 h. Jenseits zuerst nach NW, dann N gerade hinab über Firn (Eis) ins innerste Klostertal. Punkt 2405 m.

b) Links Abzweigung zum Klosterpaß, vgl. R 234 a (von der Roten Furka aus geht man jedoch kürzer und bequemer wie bei R 255 c dorthin).

c) Zur Bielerhöhe oder Wiesbadner H. geht man zuerst kurz links, dann rechts vom Bach talaus auf Wegspuren über Schutt- und Moränenfelder, gewinnt mit einer kleinen Gegensteigung (Quelle! Rasenflecken) den Talweg und folgt ihm talaus bis zur Brücke am Talausgang, ca. 2110 m, 1—1.15 h = 2 bis 2.45 h. Weiter zur Bielerhöhe wie bei R 213 c oder zur Wiesbadner H. wie R 213 b.

d) Zur Saarbrücker H. geht man von P. 2405 stets links vom Bach ca. 500 m talaus bis P. 2378, dann halblinks schräg NNW ins Verhupftäli empor wie bei R 233 o—f übern Litznersattel.

### 396
Über die Eckhornlücke zur Wiesbadner H. I (—II) = unschwierig (bis mäßig schwierig), nur für Geübte, über zwei Gletscher, nur mit Seilsicherung. 3.45—5.30 h. Vgl. Bild 25 und 19.

a) Wie bei R 392 bis unterhalb der Roten Furka auf den Silvrettagletscher, 40—50 Min. Weiter nach O und OSO immer am linken

(N) Gletscherrand in die Firnmulde z. Eckhorn und Silvrettahorn und links über Firn, Schutt und Schrofen zur linken, oberen (nördlichsten) Lücke hinauf, 1.30 bis 2 h = 2.15—3 h.

b) Von der Eckhornlücke jenseits rechts haltend unterm Signalhorn entlang nach SO in die oberste Firnmulde des Ochsentaler Gletschers hinab. Weiter 2 Möglichkeiten:
Entweder wie bei R 397 c I links nach N über den Ochsentaler Gletscher hinab, 1.15—1.45 h = 3.45—5 h und mehr;
oder wie bei R 397 c II rechts nach O und NO und übers Wiesbadner Grätle, 2—2.30 h = 4.15—5.30 h und mehr.

## 397

**Von den Silvrettahütten/SAC übern Silvrettapaß — Fuorcla dal Cunfin — zur Wiesbadner Hütte.** I (—II) = unschwierig (— mäßig schwierig); 4—5 h und mehr. Nur für Geübte oder mit Führer, über 2 bzw. 3 Gletscher, nur mit Seilsicherung. Man beachte die Vorbemerkung v o r R 256 zu den Gletscherübergängen von der Wiesbadner Hütte! Vgl. Bild 25 und 19.

a) Wie bei R 392 auf den Silvrettagletscher und weiter über ihn nach O, später OSO, Richtung Silvretta-Eckhorn auf die Flachstufe der obersten Firnmulde am Fuß des Eckhorns. Dann rechts nach SO (oder S) je nach Spalten und Verh. über die Steilstufe des Gletscherfirns empor bis man leicht nach SO und O in die weite Paßwiege des Silvrettapasses, 3003 m, hinaufqueren kann, 2—2.30 h.

b) Vom Silvrettapaß erblickt man im O schon die Fuorcla dal Cunfin rechts am Fuß des Signalhorn-SO-Grates. Man quert fast waagrecht leicht über Firn unterm Signalhorn-Südsporn durch hinüber zur Fuorcla dal Cunfin = Grenzscharte Schweiz/Österreich (rechts südl. der Scharte im Fels die Grenzmarke), 25—30 Min.

c) Von der Fuorcla dal Cunfin zwei Abstiege zur Wiesbadner Hütte:

I. Ü b e r d e n O c h s e n t a l e r G l e t s c h e r. Bei guten Firnverhältnissen kürzer und einfacher als II., aber größere Spaltengefahr; bei starker Zerklüftung (Spalten) und Vereisung im Eisbruch aber auch schwieriger und länger als II. Seilsicherung im Sommer unerläßlich. Man geht meist am besten am linken westl. Rand der Firnmulde (ganz rechts kein Abstieg! manchmal in der Mitte) und durch die Randmulde (unter den Felsen des Silvrettahorn-Ostgratsockel) hinab nach N so lange bis man (meist zwischen ca. 2700 und 2600 m) leicht

rechts schräg gegen O oder NO quer über die Glet=
scherzunge ans O=Ufer hinabqueren kann; vgl. Bild 32
u. AV=SiKa! Man erreicht das Gletscherufer in ca.
2570 m Höhe und quert auf deutlicher Steigspur über
den Moränenrücken südl. der Grünen Kuppe nach O,
dann quer über die Eiszunge des Vermuntgletschers
und jenseits linksum nach N (mehrere Moränenweg=
lein) zur Wiesbadner H. hinab; 1.15—3 h und mehr je
nach Verh. = 4—6 h und mehr.

II. Übers Wiesbadner Grätle. Meist weniger
Spaltengefahr und gute Firn= bzw. Eisverhältnisse, da=
für leichte Kletterei am Grätle, die Seilsicherung ver=
langt. Von der Fuorcla dal Cunfin (vgl. Bild 30!) bzw.
vom Fußfuß des Signalhorns nach O und NO durch
die oberste Firnmulde unterm Kl. und Gr. Buin in ca.
3000 m Höhe fast horizontal durchqueren bis man mit
möglichst geringem Höhenverlust links nach N zum
felsgezackten Wiesbadner Grätle gehen kann. Über
Firn und Blockwerk zur flachen Scharte dicht SO von
P. 3022 m (2. markanter Grätlesgipfel von W, vgl.
Bild 19!). Jenseits über steile aber gut gestufte Felsen
den deutlichen Kletterspuren nach hinab, stets eher
wenig links (W) als rechts haltend. Vom Ausstieg NO
über Steilfirn in die Firnmulde des Vermuntgletschers
hinab, dann schräg nach N über die Zunge hinunter
ans rechte östl. Ufer, wo mehrere Moränensteige nach
N zur Wiesbadner H. hinabführen.

**398**
Von den Silvrettahütten/SAC zur Jamtalhütte über Silvrettapaß —
Fuorcla dal Cunfin — Ochsenscharte; 6—7 h, I = unschwierig. Ein=
ziger direkter Übergang ins Jamgebiet, nur für Geübte.
a) Wie bei R 392 und 497 a—c II. bis zum Ausstieg aus den Felsen
des Wiesbadner Grätles, 3.30—5 h. Jetzt nicht links hinab son=
dern rechts auf den Firnstufen unter den Felsen des Grätles
nach O leicht hinab in die Firnmulde nördl. vom Vermuntpaß,
15 Min. (über den Paß ins Val Tuoi, s. R 263).
b) Leicht nach O und ONO über den Firn, nördl. unter P. 2928
durch zur oberen Ochsenscharte, 30—50 Min. Weiter wie bei
R 25 c ins Jam hinab, 1.30—2 h = 6—7 h und mehr.
c) Man kann auch wie bei R 297 c I übern Ochsentaler Gl. abstei=
gen und wie auf Bild 32 vom Moränenrücken südl. der Grünen
Kuppe direkt zur Oberen Ochsenscharte aufsteigen, weiter wie bei b.

**399**
Von den Silvrettahütten SAC zur Tuoihütte über Sil=
vrettapaß und Mittagsplatte, 3.30—4.45 h. I = un=

schwierig. Landschaftlich großartiger, rascher und leich=
ter Übergang ins Val Tuoi und Unterengadin.

a) Wie bei R 392 und 397 a auf den Silvrettapaß 2 bis
2.30 h.

b) Vom Paß erblickt man im SO zwischen der Buin=
gruppe links und Piz Fliana rechts am vergletscherten
Sattel, 2886 m, die Felsinsel der Mittagsplatte oder Plan
da Mezdi. Leicht, etwas links (N) ausholend hinüber
zur Mittagsplatte, 15—20 Min. und wie bei R 262 b
und c hinab ins Val Tuoi zur Hütte, 1.15—1.45 h
= 3.30—4.45 h; oder nach Guarda s. R 363 e.

### 400

**Von den Silvrettahütten/SAC ins Val Lavinuoz**; ca. 5—7 h und
I—II = unschwierig bis mäßig schwierig, je nach Führe und Verh.;
wegloser Übergang nur für erfahrene Hochtouristen.

a) Zugang: entweder wie bei R 392 und 397 a auf den Silvrettapaß
und rechts nach S am Fuß der Gletscherkammes ostseitig entlang
durch die Cudera hinab gegen den Nordfuß der Parait alba, d. h.
des Ostgratrückens der Torwache (oder wie bei R 402 über das Ver=
stanklator hierher).

b) Man kann nun entweder wie bei R 260 I. und II. über Parait
alba usw. oder wie bei R 260 III. über den Vadret Tiatscha ins Val
Lavinuoz hinab zu den Alphütten oder nach Lavin (1 h mehr).

### 401

**Von den Silvrettahütten/SAC ins Vernela=Vereinagebiet**. I—II, nur
für erfahrene Hochtouristen.

a) Es gibt keinen leichten kurzen Übergang ‚obenherum', d. h. über
einen Hochpaß. Der einzige nicht allzu schwierige Übergang ist der
östl. um die Verstanklagruppe herum wie unten bei b. Alle anderen
Hochpässe im Verstankla=Vereinakamm sind keine ‚Übergänge' im
üblichen Sinne. — Wer rasch und sicher bei jedem Wetter zum
Berghaus Vereina übergehen will, muß zur Alp Sardasca hinab
(s. R 391), und über Alp Spärra auf der Sardascatalstraße absteigen
bis zur Straßengabel, 1416 m, im Wald ob Alp Novai. Von dort
links ab nach S ins Vereinatal und zum Berghaus, 3.30—5 h; s. auch
R 353 b.

b) Über Paraid alba — Fuorcla Zadrell zum Berghaus Vereina. Wie
bei R 400 a an Fuß der Paraid alba. Weiter über diesen Gratrücken
und Fuorcla Zadrell ins Vernela=Vereinatal wie bei R 260 I. und II.
bzw. wie bei R 261 a—c, 6—8 h und mehr, je nach Führe u. Verh.

### 402

**Von den Silvrettahütten/SAC über die Krämerköpfe ins Verstanklatal
und zum Verstanklator**. I = unschwierig. Nur für Geübte, kein Weg.
Es gibt mehrere Möglichkeiten, ins Verstanklatal hinüber zu ge=
langen:

a) Über den Sattel östl. vom Mädjikopf. Von der Hütte nach O
über den Mädjibach und jenseits sofort rechts südl. durch die Block=
halden auf guter Wegspur zur Scharte östl. des Mädjikopfes. Jenseits
links nach Osten auf breiter begünter Stufe abwärts, dann quer über
die Abflüsse des Silvrettagletschers und unter den Krämerköpfen

durch, später einen Moränenrücken rechtshin nach S überquerend ins Verstanklatal hinüber, das man etwa zwischen 2300 und 2400 m erreicht, je nach Führe, Gelände, Verh. und Höhenverlust.

b) Über den Verstanklagletscher hinauf zum Verstanklator, 2938 m; 2.15—3 h.

c) Vom Tor viele Möglichkeiten, besonders lohnend die Rundtour um den Gletscherkamm zum Silvrettapaß und zurück zu den Silvrettahütten/SAC oder über die Fuorcla dal Cunfin zur Wiesbadner H. siehe R 297. Oder über die Mittagsplatte zur Tuoihütte, s. R 262 b.

d) Den oberen Verstanklagletscher und das ʳtor kann man auch über den Krämersattel zw. den Krämerköpfen und Gletscherkamm erreichen, in dem man dicht östl. P. 2811 den Gletscherrücken überquert und schräg nach SO absteigt; im Spätsommer usw. aber oft stark zerklüftet und vereist.

e) Auch von den verschiedenen Krämerköpfen sind mehrere z. T. schwierige und schwer zu findende Abstiege ins Verstanklatal möglich.

403—409 Offene Randzahlen für Nachträge.

## Alphütten im Val Lavinuoz

**410**

Das südoffene, hochromantische Val Lavinuoz, das bei Lavin ins Unterengadin (Inn) mündet, ist durch keine Schutzhütten erschlossen, obgleich es weitaus das schönste der südseitigen Silvrettatäler ist und den großartigsten Talschluß hat, rings um den die stolzesten Gipfel der Südsilvretta als Tourenziele stehen: Piz Linard (O- und N-Flanken, bzw. NO- und NW-Grat), Piz Sagliains, Chapütschin-Verstanklahorn-Torwache (O- und S-Anstiege), die ganze Flianagruppe.

L a g e : Der Bergsteiger ist deshalb auf die d r e i A l p h ü t t e n des Tales angewiesen: **Alp Dadoura**, 1779 m = Die Untere Alpe im schönen Lärchenwald des untersten Tales, die **Alp d'Immez**, 1951 m = die Mittlere Alpe an der Waldgrenze, und 25 Min. weiter talein Marangun, 2023 m = die Hochalp-Hütte im Talschluß in herrlicher Lage (Lit.: vgl. Flaig SiBu 1954, S. 49 bzw. 57 ff oder AVZ 1923 S. 21). Die Unteralp kommt als Standort weniger in Frage, dagegen die zwei andern. Die Alpen gehören der Gemeinde Lavin und werden im Sommer wechselweise mit Vieh bestoßen: im Vorsommer Dadoura, dann bis Ende Juli d'Immez und im Hochsommer Marangun, ca. 3 Wochen von Ende Juli bis Mitte (Ende) August, dann wieder d'Immez, ca. 2 Wochen und zuletzt Dadoura nochmals. Dies zu wissen ist wichtig, weil man nur auf den n i c h t von den Hirten besetzten Alphütten unterkommen kann und einfachste Lager aber keine Decken usw. für 2—4 Personen findet. Irgend ein Anspruch auf Unterkunft besteht nicht! Ob 2—3 Personen noch neben den Sennen bzw. Hirten auf den besetzten Alpen unterkommen können, hängt von einer entsprechenden Vereinbarung ab. Auskünfte und Schlüssel bei der Gemeinde Lavin. Milch erhält man von den Sennen. Kochstelle und etwas Holz meist vorhanden. Man vergleiche, bitte, R 151 h!

K a r t e n : Der Talschluß ist noch ganz auf der AVʳSiKa, nicht aber das Tal und die Hütten, s. LKS Blatt 498 oder 249.

**411**

**Zugang von Lavin zu den Alphütten im Val Lavinuoz.**
2—2.15 h. In der Ortsmitte von Lavin, 1412 m (Station der Rh. B., 1432 m) zweigt der gute Alpweg nach N ab und führt rechts östl. neben dem Lavinuozbach durch schönen Wald empor, an der Alp Dadoura, 1779 m (die rechts oben bleibt) vorbei, dann links übern Bach und fortan am W=Ufer unter der 1300 m hohen Linard=Ostflanke talein. Die Alpe d'Immez, die Hütte, liegt auf dem Ostufer (Brücke; 1.30—1.45 h; 1951 m). Nach Marangun bleibt man auf dem W=Ufer, ca. 25—30 Min. weiter talein = 2—2.15 h. Die Hütte liegt 2023 m zwischen den zwei Bächen, in die sich der Talbach gabelt.

### Übergänge von Marangun – Lavinuoz

Die Übergänge werden nur von der Hochalpe Marangun beschrieben, von d'Immez also ca. 30 Min. mehr. — Fast alle Übergänge sind weglos, nur für geübte Hochtouristen und nur für solche kurz angedeutet.

a) Zur Linardhütte vgl. R 372!

b) Zum Übergang über die Fuorcla Linard ins Val Sagliains und über den Vereinapaß zum Berghaus Vereina, vgl. die umgekehrte Beschreibung R 363, die dem Geübten genügend Anhalt bietet.

c) Zum Übergang über den schwierigen Vernelasattel, s. dort.

**412**

**Von Marangun=Lavinuoz über F. Zadrell zum Berghaus Vereina;** 4—5 h. Alter aber verfallener Übergang, landschaftlich großartig.

Dicht südl. von Marangun zweigt halbrechts nach S aufwärts der alte Zadrellweg ab, steigt kurz nach W empor, wendet dann rechts nach N, überquert den Muntanellasbach und steigt, sich verlierend nach NW empor. Man überquert den Ostrücken des Piz Sagliains und steigt immer nach NW durch das Hochkar (Stange im tiefsten Karboden) über Rasen und Geröll zur F. Zadrell, 2752 m, auf. 2.15—2.30 h. Jenseits leicht, zuerst halbrechts, später halblinks über Firn und Schutt,

dann auf Wegspuren und Alpweg rechts vom Bach
durchs Vernelatal zum Berghaus Vereina, 1.30—2.15 h
= 4—5 h.

**413**

**Von Marangun=Lavinuoz zur Cudèra=Firnmulde** (und
**zum Verstanklator oder Silvrettapaß oder
zur Fuorcla dal Cunfin oder zur Mittags=
platte**). — Man beachte zuerst die umgekehrte Be=
schreibung R 260 und die AV=SiKa! Alle Übergänge
nur für geübte Hochtouristen, jahreszeitlich sehr wech=
selnd. Zur Beachtung: **Paraid Alba** = Weiße Wand
heißt der Rücken bzw. die Wand westl. und südl.
P. 2962 unmittelbar W überm Tiatschagletscher im O=
Gratrücken der Torwache.

a) Mehrere Möglichkeiten für diesen Aufstieg:

I. Über P. 2814 und Paraid Alba. Der technisch leich=
teste Aufstieg, I—II = unschwierig bis mäßig schwierig.

a) Von Marangun zw. den Bächen talein (Wegspuren) nach ,Las
Maisas , 2121 m, im obersten Talboden. Dann weglos über grobes
Geröll an das Unternde der großen Moräne, die östl. vom Vadret
della Maisas steil als ausgeprägter Kamm herabzieht. Auf dem Mo=
ränenkamm empor bis er an den Felsen endet, 2504 m. Schräg
rechts empor auf diese Felsen und in weiter Rechtsschleife zur Mitte
ihrer grüngestuften Schrofen. Jetzt zuerst in der Fallinie über die
nächste Stufe hinauf, dann links hinüber und hinauf auf den Rücken
NW von P. 2814.

b) Von hier waagrecht in weitem Bogen nach N und NO über Schnee
und Geröllbänder auf den Rücken (Firn) der Paraid Alba, 2.30
bis 3.15 h.

c) Jenseits schräg links hinab auf die Cudera (zu Zeiten vereist
oder Bergschrund oder Randkluft, die man notfalls an geeigneter
Stelle überfährt oder überspringt oder aber ganz rechts im O oder
ganz links im W auf Felsen umgeht). Von der Cudera weiter wie
unten bei IV.

II. Durch die Ostrinne der Paraid Alba; II (—III)
= mäßig schwierig bis schwierig. Übersicht: Zwischen P. 2814 und
P. 2962 ist ein trichterförmiges Hochtälchen eingesenkt, das unten
als (schluchtartige) Felsrinne nach O gegen die Zunge des Vadr.
Tiatscha ausmündet und abbricht. Wegen des zurückweichenden
Gletschers ständig wechselnde Verhältnisse am Einstieg in die Rinne,
die bei viel Schmelzwasser in der Rinne kaum begehbar ist.
Von Marangun zwischen den Bächen nach N talein auf Wegspuren
bis Las Maisas, dann weglos über Moränenschutt zum Ostende der
Gletscherzunge des Vadr. Tiatscha. Quer über die Zunge bzw. das
Moränenvorfeld halblinks in Richtung auf die gut kenntliche oben
erwähnte Rinne. Einstieg von rechts nach links am besten etwas
oberhalb des Wasserlaufes schräg links hinüber und steil durch die
Rinne in das begrünte schutterfüllte Hochtälchen hinauf. Aus dem
oberen Trichter zuerst mehr gegen W, dann rechts nach N und NO
auf den Rücken (Firn) der Paraid Alba hinauf, weiter wie oben bei I b.

227

III. Über den Vadret Tiatscha, II—III (—IV) = mäßig schwierig bis schwierig (bis sehr schwierig) je nach Eisverhältnissen, zu Zeiten auch wesentlich schwieriger oder gar kein Durchstieg möglich.
a) Entweder direkt über den Gletscher und dem geringsten Widerstand folgend durch den Eisbruch auf die Cudera empor;
b) Oder über das deutlich kenntliche große Geröllband, welches rechts vom Tiatschabruch die Südflanke des Fliana-W-Grates schräg von rechts unten nach links-oben gegen den Tiatschabruch durchzieht auf den Gletscher und über ihn zur Cudera hinauf. Zu Zeiten (Sommer, Herbst) kann aber der Überstieg vom Bandende über die Gletscherschliffe und die Randkluft auf den Gletscher unmöglich sein!
IV. Zu den verschiedenen Weiterwegen von der Cudera über Verstanklator (s. dort) oder Silvrettapaß (s. R 259 c) oder F. d. Cunfin (s. R 397, 212) oder Mittagsplatte (s. R 262 b) vgl. auch R 365 c.

**414**

**Von Marangun-Lavinuoz über F. d'Anschatscha, 2854 m, zur Tuoihütte; 4.15—5 h, weglos.**

4a) Von Marangun zw. den Bächen talein nach Las Maisas, dann nach O über eine Brücke und auf gutem Hirtenpfad steil empor gegen P. 2402 der LKS (= nördlichster Teil des Munt da Las Muojas). Jetzt nach NO durch das Hochkar gerade zur Fuorcla hinauf, 2854 m; s. AV-SiKa!
b) Jenseits halbrechts SO hinab zwischen P. 2682 links und Piz d'Anschatscha rechts bis zu dem kleinen Seelein, ca. 2550 m, in der südl. Mulde des ‚Foura d'Anschatscha‘ genannten Hochkares. Nördl. links vom Abfluß des Seeleins über die Hochstufe und steil hinab zum P. 2110 im Val Tuoi. Über den Tuoibach „La Clozza" genannt und jenseits auf dem Weg talein zur Tuoihütte, 2250 m.

415—419 offene Randzahlen für Nachträge.

## Tuoihütte oder Chamanna Tuoi im Val Tuoi
**420**
Tuoihütte oder **Chamanna Tuoi** (rätorom.), 2250 m der Sektion Unterengadin des SAC; 25 M, mit den üblichen Ausstattung für Selbstversorger: Kochgeschirr, Holz, Decken usw. Außerdem bewirtet im Sommer (Anfang Juli bis Ende September) und Winter (Anfang März bis Mitte April); in den Zwischenzeiten offen, vgl. Bild 28. — Nächste Tal- und Bahnstation zugleich Postadresse: Guarda im Unterengadin.
L a g e : im innersten Val Tuoi in der begrünten, flachen, weiten Geröllmulde des Talschlusses, wenige m östl. überm Talbach (La Clozza), der sich wenig unter- und oberhalb gabelt, am alten „Weg" über den Vermuntpaß und fast genau südl. dieses alten Überganges und des stolzen Piz Buin (vgl. Bild 28!), der das Hauptstück der Rundsicht bildet und des schönen

Tourengebietes: Buin≈Fliana≈Gruppen, Drei≈
länder≈Jamgruppe einschl. Augstenberggebiet, Gems≈
spitze usw. von S u. SW, das über die Furcletta oder
Piz Urezzas leicht erreichbar ist; außerdem der Clavi≈
gliadaskamm (und Piz Cotschen; vgl. Chamanna Cler
R 430). Großartiges hochalpines Spätwinter≈ und Früh≈
lings≈Skigebiet, Näheres in meinem Silvretta≈Skiführer,
s. R 58.

Karte: Die Hütte und das ganze wesentliche Touren≈
gebiet, d. h. die Umrahmung des Inneren Val Tuoi
sind auf der AV≈SiKa dargestellt. Nur für das Val Tuoi
und für den Weg von Guarda herauf benötigt man
die LKS Bl. 249. Für den Zugang ist aber eine Karte
kaum nötig, weil der Fahrweg auch ohne diese leicht
zu finden ist.

## Zugänge zur Tuoihütte

**421**

Es gibt wieder nur einen Zugang aus dem Unterengadin,
von Guarda: R 421. Außer für Unterengadiner Touri≈
sten ist dieser Zugang aber ein weiter Umweg (Bahn
oder Straßenfahrt über den Albula oder Flüelapaß
usw.) für die übrigen Schweizer, die den direkten ‚Zu≈
gang‘ daher vorteilhaft von Klosters über die Silvretta≈
hütten nehmen können, allerdings nur für Geübte; vgl.
R 391 und 399. Der kürzeste Zugang von österreichi≈
scher Seite führt über den Vermuntpaß, vgl. R 263
und 288/89.

Zugang von Guarda im Unterengadin zur Tuoihütte,
2.30—3.15 h; fahrbarer Alpweg bis 20 Min. vor der
Hütte, weißblau markiert.

a) Vom Bhf. Guarda, 1432 m, der Straße nach oder
kürzer auf Fußweg bei der ersten Straßenkehre rechts
ab steil empor ins Dorf Guarda, 1653 m, 25—35 Min.
Vom Bhf. auch Postautoverbindung ins Dorf hinauf!

b) Ab Guarda≈Dorf zwei Möglichkeiten:

I. Der Hauptweg weißblau markiert zweigt nahe dem
östl. Dorfrand von der Dorfstraße links nach N ab
und führt NW über freie Hänge zum Eingang des Val
Tuoi (= ‚Clüs‘) hinauf. Wegteilung: nicht rechts son≈
dern gerade nach N weiter talein, immer rechts östl.
vom Bach bleibend, z. T. durch prächtigen Bergwald,

dann über die Schafalpe Suot, 2018 m, immer im Tal=
grund zur Tuoihütte hinauf. 2.30—3.15 h.

II. Ein etwas abkürzender Fußweg führt vom West=
ende von Guarda vom nördl. Dorfrand zur Clüs am
Taleingang hinauf; weiter wie bei I.

### Übergänge von der Tuoihütte

Mehrere interessante Übergänge. Fast alle führen an=
fangs über kahle heiße Geröllhalden, früher Aufbruch
daher dringend anzuraten. Zu dem selten ausgeführten
Übergang ins Val Lavinuoz vgl. man die um=
gekehrte Beschreibung R 414, die Geübten genügend
sagt. Das gilt auch für den Übergang über die
Buinlücke, vgl. R 262 d.

**422**

**Von der Tuoihütte auf die Mittagsplatte** (und zur
Fuorcla dal Cunfin oder über den Silvretta=
paß zu den Silvrettahütten usw.) I = un=
schwierig, meist weglos, Morgensonne, sehr heiß. Zu=
gleich einfachster Zugang zu den Buinen.

a) Von der Tuoihütte Richtung Gr. Piz Buin NW
über die begrünten Geröllfelder empor, bis man links
nach W über Steilschutt und Moränenhalden auf Steig=
spuren emporsteigen kann zwischen P. 2501 der Buin=
seite rechts und Cronsel, 2660 m, links. (Man kann auch
links südl. von Cronsel aufsteigen, aber sehr mühsam.)
Westl. oberhalb Cronsel (1 h) über Moränen und
den Firn von Plan Rai gerade zur Mittagsplatte hin=
auf; 40—50 Min. = 1.45—2 h.

**Von der Mittagsplatte bzw. Cudèra=Firnmulde** er=
öffnen sich viele Möglichkeiten:

I. Zur Fuorcla dal Cunfin steigt man leicht in
15—20 Min. rechts gerade nach N hinauf in die Scharte.
Zugleich Zugang zu den Buinen, zum Silvrettahorn
usw.; s. dort.

II. Zu den Silvrettahütten/SAC (und ins Prä=
tigau) quert man leicht NW über die Cudèra zum Sil=
vrettapaß hinauf, 3003 m und von dort weiter wie bei
R 259 c; I. 1.10—1.30 h = 3—4 h.

III. Zur Bielerhöhe oder zur Saarbrücker H. verfolgt
man R 395 oder R 255 b—e über die Rotfurka.

IV. Schließlich können geübte Hochtouristen auch über das Verstanklator (s. dort) ins Val Sardasca bzw. Prätigau; oder über Paraid Alba ins Val Lavinuoz s. R 260; oder ins Vereinatal hinüber, s. R 261.

**423**
**Von der Tuoihütte übern Vermuntpaß zur Wiesbadner**
Hütte; 2.15—3.30 h (oder zur Jamtalhütte 4—5 h).
Ein alter Übergang, nur mehr leicht vergletschert, der kürzeste vom Val Tuoi (Unterengadin) ins österr. Vermuntgebiet hinüber.

a) Von der Tuoihütte zum Vermuntpaß: auf stellenweise schlecht kenntlicher oder unterbrochener Wegspur am rechten östl. Talhang gerade nach N über P. 2303 und begrünte Schutthalden, dann steiler in vielen Zickzacks Richtung P. 2848, später halblinks gegen NNW über P. 2965 auf die alte Stirnmoräne des (ehemals viel größeren) Vadret Fermunt (der LKS). Oberhalb über die Moränenhügel gegen das Unterende der Firn- und Schutthalde, die rechts neben dem Rest des Vadret Fermunt (LKS) gegen den Paß hinaufzieht. Durch diese Mulde gerade empor und zum Paß hinüber, 2797 m, 1.30—1.45 h. Grenzpaß Schweiz/Österreich, Grenztafel, kl. Grenzhütten (Unterstände).

b) Vom Vermuntpaß zur Wiesbadner Hütte quert man auf Steigspuren links auf der Buinseite über Firn oder Geröll mühsam so weit nach N bis man den tiefen Windkolk im Paßfirn rechts (Vorsicht bei Nebel! Steiler Rand!) hinter sich hat und bequem auf den Firn des Vermuntgletschers hinab kann. Über ihn mühelos gerade N hinab und zum rechten Zungenrand hinunter; auf Steigspuren über die Moränenfelder zur Wiesbadner H. 1—1.15 h = 2.15—3 h und mehr je nach Verh.

c) Vom Vermuntpaß zur Jamtalhütte umgeht man wie bei b den Windkolk links im W, wendet sich dann sofort halbrechts nach NO über den Firn empor, dicht links unter P. 2928 (Westgratfuß der Dreiländerspitze) durch, dann leicht nach O zur Ob. Ochsenscharte hinauf, 0.45—1 h = 2.15—3 h je nach Verh. Wie bei R 265 zur Jamtalhütte hinab, 1.30 bis 2 h = 4—5 h.

**424**

**Von der Tuoihütte über das Jamjoch oder die Fuorcla Tuoi zur Jam-talhütte,** 4.45—5.30 h. Zwei sehr interessante Übergänge, leicht mit den anliegenden Gipfeln zu verbinden, nur für Geübte.

I. Übers Jamjoch, 3078 m.

a) Von der Tuoihütte zuerst kurz auf der Wegspur zum Vermunt-paß, dann NO weglos über die Schafweiden der Plan Furcletta und P. 2580 empor zum Rest des Vad. Tuoi. Meist am besten an seinem rechten östl. Rand gerade hinauf zum Jamjoch, 2.45—3.15 h (Grenzjoch, von hier leicht auf die Jamspitzen, s. dort).

b) Jenseits über den Jamferner hinab zur Hütte, vgl. R 291 e.

II. Über die Fuorcla Tuoi, ca. 3070 m. Dies ist die Schulter zw. Piz Urezzas und Hintere Jamspitze.

a) Wie bei I über Plan Furcletta gegen P. 2580 hinauf, aber dann mehr rechts ONO in das Hochkar zw. Piz Furcletta, 2894 m, rechts und Piz Tuoi, 3084 m, links oben. Höher oben links nach N, zuletzt über Firnreste zur schulterartigen verfirnten Fuorcla Tuoi links vom Piz Urezzas (zu Zeiten höher als dieser!), 2.45—3.15 h.

b) Jenseits (Vorsicht, Spalten!) schräg unter der Hinteren Jamspitze durch und über m Urezzasjoch durch auf den Jamtalferner hinüber und wie bei I. ins Jam hinab.

c) Man kann auch von der Furcletta, s. R 425, über die Urezzas-Cuortas zum Urezzasjoch und ins Jam, mühsam.

**425**

**Von der Tuoihütte über die Furcletta ins Val Urezzas.** Selten begangen, kein Weg aber leicht. — Hinter der Tuoihütte nach O empor über Schafweiden auf Plan Furcletta, dann NO am P. 2539 m (kl. Seelein) vorbei nach O über Schutt zur Furcletta. 1.20—1.40 h. Jenseits gerade nach O durch das bald begrünte Bachtal hinab nach Marangun d'Urezzas. Weiter talaus ins Unterengadin s. R 290; übern Futschölpaß ins Jam, vgl. R 282; ins Fimbertal s. R 303.

**426**

**Von der Tuoihütte über La Sella zur Chamanna Cler.** 4—4.30 h. Selten begangen. Zugleich Zugang zum Piz Cotschen. Karte: Nur auf der LKS Bl. 249. Von der Tuoihütte ca. 1 km talaus, dann halblinks über Salez zur Hochweide Prada Tuoi hinauf. Oberhalb der Schulter von P. 2396 durch nach SSO, quer über die Block-halden der Gonda da Chalandratsch und zuletzt steil über Gras-schrofen in den Sattel „La Sella, 2686 m, im SW-Grat des Piz Cotschen und NO von P. 2707, 2.30—3.15 h. Prächtiger Engadin-blick. Die Chamanna Cler wird jetzt im OSO jenseits des Hochtales sichtbar. Über Steilrasen und Geröllganden nach O und SO zu ihr hinab, 0.30—0.45 h = 3.30—4.30 h und mehr. Achtung: Hütte ge-schlossen, Schlüssel vorher in Ardez beschaffen. S. R 430.

427/29 Offene Randzahlen für Nachträge.

## Chamanna Cler

**430**

**Chamanna Cler,** 2476 m, schöne kleine Skihütte des Skiklub Ardez in Ardez im Unterengadin. Unbewirtschaftet und ge-schlossen, für Selbstversorger, Lager für 25—30 Personen, Decken, Kochgeschirr und so weiter. Alle Auskünfte über Benützung, Gebühren,

Schlüssel usw. beim Skiklub oder bei der Gemeinde Ardez. — In herrlicher Lage mit wundervollem Rundblick (Unter-Engadin, Linard usw.!) auf einer Stufe hoch oben im östl. Teil des Hochtales Murtera d'Ardez (Einzugsgebiet des Val Prauost). Tourengebiet ist nur der Piz Cotschen (s. dort), der berühmte Aussichtsberg, sowie der nördl. anschließende Grat. Beschränktes aber sehr schönes Skigebiet, s. R 58. Karte: Nur LKS Bl. 249 und 499, wo die Hütte und die Zugangswege genau eingetragen sind.

**431**

**Zugang von Ardez,** Alpweg und Fußweg, 2.45—3.30 h. Der Alpweg zweigt in Ardez dicht östl. der Kirche von der Dorfstraße nach N ab, wendet sich nach drei Kehren scharf und weit nach links, W, ins Val Prauost hinein, dort rechts nach N und NW empor über Munt (hierher auch von Guarda über Bos‹cha) zur Alp Murtera Dadoura, 2144 m; ab hier Fußweg N über Maranguns (oberste Alphütte, 2300 m) nach NO zur Chamanna Cler hinauf.

**432**

**Übergänge** gibt es nur einen, weglosen, nur für Geübte, über La Sella ins Val Tuoi, vgl. die umgekehrte Beschreibung R 426, die genügend Anhalt gibt. Ein Übergang ins Val Urezzas ist nur für Geübte und über den Piz Cotschen mit Abstieg über den NO‹ oder NW‹grat lohnend.

433—34 offene Randzahlen für Nachträge

## Alphütten im Val Tasna, Urezzas und Urschai

**435**

a) Man vergleiche zuvor R 151 bl Im Val Tasna und seinen Quelltälern gibt es keine Clubhütten, nur nachstehend genannte Alphütten (Almhütten), die alle auf der AV‹SiKa (s. R 50) eingetragen sind bzw. (mit Zugang von Ardez oder Fetan) auf Bl. 249 der LKS. Die Alphütten bieten nur ganz beschränkte, zu Zeiten gar keine Unterkunft. Man erkundige sich rechtzeitig vorher bei den Gemeinden Ardez oder Fetan soweit diese unverbindlichen Angaben nicht ausreichen. In der Zeit, in der die Alpen nicht besetzt sind, sind mindestens deren Wohnräume verschlossen, d. h. die Schlüssel müssen vorher besorgt werden. Die Alphütten sind wechselweise mit Vieh bestoßen, ähnlich wie im Val Lavinuoz, s. R 410. Anspruch auf Unterkunft besteht nicht.

I. **Alphütte Valmala,** 1979 m, im obersten Val Tasna, dicht W des Talbaches, des Tasnan und dicht südl. vom Eingang in die ,Valmala' genannte Talenge, oberhalb der sich das Tal gabelt. Bei besetzter Alpe keine Unterkunft, sonst Platz für ca. 4 Personen. Die nicht besetzte Alpe ist geschlossen, Schlüssel vorher besorgen.

II. **Drei Alphütten im Val Urezzas.**

a) Alpe Urezzas, 2111 m, am Eingang ins Val Urezzas, dicht W bzw. NW der Gabelung des Val Tasna und dicht nördl. des Baches. Unterkunft: Wie oben bei I (Valmala).

b) Marangun‹Valmala, 2177 m, im mittleren Tal dicht S des Baches bzw. einer kleinen Bachgabel. Dies ist also die Hochalpe von Valmala aber im Val Urezzas. Unterkunft: Wie oben bei I (A. Valmala).

c) Marangun d'Urezzas, 2273 m, im innersten Val Urezzas. Unterkunft wie bei I. (Valmala).

III. **Zwei Alphütten im Val Urschai.**

a) Alpe Urschai, 2106 m, am Eingang des Tales wenig oberhalb der Gabelung des Val Tasna. Die Hütte bietet auch bei besetzter Alpe bescheidene Unterkunft für 3—4 Personen, je nach Vereinbarung mit den Sennen. In einem Nebengebäude (‚Scherm') außerdem Notlager (Heu). Nicht besetzte Alpe geschlossen. Schlüssel besorgen.

b) Marangun d'Urschai, 2210 m, 80 m S des Baches im inneren Val Urschai, dort wo der Weg zum Futschölpaß den Talgrund verläßt. Unterkunft wie oben bei I. (Valmala).

**436**

Zugänge zu den Alphütten im Val Tasna, Urezzas und Urschai. Wie bei R 282 von Ardez (oder sinngemäß von Fetan) zur Alpe Valmala, ca. 2.30—3 h, zu ihr am besten auf dem Westuferweg. Weitere 1,5 km auf dem Ostuferweg zur Alpe Urschai (20—25 Min.) bzw. weitere 1,5 km bzw. 20—25 Min. zur Marangun d'Urschai. Zu den Alphütten im Val Urezzas usw. geht man von Valmala zuerst auf dem Westufer und nach der Gabelung NW über den Bach und links nach W talein zu den Hütten, 15 bzw. 35—40 Min. bis Marangun d'Urezzas. Zur Marangun Valmala bleibt man links südl. des Baches.

**437**

Übergänge von den Alphütten im Val Tasna, Urezzas und Urschai Zur Jamtalhütte übern Futschölpaß, vgl. R 282; übers Urezzasjoch, vgl. die umgekehrte Beschreibung R 290, bzw. ab Urezzasjoch auch R 291 e.

Zur Heidelberger H. vgl. R 303. Zur Tuoihütte über die Furcletta vgl. die umgekehrte Beschreibung R 425.

Die Übergänge zu den SchliveraNalunsHütten sind durch die Gratsättel nördlich und südl. vom Piz Minschun gegeben: Scharte, 2790 m, bzw. (Val) Clavigliadas usw.

438/39 Offene Randzahlen für Nachträge.

# Die Hütten von Naluns und Schlivera
# Chamanna Naluns und Chamanna Schlivera
### oberhalb Scuol und Fetan im Unterengadin

**440**

a) Auf den Bergen und in den Skigebieten der Silvrettaseite auf Naluns und Schlivera, oberhalb ScuolSchuls bzw. Fetan (Ftan) haben die Skiclubs von Scuols und Fetan je eine ursprünglich nur für den Skilauf bestimmte unbewirtschaftete Skihütte errichtet, die aber auch für Sommertouren im schönen Bergland des Piz Minschun und Umgebung sehr geeignet und seit Eröffnung der Seilbahn auf Motta Naluns auch sehr bequem zu erreichen sind. — Karten: LKS Bl. 249 mit beiden Hütten und allen Anschlußgebieten der SOSilvretta und bis ins Unterengadin hinab. Außerdem ist das ganze eigentliche Tourengebiet von und einschl. der Schliverahütte nach Norden auch auf der AVSiKa zu finden, mit allen Übergängen in die Silvretta.

b) Die KleinkabinenSeilbahn Scuol—Motta Naluns vermittelt den kürzesten Zugang zu den zwei Hütten. Talstation, 1295 m, unweit östl. vom Bhf. ScuolSchuls (s. R 128). Bergstation Motta Naluns, 2150 m; vgl. Bild 11! Kleinkabinen für 2 Personen, bis 200 Personen je h, 15 Min. Fahrzeit. Betriebszeiten usw. s. die offiziellen Fahrpläne. Auskunft Verkehrsverein Scuol.

c) **Chamanna Naluns**, 2280 m, oder S k i h ü t t e  N a l u n s des Skiclubs Scuol, ca. 130 m = 20 Min. höher NW als die Bergstation der
Seilbahn Motta Naluns (s. oben), auf einer kleinen Bergnase in herrlicher Sonnen- und Aussichtslage. Verschlossen und unbewirtschaftet,
für Selbstversorger; 25 M mit Decken in 2 Räumen, Kochgeschirr,
Holz usw. Schlüssel und Auskunft über Benützung, Gebühren, zeitweise Bewartung oder Bewirtung usw. durch den Skiclub oder Verkehrsverein Scuol i. U.-E.

**Zur Beachtung:** Die Nalunshütte ist 1961 abgebrannt, wird aber wieder
erstellt werden.

d) **Chamanna Schlivera**, 2391 m, oder S c h l i v e r a h ü t t e des Skiclubs Fetan, also nochmals ca. 140 m höher als die Naluns-Hütte
(s. oben) oder rund 250 m höher = 45 Min. NW oberhalb der Bergstation Motta Naluns, in ebenso prächtiger Lage wie die Naluns-
Hütte, am Oberrand des Hochtales Schlivera auf einer kleinen Stufe
dicht südseits der unteren Ostgratschulter des Piz Clünas. Mehrere
einfache aber gute Matratzenlager mit Decken, unbew. und ge-
schlossen, für Selbstversorger; Kochgeschirr, Holz usw.; in der Hochsaison zeitweise z. B. übers Wochenende bewirtet Schlüssel und Auskunft über Benützung, Gebühren usw. durch den Skiclub oder Verkehrsverein Fetan oder Scuol. Auch die Nachbarhütten im Jam und
Fimber geben Auskunft und haben meist Schlüssel.

## Zugänge zur Naluns- und Schliverahütte

**441**

a) Entweder Auffahrt mit der Seilbahn von Scuol nach Motta
Naluns (s. 440 b) und von dort in ca. 15—20 bzw. 30—40 Min. zu
den Hütten.

b) Oder von Scuol mit Postauto nach Fetan und von dort in ca. 1.45
bis 2.15 bzw. 2.15—2.45 h zu den Hütten auf guten Fußwegen.

c) Oder von Scuol direkt auf Fußweg über Restaurant Flöna, 1720 m,
und Motta Naluns; 3.15—3.45 bzw. 3.30—4 h.

## Übergänge von den Naluns-Schliverahütten

**442**

Unter Benutzung der Seilbahn Scuol—Motta Naluns (s. 440 b) vermitteln die Hütten bzw. die Bergstation derzeit den kürzesten Übergang aus dem Raum Scuol in die Ostsilvretta:

a) I n s  F i m b e r t a l. Von der Naluns- oder Schliverahütte über
die Fuorcla Champatsch — Tiral-Sattel (2619 m) — Davo Lais —
Fuorcla Davo Lais (2807 m) (oder über Fuorcla d'Laver) — Davo
Dieu — Val Fenga — Heidelberger H.; ca. 4.30—6 h, kein Weg,
stellenweise Steigspuren; man vgl. die umgekehrte Beschreibung R 310,
die für Geübte genügend Anhalt gibt.

b) Z u r  J a m t a l h ü t t e benützt man den gleichen Übergang wie
oben bei a, aber über die Fuorcla d'Lavèr und dann übers Kronenjoch ins Futschöltal und Jam wie bei R 308 b und c; etwa 1.15 bis
1.30 h mehr.

c) Z u m  H o f  Z u o r t geht man wie bei a) bis Tiral und weiter
wie bei R 311 durchs Val Lavèr hinab; 3.15—4.30 h.

d) I n s  V a l  U r s c h a i hinüber kann man nördl. oder südl. vom
Piz Minschun über den Grat: nördlich durch das Hochtal Champatsch
und über den Sattel, 2799 m (südl. Piz Nair). Oder südl. über den Piz

Clünas bzw. den Sattel, 2736 m, nördl. von ihm zum Lai da Minschun und nach NW übern Grat ins Val Clavigliadas und Urschai hinüber, je ca. 3—3.30 h.

443/44 Offene Randzahlen für Nachträge.

# Hof Zuort im Val Sinestra

### 445

Hof Zuort, 1711 m, einfacher Berggasthof, ganzjährig bewirtschaftet. Auf waldumgebener Matte im Winkel überm Zusammenfluß des Val Chöglias (sprich: tjöljas) und Val Lavèr zum Val Sinestra mit dem Branclabach, der bei Remüs in den Inn (Unterengadin) mündet. Ausgangspunkt für Touren in den vorgenannten Tälern und ihrer Bergumrahmung. Auch schönes Skigebiet, vgl. meinen Skiführer, s. R 58.

Karte: Hof Zuort ist leider nicht mehr auf der AV-SiKa eingetragen, nur die obersten Talschlüsse von Val Lavèr und Val Chöglias. Für Hof Zuort und engste Umgebung benötigt man daher die LKS, Bl. 499 oder 249.

### 446

Zugänge zum Hof Zuort, mehrere Möglichkeiten

a) Im Sommer am kürzesten im Postauto from Scuol (10 km) über Sent zum Kurhaus Val Sinestra, 1521 m, s. R 131. Weiter zu Fuß entweder über die Brancla aufs Ostufer und auf dem Fußweg durch die romantische Branclaschlucht, zuletzt W über den Chögliasbach zum Hof Zuort, oder vom Kurhaus nach W kurz empor und quer übers wilde Val da Ruinas und auf dem W-Ufer durch Wald talein (bei Wegteilung rechts bleiben) und zuletzt über den Lavèrbach zum Hof Zuort hinauf, 0.45—1 h vom Kurhaus.

b) Von Ramosch (Remüs), 1231 m, s. R 130. Von der Ortsmitte bei der Kirche nach W aus dem Ort und auf abkürzendem Fußweg zur obersten Straßenkehre hinauf und nach Manas (Vna), 1630 m. — Weiter zwei Möglichkeiten: I. ca. 500 m westl. von Manas bei der Wegteilung links hinab in die Branclaschlucht und zum Kurhaus Val Sinestra. Weiter wie bei a. Will man durch die Branclaschlucht weiter, so braucht man nicht zum Kurhaus hinüber. II. Bei vorgenannter Wegteilung nicht links hinab sondern (besser als I!) auf dem Fahrweg NW am Waldrand entlang hoch über der Branclaschlucht weiter ins Val Sinestra hinein bis zur Abzweigung eines Weges bei P. 1740, ca. 3 km oder 35 Min. von Manas. Jetzt links hinab und durch Wald über der Schlucht talein, über eine kleine Seitenschlucht, jenseits der von links der Weg vom Kurhaus Val Sinestra heraufkommt; ihm nach talein zuletzt über den Chögliasbach nach W zum Hof Zuort hinauf.

### 447

Übergänge vom Hof Zuort in die Silvretta. Hof Zuort bietet mehrere lohnende Ostzugänge bzw. Übergänge aus dem U.-Engadin in die Silvretta. Ich verweise unten jeweils auf die umgekehrten Beschreibungen, die für diese Übergänge und für Geübte genügend Anhalt bieten.

a) Zur Heidelberger Hütte im Fimbertal geht man entweder durchs Val Chöglias und über den Fimberpaß (s. R 312) oder durchs Val Lavèr über Tiral-Davo Lais, wobei man 3 Weiterwege ins Fimber hat: über die Fuorcla Davo Lais oder über Fuorcla d'Lavèr (vgl. R 311) oder über Vadret da Tasna und den Tasnapaß.

(Vom Tasnapaß bzw. von der Fuorcla d'Lavèr kann man natürlich
auch übers Kronenjoch ins Jamtal hinüber wie bei R 308.)
b) Zu den Hütten von Schlivera und Naluns geht man
durchs Val Lavèr über Tiral und Fuorcla Champatsch, s. R 310.
448/49 Offene Randzahlen für Nachträge.

# IV. TEIL
## Gipfel und Pässe
### Ihre Anstiege und Übergänge
**450**
Mit diesem Titel des IV. Teiles ist über seinen Inhalt
alles gesagt. Ich verweise noch auf das Inhaltsver=
zeichnis Seite 8, das die beste Übersicht über Gliede=
rung und Reihenfolge dieses Teiles gibt: der West=,
Mittel= und Ost=Silvretta folgt das kleine Gebiet der
Nord=Silvretta; die Süd=Silvretta schließt den IV. Teil.
Zur Umgrenzung dieser fünf Untergruppen s. R 16.
Die Bergsteiger hatten schon immer den bewährten
Brauch, große Gebirgsgruppen außerdem in kleinere
Unter= und Nebengruppen aufzugliedern. Ich folge
ihm auch diesmal.

### Gipfel und Pässe der West-Silvretta
**451**
Die West=Silvretta umfaßt den Silvretta=Haupt= und
Grenzkamm zwischen Schlappiner Joch und Rotfurka (Klosterpaß) mit allen Verzweigungen. Um folgerichtig am
Hauptkamm entlang in der Beschreibung fortschreiten zu
können, wird die Heimspitzgruppe vorweg, die Fergengruppe aber am Schluß der West-Silvretta beschrieben.

### Die Heimspitze-Valisera-Gruppe
**452**
a) Die beiliegende Übersichtskarte zeigt deutlich: Im
Hinterberg, einem östl. Gipfel der Rotbühlspitzgruppe
zweigt ein Seitenkamm vom Silvretta=Hauptkamm nach
N ab, gabelt sich zweimal — im Heimbühl, 2540 m,
und im Zwischenspitz, 2661 m — und umschließt so
zwei Täler, das Valiseratal im W und das Vermiel=
Novatal im O. Beide Täler münden unten mit steiler
tobelartiger z. T. ungangbarer Mündung aus, während

237

die oberen Hochtalböden typische flachgründige Glet=
schertrogtäler sind.

b) Das Valiseratal ist eines der schönsten und einsamsten
Silvrettatäler mit großartigem Talschluß, noch völlig unberührt und
nur im Hochsommer kurze Zeit mit Vieh bestoßen. Das Tal mündet
ins mittlere Gargellental (Suggadinbach) aus, zwischen den Parzellen
Sarotla und Platina gegenüber.

c) Das Novatal — im obersten Teil nach der Gabelung Nova=
täli (nach SO) und Heimspitzkella (nach S) genannt —
ist zwar etwas mehr besucht, aber ebenfalls noch von köstlicher Ur=
sprünglichkeit. Es ist vom Vermielbach (sprich: Fermiel) durch=
flossen und wird daher im unteren Teil (von der Brücke südl. Gar=
freschen ab) auch Vermieltal genannt. Es bricht unten als
Waldschlucht ungangbar über eine Felswand (Wasserfall) ins Monta=
von (Ill) ab. Man versuche also nicht, durch den untersten Tal=
graben ins Montafon abzusteigen! Der Abstieg ins Montafon erfolgt
über Garfrescha, s. R 163 (oder selten ins Gargellental).

d) Karten: Weil diese Untergruppe auf der AV-Sika nur mit
ihrem Ostrand dargestellt ist, sind wir auf die schöne, neue ÖK,
Blatt 169 Partenen, 1 : 50 000, angewiesen, auf dem die ganze Gruppe
bis auf einen kleinen Nordzipfel zu finden ist. Diesen Nordzipfel mit
dem wichtigen Tourenstandort Garfrescha (s. R 169) findet man auf dem
Anschlußblatt 142, Schruns, der ÖK. — Den Westteil der Gruppe findet
man außerdem sehr schön auf der ÖK 1 : 25 000, Blatt 169/1 Gargellen,
bzw. den Ostteil auf Blatt 169/2 Partenen. Außerdem findet man die
Gruppe auf der LKS Bl. 497 (oder 248). Auf der AV-SiKa ist nur ein
Teil des Versettlakammes dargestellt; s R 473.

e) Grenzen: Das „Matschuner Jöchli", 2423 m, der ÖK ist die
natürliche und auch die beste touristische Grenze gegen die Rotbühl=
gruppe, s. R 454. Vergaldnertal und Gargellental bilden somit die
Süd= und Westgrenze, das Montafon (Illtal) und Garneratal die
Nord= und Ost=Grenze der Gruppe.

f) Während die Heimspitze ein sehr beliebter, gern besuchter Aus=
sichtsberg ist, werden alle übrigen Gipfel im Sommer nur selten
besucht. obgleich ihre Grate ganz eigenartige Grat= und
Höhenwanderungen bieten.

g) Die gegebenen Standorte für die Gruppe sind Gargellen im
W, Garfrescha (St. Gallenkirch), Gaschurn-Versettlabahn im N und
die Tübinger H. im SO.

h) Namen: In dieser Gruppe ist die namengeschichtliche Merk=
würdigkeit zu verzeichnen, daß der Name des höchsten Gipfels,
P. 2716, der völlig zweifelsfrei ursprünglich Heimspitze lautete, auf
den niedrigeren und vielbesuchten P. 2685 abwanderte. Dieser P. 2685
hieß früher Valisera(spitze), ein Name, der nun „im Tauschweg"
laut ÖK 1 : 25 000 Bl. 169/1 dem P. 2665 (etwa 400 m NW von P. 2716)
zugeschrieben wurde, während der Höchstpunkt 2716 neuerdings den
Namen Mittagspitze erhielt. Der Name Valiserakopf kommt P. 2449
zu, vgl. R 453!

i) Zur Beachtung: Es ist gelungen, 1958 und 1960 im Gebiet des
Mittagspitze-Schmalzberg-Grates Steinwild einzusetzen. Es wird
dringend gebeten, von einer Besteigung dieser Gipfel abzusehen, damit
das edle Wild nicht beunruhigt wird.

**453**

**Der Kammverlauf der Heimspitze=Valiseragruppe** vom Heimbühl, wo sich der Hauptkamm gabelt, bis zur Valisera ist in den bis 1957 vorliegenden Karten ungenau dargestellt.

a) Er verläuft vom Heimbühl (2540 m) 700 m genau NW zu einem Eckpunkt 2575 m, Schafköpfli. In diesem 700 m langen Gratstück sind zwei Scharten eingesenkt: das Kellajöchli am NW=Gratfuß des Heimbühl (s. R 165e!) und das Heimspitzjöchli am SO=Gratfuß des P. 2575 (Schafköpfli).

b) Zwischen diesen zwei Jöchli liegt ein ca. 300 m langes mehrgipfeliges (zw. 2500 u. 2550 m hohes?) Kammstück, der Schafberggrat, der gratentlang nur mühsam und z. T. schwierig begangen werden kann! Ungeübte, die von O auf die Heimspitze wollen, werden dringend gewarnt, vom Heimbühljöchli, vom Heimbühl oder Kellajöchli her gratentlang weiterzugehen! Das Gratstück wird besser südseitig auf der Hangstufe des oberen „Schafberges" umgangen.

c) Vom P. 2575 (Schafköpfli) zieht der Gratkamm ca. 400 m genau N zum Zwischenspitz, 2661 m; zwischen ihm und dem Schafköpfli liegt das Schafjöchli.

d) Im Zwischenspitz gabelt sich der Kamm wieder: der Hauptgrat zieht westwärts durch das Valiserajöchli zur Mittagspitze, 2716 m, ÖK, dem höchsten Punkt der Gruppe und sinkt dann nach W über die Valiseraspitze, 2665 m, und den Valiserakopf, 2449 m, zum Schmalzberg, 2345 m, ab.

e) Der andere Grat der Gabel führt vom Zwischenspitz nach NO durch die Heimspitzscharte zur Heimspitze, 2685 m, wendet sich dann nach N über den Schwarzkopf, 2370 m, zum Gampabinger Berg.

**454**

Matschuner Jöchli, 2423 m (alte Messung); auf Bl. 169 Gaschurn der ÖK falsch als „Matschuner Jöchl" eingetragen (im heute alemannischen Sprachgebrauch des Montafons gibt es kein ‚Jöchl', nur Jöchli). Das Jöchli liegt zwischen dem Kuchenberg, 2523 m, im SO und dem unbenannten P. 2521 m im NNW. Es ist für Geübte von allen Seiten oder über die Grate leicht erreichbar. Zugänge aus allen Tälern ringsum, ca. 2.30—3.30 h. Von Gargellen s. R 159 und 160; von Garfrescha R 165 und 166; von der Tübinger H. R 185.

**455**

Punkt 2521 und Heimbühltürm, 2499 m, zw. Matschuner Jöchli und Heimbühljöchli. Der unbenannte P. 2521 (alte Messung 2517) ist auf der ÖK nicht kotiert. Er ist für Geübte von allen Seiten leicht ersteigbar. Zugänge wie bei R 454. Heimbühltürm (mundartliche Mehrzahl) heißen die schroffen kleinen Gratürme dicht S vom Heimbühljöchli, s. R 456, die sich im Heimbühlseeli so hübsch spiegeln. Siehe R 1205 im Nachtrag!

**456**

**Heimbühljöchli,** ca. 2480 m (?) heißt der heute meist benützte Übergang von Gargellen nach Garfreschen zw. den Heimbühltürmen im S und dem Heimbühl, 2540 m, im N. Dicht O unterm Jöchli liegt das Heim≈ bühlseeli, 2469 m, zu dem eine grobe Schutthalde hin≈ abzieht. Nach SW sinkt das Jöchli mit z. T. begrünten Blockhalden ab. Zugänge: Über das Jöchli gehen die Führen R 160 von Gargellen bzw. R 165 von Gar≈ freschen; von der Tübinger H. s. R 185 und 476.

**457**

**Heimbühl,** 2540 m (alte Messung 2533 m; auf bei≈ liegender Übersichtskarte falsch, direkt mit der Heim≈ spitze anstatt mit dem Zwischenspitz verbunden!), der Knotenpunkt der Gruppe, in dem sie sich gabelt in den Versettlakamm nach O u. NO und in den Vali≈ serakamm nach NW. Als Gipfel unbedeutend, aber sehr lohnender Orientierungspunkt. Besteigung für Ge≈ übte leicht und ganz bequem mit dem Übergang übers Heimbühljöchli (s. R 476) oder über das Kellajöchli zu verbinden:

I. Über den Südgrat, I = unschwierig. Wie bei R 160 von Gargellen oder wie R 165 von Garfrescha oder R 185 von der Tübinger H. aufs Heimbühljöchli und von dort dem begrünten Block≈ und Schrofen≈ rücken des Südgrates entlang in 20 Min. zur Spitze.

II. Über den NW≈Grat, I = unschwierig. Wie bei R 458 aufs Kellajöchli und von dort dem leichten Gratrücken entlang zur Spitze, 20 Min.; ausweichen rechts, südseitig.

III. Von Osten. Der Heimbühl ist mit dem Matschuner Joch durch einen langen gewundenen Gratrücken verbunden, der vom Joch weg zuerst als breites sanftes „Langes Bergli" nach W und NW ansteigt, dann NO vom Heimbühlseeli sich zu einem kleinen be≈ grünten Schrofengipfel aufschwingt, der durch eine Scharte vom Heimbühl getrennt ist. Geübte können vom Matschuner Joch auch über diesen Gratrücken, Vorgipfel und die Scharte zum Heimbühl

aufsteigen, 40—50 Min. vom Joch. Schwierigkeiten südseitig ausweichen. Zugänge zum Joch wie oben bei I zum Südgrat.

**458**

**Kellajöchli und Schafberggrat.** Man beachte zuerst
R 453, den Kammverlauf!

I. Das Kellajöchli, ca. 2490—2500 m (?) liegt
zw. Schafberggrat und Heimbühl am Fuß seines NW-
Grates und am östlichen Oberende der sog. Heimspitz-
kella; Näheres s. R 165 e, dort auch der Aufstieg von
N durch die Heimspitzkella. (Kella = Kehle), ca. 3.30 h
von Garfrescha. Von S, vom Schafberg (s. R 160 u. 165)
leicht über begrüntes Geröll und Schrofen zum Jöchli.
Übergang nur für Geübte.

Über das Kellajöchli führte einst der meistbenützte Übergang von
Garfrescha nach Gargellen; geringe Steigspuren sind in der Heim-
spitzkella noch zu erkennen. Dieser verfallene alte Steig ist in der
LKS Bl. 497 (248) noch eingetragen!

II. Zum Schafberggrat, s. R 453 a und b. Der Grat kann nur
von Geübten ganz begangen werden. Zugänge wie bei R 456.

**459**

Heimspitzjöchli, Schafköpfli und Schafjöchli. Zum Kammverlauf vgl.
zuerst R 453!

I. Das Heimspitzjöchli, ca. 2540—2550 m (?) ist als Gratübergang von einem Tal ins andere nicht bräuchlich aber wichtig,
weil der Heimspitzenweg von S, vom Schafberg her, dort die Grathöhe erreicht, s. R 462.
II. Punkt 2575 oder Schafköpfli, ein hübscher Aussichtspunkt, ist für Geübte von allen Seiten und über die Grate vom Heimspitzjöchli oder vom Schafjöchli in 10—15 Min. leicht zu ersteigen.
Zugänge s. R 462.
III. Das Schafjöchli (ca. 2560 m?) ist nur als Übergang zur
Valisera von Bedeutung, vgl. R 465.

**460**

Zwischenspitz, 2661 m, so benannt, weil er zwischen Heimspitze und
Valisera liegt, ein wichtiger Knotenpunkt, weil sich der Hauptkamm
hier wieder gabelt. Zum Kammverlauf vgl. R 453! Der sonst unbedeutende Gipfel kann von Geübten leicht über seine 3 Grate in je ca.
25—30 Min. bestiegen werden:
a) Vom Schafjöchli über den S-Grat, Zugang s. R 462.
b) Von der Heimspitzscharte über den NO-Grat, Zugang s. R 462.
c) Vom Valiserajöchli über den W-Grat, Zugang s. R 465.

## Heimspitze, 2685 m

**461**

Zur Lage und zum Kammverlauf s. R 453 d und e.
Der Gipfel ist auf einer einfachen Steiganlage leicht
zugänglich und ein beliebtes Ziel. Andere Anstiege
sind nicht bräuchlich oder bekannt. Zum Nordgratrücken vgl. R 463. 1961 wurde ein Gipfelkreuz errichtet.

Der Name Heimspitze kam früher zweifellos nur dem höchsten Berg der Gruppe, der heutigen Mittagspitze, 2716 m, zu, s. R 464. Noch Pfister hat in seinem Montafon-Führer 1911 den Höchstpunkt, 2716 m, Heimspitze genannt; vgl. R 452 h. Über Entstehung und Bedeutung des Namens Heimspitze ist nichts bekannt.

Die Rundsicht von der Heimspitze ist sehr schön, aber nach W durch die vorgelagerte höhere Mittagspitze beschränkt, die eine ungleich umfassendere Rundschau bietet, s. R 464. — Unbeschränkt ist aber der Anblick der Silvretta im O, SO u. S mit dem Glanzstück der Garnera=Umrahmung und der Litzner=See=hörner=Gruppe im SO u. SSO. Im S die Rotbühlgruppe, dahinter die Albulaberge, im SW die Plessuralpen bei Klosters=Davos. Im NO u. N jenseits des Montavontales die Ferwallberge mit Durchblicken auf die Lechtaler Alpen. Im O über die Senke des Zeinisjoches zw. Ferwall links und Silvretta rechts Durchblick auf die Samnaunberge und Ötztaler Alpen. Schöne Einblicke ins Nova=, Vermiel= und Valiseratal.

**462**

**Von Süden auf die Heimspitze.** Steiganlage; blauweiße Markierung. Zugang entweder von Gargellen oder Garfrescha oder auch von der Tübinger H.:

I. Von Gargellen, 3.45—4.15 h. Wie bei R 159a und R 160a auf die Hochstufe des Schafberges um 2300 m, 2.30—2.45 h.

a) Weiter genau der weißblauen Markierung nach auf Steigspuren nach N u. NNO gerade empor auf das Heimspitzjöchli zw. Schafberggrat rechts und P. 2575, Schafköpfli links, 0.45—1 h = 3.15—3.30 h. Im Vorblick im N rechts vom Zwischenspitz wird jetzt erstmals die Heimspitze sichtbar.

b) Weiter links kurz nach NW am Grat Richtung P. 2575 empor, dann r. quer durch seine NO=Flanke und ostseitig unterm Schafjöchli durch nach N.

c) Später nach NO unterm Zwischenspitz durch hinüber in das kl. Hochkar zw. ihm und der Heimspitze. Durch dies hinauf an den Fuß des felsigen Gipfelbaues rechts (aber nicht bis in die Heimspitzscharte!). Der Steig führt jetzt steiler im Zickzack über einige Fels=

stufen empor auf den Grat und Gipfel, 30—40 Min. = 3.45—4.15 h.

II. Von Garfrescha, 4.30—5.30 h je nach Führe.

a) Übers Heimbühljöchli. Wie bei R 165 a—c übers Matschuner Joch aufs Heimbühljöchli. Nun nicht über den Schafberggrat (s. R 453 b) sondern links unter ihm nach NW durchqueren am Oberrand der Hochstufe des Schafberges entlang, wobei man besser einen grö‑ ßeren als einen zu geringen Höhenverlust in Kauf nimmt. Man quert so lange nach NW, bis man auf die weißblau markierte Steigspur des Heimspitzeweges (s. oben I.) trifft. Weiter ihm nach wie bei I. übers Heim‑ spitzjöchli zum Gipfel.

b) Übers Kellajöchli; wenig kürzer aber nur für Geübte. Anstatt übers Heimbühljöchli kann man auch bei R 165 e übers Kellajöchli auf den oberen Schafberg hinüber. Weiter wie oben bei a unterm Schafberggrat durch auf den Heimspitzweg und zum Gipfel (nicht über den Schafberggrat, vgl. R 435 b!). Vgl. dazu R 463! Direkter Nordanstieg über die Kl. Heimspitze.

III. Von der Tübinger Hütte, 4.45—5.30—6 h. Wie bei R 186 aufs Vergaldnerjoch und gratentlang über Vorder‑ und Kuchenberg zum Matschuner Jöchli, dann halblinks auf der oberen Hochstufe des Schafberges zum Heimspitzweg hinüber und weiter wie bei IIa bzw. I a—c.

## 463

**Kleine Heimspitze** (nicht kotiert), **Schwarzkopf**, 2370 m (alte Messung, 2371 m) und **Gampabinger Berg**, 2155 und 2290 m.

a) der verlängerte felsige Nordgrat der Heimspitze, über den nichts weiter bekannt ist, sinkt über eine felsige Schulter — nicht kotiert aber mindestens 2500—2550 m hoch und manchmal auch Kleine Heim‑ spitz genannt — zu einer unkotierten Einsattlung ab, über die eine alte Steigspur aus dem Valiseratal ins Novatal führt. Dann erhebt sich der Grat zu einem kleinen Schrofengrat, dem Schwarzkopf, 2370 m, eigentlich der Höchstpunkt des anschließenden breiten be‑ grünten Rückens des Gampabinger Berges.

Dieser Grat vermittelt für Geübte den kürzesten direkten Anstieg von Garfrescha auf die Heimspitze; unschwierig bis mäßig schwierig (I—II), keine Steiganlage; vgl. b und c.

b) Die Kl. Heimspitze kann von Geübten von N, O oder W ohne Schwierigkeit, der Schwarzkopf von allen Seiten leicht erstiegen werden und der Gampabinger Berg kann von allen Seiten, besonders leicht aber von NO, von Garfreschen her erreicht werden, eine der schönsten Alpwanderungen der Silvretta: von Garfrescha s. R 164, von Gargellen s. R 161.

c) Der Aufstieg von N auf die Heimspitze: Von der „Kl. Heimspitze" (Gratschulter) nach S in die Gratscharte zwischen Kl. und Gr. Heim‑ spitze, dann schräg (halblinks) quer durch die Nordflanke ansteigend auf den Ostgratrücken und über ihn zur Spitze; 3—3.15 h von Gar‑ frescha.

**464**

Ursprünglich Heimspitze, dann kurze Zeit Valisera(spitze) genannt, vgl. R 452 und 453. Höchster Gipfel der Gruppe, der besonders von N aus dem Valiseratal einen großartigen Anblick bietet.

a) Der massige Berg trägt über den breiten Süd= und Nordflanken zwei ausgeprägte Grate: Ostgrat und Westgrat, und streng genommen drei Gipfel.

I. Der Ostgrat zieht vom HG. über den Ostgipfel und fällt dann steiler zum Valiserajöchli ab. Der Ost= gipfel ist nur wenige Meter niedriger als der HG.

II. Der Westgrat zieht über die **Mittagspitze**, 2665 m, die auch als Westgipfel angesprochen werden könnte, langhin zum Valiserakopf und zum Schmalzberg hinaus.

III. Die Nordflanke. Die dunkle, an die 700 m hohe Flanke ist reich gegliedert und von zwei massigen Pfeilern gestützt, deren einer vom HG., der andere vom OG. steil ins innere Valisera abbricht.

IV. Die Südflanke ist dagegen wenig gegliedert und besteht bis oben hin aus begrünten, z. T. sehr steilen Schrofen, jetzt bevorzugter Standort des dort eingesetzten Steinwildes, daher — bitte — unbedingt zu meiden! Keine Steine in die Südwand ablassen!

b) Das **Valiserajöchli** zw. OG. und Zwischenspitz kann zwar von S her erstiegen werden, wird aber als Über= gang aus dem Valisera ins Vergalden kaum je benützt.

c) Der Name Valisera kam ursprünglich dem das Valiseratal ab= schließenden P. 2685, der heutigen Heimspitze zu, siehe R 452 h und R 461. Er ist zweifellos wie so häufig vom Tal auf den Berg empor= gewandert. Er müßte also eigentlich Cima Valisera, d. h. Valisera= spitze, heißen, denn Valisera ist ja nur der Talname, der nach Zösmair urkundlich 1610 in ,Vallasera Wald' und 1783 schon in der heutigen Form als ,Valisera Alpe und Wald' erscheint. Er hat sicher ursprünglich Vallissera bzw. Valliserra gelautet und ist aus vallis = Tal und vermutlich aus serra zusammengesetzt, letzteres nach Kübler rätorom. = (Verschluß oder) Engpaß, also enges Tal, Engtal, ein besonders treffender Name für das oben schluchtartig enge düstere Hochtal; (Cima) Valisera also = Engtalspitze. Zösmair will serra mit Säge deuten, was in diesem Fall aber kaum zutreffen dürfte.

d) Eine Ersteigungsgeschichte des Berges gibt es bis jetzt nicht. Er dürfte schon sehr früh von Hirten und Jägern besucht worden sein. Wer den Westgrat erstmals beging, ist nicht bekannt.

Die Rundsicht von der Mittagspitze ist außerge= wöhnlich großartig, weil sie ihre ganze Umgebung so überragt, daß kein naheliegender Gipfel die Fernschau hemmt; sie reicht daher ungleich weiter als jene der Heimspitze.

**465**

Über den Ostgrat auf die Mittagspitze. I = unschwierig, aber weglos und nur für trittsichere Geübte oder mit Führer. Der übliche und kürzeste Anstieg, 4—5 h von Gargellen, 5—6 h von Garfrescha oder von der Tübinger H. Der Ostgrat fußt im Valiserajöchli, das man auf mehreren Wegen und Führen erreichen kann:

a) Von Gargellen durchs Vergaldnertal auf dem Weg zur Heimspitze wie bei R 462 I. a u. b bis zum Schafjöchli am Südgratfuß des Zwischenspitz.

b) Vom Schafjöchli quert man über begrünte Geröllstufen (Schrofen) durch die SW-Flanke des Zwischenspitz hinüber zum Valiserajöchli, wobei man mit Vorteil etwas ansteigend seinen unteren Westgratrücken erklimmt und über ihn zum Jöchli hinabgeht (oder nicht viel weiter über den Gipfel des Zwischenspitz dorthin geht).

c) Vom Valiserajöchli zum Gipfel: Kurz am Grat, dann halblinks über steile Rasenstufen, wenig links (S) von der Steilstufe des Grates, empor und wieder rechts auf den Grat, der über den Ostgipfel hinweg leicht zum Hauptgipfel führt.

d) Von Garfrescha wie bei R 462 II. von der Tübinger H. wie bei R 462 III. bis zum Schafjöchli und weiter wie oben bei b und c zur Spitze.

e) Auch direkt aus dem Vergaldnertal kann man gerade zum Valiserajöchli hinaufsteigen über sehr steile Rasenschrofen, nicht lohnend und sehr mühsam; viel besser geht man wie oben bei a—c übers Schafjöchli.

f) Schließlich kann man aus dem Valiseratal von N zum Valiserajöchli aufsteigen (s. R 464 b), landschaftlich besonders schön, aber besser als Abstieg zu empfehlen. Zugänge zum Valiseratal s. R 161 von Gargellen und R 164 von Garfrescha.

**466**

Über die Südflanke auf die Mittagspitze. Dieser ohnehin nicht lohnende Aufstieg kann nicht mehr benützt werden, seitdem Steinwild in dieser Wand steht, nicht nur weil das Wild nicht vergrämt werden darf, sondern weil auch größte Steinschlaggefahr durch das Steinwild besteht.

**467**

Über die Valiseraspitze und den Westgrat auf die Mittagspitze. II = mäßig schwierig. 5—6 (—7) h von Gargellen, je nach Führe; s. R 464 a II. Im W-Grat der Mittagspitze erhebt sich genau 400 m vom Gipfel ein 2665 m hoher Gipfel, der den Namen **Valiseraspitze** trägt (alte Messung, 2669 m), wahrscheinlich von den Sennen der oberen Valisera-Alpe so benannt. Sie bildet eigentlich den W-Gipfel des Valiseramassivs. Bei Begehung des W-Grates schließt man daher diesen Gipfel zweckmäßig mit ein, ja es ist überhaupt am besten, den ganzen Grat vom Schmalzberg her zu begehen, einschließlich dem neuvermessenen P. 2449 = Valiserakopf (in der LKS 2431 m), der genau in der Mitte zw. Schmalzberg und Valiseraspitze liegt, je 700—800 m entfernt.

a) Die Grathöhe (um 2280—2300 m) zw. Schmalzberg und Valiserakopf = Punkt 2449 erreicht man von Gargellen entweder von S aus dem Vergaldner Tal wie bei R 469 oder von N aus dem Valiseratal wie bei R 470 (oder von Garfrescha über das Gampabinger Jöchli wie bei R 164 ins Valiseratal und weiter wie bei R 471 auf dem Grat.) Der sehr lange, mit vielen Erhebungen gespickte Grat kann aber nur sehr ausdauernden Hochtouristen empfohlen werden. Man folgt im allgemeinen dem Grat, kann bis an Fuß des Westgrates der Valiseraspitze ernsten Schwierigkeiten meist südseitig, rechts, ausweichen. Auch im Weiteraufstieg über die Valiseraspitze weicht man **wo nötig am besten fast immer rechts (S) aus, findet aber auch links, nordseitig, viele Möglichkeiten zum Ausweichen. — Wer den Valiserakopf nicht mitüberschreiten will, kann den ca. 2400 m hohen Gratsattel östl. von ihm auch direkt von S ersteigen, aber sehr mühsam, steil und heiß.**

## Schmalzberg, 2345 m

**468**

a) Alte Messung 2349 m. Der Schmalzberg ist Endpunkt des Valiserakammes, mit dem dieser steil ins Gargellental abbricht. Der Gipfel ist durch einen kurzen Ostgrat mit dem Valiserakopf=Westgrat verbunden, der sehr schnell höher ansteigt als die Rückfallkuppe des Schmalzberges selber. Nach N sinkt vom Schmalzberg= gipfel ein kurzer steilgestufter Grat ab. Auch vom Vali= serakopf, 2449 m, zieht ein Grat nach N hinab; beide N=Grate schließen ein kl. Hochkar ein, durch das der Nordanstieg R 470 führt.

b) Zu der hier stehenden Steinwildkolonie vgl. R 452 i!

c) Der Berg bietet einen einzigartigen Tiefblick ins Gargellental und einen sehr guten Überblick über dessen Bergumrahmung. Die meist weglose Besteigung seiner Steilflanken kann aber nur ganz trittsicheren Bergsteigern angeraten werden; für diese ist eine Überschreitung von N nach S aber sehr lohnend.

d) Zum Gratübergang über den Valiserakopf und Mit= tagspitze zur Valiseraspitze vgl. R 467.

**469**
**Von Süden auf den Schmalzberg.** I = unschwierig; 2.30—3 h von Gargellen, z. T. weglos, steil, mühsam und heiß, frühzeitig aufbrechen. Wie bei 159 a ins Ver=

galdnertal und über die Brücke (1666 m) auf das Nord=
ufer des Vergaldner Baches. Jenseits noch kurz auf dem
Weg nach O talein, dann links weglos durch die breite
Grasrinne (Lawinenzug) gerade steil empor bis sie sich
verengt und man bald einen Steig gewinnt, der links
nach W führt; ihm nach und gerade über die schüttere
Waldgrenze hinauf auf die Hochstufe (Hochweide),
ca. 2050 m, genau S vom Gipfel. Weiter weglos über
steile Hänge gerade, dann halbrechts empor auf eine
Steigspur, die unter dem Ostgrat nach links, W un=
schwierig zum Gipfel führt.

## 470
Von Norden aus dem Valiseratal auf den Schmalzberg. I = unschwie=
rig, aber nicht ganz leicht zu finden; 3.30—4.15 h von Gargellen.
Landschaftlich großartig und sehr lohnend für Geübte. Wie bei
R 161 von Gargellen über die Untere zur Oberen Alpe Valisera,
1558 m. Man geht noch ein Stück talein und biegt dann, mehr und
mehr sich nach W wendend zum Waldrand rechts empor, übersteigt
wenig ob der Waldgrenze in südwestl. Richtung den vom Valisera=
kopf nach N herabziehenden grünen Rücken und gelangt so in die
am Grunde geröllgefüllte Hochmulde (Hochkar) nördl. des Grates
zwischen Valiserakopf und Schmalzberg. Aus diesem Kar ersteigt
man entweder durch eine breite Rinne schräg rechts empor den vor=
genannten Verbindungsgrat am Ostgratfuß des Schmalzberges und
geht über ihn nach W zum Gipfel; oder man hält sich (schwie=
riger! II) mehr W an den obersten N=Grat, der in Steilstufen und
mit Schrofen zum Gipfel führt. Auch die Westflanke (II—III) ist zu
durchsteigen; nicht lohnend.

## 471
Versettlabahn und Matschuner Grat. Durch die Versettlabahn (s.
R 170) ist der ganze Grat ab Bergstation zu einem idealen Wander=
gebiet geworden! Aber auch die Übergänge nach und von Garfrescha,
Gargellen und Tübinger Hütte (s. R 474—476) sind sehr erleichtert.
R 472 bis 473 sind entsprechend zu ergänzen.

## Matschuner Joch, 2390 m

**472**
Zwischen Heimbühl (Ostgrat; s. R 457 III) und dem Südl. Mat=
schuner Kopf, 2425 m, der das Joch also nur um 35 m überragt; es
verbindet das Novatäli mit der „Matschun" genannten westlichen
Hochstufe (Schafweide) des mittleren Garneratales. Das früher von
einheimischen Bergbauern viel begangene Joch dient heute fast nur
noch touristischen Zwecken. Es ist für Geübte von allen Seiten leicht
zugänglich und vermittelt die Übergänge von Garfreschen nach Gar=
gellen (R 165 und 160) und zur Tübinger H. (R 166 und 185) bzw.
umgekehrt. Das Joch trennt den Matschuner Grat (R 473) vom Heim=
spitzgrat. Von der Bergstation der Versettlabahn (s. R 471) 2.30 h
zum Joch!

## Matschuner Grat und Madrisella-Versettla-Kamm
**473**

a) Dieser langgezogene Kamm ist auf unserer Über=
sichtskarte nur unvollkommen eingetragen, dagegen fin=
det der Leser das wichtige Kernstück vom Nördl.
Matschuner Kopf, 2426 m, bis zur Burg einschl. ihrem
Nordgratrücken auf der AV=SiKa sehr gut dargestellt.
Auch der Schmalzbergweg von der Alpe Nova zum ‚Ga=
schurner‘ (Sattel) ist fast ganz drauf.

Der Grat zweigt im Heimbühl vom Hauptgrat ab und ist durch das
Matschuner Joch von ihm getrennt. s. R 472. Der Kamm zieht etwa
2,5 km nach NNO, dann fast ebenso lang nach N und NNW, und
zwar vom Matschuner Joch über die Matschuner Köpfe, 2425 und
2426 m, ca. 1 km P. 2406, dann 400 m nach N zur Madrisella (Spitze),
2466 m, wo er kurz nach O knickt und dann wieder 1200 m nach
NNO über die Versettla(=spitze), 2372 m (alte Messung, 2375 m
zum P. 2309 zieht, dessen alte Kote, 2486 m, um nicht weniger als
177 m zu hoch war! Jetzt wendet sich der Grat nach N über die
Burg, 2247 m (a. M. 2265 m) zum Gantekopf, 1959 m (a. M.), dessen
NNW=Gratrücken über Garfreschen zu einer äußersten bewaldeten
Bergschulter östl. überm Ende des Vermieltals dicht südl. St. Gallen=
kirch absinkt. — Zwischen Burg und Gantekopf, dicht südl. vom
letzteren, befindet sich ein Gratsattel, „Gaschurner" (=sattel) genannt,
s. R 167 b. Vom Matschuner Joch bis zur Burg erstreckt sich der
Kamm, gratentlang, über 3000 m, zum Gantekopf weitere 2000 m!
Zwischen Nördl. Matschuner Kopf und Madrisella das Madrisellajöchli.

b) In diesem Grat gibt es außer dem schönen Madri=
sella=N=Grat, von dem Näheres nicht bekannt ist, keine
schroffen Felsgipfel oder Grate und daher auch keine
alpinen „Probleme". Gut markierte Bergwege erleichtern
die Begehung. Geübte können auch seine Flanken an
mehreren Stellen von beiden Seiten ersteigen. Dagegen
wird vor Versuchen, an beliebiger Stelle über diese
Flanken abzusteigen, dringend gewarnt. Steile gefähr=
liche Grasschrofen und Wandstufen! Da die Höhen=
unterschiede zwischen den wichtigsten Erhebungen
dieses meist sehr breiten und durchwegs begrünten
Grates verhältnismäßig gering sind, **so bietet der ganze
Grat von den Matschuner Köpfen bis zur Burg eine ca.
3 km lange Gratwanderung in rund 2300—2450 m
Höhe, die in dieser Art mindestens in der Silvretta=
gruppe einmali**g und von ganz ungewöhnlicher
Schönheit ist. Man überschreitet am besten den
ganzen Kamm, mindestens aber das Kernstück mit Ver=
settla und Madrisella, wobei man die verschiedenen Grat=
höcker und Höchstpunkte nach Belieben auch auf den

mit vielen Bergseen geschmückten ostseitigen Hochstufen (Seeweg) umwandern kann.

**c)** Am schönsten ist die Überschreitung von N nach S mit der Zentralsilvretta vor sich im SO. Beste Ausgangspunkte sind daher die **Bergstation der Versettlabahn** (s. R 170 und 474); oder auch **Garfrescha** (s. R 162 und 475).

**d)** Großartig ist auch die Gratwanderung vom Vergaldner Joch zur Versettla, wobei man am besten von der Tübinger Hütte ausgeht, wie bei R 185 zum Matschuner Joch wandert und weitaus gratentlang („Matschuner Gratweg") zur Versettla mit Abstieg zur Bergstation der Versettlabahn und Talfahrt nach Gaschurn (oder über den Gantekopf nach Garfrescha); 4.30—5 h (—6 h). Umgekehrt: Idealer Höhenweg zur Tübinger Hütte, s. R 476.

**474**

**Von der Bergstation der Versettlabahn über den Matschuner Grat zum Matschuner Joch.** 2.30—3 h. Einer der schönsten Höhenwege der Silvretta. Gut mit dem Übergang nach Garfrescha oder Gargellen oder zur Tübinger Hütte zu verbinden, s. R 476 und 477.

**a)** Von der Bergstation auf dem „Versettlaweg" (rotweißes Rechteck; nicht zu fehlen) über das Burg-Jöchle (um 2200 m) zwischen Versettla und **Burg** (2247 m; von hier aus in 15—20 Min. leicht ersteiglich. Geübte überschreiten sie schöner (I) direkt von N nach S) auf die **Versettla** (2372 m; 1.15 h). Hervorragende Rundschau: Montafon, Silvretta, Verwall, Rätikon). — **b)** Von der Versettla auf dem „Matschuner Gratweg" (rot-weißes Rechteck) nach S hinab ins Madrisella-Jöchli (um 2360 m) am Ostfuß der **Madrisella** (2466 m; Höchstpunkt des Grates; von hier auf Steigspur über die Ostflanke (I) unschwierig in 20 Min. oder weiter nach S zu überschreiten). Weiter auf dem Gratweg zuerst ostseitig zur Abzweigung des Seeweges, dann übern Grat und westseitig von den **Matschuner Köpfen** (2426 und 2425 m; ebenfalls gratentlang leicht zu überschreiten) zum **Matschuner Joch** (2390 m; 1.15—1.30 h; mit den Gipfeln etwa 2—2.30 h mehr).

**c)** Rückweg zur Bergstation entweder gleich oder schöner auf dem „Seeweg"; 2.45—3.15 h.

**d)** Abstiege vom Joch: nach N auf dem Nova-Weg nach Garfrescha 2—2.30 h, sehr lohnend. Nach O auf dem

„Matschuner Alpweg" ins Garnertal-Gaschurn 2.30—3 h.
e) Übergänge vom Joch nach Gargellen s. R 476; übern
Vergaldner Grat und Joch zur Tübinger H. s. R 477.

**475**

**Vom Matschuner Joch übers Heimbühljöchli (und die
Heimspitze) nach Gargellen.** 2.45—3.30 h; mit der Heimspitze 2 h mehr. Sehr lohnend. Vom Matschuner Joch
(s. R 474) auf dem „Heimbühelweg" (rot-weißes Quadrat)
über die Langen Bergle und das Heimbühlseeli aufs
**Heimbühljöchli** (um 2480 m) zwischen Heimbühl (2540 m;
s. R 457) und Heimbühltürm (s. R 455). Jenseits Abstieg
ins Vergaldner Tal und talaus nach Gargellen. — Zur
Heimspitze: Vom Jöchli auf dem „Verbindungsweg"
(gelb-rote Raute) 1 h.

**476**

**Vom Matschuner Joch übern Vergaldner Grat zur Tübin-
ger Hütte** 2.30—3 h. Prächtiger Höhengang. Vom Matschuner Joch (s. R 474) auf dem „Tübinger Weg" (blau-
gelbe Raute) nach S aufs **Matschuner Jöchli** (2423 m) und
immer gratentlang übern **Kuchenberg** (2523 m) und **Vorderberg** (2553 m) zum **Vergaldner Joch** (2515 m). Wie bei
R 159 c übers Mittelbergjoch zur Tübinger H.

477—479 offene Randzahlen für Nachträge.

## Rotbühlspitzgruppe

**480**

Anerkannte Westgrenze der Silvrettagruppe ist das
Schlappinerjoch, ‚erste' Gruppe der Westsilvretta also die Rotbühlspitzgruppe, die sich zwischen
Schlappinerjoch und Garnerajoch entlang dem Haupt-
und Grenzkamm erstreckt, im W u. S durch das innerste Gargellental oder Valzifenztal (Bild 2) und
durch das obere Schlappintal begrenzt wird; im N
trennt sie das Vergaldner Tal und das Matschuner
Jöchli von der Heimspitze-Valiseragruppe. Im O bildet
das Garnerajoch die Grenze.

b) Die Topographie der Gruppe ist einfach: ein Hauptkammstück,
das von W nach O zieht, in der Rotbühlspitze einen kleinen Seitengrat zu den Ritzenspitzen und im Hinterberg die Heimspitzgruppe
abzweigt. Das Valzifenztal biegt am Nordfuß des Schlappinerjoches
nach O um und heißt von dort ab Wintertal. Dies kahle Hochtal und
das gleichartige oberste Vergaldnertal sind die einzigen Täler innerhalb der Gruppe.

c) Während diese Täler und ihre Umrahmung im Winter vielbeliebte Skiziele Gargellens sind, werden sie im Sommer kaum besucht, obgleich mehrere leichte Gipfel, darunter die namengebende Rotbühlspitze sehr lohnende Aussichtsberge sind und der reichgetürmte Verbindungsgrat Rotbühlspitze—Eisentälispitze auch eine prächtige Kletterei bietet.

d) Gesteine: Weil die „Silvrettadecke" (s. Anhang) mit ihren Kristallingesteinen den ganzen Westrand der Gruppe bildet, ja sogar über deren Westgrenze, das Gargellental, in die Rätikon-Madrisagruppe hinübergreift, so baut dies Kristallingestein („Urgestein", vorherrschend Gneise, Granitgneise und Hornblendegesteine) auch die beiden westlichsten Gruppen, die Valisera- und die Rotbühlgruppe, auf. In der letzteren herrschen die Hornblendegesteine vor und erstellen vor allem das Hauptgebäude: den Eisentäli-Rotbühlgrat.

e) Obgleich die Eisentälispitze mit 2873 m der höchste Punkt in der Gruppe ist und die Rotbühlspitze nur 2853 m mißt, haben wir die Gruppe doch nach letzterer benannt, weil dieser beliebte Skiberg ungleich bekannter ist. Die Älpler beiderseits des Kammes gebrauchen mehr die Form „der Spitz", in der Literatur findet man mehr „die Spitze"; man kann ohne Bedenken b e i d e s gebrauchen.

f) K a r t e n: Es gilt dasselbe wie bei R 452 d. Die LKS Bl. 497 ist aber die weitaus beste Karte des Gebietes zur Zeit. Auf der AV-SiKa erscheint die Gruppe erst vom Hinterberg ab nach O. Alle Angaben weiter westlich beziehen sich daher auf die LKS bzw. auf die „Prov. Ausg." d. ÖK. Die neuen Koten der ÖK liegen noch nicht vor.

g) S t a n d o r t e. Gargellen und die Madrisahütte sind am besten geeignet. Für den östlichen Teil aber die Tübinger H. Für die Schweizer Schlappinseite das Sommerdörflein Schlappin.

## 481

**Schlappinerjoch,** 2202 m. Grenzjoch zw. Österreich-Vorarlberg im N und Schweiz-Graubünden im S. Grenztafeln und -steine. Das Joch trennt die Silvrettagruppe von der Rätikongruppe und verbindet das Valzifenzer Tal (Montafon) mit dem Schlappintal (Prätigau).

a) Die Übergänge über das Joch von Gargellen nach Schlappin-Klosters und umgekehrt sind unter R 158 und 377 beschrieben.

b) Das Joch ist einer der ältesten Übergänge in diesem Alpenraum, wie bronzezeitliche Streufunde aus Gargellen-Vergalden und dem Valzifenztal zeigen.

## Schlappiner Spitze, 2429 m

### 482

In der LKS mit 2428.5 kotiert, aber nicht benannt. Der hübsche, schlanke Gipfel, der eine sehr lohnende Rundsicht bietet, besonders ins Hochtal von Davos, erhebt sich dicht O vom Joch und ist von dort aus in 45 Min. für Geübte leicht ersteiglich: durch die begrünte Hochkarmulde rechtshin am Südfuß des Gipfels. Jetzt nicht zur Scharte zw. den Gipfeln empor, sondern rechts ostseitig davon über steilgestufte Grasschrofen auf die Grathöhe, von hier mit wenigen Schritten nach W auf die Spitze. — Nordseitig führt vom Schlappiner Joch ein alter Zoll- und Grenzwachtsteig quer durch die Nordflanke des Berges auf den Valzifenzer Grat hinüber.

## Valzifenzer Grat: 2376 m, Punkt 2520 m und 2652 m

**483**

a) In der LKS Valzifenzergrat; dort werden außerdem die Köpfe östl. vom Gratsattel, 2376 m, auf der Schlappiner Seite mit „Paschianiköpfe" bezeichnet, ein auf der Montafoner Seite unbekannter Name Die LKS gibt den Namen überdies dem ganzen Grat östl. und westl. vom Schlappinerjoch, was ebenfalls auf der Gargeller Seite nicht üblich ist und dort nur für das östliche Gratstück zw. Schlappiner Spitze und Rotbühlspitze gebraucht wird. Ich habe deshalb zur eindeutigen Unterscheidung den Grat W des Joches (Rätikonseite) mit Schlappiner Grat bezeichnet.

b) Die Einsattlungen und Kuppen des Valzifenzer Grates sind bei den Skifahrern in Gargellen sehr beliebt und können daher von N durch das Wintertal und über die Weiden des Augstberg auch sommers ganz leicht erstiegen werden. 2.30—3 h und mehr. Auch vom Schlappiner Joch her kann man auf einem alten Steig nordseitig zum Valzifenzer Grat queren, s. R 482.

c) Dagegen sind die Anstiege über die sehr glatten steilen Grashalden und Schrofen der Schlappiner Südseite äußerst mühsam und kaum lohnend. 2.30—3 h von Schlappin.

d) Die Überschreitung aller Punkte längs dem Grat von der Schlappiner Spitze oder bequemer vom Sattel, 2376 m, aus zur Rotbühlspitze ist eine für Geübte leichte Gratwanderung, 1.45—2.30 h.

## Rotbühlspitze, 2852 m

**484**

a) In der LKS Rotbühlspitz, 2852,6 m. Häufig auch Rotbühlspitze geheißen. Zweithöchster Gipfel der Gruppe, der eigentlich mit dem Eisentälispitz zusammen ein großes Massiv bildet, dessen beide Hauptgipfel durch einen getürmten Grat miteinander verbunden sind. Von der Mitte dieses Grates zweigt nach N ein langer Gratrücken gegen das innere Vergaldner Tal hinunter ab. Über sein breites begrüntes Unterende führt eine alte Steigspur vom Valzifenzjoch zum Vergaldnerjoch.

b) Der Rotbühlspitz selber ist aus drei Graten aufgebaut, die im Gipfel zusammenlaufen: SW-Grat zum Valzifenzergrat, SO-Grat zur Eisentälispitze, beide im Hauptkamm, und der NW-Grat zum Valzifenzjoch. Im SW-Grat liegt ca. 5—600 m vom Gipfel ein 2747 m hoher Gratpunkt als Westgipfel. Ihm ist im NW ein plattiges Bollwerk angelagert, von dem er durch einen kleinen Schuttsattel getrennt ist; über ihn führt der leichteste übliche Anstieg von W.

c) Der Name des Berges ist leicht erklärlich. Südl. von der Rotbühlspitze liegt das Eisentäli eingesenkt. Das eisenhaltige Gestein wittert rostrot an. Ein Bühl, ein Hügel im NO des Berges im obersten Vergaldner Tal wird deshalb „Rotbühl" genannt. Von ihm hat die Spitze den Namen. Damit ist auch der Name Eisentälispitz erklärt.

**485**

**Über die Westflanke auf den Rotbühlspitz,** I = un=
schwierig, 4.15—5 h von Gargellen. Der einfachste und
bequemste Zugang.

a) Von Gargellen wie bei R 158 zur oberen Valzifenz=
alpe, 1.45 h. Von dort nach SO ins Wintertal auf
gutem Alpweg und auf den flachen Augstberg. Über
diesen ostwärts bis unter den Valzifenzer Grat rechts.
bzw. bis unter den Rotbühlspitz=SW=Grat. Dann süd=
östl. über Geröllhalden links neben diesem Grat empor
in den unter R 484 b beschriebenen Schuttsattel NW
von P. 2747. Weiter über Schutthänge (Schnee) auf
der Nordseite des Gipfelgrates entlang, bis man leicht
halbrechts zum Gipfelgrat und über ihn zur Spitze
aufsteigen kann.

b) Man kann auch schon früher auf den SW=Grat
aussteigen und auf und ab über ihn zur Spitze.

**486**

Durch die Schutt- und Schneerinnen der Nordseite, I = unschwierig,
4—5 h von Gargellen. Einfacher aber etwas beschwerlicher als R 485.
Von Gargellen wie bei R 159 durch das Vergaldner Tal bis zur Ver=
galdner Alpe, 1.30 h. Von der Alpe nach S steil empor wie bei
R 501 auf den Roßberg und alsbald nach links SO (nicht nach S) an
einigen kleinen Seen vorbei in die Schutt=(Schnee=)mulde, die zw.
N= und NW=Grat des Rotbühlspitz herabzieht. Über Geröll und zu
Zeiten noch Schneereste gerade zum Gipfel empor.

**487**

**Über den NW=Grat** auf den Rotbühlspitz. II = mäßig
schwierig, 4—5 h von Gargellen. Wie bei R 499 aufs
Valzifenzjoch und gratentlang zur Spitze. Man bleibt
dem Grat möglichst treu; einige plattige Stellen umgeht
man rechts. Dieser Anstieg ist zwar etwas schwieri=
ger aber ungleich lohnender als R 485 oder 486.

**488**

**Über die Südseite.** I = unschwierig; 4 h von Schlappin. Etwas müh=
samer als die Nord= und Westführen. Man geht von Schlappin tal=
ein bis zur Brücke 1778. Hier verläßt man den Talgrund und steigt
nach NO empor ins Eisentäli. Über Trümmer durch das Tälchen
bis unter die Steilwände des Südostgrates des Rotbühlspitz, dann nach
NW unter den Gratwänden entlang, bis sie niedriger werden und
man leicht in eine Scharte SO des Gipfels gelangt. Von hier in
10 Min. über Schrofen und Blockwerk zum Gipfel.

**489**

**Über den Rotbühlspitz=Südostgrat,** III—IV = schwierig bis sehr
schwierig, 3 h vom Einstieg. Eine der schönsten Gratklettereien der
Westsilvretta, am besten mit der Besteigung der Eisentälispitz zu

verbinden. Erster Gratübergang über alle Türme W. Flaig und Fr
Zorell am 14. 8. 1922.

Im Grat zw. Rotbühl= und Eisentälispitz ist ziemlich nahe bei letz=
terer eine tiefe Scharte eingeschnitten, von der nach N eine tiefe
Schutt= oder Firnrinne, nach S eine Schuttrinne hinabzieht. Durch
diese Rinnen steigt man zur Scharte auf; besser noch klettert man
über die Eisentälispitz zu dieser Scharte ab.

a) Z u g ä n g e zur Scharte von Gargellen wie bei R 159 oder von
der Tübinger H. wie bei R 186 ins oberste Vergaldner Tal, dann über
den Rotbühl nach SSW Richtung Eisentälispitz in den obersten Kar=
winkel und über Schutt oder Firn zur Scharte. Von der Tübinger H.
kann man auch über den Hinterberg gehen. Von Schlappin wie bei
R 488 ins Eisentäli und nach NO zur Scharte hinauf.

b) An der Scharte beginnt der R o t b ü h l = S ü d o s t g r a t. Über den
Turm in der Scharte Aufstieg nahe der linken Kante und jenseits über
glatte Platten ebenfalls links an der Kante hinab (man kann den
Turm auch rechts nordseitig umgehen). Nun über Platten und Schutt
auf den nächsten Turm. Waagrecht weiter über den blockigen Grat
zu einem schlanken schwarzen Turm, den man überklettert und auf
dem Grat über grobes Blockwerk an den Fuß der letzten geschlos=
senen Turmgruppe geht. Der erste Turm dieser vier wird an seiner S=
Seite erklettert. Leicht in die Scharte vor dem zweiten hellgrauen
Turm, der unersteiglich ist. Südl. unter ihm durch und an der gut=
gestuften Wand des nächsten Turmes empor, bis ein Quergang rechts=
hin in die Scharte hinter dem zweiten Turm möglich wird. Weiter
an der Ostkante der 3. Turmes sehr schwierig empor. Leicht über
den kurzen Verbindungsgrat auf den 4. und höchsten Turm. Über
Platten in die Scharte vor dem Hauptgipfel und leicht in 10 Min.
über Schutt und Schrofen auf die Spitze.

## Eisentälispitze, 2873 m

### 490

Der Höchstpunkt der Gruppe, eine schroffe Bergge=
stalt.

a) Vom Gipfelmassiv gehen drei Grate aus. Ein kur=
zer Verbindungsgrat nach NW zur Scharte vor dem
Rotbühlspitz=SO=Grat. Der Gipfelgrat nach SO teilt
sich alsbald im Vorgipfel in einen kurzen steilen Grat=
rücken nach SSW hinab und in den Ost= und Grenz=
grat zum Sattel, 2617 m, = Kunterbandfurgga (s. R 495!)
vor dem Hinterberg.

Diese Kunterbandfurgga, 2617 m, zw. Eisentälispitze und
Hinterberg kann von beiden Seiten leicht erreicht wer=
den, s. R 492.

b) Zum N a m e n Eisentälispitze vgl. R 484 c. — E r s t e  E r s t e i =
g u n g durch die Schweizer A. Ludwig und W. Zwicky am 8. 8. 1892
von W aus dem Eisentäli.

### 491

Von Süden und Westen durch das Eisentäli, I—II = unschwierig
bis mäßig schwierig, 4—5 h von Schlappin.

Wie bei R 488 ins Eisentäli hinauf und rechts in seinen Hintergrund zum großen Geröllfeld am Fuß der Eisentälispitze; von seiner obersten Ecke durch eine steile Felsrinne auf den Grat, den man links von einem breiten Gratturm erreicht. Er ist dem eigentlichen Gipfelbau nordwestlich vorgelagert. Der Vorturm kann leicht umgangen oder schwierig überklettert werden. Weiter leicht über Blockwerk zur Spitze.

**492**
### Über den Ostgrat auf die Eisentälispitze, II = mäßig schwierig, 3—3.30 h vom Garnerajoch. Der beste Anstieg.

a) Zugänge: am besten von der Tübinger Hütte wie bei R 187 (oder von Schlappin, wie R 378) aufs Garnerajoch. Oder von Gargellen wie bei R 159 ins oberste Vergaldnertal und über den Rotbühl auf den Sattel, 2617 m = Kunterbandfurgga, vgl. R 490 und 495 b.

b) Vom Garnerajoch an der Südseite des Grenzgrates fast waagrecht nach NW unterm Hinterberg durchquerend in das kleine Hochtälchen (kl. Seelein, ca. 2540 m) dicht O von der Kunterbandfurgga, 2617 m, die man leicht ersteigt. Weiter über den breiten Grat nach W zum Beginn des eigentlichen Ostgrates, der sich direkt zum Vorgipfel aufschwingt. Der erste Grataufschwung wird auf der Südseite umgangen zu der Rinne, die hinter ihm herabzieht. Aus der Rinne weiter nach S auf grünem Band auf die nächste Rippe hinausqueren, dann direkt am Grat empor, zuerst über begrünte Stufen, dann über festen Fels und zuletzt über Geröll zum Vorgipfel. Über Schutt hinab in die Scharte des SO=Grates und über ihn links ausweichend und einen Turm überkletternd zum Hauptgipfel hinauf.

**493**
#### Über die Nordostflanke. II = mäßig schwierig. Zugänge wie bei R 492. Wie dort auf den Gratsattel, 2639 m, und an Ostgratfuß. Dann rechtshin unter den Felsen durch in die Rinne, die aus der Scharte zw. Haupt= und östl. Vorgipfel herabzieht. In ihr ca. 30 m empor, dann nach rechts in die O=Flanke des Hauptgipfels und über Stufen und Bänder, zuletzt durch kleine Rinnen direkt zur Spitze.

**494**
#### Über den NW=Grat und Gratübergang zur Rotbühlspitze. Man vgl. zuerst R 489! Von der dort erwähnten tiefen Gratscharte zw. Rotbühlspitze und Eisentälispitze steigt der kurze NW=Grat der letzteren an, für Geübte mäßig schwierig (II). Man verbindet aber seine Begehung am besten mit dem rassigen Gratübergang zur Rotbühlspitze über deren SO=Grat. Man steigt zu diesem Zweck vom Eisentälispitz in die Scharte am Gratfuß ab und weiter wie bei R 489 auf die Rotbühlspitze. 3—4 h von Gipfel zu Gipfel.

## Hinterberg, 2682 m und Hinterbergjoch

**495**

Beliebter Skiberg von Gargellen; wichtiger Knoten=
punkt, weil in diesem Grenzgipfel des Hauptkammes
der Valiserakamm nach N abzweigt. Vom Hinterberg
an erscheint der Silvretta=Hauptkamm auf der AV=SiKa.
a) Drei der vier kurzen Grate des Hinterberges fußen
auf Gratsätteln; der W=Grat im Sattel, 2639 m, = Hin=
terbergjöchli, der NO=Grat im Hinterbergjoch und der
SO=Grat im Garnerajoch. Von allen drei Jöchern sind
alle drei Grate für Geübte leicht zu ersteigen, ca. 25 bis
45 Min. je nach Grat. Ein vierter kurzer N=Grat ist
touristisch ohne Bedeutung.

Bester und kürzester Zugang von der Tübinger H. s.
R 186 und 187. Von Gargellen durchs Vergaldnertal
s. R 159 d. Von Schlappin s. R 378.

b) **Hinterbergjoch,** ca 2590 m, heißt das Joch zw. Hin=
terberg und Mittelberg. Es verbindet das oberste Ver=
galdner Tal mit dem obersten Garneratal und ist von
beiden Seiten leicht ersteiglich; s. R 159 d und R 186 e.
Weil d e r N a m e aber manchmal auch dem Jöchli zw. Hinterberg
und Eisentälispitz, d. h. dem kl. Sattel, 2617 m, gegeben wird (so im
SAC-Si-Fü. S. 69, Nr. 20) so bezeichne ich dieses zur Unterschei=
dung (die auch durch die Höhenzahlen gestützt wird) mit dem alten
schweizerseitigen Mundart-Namen Kunterbandfurgga [Konterbande =
Schmuggelware, also = Schmugglerfurka, weil die früher zahlreichen
Schmuggler einst hier die Grenze überschritten und nicht am Garnera=
joch] und belasse den Namen H i n t e r b e r g j o c h dem im Winter
viel besuchten Joch zwischen Hinterberg und Mittelberg. Der von
Dr. Blodig für dieses Joch vorgeschlagene Name „Hinteres Vergaldner
Joch" wurde nicht in die Karten übernommen und hat sich daher nicht
eingeführt; s. AVZ 1910, S. 185.

## Mittelberg, 2675 m und Mittelbergjoch, 2415 m

**496**

Mittelberg zw. Hinterbergjoch und Vergaldner Joch. Touristisch nur
in Verbindung mit der Gratwanderung R 498 lohnend. Über seine
Grate leicht ersteiglich. Zugänge wie R 495.
Das Mittelbergjoch ist kein eigentliches Joch zwischen zwei Gipfeln
sondern eine flach gesattelte Schulter im NO=Gratrücken des Mittel=
berges, über welche der wichtige Weg zum und vom nahen Ver=
galdner Joch (R 497) führt, s. R 159 und 186.

## Vergaldner Joch, 2515 m

**497**

Zwischen Mittelberg und Vorderberg, ein alter Über=
gang der Einheimischen und wichtiger Touristenweg

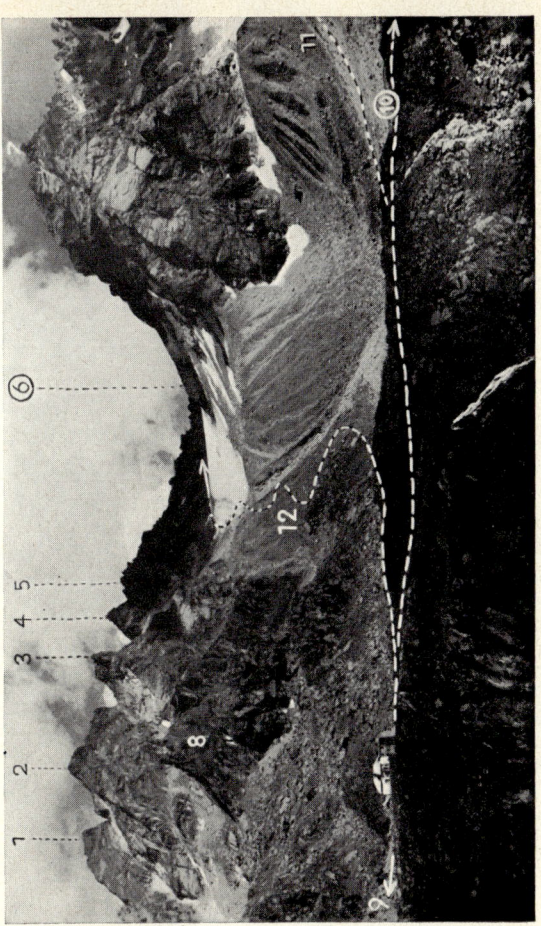

Bild 13 **Tübinger Hütte im Garneratal gegen Plattenjoch (6), Valgraggeskamm (1–5) und Westliche Plattenspitze (7)** Foto: Risch-Lau, Bregenz
Erläuterung s. R 6/III

Bild 14 **Die Saarbrücker Hütte im Kromertal gegen Großlitzner-Nord-wand, s. Bild 15.**

Erläuterung s. R 6/III

Foto: H. Häusle, Bregenz

aus dem Gargellen=Vergaldnertal ins Garneratal und umgekehrt von Gargellen s. R 159, von der Tübinger H. s. R 186, von Garfrescha s. R 166.

Der Name ist vom Tal Vergalden aufs Joch gewandert. Der Talname Vergalden aber kommt zweifelsfrei und urkundlich nachweisbar von Val calda = warmes Tal.

### 498 Vorderberg, 2553 m und Kuchenberg

Zwischen Vergaldner Joch und Matschuner Jöchli. Zwei an sich unbedeutende begrünte Erhebungen, die aber teilweise den Übergang von Garfrescha zur Tübinger Hütte und umgekehrt tragen, s. R 166 und 185, ferner R 473 bis 477 ((Tübinger Weg), eine der schönsten leichten Gratwanderungen der Westsilvretta.

### 499 Valzifenzjoch, 2485 m

In der Rotbühlspitze zweigt ein Seitenkamm ab, der in den Ritzenspitzen gipfelt und durch das Valzifenzjoch vom Hauptkamm abgetrennt ist. Das Joch vermittelt einen leichten und interessanten Übergang vom inneren Vergaldner Tal ins Wintertal und damit die landschaftlich schönste Rundtour von Gargellen rings um die Ritzenspitzen.
a) Von Südwesten. Wie bei R 158 ins Valzifenztal zum Oberstafel, 1830 m, der Valzifenzalpe und auf gutem Alpweg und Steigspuren rechts südl. vom Bach ins Wintertal und auf den Augstberg, ca. 2200 m. Jetzt auf Steigspur, die sich später verliert, nach NO empor gegen das Valzifenzjoch, zuletzt (links oben) wieder auf einer Steigspur zum Joch hinauf, 3.15–3.30 h von Gargellen. Jenseits ziemlich genau nach O hinab und hinüber ins oberste Vergaldner Tal und talaus nach Gargellen, vgl. b).
b) Vom Vergaldner Tal aufs Valzifenzjoch. Wie bei R 159 ins innere Vergaldner Tal. Wo der Weg zum Vergaldner Joch in ca. 2200 m Höhe linksum nach NNO biegt, geht man rechts über die kleine Hütte, 2230 m, nach W empor am Nordrand des Rotbühl entlang, dann quer über den unteren N=Gratrücken der Rotbühlspitze (Steigspur bis hierher). Weiter weglos durch eine Geröllmulde und über Grashänge nach W empor und linkshin zum Valzifenzjoch, 3.30–4 h von Gargellen. Man kann aber von der Vergaldner Alpe, 1821 m, auch gerade nach S über die Weidestufen des Roßberges und dann nach SO zum Joch, vgl. R 501 a.
Vom Joch jenseits zuerst ganz rechts genau W (Steigspur), dann nach SW über den Augstberg ins Wintertal und durchs Valzifenz nach Gargellen zurück.

## Valzifenzturm, 2586 m, Vergaldner Schneeberg, 2583 m

### 500 Wurmspitze, 2542 m

Im Grat, der vom Valzifenzjoch zu den Ritzenspitzen zieht, ist nahe letzterem das ca. 2500 m hohe Balmtaljoch eingesenkt. Zwischen beiden Jöchern liegen mehrere Graterhebungen: Valzifenzturm, Vergaldner Schneeberg und Wurmspitze.

I. **Zugänge:** Entweder wie bei R 499 oder 501, je nach Ziel. Am besten steigt man von N aus dem Vergaldner Tal auf und nach S ins Wintertal ab.

II. **Anstiege.** Man beachte: Dem beschriebenen Gratstück ist im NO das große Hochplateau des Roßberges, eine Galtviehweide, vorgelagert.

a) 100 m überm Valzifenzjoch steht der **Valzifenzturm**, 2586 m, LKS, der über die Steilschrofen seiner Südflanke mäßig schwierig erstiegen werden kann.

b) **Wenig weiter westl.** erhebt sich der Gratpunkt 2583 m. **Vergaldner Schneeberg**, ein Skigipfel, der im Sommer von allen Seiten leicht ersteigbar ist.

c) **Wieder weiter westl.** erhebt sich dicht SO überm Balmtaljoch die **Wurmspitze**, 2542 m; auch sie kann leicht, besonders über die Grate, bestiegen werden.

## Palmtaljoch, ca. 2500 m

**501**

Das begrünte Joch zw. Wurmspitze, 2542 m, und südlichster höchster Ritzenspitze, 2654 m, vermittelt ähnlich wie das Valzifenzjoch einen allerdings nur selten benützten Übergang vom Vergaldnertal ins Wintertal und damit eine ähnliche Rundtour wie das Valzifenzjoch; außerdem aber den Zugang zu den Ritzenspitzen.

Der Name lautet Palmtaljoch, nach einem nordwärts hinabziehenden Palmtal, d. i ein kleiner mit Latschen bewachsener Talgraben (in den Karten ohne Namen), so benannt, weil zum Palmsonntag dort Zundera- oder Latschenzweige als „Palmen" geholt wurden.

a) **Von Norden über den Roßberg auf das Palmtaljoch.** Von Gargellen wie bei R 159 ins Vergaldnertal bis kurz vor der Vergaldner Alpe, 1821 m. Knapp vor den Alphütten rechts auf kleinem Steg über den Vergaldner Bach und auf dem breiten Alpweg in Kehren empor auf die Höhe des Roßberges = Hochweidestufe zw. 2100 u. 2400 m, wo sich der Weg verliert. Weiter nach S (die kleine Galtalphütte bleibt links zurück) flach empor über die Weiden an einigen Bergseen vorbei. Geröllfelder umgeht man und hält sich später eher etwas mehr rechts (SSW), zuletzt wieder steiler hinauf aufs breite Balmtaljoch, 3.15—3.45 h von Gargellen.

b) **Von Süden aus dem Wintertal aufs Palmtaljoch.** Wie bei R 499 a ins Wintertal hinauf und etwas ostwärts ausholend nach NW über die begrünten Steilhänge zum Joch hinauf, 3.30—4 h von Gargellen.

## Die Ritzenspitzen, 2654 m

**502**

Das mehrgipfelige Massiv erhebt sich breit und das Talbild von Gargellen beherrschend zwischen Valzifenz und Vergaldner Tal, SSO über deren Zusammenfluß. Der Gipfelgrat steigt vom Nordgipfel, 2552 m, über mehrere Spitzen, darunter die kotierte Spitze, 2590 m, zum höchsten und Südgipfel, 2654 m, an.

Die W-, NW- und N-Flanke des Massivs ist durch mehrere steile tobelartige Bachgräben gegliedert, zwischen denen steile Rücken absinken und sich zu einigen untergeordneten Spitzen aufwerfen: zum Schießhorn, 2048 m im N; zum Selsner Kopf, 2178 m im NW und zum Alphorn, 2276 m im W. Alle drei können von der Bergseite her leicht erstiegen werden; die Zugänge über diese weglosen Steilflanken sind allerdings nur für ganz geübte Touristen gangbar.

**I. Auf den Haupt- oder Südgipfel, 2654 m.** I = unschwierig, 3.45—4.15 h von Gargellen. Wie bei R 501 a oder b aufs Palmtaljoch und dem Grat entlang nach NW empor zum Gipfel.

**II. Auf den Nordgipfel, 2552 m.** II = mäßig schwierig, 3.30—4 h von Gargellen. Wie bei R 501 a auf den unteren Roßberg, dann rechts nach W über die Weiden an Fuß des Nordgipfels und steil, zuletzt mäßig schwierig über seine steilen Rasenschrofen zur Spitze. — Vom Schießhorn über den Nordgrat s. R 1206 im Nachtrag.

**III. Über alle Gipfel der Ritzenspitzen.** II = mäßig schwierig, 5—5.30 h von Gargellen. Wie bei II auf den Nordgipfel. Dann gratentlang über alle Gipfel auf den Südgipfel. Die Gipfel können alle überklettert werden, doch kann man den gröbsten Schwierigkeiten auch fast immer leicht links ostseitig ausweichen.

503—509 Offene Randzahlen für Nachträge.

### Garnera-Gruppe

**510**

a) Diese interessante und in ihrer Gipfelflur ungemein vielartige Gruppe erstreckt sich zw. dem Garnerajoch im W und dem Plattenjoch im NO entlang dem Silvretta-Haupt- und Grenzkamm. Während die Garneraseite fast ungegliedert ist, zeigt die Schlappiner Südseite eine reiche Gliederung mit Seitenkämmen und mehreren Hochtälern dazwischen, in die einige kleine Bergseen eingebettet sind, darunter der schöne Hühner= see, einer der größten der Silvretta. Zwei kleinere Seitenkämme strahlen vom Kessispitz aus nach W u. S, ein großer Kamm zweigt in der Garneraspitze nach S ab über die Seeschyen zur Fergengruppe, durch den Scheienpaß, die Südgrenze unserer Gruppe, von ihr getrennt.

Die Gruppe ist durch natürliche Einschnitte unterge= teilt in den Kessigrat W vom Hochjöchli und den Garneragrat O vom Hochjöchli. Und in die See= schyen zw. Schottenseelücke und Scheienpaß.

b) Die Gruppe umschließt also die nördl. Hochkare des in= neren Schlappintales, das zu den einsamsten Hochtälern der Silvretta zählt, aber auch zu den schönsten. Im N dagegen schließt die Gruppe das ernste Garneratal in prächtiger Weise ab. Dies etwa 10 km lange Tal ist durch einen Alpweg und AV=Steig in seiner ganzen Länge erschlossen, aber trotzdem noch das Urbild eines Urgebirgs=Hochtales, ein typisches Gletschertrogtal mit ausgeprägten Trogschultern, auf denen auch die Tübinger Hütte liegt und z. T. die Wege verlaufen. Lit. s. R 180.

c) Die Garneragruppe besteht nach Bearth „durchwegs aus hellen Granitgneisen". Auf der Nordseite ihres östl. Teiles finden sich winzige Gletscher, die im Zeichen des Gletscherschwundes diesen Namen kaum mehr verdienen. Um so reichlicher sind die Spu= ren ehemaliger Großvergletscherung, alte Moränen (z. B. NW und W der Plattenspitze!), Moränen- und Karseen usw. Mächtige Trümmer= felder und Blockhalden zeugen von Bergstürzen, so bei der Tübinger Hütte nördl. vom Kessigrat usw. Die Gruppe bietet alle Bergformen vom leichten berühmten Aussichtsberg (W. Plattenspitze und Kessi= spitz) bis zu den rassigen Kletterbergen des Garneragrates und der Seescheien.

d) Standorte: bester für die ganze Gruppe ist die Tübinger H., für den Garneragrat außerdem die Saarbrücker H. und Seetalhütte. Auch von Schlappin kann man fast die ganze Gruppe besuchen.

e) Karten. Die Gruppe ist fast ganz auf der AV=SiKa dargestellt, der Hauptkamm im ganzen Verlauf. Den fehlenden SW=Abfall fin= det man auf der LKS Bl. 497 bzw. 248, den östl. Teil auf Bl. 498 bzw. 249.

## 511

Der Talname (Val) Garnera ist auch hier auf das Joch und die Gipfel emporgewandert. Die Montafoner sprechen und schreiben Garnera, die Prätigauer Garneira, wie die LKS auch schweizerseits schreibt. Die Deutung des Wortes ist schwierig und umstritten. Finsterwalder führt es über das Maisäss Ganeu am Taleinang (s. R 181) das heute noch Garneu gesprochen wird, zu= rück auf lat. cardine = Winkel (ganeu = „im Winklig" im Ge= winkel), daraus Val Carneria, Val Garneira = Tal von Garna. — Hubschmied dagegen meint, es komme aus (vallis) cornaria = Felsen= tal, von cornu = Horn, Felsenhorn.

Im Juli 1957 wurde das vierte Schiff der Österr. Rheinflotte in Straß-
burg auf den Namen „Garnera" nach diesem Montafoner Silvrettatal
getauft.

## Garnerajoch, 2489 m

**512**

Auf der LKS Garneirajoch, 2490 m. Zwischen Hinterberg und Kessihorn. Grenzjoch zw. Österreich im O
und N und der Schweiz im W und S, Grenztafeln,
Grenzstein Nr. 5. Das Joch verbindet das oberste Garneratal (Montafon) mit dem Schweizer Garneirätäli
und Schlappintal (Prätigau). Kürzester Übergang aus
der Montafoner West-Silvretta ins Prätigau (Klosters).
Der Übergang von der Tübinger H. nach Schlappin
ist unter R 187 und umgekehrt unter R 378 beschrieben.

Nachtrag: Auf der LKS 1:25 000, Bl. 1177, Serneus „Carnäirajoch" (!).
Wir bleiben bei dem Montafoner Namen Garnéra.

## Der Kessigrat
## Kessihorn, 2746 m – Kessispitz, 2833 m
## Kessikopf, 2765 m

**513**

a) der 2 km lange Grenzgrat erstreckt sich zw. Garneirajoch und Hochjöchli oder Hühnertälijoch. Er ist
fast in seinem ganzen Verlauf leicht zu begehen. Eine
Ausnahme macht nur der plattige Gipfelturm des Kessihorns auf seiner Ostseite. Auch die Gratflanken im
N und S sind fast überall leicht zu begehen.

b) In der LKS ist das Kessihorn mit 2744 m und ohne Namen
kotiert und auch der Kessikopf ohne Namen. Zw. Kessispitz und
Kessihorn unmittelbar am SO-Fuß des Horns ist die Kessischarte
eingeschnitten, zw. Kessispitz und Kessikopf ein Gratsattel, 2751 m.
Der Kessispitz entsendet auf der Schweizerseite noch zwei Grate,
einen W-Grat, der im kl. Sädelhorn, 2625 m, endigt; und einen S-
Grat, der im Plattenhorn, 2672 m, nach SW ausläuft. Zwischen
Sädelhorn und Kessispitz und Kessihorn ist das „Kessi" (= kl.
Kessel) genannte Hochkar mit zwei winzigen Seelein eingebettet; von
ihm hat der Grat den Namen.

Nachtrag: Auf der LKS 1:25 000, Bl. 1177, Serneus „Chessispitz",
„Chessikopf" usw.

c) Von der „ersten Besteigung" ist nichts bekannt, die früheste
Beschreibung von A. Ludwig 1892 erwähnt bereits einen Gipfelsteinmann, den er auf dem Kessispitz vorfand. Erwähnenswert ist noch
die Überschreitung des Kammes von N auf den Kessispitz und über
den Kopf zum Hochtäli durch Dr. Blodig und E. T. Compton am
13. 9. 1909, wobei vielleicht Teilstrecken erstmals betreten wurden.
(Lit. AVZ 1910 S. 184.)

## Von Ost nach West über den Kessigrat.

Eine Einzelbeschreibung der verschiedenen Grate der drei Gipfel ist überflüssig, außerdem ist die Überschreitung von O nach W (I = unschwierig) ohnehin die dankbarste Besteigung. Gute Kletterer können dann noch das Kessihorn zum Garnerajoch überschreiten (II = mäßig schwierig). Die Überschreitung vom Hochjöchli zur Kessischarte erfordert etwa 1.30 h, zum Garnerajoch weitere 1.30 h; zus. ca. 2.30—3 h.

a) Vom Hochjöchli, 2695 m (s. R 519) leicht in 20 bis 30 Min. über den hübschen Ostgrat auf den **Kessikopf**, 2765 m.

b) Weiter über den flachen NW≈Grat — kl. Absätze können leicht umgangen werden — in 10—12 Min. hinab in den Schuttsattel, 2751 m.

c) Vom Sattel über leichte Platten und Schuttbänder des Ostgrates auf den **Kessispitz**, 2833 m, 20—30 Min., ca. 45 Min. von Gipfel zu Gipfel.

d) Vom Kessispitz weiter dem leichten Grenzgrat entlang, der bald nach NW biegt, in wenigen Minuten hinab in einen breiten Gratsattel, der von der etwas tieferen Kessischarte (am Fuß des Kessihorns) durch einen scharfen Schartengrat getrennt ist. Von diesem Gratsattel kann man leicht nach beiden Seiten absteigen, über die Nordflanke (s. R 516 c) oder über die SW≈Flanke (s. R 516 a) absteigen.

e) Wer auch das Kessihorn überschreiten will (II = mäßig schwierig) muß zunächst in die Kessischarte um den SO≈Fuß des Horns zu erreichen. Der trennende Schartengrat kann vermutlich nur schwierig überklettert oder — leichter aber mit Höhenverlust — umgangen werden, am besten links im S.

f) Aus der Kessischarte von Südosten oder Süden auf das Kessihorn.

Eine Beschreibung liegt leider nicht vor, doch darf als ziemlich sicher angenommen werden, daß links westl. der Südkante (Südgrat), die in der Kessischarte fußen, über die dort eingebuchtete und gutgestufte Wand ein relativ mäßig schwieriger Anstieg auf die Grathöhe und leicht zum Gipfel führt. Sollte dies nicht möglich sein und sich die SO≈Plattenwand rechts neben der Kante auch nicht direkt oder weiter rechts erklettern lassen, so müßte man das Horn links hinab durch das Kessi und in der westlichen Südflanke umgehen, so bald als möglich auf den W≈Grat aufsteigen und über ihn zur Spitze gehen. — Der Abstieg über diesen Grat zum Garnerajoch macht dann keine Schwierigkeiten mehr; s. R 515 a.

## Kessihorn, 2764 m

**515**

a) Das Horn ist mit dem Garnerajoch durch einen sehr langen unten breiten Rücken, oben schmäleren Grat verbunden, der vom Gipfel 300 m nach W zieht und dort (= P. 2660 der LKS) nach N knickt. Man ersteigt ihn vom Joch gratentlang ohne Schwierigkeit, kl. Steilstufen können umgangen werden.

b) Nach S fällt das Horn mit einer schönen Plattenwand ab, deren südwestseitige Kante in der Kessischarte fußt. Aufstieg von S s. R. 514f.

c) Das Horn kann auch direkt von Norden von der vorgelagerten Geröllterrasse über Felsrippen rechts W von dem mächtigen Überhang des Gipfelbaues erstiegen werden (II = mäßig schwierig).

## Kessispitz, 2833 m

**516**

Höchstpunkt des Kessigrates; gewährt vorzüglichen Einblick in die ganze Garnera= und Schlappin=Umrahmung und prachtvolle Silvrettablicke, ferner große Fernschau nach S u. W auf Graubünden, Ost= und Zentralschweizer Alpen; sehr lohnend, zumal er von allen Seiten leicht ersteiglich ist. Überschreitung Ost—West s. R 514c und d, am besten über den Kessikopf, der einer weiteren Beschreibung nicht bedarf. — Weitere Anstiege auf den Kessispitz:

a) **Über die Nordflanke** (I = unschwierig) gibt es zahlreiche Möglichkeiten. Am besten scheint diese: Von der Tübinger H. (2.15—2.45 h) kurz auf dem Weg zum Garnerajoch bis er nach W biegt, dann links ab nach S hinauf auf den begrünten Rand, P. 2307, einer alten Stirnmoräne (des ehem. Kessigletschers). Weiter rechts westl. und am rechten begrünten Rand des steilen Schuttkares in der Kessispitz=N=Flanke über Grasschrofen z. T. steil empor auf die oberste Hochstufe, direkt N am Geröllfuß der Gipfelpyramide. Von hier ab zwei Führen:

I. Entweder weiter nach S über Schrofen auf den O=Grat und über ihn zur Spitze;

II. oder leichter nach W empor auf die Schulter im N=Gratrücken und über ihn zur Spitze.

b) **Von Westen**, I = unschwierig. Aus dem mittl. Garneiratäli (s. R 187 und 378), dem Bachgraben entlang nach O ins „Kessi" (Kar) hinauf und leicht von W über Geröll und Schrofen auf die Spitze; 1—1.15 h aus dem Garneiratäli.

Das oberste Kessi kann man auch vom Garnerajoch über den Grat zum Kessihorn erreichen, wenn man bald nach dem Gratknick (= P. 2660 LKS, s. R 515 a) ins Kessi schräg nach O herabsteigt.

c) **Von Süden**, I = unschwierig. Vom Hühnersee über Gras und Trümmerhalden direkt nach N Richtung Kessispitz, zuletzt durch eine Felsrinne; bequemer und schöner geht man aber über den breiten **Südgrat**: vom Hühnersee zum P. 2698 hinauf und über den Grat zur Spitze; je 1 h vom See.

## Sädelhorn, 2625 m, LKS

**517**

Im verlängerten W=Grat des Kessispitz, südl. Begrenzung des „Kessi". Aus den Hochkaren nördl. und südl. leicht zu ersteigen; auch Grat= übergang zum Kessispitz leicht möglich.

## Plattenhorn, 2672 m

**518**

Ein trefflicher Name für diesen mit riesigen Felsplatten gepanzerten sehr hübschen Berg mit dem schönen Hühnersee und =täli zu Füßen. Wird nur selten bestiegen. Einsame und lohnende Bergfahrt in prächtiger Landschaft. Vermutlich 1. Ersteigung durch E. Imhof am 26. 7. 1895.

Der Berg ist dem Kessispitz südl. vorgelagert und durch die leicht zu überschreitende Einsattlung, 2537 m, von ihm getrennt. Anstiege entweder vom Hühnersee direkt oder schöner über den plattigen NO= Grat vom Sattel, 2537 m, aus in schöner mäßig schwieriger (II) Plat= tenkletterei. Aber auch der getürmte plattige WSW=Grat dürfte eine schöne Kletterei bieten; über seine Besteigung ist mir nichts bekannt.

## Hochjöchli oder Hühnertälijoch, 2695 m

**519**

zw. Kessigrat und Garneragrat, Grenzjoch wie das Gar= nerajoch. Auf der Montafoner Seite „Hochjöchli", im Prätigau aber „Hühnertälijoch", geheißen nach dem vom Joch nach S ziehenden Hühnertäli, in dem auch der Hühnersee liegt. Es mündet ins innerste Schlappin= tal und ist wegen häufigen Vorkommens von Schnee= hühnern so benannt. Der von Dr. Blodig vorgeschla= gene Name „Kessijoch" (AVZ 1910, S. 187) wird von der LKS abgelehnt, weil das Jöchli keine direkte Ver= bindung mit dem „Kessi" hat, s. R 515 b.

Von beiden Seiten leicht zu ersteigen und ein geeigneter Übergang um die oberste nordöstl. Umrahmung des inneren Schlappintales von der Tübinger H. aus (s. R 520) zu besuchen; zus. mit dem Garnerajoch eine ideale Rundtour um den Kessigrat. Das dem Jöchli im N angelagerte kleine Firneisfeld verdient den Namen „Garneragletscher" nicht mehr; es wird möglicherweise bald ganz verschwinden.

Zum Übergang von Schlappin zur Tübinger H. s. R 379 I.

**520**
**Von der Tübinger Hütte zum Hochjöchli und ins Hühnertäli und Schlappin.** 1.30—2 h zum Joch. Von der Hütte gerade nach S Richtung Hochjöchli über die gerölligen Weiden etwa in der Mitte des Jochhanges, später über alte Moränenfelder auf den Stirnmoränenrand des (ehemals größeren) Garneragletschers. Bei gut steigbarem Firn gerade zum Jöchli hinauf (tiefste Einsattlung links im O); sonst rechts am Rande des kl. Eisfeldes über grobes Blockwerk hinauf und zuoberst linkshin ins Jöchli. — Will man zum Kessikopf-Ostgrat, so bleibt man ganz rechts und steigt direkt am Gratfuß aus.

Der Abstieg ins Schlappintal ist nicht zu fehlen: nach SSW durch das Hühnertäli ins innerste Schlappintal u. wie bei R 187 westl. talaus nach Schlappin-Klosters.

## Garneragrat

**521**
a) So nennt man das Grenzstück der Garneragruppe vom Hochjöchli oder Hühnertälijoch bis zum Plattenjoch: zwei Garneraspitzen, Garneraturm und W e s t - l i c h e  P l a t t e n s p i t z e, wie dies in der AV-SiKa richtig bezeichnet ist. Für den G a r n e r a t u r m war leider keine Kote vorhanden; er ist aber etwa genau so hoch wie die Ö s t l i c h e  G a r n e r a s p i t z e, die ihrerseits wenige Meter höher ist als die W e s t l i c h e  G a r - n e r a s p i t z e mit 2851 m (LKS 2852 m). In ihr zweigt der Scheiengrat nach Süden ab.

In der LKS steht längs dem ganzen Grat die Bezeichnung „Plattenspitzen". Das ist falsch und irreführend. Mit diesem Namen werden nur die Westl. und Östl. Plattenspitze dies- und jenseits vom Plattenjoch bezeichnet. — Zum Namen Garnera s. R 511.
b) Besteigungen: Abgesehen von den leichten und sehr lohnenden Besteigungen der beiden Endgipfel und Aussichtsberge des Grates —

Westl. Plattenspitze und Westl. Garneraspitze — lohnt vor allem die Überschreitung des ganzen Grates von SW nach NO oder umgekehrt, ferner die rassige SO-Kante des Garneraturms. Flankenanstiege in die Scharten sind z. T. zwar sowohl von der Garneraseite (NW) wie von der Seetalseite (SO) möglich, aber sehr mühsam, auf der Garneraseite nach Ausaperung der früher reichlichen Firnbedeckung überdies äußerst mühsam und steinschlaggefährlich und dringend abzuraten. Ich sehe daher auch von einer Beschreibung dieser Flankenführer ab. Geübte Hochtouristen finden sich zurecht und andere haben dort nichts zu suchen.

## Westliche und Östliche Garneraspitze

**522**

Westliche, 2851 m (LKS 2852 m), Östliche vermutlich ganz wenig höher (ca. 2860 m; in älteren Karten mit 2843 m und 2859 m kotiert). — Die vermutlich 1. Besteigung und Überschreitung von SW nach NO und N machten Dr. K. Blodig und Alpenmaler E. T. Compton am 13. 9. 1909. Sie gaben ihnen auch die Namen. Beide Gipfel bilden einen scharfgeschnittenen Grat von W bzw. SW nach NO zum Fuß des Garneraturmes mit steilen zerrissenen Flanken, die Garneraflanke (N) brüchig und düster, die Seetalflanke z. T. begrünt aber steil und zerklüftet, s. R 521 b. Die Westliche Garneraspitze, 2851 m, bildet den Scheitelpunkt der drei Täler Garnera, Schlappin und Seetal. Sie gewährt daher aufschlußreichen Einblick in die drei Täler und sehr schöne Rundsicht; sie ist überdies vom Hochjöchli (s. R 520/21) her über den W-Grat (Blockwerk, einige kleine Schrofenstufen) ganz unschwierig (I) in ca. 0.45—1 h zu ersteigen. Das gilt auch für den S-Gratrücken, der vom Hühnertäli aus überall leicht zu gewinnen ist.

**523**

**Von der Westlichen zur Östlichen Garneraspitze und über den Garneragrat — mit und ohne Garneraturm — zur Westlichen Plattenspitze.** Ohne Garneraturm II—III = mäßig schwierig bis schwierig; 2.30—4 h und mehr je nach Ziel und Führe. Zum Garneraturm vgl. R 524. Die Besteigung der Östl. Garneraspitze ist nur im Zusammenhang mit der Überschreitung der Westl. oder des ganzen Garneragrates gegeben.

a) Man folgt durchaus dem Grat, d. h. vom Gipfel der Westl. über den NO-Grat hinab in die Scharte vor der Östlichen und über deren SW-Grat auf die Spitze, ca. 1 h von Gipfel zu Gipfel.

b) Will man weiter zum Garneraturm oder über den ganzen Grat, so klettert man von der Östl. Garneraspitze wiederum genau am Nordostgrat hinab, wobei bald unterm Gipfel die schwierigste Stelle des Grates kommt; eine sehr steile glatte Platte, die unten etwas vorgekragt ist, sie kann aber in Reibungskletterei gut begangen werden. Man bleibt immer am Grat und läßt sich nicht zum Ausweichen in die Flanken verleiten. Den Schartenturm vor dem Südfuß des Garneraturmes umgeht man links (N) in die Scharte hinab.

c) Will man ohne Besteigung des Garneraturmes (s. R 524) den Gratübergang zur Westl. Plattenspitze ausführen, so kann man den Turm links (N) auf der Garneraseite auf einem Plattenband schräg links abwärts gut umgehen in die Scharte östl. vom Turm. Die folgenden Zacken im Verbindungsgrat werden teils rechts, teils links umgangen, z. T. mit Ab- und Aufstieg, wobei man immer wieder auf den Grat steigt und ihm überhaupt möglichst treu und nahe bleibt. Zunehmend leichter, zuletzt über grobes Blockwerk an den Gipfelbau der Westl. Plattenspitze empor und rechts ostseitig herum unterm Gipfel schräg über Blockwerk empor, bis man leicht links auf den Gipfelgrat (dicht östl. der Spitze) aussteigen kann.

## Garneraturm ca. 2860 m

**524**

a) Der von SO und NW gesehen schlanke Turm sitzt als dünne etwa 25 m hohe Scheibe auf dem untersten Ende des NO=Grates der Östl. Garneraspitze, d. h. er fällt wandartig in die beiden Gratscharten ab, dagegen scharfkantig gegen die Flanken. Während aber die NW=Kante mit einem Überhang auf die Umgehungsplatte und die Garneraflanke abbricht, schwingt sich die kühne, steile Südostkante aus der Tiefe des Seegletschers 220—250 m hoch empor zur Spitze.

Ein langer gezackter Grat verbindet den Turm mit dem massigen Gipfelbau der Plattenspitze. Von der Garneraseite gleicht der Turm ganz auffallend einer Miniatur der Dent du Géant.

b) Die ersten Ersteiger waren Dr. Blodig, der „Zimbapfarrer" G. W. Gunz und F. Braun am 10. 6. 1919 von Nordosten (OAZ 1910 S. 181, AVZ 1910 S. 200). Die 2. Ersteigung und 1. Überschreitung führten E. Kapphan, Jula Köhler und Dr. Steudl am 1. 8. 1922 aus. Am 13. 8. 1922 überschritt W. Flaig den Turm allein von NO nach W, wobei er einen schwierigen neuen Aufstieg von NO beging und dann über die Garneraspitzen weiterkletterte. Am 29. 7. 1923 erstiegen W. Flaig und H. Plank den Turm erstmals über seine SO=Kante.

**525**

Die kurzen **Anstiege** auf den **Garneraturm** über die NO= und SW=Wand erlauben eine interessante Überschreitung in beiden Richtungen im Zuge einer Gesamtüberschreitung des Garneragrates. Weil man aber den Gipfelturm auch auf der Garneraseite auf einem Plattenband umklettern kann, so kann man auch auf der gleichen Führe wieder absteigen und trotzdem die ganze Gratüberschreitung machen. Die SW=Wand kann man auch abwärts gut klettern. Über die NO=Wand dagegen sein man sich besser ab. — Die prächtige Kletterei über die SO=Kante dagegen lohnt um ihrer selbst willen; man steigt dann am besten nach SW ab und geht über die zwei Garneraspitzen weiter.

I. **Zugänge.** Man klettert entweder wie bei R 523 von SW über die zwei Garneraspitzen an Fuß des Turmes oder wie folgt **von der Westl. Plattenspitze her:** dicht östl. vor dem Gipfeltürmlein der Plattenspitze steigt man links auf die Seegletscherseite (S) hinab und quert nach SW schräg abwärts unterm Gipfelturm durch auf den Verbindungsgrat hinunter und ihm entlang, später die ‚größeren Zacken links oder rechts umgehend bis in die Scharte vor dem Garneraturm, ca. 30—40 Min. von der Plattenspitze. — Zum weiteren Übergang über die Garneraspitzen s. unten bei IV.

Bei beiden Zugängen kann man den Gipfelturm auf der Garneraseite umklettern und so zu beiden Einstiegen gelangen.

II. **Überschreitung von Nordosten nach Südwesten,** 30—45 Min. von Scharte zu Scharte. III—IV = schwierig bis sehr schwierig.

a) Von der NO-Scharte aus über eine schräge glatte Platte an die Gipfelsteilwand zu einem kaum kenntlichen feinen Riß. An ihm mit spärlichen Griffen schräg von links nach rechts hinauf zu einem kleinen Gesimse. Von da über eine vorgebauchte Platte schwierig zu einer Felsnische; von hier leichtere Kletterei zum Gipfel.

b) Oder vom Oberrand der großen Platte Quergang links nach O u. in einer Nische mit einer Verschneidung und Rissen sehr schwierig empor auf den Turm.

c) Den Abstieg nach SW nimmt man schräg rechts (NW) hinab über wohlgestuften Fels und ein breites Band, das in einen kleinen Winkel abbricht. Schwierig auf die Fortsetzung unterhalb und dann gerade links hinab zur SW-Scharte.

III. Überschreitung von Südwesten nach Nord-osten. III—IV und 30—45 Min. von Scharte zu Scharte. Von der SW-Scharte gerade empor gegen das linke westl. Ende zweier auf-fallender Bandstufen, die höher oben schräg rechts in die Wand hin-aufziehen. Entweder schiebt man sich vorsichtig von links nach rechts um die etwas vordrängende Felsnase, welche beide Bänder trennt und quert auf dem unteren schmäleren Band weiter, bis man leicht linkshin auf die schmale Gipfelschneide aussteigen kann; oder man klimmt in dem Winkel links neben der Felsnase auf das breite obere Band und erreicht so die Schneide. — Abstieg in die NO-Scharte: Abseilen, ca. 20 m hoch = 40 m Seil.

IV. Vom Garneraturm-Fuß über die Garneraspitzen nach Südwesten. Wer von der Westl. Plattenspitze kommend nach SW über oder um den Garneraturm zu den Garneraspitzen weiter will, der umgeht von der SW-Scharte aus den kleinen Schar-tenturm rechts auf der Garneraseite und steigt am anschließenden NO-Grat der Östl. Garneraspitze empor (nicht in die Flanken locken lassen!). Man gewinnt so den Gipfelaufbau, der durch eine schräge Platte, die überhängend vorsteht, gesperrt ist. Man überwindet sie direkt in heikler Reibungskletterei; dann leicht weiter zum Gipfel der Östl. Garneraspitze. — Weiter immer gratentlang über die Westl. Garneraspitze zum Hochjöchli s. auch R 523 (522).

## 526

Über die Südostkante auf den Garneraturm. III—IV = schwierig bis sehr schwierig, 1 h vom Einstieg. Sehr schöne Klet-terei in festem Fels, eine der schönsten im Bereich.

Zugang von allen drei Nachbarhütten nahezu gleich gut, am besten von der Saarbrücker H. über die Seelücke und wie bei R 206 unter P. 2697 durch gerade W zum Fuß der gut kenntlichen Kante. Oder von der Seetalhütte wie bei R 387 hierher. Von der Tübinger H. übers Plattenjoch wie bei R 188.

Übersicht: Die Kante des Turmes fällt vom Gipfel mit scharfer Schneide nach SO herab. Das untere Drittel löst sich mit gelbroten Überhängen in einen Wandabbruch auf, der in seinem unteren Teil von einem Kamin gespalten ist und in seiner linken SW-Hälfte zwei leuchtend grüne Grasflecke trägt.

Anstieg: Von der Zunge des Seegletschers über Schutthalden in 15 Min. an Kantenfuß und zum Kamin hinauf. Einstieg einige Meter links (W) oberhalb in wohlgestuftem Fels. Zuerst wenige Meter steil empor, dann rechts in den grünen Kaminwinkel. In ihm 2—3 m empor und links über eine sehr schwierige Platte (dicht rechts im

Winkel kletternd) auf den ersten und dann auf den zweiten der grünen Grasflecke, die mit prächtiger Flora geschmückt sind. Immer nahe dem linken Rande der Schrofen empor an die roten Abbrüche. An ihrer linken W=Seite leitet eine Rinne weiter hinauf. Oberhalb der Rinne noch eine Seillänge über Schrofen zu einem schönen begrünten Band, das jetzt rechts nach O auf die scharfe eigentliche Kante hinausleitet. In prächtiger Kletterei von jetzt an immer an der Kante empor bis an den letzten unersteiglichen Gipfelturm. Weiter entweder links auf steilem Band zur Spitze hinauf oder direkt (2 Bohrhaken) auf den Turm.

## 527  Westliche Plattenspitze, 2883 m

a) Westlich und nordöstl. vom Plattenjoch erheben sich die Westliche und die Östliche Plattenspitze. Die Westliche ist End= und Höchstpunkt des Garnera= grates. Wie der kurze Kamin auf der D=Zug=Lok so sitzt ihr kleiner Gipfelturm auf dem Westende des Gipfelgrates, der steil auf den gezackten Verbindungs= grat zum Garneraturm niederbricht. Die SO=Flanke und die Hänge zum Plattenjoch hin dagegen sind aus Block= und Schrofenwerk aufgebaut, durch das der leichte AV= Steig auf diesen beliebten Aussichtsberg führt. Die NW=Flanke dagegen wird von einem steilen Platten= dach gebildet, das der Spitze den Namen gab; s. Bild 13!

b) Erste Besteigung am 13. 8. 1877 durch Dr. G. A. Koch in Begleitung der Montafoner F. J. Battlog und Bitschnau, vom Gar= neratale aus. Über den ersten Ersteiger der NW=Plattenwand ist nichts bekannt (Gipfelbuch im Steinmann).

c) Rundsicht: Die Westl. Plattenspitze ist ein hervorragender Aussichtsberg. Im N die auffallende Rote Wand am Formarinsee in den Klostertaler Alpen, links dahinter die sanfteren Formen des Bregenzerwalds. Im Vordergrund (Silvretta) gegen W die Heim= spitze und Valisera, weiter zurück dann die Zimba im Rätikon und links davon Sulzfluh, Drei Türme, Drusenfluh, deren S=Wände links= hin abstürzen. Weiter zurück die Schesaplana (die den Säntis ver= deckt); dann folgen fern am Horizont die teilweise vergletscherten Gruppen der Ostschweizer und Glarner Alpen: Glärnisch, Ringel= spitze und Tödi. Links von ihnen sind bei hellem Wetter die ganzen Berner Alpen vom Schreckhorn bis zum Lauteraarhorn sichtbar. Im SW stehen die Berge des Bündner Oberlandes: Rheinwaldhorn, Piz Platta, und dann links die Bergüner Stöcke in der Albulagruppe Piz Michel, Tinzenhorn und Piz d'Aela. Weiter links Piz d'Err und Piz Kesch und links dahinter die ganze Berninagruppe mit allen Haupt= gipfeln vom Piz Roseg rechts bis Piz Palü links.. Im Südosten und Osten herrscht die Silvrettagruppe, die vom Piz Linard bis zum Fluchthorn mit fast allen Hauptgipfeln sichtbar ist. Im Vordergrund das Glanzstück der Seegletscher mit den Seehörnern und dem Litz= nerturm. Weiter links im NO und N die Hauptgipfel der Ferwall= gruppe: Küchel= und Kuchenspitze und Patteriol. Mehr im Vorder= grund der vielgipfelige Valgragiskamm zum Hochmaderer hin.

## Anstiege auf die Plattenspitze

Außer dem leichten Anstieg und AV=Steig von SO hat der Berg nur noch einen lohnenden Anstieg: über die NW=Plattenwand. Zum Übergang über den Gar= neragrat entlang dem SW=Grat der Plattenspitze s. R 525 I. u. IV., bzw. R 523.

**528**

**Vom Plattenjoch über die Südostflanke auf die Plat= tenspitze.** I = unschwierig, Steigspur; 40—50 Min. vom Joch. Der leichteste und übliche Anstieg.

a) Zugänge zum Plattenjoch von der Tübinger H. s. R 189, von der Saarbrücker H. s. R 203, von der Seetalhütte s. R 387.

b) Vom Plattenjoch steigt der breite Jochrücken genau W zum Ostgratfuß hinauf. Links südl. neben diesem Jochrücken über Geröllstufen (Schneeflecken) in die z. T. leicht begrünten Schrofen der SO=Flanke hinauf, wo eine deutliche Steigspur in Zickzack auf die mit grobem Blockwerk bedeckte obere Ostgratschul= ter und über sie auf den Gipfelgrat führt. Ihm entlang zum kl. Gipfelturm am Westende, den man leicht er= klettert.

**529**

Über die Untere Nordflanke und die oberste Nord= westflanke auf die Plattenspitze. I—II = unschwierig bis mäßig schwierig, 3 h von der Tübinger H. In früheren Zeiten, bei stär= kerer Firnbedeckung dieser Flanken ein interessanter Anstieg, heute wegen Ausaperung im unteren Teil ein wüster Geröllschinder, nur im Abstieg ratsam.

a) Wie bei R 189a von der Tübinger H. in das schuttbedeckte Hoch= kar im Vorfeld des Plattengletschers hinauf. Zur Rechten im S hat man jetzt den Fuß der N=Flanke der Plattenspitze. Ein breiter steiler Geröllstreifen (früher Firnfeld) zieht unter den dunklen Steilwänden des Gipfelbaus von links unten nach rechts oben (W) empor. Über diesen Geröllstreifen (Firn) auf die schulterartige Stufe in der oberen NW=Wand (s. R 530).

b) Von hier linksum gerade nach SO über die obere NW=Wand mäßig schwierig (II) direkt auf den Grat dicht links vom kleinen Gipfelturm.

**530**

Über die ganze Nordwest=Plattenwand. Unten III = schwierig, oberes Drittel II = mäßig schwierig. 3—4 h von der Tübinger Hütte. Schöne Plattenkletterei, schönster Anstieg am Berg. Vgl. Bild 13.

Übersicht: Die Nordwestwand besteht in den unteren zwei Dritteln aus einer breiten Plattenwand, deren oberes Viertel (die hellen Platten auf Bild 13) sich etwas zurücklegt und in eine Spitze und Wandstufe ausläuft. — Von der Tübinger Hütte über die schuttigen Schafweiden an Bergfuß und durch eine Geröll- oder Schneemulde an Wandfuß. Die Plattenwand kann auf 2 Führen erstiegen werden:

I. Man steigt etwa in der Mitte des Wandfußes ein und ü b e r d i e W a n d m i t t e eher etwas rechts haltend über Platten und Bänder, an Rissen und Leisten öfters hin und her querend, aber im Ganzen gerade empor bis aus Oberende der Plattenwand bzw. des Plattendaches. Weiter wie bei 529 b gerade empor auf den Gipfelgrat.

II. Oder man steigt nicht in der Mitte ein sondern weiter rechts etwas höher oben, wo zwischen der Plattenwand links und einem senkrechten Felsbollwerk rechts daneben eine (höher oben breite und tiefe fast schluchtartige) R i n n e hinaufzieht, auf Bild 13 gut kenntlich. Einstieg mit Linksschleife und rechtshin in die Rinne. Am linken Rand durch sie empor und wo sie sich steil aufrichtet und verengt, wieder mit Linksschleife nach rechts in die kaminartige Fortsetzung und durch sie aufs obere Plattendach. Weiter wie bei I zur Spitze.

III. H i n w e i s : Noch wesentlich schöner aber auch schwieriger (ca. IV. Grad) dürfte der technisch zweifellos mögliche Aufstieg entlang der linken (N) Abbruchkante der Plattenwand sein.

## Schottenseelücke, 2644 m

### 531

Zwischen P. 2686, einem Schartenkopf, und den Seeschyen. Den Namen habe ich in der 1. Auflage dieses Führers vorgeschlagen, er wurde inzwischen übernommen. Die Lücke trennt den Garneragrat vom Scheiengrat und ist die einzige direkte Verbindung zw. dem oberen Seetal und dem Hühnertäli-Schlappintal; s. auch bei Scheienpaß. Die Lücke ist von W, von der Hühnertäliseite leicht über Blockwerk und Schrofen zugänglich, auf der Ostseite dagegen zieht eine oben sehr steile Grasschrofenrinne und Geröllrinne zum Schottensee, 2469 m hinab.

## Seeschyen oder Seescheien, 2773 m

### 532

Zwischen der Schottenseelücke im N und dem Scheienpaß im S erhebt sich eine wildgezackte Reihe von Felstürmen, im Volksmund und Prätigauer Mundart Seeschyen oder Seescheien genannt.

a) Schyen oder Scheien nennen die Bergler (auch in Vorarlberg) die beim Holzsägen oder »spalten anfallenden Schwarten und Scheiter. Scheie, Scheit und das norwegische Wort Schi (geschrieben Ski) sind und bedeuten dasselbe. Die Älpler vergleichen die schlanken Felstürme also sehr bildhaft mit solchen Schwarten oder Scheitern, wie die Bayern ihre Skier auch Schwartling heißen. Vgl. auch den Scheienzahn und die Scheienfluh im benachbarten Rätikon, AVF-Bd. Rätikon R 193.

b) Die leider nur selten bestiegenen prächtigen Türme stehen mitten im einsamen Ödland, ein großartiges Hochgebirgsbild im Schmucke der schönen Seen ringsum: ‚Der See‘ im Seetal, der Schottensee und der große Hühnersee (ein idealer Zeltplatz!) Nach ihm heißen sie Seescheien.

Man zählt 5 größere und sehr besteigenswerte Scheien oder Türme von S nach N, deren zwei in der AV-SiKa und LKS kotiert sind:

der I. Gipfel ist P. 2750. Der II. und III. Gipfel bilden einen Dop=
pelgipfel. Der IV. Gipfel ist der höchste und steilste, P. 2773 der
AV=SiKa (2772, 8 LKS). Der V. Gipfel schließt die Reihe, die, ehe
sie sich zur Schottenseelücke senkt, noch einen kleineren Gipfel auf=
weist.

c) **Erste Ersteigung** durch O. Schuster mit H. Moser am
6. 8. 1894 (Lit. ÖAZ 1894, S. 280; SACJ 1895, S. 393). Seither wur=
den die Nadeln nur selten bestiegen. Gewöhnlich werden sie von SW
nach NO überschritten, wobei der Abstieg vom HG nach der Nord=
scharte nie gelang, bis G. Walty, J. Rofler und C. Held dies am
15. 7. 1917 ausführten (Lit. SAC Alpina 1917, S. 142/43).

## Anstiege

**533**

a) **Zugänge** zu den Seescheien. Man kann sie von vier Haupt=
punkten fast gleich gut erreichen: von der Seetalhütte, d. h. von O,
am besten über Scheienpaß. Von der Tübinger H. übers Hochjöchli
und Hühnertäli, s. R 520 (oder übers Plattenjoch und von O). Von
der Saarbrücker H. über die Seelücke wie bei R 206 und von O, am
besten über die Schottenseelücke. Von Schlappin durch das Schlap=
pintal zum Scheienpaß oder ins Hühnertäli, s. R 378/79.

b) Außer der Schottenseelücke und dem Scheienpaß, die von W und
O leicht, von O aber mühsam zu erreichen sind, kann man auch alle
**Scharten** zw. den Türmen von W (Hühnertäli) leicht ersteigen,
ausgenommen jene zw. dem II. und III. Turm, die von W nur
schwierig zu ersteigen ist. Auch von Osten sind mühsame Anstiege
zu den Scharten möglich, am besten noch in die Scharte zw. dem
IV. und V. Turm.

c) Am besten überschreitet man die Scheien von S nach N, wie bei
R 534 unten; dort kann man auch leicht die Einzelaufstiege auf
die Türme entnehmen.

**534**

**Überschreitung der Seescheien von Süden nach
Norden**, vom Scheienpaß zur Schottenseelücke. III—IV = schwierig
bis sehr schwierig. 5—6 h vom Paß zur Lücke. Anstrengende aber
sehr schöne Kletterfahrt. Zum Abseilen werden ca. 50 m Seil oder
zwei 30=m=Seile benötigt.

a) **Auf den I. Gipfel** vom Scheienpaß ohne besondere Schwie=
rigkeit über Schutt und Schrofen. Unschwierig auch der Abstieg in
die Scharte vor dem doppelgipfligen II. Turm.

b) **Über schwierige Wandstellen**, zuletzt auf der W=Seite
**zum II. Gipfel**; vom I. zum II ca. 1.30 h. Nun über die gegen
das Seetäli (O) abfallenden Bänder schwieriger Abstieg und Quer=
gang über plattige Felsen in die Scharte vor dem III. hinab.

c) **Den III. Gipfel** erklettert man über eine griffarme Felswand
und sehr schmale Rasenbänder; 1.30 h vom III. Der Abstieg in die
Scharte zw. dem III. und IV. Gipfel kann auf zwei Führen ge=
klettert werden:

**Entweder** vom III. über den Aufstiegsweg nach S zurück, dann
von der Scharte in der Geröllrinne auf der Seetäli=Seite (O) etwas
absteigend quert man über sehr plattige Stellen, z. T. kriechend
waagrecht hinüber in die Scharte vor dem IV. Gipfel;

**oder** man steigt mit größter Vorsicht und sehr schwierig gerade
nach NO die Scharte vor dem IV. Gipfel ab: Vom Gipfel des III.

Bild 15 **Großlitzner (2) und Großes Seehorn (4) mit Eisjoch (3) und Seelücke (5). Im O die Saarbrücker Hütte.**

Erläuterung s. R 6/III                                Foto: Rhomberg, Dornbirn

**Bild 16 Vor dem Madlenerhaus (rechts), unter der Bielerhöhe, gegen Westen. 2 = Hochmadererjoch. 3 = Hochmaderer. K.T. = Kromertal.**
Erläuterung s. R 6/III                    Foto: W. Flaig, Bludenz

anfänglich über griffarme Platten abwärts auf ein Geröllband. Dann sehr schwieriger Quergang nach rechts gegen einen Kamin (Haken≈ sicherung) und Abstieg durch den Kamin auf wiederum griffarme Platten und zu einem Überhang. Abseilend oder mit einem Sprung von ungefähr 3 m Tiefe erreicht man ein breites Rasenband, das zu dem letzten sehr glatten Felsabsturz in die Scharte führt. Einige kl. feine Felsrisse gewähren spärlichen Halt. Nach einer Seillänge ge≈ langt man auf einen Felsabsatz und von ihm ohne Schwierigkeit in die Scharte hinab.

d) **Auf den IV. Gipfel** von der Südscharte aus schwierig über schmale moosbedeckte Bändchen in der fast senkrechten Felswand empor. Weil die Griffe sehr lose sind, versuche man mit Reibungs≈ kletterei auszukommen. Nach einer guten Seillänge eine erste gute Sicherung. Der letzte Anstieg erfolgt meist auf der Schlappiner Seite (W). Abstieg in die Scharte zw. dem IV und V. direkt über glatte Platten mit sehr losen Griffen, aber gute Sicherung möglich.

e) **Auf den V. Gipfel** nicht besonders schwierig und gerade über die Gratkante. Abstieg von ihm zur Schottenseelücke ziemlich einfach; oder auch zurück zur Scharte vor dem V. und von dort entweder durch eine Geröllrinne und später über Rasenbänder ins Seetäli (O) oder aber nach W ins Hühnertäli.

535—539 Offene Randzahlen für Nachträge.

## Valgraggeskamm

**540**

a) Valgraggeskamm und Hochmaderergruppe bilden zu≈ sammen einen nördlichen Seitengrat. Sie sind durch das **Hochmadererjoch** (Bild 16) getrennt. Das **Plattenjoch** (Bild 13) und die **Schweizerlücke** schneiden die **Östliche Plattenspitze**, den wichtigen Schei≈ tel≈ und Knotenpunkt im Silvretta≈Haupt≈ und Grenz≈ kamm, so eindeutig aus ihm heraus und die Verbin≈ dung dieser Spitze mit dem **Valgragges≈ oder Val≈ gragiskamm** ist so deutlich und organisch, daß sie nur ihm zugeordnet werden kann. In und mit ihr zweigt dieser nördliche Seitenast ab und endet in der Hochmaderergruppe. Sie ist durch ihre Verzweigungen (s. R 560) eindeutig als Gruppe gekennzeichnet, wäh≈ rend der Valgraggeskamm als ausgeprägter Gratkamm erscheint, denn auch der einzige größere nördl. vom P. 2820 (= Valgraggeskopf) abzweigende Seitengrat ist ganz untergeordnet.

b) Dafür schuf dieser Grat mit den Valgraggesspitzen zusammen das **Madereratäli**, das man als das weitaus wildeste, trostloseste und einsamste Silvretta≈Hochtäli und ≈kar bezeichnen kann, ein scheinbar völlig steriles Felstrümmertal, Inbegriff des Ur≈ und Öd≈ landes, großartig und einmalig weitum in den Alpen. Auch auf der Westseite des Kammes formen vier kleine Seitengrate drei einsame mit Blockwerk erfüllte Hochkare. Aber auch das südwestlichste obere

Kromertal, das den Schweizergletscher beherbergt (und daher auch Schweizertäli heißen könnte), ist von diesem Typus. Auch der Kamm selber und die Gipfel wie die Täler werden nur selten besucht. So ist hier unmittelbar neben vielbegangenen und betahrenen Wegen und Straßen herrlichstes Urgebirge und Odland zu finden. Dazu kommt über ein halb Dutzend phantastischer Kletterberge (Bild 13!) und zwei leichte großartige Aussichtsgipfel, der Hochmaderer und der Valgraggeskopf, und schließlich zwei ideale Stützpunkte mit kurzen Anmärschen: **Tübinger H.** und **Saarbrücker H.**

c) **Karten:** Das ganze Gebiet ist auf der AV-SiKa gut eingetragen. Einige kleine Ergänzungen stehen unten bei den Gipfeln.

d) **Besteigungen:** Das südl. Drittel des Valgraggeskammes ist mit fünf stolzen Türmen geschmückt (Bild 13), dazu kommen die schönen Valgraggistürme nördl. davon. Im übrigen ist das mittl. und nördl. Drittel ungleich dahmer, wobei jeweils die Südgrate und Ostflanken schroffer oder steiler sind, während die Nordgrate und Westflanken mehr plattig abgedacht sind. Die Kristallingesteine, Gneise, Granitgneise, Augengneis usw. des Kammes fallen nämlich etwa nach WNW ein, d. h. die Ost- und Südanstiege sind meist von Schichtköpfen gestuft und trotz der Steile relativ gut zu klettern. Im nördl. Teil des Kammes häufiges Vorkommen von Granaten, s. R 552.

Am schönsten ist die **Überschreitung** des ganzen Valgraggeskammes in zwei oder drei Teilstrecken. Der südl. Teil bis zur Valgraggesscharte, d. h. bis zum Blodigturm einschl. wird am besten von S nach N überschritten und so auch unter R 542 beschrieben. Im Anschluß daran werden soweit nötig die Einzelgipfel und ihre Anstiege noch kurz behandelt. Der nördl. Teil des Kammes von der Valgraggisscharte zum Hochmadererjoch kann von S nach N oder umgekehrt begangen werden, klettertechnisch besser von S nach N, landschaftlich schöner von N nach S: Silvrettablick! In beiden Fällen benützt man den Weg übers Hochmadererjoch (s. R 182 und 192) zum An- oder Abmarsch.

e) **Bilder:** s. Bild 13 und 16, ferner die Compton-Aquarelle in der AVZ 1910, Titelbild und S. 194/95. Hier habe ich willkommene Gelegenheit, Herrn Dr. Gerhard Lutz, Dipl.-Chem., Tübingen, für das wertvolle Bildmaterial der Garnera-Umrahmung zu danken, das er mir zur Verfügung stellte und das mir wertvollste Dienste leistete.

f) **Erschließung.** Es ist das Verdienst von Dr. Karl Blodig, fast den ganzen Valgraggeskamm am 16., 17. und 18. Sept. 1909 mit Alpenmaler E. T. Compton erstmals erstiegen und benannt zu haben (AVZ 1910, S. 188 ff.): Am 16. die beiden Valgragisspitzen und -türme und den Valgragiskopf, am 17. und 18. die Ostl. Plattenspitze und den Südl. Plattenturm. Am 9. 6. 1910 erstiegen Dr. K. Blodig, Dr. Franz Braun und Pfarrer G. W. Gunz noch den (später Blodigturm genannten) Zwillingsturm und die Zwillinge erstmals. Im Jahre 1920 erstieg der bekannte Dresdner Kletterer Emanuel Strubich teils allein, teils mit J. Obermaier fast alle Ostwände des Kammes und beging sämtliche ostseitigen Schartenrinnen im Abstieg. Die erste durchgehende Überschreitung der fünf Türme dürfte Sepp Bodlak, Partenen, gemacht haben?

g) **Der Name** Valgragges oder Valgragis (sprich: Fal . . .) ist umstritten; mundartlich im Montavon: falgraggis, weshalb die Schreibung Valgragges anstatt Valgraggis (oder Valgragis wie bisher) nicht einleuchtet. Ich verwende beide Formen. — Hubschmied nimmt an: von rom. grava = geröll, eine Ableitung, die zwar nach Finsterwalder

„lautliche Schwierigkeiten" macht, mir aber doch richtig erscheint im Hinblick auf die in der ganzen Silvretta einmaligen und ungeheuren Trümmerfelder und Blockwüsten im Maderneratäli, das wahrscheinlich das ehemalige Val Gravas, das Gerölltal schlechthin, war, s. oben bei bl — Weil im Montavon die Krähen „gragga" heißen, scheint es Finsterwalder nicht unmöglich (aber „immerhin etwas hypothetisch"), „daß dieses deutsche Mundartwort s. Z. in den Sprachschatz der romanischen Montafoner übergegangen ist und so ein deutschromanisches Zwitterwort gebildet wurde ... Valgraggis wäre dann ‚Krähental', was für die düstere Landschaft passen würde." Ich halte diese Deutung (entwicklungsmäßig) für ganz unwahrscheinlich.

## Plattenjoch, 2728 m

**541**
Zwischen Westl. und Östl. Plattenspitze, verbindet das innerste südöstliche Garneratal mit dem oberen Seetal (und mit den Kromertallücken!). In der LKS 2727 m. Grenzjoch zw. Österreich im N und Schweiz im S: Grenztafeln, Grenzstein Nr. 7, kl. Zollwachhütte am Grat östl. vom Joch.

a) Touristisch eines der wichtigsten Löcher am Silvretta=Höhenweg: Übergänge von der Tübinger H., von W nach O, s. R 188—191 und Bild 13; von O nach W, von der Saarbrücker H. s. R 203—206, von der Seetalhütte s. R 387.

b) Das Joch ist ein Glanzpunkt der Silvretta, ja der Alpen, der Anblick der Litzner=Seehorngruppe eines der herrlichsten Bergbilder der Ostalpen, besonders beim Anstieg von W, N und NW des Loches ist der harmlose Eisrest des ‚Plattengletschers' eingelagert, der den Namen kaum noch verdient.

**542**
Überschreitung des Südlichen Valgraggiskammes von Süd nach Nord, vom Plattenjoch (oder Schweizerlücke) zur Valgragisscharte. II—III = mäßig schwierig bis schwierig, kurze Stellen IV = sehr schwierig. 4—5 h vom Joch zur Scharte für eine gute Zweierseilschaft. Bild 13. Ich nehme diese prächtige Kletterfahrt und Überschreitung in der klettertechnisch günstigsten Richtung vorweg (s. auch R 543—547!). Wer will, kann bei den Nordabstiegen z. T. auch abseilen; 2 × 30 m Seil bzw. Reepschnur ratsam.

Zugänge zum Plattenjoch (oder Schweizerlücke) s. R 541.

Übersicht: Die Turmreihe von S nach N heißt (mit neuen Koten, die ich der Landesaufnahme in Wien verdanke): Östl. Plattenspitze, 2852 m, Südl. Plattenturm, 2847 m, Nördl. Plattenturm, 2853 m, Zwillinge, 2869 m (Höchstpunkt!), Blodigturm, 2851 m. — Valgragisscharte nenne ich die Scharte nördl. vom Blodigturm, ca. 2710 m. Zwischen ihr und dem Blodigturm steht noch ein kl. Gratturm = P. 2784, s. R 548.

Man beachte: von sämtlichen Scharten dieses Kamm= stückes sind Notabstiege (bzw. Zugänge) nach O, meist auch nach W möglich.

a) Über die Östliche Plattenspitze. Vom Plattenjoch über Geröllstufen der Südseite; oder von der Schweizerlücke über den hübschen SO-Grat zum Gipfel= bau, den man entweder gerade von S durch eine plattige Verschneidung oder durch eine Abwärtsschleife auf der Ostseite ersteigt. 15—20 Min. Jenseits zuerst nördl. wenige Meter über Platten hinab bis links (W) eine plattige Rippe hinabführt; von ihrem Unterende nach N in die Scharte hinab (10 Min.) vor dem Südl. Plattenturm.

b) Über den Südlichen Plattenturm, den man leicht über seine wohlgestufte Südflanke in 5 Min. er= steigt, direkt in die Scharte zw. den beiden Spitzchen des Gipfels. Das südl. ist höher und aus der Scharte nicht ganz leicht ersteigbar (beim Abstieg gegen die Wand des anderen Spitzchens fallen lassen und so hinabsteigen). Abstieg: Von der Gipfelscharte zuerst nach W hinab, bis ein schmales moosiges Bändchen r. (O) in die plattige Verschneidung führt, welche die ganze Nordflanke durchzieht. In ihr hinab, bis man leicht rechts (O) zur Scharte vor dem Nördl. Plat= tenturm queren kann.

c) Über den Nördlichen Plattenturm. Auch ihn ersteigt man leicht über seine Südflanke zum plat= tigen gespaltenen Gipfel in 8—10 Min. Der Abstieg nach N ist schwieriger. Man steigt in den Spalt nördl. des Gipfels und zw. den Gipfelblöcken (nahe dem Ostabsturz) an den Oberrand der Plattenwand, die nach N hinabfällt. (Wer nicht durch den Spalt hinabkommt, umgeht diese Gipfelpartie auf den Platten der W= Seite). Die nördl. Plattenwand steigt man erst an ihrem

Ostrand wenige Meter hinab, quert dann 2—3 m links (W) bis zu einem Riß, der durch einen kl. Überhang schwierig hinabführt; weiter über die Platten zur Scharte vor den doppelgipfeligen Zwillingen.

d) Über die Zwillinge. Ihre S-Wand hängt im oberen Teil über und ist unersteiglich. Man steigt deshalb 6—8 m von der Scharte nach W hinab, dann auf einem ausgeprägten Rasenband rechts (O) schräg empor und unter den Überhängen durch auf die gut gestufte Ostflanke, wo auf grünen Rasenflecken eine prächtige Flora erfreut. Gerade durch Verschneidungen auf den Südgipfel. Der Übergang zum Nordgipfel geht erst leicht am Grat bis in die Scharte, dann auf Bändern u. Stufen in der Westflanke schräg empor und über sie rechtsum zum höheren **Nordgipfel der Zwillinge,** 2869 m, Höchstpunkt des Valgraggeskammes.

Der Abstieg nach N ist zunächst einfach: zuerst 12 bis 15 m westl. auf der plattigen Rippe hinab, dann in die Nordflanke rechts und östl. hinab auf schmalen Riß-bändern und über Blöcke in die Schuttscharte südl. vor dem nördl. Vorbau des Berges. Weil er ganz plattig nach N abstürzt, so umschleift man ihn am besten auf der Westseite ziemlich tief absteigend (manchmal noch auf Firnschnee); oder Abseilen in die Scharte vor dem Blodigturm.

e) Über den Blodigturm. Man steigt von der Scharte schräg links wenige Meter NW an, dann — immer in der Westflanke! — nach O empor und auf leicht begrünten Stufen eine Seillänge in die West-wand hinein nach N bis steile aber reich gestufte Fel-sen zum Grat hinaufleiten. Über seine plattigen Blöcke gewinnt man nach S den Gipfel.

Der Abstieg in die Scharte nördl. des Blodigturmes geht erst am Grat, dann schwierig durch einen steilen Kamin der Nordflanke in eine vom Fels überdachte Rinne hinab, aus der man rechts nach N auf ein Band aussteigen kann, welches nach N in die Scharte nördl. vom Turm führt. Noch trennen zwei Grattürme und ein kl. Schar-tenturm von der Valgraggesscharte. Man umgeht sie in der plattigen Westflanke, kann aber auch direkt nach W in das Kar absteigen.

Wer vom Blodigturm nicht zur Valgraggisscharte will, kann aber auch vom Gipfel in die Südscharte zurückklettern und aus ihr nach W zur Tübinger H. (oder nach O schwierig) absteigen.

f) Wer die Gratüberschreitung nach N Richtung Hochmadererjoch fortsetzen will, wolle sich dies aus den Beschreibungen der Gipfel R 549 bis R 552 bitte entnehmen und beachten, daß die Überschreitung der Valgraggistürme noch beträchtliche Schwierigkeiten aber auch sehr schöne Gratkletterei bietet, dann aber der Grat für Geübte durchaus leicht begehbar wird; 3—5 h zum Hochmadererjoch je nach Führe usw.

## Östliche Plattenspitze, 2852 m

**543**

Wichtiger Scheitelpunkt über den Tälern Garnera. See- und Kromertal, s. R 540a. Sie flankiert mit der Westl. Plattenspitze das Plattenjoch (R 541); Bild 13.

I. Zu den leichten Anstiegen über die Südflanke oder SO-Grat s. R. 542 a. Dort auch über die Nordflanke (unschwierige Fels- und Rasenstufen). Ein Westanstieg ist nicht bekannt.

II. Über die Ostwand (III = schwierig), 2 h vom Einstieg: Wandhöhe etwa 170 m. Man erblickt von unten im oberen Teil der Wand einen Felssporn, den man als Wegrichtung nimmt und bei der Besteigung selbst wenig rechts von diesem Sporn bleibt: Vom Schweizergletscher über die Randkluft oder Randmoränen und schwierig über eine Platte aufwärts. Weiter durch kurze Kamine und über Felsstufen zum Gipfel. (E. Strubich und J. Obermaier am 19. 8. 1920; priv. Mitteilung.)

## Südlicher Plattenturm, 2847 m

**544**

Ein kegelförmiger Turm dicht N der Östl. Plattenspitze (Bild 13) und leicht kenntlich an den 2 originellen Zäckchen, die wie Menschen auf seiner Spitze stehen. — Zu den Anstiegen von S u. N s. R 542 b. Andere Anstiege sind nicht bekannt. Die Scharte N vom Turm kann durch die Rinne von O auch im Aufstieg erreicht werden.

## Nördlicher Plattenturm, 2853 m

**545**

Ein breiter Geselle, 1 m höher als sein schlanker Bruder im S (Bild 31). Erste Ersteigung der Ostwand durch E. Strubich am 21. 8. 1920.

I. Zur Überschreitung von S nach N s. R 542 c.

II. Die Angaben der Erstersteiger über ihren Zugang von W zum Turm vom Plattengletscher aus, sind so unklar, daß ich sie nicht aufgenommen habe.

III. Uber die Ostwand. III = schwierig, ca. 30 Min. vom Einstieg, etwa 100 m Wandhöhe. Man steigt vom Schweizergletscher oder seinem Moränenrand aus durch die von der Scharte zw. den Zwillingen und dem Nördl. Plattenturm herabkommende Rinne etwa 40 m hoch empor, wendet sich dann links in einen Kamin und in ihm etwa 30 m empor. Hierauf Quergang nach R und über ein schräg links hochziehendes Band weiter. Vor dessen Ende mittels zweier handbreiter parallel herabziehender Risse einige Meter empor, dann ausgesetzter Quergang unter den überhängenden Gipfelfelsen rechts zur Nordkante. An dieser zu einem Überhang, der durch kurzen schrägen Riß überwunden wird. Jetzt leichter vollends zum Gipfel.

IV. Im verlängerten W-Grat des Nördl. Plattenturms erheben sich einige untergeordnete Grathöcker und — von der Tübinger H. gesehen — ein spitzer Turm. Schwabenturm (etwa 2560 m?) und östl. davon die Schwabenplatte, 2573 m, genannt (Bild 13; Ziffer 8). Sie bieten einige hübsche kl. Übungsklettereien und einen interessanten Einblick in die Umgebung der Tübinger H. Das von Skifahrern im Winter gerne benützte „Skijoch" (ca. 2560 m?) trennt diese Erhebungen vom Valgraggeskamm.

## Zwillinge im Valgraggiskamm, 2869 m

546

Der schöne massige Doppelgipfel (Bild 13 und Titelbild der AVZ 1910!) mit dem treffenden Namen ist der Höchstpunkt des Valgraggiskammes; prächtige Rundsicht, vgl. Bild 29. Eine Beschreibung der Rundschau dieses selten bestiegenen Gipfels kann aus Raummangel nicht aufgenommen werden; es wird auf jene vom Hochmaderer verwiesen. Benennung des Gipfels durch Dr. Blodig, der die Zwillinge mit G. W. Gunz und Dr. F. Braun am 9. 6. 1910 zuerst erstieg. (AVZ 1919, S. 197; ÖVZ 1910 S. 181.) Die Ostwand erstiegen E. Strubich und J. Obermaier am 21. 8. 1920.

I. Zur Überschreitung von S nach N vgl. R 542 d.

II. Über die NW-Flanke und den NW-Grat. II = mäßig schwierig, 3.30–4 h von der Tübinger H. (AVZ 1910 S. 198.) Von der Tübinger H. in eine von der Hütte knapp sichtbare geröllerfüllte Hochkarmulde westl. vom Blodigturm. Aus der Mulde steigt man durch Felsrinnen zum Fuß der Zwillinge und zu deren Westgrat auf. Über diesen Grat und einige Grathöcker zum Gipfel.

III. Über die Ostwand. III = schwierig, 2.30 h vom Einstieg; c. 180 m Wandhöhe. Von O her steigt man in der Schuttrinne zw. dem Nördl. Plattenturm und den Zwillingen etwa 25 m auf-

wärts, dann klettert man nach rechts über ein Wandstück auf einen
kl. Sattel in der Ostflanke der Zwillinge. Von hier quert man
unter einer senkrechten Felsplatte einige Meter nach rechts (N).
Nunmehr einen engen Riß aufwärts bis unter einen Überhang, dann
nach links auf einen Absatz. Gerade aufwärts über eine Platte, dann
in einer von zwei riesigen Blöcken gebildeten Verschneidung (über=
hängender Einstieg) aufwärts. Danach über leichteres Gelände weiter
gegen eine gelbe senkrechte Wand. Ein kl. Band führt nach rechts,
dann mit Rissen über Blöcke auf den Gratansatz dicht SO des Gip=
fels; über ihn kurz auf die Spitze.

## 547 Blodigturm, 2851 m

Der stolze Turm ist eher eine Scheibe, die nach O mit
einer 180—200 m hohen Steilwand, nach W bzw.
WNW mit einem mächtigen Plattendach steil abstürzt
(Bild 13). Er wurde von Dr. Blodig früher irreführend
als Nördl. Zwilling, später auch Zwillingsturm be=
zeichnet, bis Strubich dann den Namen Blodigturm
einführte nach dem verstorbenen Erstersteiger Dr. K.
Blodig, Bregenz, mit G. W. Gunz und Dr. F. Braun
am 9. 6. 1910. Erste Ersteigung über die Ostwand durch
E. Strubich und J. Obermaier am 22. 8. 1920.
Erste Ersteigung über die NW=Wand durch Fr. Blond
und W. Fellner am 11. 9. 1948.
I. Zur Überschreitung von S nach NW vgl. R 542 e.
II. Von Westen her. III = schwierig. 4 h von der Tübinger H.
(AVZ 1910 S. 197). Von der Hütte in das weite Kar zw. dem
Schwabenturm (s. R 545, IV.) r. und den Valgraggestürmen l. Aus
der Karmulde, zuletzt über ein großes Schutt= oder Firnfeld zur Val=
graggesscharte zw. den Valgraggestürmen und dem Blodigturm, 2 h.
Nunmehr Aufstieg über Felsen zu einem in die NW=Flanke führen=
den Band. An seinem Ende Einstieg in eine Felsrinne, die über Plat=
ten durchstiegen wird. Die Rinne führt in einen steilen Kamin, der
zum Grat leitet, über den man den Gipfel schnell gewinnt.
III. Über die Ostwand. IV = sehr schwierig, 3 h vom Einstieg.
Etwa 180 m Wandhöhe. Man steigt auf dem in den Schweizerglet=
scher am weitesten vorspringenden Felsen ein, klettert rechts über
eine Platte und dann durch die überhängenden unteren Felsen. Nach
diesen verfolgt man ein Grasband wenig nach links, steigt dann über
Platten aufwärts in Richtung der überhängenden Gipfelfelsen. Etwa
50 m unterhalb dieser wendet man sich rechts in eine grasige Rinne
und durch sie empor; von ihrem Ende über eine Wand, die über=
hängenden Gipfelfelsen wenig links lassend. Darnach durch einen
kurzen Kamin und einen überhängenden Riß auf einen kleinen Absatz
etwa 30 m nördl. vom Gipfel. Über den scharfen Nordgrat zur Spitze.
IV. Über die Nordwestwand. III—IV = schwierig bis sehr
schwierig, ca. 3 h vom Einstieg. Von W durch das Schuttkar und
über die große Geröllhalde an Wandfuß. Einstieg in die Wand über
die Mitte der Felsnase des Wandausläufers mit einem kl. Kamin.
Weiter über sehr steile griffarme Platten in eine lange Rinne und
weiter über steile fast senkrechte glatte Platten zum Gipfel.

**548**

**Valgraggesscharte** nenne ich die tiefste, ca. 2715 m (?) hohe Einschartung des Kammes zw. Blodigturm und Valgraggistürmen, welche das fünftürmige Süddrittel von dem ganz andersartigen Nordteil des Kammes trennt. Die Scharte ist im N und S durch je einen Schartenturm flankiert und von W über Geröll und leichte Schrofen, von O durch eine steile Rinne zu er= steigen.

<h2 style="text-align:center">Valgraggestürme, 2826 m</h2>

**549**

Aus der Valgraggesscharte steigt ein mehrfach gestufter (getürmter) Grat als Südgrat zu dem mehrgipfeligen Massiv der Valgragges= türme auf und zieht dann über mehrere Grathöcker fast waagrecht nach N und NO zum Valgraggeskopf, 2820 m, mit dem die Türme eigentlich e i n Massiv bilden. Man unterscheidet einen Südlichen Valgraggesturm und einen höheren Nördlichen, der mit 2826 m kotiert ist. In Wirklichkeit sind es aber 3–4 Türme. Der Südliche ist eine Art Doppelgipfel und dem Nördl. ist im N ein Vorturm beigefügt. Außerdem stehen im Südgrat noch zwei Türme (welche die Tübinger Kletterer für ihren Hausgebrauch mit ,Gogenturm' und ,Tuboturm' benannten). Der Südl. Turm entsendet einen langen NW-Grat, der das kl. Hochkar zw. ihm und dem NW-Rücken des Valgraggeskopfes im S begrenzt, am Fuß seiner SW-Flanke liegt P. 2529. Vom Nördl. Turm, 2826 m, stürzt eine steile gratartige Ostrippe ab, die unten flach in einen langen z. T. breiten Ostrücken übergeht, der zu P. 2440 hinabzieht. Der Südl. Turm dagegen hat eine steile zer= rissene Ostflanke. Zw. beiden Türmen zieht eine hohe steile Ost= schlucht-Rinne herab.

Erste Ersteigung und Benennung der Türme: Dr. K. Blodig und E. T. Compton am 16. 9. 1909. Von Osten: E. Strubich und J. Obermaier am 22. 8. 1920. Erste Ersteigung über den NW-Grat durch Sepp Walcher, 8. 9. 1920. Der leichteste Zugang auf die Grathöhe der Türme erfolgt von W.

I. Über den Nordwestgrat auf den Südl. Valgraggesturm.

II = mäßig schwierig, 2.15–3 h von der Tübinger H. Von der Hütte auf dem Weg zum Hochmadererjoch, R 192, bis südl. P. 2281 (W-Gratfuß der Südl. Valgraggesspitze), dann rechts nach O empor in das Hochkar nördl. vom NW-Grat des Südl. Valgraggesturmes. Der Grat bricht unten nach W wandartig ab. Man erreicht ihn leicht oberhalb des Abbruches von N und folgt dem Grat zur Spitze (ÖAZ 1922 S. 13).

II. Gratübergang zum Nördlichen Turm. Vom Südlichen über den N-Grat mäßig schwierig in die Scharte hinab und schwierig (III) über die Südkante auf den Nördlichen Turm, 25–45 Min. von Turm zu Turm.

III. Von Südosten auf beide Türme. Man steigt durch die schluchtartige Rinne der Südostflanke zw. den zwei Gipfeln empor in die Scharte und von dort mäßig schwierig (II) über den N-Grat auf den Südlichen Turm bzw. schwierig (II) über die steile Südkante auf den Nördlichen. Den Fuß der Südostflanke bzw. der Schlucht gewinnt man von der Saarbrücker Hütte über die Kromerlücke und den Mittelgrat in ca. 1.30 h oder von der Tübinger H. über die Schweizerlücke etwa 1.45—2.15 h.

IV. Über eine Begehung des g a n z e n  d i r e k t e n  S ü d g r a t e s von der Valgraggesscharte liegt eine Beschreibung nicht vor, doch dürften die sehr günstig geschichteten Türme (Schichtköpfe gegen Süden) fast alle gratentlang wenn auch z. T. schwierig bis sehr schwierig (III—IV) kletterbar sein. Etwa 2—2.30 h von der Scharte über alle Türme zum Nordturm.

V. Von den Ersteigern liegt folgende Beschreibung des Anstieges von SSW vor: III = schwierig, 3.30 h von der Tübinger H. Durch das Westkar in die Valgraggesscharte. Von der Scharte aus Quergang nach W und dann steil ca. 15 m empor. Dann über Platten und wieder über eine Steilstufe. Über diese auf eine schmale fast waagrechte Felsleiste, von da aus über ein Grasband rechts (O) und über eine Steilstufe schwierig bis kurz unter den Gipfel. Zuletzt leichter zur Spitze des Südlichen Valgraggisturmes. Nur bei trockenem Fels ratsam.

VI. Vom Nördlichen Valgraggisturm ist auch ein anfangs schwieriger G r a t ü b e r g a n g über den Nördlichen Vorturm, dann leichter über den anschließenden Grat z u m  V a l g r a g g i s k o p f möglich. Der Abstieg vom Gipfel des Nördl. Turmes nach N über steile Platten ist heikel und schwierig (abseilen!) Weiter hält man sich möglichst am Grat, kann aber die einzelnen Köpfe z. T. auch umgehen, meist leichter im W als im O.

## Valgraggeskopf, 2820 m

**550**

In der AV=SiKa steht der Name zu weit nördl. von P. 2820, zu dem er gehört. Der Kopf liegt fast genau in der Mitte des Valgraggeskammes zwischen Platten=joch und Hochmadererjoch. Der Gratkamm ist hier außerdem ziemlich weit nach Osten gegen das Kromer= tal hinausgebuchtet, d. h. gerade dieser Kopf ist ein i d e a l e r  A u s s i c h t s b e r g  u n d  O r i e n t i e r u n g s = p u n k t, zumal er von allen Seiten leicht zu ersteigen ist, besonders aber von der Tübinger Hütte und durch das Hochkar von Westen und über den Valgraggessattel (s. R 551) bzw. von dort über den NW=Gratrücken; 2.30—3 h von der Hütte.

Zum Gratübergang vom oder zum Nördl. Valgragges= turm s. R 449 VI. Zur Südl. Valgraggesspitze s. R 552.

**551**

**Valgraggessattel,** ca. 2700 m, nenne ich den breiten Schuttsattel zw. Valgraggeskopf und Valgraggesspitze. Er verbindet das namenlose Hochkar der Garneraseite im W mit dem Madereratäli im NO und ist von beiden Seiten für Geübte leicht ersteigbar.

Von einem Grathöcker SO des Sattels löst sich nach NO ein breiter gerölliger Gratrücken mit den Punkten 2644 und 2555 ab (= den helle Rücken vor der dunklen Nördl. Valgraggesspitze = Ziffer 1 auf Bild 16), der mit den Valgraggesspitzen das Madernerätäli bildet, s. R 480.

## Valgraggesspitzen, 2761 und 2793 m
### 552

Südliche Spitze, 2761 m, Nördliche, 2793 m. Zw. Valgraggessattel und Hochmadererjoch und durch lange allgemein von S nach N verlaufende Grate miteinander verbunden. Zw. den beiden Gipfeln ist ein Jochgratrücken eingesenkt, deren höchste etwas tiefer als das südliche ist: das Madernerajöchli. Zw. den beiden Jochern liegt ein Jochgratkopf, die „Fischerwarte", ca. 2720 m hoch, von der AVS Tübingen nach ihrem verdienten ersten Hüttenwart so benannt. Sie kann ganz leicht von W aus dem Hochkar erstiegen werden, welches durch die zwei Westgratrücken der beiden Spitzen gebildet wird und das man von der Tübinger H. auf dem Hochmadererjoch-Weg, R 192, leicht erreicht. Von der Fischerwarte bzw. von den Jochern aus lassen sich beide Valgraggisspitzen unschwierig ersteigen, desgleichen die südliche Spitze vom Valgraggessattel über ihren Südgrat. Und schließlich kann man auch vom Hochmadererjoch leicht auf die Nördl. Valgraggisspitze steigen, entweder gratentlang mit ausweichen rechts (W) oder leichter durch die Westflanke: Man umgeht vom Hochmadererjoch aus zunächst einen Felskopf im W und gelangt so zu einem zweiten, höheren Sattel. Von hier über die Rasenpolster, Schroten und Blockwerk zu einem Schutt- oder Firnfeld, das man halbrechts nach SW überquert in eine Mulde, die in einen von der Nördl. Spitze nach NW ziehenden Seitengrat eingebettet ist. Jetzt links über die Westflanke des Gipfels zur Spitze hinauf.

Zum Gratübergang von der Nördl. auf die Südl. Spitze geht man gratentlang in das Jöchli hinab und über die Fischerwarte weiter über Rasenbänder, z. T. in der Ostflanke des Grates zur Südl. Valgraggisspitze hinauf, 40—50 Min. von Gipfel zu Gipfel. Von der Tübinger H. ca. 2,30—3 h auf die Grate und Gipfel. — Bei all diesen Gratwanderungen können Türme, Steilstufen usw. leicht umgangen werden, meist am besten im W auf der Garneraseite.

Auch über die zwei Westgrate lassen sich die beiden Spitzen, wie überhaupt von allen Seiten leicht oder mäßig schwierig (II) erreichen. Im Bereich der Nördl. Valgraggesspitze finden sich „Gneistafeln, die über und über mit Granatkristallen gespickt sind" (nach Dr. G. Lutz). Im untersten W-Grat der Nördl. Spitze steht ein auffallender Felszacken, der von einigen Mitgliedern der DAVS Noris (Nürnberg) erklettert und Noristurm getauft wurde.

553—559 Offene Randzahlen für Nachträge.

## Hochmaderergruppe
### 560

a) Die kleine Gruppe bildet das Nordende des Valgraggiskammes, von dem sie durch das Hochmadererjoch, 2505 m (Bild 16), getrennt ist. Unmittelbar NO vom Joch erhebt sich gleich der namengebende Höchstpunkt der Gruppe, der Hochmaderer, 2823 m, von dem mehrere Grate nach O, W, N und NW ausstrahlen. Im nächsten Gipfel nach N, im Strittkopf, gabelt sich der Kamm und sinkt schnell nach NO u. NW ins innerste Montafon ab.

b) Karte: Die ganze Gruppe ist mit ihren Umfassungstälern Garneratal, Montafon und Unter= und Obervermunt, auf der AV= SiKa sehr gut dargestellt.

c) Täler: Die vielen Seitengrate und Verzweigungen umschließen ein halb Dutzend Hochtäler und Kare, die z. T. unbenannt, wildreich und ebenso einsam wie ursprünglich sind. Einzelheiten entnehme man der Karte, bitte.

d) Bergvertraute Einsamkeitssucher seien auf den Hirten- und Jagd= steig aufmerksam gemacht, der mit Unterbrechungen von Ganeu im Garnera=Eingang (s. R 181) über die Neualpe und P. 2188 in die Hochtäler Außere und Innere Alpila führt und dort an den Schafbodenjochsteig (s. R 183 und 194) anschließt, eine prächtige Wanderung für Geübte; s. auch R 567.


## Hochmadererjoch, 2505 m

**561**

Ein wichtiges Touristenjoch zw. Hochmaderer und Nördl. Valgraggisspitze; es verbindet das (untere) Ma= derneratäli im O (Vermuntseite) mit dem Gatschetta= täli im W (Garneraseite).

a) Ein Doppeljoch: das tiefere südl. Joch, über das der AV=Steig führt, 2505 m, ist von dem höheren nördl. Joch durch einen mächtigen Jochturm getrennt; auf Bild 16 gut kenntlich.

b) Die Übergänge über das Joch sind beschrieben unter R 182 vom Vermunt zur Tübinger H.; R 192—195 von der Tübinger H. ins Vermunt und zur Bielerhöhe usw. und unter R 207 und 231 von der Saarbrücker H. und von der Bielerhöhe zur Tübinger H. Der Jochübergang lohnt des großen Szenerienwechsels wegen um seiner selbst willen. Großartig der Gang unter den Südwänden des Hochmaderers durch, der außerdem vom Joch aus leicht bestiegen werden kann.


## Hochmaderer, 2823 m

**562**

a) Der mit Recht berühmte, auf einem AV=Steig leicht ersteigliche Aussichtsberg ist zugleich einer der gewal= tigsten Urgesteinsklötze der Silvretta und das Schau= stück von Obervermunt und der Silvrettastraße, s.

Bild 16. Das mächtige mehrgipfelige Massiv stürzt nach
S ins (untere) Maderneratäli und auch nach O ins Ver=
munt mit mächtigen Wandfluchten ab, die z. T. von
wuchtigen roten Pfeilern und tiefen schwarzen Schluch=
ten getürmt sind. Vom O=Grat gabelt sich hoch oben
ein ONO=Grat ab.

b) Erschließung: Durch die oberste Ostflanke und durch
den unteren Teil der nördl. neben dem Ostgratrücken herabziehenden
Ostschlucht (auf Bild 16 rechts vom HG. und Ostgrat herab, mit
einem Schneefleck oben) hat Bergführer Ignaz Lorenz, Galtür, ein=
mal einen Herrn und eine Dame sehr schwierig herabgeführt; nähere
Angaben fehlen. Im übrigen ist (vom AV=Steig abgesehen) das ganze
Massiv noch völlig unerschlossen! Ein langer Westgratrücken sinkt
auf die Garneraseite zu P. 2371a ab. Ein zahmer Grat zieht über die
Nordschulter, 2762 m, nach N zum Strittkopf. In der Schulter,
2762 m, zweigt wieder ein Westgrat über P. 2631 zu P. 2473 hinab.
Von keinem der vielen Grate, Pfeiler, Schluchtkamine usw. liegen
Berichte vor. Der erste Bericht über eine Besteigung des Berges im
Jahre 1853 stammt von dem Vermessungsoffizier Oblt. H. van Aken,
der beruflich von Partenen durchs Tschambreutal und östl. um den
Strittkopf von NO zum Gipfel stieg. Weitere Berichte liegen
nicht vor.

c) Über Herkunft und Bedeutung des Namens Maderer, der z. B.
auch N gegenüber im Ferwall vorkommt, ist mir nichts bekannt.
Ein Zusammenhang mit dem Talnamen Maderna am Südfuß (über den
ich aber auch nichts erfahren konnte) liegt nahe.

d) Rundsicht: Der Hochmaderer liegt zwar nicht so zentral wie
die Vallüla, hat auch nicht ihre Tablicke, dafür eine ideale Lage zum
Hauptkamm und zur Mittel= und Westsilvretta und eine außerordent=
liche Fernschau. Da er leichter und fast für jeden rüstigen Berg=
gänger gut zu erreichen ist, so widme ich seiner Rundschau beson=
deren Raum:

Im O in der Tiefe das obere Großvermunt mit Silvrettastraße, =dorf
und =see. Links vom See die Bielerhöhe mit Hotel usw., dahinter das
Kleinvermunt (l. hinab nach Galtür=Paznaun). Im Südhalbkreis fast
die ganze Silvrettagruppe: genau im S die Litzner=Seehorngruppe,
links dahinter von rechts nach links Piz Linard (Pyramide), Schwarz=
kopf (Trapez), Verstanklahorn (Doppelgipfel), Torwache (Zacken=
grat), links von ihr Verstanklator und Gletscherkamm. Rechts von
den kl. Seehörnern in der Ferne die Albulagruppe weit nach rechts
hin, links hinter ihr am Horizont die Berninagruppe, beginnend
dicht rechts hinter den kleinen Seehörnern von links nach rechts: Piz
Zupo, Piz Argient, Crast'agüzza, Piz Bernina mit Biancograt, Piz
Scerscen und rechts (über dem Gipfelgrat des Piz Vadret in der
Albula) die 3 Roseggipfel.

Weiter rechts in SSO über der Westsilvretta (Garneragrat, Kessigrat
und Fergengruppe dahinter) weitere Albulagipfel: Piz d'Err, Piz
d'Aela, Tinzenhorn (zw. den beiden in der Ferne Piz Platta, Adula=
gruppe), weiter rechts genau über das tiefe Garnerajoch am Ende des
Garneratales: Parsenn=Weißfluh und links dahinter Berge um Arosa,
Plessuralpen. Weiter rechts vom Garnerajoch: Hinterberg, Eisentäli,
Rotbühlspitze, Ritzenspitze; dahinter rechts die Madrishorn=Madrisa=
gruppen im Osträtikon bei Gargellen. Zw. Rotbühlspitze und Madrisa=
gruppe in der Ferne die Glarner= und St. Galler Alpen: Tödi (Firn=

kuppel), Ringelspitze mit Sardonagletscher, weiter rechts Pizol, Graue
Hörner und Glärnisch. Links vom Tödi in Verlängerung der Senke
des Vorderrheintales, sind bei klarer Sicht die (Urner) und Berner
Alpen sichtbar, letztere vom Schreckhorn rechts bis Aletschhorn
links, in der Mitte das Finsteraarhorn. Rechts von der Madrisagruppe
im WNW die übrige Rätikongruppe mit Schesaplana, Drusen= und
Sulzfluh, weiter rechts Zimba, bis zum Illtal (Montafon=Walgau)
rechts. Davor die westlichste Silvretta mit der Heimspitze=Valisera=
gruppe in der Mitte. Im N und NO die Ferwallgruppe mit Durch=
blicken auf Westlechtaler Alpen (Spullersee= und Arlberggebiet). Im
Ferwall vor allem rechts im NO Patteriol, Kuchen= und Kuchelspitze.
Im O das markante dreigipfelige Fluchthorn in der Ostsilvretta, mit
den Laraintaler= und Jamtaler Bergen links und rechts davon. Links
vom Fluchthorn in der Ferne die Samnaunberge (Stammerspitze) und
einige Ötztaler Gipfel, darunter die firnhelle Wildspitze. Vom Flucht=
horn nach rechts bis zur Litzner=Seehorngruppe (s. oben) die Mittel=
silvretta mit dem breiten Augstenberg links und dem runden Kopf
des Piz Buin rechts; dieser leicht kenntlich am tiefen vertirnten
Vermuntpaß und =gletscher dicht links vom Buin. Genau über den
Vermuntpaß am Horizont: der Ortler mit Zebru und Königspitze
rechts dahinter.

## 563
**Vom Hochmadererjoch auf dem AV=Steig über die
Südwestflanke auf den Hochmaderer (Gunserweg).** l
= unschwierig; 1—1.20 h vom Joch. Am besten von der
Tübinger H. oder von Obervermunt. Zugänge zum Joch
s. R 562 b.

a) Kommt man von der Tübinger H. durchs Gatschet=
täli, so geht man, wie bei R 192 vermerkt, nicht ganz
bis aufs Joch, d. h. man zweigt dort, wo der Weg sich
unter dem Jochturm scharf rechts nach S wendet, zum
Hochmaderer links ab. Hier beginnt der Gunserweg.
Weiter wie bei c.

b) Kommt man von O, von Vermunt, aufs Joch, so
geht man übers Joch auf dem Weg weiter auf der Gat=
schettaseite nach rechts (N) unter dem Jochturm ent=
lang wenig absteigend bis der Steig sich linksum nach
W ins Gatschettatäli hinabwendet. Hier zweigt der
Gunserweg rechts ab zum Hochmaderer.

c) Der Gunser Weg führt zuerst nach NO durch
die kl. schutt= (oder schnee=)gefüllte Mulde gegen das
obere nördl. Joch hinauf (von der Jochsenke schöner
Tiefblick ins Madereratäli) und wendet sich dann
schräg links empor nach NW und im Zickzack nach
N über die steile SW=Flanke hinauf, zuletzt durch
eine kl. Felsrinne und über einen Sattel im W=Grat in
die Schutthalden (oder Firnschneefelder) der WNW=

Seite hinüber. Über sie nach NO und O rechts durch eine Schuttrinne empor und rechtshin nach S auf einen höheren kleinen Sattel im W-Grat dicht unter dem steilfelsigen Gipfelkopf. Rechts um ihn herum über diesen Sattel (Schulter) auf die SW-Seite des Gipfels und über sie und einige Felsschrofen leicht zur nahen Spitze mit Vermessungszeichen.

**564**
**Über den Nordgratrücken auf den Hochmaderer.** I—II = unschwierig bis mäßig schwierig, 0.45—1 h vom Alpilajöchli.
Der Nordgrat endet im genau 2600 m hohen Alpilajöchli zw. der Nordschulter, 2762 m, und dem Strittkopf.
Besonders auch als Abstieg für eine Überschreitung des Berges von S nach N geeignet.
a) Der dankbarste Zugang zum N-Grat führt über den Strittkopf, d. h. mit Gratübergang von dort oder (für Geübte noch lohnender) wie bei R 565 über die ganzen Grate, sei es vom Schafboden oder vom Breitfielerberg her. Vom Strittkopf bzw. vom Alpilajöchli immer den Graten entlang. Ausweichen nach Belieben, vom Alpilajöchli über P. 2762 zum Gipfel des Hochmaderers keine Schwierigkeiten mehr.
b) Das Alpilajöchli kann man von Westen aber auch kürzer und leichter von der Bergstation Trominier des Schrägaufzuges (R 183) oder von der Tübinger H. (R 194) auf dem Schafbodenjoch-steig erreichen, indem man bis ins obere Hochtal Innere Alpila geht und dann weglos durch das Hochkar (im nördl. Teil bleiben!) nach SO empor zum Jöchli.
c) Schließlich kann man das Alpilajöchli auch von Osten, vom Vermuntsee über die Steilhänge und durch das einsame Hochkar (P. 2271) erreichen. wobei man den dort herabkommenden Bach als Leitfaden nimmt. Auch diese Führe eignet sich eher zum Abstieg. Auf dieser Führe von O gewinnt man auch den Fuß der steilen schrofigen Nordost (NNO)-Flanke des Berges. die ebenfalls mäßig schwierig bis schwierig (II—III) über P. 2630 erstiegen werden kann. zuletzt über ein kl. Firnfeld, das man aber auch rechts um-gehen kann.

## Strittkopf, 2745 m

**565**
Eine hübsche dreiseitige und dreigratige Pyramide nördl. vom Hoch-maderer. durch das 2600 m hohe Alpilajöchli von ihm getrennt und mit der Tschambreuspitze im NO und dem Schafboden im NW durch Grate verbunden. Die drei Grate vermitteln auch die besten Anstiege. Die Aussicht vom Strittkopf ist ihrer herrlichen Montafon-Talblicke wegen besonders lohnend. aber auch die Fernschau ist sehr schön.
Am besten geht man von der Bergstation Trominier des Schrägauf-zuges bzw. von Partenen aus. s. R 90 und 183. Oder von Gaschurn, wie bei R 567 über den Schafboden (oder von der Tübinger H. wie bei R 194).
a) Entweder von der Bergstation Trominier wie bei R 183 aufs Schafbodenjoch und über den NW-Grat und P. 2538 unschwierig auf den Strittkopf. 2.45—3.15 h:
b) oder von Trominier über die Tschambreuspitze s. R 566 und von dort über den NO-Grat unschwierig bzw. mäßig schwierig (I—II),

eine großartige Gratwanderung, die man leicht zum Hochmaderer fortsetzen kann, s. R 564.

c) Sehr lohnend ist auch eine Überschreitung des Berges von S nach NO oder NW, in dem man wie bei R 564 b oder c aufs Alpilajöchli steigt, dann leicht über den kurzen SW-Grat auf den Strittkopf klettert und über NO oder NW-Grat absteigt, beides gleich lohnend, besonders wenn man bis über den Breitfielerberg oder Schafboden weitergeht oder die Rundtour macht: Aufstieg von NO, Abstieg nach NW über alle Grate und Gipfel; dazu s. R 566 und 567.

## Tschambreuspitze, 2604 m, und Breitfielerberg, 2417 m

### 566

Eigentlich nur zwei Schultern des Strittkopf-NO-Grates, beide von der Bergstation Trominier des Schrägaufzugs in 1.45 h bzw. 2.30 h über den breiten NO-Gratrücken und höher oben über die Hochmulden links davon leicht zu besteigen, eine sehr lohnende Gratwanderung, die man zum Strittkopf fortsetzen kann, s. R 565.

Das seltsame Wort Tschambreu verlangt eine Erklärung. Tal und Spitze haben ihren Namen vom (ehemals sehr reichen) Vorkommen der Arve oder Zirbelkiefer = Pinus cembra, rätorom. schember, davon Tschambreu.

## Schafboden, 2400 m, und Alpilakopf, 2345 m

### 567

Der Strittkopf-NW-Grat gabelt sich im P. 2538 in einen nördl. Ast zum Schafboden (eigentlich Schafbodenkopf) und einen westl. Ast übern Sandgrat zum Alpilakopf. Die beiden grünen Gipfel mit prächtiger Alpenflora lassen sich leicht zu einer Rundwanderung übers Schafbodenjoch verbinden: besonders hübsch: von der Bergstation Trominier aufs Schafbodenjoch (R 183) und von dort

entweder über den Gratrücken (kl. Schrofen) auf den Schafboden 2400 m, mit seinem herrlichen Montavonblick. Abstieg auf Steigspuren – s. AV-SiKal – nach N über die Neualpe-Ganeu nach Gaschurn oder über Röfina nach Partenen;

oder über den Sandgrat zum Alpilakopf und durch die äußere Alpila zur Neualpe-Ganeu nach Gaschurn, je etwa 4.30–5.15 h von Trominier ins Montafon hinab.

568/569 Offene Randzahlen für Nachträge.

## Litzner-Seehörnergruppe

### 570

a) Die Gruppe der Seehörner und des Großlitzners mit dem Kromergrat bildet (zusammen mit dem Lobkamm) jene stolze „Bergwelt des Kromertales" — aber auch des See-, Silvretta- und Klostertales — die Dr. K. Blodig in der AVZ 1912, S. 199 ff. so trefflich geschildert und E. T. Compton so fein bebildert hat, besonders mit dem kostbaren Aquarell des Glanzstückes der Gruppe, Großlitzner und Gr. Seehorn vom Plattenjoch (S. 214), des schönsten Gipfelpaares der Silvretta. Zu diesen zwei Prachtsbergen kommen aber noch einige sehr interessante Gipfel wie der Kleinlitzner, die Kl. Seehörner, der Gabler mit der Schwarzen Wand und der gipfelreiche Lobkamm; vgl. Bild 29, 14 und 15 und AVJ 1955 S. 16. Vgl. dazu die Schilderungen und Bilder von Sommer- und Winter-Überschreitungen der Gruppe in meinem Silvrettabuch S. 51 ff und 108 ff; s. R 60!

Neben einigen beliebten Modetouren, voran die Ost-West-Überschreitung Litzner—Seehorn (s. R 600!) gibt es einige rassige Kletterfahrten in Nord- und Südwänden und einige ganz leichte ideale Aussichtsgipfel: Östl. Kromerspitze, Sonntagsspitze, Winterberg, Sattelkopf (und Verhupfspitze).

b) Karten: Die ganze Gruppe ist am besten auf der AV-SiKa dargestellt, ferner auf der LKS Bl. 498 bzw. 249. Auf der AV-SiKa sind auch alle wichtigen Namen eingetragen; dazu s. auch unten bei d und bei den einzelnen Gipfeln sowie im AVJ 1955 S. 19, 32 u. 35.

c) Die Gruppe erstreckt sich von der Schweizerlücke im NW bis zum Klosterpaß im SO als östlichste der Westsilvretta im Haupt- und Grenzkamm. Der Litznersattel trennt den Lobkamm vom Hauptkamm ab, die Seelücke den Kromergrat von den Seehörnern. Der Klosterpaß, 2751 m, ist eine touristische, keine orographische Gruppengrenze; diese liegt in der Rotfurka, 2688 m. — In ihrem Hauptgipfeln überschreitet die Gruppe mehrmals die Dreitausenderlinie. Höchstpunkt ist das Gr. Seehorn mit 3121 m. Auch die Vergletscherung ist (oder war) beachtlich mit zwei mäßig großen und vier kleineren Gletschern. Das Kristallingestein der Gipfel wird im Hauptkamm vorherrschend von hellgrauen Granitgneisen, Orthogneisen gebildet, so im Litzner-Seehorngrat. Ostwärts davon schiebt sich ein Hornblendegneisstreifen ein. Im Lobkamm herrschen Paragneise vor. — Die wirklich schwierigen Kletterberge bestehen meist aus bestem Fels, die leichten Gipfel dagegen sind z. T. sehr brüchig. Westl. Kromerspitze (Bild 29), Glötterspitze, die sogar ihren Namen davon hat und Kl. Lobspitze, der „Sterbende Berg".

d) Täler: Durch eine Anzahl kl. Seitengrate umschließt die Gruppe außer dem Kromer- und Seetal noch mehrere seitliche Hochtäler und Kare. Das Kromertal ist trotz Silvrettastraße und Illwerken noch von großer Ursprünglichkeit und mit seinem imposanten Talschluß eines der schönsten Silvrettatäler. Seine östliche Hochstufe Tschifernella ist mit hübschen Seen geschmückt. Der Kleinlitzner und der Mittelgrat bzw. Glöttergrat spalten das südl. Tal in 3 bzw. 4 Täler auf, die alle oben mit Gletschern gefüllt sind: Litzner-, Kromer- und Schweizergletscher bzw. Verhupfgletscher mit z. T. typischen Moränenlandschaften im Gletschervorfeld.

Der Name Kromertal, der dann auf den Gletscher, Spitzen usw. emporgestiegen ist, kommt von den „Kromern" (Prätigau) oder Händlern (im Montafon Krömer, im Engadin auch rätorom. Kromar!), die dies Tal und seine Übergänge aus der Schweiz früher häufig benützten.

Auf der Südseite der Gruppe wird das Seetal bzw. das innere Sardascatal durch die Kl. Seehörner und den Mittelgrat (so heißt auch schweizerseits ein Grat, der vom Winterberg nach SW zum Hüttenwanghorn zieht) in 3 Hochkare aufgespalten: das eigentliche oberste Seetal mit dem Seegletscher und dem typischen Gletschervorfeldsee, dem Schottensee. Seine grünlichgelbe Gletschermilchfarbe gab ihm den Namen nach der gleichfarbigen „Schotten"-brühe, wie sie bei der Käsebereitung auf den Sennhütten im Käskessel entsteht. Außerdem das Seetäli genannte Hochkar NO überm Augstenberg am Fuß der Seehörner und das Hochtal Silvretta mit dem Hochkar Obersilvretta, von dem die Gruppe ihren Namen hat (s. Anhang). Beide Hochkare sind mit schönen kleinen Seen geschmückt; vollkommen einsam und zählen mit ihrer Umrahmung zum schönsten im Ödland der Hochsilvretta. Über die „Scharte" 2682 sind sie leicht zu verbinden.

## Schweizerlücke, 2744 m

**571**

a) Eine typische Blockgratlücke zwischen Östl. Plattenspitze und Westl. Kromerspitze; Grenzlücke (Grenzstein Nr. 8) im Hauptkamm zwischen Österreich im NO und der Schweiz im SW; verbindet das Schweizertäli bzw. den Schweizergletscher und das Kromertal mit dem Seetal, früher angeblich Kromerscharte geheißen und von Einheimischen viel benützt, siehe Bild 29. Schöner Blick auf den Garneragrat, nach NO ins Vermunt und Verwall.

b) Von beiden Seiten leicht zu ersteigen. Jetzt führt der wichtigste kürzeste Übergang von der Tübinger Hütte zur Saarbrücker Hütte und umgekehrt über die Lücke, siehe R 189 und 204.

## Westliche Kromerspitze, 2865 m

**572**

Ein kleiner Gipfel im Haupt- und Grenzkamm, der eine sehr hübsche Aussicht bietet, siehe AVZ 1912 S. 201. In der älteren Literatur als Kromertalspitze. Der Gipfel kann von S her unschwierig erstiegen werden. Vor einem Betreten der gefährlichen Nord- und NO-Flanke wird jedoch ausdrücklich ganz dringend gewarnt! Große Steinschlaggefahr! Siehe Bild 29.

I. Von Südwesten her. I = unschwierig, 25 bis 45 Min von der Schweizerlücke. Auf dem Weg R 190 und 205 in die SW-(W-)Flanke hinein, bis man leicht halblinks über begrünte Steilschrofen auf eine Hangstufe emporsteigen kann. Von dort gerade oder besser rechts auf den SW-Rücken und über diesen zur Spitze.

II. Über den Südostgrat von der Kromerscharte. II = mäßig schwierig, 15—20 Min. von der Scharte (R573) am Grat entlang. Links ausweichen, Nordflanke (rechts) unbedingt meiden! Sehr brüchig, Steinschlag und Absturzgefahr.

## Kromerscharte, ca. 2800 m

**573**

Zwischen Westl. und Östl. Kromerspitze. Im Grenzgrat wie die
Schweizerlücke. Verbindet Seegletscher und Kromergletscher. Eine
typische Scharte mit spitzem Schartenturm; Übergang W des Turmes,
siehe Bild 29! Im Sommer kaum benützt als Übergang, im Winter
bei den Skifahrern beliebt für die Kromergletscherabfahrt. Von N
(der Schartenturm bleibt links) über Firn (Eis) oder steilen Schutt
leicht zu ersteigen. Von S über eine Schutthalde und durch eine
unten breite, oben schmale hohe Schuttrinne links vom markanten
Schartenturm zu ersteigen. Zugänge von N, siehe R 204 oder 189;
von S siehe R 205 oder 206 und 190 oder 191.

## Östliche Kromerspitze, 2845 m

**574**

Kleiner Grenzgipfel im Hauptkamm, dreigratige Pyra=
mide zwischen Kromerscharte und Seelücke bzw. Kro=
merlücke, siehe Bild 29. Scheitelpunkt überm Kromer=,
Litzner= und Seegletscher und ihren drei Tälern. **Daher
besonders lohnender Aussichts= und Orientierungs=
punkt, prachtvolle Rundschau.** Man kann die Spitze
leicht beim Übergang über die See= oder Kromerlücke
„mitnehmen" oder von der Saarbrücker Hütte noch am
Nachmittag, ja Abend schnell besteigen, am besten und
ganz leicht von der Seelücke bzw. vom Seegletscher
her über die SW=Flanke (I) oder von der SSO=Grat=
schulter, die man beim „gletscherfreien" Weg=Übergang
R 205 oder 190 überquert; von der Schulter am SSO=
Grat entlang, Ausweichen links. Oder von der Kromer=
lücke über den gutgestuften NO=Grat in leichter Klet=
terei (I). Auch von der Kromerscharte her, den Schar=
tenturm nördl. umgehend, ist ein Grataufstieg leicht
möglich, je 15—25 Min. von den Lücken. Vor dem Be=
treten der steinschlaggefährlichen N=Flanke wird be=
sonders gewarnt!

## Kromerlücke, 2729 m

**575**

Zwischen Östl. Kromerspitze und Kleinlitzner, siehe
Bild 29. Wichtiger Übergang von der Saarbrücker Hütte
zur Tübinger Hütte und umgekehrt bzw. vom Litzner=
gletscher zum Kromergletscher, siehe R 204 und 189.
Von O, von der Saarbrücker Hütte, führt ein guter
AV=Steig auf die Lücke. Von W, vom Kromergletscher,
eine häufig wechselnde Steigspur einige Meter über

Steilschutt zur Lücke. Von der Lücke unschwierig zur Östl. Kromerspitze (s. R 574) oder in mäßig schwieriger Kletterei auf den Kleinlitzner, s. R 576 II.

(Die Lücke wurde von der Sektion Saarbrücken DÖAV als „Edgar-Böcking-Scharte" angesprochen, zum Andenken an ihr Mitglied, dessen Hochherzigkeit den Bau der Saarbrücker Hütte ermöglichte. Die topographische Bezeichnung lautet jedoch Kromerlücke. Man spricht daher besser von einer „Edgar-Böcking-Warte" auf der Kromerlücke.

**576**                     **Kleinlitzner, 2873 m**

In der Östl. Kromerspitze und mit deren NO-Grat zur Kromerlücke, 2729 m, zweigt ein 400 m langer Grat nach NO ab, der sich nur wenig über die Lücke erhebt, um so höher und steiler aber nach N, O und SO abstürzt: der Kleinlitzner, 2783 m. Er beherrscht das untere und mittlere Kromertal, bietet eine zwar beschränkte aber sehr schöne, interessante Rundsicht und einige lohnende Klettereien unmittelbar bei der Saarbrücker Hütte, die auf der untersten Schulter seines O-Grates liegt.
Zur Ersteigungsgeschichte: 1. Ersteigung am 28. 8. 1910 durch Pfarrer Becker, Rechtsanwalt Fenner und Dr. Merziger von der Hütte über den O-Grat. Den SW-Grat begingen Paul Preuß und H. Kahn am 10. 7. 1911 erstmals, im Abstieg. Am 11. 7. 1911 erstieg P. Preuß den N-Grat allein erstmals. Den NO-Grat erstieg E. Gretschmann am 22. 8. 1920, wovon kein Bericht vorliegt.
Anstiege: Besonders lohnend: Überschreitung von O nach SW.
I. Durch die Rinne der Südflanke. I—II = unschwierig bis mäßig schwierig. Der leichteste An- oder besser Abstieg, 1.30—1.45 h von der Saarbrücker Hütte. Auf dem Weg zur Kromerlücke, s. R 189, etwa 15 Min. empor, dann über Schutt, Steilrasen und Felsen durch die Rinne empor, die von der Scharte südl. des Gipfels (im Aufblick links) herabzieht, bis zur Scharte empor. Von der Scharte über eine Platte und Blockwerk zum Gipfel.
II. Über den Südwestgrat. II = mäßig schwierig, 1.15—1.30 h von der Lücke. Hübsche Gratkletterei. Wie bei R 204 zur Kromerlücke, von dort um und über mehrere Türme und Gratzacken immer am Grat entlang bis zur Scharte südl. vom Gipfel. Von hier über eine Platte und Blockwerk zum Gipfel. Eine erste tiefe Gratlücke (von der Kromerlücke her) kann man leicht von N über Schutthalden erreichen.

III. **Über den Ostgrat.** II—III = mäßig schwierig bis schwierig, 1.15—1.30 h von der Saarbrücker Hütte, die auf seiner untersten Schulter steht. Der nächste und schönste Anstieg, am besten mit Abstieg über SW=Grat zur Kromerlücke. Von der Hütte zunächst über einen schrofigen Rücken, dann auf die Höhe einer turmartigen Erhebung (grasige und plattige Stellen im Wechsel) und auf ihr entlang bis zum großen Turm. Unter ihm rechts zu einer nördl. gelegenen Rinne; nur wenig in die Rinne hinein und gleich rechts nach NW wieder aus der Rinne hinaus (schwierigste Stelle). Dann leichter über teils grasige teils blockige Felsen, bis man über die groben Blöcke des Turm=N=Grates die Höhe des großen Turmes erreicht. Von ihm nur wenig hinab über eine schmale zerfallene Felskante an den Gipfel= körper hinüber. Auf begrünten Hängen und Rinnen und über einige schwierige Felsen zur Scharte im N= Grat des Gipfels und einige Meter über gutgestufte Felsen zur Spitze.

IV. **Von Norden und Nordosten.** III = schwierig, stellen= weise IV = sehr schwierig; die schwierigsten Anstiege am Klein= litzner. 2—3 h von den Einstiegen.

Zugang: Man geht von der Saarbrücker Hütte auf dem Talweg R 201 auf die Schwarzen Böden hinab und quert, sobald es das Gelände gut erlaubt, links ab in ca. 2300 m Höhe zu den Fußpunkten der Grate bzw. Flanken.

Übersicht: Wenig unterm Gipfelmassiv steht im NNO ein Gratturm, unter dem sich der Grat in einen N=Grat (der direkt zum Turm führt) teilt und in einen NO=Grat, der durch eine tiefe Scharte vom Gipfelmassiv getrennt ist. Dicht NO, ca. 40 m über der Scharte erhebt sich der oberste schlanke Turm im NO=Grat, auch Saarbrücker Turm genannt (vgl. das Bild in der AVZ 1912 S. 206).

a) Die erwähnte Scharte kann von N durch eine steile Schutt= oder Schnee= und Lawinenrinne erstiegen werden.

b) Der Saarbrücker Turm kann aus der Scharte in schwieriger Kletterei ca. 40 m hoch (III) erstiegen werden.

c) Über den schwierigen unteren NO=Grat (vermutlich III—IV) bis zum Saarbrücker Turm liegt eine Beschreibung nicht vor.

d) **Über den Nordgrat.** IV = sehr schwierig, 2.15—2.45 h vom Gratfuß, der also westl. der erwähnten ausgeprägten Schartenrinne und Lawinengasse zu suchen ist, wird auch im W von einer solchen mächtigen breiteren Lawinenrinne flankiert. Der Grat besteht aus 3 Türmen. Vom Kromertal durch die rechte westl. Rinne hinauf und durch eine kleine Seitenrinne direkt auf die Scharte hinter dem ersten untersten Turm. Über eine mächtige Platte durch mehrere Risse, z. T. sehr schwierig (IV) auf den 2. Turm. Auch der 3. Turm wird sehr schwierig direkt über die Gratkante oder knapp links von ihr erklettert. Ein schmaler Verbindungsgrat leitet zum Gipfel.

## Seelücke, auch Seegletscherlücke, 2776 m

**577**

a) Zwischen Östl. Kromerspitze und Gr. Seehorn. Vergletschertes Grenzjoch im Hauptkamm zwischen Österreich im O und Schweiz im W. Grenztafel 2776 m, tiefste Jochsenke 2772 m. Grenzstein Nr. 9. Kleine österreichische Zollwachhütte auf der O-Seite des nördl. Jochgrates. Die Lücke hieß früher (in der älteren Literatur) Seegletscherlücke, wurde aber im Gebrauch auf Seelücke gekürzt.

Die Lücke selber war noch in den 20er Jahren völlig verfirnt, ist aber jetzt ganz ausgeapert. Sie verbindet den Litznergletscher im Kromertal mit dem Seegletscher im Seetal.

b) Wichtiger touristischer Übergang, vor allem von der Saarbrücker Hütte (R 206) zu den Seehörnern usw., zur Seetalhütte und ins Prätigau (R 208 bzw. 387), aber auch zum Plattenjoch (R 206 bzw. 191) und umgekehrt.

**578**

**Klein-Seehorn oder Kleine Seehörner,** 3032 und 3008 m

a) In der AV-SiKa steht Kl. Seehorn, was eigentlich richtig ist, denn es ist ein Massiv mit zwei ausgeprägten Gipfeln (Spitzen), hübsche Zwillinge von N und von S aus gesehen, vgl. Bild 29. Der südl. Gipfel ist der höhere, 3032 m (alte Messung 3034 m), der nördl. NNO vom Südgipfel, ist in keiner Karte kotiert; er ist nach der alten Messung 24 m niedriger, also 3008 (?) m hoch.

Während von N eine Firn- oder Eiszunge des Seegletschers über die NW-Flanke bis unter die Gipfelscharte zwischen den zwei Spitzen hinaufreicht und die Spitzen zu einer Einheit verbindet, stürzen sie nach O, S und W mit steilen, bis 500 m hohen Wänden, nieder, die durch eine schluchtartige SO-Steilrinne (von der Gipfelscharte zwischen den 2 Spitzen herab) getrennt sind. Der S-Gipfel (HG) zeigt eine O- und S-Wand, SSW-Grat und W-Flanke, der kleinere N-Gipfel eine SO-Flanke und eine O-Kante zur Seehörnerscharte. — Zum Namen siehe beim Gr. Seehorn, R 580 c.

Zur Ersteigungsgeschichte: 1. Ersteigung durch E. Montgomery, Elisabeth Nei und H. Brosi im August 1869; Führer unbekannt, vermutlich über die NW-Firnflanke. Über die O-Kante auf den N-Gipfel: E. Gretschmann am 22. 8. 1920. Gretschmann und J. Leopoldseder erstiegen am 23. 8. 1921 den S-Gipfel erstmals über den SSW-Grat. Über die O-Wand auf den HG: E. Strubich allein am 28. 8. 1921. Die S-Wand des HG beging C. Eggerling (im Abstieg) mit Bergführer Paul Guler.

Anstieg: Der übliche und kürzeste Anstieg führt von N über die NW-Firnflanke. Außer der O-Kante des N-Gipfels sind alle Anstiege längere und meist schwierige Kletterfahrten.

I. **Über die Nordwestflanke und auf beide Spitzen.** 1—1.30 h und mehr je nach Verhältnissen und Führe.

a) Bei gutem Firn leicht über die unten steilere, oben flache Firnflanke gerade oder in Kehren und je nach Firnlage mit oder ohne Steigeisen empor. Den Einstieg — von der Seelücke her oder vom Seegletscherfirn beliebig ohne jede Schwierigkeit — nimmt man meist am besten von O her, von links unten nach rechts oben. Bei Vereisung oder Spaltenbildung trachtet man, die Felsen des NW-Grates rechts bald zu erreichen und ihnen entlang aufzusteigen. Man gelangt so in eine kleine Scharte im NW-Grat oben rechts am Ende des Firns und am Fuß des HG., den man von dieser Scharte über leichte Felsen des NW-Grates unschwierig (I) erklettert. (Diesen NW-Grat kann man auch schon weiter unten vom Seegletscher beliebig ersteigen und durchaus verfolgen.)

b) Will man auf den niedrigeren Nordgipfel, so hält man auf dem oberen Firnfeld mehr links und klettert über Platten in die Scharte zwischen den zwei Spitzen hinauf, zu Zeiten ziemlich schwierig. Von der Scharte kann man auch den HG leicht in 15 Min. über Platten und Blöcke mäßig schwierig (II) erklettern. Zum N-Gipfel aber quert man auf der N-Seite nach O. Man erblickt hüben eine Art Gratfenster. Etwa 12 m unter dem Gratfenster (Beginn des Querganges) stemmt man sich nördl. eines großen überhängenden Blockes durch eine schmale Rinne 3 m empor bis unter einen Überhang, unter dem man nach rechts auf das plattige Dach des vorgenannten Blockes quert. Von hier quert man auf einem schmalen Band wieder wenige Meter nach rechts, dann senkrecht über ein Wändchen empor und über Platten und Schutt zum Gipfel (kleiner Steinmann am Gipfel).

II. **Über die Ostkante (ONO-Kante) auf den NO-Gipfel**, III = schwierig, 1 h vom Einstieg. Von der Seehörnerscharte (2858 m) zwischen Gr. und Kl. Seehorn über steile Rampenbänder zu einer Verschneidung, hart nördl. der Kante. Die Verschneidung empor. Eine überhängende Stufe wird mit einer Schleife von rechts her umgangen. Eine weitere überhängende Stufe wird in geradem Anstieg genommen. Nach ihrer Überwindung zur Kante und auf ungemein luftigen Bändern, unter denen sich eine 4 m lange grifflose Stelle befindet, nach links zu einer südl. der Kante emporziehenden Verschneidung, die nach ungefähr 20 m wieder an die Kante zurückleitet. Nun an der Kante selber über abwechselnd senkrechte und überhängende Stufen von Manneshöhe in gutem Gestein bis zum höchsten Punkt empor.

III. **Über den Südsüdwestgrat auf den Hauptgipfel.** III = schwierig, 2.30 h vom Einstieg. Aus den obersten Hängen des „Augstberges" (Ostseite des Seetales) zu den ersten Grattürmen. Diese werden entweder überklettert oder über riesige Felsblöcke und durch eine kurze Eisrinne einer Gratlücke zugestrebt, die unter dem Steilaufschwung des Grates liegt. Auf gut gestuftem, rauhem Fels, immer am Grat empor bis zur glatten Gipfelwand. Hier Quergang nach rechts in die Wand, dann auf sehr breitem Band zum obersten Gipfelbau und auf gewundenem Band, wendeltreppenartig, vollends zum höchsten Punkt.

**IV. Über die Ostwand auf den Hauptgipfel.** IV = sehr schwierig, 4—5 h vom Einstieg. Wandhöhe etwa 400 m. Eine durch viele Überhänge sehr erschwerte Kletterei. Von der Seehörnerscharte nach S über Geröll hinab zur O-Wand des Kleinen Seehorns oder vom Seetäli hierher. Eine breite Geröllrinne zieht am Fuß der Wand entlang. Vor ihrem oberen Ende über eine steile glattgewaschene Platte in die Felsen. Oberhalb der Platte links zur Verschneidung, die mit einem Überhang abschließt. Diesen rechts umgehen, dann gerade empor über leicht begrünten Fels gegen den zweiten Überhang. Dieser wird von rechts unten nach links oben schwierig auf steiler Platte überwunden. Weiter über großen, hängenden Block hinweg und kurz nach diesem in der Rinne ein wenig höher, schräg rechts weiter empor an überhängenden Wandstellen und schließlich über eine große Platte auf kleinen Schuttfleck. Hier hinter einen rötlichen Pfeiler, der schon von unten sichtbar ist und als Richtungslinie dienen kann, in einem etwa 60 m hohen Riß empor. Der Riß wird bis zur Höhe des Pfeilers verfolgt. Dann gegen die Wand haltend auf kleinem Band wenig links und weiter aufwärts über Blöcke und durch kleine Rinnen. Man erreicht so einen kurzen, nach SO geneigten Grat etwa 60 m unterhalb des Gipfels. Nun ausgesetzt und plattig zum höchsten Punkt.

**V. Über die Südwand** auf den HG. II = mäßig schwierig, 2.30—3.15 h vom Einstieg, je nach Führe und Verhältnissen. Wandhöhe ca. 500 m.

Die ganze S-Wand wird von einer schrägen Steilrinne (Couloir) von rechts unten nach links oben durchzogen. Durch diese Rinne steigt man ein und auf, ca. ¼ der Wandhöhe empor bis unter eine plattige Felsstufe des Couloirs. Jetzt rechts (O) hinaus und auf schmalem Gamswechsel in die Wand und über begraste Felsbänder und Stufen hin und her, so hoch empor, bis man oberhalb plattiger Felsen wieder in die Rinne hinein und ein Stück in ihr emporsteigen kann. Dann wieder rechts in die Südwand hinaus und über Platten, Bänder und Stufen und durch Rinnen empor, bis man gut links auf den obersten SW-Grat aussteigen und über ihn die Spitze des HG erklettern kann.

## Seehörnerscharte, 2859 m

**579**

Zwischen Kl. und Gr. Seehorn, die eigentliche tiefste Scharte ist am Ostende der breiten Senke dicht am W-Gratfuß des Gr. Seehorns; in keiner Karte kotiert, lt. SAC-Clubführer 2858 m hoch. Ein Joch-grat zieht vom Kl. Seehorn hin; vgl. Bild 29, Ziffer 4. Die Scharte verbindet den Seegletscherfirn mit dem Seetäli. Als touristischer Über-gang von geringer Bedeutung, wegen des schönen Süd- und Tief-blickes, den man so bequem von der Saarbrücker Hütte über die Seelücke erreichen kann, sehr lohnend, wobei man besser auf den Jochgrat rechts westl. der Scharte steigt.

a) **Von Norden** ganz leicht über den harmlosen Seegletscherfirn, von der Seelücke her 15—20 Min.

b) **Von Süden** aus dem Seetäli über Geröllhalden durch eine steile Schuttrinne unschwierig (I) aber sehr mühsam, daher besser im Abstieg. Aus dem Seetäli (P. 2430) zur Scharte 1—1.30 h.

## Großes Seehorn, 3121 m

**580**

a) Eine prächtige leicht hornartig geschwungene drei=seitige und dreigratige Pyramide von edelster Gestalt, die zusammen mit dem Großlitzner das schönste Gipfel=paar der Silvretta bildet; s. Bild 29 und 15. Der stolze Berg ist Grenzgipfel (die Grenze geht von der Seelücke über die Spitze zum Hochjoch) und Höchstpunkt der Gruppe, durch einen kurzen SO=Grat und das Litzner= Hochjoch mit dem Großlitzner verbunden; zur See=lücke fällt ein langer NW=Grat, zur Seehörnerscharte ein steiler W=Grat ab. Zwischen den 3 Graten die 3 Wände: die unten befirnte Westflanke, die felsige Südwand und die felsige breite Nordostwand. Über alle Grate und Wände führen Anstiege.

Vgl. die Schilderungen und Bilder in meinem **Silvretta=buch**, 5. Aufl. 1961, S. 61 ff und 108 ff; s. R 60!

b) **Aus der Ersteigungsgeschichte** können nur wich=tigste Daten genannt werden, aber auch sie verbinden viele berühmte Namen der Erschließerzeit mit unserem Berg. 1. Ersteigung am 26. 8. 1869 durch die Schweizer, Landammann Florian Brosi, Klosters (nicht Frl. Brosi!), Emil Hauser (Chur), Apotheker Schoch (Wald) mit den Führern Jann und Jegen aus Klosters, von der Silvrettahütte aus, An=stiegsführe unbekannt. Ihre Besteigung wurde aber bestätigt bei der zweiten Ersteigung (s. Erschl. d. Ostalpen 1894, S. 17) durch die Vor=arlberger A. Madlener, J. Sholto Douglas und F. J. Batlogg mit den Führern Heine und Bitschnau über die westl. NO=Wand mit der NW=Grat wie R 383, I. Den SO=Grat, mit Zugang von S begingen erstmals Herr und Frau Tauscher=Geduly mit J. Reinstadler, Chr. Jann und A. Pinggera. Erste Überschreitung des Seehorns und Übergang zum Litzner 1890 durch Norman=Neruda mit dem berühmten Führer Chr. Klucker. Den unter R 587 beschriebenen S=Wandanstieg be=gingen E. Imhof und A. Ludwig 1896 erstmals. 1901 durchstieg Land=gerichtsrat Reiff mit Führer Obermüller erstmals die NO=Wand; Beschreibung der Führe liegt nicht vor; sie deckt sich möglicherweise mit der Führe über die direkte NO=Wand (R 584) von K. Blodig, F. Braun, G. W. Gunz und P. Preuß am 12. 7. 1911. Die erste Winterbesteigung ist bis jetzt nicht bekannt. Die erste Winterüber=schreitung von W nach O zum Litzner führten aus: W. Flaig, A. Gölz, H. Kröner und Th. Wetzlar am 28. 4. 1930 mit Abstieg vom Hoch=joch nach N.

c) **Der treffende Name** Gr. und Kl. Seehorn geht sicher auf den „See", 2062 m, im unteren Seetal bei der Seealp zurück (nicht auf den Schottensee, der erst nach dem Zurückweichen des Seegletschers entstehen konnte und im Gegensatz zum „See" auch nicht im Weidebereich und Blickfeld der Alpler liegt). Dies erscheint dadurch erwiesen, daß in älteren Schweizer Karten das Kl. Seehorn als Vorderes Seehorn erscheint, das Große als Großes oder Mittleres und der Litzner als Hinteres Seehorn, was nur aus der Sicht der Seealp, 2021 m, im Seetal zutrifft.

Die Rundsicht vom Gr. Seehorn ist seiner freien Lage wegen ungewöhnlich weitreichend und großartig:

Im NO öffnet sich das Paznauntal, in seiner Verlängerung das Inn= tal; in dessen Schnitt die Pyramide des Tschirgant. Links hinter ihm die Mieminger Berge. Rechts vom Paznaun steigen in der Ferne (Hintergrund) die Samnaunketten, im Mittelgrund die Silvrettaausläu= ter auf und ziehen einförmig nach rechts (S) herüber zum gewaltigen dreigezackten Fluchthorn im Osten. Über diesem langen Zug links vom Fluchthorn schauen die Ötztaler Kaunergratgipfel herein. Rechts vom Fluchthorn klein und tief Zahnspitze und Paulketurm, dann die Krone und rechts und links hinter ihr wieder die Ötztaler Firne. Der Augstenberg steht gerade so weit rechts vom Krone aus dem vom Fluchthorn. Vor der Kette Fluchthorn—Augstenberg der Biel= taler und Ochsentaler Kamm. Weiter rechts die Großlitzner im Vor= dergrund. Über ihm die Klostertaler Eckhörner. Gerade über diesen die Jamspitzen und rechts daneben die Dreiländerspitze. Rechts davor die schlanke felsige Schattenspitze, die firnige Schneeglocke, das Silv= rettahorn, über das der Gr. Piz Buin vorschaut. Rechts neben ihm der Kl. Buin, davor die Rotfluh, dann Eckhorn—Signalhorn links neben dem breiten Silvrettapaß (Firn) in SO. Über dem Paß einige Unterengadiner Gipfel und darüber am fernen Horizont die Firn= kuppel des Ortler, vor der sich rechts der Piz Fliana und vor diesen der Gletscherkamm schiebt. Es folgen: Verstanklator, Torwache— Verstanklahorn, der befirnte Schwarzkopf, die Pyramide des Piz Li= nard, das Pillerhorn; vor ihm die Verstanklawände und =köpfe. Zwischen Linard und Pillerhorn die Cima di Piazzi (Veltliner Gro= sina=Alpen) in der Ferne. Rechts vom Pillerhorn die Plattenhörner (vier Gipfel) genau im Süden und Ungeheuerhörner (zwei Gip= fel). Über ihnen langgezogen die Vadretgruppe (Albula) und darüber die schimmernde Bernina (P. Palü bis Roseg). Rechts vor den Un= geheuerhörnern die Roggenhörner und rechts hinter diesen Jöri= gletscher und Flüelaweißhorn; rechts hinter ihm das spitze Schwarz= horn, hinter dem der breite Piz Kesch. Das Flüelaweißhorn setzt sich im Gorihorn, dieses im Pischahorn fort; davor her das Vereina= tal. Vor dem Gorihorn das Vereina=Weißhorn, vor ihm das tiefe Sardaskatal. Über dem Pischahorn die Kuppel des Piz d'Aela. Zwi= schen ihm und Piz Kesch die d'Errgruppe (Albula). Rechts hinter dem Aela der kecke Piz Plattas, dann das schlanke Tinzenhorn, der Piz Michel und in der Ferne die Adula. Weiter rechts die Berge um Arosa und Davos (Plessuralpen), dahinter die um den Splügen und die Rheinwaldhorngruppe. Zwischen ihnen und der Rheintalsenke in weiter Ferne die Walliser Alpen. In der Richtung auf das obere Rheintal die nahe Fergengruppe (Silvretta) und über dem Rheintal= querstück die Glarner Alpen im Westen mit Tödi (weißer Firn= dom). Sie schließen rechts mit der Walenseenerke ab. Davor das Madrishorn (Rätikon). Rechts hinter ihm das steile Gleckhorn, die Falknisgruppe (davor die Madrisa bei Gargellen), Naafkopf–Horn= spitze, dann die breite hohe Schesaplana, die niederen Kirchlispitzen (darüber Lünerseekopf—Wildberg), die massige Drusenfluh, die langgezogene Sulzfluh, die steile Zimba mit der Vandanser Wand rechts (die Valisera-Heimspitze davor), die ins tiefe Montafon abfällt. Über dem Montafonertal am Hang das weiße Kirchlein von Bartholomäberg. In der Ferne der Bregenzerwald und rechts die Klostertaler Berge. Im Vordergrund der Valgragiskamm bis zum massigen Hochmadrer rechts i m N o r d e n. Links hinter ihm die breite Rote Wand. In der Tiefe im N die Saarbrücker Hütte am Rand des Litznergletschers, darüber das Cromertal und Vermunt und einige Häuser von Partenen-Loch. Genau darüber im Verwall die schwarzen Pflunspitzen. (Links und rechts dahinter Lechtaler und Allgäuer Alpen.) Weiter rechts der steilgetürmte Patteriol und die breite Kuchenspitze (zwischendurch: Wetter- und Feuerspitze [Lechtaler]), der Hohe Riffler und rechts hinter ihm die Parseierspitze (Lechtaler Alpen; höchster Berg der Nördl. Kalkalpen, 3040 m). Das Paznauntal schließt den Kreis.

## Anstiege aufs Große Seehorn

**581**

Am schönsten ist die Überschreitung von W bzw. NW nach O oder umgekehrt in Verbindung mit der Litzner-Überschreitung, s. R 600 und 601. Oder mit Nordaufstieg aufs Hochjoch, R 589, und Überschreitung von SO nach NW. Auch die Überschreitung mit Aufstieg W-Grat, Abstieg NW-Grat ist sehr lohnend, oder oberer NW-Grat mit Nordzugang wie R 583 und Abstieg über die W-Flanke, R 582.

**582**

**Über die Westflanke und oberen Nordwestgrat.** II—III = mäßig schwierig bis schwierig, 1.15—1.45 h vom Fuß der Flanke, bei schlechtem Firn auch länger. Die einfachste und meist begangene Führe, s. Bild 15 und 29.

a) Zugang entweder von der Saarbrücker Hütte über die Seelücke (s. R 206 und 579) oder von der Tübinger Hütte über das Plattenjoch (s. R 191) oder von der Seetalhütte (R 387) durch das Seetal und über den Seegletscher zum Wandfuß.

b) Der Anstieg durch die Flanke hängt sehr von den oft wechselnden Firnverhältnissen ab. Meist am besten durch die Mitte der Flanke, erst über Firn, später durch Firn- und Felsrinnen oder -rippen gerade empor, bis man in etwa halber Wandhöhe links nach N über ausgeprägte Felsstufen, Bänder und Absätze auf die markante Einsattlung (Schulter, Doppelscharte) in der Mitte des NW-Grates aussteigen kann, die man schon von der Saarbrücker Hütte aus und auf Bild 15 gut erkennt, vgl. auch R 583! Weiter durchaus über den

NW=Grat in mäßig schwieriger, sehr hübscher Grat=
kletterei zur Spitze.

c) Bei viel und gutem Firn in der Westflanke (Frühling,
Vorsommer) kann man anstatt links auf die NW=Grat=
Mitte auch weiter ganz gerade durch die oben rinnen=
artige Flankenmitte emporsteigen, zuletzt durch eine
steile Fels=(Firn=)rinne, die auf den obersten NW=Grat
links vom Gipfel führt. Über den Grat zur Spitze,
s. Bild 29.

**583**
Über die Nordostflanke auf den Nordwestgrat.
Oder über den ganzen NW=Grat aufs Gr. Seehorn. II (—III) = mäßig
schwierig (bis schwierig), 1.45—2.30 h vom Einstieg, bei schlechten
Verhältnissen mehr. Eine sehr interessante Führe, besonders mit R 582
als Abstieg.
I. Zugang wie bei R 206 gegen die Seelücke hinauf von der Saar=
brücker Hütte, aber nach Erreichung der oberen Firnterrasse links
nach S gerade an Fuß der Aufstiegsrinne in der Mitte des NO=Wand=
fußes.
Übersicht: Von der Saarbrücker Hütte erkennt man in der Mitte
des langen NW=Grates eine doppelte Einschartung (auf Bild 15 in der
Mitte zwischen Ziffer 4 und 5). Von dieser Einschartung zieht eine
steile, oft noch schneegefüllte Wandbucht herab, die unten in eine
schräge Rinne (Fels= und Firncouloir) mündet, wie auf Bild 15 gut
kenntlich. In diese Rinne steigt man ein und klettert in ihr oder auf
den Felsen rechts (W) daneben empor in die Wandbucht (hierher
auch von rechts (W) über Bänder und Stufen). Gerade oder rechts
ausholend hinauf zur linken oberen Gratscharte im NW=Grat und
linksum über ihn gratentlang zur Spitze wie bei R 582.
II. Über den ganzen Nordwestgrat. Einige Stellen III =
schwierig, meist aber II. Im wesentlichen am Grat. Im unteren schwie=
rigeren Teil des Grates weicht man mit Vorteil links auf die Bänder
und Stufen der NO=Wand aus, kehrt aber so bald als tunlich auf
den Grat zurück. Dieser Teil des Grates ist meist sehr brüchig und
nicht sehr lohnend. Man gelangt so in die oben unter I. erwähnte
Scharte in der Gratmitte. Weiter mäßig schwierig über den Grat
zur Spitze.

**584**
Über die direkte Nordostwand aufs Gr. Seehorn. III =
schwierig, 2.45—3.15 h vom Einstieg, nur bei trockenem Fels ratsam,
Bild 15.
Zugang von der Saarbrücker Hütte (oder von der Seelücke her fast
waagrecht) rechts W an P. 2675 vorbei leicht auf die oberste Firn=
terrasse am Wandfuß. Vorsicht auf verdeckte Querspalten. Von der
Saarbrücker Hütte und auf Bild 15 erkennt man in der Fallinie des
Gipfels (= Ziffer 4) deutlich den am tiefsten in Firn herabstoßenden
Felssporn der NO=Wand. Über dem Sporn ein rhombisches Schnee=
fleck. 2 m schräg links (O) von der linken Spitze des Schneeflecks
ist der Einstieg; zu Zeiten Randkluft. Man steigt links vom Felssporn
über den Firn empor und wendet sich rechts (über die Randkluft)
in die Wand. Über eine kleine, schwach vorspringende Rippe schräg

rechts empor. Nach einer Seillänge gerade empor, dann über gut=
gestufte Schrofen und brüchige Rinnen immer etwas nach rechts auf
eine begrünte Terrasse in Höhe des Litzner=Hochjochs. Nach rechts
hinauf auf die zweite Terrasse unter dem Gipfelaufbau. Weiter zu=
erst über eine Platte, dann über ein breites Band von links unten
nach rechts oben empor in die Fallinie des Gipfels, den man beim
Steinmann erreicht.

### 585

Ü b e r   d e n   W e s t g r a t  aufs Gr. Seehorn. III = schwierig, 2.30 bis
3.15 h vom Einstieg in der Seehörnerscharte. Zugänge zur Scharte
s. R 579. Schöne steile Kletterfahrt, nur bei trockenem Fels ratsam.
I. Der steile Grat steigt direkt von der Scharte zur Spitze auf; auf
Bild 29 zwischen Ziffer 3 und 4; in der Mitte des Grates ein auffallen=
der dunkler Überhang, auf Bild 29 gut kenntlich. Von der Scharte
am blockigen Stufengrat unschwierig oder mäßig schwierig bis eine
Seillänge unter dem Gr. Überhang in der Gratmitte. Nun nach links
in die W=Flanke und durch einen schiefen Riß und schließlich
schwierig durch eine Rinne auf ein Band. Auf diesem etwa 30 m
nach rechts, wo es oberhalb des Abbruches wieder auf den W=Grat
leitet. Weiter über ihn empor zum Gipfel.
II. Ü b e r   d e n   W e s t g r a t   u n d   o b e r e   S ü d w a n d  (III—IV).
In ca. dreiviertel Grathöhe des W=Grates, etwa beim 2. Gratauf=
schwung, s. Bild 29, kann man auch rechts in die S=Wand queren
und in schrägem Anstieg quer durch die obere S=Wand auf den
obersten O=Grat und über ihn zur Spitze klettern.

### 586

## Über den Südostgrat aufs Gr. Seehorn. Der Grat selbst

unschwierig bis mäßig schwierig zu begehen (I—II),
über schuttbedeckte Schrofen vom Hochjoch auf den
Grat und immer gratentlang in hübscher Kletterei zur
Spitze, 0.45—1 h vom Joch. Schwieriger aber ist der Zu=
gang zum Hochjoch, sofern man nicht vom Litzner her=
kommt. Für Geübte ist es jedoch sehr lohnend, vom N
zum Hochjoch wie bei R 589 aufzusteigen und das See=
horn von SO nach NW zu überschreiten.

### 587

Ü b e r   d i e   S ü d w a n d  des Gr. Seehorns. Eine Beschreibung der
Führe durch die ganze und direkte, mächtige und sicher zum Teil
schwierige S=Wand liegt nicht vor. Eine schräge Querung der ober=
sten S=Wand ist unter R 585, II erwähnt.
I. Führe Imhof=Ludwig. E. Imhof gibt im „Silvretta=Itinerar" 1898
des SAC S. 86 folgende Führe aus dem Seetäli, 2430 m, am S=Wand=
fuß an. Das Seetäli erreicht man von der Seetalhütte leicht über
den Augstberg in 1 h.
Vom See, 2430 m, über Blockfelder in die Schuttrinne hinauf, die
zur Seehörnerscharte hinaufzieht (s. R 579). In etwas weniger als
halber Höhe dieser Rinne verläßt man sie durch eine östl. abzwei=
gende, enge und etwas gewundene, meist schneegefüllte Seitenrinne,
steil hinauf zur Felsrippe, die sich vom Gipfel herabzieht und
rechts östlich von einer tiefen Schlucht begrenzt wird. Auf dieser
Rippe ein Stück weit nördl. ansteigend bis unter einen Felsabsatz. Bei

diesem überschreitet man die Rippe nach rechts (O), geht wenige
Schritte links abwärts, dann rechts (NO) über Bänder und kleine
Stufen schräg empor auf den oberen SO=Grat des Berges, den man
ziemlich hoch über dem Hochjoch erreicht; über ihn leicht zum Gip=
fel, 2—2.30 h vom Einstieg.

II. Imhof vermutet, daß man vom erwähnten Felsabsatz auf der S=
Wandrippe auch links nach NW ansteigen, in schwieriger Kletterei
durch eine Felskluft eine auffallende Schulter hoch oben gewinnen
und von dort zum Gipfel steigen kann.

## Litzner Hochjoch

**588**

Zwischen Gr. Seehorn und Großlitzner, s. Bild 15
und 29. Kurz Hochjoch, früher auch Eisjoch, weil von
N bis unters Joch verfirnt; s. R 589! Die Jochhöhe
selbst ist nicht mehr verfirnt, höchstens verwächtet.
Höhenkote nicht bekannt, ca. 2960—3000 m?

I. Von Süden aus dem Seetäli auf das Litzner=Hochjoch, III bis
IV = schwierig bis sehr schwierig, 3.30—4 h von der Seetalhütte; selten
begangen. Den mutmaßlich 1. Aufstieg von S (und über den O=Grat
zum Seehorn) machten Herr und Frau Tauscher=Geduly mit den
Führern Chr. Jann, J. Reinstadler und Alois Pinggera am 24. 7. 1888.
Von der Seetalhütte über den Augstberg ins Seetäli, 2430 m, und
über Geröllhalden Richtung Hochjoch empor. Man holt rechts nach
NO aus, um Einblick in die vom Joch herabziehende, oft noch
schneegefüllte Steilrinne zu gewinnen (in der AV=SiKa gut zu er=
kennen!). Wenn die Rinne oben noch eine Wächte trägt, ist Vorsicht
geboten wegen Wächtenbruch und Steinschlag. Durch die Rinne und
kleine, manchmal vereiste, zum Teil sehr schwierige Felskehlen über
Steilschutt oder Firnschnee gerade empor, im oberen Teil links halten
oder ausweichen. Auf etwaige Wächten achten!

II. Von Norden: Den ersten Anstieg von N machten W. Freund
mit Führer Franz Tschofen 1909. Eine vollkommene Überschreitung
des Hochjoches von N nach S oder umgekehrt ist nicht bekannt. Das
Joch wird häufig in der Längsrichtung vom Litzner zum Seehorn und
umgekehrt beschritten und nicht selten von N erstiegen, auch im Ski=
frühling mit Ski bis untern Bergschrund. Durch den Gletscherschwund
ist dieser Anstieg schwieriger geworden, steiler, zerklüfteter und
mehr vereist.

**589**

**Von Norden über die Firneisflanke auf das Litzner=
Hochjoch.** III—IV = schwierig bis sehr schwierig, 2.15
bis 3 h von der Saarbrücker Hütte. Bei sehr gutem
Firn nur mäßig schwierig und in ca. 1.30 h zu ersteigen,
bei schlechten Verhältnissen (Herbst) auch länger. —
Der Zugang ist gegeben, vgl. Bild 15 und 29: Von der
Saarbrücker Hütte zuerst auf der Führe zur Seelücke,
R 206, über den westl. Litznerfirn und Richtung See=
horn — P. 2675 bleibt links — auf die oberste Firnstufe

und auf ihr linksum nach SO entlang bis unters Hoch=
joch.

b) Dann mit Steigeisen je nach Spalten und Bergschrund
(oberster Schrund unter der Jochfirnwand) rechts oder
links, meist besser von links um oder über den Berg=
schrund und die steile Firneiswand zum Joch.

## Großlitzner, 3109 m

590
a) Obwohl etwas niedriger als das Gr. Seehorn (3121 m),
ist die mächtige Felsenscheibe des Großlitzners, die sich
von O und W als schlanker Turm präsentiert, doch der
bekannteste Kletterberg der Silvretta geworden. Und mit
Recht, bieten doch Ostpfeiler und Westgrat ideale Ge=
nußkletterei in festem Gestein und ist doch die Über=
schreitung des stolzen Turmes mit jener des Seehorns
eine der klassischen und schönsten Bergfahrten der Sil=
vretta: Siehe R 600! Die N= und S=Wand aber sind
Urgesteinskletterfahrten von eindrucksvoller Schwierig=
keit und Steilheit. Vgl. Bild 14, 15 und 29.

b) T o p o g r a p h i e : Man beachte, was weder aus den
Karten noch aus Bildern ganz genau zu ersehen ist, daß
nämlich der NO=Pfeilergrat (= P. ca. 2900 und NO=
Grat auf Bild 14; s. auch Bild 15) zwar am NO=
Fuß des Gipfelturms absetzt, nicht aber am Litznersattel
fußt, sondern wenig NW davon im Litznergletscher.
Der vom Litznersattel aufsteigende breite Eisrücken und
Geröllrücken geht in die Steilwände des L i t z n e r =
V o r g i p f e l s im langen SO=Grat des Berges über.
Zwischen dem massigen „V o r g i p f e l" und dem eigent=
lichen Litznerturm ragt noch der „V o r t u r m". Er ist
vom Litzner=Gipfelturm durch die „L i t z n e r s c h a r t e"
vom Vorgipfel durch die „V o r t u r m s c h a r t e" ge=
trennt. Während der Absturz des Gipfels nach W ins
Hochjoch wirklich als Westgrat angesprochen werden
kann, ist der Absturz nach O in die Litznerscharte kein
Grat, der Name „Ostgrat" hier n i c h t am Platz. Der
lange und ausgeprägte Südost=Grat beginnt erst in der
Litznerscharte nach SO über Vorturm und Vorgipfel
zumWinterberg. Ich spreche deshalb vom O s t p f e i l e r
des Gipfelturms zum Unterschied von diesem ihm vor=
gelagerten S ü d o s t = G r a t. Kenntnis dieser topographi=

schen Verhältnisse ist für die Besteigung wichtig. Die Grenze geht vom Hochjoch über den Gipfel und SO=Grat zum Winterberg.

**591**

Der Name Litzner bzw. der Wortstamm litz, letz usw. kommt im benachbarten Alpenraum häufig vor, auch als Flußname usw. „Im Walserischen gibt es das Hauptwort ‚die Litzi‘ für ‚Schattenseite‘ " (Finsterwalder). Großlitzner ist daher auch der Große Schattenberg, so wie es schon im nächsten Silvrettakamm ostw. auch eine Schatten= spitze gibt. In einer historischen Karte 1783 „Litzner Sp.", dort ist auch in fast unmittelbarer Nähe ein ‚Schattenberg‘ verzeichnet! (Zös= mair). „litz" usw. im übertragenen Sinne auch für böse, schlecht usw., es erscheint durchaus möglich, daß es auch hier in diesem Sinne ver= wendet ist. Um 1880/90 in der ÖK „Hoher Litznerspitz" in einer alten Schweizer Karte um 1883 auch „Hinter=Seehorn" genannt.

**592**

Zur Ersteigungsgeschichte des Großlitzners die wichtigsten Daten: 1. Ersteigung über den Ostpfeiler: Student Jules Jacot aus Genf mit Führer Chr. Jann und A. Schlegel am 27. 8. 1866. Jann, ein be= rühmter Führer aus Klosters, war dann bei fast allen nächsten Besteigungen dabei, alle von O. 1. führerlose Besteigung von L. Purt= scheller, H. Hess und K. Blodig am 6. 9. 1888, mit Zugang von N zum SO=Grat und erster Besteigung und Überschreitung des Vor= gipfels. Erstersteigung über den W=Grat, erste Überschreitung des Litzners mit erstem Übergang vom Seehorn her: Norman=Neruda mit Chr. Klucker am 24. 7. 1890. 1. Ersteigung über die S=Wand: W. Paulcke und A. Rzewusky am 2. 8. 1895, neuer Anstieg über die S=Wand durch K. Zimmermann und G. Höwinger am 26. 8. 1938. 1. Ersteigung über die N=Wand: Paul Preuß allein am 13. 7. 1911. 1. Winterbesteigung 1913: A. Herzberger, Elisabeth Nevil mit Chr. und Joh. Guler von O. 1. Winterbesteigung über den W=Grat nach Überschreitung des Gr. Seehorns durch W. Flaig, A. Gölz, H. Krö= ner und Th. Wetzlar am 28. 4. 1930. Abstieg vom Hochjoch nach N.

Die Rundsicht vom Großlitzner deckt sich natürlich weitestgehend mit der vom Gr. Seehorn, auf die ich hiemit verweise, s. R 580c.

## Anstiege auf den Großlitzner

**593**

Der leichteste, fast immer gangbare Anstieg führt über den SO=Grat und Vorgipfel und über den Ostpfeiler auf den Gipfelturm (R 594 und 595). Gute Kletterer steigen dabei zur Abwechslung über den NO=Grat (R 596) auf oder ab. — Großartig ist auch die West= Ost=Überschreitung mit Nordanstieg zum Hochjoch auf R 589. — Die Krone gebührt aber der Ost=West=Über= schreitung und weiter übers Seehorn oder umgekehrt (s. R 600 oder 601 l) oder in Verbindung mit den rassi= gen Wandanstiegen von N oder S.

**Vom Litznersattel über den Südost=Grat und Litzner= Vorgipfel zur Litznerscharte.** II = mäßig schwierig, 1 bis 1.30—2 h vom Sattel zur Scharte je nach Verhältnissen. Der älteste und leichteste Zugang zum Gipfelturm. Zu= gänge zum Litznersattel s. R 609.

I. Von den Silvrettahütten/SAC kann man anstatt über die Rotfurka und Klosterpaß=Winterlücke auch direkt aber weglos wie bei R 393 über Obersilvretta, dann entweder zur Winterlücke oder über die Scharte 2682 und sofort rechts nach NO und O zur Winter= berglücke hinauf am Beginn des SO=Grates. Weiter wie unten bei II b.

II. Vom Litznersattel auf den Südost=Grat. Steht man am Litznersattel, so erblickt man genau im S den Winterberg mit seinem rechts teilweise verfirnten Nordhang. Rechts davon zieht eine breite, zum Teil ver= firnte Steilmulde gegen den Grenzgrat hinauf. In dieser Firnmulde zwischen dem Winterberg links und dem mächtigen felsigen Ostbollwerk des Litzner=Vorgipfels rechts vollzieht sich der Anstieg. (Dies Ostbollwerk des Litzner=Vorgipfels ist auf der AV=SiKa trefflich darge= stellt; es zieht vom Grenzgrat nach O gegen das Wort ‚Im' von „Im Glötter", S vom Litznersattel, herab; zwi= schen ihm und dem Winterberg die Anstiegsfirnmulde.

a) Man steigt vom Litznersattel also nicht gleich rechts nach SW und W Richtung Litzner empor, son= dern quert nach Süden über oder meist besser links (SO) um den (südseitig oft vereisten) Gletscherrücken herum — eher ab= als ansteigend! Dann so hoch als es bequem geht, über den Fels= und Schuttrücken, der vom Fuß des Ostbollwerkes herabzieht, und in die erst= erwähnte Firnmulde hinüber. Aus der Mulde halbrechts nach SW oder W empor auf den Grenzgrat, je nach Firnlage oder Laune mehr links über Firnstreifen oder mehr rechts über schöngestufte plattige Felshänge und =bänder.

b) Auf dem SO=Grenzgrat wendet man sich rechts nach NW und steigt unschwierig über den blok= kigen Gratrücken empor. Im Vorblick links vom Grat taucht jetzt erstmals der kühne Litzner=Gipfelturm auf. Entweder weiter über den Grat bis auf den Höchst= punkt, den ‚Litzner=Vorgipfel' und über den Grat zur Vorturmscharte hinab, oder links (W) auf Bändern und

Stufen unter dem Vorgipfel durch, hinüber in die Vorturmscharte hinter ihm.
c) Wir stehen jetzt vor dem ‚Litzner-Vorturm‘,
der so trügerisch auf den Litzner-Gipfelturm projiziert
ist, daß fast jedermann ihn schon für den Gipfelturm
selber ansieht und sich zur Besteigung des Vorturmes
verleiten läßt (in diesem Fall muß man jenseits über
schwierige Platten abklettern oder abseilen in die Litznerscharte). Man umgeht den Vorturm daher viel besser
nach kurzem Anstieg links auf der SW-Seite auf schmalen Bändern und gelangt so in die Litznerscharte
zwischen Vorturm und dem Litzner-Gipfelturm, den
man aus der Litznerscharte direkt erklettert wie bei
R 595.
III. Die Vorturmscharte zwischen Vorgipfel und Vorturm kann vom
Litznersattel auch direkt in zum Teil oder zu Zeiten schwierigem
Anstieg erreicht werden. Zu diesem Zweck steigt man vom Litznersattel oder schon westl. vor der Sattelhöhe nach W bzw. WSW in
die breite, bald steile Firnmulde hinauf zwischen dem NO-Grat-
Pfeiler rechts und dem O-Bollwerk des Litzner-Vorgipfels links.
Zu oberst steigt man durch die am höchsten gegen den Litzner-SO-
Grat emporziehende linke Firnkehle (Schutt- und Felsrinne) schwie-
rig und steil empor in die Vorturmscharte, weiter wie oben bei Ic.

**595**
**Von der Litznerscharte über den Ostpfeiler des Gipfel-
turms auf den Großlitzner.** III = schwierig, 30—45 Min.
von der Scharte, prächtige steile Kletterei in griffigem
Fels. Zur Litznerscharte s. R 594 und 596. Es gibt zwar
zwei Führen über den Ostpfeiler, aber es wird nur die
I. Führe von Jann (des Führers des Erst-Ersteigers
Jacot) begangen, die der von Purtscheller entschieden
vorzuziehen ist. Die Pfeilerkante der Ostflanke des Gipfelturmes weist 3 kleine Stufen oder Terrassen auf.
**Man beachte nebenstehende Anstiegsskizze,** die
auch die verschiedenen Varianten andeutet: Seite 327.
I. Führe Jann-Jacot. Von der Scharte über wohlgestufte, gutgebänderte Felsen beliebig gerade oder etwas
links empor, dann über plattige Felsen und halbrechts
unter einer etwas überhängenden Steilstufe durch empor auf die erste Stufe. Weiter halbrechts über leichte

*Zu R 595: Anstiegsführe über den Ostpfeiler (»Ostgrat«)
des Großlitzners. ü — überhängende bzw. vorgekragte
Gipfelplatte.*  ▶

schöngestufte plattige Felsen gegen die Pfeilerkante hin‑
aus und auf die zweite Stufe. Jetzt entweder rechts nahe
der steilgestuften Pfeilerkante oder einige Meter links
ausholend empor auf die schmale und sehr steile Kante
oberhalb. Direkt an der senkrechten Kante über einen
kleinen aber gutgriffigen Überhang auf die dritte Stufe.
Sie führt über etwas leichtere aber steile Felsen unter
den Überhang des Gipfelbaues, von einer glatten Platte
überdacht (= ü in der Anstiegsskizze). Man überwindet
den Überhang rechts an der Kante und zieht sich direkt
auf die Platte empor (kann sie aber auch links, südseitig
— auf der Skizze punktiert — umgehen, was aber kei‑
neswegs leichter, eher schwieriger ist). Von oberhalb
des Übergangs über leichte Felsstufen auf den Gipfel‑
grat und über ihn zum Steinmann nach W hinüber.

II. Führe Purtscheller. Schwieriger und nicht so schön wie
die Führe Janns. Von der 1. Terrasse links (S) etwas absteigen und
über eine enge flache Rinne an der fast senkrechten aber gut griffigen
Wand gerade emporklettern zur zweiten und dritten Terrasse und von
hier über einen 10—12 m hohen Abbruch auf leichteren Fels und
zum Gipfel.

### 596

**Vom Litznersattel über den Nordostgrat zur Litznerscharte am Fuß
des Litzner‑Gipfelturms.** III (—IV), 1.15—2.30 h vom Einstieg.
Interessanter aber auch ziemlich schwieriger als über den SO‑Grat
R 594. Übersicht: An den NO‑Fuß der obersten Litzner‑N‑ und
NO‑Wand ist ein starker, reich gezackter Grat‑Pfeiler angelehnt,
der NO‑Grat, der sich gegen den Litznersattel hinabsenkt, aber NW
vom Sattel fußt und in seinem untersten Teil noch einmal zu
einem hübschen Vorgipfel, ca. 2900 m, aufwirft. Dies **ist von der**
Saarbrücker Hütte und auch vom Litznersattel gut zu erkennen;
vgl. Bild 14 und 15.

Man ersteigt die Scharte (= Sch. auf Bild 14) zwischen dem Pfeiler‑
gipfel, P. 2900 m, und dem eigentlichen NO‑Grat und zwar am besten
von SO her über Firn und Schutt. Dann am SO‑Grat empor, die
Türme links oder rechts umgehend, bis ziemlich dicht unter der
N‑Wand, wo ein Schneesattel (Wächte) erreicht wird. Von hier aus
links nach S etwas absteigend und über Geröllstufen und Bänder
querend zu einem Kamin, der rechts (N) von der Vorturmscharte auf
ein Band emporführt. Über das Band und durch eine steile Rinne zur
Scharte, dann links südseitig um den Vorturm herum in die Litzner‑
scharte und wie bei R 595 auf den Litzner.

### 597

**Vom Litzner‑Hochjoch über den Westgrat auf den Großlitzner.** III =
schwierig, eine Stelle IV = sehr schwierig, 0.45—1.15 h vom Hoch‑
joch je nach Verhältnissen. Leichter im Abstieg, über die Schlüssel‑
stelle abseilend. Der W‑Grat ist nicht so ausgesetzt steil **wie die**
O‑Pfeiler, dafür die Schlüsselstelle schwieriger als jener. Das Hoch‑

joch erreicht man entweder über das Seehorn, s. R 601, oder von N wie bei R 589. Vom Joch zwei Führen, doch wird heute ausschließlich nur noch die Führe Victor Sohms begangen.

I. F ü h r e S o h m. Vom Hochjoch über Blockwerk (Firn) und leichte Felsen zur 1. Gratstufe. Kurzer Quergang rechts und über guten Fels zu einer Rinne, die nach links auf die Stufe emporleitet. Leicht weiter zum Fuß der nächsten Stufe und über eine kurze geneigte Vorstufe zu einem senkrechten Riß, in dem man sich durch das glatte Gemäuer hinaufarbeitet und über einen eingeklemmten Stein in die Nische des Stemmkamins oberhalb hinaufstemmt (die Nische kann auch von links her über eine schwierige Platte erreicht werden).

Man befindet sich jetzt unter dem Überhang, der Schlüsselstelle, die auf ein flaches Plattendach oberhalb führt. Zum Ausstieg auf diese Platten zwei Möglichkeiten:

entweder schiebt man sich unter dem Überhang, durch den der Riß weiter emporzieht, nach links (N) hinaus und auf die griff= losen Platten oberhalb hinauf;

oder man überlistet auch das letzte überhängende Stück des Risses gerade empor vor das Plattendach.

Über die Platte und die anschließenden leichten Fels=Stufen zu einem kaminartigen glattwandigen Spalt, den man an der Kante seiner Außenwand empor erklettert und nach links überschreitet. Leicht über den Grat zur Spitze des Großlitzners.

II. F ü h r e N o r m a n = N e r u d a (kaum begangen; nur unvoll= kommene Angaben). Vom Hochjoch am Litzner ein Stück direkt empor, dann einige Meter gegen die N=Seite ab und über eine schwie= rige, etwa 20 m hohe senkrechte Wand zu einem Schneefleck (Stufe); von hier aus erreicht man, rechts haltend über Felsstufen den Gipfel.

## 598

Über die Südwand auf den Großlitzner. III = schwierig; einige Stellen IV. Mehrere Führen:

I. F ü h r e P a u l c k e, 1.30—2 h vom Vorgipfel. Vom Litzner=Vor= gipfel (s. R 594) tief hinab in die Runse, die zur Litznerscharte führt. Nach Querung der Runse tief unten Einstieg nach links in die Wand. In mäßig schwieriger Kletterei zu einem schmalen Band, das die S=Wand beinahe horizontal fast ganz durchzieht. Auf diesem Band Querung der S=Wand weit nach W bis unter den 2. größeren Stein= mann des Gipfels (?). Dann immer direkt ungefähr in gerader Linie hinauf gegen den Steinmann. Kurz unter dem Gipfel in mäßig steiler Rinne etwas nach links und dann durch einen kleinen Kamin zum Gipfel, der ca. 3 Schritt westl. vom Steinmann erreicht wird.

II. Von der S=Wandführe Lossens ist nur eine kaum wichtige Ab= stiegsbeschreibung bekannt. Sie führt unten auf den O=Pfeiler links hinaus und bringt kaum Neues.

III. Von dem angeblich neuen Anstieg durch die S=Wand von Zim= mermann und Höwinger ist näheres nicht bekannt.

## 599

Über die Nordwand auf den Großlitzner IV (—V) = sehr schwierig (bis besonders schwierig) je nach Verhältnissen und Führe. Der schwierigste Anstieg, sehr rassig. Zwei Einstiege:

I. Von der Saarbrücker Hütte hinab auf den Litznergletscher und über ihn an den tiefsten Wandfuß, einem Felsrücken; s. Bild 14 und 15.

Links von ihm kommt das große Firncouloir (Lawinenrinne) herab; weiter links kommt eine zweite schmälere Rinne aus der Scharte zwischen dem Gipfelkopf des Litzners und dem obersten Gratturm des NO-Grates herab.

Nach Überschreitung der Randkluft durch die Rinne steil hinauf zu den untersten Ausläufern jenes wenig vortretenden Gratrückens, der, am Fuß der Gipfelwand des Litzner entspringend, steil nach N absinkt. Über sehr steilen Firn nach rechts auf den Firnsattel des ersten Gratabbruches.

II. Hierher kann man auch besser und kürzer kommen, indem man die dem Großen Seehorn vorgelagerte Gletscherterrasse bis an ihr östl. Ende verfolgt und dann einige steile Firnhänge nach links über Firn zwischen zwei Blöcken durch und wieder nach rechts auf einen vorspringenden Block ersteigt. (2. Absatz, Steinmann); ca. 2850 m. Über Schnee zum nächsten Abbruch; von links durch eine Rinne hinauf, dann über einen schwierigen Überhang und schließlich gerade hinauf auf den dritten Absatz! (Steinmann. Dieser Abbruch läßt sich bei günstigen Firnverhältnissen links umgehen.) Der nächste Abbruch wird durch eine brüchige Rinne nach rechts und dann direkt an der Gratkante (sehr schwierig) erklettert. Der Absatz stößt mit einer schmalen kleinen Scharte an die Steilwand des fünften Absatzes. An der kleingriffigen Wand 6 m sehr schwierig hinauf, dann etwas leichter links haltend auf die kleine Terrasse vor dem Gipfelaufbau, die von der Hütte deutlich sichtbar ist und gewöhnlich einen kleinen Schneefleck trägt. (Steinmann. Von hier kann man östl. und westl. wahrscheinlich sehr schwierig über Bänder ausweichen und die üblichen Anstiege — O-Pfeiler und W-Grat — erreichen.) Von hier zwei Führen:

a) Von der Terrasse zunächst schwierig gerade hinauf, dann über ein steiles Band nach links bis knapp unter die Stelle, wo sich das Band zu einem tiefen, eiserfüllten Spalt vertieft, der durch einen vom Massiv losgesprengten ungeheuren Block gebildet wird. Hier sehr schwierig über ein Band, das anfangs nur aus einigen Tritten besteht, nach rechts und durch eine schwierige Rinne wieder nach links zurück. Die Rinne wird nach links auf ungemein ausgesetzter, schmaler Leiste verlassen, dann wenige Meter gerade hinauf zu einer kleinen Nische geklettert. Von dort nach rechts über eine plattige Wand an kleinen Griffen sehr schwierig in eine Verschneidung, die aber sofort nach rechts verlassen wird. Über eine große Platte noch immer schwierig zu einem kurzen, schwarzen, von unten sichtbaren Kamin, durch den der Gipfel 2 m weit vom westl. der drei Steinmänner erreicht wird. Oder

b) Von der obersten Terrasse schräg links empor eine Seillänge gegen ein schon von unten sichtbares steiles Plattenband, das durch einen tiefen Spalt von der Wand abgetrennt ist und nach links (O) steil emporzieht. Im Spalt und links über die Kante auf das Oberende des Bandes. Über den Spalt an die Wand und schwierig erst einige Meter halbrechts, dann links Überstieg über Platten und schmale Bändchen auf das Plattendach des Gipfels, den man zwischen den zwei Steinmännern erreicht.

III. Wie schon oben bei II. angedeutet, ist es möglich, etwa vom Oberende des NO-Grates (vgl. R 596) am Fuß der N-Wand-Gipfelwand auf moosigen Bändern sehr schwierig (IV) durch die ganze N-Wand zu queren und gegen den W-Grat (Hochjoch) hin auszusteigen oder umgekehrt.

**600**

**Überschreitung des Großlitzners und Großen Seehorns von Ost nach West.** II—III (IV) = im Durchschnitt mäßig schwierig bis schwierig, vereinzelte Stellen zu Zeiten auch sehr schwierig, s. Bild 14, 15 und 29.

a) eine der schönsten nicht zu schwierigen Gratüber= schreitungen und Zweigipfeltouren unter den Drei= tausendern der Ostalpen, die schönste der Silvretta. Nur für durchaus geübte und ausdauernde Hochtouri= sten, mindestens 25—30 m Seil je Zweierseilschaft. We= gen der Firn= oder Eisstrecken am Ein= und Ausstieg ist mindestens ein kurzer Kletterpickel je Seilschaft nötig. Bei gutem Firn können Steigeisen dann ent= behrt werden. Für die Gesamtüberschreitung vom Litz= nersattel zur Seelücke mindestens etwa 4—5 h für eine gute Zweierseilschaft, meist 6 h und mehr.

b) die einfachste und schnellste Überschreitung: Auf= stieg über den Litzner=SO=Grat (R 594) und Abstieg über NW=Grat und W=Flanke des Seehorns.

I. **Aufstieg von Osten** entweder wie bei R 594 über den Südostgrat und Vorgipfel oder wie R 596 über den NO=Grat, jeweils in die Litznerscharte; wei= ter wie bei R 595 über den Ostpfeiler des Gipfelturms auf den Großlitzner.

II. **Vom Großlitznergipfel ins Hochjoch hinab**: zuerst über das Gipfelblockwerk, kleine Stufen und Bänder zu einem kaminartigen Querspalt, der an seiner Außenkante rechts hinab überwunden wird. Über Stufen hinab auf die große schräge Platte oberhalb des überhängenden Rißkamins. Am Oberrand der Platte ein Abseilring. Man kann zwar auch frei kletternd sich durch den Riß oder rechts daneben unter den Über= hang hinablassen oder stemmen in die Nische und stemmend durch den glatten Kamin und den anschlie= ßenden Riß hinunterklettern. Ungleich leichter und sicherer seilt man sich jedoch vom vorgenannten Ab= seilring aus in den Kamin hinein und durch ihn bis an das Unterende des Risses auf eine breite Stufe unter= halb ab. Reicht das Seil nicht bis dorthin, so sichert man sich abseilend wenigstens bis in die Nische unterm überhängenden Einstieg und stemmt dann frei hinab.

Von der breiten Schuttstufe unterm Kamin führen kleine Felsstufen gut hinab, dann etwas nach links im Sinne des Abstiegs, bis man von einem kleinen Absatz aus wieder rechts schräg hinabquerend über eine kleine Felswand den Fuß des Gipfelturmes bzw. über Block werk oder Firn das Hochjoch zwischen Litzner und Seehorn erreicht.

III. Vom Hochjoch auf das Gr. Seehorn über den SO-Grat wie bei R 586 dem unschwierigen Grat entlang zur Spitze.

IV. Vom Gr. Seehorn-Gipfel über den oberen NW-Grat und die W-Flanke auf den Seegletscherfirn hinab folgt man vom Gipfel durchaus dem NW-Grat in mäßig schwieriger Kletterei bis in die ausgeprägte (erste und einzige größere) Gratscharte und Einsattlung in etwa halber Grathöhe zwischen Gipfel und Seelücke, leicht kenntlich an der erst hier gegebenen Möglichkeit, vom Grat weg nach SW (im Sinne des Abstiegs links) in die W-Flanke hinabzusteigen und hineinzuqueren über Bänder, kleine Stufen, durch Rinnen und Verschnei dungen, über Blöcke, Schutt oder Firn, bis man etwa in der W-Flankenmitte rechtsum nach W gerade hinab steigen kann, über Firn oder Fels und Schuttrinnen und Rippen, zuletzt leicht über den Firnhang an Wandfuß auf den Seegletscherfirn hinab oder so bald als möglich halbrechts zur Seelücke hinunter, s. R 579.

V. Von der NW-Gratscharte kann man natürlich auch weiter über den ganzen NW-Grat (ausweichen rechts) absteigen (s. R 583 II) oder nach NO über die westl. NO-Wand, umgekehrt wie bei R 583 I. Und schließlich kann man vom Gipfel auch über den W-Grat absteigen, s. R 584.

**601**

**Überschreitung des Großen Seehorns und Großlitzners von West nach Ost.** (Alle weiteren Angaben allgemeiner Art hiezu bitte bei R 600 nachlesen!)

Vgl. dazu die Schilderungen und Bilder von **West-Ost-Überschreitun gen** in meinem **Silvrettabuch**, 5. Aufl. 1961, S. 51 ff (im Sommer) und S. 108 ff (im Winter); s. R 60!

Die einfachste Überschreitung W—O: Aufstieg über die W-Flanke und NW-Grat aufs Seehorn, Abstieg vom Litzner über den SO-Grat.

I. Von der Seelücke oder über den Seegletscherfirn über die W-Flanke und den NW-Grat wie bei R 582 aufs Gr. Seehorn.

II. Vom Seehorngipfel unschwierig über den SO-Grat hinab ins Hochjoch, immer am Grat.

III. Vom Hochjoch über den W-Grat wie bei R 597 auf den Litzner. Der überhängende Rißkamin im W-Grat ist die schwierigste Stelle (IV).

IV. Vom Litznergipfel über den O-Pfeiler in die Litzner-scharte (s. Anstiegsskizze bei R 595!). Vom O-Ende des Gipfelgrates zunächst leicht über schöngestufte Felsen hinab an Abbruchrand des O-Pfeilers, der zwar auch abwärts frei zu klettern ist, aber mit Vor-teil auch durch zweimaliges Abseilen über den steilsten Mittelteil überwunden werden kann. Will man abklettern, so läßt man sich aushängend vorsichtig links über die überhängende Platte des Ab-bruchrandes (= ü in der Skizze) hinab und klettert die Mittelpartie immer möglichst nahe der Pfeilerkante oder rechts von ihr hinab, besonders deren schmalste Einschnürung, ein zweiter kleiner Über-hang, kann nur an der Kante gut griffig geklettert werden. Im un-teren Drittel hält man sich eher etwas mehr rechts (S) im Sinne des Abstieges; vgl. die Skizze, dort weitere Möglichkeiten. Zuletzt leicht halbrechts über plattige Felsen in die Litznerscharte hinab.
V. Von der Litznerscharte über den Vorgipfel und SO-Grat: man steigt von der Scharte rechts nach S durch die Rinne einige Meter hinab, bis man links nach SO und O auf schmalen Bän-dern südseitig um den Schartenturm, den sogenannten Vorturm, her-umklettern kann in die Vorturmscharte östl. hinter ihm.
(Von hier kann man auch links in die NO-Flanke hinab und links zum NO-Gratbeginn hinüber und hinaufsteigen und über diesen Grat abklettern, s. R 596.)
Aus der Vorturmscharte am schönsten über den ganzen Grat und Litzner-Vorgipfel (den man aber auch rechts an der S-Seite auf Bändern umqueren kann) und immer am zusehends leich-teren und breiteren SO-Grat hinunter, bis man leicht links in die oben steile Firnmulde zwischen Winterberg rechts und Vorgipfel-O-Bollwerk links über leichte Felsen hinabklettern (oder über Firn abfahren) kann. Vom flacheren Teil der Mulde unten je nach Ziel leicht links nach N zum Litznersattel oder rechts nach O zur Winter-lücke oder gerade durchs Verhupftäli ins Klostertal hinab.

## Winterberg, 2932 m

**602**

a) In der LKS 2931 m. Ein Kopf in der Mitte des langen SO-Grenz-grates vom Litzner zum Gratknick bei der Sonntagspitze. Im N und NO teilweise befirnt, nach S mit einer 300 m hohen Steilwand ab-stürzend. 1. Skibesteigung 1906 durch G. Schmoll mit Chr. Guler; dabei wurde der Kopf „Winterberg" getauft.
Sehr lohnender Aussichtspunkt, von N über die Firnhänge oder Fels-rippen links oder rechts leicht zu besteigen, 1—1.20 h vom Litzner-sattel, s. auch R 594.
b) Nach O stürzt der Winterberg mit einem sehr steilen scharfen Grat in eine Scharte ab, doch kann man rechts (N) neben dem Grat über Steilschrofen und Blockstufen mäßig schwierig aufsteigen. Die zeitraubende Begehung des langen SO-Gratrückens zur Winterlücke lohnt kaum.
Vom Gipfel bzw. W-Grat des Winterberges zweigt nach W und SW der Mittelgrat ab zur „Scharte" 2682 hinunter und zum Hüttenwanghorn, 2637 m, hinaus. Von diesem Berg ist nichts näheres bekannt; er dürfte von allen Seiten leicht erreichbar sein.
c) Dicht W des Winterbergs biegt der Grenzgrat im rechten Winkel über einen kleinen Sattel (Winterbergsattel) nach N und NW um. Dieser Sattel kann von NO über Fels und Firn, von W über Geröll

und Grünstreifen leicht erstiegen werden; er vermittelt den kürzesten aber keineswegs bequemsten Zugang von den Silvrettahütten/
SAC zum Litznermassiv, s. R 594, I.

## Winterlücke, 2832 m

**603**

zwischen dem Winterberg und der Sonntagspitze unmittelbar an deren
W-Fuß. Grenzlücke im Hauptkamm zwischen Österreich im NO und
Schweiz im SW, Grenzstein Nr. 10. Falsch auch Klosterfürggli ge-
nannt. Schöner Blick S und W, s R 604.
Touristisch wichtiger Übergang, weil der Steig vom Litznersattel und
übern Klosterpaß zur Rotfurka und umgekehrt die Lücke überquert,
vgl. R 210, 212 und 394.
Die Lücke ist von N mühelos über Firn (Glötterfirn), von S vom
Klosterpaß her auf dem Steig zu erreichen oder von SW, von Ober-
silvretta, über Geröll und Schrofenrippen. Von der Lücke in wenigen
Minuten auf die Sonntagspitze, sehr lohnend, s. R 604.

## Sonntagspitze, 2882 m

**604**

Auf der LKS 2881 m ohne Namen. Nahe am Knick des
Grenzgrates, nach NW sanft abgedacht und befirnt (Glöt-
terfirn) nach O mit steiler Wand nach SW mit begrünten
Geröllschrofen absinkend, mit dem Gabler durch einen
SO-Grat verbunden.

Am Sonntag nach Einweihung der Saarbrücker Hütte
1911 von einigen Herren bestiegen und ‚Sonntagspitze‘
getauft. Beliebter Skiberg. Besonders lohnender, mühelos und leicht zu ersteigender Aussichtspunkt mit sehr
schöner Rundsicht auf die Umrahmungen des Kloster-
tals und Silvrettagletschers im O, SO und S, ferner auf
die Litznergruppe und die Seehörner. Nach SW schöne
Fernblicke in die Bergwelt Graubündens.

I. Von der Winterlücke (s. R 603) in 10—12 Min. leicht
über Firn oder Schutt und einige Block- und Felsstufen
zu ersteigen.

II. Gratübergang zum Gabler von südl. unterhalb des Gipfels oder
von der Winterlücke hinüber in mäßig schwieriger Kletterei ca. 30
bis 45 Min. Beschreibung der Führe liegt leider nicht vor.

## Gabler und Schwarze Wand, ca. 2850 m und 2830 m

**605**

a) Die zwei schönen Gipfel sind leider weder in der LKS noch in
der AV-SiKa kotiert, in jener „Schwarzwandspitzen“, in dieser
„Schwarze Wand“ genannt. Nach Dr. Blodig sind die zwei Gipfel

ca. 2850 m (Gabler) und 2830 m (Schwarze Wand) hoch. Der
Gabler steht im Haupt- und Grenzkamm SO von der höheren Sonntagspitze, mit der ihn der Haupt- und Grenzgrat verbindet. Im
Gabler knickt der Hauptkamm nach S und zieht über mehrere Köpfe
zum Klosterpaß. ONO vom Gabler, durch eine scharf eingeschnittene
Scharte (Gablerscharte) von ihm getrennt, steht die zwar niedrigere
aber ungleich stolzere Schwarze Wand, so benannt, weil sie ins
Klostertal mit einer steilen schwarzbraunen SO-Wand (und mit einer
prächtigen O-Kante) abstürzt. Zur Gablerscharte zieht von SO eine
steile Rinne, von N, zwischen Schwarzer Wand und Sonntagspitze
eine steile Fels- und Firnschlucht, ein düsteres Couloir empor.
b) Die Namen sind typische Beispiele für Doppelbenennung aus
zwei Tälern: die Montafoner (z. B. Führer Franz Tschofen, Partenen)
sagen treffend „Schwarze Wand", die Prätigauer (z. B. Führer Chr.
Guler †, Klosters) nennen beide Spitzen zusammen ebenso treffend
„Gabler". Die Bezeichnung Schwarze Wand gilt aber nur dem O-
Gipfel, weshalb es nicht glücklich war, von Schwarzwandspitzen zu
sprechen. Um den alten Prätigauer Namen nicht untergehen zu lassen
und beiden Seiten gerecht zu werden, nenne ich den höheren SW-
Gipfel Gabler, den O-Gipfel aber Schwarze Wand, was er ja auch ist.
c) 1. Ersteigung beider Gipfel aus der Gablerscharte, die zugleich von
N nach SO überschritten wurde, am 14. 9. 1911 durch Dr. K. Blodig,
Fr. Braun und K. Powondra (AVZ 1912 S. 213). Andere Anstiege
sind nicht bekannt. Powondra beging anschließend allein den Grat
zur Sonntagspitze. — Südostwand und Ostkante s. R 1210!

## Anstiege auf Gabler und Schwarze Wand

**606**

Während der Gabler leicht zu erreichen ist, kann man die Schwarze
Wand nur schwierig über die Gablerscharte gewinnen.
I. Der Gabler, ca. 2850 m, kann von S über den Grenzgrat vom
Klosterpaß her auf Schutt und über Schrofen und leichte Felsen un-
schwierig (I) in ca. 35—45 Min. erstiegen werden, noch leichter von
SW auf den oberen S-Gratrücken. Die Gratköpfe und Zacken im
S-Grat kann man leicht W umgehen.
Etwas schwieriger (II) ist der Gratübergang von oder zur Sonntag-
spitze, ca. 30—45 Min., Beschreibung liegt nicht vor.
Schwierig (III) ist der kurze Aufstieg aus der Gablerscharte von
NO über steile brüchige Felsen, ca. 10—15 Min.
II. Die Gablerscharte kann man also entweder über den Gabler und
direkt hinab in die Scharte oder aus dem Klostertal auf zwei Führen
in je ca. 1.30—2 h ersteigen: entweder unschwierig bis mäßig schwie-
rig (I—II) durch die SO-Rinne, oder schwierig (III) und mühsam
durch die oft eisige N-Schlucht.
III. Die Schwarze Wand erklettert man aus der Gablerscharte ent-
weder direkt über steile Platten oder über den etwas leichteren kurzen
SW-Grat daneben (II—III) in je 10—15 Min.
IV. Südostwand (V) und Ostkante (V+) s. R 1210 im Nachtrag.

## Klosterpaß, 2751 m

**607**

Touristisch wichtiger Übergang, über den der Steig von
der Saarbrücker Hütte (Winterlücke) zu den Silvretta-

hütten/SAC bzw. zur Wiesbadner Hütte usw. führt,
s. R 235, 395; 210, 212; 394 und 255. Er liegt zwischen
dem Gabler und dem Klostertaler Spitz bzw. einem nicht
kotierten unbenannten Gratkopf S des Passes.

Zwischen ihm und dem Klostertaler Spitz ist nämlich ein zweiter
tieferer, in der AV-SiKa unbenannter Sattel 2720 eingesenkt. In der
LKS steht das Wort Klosterpaß bei diesem Sattel 2720! Dies
dürfte der eigentliche alte Klosterpaß sein, ein früher vielbenutzter
Übergang zwischen den Walsersiedlungen im Prätigau und im
Paznaun.

Seit Jahrzehnten wird aber der Paß 2751, über den jetzt der
Touristensteig von der Winterlücke zur Rotfurka führt, kurzweg
als ‚Klosterpaß‘ angesprochen, weshalb wir bei diesem touristischen Brauch bleiben. Der Paß 2751 wird von einem steilen (für
Saumverkehr ganz ungeeigneten) Felsriegel gebildet. Der Steig überquert ihn an seinem N-Ende: von O über Schutt steil heraut (bzw.
hinab), aber auf der W-Seite nicht hinab, sondern horizontal
nach W weiter zur Winterlücke! Die W-Flanke wird von steilen
Felsschrofen und Schutthalden gebildet.

### Der Lobkamm

**608**

a) Im Litznermassiv zweigt — durch den Litznersattel abgetrennt — ein langgezogener Grat ab, der
mit einigen kleinen Verzweigungen ca. 4000 Meter nach
NO zieht und mit der Kl. Lobspitze gegen die Bielerhöhe absinkt. Der ganze Lobkamm ist mit allen wichtigen Namen in der AV-SiKa genau eingetragen. Vom
Lobsattel nach N absinkend ist das einsame Lobtäli
(auch Lobertäli) in den Kamm eingefügt. Es birgt einen
mächtigen Stirnmoränenwall ehemaliger Vergletscherung.
Im S der Verhupfspitze begleitet das Verhupftäli
den Grat; es ist über und über mit Moränentrümmern
und Bergsturzhalden ausgefüllt bis zum P. 2518 hinaus,
wo es steil ins Klostertal abbricht. Auch hier noch Ödland von großer Wildheit, wie überhaupt der ganze
Grat im Sommer völlig einsames unberührtes Ödland
und ideale Grattouren für Geübte verschenkt — unmittelbar neben dem Silvretta-Straßenrummel! — Eine
solche großartige Gratwanderung führt z. B. über alle
Lobspitzen in beiden Richtungen oder rings um den
Verhupfgletscher.

b) Der Name Lobspitze usw. kommt wohl sicher von dem
— dort oben im Großvermunt sonst seltenen und daher auffallenden — „Loob" (Montafoner Mundart), dem Laub der Laubstauden
(Loobstuda), der wenigen Grünerlen, Birken und Vogelbeerbäumchen,
die am N-Fuß des Massivs vorkommen.

# Litznersattel, 2737 m

**609**

Zwischen Litznermassiv (Vorgipfel) und Lobkamm (Verhupfsattel, Sattelkopf), verbindet Kromertal bzw. Östl. Litznergletscher mit dem Verhupftäli und Klostertal. Der Sattel ist eigentlich ein Doppelsattel mit einem höheren Sattel im NO, dem tieferen im SW, dazwischen ist ein Grathöcker eingeschoben, s. Bild 14, links vom Sattel 2737.

I. Der Sattel vermittelt wichtigste touristische Übergänge von der Saarbrücker Hütte zu den Silvrettahütten/ SAC, zur Wiesbadner Hütte, zur Bielerhöhe usw. und außerdem Zugänge zur Litznergruppe und Lobkamm.

a) Saarbrücker Hütte — Litznersattel (R 209a) — Verhupftäli — Klostertal (R 209b), zugleich zur Litznergruppe (R 594/96) und zum Lob-Verhupfgrat (R 610 ff.).

b) Zu den Silvrettahütten/SAC. s. R 210 und 211 und umgekehrt, R 394.

c) Zur Wiesbadner Hütte, s. R 212, 213 und umgekehrt, R 254, 255.

d) Zur Bielerhöhe R 214 und umgekehrt R 233.

II. Der Litznersattel ist ein typischer alter Gletscherpaß, der noch vor wenigen Menschenaltern völlig vergletschert war, so daß Litznergletscher und Glötterfirn zusammenhingen. Jetzt ist der Paßgrat NO vom Paß Richtung Sattelkopf völlig ausgeapert, auch die Paßlücke zum Teil und das mächtige Moränengelände im O ebenso, wo sich ein Gletscher-Eissee dicht O des Sattels gebildet hat. Die SW-Seite des Sattels ist aber noch immer vergletschert und Vorsicht wegen Spalten ratsam.

Der Ausblick vom Litznersattel (von dem Grathöcker NO der Sattellücke gesehen) ist zwar beschränkt aber sehr schön mit Ödland ringsum, ein hochalpines Gemälde: im W und SW das Litznermassiv mit dem NO-Gratpfeiler rechts und dem Vorgipfel-Obollwerk (s. R 594) links. Links davon im S der Winterberg und nach links anschließend der Grat zur Winterlücke und Sonntagspitze. Links dahinter in der Ferne der Gletscherkamm im Silvrettagletscher und nach links über den Silvrettapaß, dahinter Piz Fliana. Links davor: Rotfluh, Silvretta-Eckhorn, Schneeglocke, Schattenspitze, Klostertaler Egghörner und Kl. Egghörner. Über die Scharte dazwischen, rechts von den Kl. Egghörnern, der Ochsenkopf. Links hinter den Kl. Egghörnern der Rauhe Kopf und Rauhkopfgletscher und der Grat der Bieltaler Berge bis zur Madlenerspitze links. Über den Sattel rechts von der Madlenerspitze schaut die Krone, links das Fluchthorn vor. — Der Blick nach NW über den Litznergletscher hinab: in der Tiefe jenseits des Gletschers die Saarbrücker Hütte am O-Gratfuß des Kleinlitzners. Am Horizont von links nach rechts: der ganze Valgraggiskamm, links und rechts hinter dem Kleinlitzner. Rechts davon der Hochmaderer und rechts hinter ihm die Rote Wand und einige andere Gipfel der Klostertaler Alpen.

# Sattelkopf, 2863 m

**610**

Der vom Litznersattel nach NO aufsteigende Sattelgrat endet auf einem kleinen Gratkopf: dem Sattelkopf. Der Kopf ist von W leicht ersteiglich und ein **besonders lohnender Aussichts= und Orientierungspunkt,** groß= artiger Anblick der Litznergruppe.

Im Sattelkopf gabelt sich der Lobkamm: nach N führt ein kurzer Grat durch den Verhupfsattel (ca. 2790—2800 m); unmittelbar NW vom Sattelkopf zur Glötterspitze. Nach O zieht ein Grat zur Verhupfspitze. Der Firn des Verhupfgletschers reicht bis dicht N des Sattelkopfes und des Verhupfsattels. Der Verhupfsattel ist von N über Firn, von W über steile Schutthalden leicht zu erreichen. Sattel= kopf und Verhupfsattel vermitteln den besten S=Zugang zur Verhupf= gletscherumrahmung. (Vereinzelt erscheint der Kopf unter dem Namen Fennerspitze; die amtliche Bezeichnung lautet aber Sattelkopf.)

**611**

**Vom Litznersattel auf den Sattelkopf oder auf den Ver= hupfsattel.** I = unschwierig, 20—35 Min. vom Sattel. Von der Saarbrücker Hütte wie bei R 209 zum Litzner= sattel. Dann am Sattelgrat entlang nach NO in den obe= ren Sattel am Bergfuß (hierher auch direkt vom Litzner= gletscher [oder einfacher vom O vom Verhupftäli her] aber mühsam und kein Gewinn). Weiter immer an dem breiten Blockgratrücken gerade empor auf den Verhupf= grat, den man wenig links (NW) vom Sattelkopfgipfel erreicht und leicht nach rechts auf seine Spitze steigt. Will man direkt zum Verhupfsattel (links, NW, vom Sattelkopf), so kann man, sobald man am Sattelgrat etwa die Höhe des Verhupfsattels (links) erreicht hat, schräg oder horizontal links, westseitig, nach N zum Sattel oder auf den verbindenden Grat hinüberqueren. Schließlich kann man den Verhupfsattel auch gerade aber sehr mühsam vom Litznergletscher über die steilen Schutthalden seiner Westflanke ersteigen.

**612**

Von Norden zum Verhupfsattel und Sattelkopf (und zur Glötter= spitze, Verhupfspitze und Hintere Lobspitze). I—II = unschwierig bis mäßig schwierig. 1.45—2,30 h von der Saarbrücker Hütte, sehr von den Firnverhältnissen abhängig.

a) Von der Saarbrücker Hütte auf die Moränen der Litznergletscher= zunge hinab und quer über sie nach O in etwa 2450 m Höhe unter den Schrofen von P. 2481 und dem N=Fuß der Glötterspitze durch, bis man — guten Firnschnee oder Steigeisen vorausgesetzt — gut rechtsum nach S über den sehr steilen Verhupfgletscher erreichen kann, zuletzt über den flachen Firn direkt nach S zum Ver= hupfsattel oder auf den Sattelkopf links davon. Oder vorher schon

rechts zur Glötterspitze, s. R 614, oder links zur Verhupfspitze, s. R 618 bzw. über deren N-Grat zur Hinteren Lobspitze hinüber.
b) Ist der Gletscher vereist, wie im Spätsommer fast immer, dann muß man links östl. der Zunge auf die Schutthalden und Schrofen ausweichen und dort so lange ansteigen, bis man gut auf den Gletscher hineinqueren kann.
c) Dort ostseitig steigt man auch auf, wenn man direkt zur Scharte zwischen Verhupfspitze und Hintere Lobspitze will.

## Glötterspitze, 2847 m

**613**

Der wildzerklüftete Berg mit seinem gezackten N-Grat bildet ein besonderes Schaustück der Saarbrücker Hütte.
Vermutlich 1. Ersteigung am 22. 8. 1911 durch Dr. Karner, Dr. Merziger und Fenner. 1. Überschreitung von O nach W am 28. 8. 1911 durch J. Müller und Dr. Merziger. Ersteigung über den ganzen N-Grat am 1. 8. 1923 durch W. Flaig, H. Plank und W. Thoma.
R u n d s i c h t : Besonders schöner Anblick der Litzner-Seehorngruppe und bester Einblick in ihre NO- und N-Anstiege sowie in die Umrahmung des Litznergletschers.
Der Anblick der Glötterspitze ist eng mit ihrem Namen verknüpft, denn „das Glötter", das Lotterwerk, das Gewackel seiner verlotterten Felsen war namengebend. Das ganze Gelände heißt „das Glötter" oder „im Glötter" nach dem Montafoner Zeitwort lottara oder lottera für wackeln. Der Name wurde dann auf den kleinen Gletscher im S des Berges übertragen und auf die Spitze.
Trotzdem bietet der Berg einige interessante Kletterein. Nur die brüchige steinschlägige W-Flanke muß gemieden werden. Man verbindet seine Besteigung am besten mit der des Sattelkopfes und der Verhupfspitze oder Hinteren Lobspitze. Gute Kletterer überschreiten ihn von N nach O oder S.

**614**

**Über die Ostflanke.** II = mäßig schwierig, 0.45—1 h vom Einstieg. Von der Saarbrücker Hütte entweder wie bei R 612 von S oder 613 von N auf den Verhupf-Firn und zum Fuß der zerklüfteten O-Wand der Glötterspitze. In ihrem nördl. Teil zieht eine Geröllrinne herab. In und neben ihr etwa 25—30 Meter empor (man kann auch einige Seillängen weiter links, südl. über die wohlgestufte Wand ansteigen), dann links über mäßig schwierige Felsen zu einer kleinen Scharte und jenseits derselben über eine schwierige Platte, dann über Gras- und Felsstufen zu einer Scharte im S-Grat wenige Meter südl. des Gipfels.

**615**

Ü b e r  d e n  N o r d g r a t. III = schwierig, 2.30—3 h von der Saarbrücker Hütte. Interessante Kletterfahrt. Von der Hütte über die Moränen der Litznergletscherzunge nach O hinüber, dicht oberhalb P. 2481 durch gegen den N-Gratfuß. Dem untersten Steilabbruch

des eigentlichen N=Grates ist links (NO) ein plattiger Vorbau an=
gelagert, durch eine steile Fels= und Firnrinne vom N=Gratfuß ge=
trennt. Entweder durch die Rinne, oder wenn dies unmöglich ist,
links von der Rinne über schwierige Platten auf den Vorbau. (Hier=
her je nach Firnlage auch über die steile Zunge des Verhupf=
gletschers wie bei R 612.) — Den ersten N=Grataufbau packt man
von O vom Gletscher aus an, die zwei nächsten überschreitet man
direkt aber mit jeweils kleinen Abweichungen rechts in die W=Flanke.
Die nächste spitze Nadel, die sogenannte „Zigarre", kann man östl.
umgehen und von dieser Seite auch ersteigen. Weiter über den Grat
zum Gipfel.
Über die Westflanke oder den Südgrat.
**616**
I. Über die W=Flanke ist zwar ein Anstieg möglich, aber des Stein=
schlages wegen dringend abzuraten. Am besten folgt man dem Rücken
in der Flankenmitte direkt zum Gipfel.
II. Der S=Grat vom Verhupfsattel her ist ebenfalls begehbar. Man
umgeht aber den ersten Zwischenkopf am Firn und betritt den
Grat erst in der Scharte N davon. Weiter am Grat, die kleinen
Zacken werden umgangen.

## Verhupfspitze, 2957 m

**617**

In älteren Karten usw. falsch als Verhupspitze. Der
höchste Berg im Lobkamm. Der höchste Punkt des Ber=
ges ist aus dem Hauptgrat des Lobkammes nach O hin=
ausgeschoben und daher einer der schönsten und besten
Aussichtspunkte für die ganze Umrahmung des Kloster=
tales usw. einschließlich Litznergruppe. Der schöne Gip=
fel ist aber von keiner Seite leicht zu ersteigen. Der
niedrigere W=Gipfel bildet den Eckpunkt des Haupt=
kammes mit einem W=Grat zum Sattelkopf und N=Grat
zur Hinteren Lobspitze, s. AV=SiKa. Vom W= zum
Hauptgipfel ein Verbindungsgrat, den E. T. Compton
meisterhaft gemalt hat vom WG gegen den HG, s. ÅVZ
1912 S. 216 (in der Bildunterschrift muß Schneeglocke
statt Silvrettahorn stehen).

Die ersten Ersteiger sind unbekannt. Am 13. 7. 1911 erstiegen Blodig
und Mach den Berg über den W=Grat, Abstieg nach N.
Der Name „Verhupf" ist, wie so oft, vom Berghang auf die Spitze
gewandert. Auf den Steilstufen und Schrofen des Berges im Verhupf=
täli „verhupfen" (versteigen), sich die Schafe gerne. Solche Stellen
heißen „im Verhupf", daher Verhupftäli und Verhupfspitze.

**618**

Anstiege. a) Die bis jetzt bekannten Anstiege er=
folgen vom Verhupfgletscher aus. Den oberen Glet=
scherfirn erreicht man leicht von SW wie bei R 611
oder von N wie bei R 612.

Bild 17 **Hotel Silvrettasee mit Parkplatz und Postauto-Haltestelle ‚Bielerhöhe' gegen das Hohe Rad (1) und die Buingruppe (2, 3) überm Ochsentaler Gletscher.**

Erläuterung s. R 6/III          Foto: Vorarlberger Illwerke AG, Bregenz

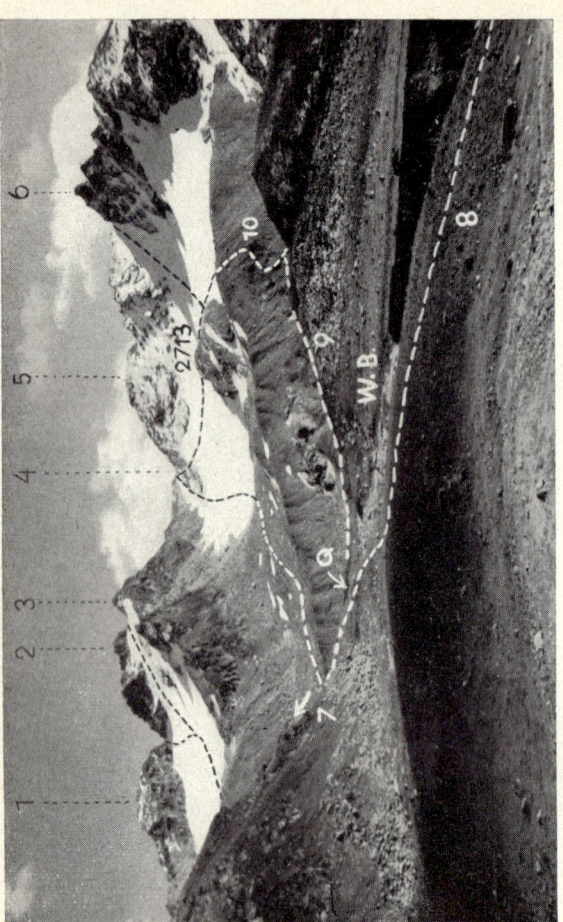

Bild 18 Die Gruppe der Getschnerspitzen (2, 3, 5) mit Getschnerscharte (4) vom Runden Kopf am Weißen Bach (WB.). Erläuterung s. R 6/III

Foto: W. Flaig, Bludenz

b) Der Verhupf-W-Gipfel, in welchem W- und N-Grat zusammenlaufen, kann über diese beiden Grate un- bis mäßig schwierig (I—II) erstiegen werden. Die Grate wiederum gewinnt man vom oberen Verhupf-Firn beliebig und leicht oder mäßig schwierig an mehreren Orten.

c) Vom Westgipfel über den Verbindungsgrat bzw. in die Scharte vor dem HG aber ist die Kletterei mäßig schwierig bis schwierig (II—III) entweder schwierig über den Grat und in die Scharte vor dem HG hinab oder durch Absteigen und Queren auf der S-Seite in diese Scharte. Von hier über den Grat zum Gipfel.

d) Den mittleren W-Grat des W-Gipfels zwischen ihm und dem Sattelkopf kann man auch von S aus dem Verhupftäli unschwierig ersteigen (Geröll und Schrofen). Man wählt dazu jene Anstiegsrinne, in deren Scharte oben eine schlanke Felsnadel steht. Von der Scharte über den Grat und W-Gipfel wie oben zur Spitze.

## Die Lobspitzen

**619**

Es sind ein halbes Dutzend Gipfelpunkte, von denen fünf in der AV-SiKa kotiert und benannt sind. Zum Namen s. R 608b. Es folgen sich von S nach N: **Hintere Lobspitze** 2873 m, die höchste Spitze (wurde vielfach mit dem Lobturm verwechselt). Es folgt der **Lobturm**, 2867 m, der schwierigste Gipfel der Reihe. Weiter: die **Mittlere**, 2799 m, und **Vordere Lobspitze**, 2835 m, trigonometrischer Vermessungspunkt. Und die **Kleine Lobspitze**, 2760 m, ein Vorgipfel der Vorderen.

Geübte ausdauernde Bergsteiger begehen am besten den ganzen Grat über alle Spitzen von S nach N oder umgekehrt. Von der Vorderen Lobspitze kann man auch durchs Lobtäli und über Tschifernella absteigen. Bei der N-S-Überschreitung beginnt man mit dem O-Grat oder der O-Flanke der Kl. Lobspitze. Die Tour kann in jedem Gratsattel unterbrochen und nach O oder W abgestiegen werden.

1. Ersteigung der Vorderen Lobspitze von O durch J. J. Weilenmann allein am 13. 7. 1865. 1. Ersteigung des Lobturmes (als „Hintere Lobspitze") von SW durch Pfarrer Becker, Dr. Merziger mit Franz Tschofen im August 1910 und am 13. 7. 1911 auf zum Teil neuen Führen durch Dr. Blodig, E. T. Compton, J. Mach und P. Preuß. Am 27. 8. 1913 überschritten Blodig und K. Powondra die Kl. Lobspitze von O nach S und anschließend die Vordere und Mittlere von N nach S.

**620**

Hintere Lobspitze, 2873 m, höchste der Lob=
spitzen. Ein Schutt= und Schrofenkegel mit 3 Grat=
rücken, deren 2 im Hauptkamm stehen. Von der Saar=
brücker Hütte in 2.30—3.15 h unschwierig aber müh=
sam zu ersteigen. Von den obersten „Schwarzen Böden"
im Kromertal über die zum Teil begrünten Geröll= und
Schrofenhänge auf die Gratsättel oder direkt über die
W=Flanke. Vom N=Sattel über den Schuttgrat, vom S=
Sattel über eine kleine Schrofenwandstufe (II), dann
leicht zur Spitze.

**621**

Lobturm, 2867 m. Sein turmartiger Gipfelbau ist dem Grat mit
zum Teil senkrechten Wandstufen aufgesetzt. Der einzige schwierige
Gipfel der Lobspitzen. In der ganzen Literatur mit der Hinteren Lob=
spitze verwechselt und als solche bezeichnet.
a) Von SW: von der Saarbrücker Hütte über Steilschutt oder Firn=
streifen und begrünte Schrofen in den Schuttsattel zwischen Hint.
Lobsp. rechts und Lobturm links. Vom Sattel über begrünte Schrofen
und Geröll oder Firn an SW=Fuß des Gipfelbaues und in schwie=
riger (III) Kletterei aber in festem griffigen Fels direkt zur Spitze.
b) Von NW her. III = schwierig. Von der Saarbrücker Hütte über
die Schwarzen Böden zu dem Firn= oder Schuttfeld im NW des
Berges hinauf. Über dieses empor nach NO zu einem Band, das in
einen nordöstl. vom Gipfel gelegenen Sattel leitet. Von hier durch
eine steile Rinne südwestl. zum Gipfel, 3 h von der Hütte.

**622**

Lobsattel, 2640 m, zwischen Lobturm und Mittl. Lobsp., verbindet
das Lobtäli und Tschifernella mit dem unteren Klostertal. Als Über=
gang nicht bräuchlich. Schöne Skitour von N, s. R 58.
I. Von Norden auf dem Tschifernellaweg, der das untere Lobtäli
von der Saarbrücker Hütte (R 214) oder von der Bielerhöhe (R 232)
her quert, in das Lobtäli und weglos zum Sattel hinauf, 2.30—3h
von den Hütten.
II. Von SO, aus dem unteren Klostertal (von der Bielerhöhe, s. R 233)
über die begrünten Steilschrofen zwischen zwei Bächen, die dort her=
abkommen, empor in das Hochkar S des Sattels und zuletzt steil über
Schrofen zu ihm empor und über Geröll, 2.15—3 h von der Bielerhöhe.

**623**

Mittlere und Vordere Lobspitze. Man überschreitet sie
am besten gratentlang und meist unschwierig, auf kurze Strecken
mäßig schwierige Kletterei. Entweder von SW nach NO, vom Lob=
sattel zur Gratscharte SSW der Kl. Lobspitze, in der ein auf=
fallender Felskopf steht. Von dort nach O hinab zum W=Uferweg
des Silvretta=Sees und zur Bielerhöhe. Oder umgekehrt von der Bieler=
höhe aus, wobei man die Kl. Lobspitze über ihren O=Grat oder von
der S=Scharte mitbesteigen kann, s. R 624.
Eine Beschreibung der NO= und SW=Grate der beiden Gipfel ist
überflüssig. Man kommt überall durch und kann, wo erwünscht, alle
Schwierigkeiten leicht umgehen. Vom Lobsattel zur Bielerhöhe 4—5 h,
umgekehrt ca. 1 h mehr; von oder zur Saarbrücker Hütte (zum oder

vom Lobsattel) 1.15—1.45 h mehr. Die Vord. Lobspitze ist e i n
i d e a l e r A u s s i c h t s b e r g im Herzen der Silvretta.

A c h t u n g : Von einem Auf= oder Abstieg über die N=Flanke der
Vord. und Kl. Lobspitze wird ganz besonders eindringlich abgeraten.
Große Steinschlag= und Bergsturzgefahr! Die ganze N=Flanke ist bis
zum Gipfel durch Bergstürze aufgerissen, ein „Sterbender Berg",
siehe das Bild Nr. 25 in meinem Silvrettabuch, S. 73.

**624**

K l e i n e  L o b s p i t z e , 2760 m. Großartige Tiefblicke ins Ver=
munt, auf die Silvrettastraße, Bielerhöhe und Stausee. — Man be=
steigt sie am besten mit der Vord. Lobspitze zusammen, Aufstieg
über O=Flanke oder O=Grat und Gratübergang zur Vorderen. Will
man nur die Kl. Lobspitze besteigen, dann am leichtesten von O und
über den S=Grat auf und ab.

I. Über den S=Grat. II = mäßig schwierig. 2.15—2.45 h von der
Bielerhöhe. Auf dem W=Uferweg des Silvretta=Sees, etwa im südl.
Drittel des Seeufers, nach rechts, W, empor über Rasen= und Schro=
fenhänge, zum Teil sehr steil in die Scharte zwischen Vord. und
Kl. Lobspitze, kenntlich an einem auffallenden Felskopf. Von der
Scharte über den S=Grat zur Spitze.

II. Über den O=Grat II—III = mäßig schwierig bis schwierig. Hübsche
Grattour mit schönen Tiefblicken. Von der Bielerhöhe über die Stau=
mauer und auf dem W=Uferweg des Silvretta=Sees bis auf die kleine
Anhöhe bei P. 2064. Hier wendet man sich rechts, W, weglos empor
über Steilrasen und Schrofenhänge, bis man in ca. 2400 m Höhe,
nach etwa 0.45—1 h Anstieg, bequem rechts nach N auf die breite
begrünte Gratschulter von P. 2389 hinausqueren kann (von weiter
unten über den Gratrücken anzusteigen lohnt nicht). — Oberhalb der
Schulter beginnt der eigentliche O=Grat steil anzusteigen. Zum Grat=
fuß und bald über Felsen und Grasbänder zu einem mit zwei Fels=
nadeln versehenen Grat. Nun in schöner Kletterei den Grat empor zu
einem Vorgipfel und weiter über den teilweise scharfen Grat zur
Spitze.

625—629. Offene Randzahlen für Nachträge.

## Die Fergengruppe

**630**

Es sind wohl nicht allzu viele Bergsteiger, die wissen,
daß dieser Kamm zwischen Schlappintal und Land=
quart=Sardascatal zur Silvrettagruppe zählt und nächst
dem Großlitzner den schönsten Kletterberg der Silvretta
trägt: den schlanken Granitgneisturm des Fergenkegels.
Hat er immerhin seine Freunde, so sind die anderen
Gipfel des Kammes erst recht unbekannt und kaum be=
sucht außer dem Aelpeltispitz. Von der Gruppe, die
im S c h e i e n p a ß an die Garneragruppe anschließt,
sind nur die zwei interessanten östl. Gipfel, Leidhorn
und Keßler, noch auf der AV=SiKa dargestellt. Da=
gegen findet der Leser sie natürlich auf unserer Karten=

beilage und ganz prächtig auf Bl. 497 bzw. 248 der LKS, auf die sich meine Angaben beziehen. Das obere Schlappintal und zumal die Fergenseite zählt zu den einsamsten Winkeln der Silvretta, geradezu ein Ödland-paradies. Die unbewirtschaftete Fergenhütte, R 380, ist noch ein echtes kleines Bergsteigerheim. Für die N-Seite ist Schlappin, R 375, bester Standort, für den O-Teil und seine N-Anstiege auch die Seetalhütte, R 385, und für den SW auch Klosters und Umgebung.

## Scheienpaß, ca. 2570 m
631

Zwischen Seeschyen und Leidhorn. Die tiefste Paßlücke findet sich dicht südl. von P. 2583, dem Paßrücken der AV.-SiKa. Zum Namen s. R 532a. Der Paß trennt die Fergengruppe vom Garneragrat, er verbindet das innere Schlappintal mit dem mittleren Seetal, d. h. Schlappin mit der Seetalhütte, s. R 379 und 387. Er ist zwar weglos, aber für Geübte von beiden Seiten über Blockwerk und begrünte Steil-schrofen unschwierig zu ersteigen, 3—3.30 h von Schlappin (R 375); 1.30—2 h von der Seetalhütte (R 385).

## Leidhorn, 2839 m
632

Ein hübscher dreigipfeliger Berg: der höchste und eigentliche HG der W-Gipfel = 2839 m. Ihm steht eine flache, tiefere O-Schulter gegenüber. Von beiden gehen Grate nach N und umschließen huf-eisenförmig ein Firnfeld und Schuttkar. Der NW-Grat des HG biegt unten nach W und endet im P. 2757, dem eigentlich namengebenden Leidhorn. — 1. Ersteigung des HG 2839 durch E. Imhof am 25. 7. 1890 allein.

I. Von Norden: HG und O-Schulter sind vom Sattel zwischen beiden unschwierig, der HG mäßig schwierig zu ersteigen. Den Sattel erreicht man von N über das Firnfeld ganz leicht, ca. 0.45—1.15 h vom Scheienpaß. Anstatt über das Firnfeld kann man auch vom Scheienpaß den oberen N-Grat der O-Schulter ersteigen, wobei der untere Grat rechts (W) umgangen wird, dann von der O-Schulter leicht zum HG hinüber und hinauf. Anstiege auf P. 2757 sind nicht bekannt.

II. Vom Süden. Aus dem Sattel zwischen Keßler und Leidhorn unschwierig über den S-Grat auf den HG 2839. Den Gratsattel selbst erreicht man entweder aus dem Schlappintal (oder vom Scheienpaß unterm Leidhorn nördl. durch) und durch das Gerölltal dicht W vom Leidhorn oder durch das Paralleltal westl. davon, das Juonen-täli, aus dem man in das östl. Täli hinüberqueren kann. Dies auch der Zugang, wenn man wie bei R 384 von der Fergenhütte über die Fergenfurka kommt.

## Keßler, 2839 m
633

Der wichtige Eckpunkt des Kammes, der 300 m östl. von seinem Gipfel im rechten Winkel nach W biegt und weiterhin ost-westl. zieht. Der Gipfel bildet deshalb einen idealen Orientierungspunkt über die ganze Sardascatal-Umrahmung der W- und S-Silvretta. Sehr

lohnend. Eine 1200 m hohe Steilschrofenflanke stürzt ins Sardascatal ab. Der Berg bildet mit dem Leidhorn einen ehemals eisgefüllten
Kessel, dessen „Keßler" er ist. Dort sind dem Keßlergrat auch noch
kleine Firneisflecke angelagert. — Vermutlich 1. Ersteigung durch
E. Imhof am 25. 7. 1890.

I. Von Norden aus dem Schuttkessel, den man wie bei R 632, II
erreicht, direkt über Geröll und Firn (Eis) zur Spitze. Ist dies zu
schwierig, so hält man sich rechts, ersteigt den oberen W-Grat und
über ihn den Gipfel. Auch von dem bei R 632, II genannten Sattel
zwischen Leidhorn und Keßler-N-Grat kann man über diesen N-
Grat unschwierig auf den O-Gipfel und nach W zur Spitze klettern.

II. Auch der ganze reichgetürmte Westgrat (III) von der Fergen-
furka (s. R 384) oder vom Grateck P. 2693 aus wurde schon begangen.
Meist am Grat, wobei mehrmals abgeseilt oder aber in die steilen
Schrofen der S-Flanke ausgewichen werden muß.

## Fergenfurka, 2650 m

**634**

Zwischen Keßler und Kl. Fergenhorn. In der LKS ohne
Namen. Verbindet die Fergenhütte mit dem Juonentäli
und dem innersten obersten Schlappintal, s. R 384 und
379 IV. Vermittelt auch den Zugang zu den Fergenhörnern.

## Die drei Fergenhörner

**635**

bilden die schöne Fergengruppe im engeren Sinne. Sie
stehen in einem allgemein ost-westl. verlaufenden Grat,
im W der freistehende spitze Fergenkegel, 2844 m,
im O Groß- und Klein-Fergenhorn, 2860 und
ca. 2840 m, eigentlich O- und W-Gipfel eines Bergmassivs, vgl. die Skizze bei R 380: links der Fergenkegel, rechts der Doppelgipfel Groß- und Klein-Fergenhorn. Während der Fergenkegel relativ festes Gestein
bietet, sind die zwei Fergenhörner in ihren Flanken
äußerst brüchig und steinschlägig. Es gehen oft ganze
Steinlawinen nieder.

Es muß als heller Wahnsinn bezeichnet werden, diese äußerst gefährlichen Flanken und besonders die S-Flanke zu betreten. Ich habe deshalb die S-Wandführe auf die zwei Hörner nicht aufgenommen. Man
überschreitet die zwei Hörner gratentlang von O nach W oder
umgekehrt. Doch ist auch da am S-Rand des Grates Vorsicht geboten,
weil in den letzten Jahrzehnten auch an den Graten selber große
Abbrüche südseitig erfolgten. Dies gilt auch für die Rinnen links
und rechts (W und O) der S-Flanke, die sehr steinschlagbedroht
und daher als Anstiege nicht mehr beschrieben sind.
1. Ersteigung der zwei Fergenhörner über das Kleine zum Großen:
A. v. Rydzewsky mit Chr. Guler am 24. 7. 1891.
Eine Erklärung des Namens Fergen ist mir nicht bekannt, doch ist

auch dieser Name von den Hochtälern „Außer= und Inner=Fergen"
(wo die Fergenhütte steht) auf die Gipfel gewandert.

**636**

Überschreitung von Klein= und Groß=Fergenhorn. II—III = mäßig
schwierig bis schwierig, 2.30—3 h von der Fergenhütte über Fergen=
furka und Klein=Fergenhorn auf das Große.
Von der Fergenhütte wie bei R 384 auf die Fergenfurka. Von dort
gratentlang oben den ersten Gratkopf nordseits umgehend, in die
Scharte vor dem Klein=Fergenhorn. Die weitere Gratüberschreitung
über das Kleine (ca. 2840 m) auf das Große Horn (2860 m) bedarf
keiner Einzelbeschreibung, zumal sie ständigen Veränderungen unter=
worfen ist. Man bleibe dem S=Rand des Grates oder verdächtig ab=
sturzbereiten Gratteilen möglichst fern.
Das gilt auch für den Abstieg (oder Aufstieg) über den NW=Grat des
Groß=Fergenhorns an den Fuß des Fergenkegels hinab. Am besten
überklettert man anschließend den Fergenkegel oder noch besser über
alle drei Gipfel aber umgekehrt von W nach O, s. R. 638.

## Fergenkegel, 2844 m

**637**

Ein kühner und im wörtlichen Sinne sagenumwobener
Felsturm, eine der schönsten Berggestalten und rassig=
sten Kletterberge der Silvretta, vgl. die Skizze bei R 380.
1. Ersteigung (von NW?) durch den Bergführer Mettier von Filisur
allein am 9. 9. 1880! Man glaubte ihm natürlich nicht, bis die zwei=
ten Ersteiger — A. v. Rydzewsky mit Chr. Jann und Chr. Guler
durch den „Führerkamin" — 10 Jahre später, am 18. 7. 1890, Met=
tiers Steinmann und Wahrzettel fanden. 3. Besteigung 1892 durch
Oskar Schuster und J. Engi und neuem Abstieg über die O=Seite.
1. Ersteigung über die luftige S=Wand: G. Walty, M. Punz und
Frl. Roß. Diese großartige Kletterfahrt hatte schon bis 1932 über
50 Begehungen, wobei die Führe mehrfach verbessert wurde.

## Anstiege auf den Fergenkegel

**638**

Der schönste, leichtere und übliche Anstieg: über den
NW=Grat. Der sogenannte ‚Führerkamin' (II—III), eine
Art N=Zugang zum mittleren NW=Grat, wird nicht
mehr begangen, ich lasse ihn weg. Er ist außerdem
(links nördl. neben dem NW=Grat) für Geübte leicht
zu finden und zu begehen. — Der O=Grat wird meist
nur mehr in Verbindung mit der anschließenden Über=
schreitung der zwei Fergenhörner gemacht oder aber
derart als Abstieg, daß man dann von der O=Grat=
Kanzel aus den Fergenkegel nordseits schräg abwärts
zur Roten Furka umgeht, s. R 640a I. Der rassigste und
schwierigste Anstieg führt über die direkte S=Wand.
Aber auch die alte S=Wand=Führe Waltys ist sehr
lohnend.

**639**

**Über den Nordwestgrat auf den Fergenkegel.** III =
schwierig, 0.45—1.15 h von der Roten Furka.
a) Z w e i Z u g ä n g e zum Einstieg am NW=Gratfuß:
I. Wie bei R 383 von der Fergenhütte zur R o t e n
F u r k a , 2—2.15 h (oder von Schlappin, R 375/379 über
Innersäß und von N zur Furka). Von der Furka links
nordseitig schräg ansteigend um den Gratkopf oder
„Vorberg" herum, der dem Fergenkegel noch vorgela=
gert ist, direkt auf die Gratschulter beim Einstieg am
Gratfuß.
II. Auf dem schrägen S ü d w a n d b a n d wie bei R 641a
und b unmittelbar auf die Schulter am Einstieg, 2 h
von der Fergenhütte.
b) Vom Einstieg am Gratfuß direkt an der senkrechten
Gratkante kurz empor auf ein schmales waagrechtes
Band, auf ihm nach links (N), bis es sich auf einer
Platte verliert (hierher auch direkt über diese griffarme
Platte herauf, indem man am Gratfuß nordseitig ent=
lang quert und über die Platte aufsteigt). — Vom
Bandende wenig rechts direkt empor in einen senk=
rechten Stemmkamin, der auf den Unterrand der so=
genannten „Unteren großen Platte" mündet. Über die
Platte mit feinen Rissen und Bändern empor und zu=
letzt an ihrer linken Kante (links davon der Führer=
kamin) mit Reibungskletterei auf den Grat. Die nächste
Steilstufe kann direkt an der Kante oder links herum
auf einem schmalen Band erklettert werden (hier mün=
der Führerkamin auf den Grat). Weiter: Sprung über
einen 1 m breiten Spalt und über dachziegelartige Plat=
tenstufen zur „Oberen großen Platte". Über sie un=
schwierig empor und rechts über die senkrechte Kante,
dann links durch eine griffige Kaminrinne gerade zur
Spitze.

**640**

Über den O s t g r a t auf den Fergenkegel III—IV = schwierig
bis sehr schwierig, 1.45—2.30 h von der Roten Furka oder vom
Gipfel des Gr. Fergenhorns.
a) Z w e i Z u g ä n g e zur O=Gratkanzel:
I. Wie bei R 383 von der Fergenhütte z u r R o t e n F u r k a. Von
der Furka links nordseitig mit O unterm Fergenkegel durch (nicht
nach rechts auf die Schulter am NW=Grat). Man gewinnt so den
Anfang eines steil abgedachten Schrägbandes mit Fels, Schutt und
Firn, das nach O durch die Nordwand auf die große begrünte und

geröllige Ostgratkanzel führt, ca. 20 m oberhalb der Scharte am Ost-Gratfuß. Weiter bei b).

II. Kommt man über das Gr. Fergenhorn und dessen NW-Grat herab zur Scharte vor dem Fergenkegel, so erklettert man über eine blockig gefügte Steilwand das oben erwähnte Band zur O-Gratkanzel.

b) Von der Ostgratkanzel zwei bzw. drei Führen:

1.) Vom rechten nördl. Rand der Kanzel durch die rechte nördl. Verschneidung gerade empor in die oberste N-Wand und über sie zur Spitze.

2.) Von der Mitte des Oberrandes der Kanzel durch die linke südl. Verschneidung gerade empor bis unter einen überhängenden Block und rechts unter ihm durch empor in die N-Flanke und über sie zur Spitze.

3.) Aus der Mitte (nach etwa einer Seillänge) der linken südl. Verschneidung waagrechter Quergang links auf die SO-Kante und in scharfer Kantenkletterei zur Spitze.

c) Von der Scharte zwischen Fergenkegel und Gr. Fergenhorn kann man auch zweimal abseilend nach S durch das Couloir absteigen. Weil dies jedoch äußerst steinschlaggefährlich ist, wird dringend abgeraten, diesen Notabstieg zu benützen, schon gar nicht bei nassem Wetter.

## 641

**Über die Direkte Südwand,** IV = sehr schwierig (2—3 Stellen je nach Führe auch etwas schwieriger), 2,5—3 h vom Einstieg; schöner und rassiger als 642, aber auch schwieriger.

a) Zugang zur S-Wand (und NW-Gratschulter). Von der Fergenhütte in die Mündung der großen Rinne (Couloir) hinauf, die zwischen Fergenkegel links und Fergenhörner rechts herabkommt. In ihr kurz und so lange empor (Vorsicht auf Steinschlag aus der Fergenhorn-S-Wand!) bis man leicht links (W) auf das breite Gras- und Schuttband aufsteigen kann, welches die ganze untere S-Wand des Fergenkegels schräg links aufwärts durchzieht. Dies schräge Band und die NW-Gratschulter sind auf der Skizze bei R 380 gut kenntlich. Von diesem Band aus erfolgt der Einstieg in die S-Wand. Man verfolgt es unschwierig bis um eine Ecke herum, dann sofort rechts empor über grasdurchsetzte rauhe Plattenstufen zum eigentlichen Einstieg hinauf, ca. 1 h von der Fergenhütte. Weiter bei c).

b) Das vorerwähnte Band führt weiter bis auf die Gratschulter am NW-Gratfuß, weshalb man es auch als Zugang zu diesem Grat benützen oder aber nach Überschreitung des Kegels und Abstieg nach NW auch von der Schulter wieder zum S-Wandeinstieg zurückkehren, d. h. etwa überflüssiges Gepäck dort lassen kann.

c) Der Einstieg vom großen Schutt- und Grasband zur „direkten" S-Wand erfolgt am Fuß einer grauen Steilwand: Von einer kleinen Felsnische schräg links (W) auf schmaler Leiste empor, die sich bald in der senkrechten Wand verliert. Auf kleinen hohen Tritten senkrecht empor zu gutem Stand und über immer kleinere Tritte wenig links haltend empor bis unter einen Überhang. Unter ihm 2 m nach links, dann wieder gerade aufwärts über einen griffarmen runden Felsbauch auf das sogenannte Grasband. (Wenig rechts mündet die Führe 642!)

d) Von hier ab etwas weniger schwierig auf Grasstufen und rauhen Felsplatten nach rechts gegen den SO-Grat hinauf, dann über steilere

Rasenstufen und griffige Blöcke in einen kaminartigen Einschnitt, der senkrecht auf das sogenannte Querband führt. Dieses abwärts geneigte, vom Tropfwasser muschelartig gehöhlte Band, wird waagrecht nach links bis ans Ende begangen bei einer Felsnische. Ein schmales, abwärts geneigtes sogenanntes Schrägband vermittelt den Weiterweg nach rechts empor (gegen die Gratkante). Diese Führe besteht aus griffarmen Platten, zweimal durch Stufen unterbrochen. Nach zwei Seillängen sehr luftig auf eine Felsnase im SO-Grat und zum Rastplatz rechts in der O-Flanke höher oben.

e) Vom Rastplatz ob der Felsnase eine Seillänge über den Grat bis zu einem kleinen Absatz bei einem Sicherungsblock. Jetzt heikler Quergang einige Meter links in die S-Wand hinein und über eine plattige Stufe zu einem Riß. Links am Riß, rechte Hand und Fuß im Riß, empor, oben nach rechts ausweichend und in der losen Blockwand unter einem Überhang nach links zurück zu einem vorspringenden großen Block; gute Sicherung. Von diesem Block auf schmalem Band einige Meter nach links, dann über Blöcke rechts empor auf die Südostgratkanzel (hier mündet die O-Gratführe R 640 II 3. ein).

Man bleibt in der S-Wand und steigt gerade empor neben einem großen Block vorbei in einen Stemmkamin hinauf; durch ihn empor und oben rechts auf die oberste Gratkanzel im SO-Grat hinaus. Luftig aber gutgriffig über die Kante zur Spitze (nach priv. Mitteilung und nach Eggerling).

**642**

**Auf der Walty-Führe durch die Südwand.** III—IV = schwierig bis sehr schwierig, 2.15—2.45 h vom Einstieg. Führe der Erstersteiger.

a) Zugang zum Einstieg wie bei 641a. Einstieg rechts von einem hellen rotgesprenkelten Block hart gegen den SO-Grat hin wird zuerst ein steiles Blockgewirr überklettert auf eine kleine Kanzel. Von hier über eine glatte steile Platte und durch eine Verschneidung empor. Unterstützung durch den Zweiten beim ersten großen Spreizschritt nach links empor. In der Verschneidung senkrecht hinauf und über Rasenpolster auf das sogenannte Grasband.

b) Weiter wie bei R 641d, (nur Abschnitt d!), dann hier weiter:

c) Vom Rastplatz in der O-Wand bleibt man in der O-Flanke und steigt senkrecht über gutgriffige Felsen in einen Riß, der unten teilweise überhängt und sehr glatt, oben eng und griffarm ist. Im Riß empor auf einen kleinen Absatz und wenig weiter oben ganz in den Rißkamin hinein. In seinem engen Spalt mühsam empor, unter einem eingeklemmten Block durch, hinter ihm hinauf und durch ein Loch wieder auf die Außenseite der Wand (die Nachsteiger können auch außen herauf gesichert werden, sehr schwierig). Weiter in dem immer breiteren Rißkamin auf den SO-Grat zurück zur Kanzel (anstatt durch den Riß kann man auch über die schwierigere Steilkante links vom Riß klettern).

Auf der S-Seite der Gratkante über einige Blöcke empor und auf den Grat zurück und über diesen auf eine zweite Gratkanzel („neue Kanzel") immer über die Gratkante luftig und gutgriffig zur Spitze.

## Rote Furka, 2700 m (Fergen)

**643**

Zwischen Fergenkegel und Schiltfluh, verbindet Außer-Fergen mit dem Inner-Schlappin, von beiden Seiten für Geübte leicht zu ersteigen, 1.30—2 h von der Fergenhütte, s. R 383, oder von Schlappin, s. R 379 V, über Innersäß der Kübliseralp in 3—3.30 h. Die Furka vermittelt den Zugang zum Fergenkegel und zur Schiltfluh. Vgl. die Skizze bei R 380.

## Schiltfluh, 2888 m

**644**

In der LKS 2887,9. Trigonometrischer Punkt. Der höchste und massigste Berg der Fergengruppe, ein stattlicher O=W=Kamm zwischen Roter Furka und Schiltfurka, mit mehreren Gipfeln, so ein Westgipfel mit 2862 m. Von zwei Gratpunkten im O und W sinkt je ein N=Grat ab; die zwei Grate schließen ein großes Moränen= und Geröllkar mit einem kleinen Firnrest, ehemals Schilt= gletscher, ein.

1. bekannte Ersteigung durch E. Imhof 1890, Aufstieg W=Grat, Ab= stieg S=Grat. Der Berg bietet eine großartige Rundsicht über die ganze W= und SW=Silvretta, übers innerste Prätigau und die Plessur= alpen und große Fernschau über Graubünden nach S, SW und W bis in die Berner und Walliser Alpen.
Die Hochkare im S und SW des Berges heißen Gr. und Kl. Schilt. Davon der Name; Fluh = Wand (Gewände) oberhalb von diesen „Schilt"=karen. Was ‚Schilt' dort bedeutet, ist mir nicht bekannt.

**645**

Die Anstiege auf die Schiltfluh sind nur mäßig schwierig, besonders lohnend die Grate und die große Gesamtüberschreitung O—W, die man bis zum Älpltispitz, s. R 646, fortsetzen kann und umgekehrt, 3—4 h von Gipfel zu Gipfel.
I. Von der Roten Furka über den Ostgrat, den östl. Vorgipfel und O=Schulter unschwierig bis mäßig schwierig (I—II) in 1 h zur Spitze.
II. Den östl. Vorgipfel kann man auch von S über den Südgrat= rücken und einige schwierigere Gipfelfelsen ersteigen, 3 h von der Fergenhütte über Außer Fergen.
Auch durch die Südflanke mit Einstieg von O her durch die Rinne links (W) vom Südgrat, ist ein Aufstieg oder Abstieg über steile unangenehme Rasenschrofen möglich aber kaum lohnend.
III. Von Westen über den NW= und W=Grat von der Schiltfurka (s. R 646) entweder unschwierig, indem man den Grattürmen und Schwierigkeiten links nordseitig ausweicht, 1.15—1.30 h; oder über den ganzen Grat in zum Teil hübscher, mäßig schwieriger, und je nach Führe auch schwieriger Kletterei (II—III) 1.30—2 h.
IV. Von Norden über den Schiltfirn I—II je nach Führe und Verhältnissen. Aus dem Schlappintal 3—3.30 h entweder vom Außer= säß durchs Kälbertäli oder bequemer und nur wenig weiter über Innersäß und „Auf den Bürgen" in das Hochkar (Schiltkar) N des Berges; über Rasen, Schutt und Moränenfelder in die Karmitte hinauf. Von hier am besten links über den Firn auf die Einsattlung östl. vom Gipfel und über den O=Grat zur Spitze; oder ganz rechts im Winkel über die bratschigen Felsen auf den Grat und linkshin zur Spitze.

## Schiltfurka, ca. 2635 m

**646**

In der LKS ohne Kote und Namen, im „Siegfriedatlas" 2637 m. Die Furka verbindet das Hochtal „Gr. Schilt" im S und die Fergenhütte mit dem namenlosen Hochtal östl. von „Bei den Seen" der Schlappinseite bzw. mit Schlappin, s. R. 382 und R 379 VI. Die Furka ist auf der LKS ca. 300 m = 6 mm WSW vom Gratpunkt 2778 zu suchen.

## Älpeltispitz, 2686 m

**647**

In der LKS 2685,9. Der letzte westlichste größere Gipfel des Fergenkammes, aber nicht der allerletzte, denn dies ist P. 2482 = Kessigrat, in der LKS ohne Namen. Der Älpeltispitz (benannt nach dem Älpelti = kleine Alpe, auf seiner S-Flanke) ist ein hervorragender Aussichtspunkt für das innerste Prätigau und den ganzen Westrand der Schweizer Silvretta, auf einer Weganlage von Klosters leicht zu erreichen. Sehr lohnend für ausdauernde, geübte Touristen ist der Gratübergang über den O-Grat zur Schiltfurka und weiter zur Schiltfluh (s. R 645), Abstieg über die Rote Furka zur Fergenhütte oder noch besser umgekehrt.

I. **Von Klosters auf dem Älpeltiweg zur Spitze,** 3.30 bis 4 h. Der gute Weg und Steig führt bis zum Gipfel, ist in der LKS gut eingetragen (ausgenommen am Gipfelgrat), weshalb ein kurzer Hinweis genügt: Von der Ortsmitte Klosters-Platz bei der Kirche entweder auf Fußweg gerade nach N oder kurz auf der Monbielerstraße nach O bis links der 1. Fahrweg abzweigt. Ihm nach über Pardels ins „Tal", dann rechts durch Wald empor auf die S-Flanke des Berges, später links hinauf durch Wald, dann wieder rechts (O) über Tressaura zum Älpelti, 2169. Nach N steil auf die W-Gratschulter, 2537 und rechtsum nach O zum Gipfel hinauf.

II. Von Schlappin weglos aber sehr lohnend für Geübte 2.15 bis 3 h. Entweder talein und bei P. 1778 rechts empor auf dem Steig zum Säß (Hirtenhütte, 2085 m) und „Bei den Seen" nach S empor auf die Gratschulter 2537; nach O übern Grat zur Spitze. Oder vom Säß auf den N-Gratrücken von P. 2482 (Kessigrat) und über den Grat, oben sehr steil, nur für ganz trittsichere Berggänger, auf den Kessigrat(spitz) und weiter über den Gratrücken zum Älpeltispitz.

III. Den Kessigrat kann man auch über seinen begrünten steilen, scharfgeschnittenen SW-Gratrücken zwischen Schlappintobel und „Tal" ersteigen. Landschaftlich einzigartig, aber oben weglos sehr steil, nur für Geübte. Der Weg ist in der LKS eingetragen und zweigt oberhalb Pardels links nach W ab, durch den Großwald auf den Grat und über ihn empor, zu oberst in der W-Flanke und von N auf den Kessigrat, 2482. Weiter wie oben bei II.

IV. Über den O-Grat von der Schiltfurka (R 646) in ca. 1.15—1.30 h in teilweise mäßig schwieriger Kletterei oder den Schwierigkeiten ausweichend, unschwierig dem Grat entlang zur Spitze.

648/49 offene Randzahlen für Nachträge.

## Gipfel und Pässe der Mittel-Silvretta

**650**

Die Mittel-Silvretta erstreckt sich im Hauptkamm zwischen Rotfurka (Klosterpaß) und Futschölpaß und umfaßt alle seine Verzweigungen. — Im N trennt die Bielerhöhe die Mittel-Silvretta von der N-Silvretta, im S scheidet sie das Verstanklator (und nicht der Silvrettapaß) von der S-Silvretta, weil das Tor tiefer eingeschnitten ist und außerdem den touristischen Interessen am besten entspricht.

## Der Silvrettakamm oder die Gruppe des Silvrettahorns

**651**

a) Das Herzstück der Silvretta zwischen Rotfurka und Fuorcla dal Cunfin, Herzstück deshalb, weil hier im Verstanklator die S-Silvretta an Hauptkamm anschließt, so daß der Gletscherkamm als eine Art Untergruppe dem Silvrettakamm angeschlossen wird. Im N keilt die Gruppe zwischen Klostertal und Ochsental aus. Die Namen Silvrettapaß und -gletscher und das Silvrettahorn mit 3244 m der höchste Gipfel der Gruppe, waren namengebend. Mit ihm und seinen stolzen Nachbarn weist die Gruppe einige der schönsten Berggestalten der Silvretta auf, umgeben von den größten Gletschern der Gruppe. Bild 19 und 25.

Im Silvrettahorn selber und im Kamm zu den Buinen hinüber herrschen G r a n i t g n e i s e vor; im übrigen wechseln häufig dunkelgrüne H o r n b l e n d e g n e i s e mit den helleren Granitgneisen und dunklen, glimmerreichen P a r a g n e i s e n ab (Bearth, Klebelsberg), z. B. im Rotfluh-W-Grat. Ihres Eisengehaltes wegen wittern die Granit- und Paragneise gern rotbraun an und geben so Anlaß zu Namen wie Rotfluh, Rotfurka usw. — Die nach N bzw. ONO streichenden Schichten fallen nach W ein, d. h. der Bergsteiger findet nach W sanfter und meist plattig abgedachte Flanken mit oft leichten Anstiegen, nach O (und NO) aber — im ganzen Kamm typisch! — steile, schwierige Abbrüche und Wände.

Neben rassigsten Bergfahrten und Gratüberschreitungen in Eis und Fels — z. B. die O-Grate des Silvrettahorns und der Schattenspitze oder die Drei- oder Fünf-Gipfeltour vom Silvrettahorn oder Signalhorn zur Schattenspitze oder gar bis zu den Egghörnern (s. R 690) —

stehen leichte Anstiege auf Gipfel mit hervorragender Rundschau. Signalhorn, Silvretta=Eckhorn, Schneeglocke, Gletscherkamm u. a. — Fast alle Gletscher rings um den Silvrettakamm und mehrere seiner Gipfel sind ideale Skiziele. Vgl. meinen Silvretta-Skiführer, s. R 58.

b) Z u m  N a m e n  S i l v r e t t a (früher auch Selvretta) nur kurz die Andeutung, daß neueste Forschungen (Finsterwalder AVJ 1955 S. 32) das Wort über die ältere rätorom. Form Salvretta vom lat. saluber (salubretta) = gesund, nutzbringend herleitet. Die ehe= malige Alpe Salubretta war also kurz gesagt „die kleine gute Alpe". Sie entspricht der heutigen Alpe Silvretta im innersten Sardascatal W vom Tälispitz und Klosterpaß; s. AV.=SiKa.

c) Die ganze Gruppe und die wichtigsten Namen und Koten sind auf der AV.=SiKa zu finden, desgl. auf Bl. 498 oder 249 der LKS.

D i e  E r s t e i g u n g s g e s c h i c h t e ist bei den Gipfeln beschrie= ben. Die vermutlich erste Gesamtüberschreitung vom Silvretta=Eckhorn bis zu den Klostertaler Egghörnern einschließlich führten Hans Seidel und Hans Margreiter vom AAC. Innsbruck am 18. 7. 1908 durch, nachdem sie kurz vorher auch die Kl. Schattenspitze und Kl. Egghörner überschritten hatten. Besondere Verdienste um die Erschließung hat wieder Dr. K. Blodig mit Gefährten (vgl. AVZ 1914, S. 288 mit Comptonbildern!).

d) D i e  b e s t e n  S t a n d o r t e : Im SW die Silvrettahütten/SAC (R 390), im NO die Wiesbadner Hütte (R 250), im SO auch die Tuoihütte (R 420), für die Klostertaler Seite auch die Bielerhöhe (R 220) und die Saarbrücker Hütte (R 200), jede der Hütten ihrer Lage entsprechend für ihre nächsten Gebiete besonders vorteilhaft. Als hochalpiner Zeltplatz einzigartig ist die Mittagsplatte zwischen den Buinen und Piz Fliana.

Bester Standort für alle **Westanstiege** des ganzen Silvrettakammes ist künftig die **Klostertaler Hütte** des DAV (s. R 1203 im Nachtrag), besonders auch für die Klostertaler Egghörner und die Umrahmung des Schneeglockengletschers.

e) V o n  d e n  T ä l e r n in und um die Gruppe greifen nur wenige so in die Gruppe herein wie das Klostertal, von den Paznaunern so be= nannt, weil es in Richtung auf das Kloster = Klosters führt, so wie die Prätigauer das Galtürtäli gleichsinnig benannten. Das Klostertal ist ein echtes hochalpines Urgebirgstal. Leider fehlt ein Stützpunkt im Tal. Das innere Tal ist reich an interessanten Spuren ehemaliger Großvergletscherung. Auf den östl. Hochstufen liegen die Reste des Klostertaler Gletschers. Auf einem Felsriegel der W=Seite des inner= sten Tales steht die österreichische Zollwachhütte, 2623 m; keine Unterkunft!

## Rote Furka oder Rotfurka, 2688 m

**652**
Auf dem „Gletscherrücken" (Felsrücken) zwischen Täli= spitz im W und Rotfluh im O. Verbindet das Klostertal mit dem Mädje= und Galtürtäli bzw. Sardascatal. Grenz= furka zwischen Österreich im N und Schweiz im S. Grenztafel und Grenzstein. Alter Übergang der Ein= heimischen und bedeutsame Touristenfurka für die Übergänge von der Bielerhöhe zu den Silvrettahütten/ SAC und umgekehrt (R 235 bzw. 395), von der Saar=

brücker Hütte zu den Silvrettahütten/SAC und zur
Wiesbadner Hütte und umgekehrt (R 210 und 212,
bzw. 395 und 255).

Die Furka wie der Gletscherrücken waren früher überfirnt, die Gletscher flossen zusammen. Heute sind der Gletscherrücken, die Furka
und die steile S-Seite ausgeapert. Im N greift der Firn etwas höher
herauf. Die Furka ist von beiden Seiten leicht zugänglich.

## Tälispitz, 2844 m, und Klostertaler Spitz, 2842 m

**653**
Zwischen Klosterpaß und Rotfurka, zwei unbedeutende Erhebungen
im Grenzgrat, der im Tälispitz nach N und O geknickt ist. Deshalb
ist der Tälispitz ein vorzüglicher Orientierungspunkt mit herrlicher
Rundsicht. Von den Silvrettahütten entweder über P. 2479 und die
schrofige SSW-Flanke direkt in 1.30—2 h unschwierig zu ersteigen
oder von der Rotfurka (s. R 392) über den breiten SO-Grat, zuletzt
steiler (links ausweichen) in 35—45 Min. Der Gratübergang vom
Klostertaler Spitz (1 h) über den brüchigen und zerklüfteten Grat
ist schwierig, doch kann man fast überall leicht ausweichen. Das gilt
auch für den Grat vom Klosterpaß zum Klostertaler Spitz und für
dessen Flanken. Über den Klosterpaß s. R 607.

Der Berg wurde von der Prätigauer Seite, vom Galtürtäli aus Tälispitz benannt. Die unzutreffende Bezeichnung Tälihorn wird abgelehnt.

**654**
Zugänge zum nördl. Silvrettakamm von Westen über
den Klostertaler Gletscher. Der Gletscher vermittelt
den Zugang zu mehreren Gipfeln und Gratlücken:
u. a. Rotfluh, Silvrettahorn, Knoten 3190, Schneeglocke,
Schattenspitze, Schattenkopf, Egghörner. Man kann sie
von mehreren Standorten aus erreichen.

a) Am kürzesten von den Silvrettahütten/SAC wie bei
R 392 auf die Rotfurka und entweder jenseits kurz absteigend auf den Klostertaler Gletscher hinab und rechts
unterm Gletscherrücken entlang oder von der Furka
über den Gletscherrücken nach O empor auf die erste
waagrechte Schulter (Einsattlung) bis dorthin, wo der
Grat wieder ansteigt, dann links NO auf den Gletscher
hinein. Weiter unterm Gletscherrücken auf dem südl.
Klostertaler Gletscherarm empor nach O und je nach
Ziel bis an seinen Oberrand im O oder links nach N
oberhalb P. 2959 unter der Schneeglocke durch auf den
nördl. Gletscherarm hinüber. Außer Spalten gibt es
hier keine Hindernisse. Fast alle Gipfel und die meisten
Gratlücken sind vom Gletscher ziemlich leicht zu ersteigen.

b) Von der **Bielerhöhe** wie bei R 235 ins innerste Klostertal und ganz gegen S und SO ausholend im Bogen über den Gletscher unter dem Gletscherrücken durch auf den südl. Gletscherarm und weiter wie oben bei a).

c) Von der **Saarbrücker Hütte** wie bei R 210 bis nördl. unter die Rotfurka und weiter wie bei a.

d) Man kann auch vom inneren Klostertalgrund etwa bei P. 2405 oder noch weiter nördl. bei P. 2479 schon direkt nach O zum nördl. oder südl. Gletscherarm oder über den sie trennenden Felsrücken bzw. steile Moränenhalden ansteigen, aber nur bei guter Firnlage oder immer sehr mühsam, oft recht heikel und kaum lohnend.

## Rotfluh, 3166 m

**655**

Höchste Erhebung in dem langen Grenzgrat des Hauptkammes, der in Verlängerung des Gletscherrückens von der Rotfurka nach O zum wichtigen „Knoten 3190" im Silvrettakamm emporsteigt. Die Rotfluhlücke trennt die Rotfluh vom Knoten 3190, s. R 656. Der Name bedarf kaum einer Erklärung: die rotfelsige Fluh oder S-Wand gab ihr den Namen.

a) A n s t i e g e : die Längsüberschreitung der Rotfluh von W nach O ist eine lohnende Grattour, der Ausblick auf den Silvrettagletscher und Klostertaler Gletscher und deren Umrahmungen besonders schön. Anstiege von S über die Fluh sind nicht bekannt. Die N-Flanke kann man östl. oder westl. vom Gipfel auf die Gratschultern mäßig schwierig ersteigen.

b) Über den W e s t g r a t. 1.40—2 h von der Rotfurka, immer am Grat entlang zur Spitze, meist unschwierig oder mäßig schwierig (I—II), kurze Stellen auch schwierig (III).

c) Über den O s t g r a t von der Rotfluhlücke. II = mäßig schwierig, ca. 1 h von der Lücke. Zur Lücke s. R. 656. Von der Lücke in hübscher Kletterei am Grat, ausweichen rechts, im Frühsommer oft noch gefährliche Wächten nach der Silvrettaseite.

## Rotfluhlücke, ca. 3070 m

**656**

Zwischen Rotfluh im W und Knoten 3190 im O; verbindet das oberste südöstlichste Firnbecken des Klostertaler Gletschers mit der nordöstl. Firnbucht des Silvrettagletschers. Achtung: der Name steht in der AV-SiKa am falschen Ort! — Die Lücke war früher von N völlig verfirnt, jetzt etwas ausgeapert, aber von N über den Firn und Schutt ganz leicht zu erreichen. Nach S bricht sie mit einer Schrofenstufe ab. Vom Silvrettafirn unschwierig durch eine Firn- oder Geröll- und Schrofenrinne gerade zur Lücke empor.

## Knoten, 3190 m

**657**

Zwischen Rotfluhlücke im W, Silvrettalücke im SO und dem unbenannten Gratsattel im N.

Der wichtige Gratknoten und Scheitelpunkt dreier Gletscherbecken, in welchem der Silvrettakamm und Grenzgrat nach SO und S biegt und der große nördl. Seitenkamm abzweigt. Daher besonders interessanter Orientierungspunkt, vom Klostertaler Firn oder von der Rotfluhlücke her von W über Schutt und leichte Felsstufen unschwierig zu ersteigen. Oder im Zuge des Gratüberganges vom Silvrettahorn zur Schneeglocke unschwierig zu überschreiten. Der kleine Gipfelkopf kann auch im W umgangen werden. Nach O stürzt der Knoten 3190 mit einer 250 m hohen Steilwand ab.

## Schneeglocke, 3223 m

**658**

Die N-Seite des schönen Berges mit dem hübschen Namen ist befirnt und bietet von N und NW das Bild einer „Schneeglocke". Leider schwindet der einst mächtige Firnschild ständig. In der älteren Literatur auch falsch Schattenspitze genannt.

Der Berg erhebt sich zwischen dem sanften Gratsattel nördl. vom Knoten 3190 im S und der scharf eingeschnittenen Schattenlücke (R 662) im N, von drei nicht sehr charakteristischen Graten aufgebaut. Beliebter Skiberg von SW.

Vermutlich 1. Besteigung, nach Imhof, durch Fr. Denzler und R. Hottinger mit Chr. Guler 1895. Den vermutlich 1. Aufstieg von O zur Schattenlücke und von N über die N-Flanke machten M. Henze und St. Lachmann mit G. und J. Lorenz am 26. 8. 1898.

Die Rundsicht ist sehr hochalpin und romantisch, die Fernschau der vom Silvrettahorn sehr ähnlich, s. dort.

D i e  A n s t i e g e  von S und SW sind ganz unschwierig, der von N mäßig schwierig. Direkte O-Anstiege sind nicht bekannt, außer über die Schattenlücke; s. auch R 690.

**659**

**Von Südwesten.** I = unschwierig, 35—45 Min. vom Bergfuß, 2.30—3 h aus dem Klostertalgrund. Wie bei R 654 über den südl. Klostertaler Gletscher und ⸗firn an südwestl. Bergfuß, ca. 3000 m. Hierher auch von S über die Rotfluhlücke, s. R 656. **Vom Bergfuß über Firnstreifen oder Schutt und Blockwerk direkt zur Spitze. Man kann sich auch mehr links oder rechts auf die Gratrücken halten und über diese zur Spitze gelangen.**

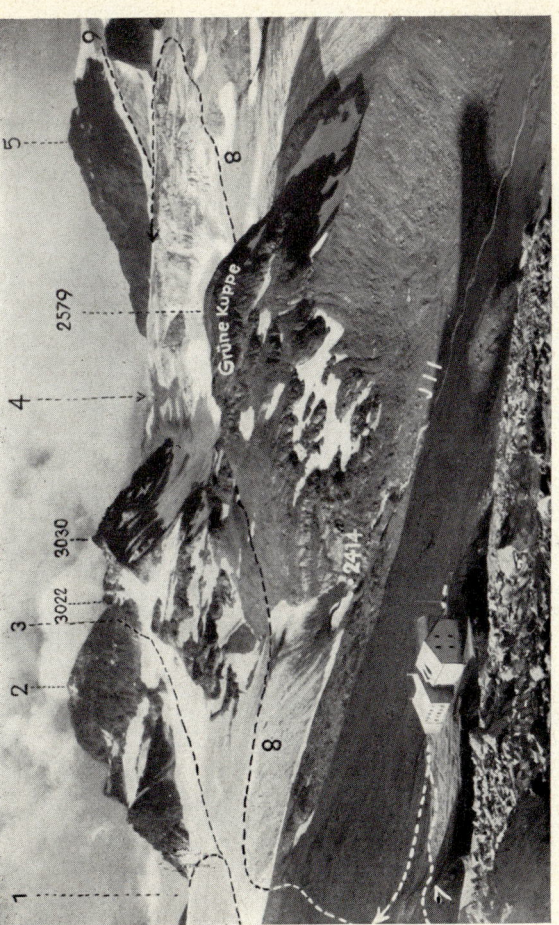

Bild 19  Wiesbadner Hütte gegen Vermuntgletscher links und Ochsentaler Gletscher rechts.
1 = Vermuntpaß, 2 = Piz Buin, 3 = Wiesbadner Grätle, 4 = Lage der F. d. Cunfin, 5 = Signalhorn
Erläuterung s. R 6/III                                                                    Foto: Risch-Lau, Bregenz

Bild 20 **Jamtalhütte (vor 1958) gegen Jamtalferner und Jamspitzen (2, 3). 1 = Urezzasjoch. 4 = Dreiländerspitze. 5 = Obere Ochsenscharte.**

Erläuterung s. R 6/III                    Foto: Rhomberg, Dornbirn

**660**

**Über den Südgrat.** I = unschwierig, 15 Min. aus dem Sattel zwischen Schneeglocke und Knoten 3190, den man von W mühelos erreicht. Über Blockwerk (Firn) leicht zur Spitze; bei starker Verfirnung Vorsicht auf Wächten rechts (O)! Diese Führe dient vor allem dem schönen Gratübergang vom Silvrettahorn her.

**661**

**Von Norden.** II (—III) = mäßig schwierig (bis schwie= rig). 30—40 Min. und mehr von der Schattenlücke (s. R 662) je nach Firnlage usw. Von der Lücke ent= weder schräg in die Firn= oder Eisflanke hinein und gerade oder im Zickzack über sie empor direkt zur Spitze; Steigeisen angenehm. Wer Fels vorzieht oder bei schlechtem Firn ausweichen will, hält sich links an NNO=Grat. Dieser Anstieg von N mit O=Aufstieg zur Schattenlücke ist der beste direkte Zugang von der Wies= badner Hütte. Meist geht man aber viel einfacher und schöner über das Silvrettahorn und den Knoten 3190.

### Schattenlücke, ca. 2970 m

**662**

Zwischen Schattenspitze und Schneeglocke, von Dr. Blo= dig so benannt. Verbindet den Klostertaler Gletscher mit dem Schneeglockengletscher. Im W verfirnt von einer kleinen Firnbucht des Klostertaler Firns, im O durch ein steiles Firn= und Felscouloir zwischen steilen Felspfeilern mit dem Schneeglockengletscher verbun= den. Vgl. das feine Compton=Aquarell in der AVZ 1914 S. 290 mit Schneeglocke links und Schattenspitze rechts, dazwischen die Lücke und das Couloir.

I. Zugang von W leicht, s. R 654; ca. 2 h aus dem Klostertal.

II. Von O auf die Schattenlücke. II—IV, je nach Ver= hältnissen, 25—45 Min. vom Fuß der Rinne, bei schlech= ten Verhältnissen wesentlich mehr. Man beachte die O= Lage der Rinne (Morgensonne), die schon sehr früh Steinschlag erzeugen kann. Auch auf die oft riesige Sattelwächte in der Lücke ist zu achten! Bei gutem Firn schöner, interessanter und nicht schwieriger An= stieg, gerade durch die Rinne empor.

Zugang von Osten zur Rinne: Von der Wies=
badner Hütte wie bei R 257 über den Ochsentaler
Gletscher und bis an Fuß des Silvrettahorn=O=Grat=
sockels. Hier verläßt man den Gletscher und steigt
durch die Moränenmulde am Sockelfuß über Firn, oder
die groben Blockstreifen nützend, schräg empor auf den
Schneeglockengletscher. Über ihn nach NW an Fuß
der Rinne, 1.30—2.30 h je nach Firn.

## Schattenspitze, 3202 m

**663**

Eine der schönsten Berggestalten der Silvretta, ein
Glanzstück im Panorama der Wiesbadner Hütte, s. das
Compton=Bild in der AVZ 1914, S. 290. Die Schatten=
spitze zeigt dort drei ihrer vier Grate: S=, O= und N=Grat.

Zum Namen lese man beim Litzner R 591 nach. Es ist wahrschein=
lich, daß der in der historischen Karte aus dem Jahr 1783 verzeichnete
„Schattenberg" unsere Schattenspitze meint. Die Benennung erfolgte
durch die Älpler, bei denen solche Schattenberge sehr unbeliebt und
daher zuerst bemerkt und benannt sind. Am äußersten N=Ende des
Silvrettakammes hat sie ihre kleine Schwester, s. R 674.
Über die ersten Besteiger ist leider nichts bekannt.
1. Ersteigung über die S=Wand und Überschreitung mit Abstieg über
den NW=Grat zur Schattenkopfscharte durch H. Margreiter und
H. Seidel am 18. 7. 1908.
1. Ersteigung über den S=Grat durch V. Größl, F. Otto und F. Pie=
kielko am 18. 7. 1921. 1. Ersteigung über den NO=Grat durch K. Blo=
dig und K. Powondra am 28. 7. 1913.

**Anstiege:** Der leichteste und kürzeste Zugang ist
von S. Schwierig und rassig ist der NO=Grat; s. auch
R 690.

**664**
**Über die S=Flanke und über den S=Grat.** II—III = mä=
ßig schwierig bis schwierig, 2 h von der Schattenlücke.
Zur Schattenlücke s. R 662. Die S=Seite des Berges zeigt
einen S=Grat, der von der Schattenlücke emporsteigt.
Links, W vom S=Grat, die S=Wand, durch die eine
(oft wasserführende) Rinne herabzieht. Es gibt 3 S=
Anstiege: Links von der Rinne (Blodig), rechts von
der Rinne (Margreiter) und über den S=Grat (Größl),
dies vermutlich der schönste aber auch schwierigste
der drei.

a) **Führe Blodig:** Man steigt in die Felsen links
westl. der Rinne empor, um später auf einen kleinen

Firn= oder Schuttfleck zu gelangen. Von dort über Plat=
tenschüsse, Fels= und Firnkehlen zum Gipfelgrat nord=
westlich des höchsten Punktes.

b) **Führe Größl** über den S=Grat: Von der Schatten=
lücke nach rechts (O) auf den Grat und über ihn zu
einer glatten Steilwand. Von hier über ein schmales
ausgesetztes Band 5 m nach rechts, O, zu einer 12 m
hohen seichten Rinne. In dieser ausgesetzt, aber bei gut
griffigem Fels aufwärts wieder auf den Grat und über
ihn zum Gipfel.

c) Man kann die S=Wand auch zwischen S=Grat rechts und Rinne
links durchsteigen, nähere Angaben liegen nicht vor.

**665**

Über den **Nordostgrat**. III (—IV) = schwierig (bis sehr schwierig).
2.30 h vom Einstieg, 5.30 h von der Wiesbadner Hütte.

Wie bei R 626 II über den Ochsentaler Gletscher auf den Schnee=
glockengletscher, der nach N hin überquert wird in Richtung auf den
unteren NO=Grat und zwar auf den felsigen, tief herabstoßenden O=
fuß von P. 2964. Rechts davon zwischen P. 2964 links und P 2904
(Schulter) rechts zieht eine Schutt= und Schrofenrinne herab. Durch
diese Rinne oder rechts von ihr über die begrünten Schrofen der
etwas brüchigen aber sonst unschwierigen Wand empor zut die
Schneide des Grates, der SW von P. 2904 erreicht wird. Auf dem
Grat weiter, zuerst über Felsen, später über den Firngrat zum eigent=
lichen Gipfelbau. Vom Grat direkt empor (Ausweichen nicht mög=
lich) auf den untersten Absatz des Berges, dann auf schmalem, teil=
weise moosbewachsenem Band schräg nach rechts aufwärts. Durch
den die Fortsetzung des Bandes bildenden plattigen Kamin empor zu
einer Fels= oder Firnhalde, die zur letzten Steilstufe führt. Über
steile aber feste Felsen zum Gipfel.

**666**

Über den **Nordwestgrat**. III = schwierig, 1—1.30 h von der
Schattenkopfscharte. In der Schattenspitze wendet sich der Silvretta=
kamm mit einem langen, manchmal verwächteten Grat nach NW
über den Schattenkopf zu den Egghörnern. Der NW=Grat der Schat=
tenspitze fußt in der Schattenkopfscharte am Fuß des Schattenkopfes,
s. R 667b. Diese Führe wird meist im Abstieg beim Übergang zum
Schattenkopf begangen. Für den Aufstieg gewinnt man den Gratfuß,
die Scharte am besten über den Schattenkopf, s. R. 667. Man folgt
durchaus dem im unteren Teil meist ganz scharfen Grat. Ein riesen=
hafter Felsturm auf dem Grat wird auf der W=Seite umgangen.

## Schattenkopf, ca. 3114 m

**667**

a) Zwischen der Schattenspitze, 3202 m, und dem Klo=
stertaler Egghorn, 3120 m, erhebt sich ein stattlicher
Kopf knapp über die 3100=m=Linie. Er hat in der AV=
SiKa 1955 weder Kote noch Namen. In älterer Lite=

ratur und Karten wird er von den einen Südl. Eckhorn, von anderen Mittl. Eckhorn genannt, ein übles Durcheinander und eine ganz unzutreffende Bezeichnung, denn der Kopf bildet weder ein Eck noch ist er ein Horn. Er hat auch nichts mit der markanten Gruppe der Klostertaler Egghörner gemein. Außerdem sind schon viel zu viele der Egghörner und Eckhörner in diesem Kamm. Ich nenne ihn daher **Schattenkopf**, bis ein besserer Vorschlag kommt.

Erste bekannte Überschreitung von SO nach NW durch H. Margreiter und H. Seidel am 18. 7. 1908, s. R 690 und 651 c.

b) Der Kopf ist von der Schattenspitze durch die Schattenkopfscharte, vom Klostertaler Egghorn durch die Südliche Egghornscharte getrennt. Über direkte Anstiege zu der wohl über 3000 m hohen Schattenkopfscharte ist nichts bekannt; von O vermutlich **schwierig.**

**668**
Über die S ü d w e s t f l a n k e und den oberen SO-Grat auf den Schattenkopf. II—III. 1 h vom Einstieg. Der leichteste und beste direkte Anstieg. Wie bei R 654 auf den nördl. Arm des Klostertaler Firns und gegen den SW-Fuß des Schattenkopfes, P. 2922, hinüber. Rechts östl. davon steigt man ein. In die Flanke ist über einer Wandstufe eine steile Blockhalde (Firn) eingelagert, die man von rechts SO über die kleine Stufe gewinnt und über die Halde unschwierig auf den mittleren oder oberen SO-Grat aussteigt; über ihn zur Spitze.

**669**
**Über den Südostgrat,** II—III, 1 h von der Schattenkopfscharte (s. R 667b). Im allgemeinen immer an der Gratschneide. Schwierigere Steilstufen und Türme können meist links westseitig umgangen werden.

**670**
**Über den Nordwestgrat,** von der Südl. Egghornscharte. III—IV. Diese Bewertung der Schwierigkeit gilt nur für den Abstieg. Ein Aufstieg ist bis jetzt nicht bekannt. Der Grat enthält einige schwierige Steilstufen, über die abgeseilt wurde. Wenn ein direkter Aufstieg am Grat unmöglich ist, weicht man weitausholend in die mäßig schwierige W-Flanke aus und gewinnt den Gipfel von SW her. Zur südl. Egghornscharte s. R 671.

## Südl. Egghornscharte

**671**
Kote nicht bekannt, über 3000 m hoch, zwischen Schattenkopf und Klostertaler Egghorn.

I. V o n O s t e n mäßig schwierig vom Schattenspitzgletscher zu ersteigen. Den Gletscher gewinnt man leicht von N und NO aus dem Ochsental. Die NO-Flanke zur Scharte hinauf wird von mäßig steilen Firn- oder Blockhalden gebildet, die von zwei kleinen Felsstufen durchzogen sind. Diese Stufen kann man links oder rechts leicht umgehen. Zu oberst führt eine kurze Firn- und Felsrinne zur Scharte, 1 h vom Gletscher, 3—4 h von der Wiesbadner Hütte.

II. Über den Anstieg von SW vom nördl. Klostertaler Firn (s. R 654) ist nichts bekannt, er dürfte aber nicht allzu schwierig sein.

## Klostertaler Egghorn, 3120 m
**672**

Auch Großes Klostertaler Egghorn. Ein schöner Doppelgipfel und der stolze Abschluß und letzte Dreitausender des Silvrettakammes im N. Zwischen Südl. und Nördl. Egghornscharte, mit prächtigen Graten nach NW, SW, NO und mit einem kurzen SO-Grat.

Der Name erklärt sich selbst. Für die Alpler bildet er (mit der Kl. Schattenspitze, die früher auch Eckhorn hieß!) das markante „Eck" zwischen Ochsen- und Klostertal, aber auch eine Ecke im Silvrettakamm. Zum Unterschied vom S i l v r e t t a - E c k h o r n müssen die K l o s t e r t a l e r E g g h ö r n e r diesen Zusatz tragen. Zu dieser Unterscheidung sei auch die wieder eingeführte veraltete Schreibweise Egghorn angenommen. Vermutliche 1. Ersteigung und Überschreitung von S nach N (SO-Grat und NO-Grat) durch H. Margreiter und H. Seidel 1908, wovon leider keine Beschreibung vorliegt. Den NW-Grat begingen Sepp Bodlack, A. Kautsky, K. Koranek und Dr. Merziger 1921 erstmals.

A n s t i e g e : Am besten überschreitet man den Berg. Bester Standort für Westanstiege ist die neue Klostertaler Hütte, s. R 1203 im Nachtrag.

I. **Über den Südostgrat** von der Südl. Egghornscharte. I—II, 30—40 Min. von der Scharte. Man verfolgt den Grat und erreicht über verschiedene mäßig schwierige Stufen den Gipfel.

II. Über den im Abstieg bereits begangenen **Nordostgrat** von der Nördl. Egghornscharte liegt eine Beschreibung nicht vor.

III. Über den N o r d w e s t g r a t auf das Klostertaler Egghorn. III—IV, 4.30—5.30 h von der Bielerhöhe. Wie bei R 233 a und b von der Bielerhöhe in das Klostertal bis etwa 200 m südl. von P. 2147, wo von SO der Seitenbach mündet, der von dem Firnfeld herabkommt, welches zwischen den Kleinen Egghörnern und dem NW-Grat des Gr. Klostertaler Egghorns eingebettet ist. Man steigt nach SO über Schrofen und Felsstufen zum ersten Grataufschwung empor, wo ein kleiner (Eis-) See liegt. Von hier an den Fuß des mächtigen Gratturmes. Er wird entweder rechts umgangen, indem man durch eine Geröllrinne sehr steil einer Scharte ansteigt und von dort die Grathöhe erreicht, oder schwieriger, von links her auf brüchigen Bändern und Leisten zuerst von rechts nach links, dann von links nach rechts unter Überwindung zweier Überhänge auf den

Grat, der nun ein Stück unschwierig verfolgt wird, bis zum zweiten Gratabbruch. Er wird entweder umgangen oder direkt (wackeliger Block) erklettert. Dann wieder leichter zum dritten und größten Gratturm, welcher derart umgangen wird, daß man durch ein markantes Felsfenster kriecht und um eine Ecke schwierig auf ein abschüssiges Plattenband quert, das zu einer Nische führt. Von hier leitet eine brüchige Rinne zu der schon von unten sichtbaren Eis= und Felsrinne, über deren linken Rand man sich stufenschlagend oder kletternd zur letzten Scharte vor dem Gipfelaufbau emporarbeitet. Bänder und gutgestufte Felsen führen zum Gipfel.

## Nördl. Egghornscharte, ca. 2810 m

**673**

Unmittelbar am NO=Gratfuß des Gr. Klostertaler Egghorns (die Bezeichnung der Scharte südl. des Egghorns als „Nördl. Eckhornscharte" ist widersinnig). Die Scharte ist von SO vom Schattenspitzgletscher über Steilfirn, Schrofen und Schutt gut zu ersteigen; Zugang s. R 671 I, 2.15—3 h von der Wiesbadner Hütte. Vom kleinen Firnfeld im NO ganz leicht über Firn und Blockwerk. Zugang wie bei R 672 III, 2.45—3.15 h von der Bielerhöhe.

## Kleine Klostertaler Egghörner, 2872 und 2730 m

**674**

Auch kurz Kleine Egghörner. Zwischen Nördl. Egghornscharte und Egghörnersattel. Einige hübsche kleine Klettereien in einsamstem Bergland und bei prächtiger Rundschau.

Über die 1. Besteigung ist nichts bekannt. Erster Bericht von H. Margreiter und H. Seidel, die im Juli 1908 nach Überschreitung der Kl. Schattenspitze die Kl. Egghörner von W nach S überschritten.

a) Auf das Südl. Kl. Egghorn:

I. Über die Südwand oder Nord=West=Flanke, II—III, 20—30 Min. von der Nördl. Egghornscharte (Zugang s. R 673), 4.30 h von der Bielerhöhe. Über die etwa 50 m hohe plattige Wand in mäßig schwieriger Kletterei zum Gipfel.

II. Man kann auch von dem Firnfeld von NW her durch eine flache Rinne und über Wandstufen den Gipfel gewinnen. Diese Führe wird beim Übergang vom Südl. zum Nördl. Horn im Abstieg benützt.

b) Über das Nördl. Kl. Egghorn: Vom Südl. aus 1 h, mäßig schwierig (II). Von der tiefsten Stelle des Verbindungsgrates bzw. der Gratsenke leicht über Felsstufen zum Gipfel. Der Anstieg von N auf das Nördl. Horn ist ganz einfach.

## Kleine Schattenspitze, 2703 m

**675**

Der nördl. End= und Eckpunkt des Silvrettakammes, der hier zwischen Kloster= und Ochsental auskeilt, weshalb die Spitze früher auch richtig Eckhorn hieß. Ein sehr lohnender Aussichtspunkt in einsamstem Bergland, Tiefblick auf den Silvrettasee. Zur vermutlich ersten Ersteigung und Überschreitung s. R 674. Die Zugänge von O oder W oder von N über die Schafweiden bedürfen keiner Beschreibung. 2.30—3.30 h von der Wiesbadner Hütte oder Bielerhöhe.

I. Über die **Nordseite.** Über Schrofen unschwierig zum Gipfel.

II. Über den **Südgrat,** ca. 20—30 Min. vom Einstieg. In mäßig schwieriger Kletterei über den steilen aber gutgestuften Grat zur Spitze.

676—679 Offene Randzahlen für Nachträge.

## Silvrettalücke, ca. 3140 m

**680**

Zwischen Knoten 3190 (s. R 657) und Silvrettahorn und von beiden Gipfeln über leichte Schutt= und Firn= gratrücken unschwierig zu erreichen. Kein Übergang vom Silvrettafirn auf den Schneeglockengletscher! In den Karten ohne Kote und Namen, von Dr. Blodig so getauft.

a) Von WSW mäßig schwierig über Steilschrofen, Schutt und Firn, Einstieg wie bei R 684b oder wie bei 684a auf den unteren W=Grat und schräg über die Firnflanke zur Lücke hinüber.

b) Nach NNO stürzt die Lücke mit einer ca. 150—200 m hohen Steilwand ab; kein Anstieg bekannt.

## Silvrettahorn, 3244 m

**681**

a) Zwischen Silvrettalücke (R 680) und Eckhornlücke (R 686). Der höchste und stattlichste Gipfel des Sil= vrettakammes, nach ihm auch „Gruppe des Silvretta= horns" genannt. Im Haupt= und Grenzkamm, mit sei= nen Nachbarn durch unschwierige Grate verbunden und Kernstück der Gratüberschreitungen im Kamm s. R 690. Mit einem prächtigen O=Grat, Schaustück der Wiesbadner Hütte.

Von J. **Coaz** so getauft und in die SAC=Karte 1865 erstmals ein= getragen.

b) 1. Ersteigung durch den Genfer Studenten J. Jacot mit den Führern Jegen und Schlegel, 1865, vom Eckhorn her übern S=Grat. Es folgen Anstiege von W und NW. Den ersten Aufstieg übern O=Grat führten Fritz Kurz, J. Ostler und K. Pitzer aus 1906 (nicht Dr. Blodig und Gefährten 1913). 1. Winterbesteigung schon am 29. Dez. 1867 (!) durch J. Piccard, E. Schröder und Dapples mit den berühmten Führern Jann und Jegen bei Schneegestöber und 11 Grad Kälte. Die 1. Ski= besteigung soll schon vor 1911 erfolgt sein. Wer? Wann?

Die Rundsicht ist großartig, vor allem über die ganze Silvretta= gruppe. Glanzstück: die Buine. Dazu herrliche Fernsicht auf die Ortlergruppe im SO, Ötztaler Alpen im O, Lechtaler und Ferwall= gruppe im NO und N, Rätikon im NW, Glarner Alpen im W und links davon Berner und Walliser Alpen. Im SW und S die gan= zen Bündner Alpen, Rheinwald=Albulagruppe, im SSW und S Ber= geller Berge und Bernina.

**d)** Die Anstiege aufs Silvrettahorn sind durchwegs unschwierig bis mäßig schwierig, ausgenommen der schöne rassige O-Grat. Am schönsten überschreitet man das Horn von S nach NW im Zuge der Grattouren, s. R 690.

**682**

**Von der Eckhornlücke über den Südgrat aufs Silvretta= horn.** II—III, je nach Führe und Verhältnissen 30 bis 45 Min. und mehr von der Lücke. Zur Eckhornlücke s. R 686. Man geht von der obersten nördlichsten Lücke, nördl. von dem spitzen Schartenturm aus. Über den Grat empor, links ausweichen; zuerst über den breiten Geröll= oder Schneehang steil und gerade oder links herum über die Steilstufe auf die S=Gratschulter. Weiter über den Grat oder links unter den Gratfelsen über Geröll, Schrofen oder Firn auf den gestuften W=Hang des Gipfels und leicht rechts zur Spitze hinauf.

**683**

**Von der Silvrettalücke über den Nordwestgratrücken.** I, 20 — 30 Min. von der Lücke, 0.45 — 1 h vom Knoten 3190.

Meist in Verbindung mit dem Übergang über Knoten 3190 zur Schneeglocke usw., s. R 690. Zugang zur Lücke oder über Knoten 3190 s. R 680. Von der Lücke ganz unschwierig über den breiten Rücken, Schutt, Firn und Schrofen zur Spitze. Auf Wächten links im NO achten!

**684**

Von Westen aufs Silvrettahorn. II = mäßig schwierig, 0.45 bis 1.30 h vom Bergfuß je nach Führe und Verhältnissen. Zwei Mög= lichkeiten: Über den W=Grat oder über die W=Flanke oder beides verbindend.

Zugang zum Bergfuß wie bei R 396, zuletzt aber gegen den Fuß des Silvrettahorns halten.

a) Über den Westgrat. Man läßt den Steilabbruch des unteren Grates links, holt weit rechts aus und gewinnt die Grathöhe der unteren Schulter leicht von rechts, von S, aus der obersten Firn= bucht über eine Firnzunge und linkshin nach N über geröllbedeckte Felsen und Schrofen oder kleine Firnflecken auf die Schulter. Weiter leicht am Grat, später über eine Steilstufe, die man aber auch links umgehen kann (Firn), dann leicht gerade zum Gipfelfels.

b) Über die Westflanke, links (N) vom W=Grat. Sie war früher völlig verfirnt; jetzt ist unten ein Felsgürtel ausgeapert, von zwei Fels= und Firnrinnen durchzogen. Oberhalb ist die Flanke ein= gebuchtet und verfirnt. Man steigt über eine schräge Bandstufe von links nach rechts in und durch die linke nördl. Rinne empor in die Bucht und oberhalb des Felsgürtels beliebig entweder gerade über den Firn zum Gipfel oder rechts auf den Westgrat oder schließlich links über Geröll und Felsstufen gegen die Silvrettalücke und von dort zur Spitze.

**685**
Über den Ostgrat aufs Silvrettahorn III (IV), 3—4 h vom Einstieg, 5—7 h von der Wiesbadner Hütte, sehr von den Firnverhältnissen abhängig. Eine der schönsten kombinierten Bergfahrten der Silvretta. Wie bei R 257 an Fuß des O-Gratsockels, dann rechts empor (s. R 662 II) auf den Schneeglockengletscher bzw. sein Vorfeld und links nach SW empor an den Fuß der N-Abdachung des unteren O-Grates. Man beachte: diese N-Flanke und die Grathöhe waren früher zum Teil verfirnt und verwächtet, sind jetzt aber fast völlig ausgeapert. Man kann beliebig überall ansteigen, versucht die Grathöhe aber möglichst bald über geröllbedeckte Platten, Schrofen und kleine Firnflecken zu erreichen. Der Grat wird weiter verfolgt bis zu zwei Türmen, einem größeren und einem kleineren, die auf einem Band umgangen werden. Nun weiter in unschwieriger Kletterei zu einem nächsten Gratturm, der beiderseitig steil abbricht. zu einem scheinbar ganz unzugänglichen Turm. Eine halbe Seillänge vorher steigt man links nach S durch eine tiefe enge Rinne ca. 8 bis 9 Meter hinab, dann auf einem Band schräg rechts aufwärts zu einer in einem Seitengrat liegenden Scharte. Von hier mühsam über steile Platten (zu Zeiten Firn) auf den Grat zurück. Auf dem steilen und schmalen Grat (zu Zeiten verwächtet) empor, zuletzt nach links über eine steile Fels-(Firn-)halde zum Gipfel.

## Eckhornlücke, 3040 m
**686**
a) Zwischen Silvrettahorn und Silvretta-Eckhorn. Auf der AV-SiKa „Egghornlücke" ohne Kote. In der LKS ohne Namen und Kote. Dagegen trägt dort der Schartengrat, der die zwei Einsattlungen der Doppellücke trennt, die Kote 3082 m. Die tiefste Lücke ist die südl. Die nördl. ist durch einen oder zwei markante Schartentürme untergeteilt, s. Bild 25, Ziffer 2. Zur Schreibung Eckhornlücke oder Egghornlücke s. R 687.
b) **Achtung:** Zur Besteigung des Silvrettahorns, ferner **für den Übergang über die Lücke benützt man im Winter ausschließlich, im Sommer aber mit Vorteil nur die nördlichste Lücke am Silvrettahorn-Fuß!** Beide Lücken sind von O ganz leicht, von W steil, die südl. von W sehr steil über einem kleinen Felsgürtel unten zu erreichen.
Der Übergang wird nur selten benützt: von der Wiesbadner Hütte s. R 258, von den Silvrettahütten/SAC s. R 396. Zum Eckhorn benützt man die südl. Lücke von O.

## Silvretta-Eckhorn, 3147 m

**687**

a) Ein unbedeutender Berg, aber eine wichtige Landmarke und ein hervorragender Aussichtspunkt. Zwischen der Eckhornlücke im N, dem Silvrettapaß im S und einer namenlosen Einsattlung im SO vor dem Signalhorn, s. Bild 25, Ziffer 3. In der LKS nur Eckhorn, doch ist der Zusatz S i l v r e t t a = E c k h o r n nötig zur Unterscheidung von den Klostertaler Egghörnern.

J. Jacot bestieg den Berg 1865; näheres nicht bekannt. Die weiteren Anstiege sind kaum erwähnenswert.

b) D i e A n s t i e g e sind alle unschwierig, höchstens mäßig schwierig, zumal von N und NO, von der Eckhornlücke her über Firn, sei es am Grat oder in der Flanke links davon oder von dem namenlosen Sattel im SO des Berges. Dort im N gibt es allerdings zu Zeiten einen Bergschrund, der den Aufstieg erschwert.

Auch von S kann man diesen Sattel im SO des Eckhorns leicht erreichen, desgleichen die Spitze direkt vom Silvrettapaß über Geröll, Steilschrofen und leichte Felsen. Auch über die Felsrippe der W=Flanke und die Firnhänge dort gibt es einen Aufstieg. Am besten verbindet man die Überschreitung mit der des Signalhorns und Silvrettahorns wie bei R 690.

## Signalhorn, 3210 m

**688**

Zwischen Eckhorn und Fuorcla dal Cunfin und eines der Schaustücke der Wiesbadner Hütte. Ein idealer Aussichtspunkt an dieser vielbegangenen Scharte, von S oder NW für Geübte ganz leicht zu ersteigen. Bild 19, Ziffer 5, Bild 25, Ziffer 4. —

Der Berg war wichtiger trigonometrischer Signalpunkt der Schweizer bei den ersten Vermessungen, weshalb ihn Coaz Signalhorn taufte, erstmals in der SAC=Karte 1865.

Vermutliche 1. Ersteigung durch J. Jacot 1865, wobei er ein Panorama zeichnete (Beil. z. SACJ 1866).

**689**

D i e A n s t i e g e sind alle unschwierig oder mäßig schwierig, am besten verbindet man die Überschreitung von SO nach NW mit der des Eckhorns usw., s. R 690.

Die Zugänge zum Berg findet man bei der Fcla. d. Cunfin (R 701 b) oder beim Silvrettapaß (R 691 b) oder bei der Eckhornlücke (R 686).

**I. Über die Südwestflanke.** I = unschwierig, 20 bis 30 Min. vom Bergfuß. Aus der flachen Firnmulde der obersten Cudera zwischen F. d. Cunfin und Silvrettapaß über steile Geröll= oder Firnhänge und Schrofen= stufen, entweder in der Fallinie des Gipfels, d. h. rund 200 m westl. links von der S=Rippe, die von der SO= Gratschulter 3175 m herabzieht; oder über diese Rippe auf den Grat und über ihn nach NW zur Spitze.

**II. Vom Eckhorn** über den flachen Schutt= und Firn= sattel und über den zum Teil mäßig schwierigen, meist unschwierigen Nordwestgrat zur Spitze, 0.45—1 h von Gipfel zu Gipfel. Den Sattel zwischen Eckhorn und Signalhorn kann man ebenfalls leicht von S über Firn und Schutt ersteigen, desgleichen von N vom westl. Ochsentalerfirn über die Firnhänge und den Berg= schrund dort, der im Spätsommer oft recht groß ist.

**III. Von der Fuorcla dal Cunfin über den Südostgrat.** I (II) = unschwierig (mäßig schwierig), 30—40 Min. von der Scharte. Zur Fuorcla s. oben. Der ziemlich lange Grat ist großteils ganz unschwierig zu begehen; im oberen Teil der Schulter 3175 hinauf sind einige brüchige Felsstufen vorsichtig zu begehen; das gilt auch bei der häufigen Verwächtung des Grates nach N hinaus.

## Gratüberschreitungen im Silvrettakamm

**690**

Der Silvrettakamm, besonders der südl. und mittlere Teil sind für Gratüberschreitungen hervorragend ge= eignet, wobei man je nach Zugang (bzw. Abstieg) von O oder W bzw. S beliebige Gipfelreihen zusammen= stellen kann. Hier die schönsten, deren Anstiege man sich aus den Einzelbeschreibungen der Gipfel und Scharten leicht zusammenstellt. Diese zum Teil großen und schwierigen Grattouren sind nur für geübte, aus= dauernde Bergsteiger.

I. Über das südliche Dreigestirn: Von der F. d. Cunfin oder vom Silvrettapaß über Signalhorn und Eckhorn—Eckhornlücke gratentlang zum Silvretthorn und zurück zur Eckhornlücke oder über Silvretta=

lücke und Knoten 3190 zum leichten Abstieg nach W ins Klostertal bzw. zur Rotfurka oder vollends über die Schneeglocke in die
Schattenlücke und leichter Abstieg nach W, schwieriger nach O.
3—4 h über alle 3 (4) Gipfel, 6—9 h von den Hütten.

**II. Über das nördliche Dreigestirn:** Von der Silvretta-Eckhornlücke
dem Grat entlang über Silvrettahorn—Knoten 3190—Schneeglocke–
Schattenlücke auf die Schattenspitze und entweder zurück zur Schattenlücke und Abstieg von dort leicht nach W, schwierig nach O,
oder von der Schattenspitze nach NW über den Grat und Schattenkopf zur südl. Egghornscharte und Abstieg nach O (vom Schattenkopf
auch Abstieg nach SW). 3—5 h über alle 3 (4) Gipfel; 5.30 bis
10 h und mehr von den Hütten.

**III. Über den nördlichen Silvrettakamm:** Von der Gr. zur Kl. Schattenspitze: Von der Schattenlücke dem Grat entlang über die Gr.
Schattenspitze und Schattenkopf, Gr. und Kl. Klostertaler Egghörner zur Kl. Schattenspitze, Abstieg nach W oder O beliebig.
Zeitaufwand wie bei II.

**IV. Über den ganzen Silvrettakamm:** rund ein Dutzend Gipfel vom
Signalhorn dem Grat entlang bis zur Kl. Schattenspitze; 7—10 h für
eine gute Zweierseilschaft, die sehr große Teilstrecken seilfrei oder
gleichzeitig gehen kann. Man fügt I., II. und III. oben zusammen
zur Gesamtüberschreitung; schöner und einfacher von N nach S.

## 691    Silvrettapaß, 3003 m

a) Zwischen Silvretta = Eckhorn und Gletscherkamm.
Dieser herrlich hohe, weite und freie schönste Glet=
scherpaß der Silvretta bildet zusammen mit der Fuorcla
dal Cunfin und der Mittagsplatte so recht das Herz=
stück der hochalpinen Silvretta-Übergänge nach und
von allen Seiten zwischen Prätigau und Unterengadin
einerseits und dem österreichischen Vermunt anderseits.
Dazu die großartige Umgebung der von stolzen Fels=
und Firnbergen umstandenen Gletscher.

Der Paß bildet also einen Teil der europäischen Wasserscheide
zw. Rhein und Donau. Von J. Coaz ‚Silvrettapaß' benannt, hat er
auch entscheidend dazu beigetragen, den Namen Silvretta in die
alpine Topographie und Literatur einzuführen (s. R 651 b).

b) Der Paß vermittelt folgende Übergänge:

**I. Von W und NW,** von den Silvrettahütten/SAC
s. R 397—401, von der Saarbrücker Hütte (oder Bieler=
höhe) her s. R 212 (oder R 235, 236).

**II. Von O und NO,** von der Wiesbadner Hütte R 259,
von der Tuoihütte R 422.

**III. Von S und SW** und aus dem Val Lavinuoz s. R 413,
aus dem Vereinagebiet s. R. 365.

Am Silvrettapaß kann man auch die großartigen Ge=
samt= oder Teilüberschreitungen des Silvrettakammes
beginnen, s. R. 690.

c) Der Paß ist sicher schon sehr früh begangen worden. Als erster Skifahrer dürfte ihn Bergführer L. Guler, Klosters (u. L. Denzler) bei der ersten Skibesteigung des Gr. Buin am 5. I. 1898 überschritten haben, Guler mit Ski. Denzler mit Schneereifen.

d) Die Rundschau vom Silvrettapaß ist zwar teilweise beschränkt, aber um so großartiger im einzelnen, weil sich die große Fernsicht nach WNW durchs Prätigau in die Ost- und Zentralschweizer Alpen mit den prächtigen Anblicken der Nahberge vereinigt: einzigartig die Litznergruppe im NW, die Buine im O, der Fliana im SO, der Gletscherkamm im SW, Eckhorn und Signalhorn im N und NO.

## Gletscherkamm, 3173 und 3130 m

**692**

a) Ein hübscher Felsgrat aus hellen Gneisen zwischen Silvrettapaß und Verstanklator, rings von Gletschern umgeben und auf der W-Flanke bis auf den Grat mit dem Kammgletscher bedeckt. Ein idealer Aussichts- und Orientierungspunkt, Mittel- und S-Gipfel von W ganz leicht, der HG mäßig schwierig zu besteigen. Für gute Kletterer: Überschreitung von S nach N oder W. Bild 25. Prächtiger Anblick der Verstanklawände, herrliche Fernblicke nach O und W. Links von der „Torwache" die Pyramide des Piz Linard, zwischen ihm und „Torwache" die Berninagruppe.

b) **Anstiege**: Es sind eigentlich 3 Gipfel, der nördl. ist der höchste, der mittlere ist nicht kotiert. Im S-Grat des S-Gipfels steht noch ein stattlicher Vorgipfelturm; s. Bild 25, Ziff. 6.

Leichtester Anstieg von W auf den Gipfelgrat und über diesen auf die Spitzen bzw. von SW auf den HG. Schwieriger sind die Felsgrate von W, S und NO. Auf dem leichten Anstieg über den Kammgletscher ca. 1 bis 1.15 h vom Silvrettapaß, ca. 2.45—3.15 h von den Silvrettahütten, 3.30—4.30 h von der Tuoihütte oder Wiesbadner Hütte.

**693**

**Von Westen auf den Gletscherkamm.**

Der felsige W-Grat des HG 3173 fußt in ca. 2960 m Höhe auf dem flachen, zum Krämersattel ziehenden Felsrücken, s. Bild 25. Diesen W-Gratfuß (oder den Krämersattel) kann man vom oberen Silvrettafirn oder vom Silvrettapaß, leicht erreichen (s. R 397 oder 691); etwas schwieriger von S aus dem Verstanklatal. Kommt man von den Silvrettahütten auf Führe 397, so geht man nach Überwindung der obersten Steilstufe des Gletschers gerade nach S weiter zum bald gut kenntli-

chen Fußpunkt des W=Grates. Von hier zwei Möglich=
keiten:

I. **Über den Kammgletscher,** je nach Spalten und Firn=
lage gerade, meist unschwierig (I) empor gegen den
Gratsattel zwischen Mittelgipfel rechts und HG links.
Man kann entweder schon vor dem Sattel links in die
SW=Flanke des Gipfels einsteigen und über die gut=
gestuften Bänder (II) mäßig schwierig linkshin auf den
obersten W=Grat oder auch direkt von SW zum Gipfel
steigen; oder aber zum Gratsattel gehen und von dort
schwieriger (III) über den kurzen S ü d g r a t auf den
HG klettern. Ein Steilabbruch in diesem Grat kann
schwierig von links (W) direkt genommen oder rechts
(O) ausgesetzt umklettert werden.

II. Direkt über den hübschen W e s t g r a t, zunächst mäßig schwie=
rig (II) über den Grat empor, dann schwierig über die Steilstufe,
die von rechts (S) durch einen blockigen Kamin erstiegen wird.
Weiter über den schönen aber zum Teil schwierigen Grat zum Gipfel.

III. Von Nord nach Süd über den Mittel= zum Südgipfel. II—III =
mäßig schwierig bis schwierig je nach Führe, 1 h von Gipfel zu
Gipfel. Von dem unter I. genannten Gratsattel am S=Gratfuß des
HG unschwierig über den Grat nach S an N=Fuß des Mittelgipfels,
den man entweder leicht rechts (W) umgehen und quer über einen
Felsrücken auf die S=Seite gelangen kann (von wo er leicht zu er=
steigen ist), oder aber rechts in seiner N=Wand in der Fallinie des
Gipfels über zwei senkrechte Stufen direkt auf seine Spitze. Leicht
vom Mittelgipfel nach S hinab und weiter über den Verbindungsgrat
bzw. unschwierig rechts neben dem Grat über Firn und Blockwerk
zum S=Gipfel, 3130 m.
Wer die Ü b e r s c h r e i t u n g nach S fortsetzen will, klettert in
die Scharte zwischen S=Gipfel und südl. Vorturm hinab und halb=
links durch dessen SO-Flanke schräg zum Verstanklator oder auf
den Cuderafirn hinunter, s. auch R 694.

IV. Den Kammgletscher kann man von den Silvrettahütten auch über
die Krämerköpfe (s. R 696) erreichen.

**694**
Von S, vom Verstanklator auf den Gletscherkamm. II—III = mäßig
schwierig bis schwierig, 2.45—3.30 h bis zum HG. Vom Verstankla=
tor, s. R 402 und 697, rechts, ostseitig in die SO=Flanke des großen
S=Gratturmes (südl. Vorgipfel) und schräg durch seine Flanke ohne
Schwierigkeit empor in die Scharte zwischen dem Turm und dem S=
Gipfel 3130 weiter über den S=Grat auf den S=Gipfel und immer
dem Grat entlang über den Mittelgipfel zum S=Gipfel über den
S=Grat; vgl. dazu R 693 III. und I.

**695**
Vom Silvrettapaß über den **Nordostgrat** auf den HG des Gletscher=
kamms. III = schwierig, 1.30 h vom Paß. Zum Silvrettapaß s.
R 691 b. Vom Paß über Firn an Gratfuß, anfangs links unter dem
auffallenden gegen SW überhängenden Gratturm durch. Plattenrisse
leiten auf den Grat. Ihn entlang zum Teil schwierig zum HG hinauf.

## Krämerköpfe und Mädjikopf

**696**

a) Krämerköpfe nennt man die Randkuppen der wandartigen Fels=
flanke aus Hornblendegestein, welche das obere Verstanklatal und
seinen Gletscher von der darüber liegenden Hochstufe des Silvretta=
Gletscherbeckens trennt, auf ihr die Punkte 2811, 2757, 2647, 2604
und 2467 s. AV=SiKa. Es sind keine bergsteigerischen Ziele und
nur der obere, 2811 m, erhebt sich einige Meter über den Gletscher=
rand und den dicht östl. von ihm eingetieften vergletscherten Krämer=
sattel. Die Köpfe vermitteln aber Zugänge zum Kammgletscher und
zum Verstanklatal von (oder zu) den Silvrettahütten/SAC, s. R 402.
Von W und N über den Gletscher, Schutt, Moränen und Felsköpfe
sind diese Krämerköpfe überall leicht zu erreichen, 0.45—1.30 h von
den Hütten.

Das W=Ende dieser Felsrampe an und auf der die Köpfe liegen, ist
durch eine flache Einsattelung vom Mädjikopf, 2477 m, getrennt. Über
diese Einsattelung führt eine Steigspur von den Hütten her. s. R 402.
Von der Einsattelung aus kann man auch den Mädjikopf leicht er=
steigen, zuerst am Grat entlang oder auf der südseitigen Gratflanke,
später auf der nordseitigen nach W auf den Blockgipfel, der — nur
30 Min. von den Hütten — einen sehr interessanten Rundblick
gewährt.

## Verstanklator, 2983 m

**697**

a) Zwischen Gletscherkamm und „Torwache", die das
Tor mit ihren wuchtigen Felsen flankieren. Das Tor
verbindet Verstanklagletscher und -tal (Prätigau) mit
dem Firnkessel „La Cudéra" des Vadret Tiatscha (Un=
terengadin), d. h. der einzigartige Gletscherpaß — ein
wirkliches Tor — liegt wie der Silvrettapaß auf der
europäischen Wasserscheide Rhein—Landquart/Inn—
Donau. Weil das Tor tiefer liegt als der Silvrettapaß,
so bildet es die orographische Grenze zwischen Mittel=
und S=Silvretta.

b) Auch dieser Gletscherpaß dürfte schon frühzeitig von Einheimi=
schen begangen worden sein. Den 1. touristischen Besuch erhielt das
Tor durch Führer Chr. Jegen, Klosters, 1865 allein, den 1. Über=
gang über das Tor von Klosters nach Lavin machte kein Gerin=
gerer als der berühmte englische Alpinist und Himalayaforscher
Douglas W. Freshfield mit dem ebenso berühmten Führer François
J. Devouassoud aus Chamonix und mit Johann Gort, Klosters, 1866.

c) Das Verstanklator ist von beiden Seiten leicht, aber
nur über Gletscherfirn zu erreichen (es ist noch ganz
verfirnt). Als Übergang wird das Tor leider nur selten
benützt, weil sein Zugang von (zu) den Silvrettahütten/
SAC von W (über die Krämerköpfe, s. R 402, aber
auch über den Krämersattel) etwas unangenehm ist (da=
für aber sehr interessant und landschaftlich großartig).

Wer Zeit hat, sollte den Weg von O nach W über das romantische Tor als Abstieg ins Prätigau wählen, unschwierig über den Gletscher und die Moränen hinab und durch die mächtige Talschlucht von Verstankla. Eine Beschreibung erübrigt sich; unten hält man sich — auf der orographisch linken S=Seite bis zum kleinen Steg bei P. 1715, wo man auf der Steigspur aufs rechte Ufer wechselt und zur Alpe Sardasca hinauswandert, 2.15—3 h vom Tor, s. R 391.

698/99 Offene Randzahlen für Nachträge.

## Buingruppe und Flianakamm

**700**

a) Die Buingruppe ist eines der Kern= und Glanzstücke im Silvretta=Haupt= und Grenzkamm zwischen den zwei wichtigen Übergängen Fuorcla dal Cunfin im W und Vermuntpaß im O. Der von dieser Gruppe zwischen Val Lavinuoz und Val Tuoi nach S ziehende Flianakamm ist durch den Gletscherpaß Plan da Mezdi oder Mittagsplatte von der Buingruppe getrennt. Auch der Piz Fliana zählt zu den großen Bergen der Gruppe. Vgl. die Bilder 19, 28, 30 und 31!

Die beiden Buine sind durch die **Buinlücke oder Fuorcla Buin**, 3056 m, voneinander getrennt. An die Buine nördl. angeklebt, ragt ein zwar untergeordneter aber trotzdem sehr schöner und zum Teil wildgezackter Grat über 3000 m auf, der die beiden großen Gletscherbecken trennt, heute „das Wiesbadner Grätli" genannt: P. 3144, 3022, 3030. Näheres s. R. 256 und Bild 19.

Der Flianakamm gipfelt im Piz Fliana, Bild 31. Die Gipfel südl. davon sind kaum besucht, ein reiches Feld für Einsamkeitssucher in einer wildschönen Umgebung.

b) Die Zugänge zu den Buinen von N und W (und S), zu den üblichen Anstiegen decken sich mit denen zur F. d. Cunfin, s. R 701 b: Von der Wiesbadner Hütte, s. R 256, 257; von den Silvrettahütten/SAC, s. R 397; von der Tuoihütte, s. R 422. Von O s. beim Vermuntpaß R 731. Von S auch R 422 und 399. Zum Flianakamm vgl. noch R 410, 414 und 420.

c) Karten : Die Buingruppe findet sich ganz auf der AV=SiKa, desgleichen der Flianakamm bis zum Piz d'Anschatscha, der Rest auf der LKS Bl. 498 bzw. 249.

d) Als Standorte sind die 3 umliegenden Hütten nahezu gleich gut geeignet: auf der österreichischen N-Seite die Wiesbadner Hütte, auf der Schweizerseite im W die Silvrettahütten/SAC, im SO die Tuoihütte. Die Mittagsplatte ist ein idealer hochalpiner Zeltplatz.

e) Die ONO verlautenden Gesteinszüge der Buine bestehen aus hellen glimmerreichen Schiefergneisen und Granitgneisen (auf der N-Seite des Gr. Piz Buin auch aus Augengneisen). Sie wittern gerne braunrot an, weshalb die beiden Gipfel zum Teil ein dunkles, fast düsteres Ansehen haben. Der Gr. Buin trägt nach Bearth eine Kappe aus Hornblendegneis, deren gegen W einfallende Schichten in Kl. Buin hineinstreichen, bei dessen Überschreitung daher den Wechsel von roten Schiefergneisen und dunkelgrünen Hornblendegneisen demonstrieren. Auch hier ist die O- und S-Seite steiler abgebrochen als die mehr abgedachte W- und NW-Seite, d.h. die leichteren Anstiege erfolgen von W und NW, die rassigen Klettereien von O und S.

f) Täler und Gletscher: Zwei Täler beherrschen die Buine, das Ochsental und seine Gletscher im N und NW, das schwach vergletscherte Tuoital im S. Das unten eintönige, 7 km lange, Ochsental lebt touristisch ganz von seinem großen Talschluß mit den Buinen und dem Silvrettakamm als Hauptstücken bzw. mit den großen Gletschern, die als Geburtsstätten der Ill von Bedeutung sind, Bild 19. Das kahle hochalpine Ochsental hat seinen Namen von den Ochsen, die dort kärgliche Weide finden. Das Wort lebt nicht nur in den Ochsenscharten und -köpfen, sondern auch in den Buinen fort, s. unten g). Die zwei Gletscher flossen noch vor einem Menschenalter mit ihren Zungen zusammen. Das ändert nichts daran, daß es zwei, heute ganz getrennte Gletscher sind. Die unzweckmäßige Unterscheidung eines Östl. und Westl. Vermuntgletschers mußte daher der früheren klaren Trennung und Benennung in Vermuntgletscher am Vermuntpaß und Ochsentaler Gletscher als der größere, das Ochsental beherrschende Hauptgletscher weichen.

Ganz anderer Art sind das Tuoital und seine Gletscher. Das ca. 8 bis 9 km lange südoffene sonnige Tal steigt aus den schönen Lärchen- und Tannenwäldern seines Unterengadiner Einganges bei Guarda um 1400 m bis in die 3300 m hohen Fels- und Firnregionen empor, wo der Piz Buin Grand den großartigen Talschluß bildet. Nur von Hirten und wenigen Touristen besucht, ist es noch von großer Ursprünglichkeit, durch die Tuoihütte des SAC genügend erschlossen. Gewaltige Moränenberge der schwindenden Gletscher füllen die drei Hochkare, in die es sich gabelt. "Vadret Fermunt" und "Tuoi" verdienen kaum noch den Namen, auch der Firn von Plan Rai ist stark geschwunden. Eine Sonderstellung nimmt die schöne Firnschale der Cudèra ein, aus welcher der Vadret Tiatscha ins Val Lavinuoz steil hinabbricht.

(Über dieses Tal s. R 410 und 413.) Führen doch nicht weniger als vier Gletscherpässe dicht nebeneinander in den Nordhalbkreis aus diesem Firnbecken hinaus: der 2886-Meter-Paß an der Mittagsplatte (R 713), die Fuorcla dal Cunfin (R 701), der Silvrettapaß (R 691) und das Verstanklator (R 697).

g) Bei diesen beiden Gipfeln auf der Sprachgrenze zwischen den deutschsprachigen Tälern Montafon und Prätigau hier und dem rätoromanischen Unterengadin dort wird zweisprachige Doppelbenennung offenbar: hier Großer und Kleiner Piz Buin, dort Piz Buin Grand und Piz Buin Pitschen, 3312 und 2255 m.

Der Name Buin, Theobald 1862, leitet den Namen vom rätoromanischen Wort Buina für Schafkäse her, weil die Buine die Form eines solchen haben. Dies scheint zuerst einleuchtend, aber ältere Formen wie Albuin (urkundl. 1610, 1806, 1841 usw.) aus Valbuin lassen den ziemlich sicheren Schluß zu, daß das Val bovina = Ochsental der rätoromanischen Siedler namenbildend war. Die Walser haben es dann einfach in Ochsental (s. oben bei f) übersetzt. Piz Buin bedeutet also der Ochsentaler Berg oder kurz Ochsenkopf.

## Fuorcla dal Cunfin, 3043 m

**701**

a) Zwischen Signalhorn und Kl. Piz Buin. Verbindet das Firnbecken des Ochsentaler Gletschers mit der Firnmulde „La Cudèra" des Vadret Tiatscha und über die nahen Pässe (Silvrettapaß, Verstanklator und Mittagsplatte) auch mit den dort angrenzenden Tälern. Von der Fuorkla herrlicher SW-Blick auf Piz Linard und die ganze Berninagruppe links von ihm; im O die Buine wie auf Bild 30.

b) Die wichtige Touristenfuorkla vermittelt daher vielbenützte Übergänge von und zu folgenden Hütten:

1. Von der Wiesbadner Hütte zur Fuorcla selber (und zur Buinlücke!) R 256, 257; weiter zu den Silvrettahütten/SAC R 259; zur Saarbrücker Hütte R 255; zur Tuoihütte R 262; ins Val Lavinuoz und Vereinagebiet R 260, 261.

2. Von den Silvrettahütten/SAC zur Wiesbadner Hütte R 397; zur Jamtalhütte R 398.

3. Von der Tuoihütte R 422.

c) Der rätorom. Name Fuorcla dal Cunfin bedeutet Grenzscharte, wörtlich Gabel der Grenze, weil die Fuorcla im Grenz- und Hauptkamm (und auf der europäischen Wasserscheide Rhein/Donau) liegt. Die erneuerte Grenzmarke Nr. 17 zw. Österreich im N und Schweiz im S, ein Messingknopf, wurde 1951 in den Fels dicht SO der Scharte eingelassen.

## Kleiner Piz Buin oder Piz Buin Pitschen, 3255 m

**702**

a) Das kleinere Ebenbild des Großen, s. Bild 30, zwischen der Buinlücke und F. d. Cunfin, mit der ihn ein längerer im Eckpunkt 3114 nach NW geknickter W-Grat verbindet. Selten bestiegen, obgleich er von W ganz leicht zu ersteigen ist und prächtige Rundschau bietet.

b) Den Namen (s. R 700 g!) gab ihm Coaz auf der SAC-Karte 1865. Die 1. Ersteigung über W-Grat machte C. W. Stein mit Chr. Jann am 24. 8. 1868. 1. Aufstieg von Osten mit Ausweichen in die N- und S-Flanke Frl. C. Caflisch mit Guler jun. im Aug. 1897. Den ganzen Ostgrat begingen F. Hörtnagl, A. Ledl, J. Pircher, L. Prochaska und F. Stolz am 24. 9. 1898. Über die Nordwand stieg M. Henze mit J. Lorenz am 30. 8. 1898.

c) Anstiege: Der leichteste erfolgt von W, wo z. T. eine Steigspur im Gratschutt zu finden ist. Die Anstiege von N und O sind nicht sehr lohnend wegen brüchigem Fels. Die Zugänge zum Bergfuß decken sich mit R 701 b.

**703**

**Über den Westgrat.** II = mäßig schwierig, 1.30—2 h von der F. d. Cunfin, 0.45—1 h von der W-Gratscharte. — Am einfachsten und kürzesten steigt man wie auf Bild 30, Ziffer 5, von N, vom Ochsentaler Firn direkt (zu Zeiten Bergschrund) in die Scharte unmittelbar am W-Gratfuß auf. Von der Scharte über Geröll und Schrofen der unteren W-Flanke des hier nach NW streichenden Gratrückens auf diesen und über ihn auf die W-Gratschulter. Weiter über den Gipfelgrat zur Spitze.

Man kann auch von der F. d. Cunfin über den ganzen Verbindungsgrat und P. 3114 in die W-Gratscharte klettern, eine sehr schöne Gratwanderung, aber mit zuletzt steilem Abstieg in die Scharte. — Den oberen W-Grat kann man auch von SW gewinnen, indem man von der Mittagsplatte über eine Schutthalde und mäßig schwierige Felsen bis etwa in halbe Wandhöhe der SW-Flanke ansteigt, dann eine tiefe Rinne nach links (W) etwas absteigend überquert, um jenseits über ein schmales Band und eine Felsrippe den W-Grat zu gewinnen; über ihn zur Spitze.

**704**

Über den Ostgrat. II—III = mäßig schwierig bis schwierig, 1 h von der Buinlücke. Man folgt meist genau der Gratkante, kann aber sowohl links wie rechts da und dort ausweichen. Ein oberhalb eines breiten Geröllbandes vorstehender Felskopf wird rechts auf der Nordseite über eine schwierige Platte genommen, später einige Meter in die Südseite und durch einen schwierigen Kamin zurück auf den Grat und über ihn oder rechts neben ihm zum Gipfel.

**705**

Über die Nordwand. II (III) = mäßig schwierig (schwierig), sehr von den Firnverhältnissen abhängig. 1—2 h vom Einstieg. Man steigt in der Gipfelfallinie, also links im östl. Teil des Wandfußes ein und wie auf Bild 30 Ziffer 4 gerade durch die hier etwas eingebuchtete Felswand empor in den trichterförmigen Ausstieg; schräg links oder leichter rechts herum auf den Gipfelgrat.

## Buinlücke oder Fuorcla Buin, 3056 m

**706**

Zwischen Gr. und Kl. Piz Buin, von N, vom Ochsen=
taler Firn über Schnee, zuletzt Schutt, leicht zu er=
reichen. Nach S führt eine steile Firn=, Fels= und Schutt=
rinne ins Val Tuoi hinab, „Il Chamin" = der Kamin
genannt (es handelt sich aber um keinen Felskletter=
kamin im Sinne der Bergsteigersprache). Erstmals be=
gangen (im Abstieg) am 24. 7. 1869 durch Chr. Göhrin=
ger mit dem Führer Pöll und einem Träger.

Die Zugänge decken sich mit denen der F. d. Cunfin
(s. R 701 b): Von der Wiesbadner Hütte übers Grätle
R 256, übern Gletscher R 257, von den Silvrettahütten
R 397, von der Tuoihütte R 422. Für die Anstiege ver=
gleiche man R 262 und 422. Als Übergang wird die
Lücke kaum benützt, dagegen ist sie Hauptzugang zum
Gr. Piz Buin von N und W, vereinzelt auch direkter
Zugang (oder Abstieg) zu den Buinen aus dem Val
Tuoi; zweifellos kürzer aber auch wesentlich schwieriger
(und steinschlägig) als über Plan Rai—F. d. Cunfin.

## Großer Piz Buin oder Piz Buin Grand, 3312 m

**707**

a) Der dritthöchste Gipfel der Silvretta, der höchste
Punkt im Haupt= und Grenzkamm, aber auch des Lan=
des Vorarlberg und einer der Marksteine an der Grenze,
die von W nach O über seinen Gipfel geht. Der Berg
ist nach W flacher abgedacht (Bild 30), nach O stürzt
er mit einer mächtigen, durch Pfeiler und Schluchten
gegliederten Wand auf den Vadret Fermunt ab. Der
breiten, nicht sehr hohen N=Wand steht eine pralle
hohe S=Wand gegenüber, s. Bild 28, Bild 19 und das
prächtige Compton=Bild in der AVZ 1914, S. 308, das
rechts die W=Flanke, links die N=Wand zeigt und links
daneben die Zacken des Wiesbadner Grätles. Seines un=
schwierigen W=Anstieges wegen (Bild 30) im Sommer
und Winter ein gleich beliebter, relativ meistbestiegener
hoher Silvrettagipfel. Die zum Teil sehr rassigen O= und
S=Anstiege werden zu wenig beachtet.

b) Zum Namen s. R 700 g. Weilenmann schrieb noch 1872: „in
Tirol wird er Albain, in Vorarlberg Albuinkopf geheißen".
c) Aus der Ersteigungsgeschichte das Wichtigste: 1. Er=
steigung (übern Ochsentaler Gletscher und von W) durch I. A.

Specht und J. J. Weilenmann mit dem Führer F. Pöll und mit J. Pfitscher, beide von Galtür, am 14. 7. 1865 (am gleichen Tag wurde das Matterhorn erstmals bestiegen!). Die köstliche Schilderung Weilenmanns nachlesen, s. R 68 S. 148 und SACJ. 1866! — 1. Anstieg durch die NO-Flanke und Überschreitung von O nach W durch O Schuster mit H. Moser am 28. 9. 1897. 1. Ersteigung über die Nordwand: Dr. Bröckelmann mit J. Lorenz am 3. 8. 1898. 1. Ersteigung über die Südwand durch Fr. Trinner und J. Reich am 29. 8. 1907, nachdem sich schon E. Zsigmondy an der SO-Kante versucht hatte. Neuer Anstieg über den Südwandpfeiler am 20. 8. 1950 durch Sepp Huber und Kurt Zeitler. 1. Begehung der Ostwand am 23. 8. 1950 durch Sepp Huber und K. Zeitler.

Die 1. Winter- und zugleich Skibesteigung machten am 5. 1. 1898 (!) der Führer L. Guler aus Klosters (mit Ski) und Felix Denzler (mit Schneereifen). Gulers Schnauzer „Halo" war mit am Gipfel und wurde (über den „Kamin") „hinauf- und herabgehißt am Seil". P. Schucan und D. Marcuard dürften am 21. 3. 1906 die ersten „richtigen" Skifahrer von der Wiesbadner H. über den Gletscher gewesen sein. Das Wiesbadner Grätle überquerten erstmals 1875 (im Abstieg) die Montafoner Battlogg und Kleboth; im Aufstieg: E. Zöppritz mit J. Lorenz und Mazagg am 25. 7. 1881; sie eröffneten so den „neuen Buinweg" (Zugang).

d) R u n d s i c h t. Meisterhaft beschrieben von Weilenmann, s. R 68 S. 180 und SACJ 1866 S. 73. Im Hauptkamm der höchste Berg, kein hemmender Gipfel ringsum, bietet der Piz Buin eine wundervolle Fernsicht. Ringsum die Zentralalpen: Ötztaler Alpen im O, Ortler im SO, Bernina SSW, Bündner Oberland SW, sogar der Saasgrat im Wallis ist im WSW sichtbar, ferner die Berner Alpen im W, rechts davor die Glarner Alpen mit dem Tödi im W und WNW. Daneben haben die Höhen von Vorarlberg und Nordtirol Mühe, zur Geltung zu kommen: im Nordhalbkreis, im N und NO, die ganze Ferwallgruppe und dahinter links im NW die Vorarlberger Alpen, im N das Arlberggebiet und im NNO und O die Lechtaler Alpen.

In der Umgebung und Silvretta fesseln: das stolze Fluchthorn und das breite Massiv des Augstenberg im NO. Besonders schön der Südwestblick, wie er z. T. auf Bild 31 zu sehen ist: der breite Piz Fliana gerade gegenüber; rechts über seinem W-Grat die schöne Pyramide des Piz Linard (höchster Silvrettagipfel, 3410 m). Links und besonders rechts hinterm Linard die ganze Albulagruppe, dahinter (links vom Linard) am Horizont die Bergeller Berge und — l. u. r. über dem Flianagipfel hinweg — die strahlende Berninagruppe mit allen großen Gipfeln von l. nach r.: Piz Cambrena, Palü, Bellavista, Argient, Crast'agüzza, Piz Bernina mit Biancograt, Piz Roseg und der Sella-Glüschaint-Kamm. Im Vordergrund r. zw. Linard und dem schroffen Verstanklahorn im SW die vielgipfeligen Plattenhörner und der Schwarzkopf.

## Anstiege auf den Großen Piz Buin

Der übliche W-Anstieg von der Buinlücke ist unschwierig, alle anderen Anstiege aber sind schwierig bis sehr schwierig, ja besonders schwierig und zum Teil auch objektiv gefährlich.

**708**
**Von Westen, von der Buinlücke über die Westflanke
und den Nordwestgratrücken.** I (II) = unschwierig
(mäßig schwierig), 35—45 Min. (bis 1 h) von der Lücke;
s. Bild 30 (auf dem Bild ist die Gipfelkote durch
Schreibfehler falsch mit 3362 statt mit 3312 eingetragen).
Die Führe hat nur eine kurze Kletterstelle, den sogen.
„Kamin", eine Felsrinne, die bei Neuschnee und Ver=
eisung unangenehm sein kann und in jedem Fall Seil=
sicherung erfordert; ein Sturz ist dort tödlich.

Zur Buinlücke s. R. 706. Man braucht die Lücke nicht
ganz zu betreten (Vorsicht an ihrem S=Rand wegen
Verwächtung), sondern kann schon kurz vorher links=
hin nach O in den Geröll= oder Firnhang der W=
Flanke hinaufsteigen, welcher in halber Höhe der
Flanke von einer steilen Felsrampe querüber abge=
schlossen ist. Wenn der Schutthang aper (schneefrei)
ist, erkennt man eine deutliche Steigspur, die mit einer
kleinen Kehre von rechts unten nach links oben schräg
über den Schutthang emporführt auf eine kleine Schul=
ter bzw. flache Einsattlung im NW=Grat. Wenig ober=
halb steigt der Grat steiler an. Hier quert man links
auf der N=Seite in den „Kamin" hinein, eine mäßig
steile Felsrinne, durch die man die Steilstufe über=
windet und oberhalb wieder rechts auf die schuttbe=
deckte W=Flanke des NW=Grates aussteigt. Über sie
unschwierig direkt hinauf zum Gipfelkreuz.

**709**
Über die Nordwand. II—III (IV) = mäßig schwierig bis
schwierig (sehr schwierig); 1—3 h vom Einstieg, sehr von den
Verhältnissen abhängig; brüchiger Fels und zu Zeiten sehr stein=
schlägig, nicht zu empfehlen. Zugang zum Wandfuß
bzw. oberen südöstlichsten Firnwinkel des Ochsentaler Gl. wie bei
der Buinlücke R 706. Die Führe ist denkbar einfach im Verlauf:
man steigt etwa in der Fallinie des Gipfels ein — der Firn und der
oft große Bergschrund steigen hier am höchsten empor — und im
ganzen gerade hinauf über Firn, Eisflecken und den schlechten Fels
einer pfeilerartigen Wandrippe, die rechts neben der hier etwas ein=
getieften Nordflanke emporzieht und wenig W vom Gipfel auf den
NW=Grat mündet.

**710**
Über die Nordostflanke. II—III (IV); 3—4 h vom Ver=
muntpaß. Zum Paß s. R 263 von der Wiesbadner Hütte und R 423
von der Tuoihütte. Eine bzw. zwei interessante aber nicht leicht zu
findende Führen. In den Rinnen zu Zeiten Steinschlag. Kommt man

von der Tuoihütte, so geht man nicht bis zum Paß, sondern schon vorher links (W) auf den kl. Vadret Fermunt empor. Ansonst vom Paß gleich rechts (SW) dorthin.

I. Man erkennt jetzt vom Vadret aus eine hohe steile schluchtartige Rinne, die aus der Scharte zw. P. Buin links und Wiesbadner Grätle rechts herabschießt. Durch dieses Firncouloir aufwärts bis zu ¾ Höhe. Dann links (S) auf eine Terrasse, auf der die eigentliche obere NO=Wand fußt. In mäßig schwieriger bis schwieriger Kletterei ziemlich gerade in die Höhe, wenig nach rechts haltend. Zuletzt durch eine steile etwa 60 m hohe Verschneidung auf die gratartige Rippe der obersten Ostwand, die etwa 70 m unterhalb des Ostgipfels erreicht wird; vom OG unschwierig über den Grat zum Gipfelkreuz.

II. Wegänderung hiezu: Man steigt das Firncouloir nur etwa bis zur halben Höhe empor, wendet sich dann links nach S in die Felsen zum N=Grat des Ostgipfels. Man quert auf der Ostseite des Berges unter dem O=Gipfel hindurch auf dessen SO=Gratpfeiler hinüber; auf und neben ihm zum OG. und zur Spitze.

## 711

Über die Ostwand. IV = sehr schwierig; einige Seillängen im 2. Drittel der Wand V = besonders schwierig. Zeit der Erstbegeher 7 h. Wandhöhe ca. 500 m. Prächtige Urgesteinskletterei im festen Fels, eine der schönsten aber auch schwierigsten großen Felsfahrten der Silvretta. — Man beachte: die dreieckige Ostwand, die im O=Gipfel mit einer Art Gratrippe ausspitzt und in der AV=SiKa sehr gut kenntlich ist, fußt auf großen Schutthalden. Zugang zum Ostwandfuß wie bei R 710. Die NO=Flanke und das große Couloir bleiben aber rechts.

Von den (oft noch firnbedeckten) Schutthalden am Ostwandfuß zum Einstieg etwas rechts des höchsten Schuttkegels, bei einer auffallend rechteckigen, grünlichen Platte (Steinmann). Vom Einstieg links in die Platten, zwei Seillängen gerade empor, dann etwas rechts halten (3 Seillängen) bis auf ein Band unterhalb einer großen gelben Nische. Eine halbe Seillänge links queren, bis eine Rinne, knapp oberhalb des Bandes beginnend, nach links in eine gestufte Plattenwand führt. Diese verfolgend bis auf den Kopf einer Art Verschneidung, eine ausgeprägte große Wandnische (5 Seillängen, IV). Nun ein großes Schuttband nach links queren. Schon vom Fuß der Wand fällt eine große blaßgelbe verschneidungsartige Abbruchstelle im zweiten Drittel der Wand auf. Links davon zieht eine große Verschneidung fast senkrecht empor. Vom Fuß dieser Verschneidung in deren rechtsseitigen Platten einige Meter empor, dann nach rechts in steile große Platten. Über sie griffarm empor und rechts an die Kante (Stand). Vom Stand über glatte steile Platten rechts spreizend empor, dann unter einem Überhang links queren und über großen lockeren Block zu Stand rechts auf kleinem Köpfle. Vom Köpfle Quergang nach rechts auf sehr steile Plattenrampe, dieser entlang bis auf ihr Oberende, am Kopf der großen gelben Verschneidung. Nun nach links über überhängende Blöcke und oberhalb derselben um die Kante nach links, wo zwei schmale ebene Leisten in senkrechter Platte ca. 4 Meter Quergang nach links vermitteln. Vom Ende des Quergangs gerade aufwärts über einige lockere Blöcke zu Stand oberhalb (6—7 Seillängen V. Grad). Von hier auf brüchigem Band nach r., bis eine steile Rinne nach oben auf kleinen Schuttfleck führt. Nun etwas rechts hoch über brüchigen Pfeiler auf großen

Schuttfleck. Über leichten Fels auf den Ostgipfel und über den Gipfelgrat nach W zum HG hinüber (priv. Mitteilung nach Angaben der Erstbegeher).

**712**
Über die Südwand. Zwei Führen; große und schwierige Kletterfahrten. Bester und kürzester Zugang zum Südwandfuß von der Tuoihütte; Beschreibung überflüssig, s. Bild 28.
I. Führe Reich=Triner. IV (—V) = sehr schwierig (bis besonders schwierig), Zeit der Erstbegeher 6.30 h vom Einstieg. Schwierige aber sehr schöne Kletterfahrt. Über schuttbedeckten Firn zu einer vom Ostende des Gipfelgrates herabziehenden Felsrippe. Die Führe geht im ganzen über diese Rippe empor, die rechts von einer breiten Wandbuchtung begleitet ist. Man steigt über glatte Stufen in die Felsen ein, gewinnt dann über ein schuttbedecktes Band und leicht Felsen an Höhe, wobei die tiefe Schlucht, die vom SO=Grat trennt, stets rechts bleibt. Über gutgestufte Felsen zu einer heiklen Platte, auf welche griffarme Stufen aufgesetzt sind (ca. 2900 m). Nun sehr ausgesetzt und steil an guten Griffen aufwärts; besondere Vorsicht erfordert eine in die Wand hinaushängende Kante. Ein enger etwa 4 m hoher Kamin mit wenig Griffen an der Außenseite setzt etwas höher an und mündet auf ein schmales Band. Nun etwa 50 m beinahe senkrecht aber gutgriffig empor über festen Fels zu einem schmalen Band, über dem sich eine glatte meist senkrechte Stufe aufbaut (schwierigster Teil). Mit ganz wenigen Griffen und Reibungskletterei über diese Stufe empor und unter einem Überhang durch zu einem Gesimse (2 Steinmänner). Nun eine leichtere Steilstufe zum Gipfelgrat und über ihn zur Spitze.
II. Führe Huber=Zeitler. IV—V = sehr schwierig bis besonders schwierig, 4 h vom Einstieg, Wandhöhe ca. 600 m. Sehr schöne lohnende Felsfahrt in steilem Fels, Hauptschwierigkeiten in der unteren Hälfte aber in festem Fels. — Übersicht: Von Cronsel (2660 m; s. R 422), südöstlich des Plan Rai, gesehen (vgl. R 422, durchzieht ein stark ausgeprägter Pfeiler die Südwand fast in der Mitte, beginnend etwa 100 m östl. r. vom Gipfel, am Gipfelgrat und bis in das Kar am Wandfuß reichend. Dieser Pfeiler wird westl. (links) von einer stark ausgeprägten Rinne begrenzt. —
Die Führe: Einstieg am Fuße des Pfeilers in der südöstlichen Flanke, links von einem großen nassen Kamin. Links des Risses über Platten, dann in der Begrenzungswand auf den Rücken des Pfeilers. Über gestuften Fels des Rückens zu einem Steilaufschwung. 1 bis 2 Seillängen gerade empor, dann in die rechte Flanke, weiter durch eine Verschneidung, dann über Platten spreizend, wechselnd sehr schwierig, 3—4 Seillängen empor bis auf den zweiten Pfeilerabsatz. Von hier ca. 30 m die Schlucht links verfolgend, dann in die sehr plattige rechte Begrenzungswand hineinqueren. Etwas rechts an der Kante auf den dritten Pfeilerabsatz. Von hier in gleicher Richtung in unschwierig gestuftem Fels auf den Gipfelgrat, etwa 100 m östl. vom Gipfel und über ihn leicht nach N zur Spitze (priv. Mittlg.).

## Sattel, 2886 m, am Plan da Mezdi

**713**
a) Zwischen den Buinen und Piz Fliana. Dieser schöne Gletschersattel dicht S der Mittagsplatte oder Plan da

Mezdi, den man mit Fug und Recht Sella da Mezdi heißen könnte, hat leider keinen Namen, was das Ansprechen des wichtigen Überganges unnötig erschwert. Der Sattel verbindet den Flianafirn von Plan Rai mit der Cudèra und über sie mit den drei nahen Gletscherpässen Verstanklator, Silvrettapaß und F. d. Cunfin, die alle drei in 20—30 Min. mühelos zu erreichen sind, wobei allerdings — wie auf dem Sattel 2886 selber! — auf verborgene Firnspalten s e h r zu achten ist!

b) Der Sattel ist von den drei Hütten fast gleich gut zu erreichen: von der Tuoihütte wie bei R 422, von der Wiesbadner Hütte R 262, von den Silvrettahütten/SAC R 399. Aus dem Val Lavinuoz s. R 413. Die übrigen Zugänge und Übergänge können leicht den Angaben bei der F. d. Cunfin R 701 bzw. Silvrettapaß R 691 (697) entnommen werden. — Die Platten der Mittagsplatte dicht N des Sattels 2886 sind einzigartige Rast- und Zeltplätze. Der Sattel selber besteht noch aus Gletschereis.

### Piz Fliana, 3281 m, und Piz Tiatscha, 3208 m
714

a) Piz Fliana: Ein schöner Berg mit breiten Schultern — W- und O-Grat — über die ihm ein Firnmantel geworfen ist. Dieser Eismantel schwindet leider erschreckend; s. Bild 31. Ein langgezogener SW-Grat verbindet ihn mit dem Piz Tiatscha, der eigentlich nur ein mächtiger Turm in diesem Grat ist (vgl. auch R 718!). Der schulterartige N-Grat (= P. 3164 im Bild 31) des Fliana dagegen ist in der Bergsteigersprache ein „Schotterhaufen". Die hellen frischen Ausbrüche und die Steinlawinen am Fuß auf Bild 31 sprechen Bände. Ich kann nur warnen! Die Führen über diesen „Nordpfeiler" und seine Flanken nehme ich daher nicht auf.

Piz Fliana und der ganze Flianakamm ist nach Bearth sehr wechselreich aus Hornblende- und Glimmergneisen (z. T. auch Granitgneisen) gebaut, die Gipfel mehr aus Hornblende, die Sättel mehr im Glimmergneis geformt.

b) D e r  N a m e  F l i a n a kommt nach Eggerling vom rätorom. fliauna, fliana = Pflugschar, weil der Berg von SO gesehen so einem alten Pflug der Älpler gleicht. Tiatscha ist nach Hubschmied eine verächtlichmachende Form für tea, teja, tia (im Paznaun Taja), was Hütte bedeutet. Der Piz T. ist also, grob gesagt, „der Berg bei der alten Alphütte".

c) 1. Ersteigung des P. Fliana durch J. Oberholzer, E. Schoch und C. Bruppacher mit Lehrer Schlegel aus Klosters als „Führer", am 12. 7. 1869 von SO. 1. Ersteigung von NW über Firn auf den W-Grat durch A. Rzewuski, Herrn und Frau Tauscher-Geduly mit J. Engi und P. Jegen. Über die westl. Südflanke aus dem Val Lavinuoz erkletterte ihn am 27. 7. 1895 erstmals kein Geringerer als W. A. B. Coolidge und Mc. Cracken mit Christian Almer II. Direkt über die Südflanke stiegen E. Pühn und Pfarrer Pünchera aus Lavinuoz am 31. 8. 1895. Schließlich erstiegen A. Hitz und H. Kuhn am 3. 8. 1907 den Piz Tiatscha erstmals und gingen über den SW-Grat zum Fliana.

d) Die Anstiege sind fast alle unschwierig oder mäßig schwierig, aber, soweit sie über Gletscher führen, sehr wechselnden Verhältnissen unterworfen. Eine unschwierige Kletterei und eine landschaftlich sehr schöne Überschreitung bieten W- und O-Grat. Rassig ist die Überschreitung Piz Tiatscha—Fliana von SW. Wer mäßig schwierig und eisfrei ansteigen will, benützt den O-Grat R 716 II.

**715**
**Von Nordwesten: Über die NW-Firnflanke und den Westgrat.** I—II (III) = unschwierig bis mäßig schwierig (schwierig), sehr von den Firnverhältnissen abhängig; 1—2 h vom Sattel 2886 oder vom Plan Rai-Firn. Der meistbenützte, auch im Winter übliche Anstieg (Ski: s. R 58); von allen Hütten gleich gut zu erreichen. Zugänge s. R 713 b. Die verschiedenen Möglichkeiten, den langen W-Grat (WNW-Grat) weiter unten oder oben zu erreichen (oder auch den Hochsattel zwischen P. 3164 und dem Gipfel) zu gewinnen, sind aus Bild 31 gut ersichtlich. Bei gutem Firn und kleinem Bergschrund steigt man über die rechte westl. Hälfte der NW-Firnflanke empor und entweder rechts (S) auf den mittleren W-Grat und über ihn — zuletzt nach S — zur Spitze; oder halblinks (O) auf den Hochsattel S von P. 3164 und von dort unschwierig nach S auf den obersten W-Grat, der hier nach S biegt und rasch zum Gipfel führt. (Wie bereits bei R 714 a bemerkt, kann man P. 3164, die Schulter des ‚Nordpfeilers', auch direkt von N über den Pfeiler oder dessen Flanken ersteigen, doch wird wegen sehr großer Steinschlaggefahr nochmals dringend abgeraten.)

**716**
Von Osten auf Piz Fliana. II = mäßig schwierig, 3—4 h von der Tuoihütte, kürzester direkter Aufstieg von dort. Die Ostflanke ist die zahmste Seite des Berges, sie bietet mehrere Anstiege. Die Flanke zeigt einen Ostgrat des HG und einen vom P. 3164 (Nord-

schulter) ausstrahlenden schwach ausgeprägten Ostrücken zum P. 2795 hinab. Dazwischen ist ein Ostfirn eingelagert.

I. **Über den Ostfirn und die NO=Flanke.** Man kann den Ostrücken von P. 3164 oder den Ostfirn beliebig je nach Firnlage von NO, O und N her erreichen und nach W auf P. 3164 oder den Hochsattel südl. von ihm steigen; weiter: unschwierig über den kurzen N=Grat= rücken zur Spitze.

II. **Über den Ostgrat aus dem Val Tuoi.**

a) Von der Tuoihütte kurz talab und rechts (W) über die Brücke, 2163 m, und den Clozzabach und SW empor über die sehr steile felsdurchsetzte Flanke auf den Rücken NW der markanten Felsnase, 2512 m [hierher auch wie bei R 414 (ugkt.) von P. 2110 (weiter talab im Val Tuoi=Grund) entlang dem Bachgraben ins Hochtal Foura d'Anschatscha hinauf].

b) Jetzt nach NW gegen den Südfuß des untersten Ostgrataufs schwunges und empor auf die Schulter rechts unter dem markanten spitzen, ca. 2900 m hohen Felskopf auf den Grat. Weiter rechts auf die Nordseite und von N über guten Fels empor auf die große flache, oft noch firnbedeckte Gratschulter, 2900 m, oberhalb des spitzen Felskopfes. Von SO auf den letzten großen Grataufschwung und über den Grat unschwierig zur Spitze.

## 717

Von Süden auf den Piz Fliana. I (II) = unschwierig (mäßig schwierig), 1.15—1.45 h von der Fuorcla d'Anschatscha bzw. vom Einstieg, 3.30—4.30 h aus dem Val Tuoi oder Lavinuoz. Die uns schwierigen Südanstiege sind uninteressant und mehr für den Abs stieg geeignet. Man beachte: SSO unter Gipfelfelsdreieck ist eine leicht befirnte Hochstufe (Hochfirn) eingelagert, die von den Führen überquert wird, s. AV=SiKa. — Zur Fuorcla d'Anschatscha aus den Tälern wie bei R 414, aus dem Val Tuoi auch wie bei R 716 IIa. Von der Fuorcla entlang der schwach ausgeprägten Südrippe oder beliebig links und rechts über unschwierige Felsen und Schrofen und Geröllstufen oder durch Rinnen und über Firnstreifen auf die Hochstufe (Hochfirn); weiter beliebig auf dem oberen O=Grat r. oder SW=Grat l. oder gerade zur Spitze hinauf. Die Hochstufe (Hochfirn) kann man auch über die Felsflanke zw. Südrippe und SW=Grat ersteigen (Führe Coolidge).

## 718

**Über Piz Tiatscha und den ganzen Südwestgrat auf Piz Fliana.** III (IV) je nach Führe und Verhältnissen, 5—7 h aus dem Val Las vinuoz. Übersicht: Der SW=Grat des Piz Fliana wirft sich im Piz Tiatscha, 3208 m, nochmals zu einem stattlichen Gratgipfel auf, der seinerseits einen langen gezackten SW=Grat tief ins Val Lavinuoz hinabsenkt. Über ihn führt der Anstieg, eine z. T. rassige Grats kletterei, landschaftlich großartig.

A c h t u n g : Der Name Piz Tiatscha steht in der LKS und AV= SiKa beim SW=Grat=Vorgipfel, 3051 m, anstatt beim P. 3208!

Von Marangun=Lavinuoz (s. R 410) wie bei R 414 gegen die F. d'Ans schatscha hinauf bis P. 2706. Jetzt links nach NW gegen das breite begrünte Band, das von links nach rechts zur SW=Gratschulter (Vorgipfel), 3051 m, hinaufzieht. Über das Band bis zu seinem Ende und über eine 10 m hohe senkrechte Stufe auf gras= und schuttdurchsetzte Schrofen hinauf zu einem Band. Dann nach links (NW) um eine Ecke herum auf grobes Geröll und zum Vorgipfel,

3051 m. Die nun folgenden Türme und Zacken zum Piz Tiatscha hinauf werden am besten aber sehr schwierig und ausgesetzt direkt überklettert (eine Umgehung links auf der NW-Seite ist zwar möglich und leichter aber sehr heikel). Man gelangt so in prächtiger Kletterei immer über den SW-Grat auf den Piz Tiatscha, 3208 m. Der Übergang zum Piz Fliana ist nicht mehr schwierig. Vom Gipfel des Piz Tiatscha wendet man sich nach wenigen Schritten am Grat vor einem großen Überhang auf einem kleinen Band nach r. (S) hinab und steigt dann über steile plattige Felsen direkt in die Scharte zw. beiden Gipfeln hinunter. Jenseits klettert man über die Felsen direkt empor am Grat und entweder über ihn zur Spitze oder r. daneben über den Hochfirn zum Fliana-Gipfel.

## Fuorcla d'Anschatscha, 2854 m

**719**

Zwischen Piz Fliana und Piz d'Anschatscha (früher auch Fuorcla Tiatscha genannt); auf der Ostseite zu Zeiten leicht befirnt, sonst mit Blockwerk bedeckt. Selten als Übergang benützt, von SW unschwierig, von O im unteren Teil nur über sehr steile Hänge zu erreichen, vgl. R 414 (von W nach O) und R 716 IIa von O aus dem Val Tuoi bis in das Hochkar Foura d'Anschatscha, von dort dicht S unterm Felssockel von P. 2692 durch und nach NW und W zur Fuorcla hinauf. Unschwierig nach SW ins Val Lavinuoz hinab. Ein unbedeutender Gipfel südlich von der Fuorcla d'Anschatscha.

## Piz d'Anschatscha, 2983 m

**720**

1. touristische Ersteigung durch W. A. B. Coolidge und Mc. Cracken mit Chr. Almer jun. am 24. 7. 1895. Karte: LKS Bl. 498, bzw. 249. Anstiege: Der Berg läßt sich aus beiden Tälern unschwierig ersteigen:

a) Über die SW-Flanke. I, 3.30 h von Marangun Lavinuoz (R 410). Von den Alphütten östl. über steile Grashalden empor in die Hochmulde zwischen Piz d'Anschatscha und Piz Champatsch. Aus dieser Mulde entweder links auf den SW-Gratrücken oder rechts zum Verbindungsgrat der beiden Gipfel und über ihn nach NW zum Vorgipfel, 2978 m, der LKS, weiter über den Gipfelgrat nach NO zum HG hinüber.

b) Über die Ostflanke. I, 3.30 h von der Tuoihütte. Wie bei R 716 IIa in die Foura d'Anschatscha (kl. See) hinauf. Von dort auf den SO-Grat und über ihn zum Gipfel. Oder aus der Ostflanke auf den NO-Grat und in schöner Kletterei (II—III) über ihn zur Spitze.

c) Gratübergang zum Piz Champatsch. II, 2 h von Gipfel zu Gipfel, immer am Grat, sehr lohnende Gratwanderung.

## Piz Champatsch, 2969 und 2958 m

**721**

Zwischen Piz d'Anschatscha und Fuorcla Gronda, ein dreigipfeliger Berg, von denen W- und O-Gipfel kotiert sind; der WG ist der höchste. Von allen Seiten unschwierig zugänglich. Karte: LKS Bl. 498 bzw. 249

1. Über die Südflanke (I) von der Tuoihütte (4 h).
a) Von der Hütte talaus bis zur Alp Suot, 2018 m, und überm
Bach ans Westufer. Dort schräg SSW am Gehänge empor (Steig»
spuren) bis man leicht rechts (W) in das Hochtal Murtèra hinauf
und (sich mehr und mehr nach NW und N wendend) den Gipfelgrat
beliebig ersteigen kann. Links über den Mittelgipfel zum HG.

b) Anstatt direkt vom Gipfelgrat kann man zum Murtèra auch
nach NW und W auf die Fuorcla Gronda und von dort überm Süd»
grat, die Zacken umgehend, auf den MG und HG steigen.

c) Anstatt von der Tuoihütte kann man Murtèra auch von Guarda
wie bei R 421 durchs untere Tuoital erreichen über Clüs»Perlas zur
Brücke, 1878 m, bei Snauas und nach Murtèra hinauf.

II. Von Norden und Nordosten. II. 3.30—4 h von der Tuoi»
hütte; wie bei R 716 II a auf Fuora d'Anschatscha und nach SW
und S in das Hochkar N vom Piz Champatsch. Über Geröll, Firn
und Schrofen auf den Grat beim OG, 2958 m und nach W zum HG.

III. Auch von Westen aus dem Val Lavinuoz (s. R 410) kann
man unschwierig über den Munt da las Muojas entweder direkt
aber sehr steil zum Gipfelgrat oder bequemer über Fuorcla Gronda
und den Südgrat wie oben bei I b aufsteigen, 3—3.30 h.

IV. Sehr hübsch und lohnend ist der mäßig schwierige Gratüber»
gang (II) zum Piz d'Anschatscha, 2 h, immer am Grat.

## Fuorcla Gronda, 2772 m und Fuorcla Pitschna, 2734 m

**722**
a) Durch einen unbenannten kleinen aber sehr hübschen Kletter»
gipfel, 2857 m, voneinander getrennt, liegen diese „Große und
Kleine Scharte" zw. Piz Champatsch und Piz Chapisun. Sie ver»
binden das untere Val Lavinuoz mit dem unteren Val Tuoi, zugleich
vermitteln sie die Zugänge zum Südgrat des Piz Champatsch bzw.
N»Grat des Piz Chapisun, vgl. R 721 und 723, wo auch die für Ge»
übte unschwierigen Anstiege beschrieben sind.

b) P. 2857 zw. den Scharten kann in sehr hübscher, mäßig schwie»
riger bis schwieriger Kletterei (II—III) von N nach S oder ugkt.
überklettert werden, in Verbindung mit den beiden Gipfeln ein sehr
lohnender Gratübergang. s. R 721 und 723.

## Piz Chapisun, 2931 m

**723**
Der südl. End» und Eckpunkt und trigonometr. Signalpunkt des
Flianakammes bietet nicht nur einen prächtigen Rund» und Tief»
blick ins Unterengadin sondern auch einige sehr hübsche Klet»
tereien, je 3.30—4.30 h und mehr von Guarda bzw. Lavin. Karte
wie R 721. Zugänge vielfach weglos und sehr steil und nur für
Geübte.

I. Von Süden zwei Möglichkeiten:
a) Von Guarda über die Clüs»Brücke, 1798 m — Salön zur Alpe
Belvair (keine Alphütte!) auf der Ostseite des Berges (hierher auch
Alpweg von Lavin über Gonda durch den Chapisun»Wald). Weglos
über die Alpe durch den schütteren Bergwald gerade nach W empor
gegen die Waldgrenze bis man halblinks auf einen Steig stößt
(s. LKS!), der nach links S und später W um den Berg herum zur

kleinen Alphütte, 2158 m, auf der Südseite führt. Durch das Hoch-tal Chapisun und möglichst bald rechts nach N auf den SO-Grat-rücken und über ihn zuletzt in unschwieriger Kletterei zum Gipfel.
b) Von Westen und Süden: Von Lavin ins Val Lavinuoz zur Alp d'Immez, 1951 m, s. R 411. Dann auf Zickzacksteig nach O steil empor (s. LKS!), später r. nach SSO auf den Südgrat-rücken. Von hier ab weglos l. steil über den Gratrücken und sehr steil über P. 2508 auf den felsigen Schlußgrat zur Spitze. Anstatt über den Südgrat kann man auf diesem Steig auch weiter nach O zur Hütte, 2158 m, und weiter oben bei a über den SO-Grat.
II. Von Norden. a) Entweder wie bei R 721 I von der Tuoihütte oder von Guarda nach Murtèra und zur Fuorcla Pitschna hinauf (hierher auch von W. von der Alp d'Immez — s. oben I b — und weiter über den hübschen N-Grat (II) zur Spitze. b) Oder zur Fcla. Gronda und wie bei R 722 b über P. 2857 zur Fcla. Pitschna und über den Nordgrat zur Spitze, sehr hübsche Gratkletterei II—III.
724—729 offene Randzahlen für Nachträge.

## Die Gruppe der Dreiländerspitze mit dem Piz Cotschen

**730**

a) Die Gruppe umfaßt den Haupt- und Grenzkamm zwischen Vermuntpaß und Urezzasjoch mit seiner südl. Ausstrahlung von der Hint. Jamspitze zum Piz Cotschen zw. Val Tuoi und Val Tasna-Urezzas, die mit dem Unterengadin die Grenzen im Süden bilden. Im N scheidet die Untere Ochsenscharte die Gruppe vom Ochsentaler Kamm. Auf die west-östlich laufende Staatengrenze stößt hier von N die Landesgrenze Tirol-Vorarlberg, die sich mit der europäischen Wasser-scheide Rhein-Donau deckt und so die Dreiländerspitze zu einem der interessantesten Marksteine im ganzen Alpenraum macht, denn zu diesen Staaten- und Län-dergrenzen und Wasserscheiden kommen die Sprach- und Stammesgrenzen zwischen Romanen und Ger-manen bzw. Bajuvaren (Tirol) und Alemannen (Vorarl-berg, Prätigau).

Dies ist das Revier der leichten Firnberge (und daher der Skifahrer, s. R 58); aber auch der Kletterer kommt auf seine Rechnung: sehr schön der Ostgrat der Drei-länderspitze und die Gratklettereien und Gratwande-rungen von ihr zum Piz Mon und im Cotschen-Grat.
b) Karten: Piz Cotschen ausgenommen ist die ganze Gruppe auf der AV-SiKa zu finden. Für Piz Cotschen und die Schweizerseite: LKS Bl. 498 bzw. 249. Auch auf die Kartenbeilage zu R 69 wird ver-wiesen.
c) Standorte: Die besten sind Wiesbadner und Jamtalhütte im N, Tuoihütte im S, alle gleich günstig und mit besonderen Vorzügen,

außerdem notfalls die Alphütten im Val Tasna-Urezzas, s. R 435.
Für den Piz Cotschen außerdem Chamanna Cler, R 430 sowie Guarda
und Ardez im U'Engadin, s. R 125 u. 126.

d) Täler und Gletscher. Von NW greift das Ochsental in
die Gruppe ein, s. R 700 f.; von N und NO das Jamtal, s. R 760.
Ihre Gletscher umwallen die Gruppe im N vollkommen, der Jamtalferner als einer der schönsten und größten Gletscher der Silvretta.
Obgleich sich auch seine Zunge (die vor zwei Menschenaltern noch
bis dicht SW der Jamtalhütte auf fast 2100 m herabreichte) bis auf
ca. 2400 m hinauf gewichen ist, so sichern seine drei schönen Firnbecken doch noch eine stattliche Zunge. Die südseitigen Gletscher
aber, Vadret Tuoi und Fermunt drohen bald ganz zu schwinden.
Gewaltige Moränen und Trümmerfelder an ihrer Stelle vermitteln
dort und im Val Urezzas die Urbilder des Ödlandes und der Glet-
schervorfelder, die nur langsam von den Alpenpflanzen erobert werden; zum Val Tuoi s. R 700 f., über Val Urezzas s. R 760 u. 435.

e) Die ganze Gruppe zeichnet sich durch häufigen Gesteinswechsel
aus, wobei im Grat Piz Mon-Jeramias helle, z. T. granatführende
Gneise die dunklen Hornblenden überwiegen, während in der Dreiländerspitze und ihren Nachbarn im O und S die streifig-dunkel-
grünen Hornblendegneise vorherrschen (Bearth). „Am Hang des
Piz Cotschen herrschen Gneise mit Hornblendegesteinen wie in der
Hochregion des Gebirges" (Klebelsberg). Am südöstl. Fuß der Gruppe
z. B. im Kar Urezzas-Cuortas und im unteren Gehänge des Cla-
vigliadas-Cotschen-Grates treten erstmals die hell verwitternden
weichgeformten und reichbegrünten Bündner Schiefer des unteren
„Engadiner Fensters" auf. — Der größte Teil dieser Felsgrate ist
sehr brüchig und zerklüftet und verlangt große Vorsicht beim Klettern; nur am Dreiländerspitze-W-Grat und Gipfelgrat sind die Felsen abgeklettert und fester. Die Gesteinsschichten fallen nach W ein,
d. h. die W-Grate und -Flanken sind fast alle sanfter und plattig
abgedacht und meist unschwierig zu begehen, die Ostgrate und -flan-
ken aber über steilgestufte Schichtköpfe meist schwieriger aber
auch interessanter zu erklettern.

## Vermuntpaß, 2797 m (ÖK) Fermuntpaß, 2796 m (LKS) 731

Bei den Unterengadinern Paß da Fermunt. Zw. der
Buingruppe bzw. Wiesbadner Grätle im W und Piz
Mon im O; auf der europäischen Wasserscheide Rhein-
Ill/Inn-Donau. Grenzpaß zw. Österreich (Vorarlberg)
im N und Schweiz (Graubünden) im S; Grenzstein
Nr. 18, Grenztafel; kl. Unterstandshütten der Grenz-
wachen dicht O der Paßlücke;

Touristisch der kürzeste und niedrigste Übergang
im Herzen der Gruppe und der einzige direkte leichte
Übergang von Vorarlberg ins Unterengadin: von der
Wiesbadner H. zur Tuoihütte s. R 263, von der Jam-
talhütte s. R 288; umgekehrt von der Tuoihütte s.
R 423.

Achtung: Unmittelbar N der Paßlücke haben besondere Windverhältnisse dort einen riesigen **Windkolk oder Windkessel** in den Gletscherfirn eingeschliffen, der größte dieser Art in der Silvretta. **Da er z. T. viele Meter hohe senkrechte Wände hat, z. B. am W-Rand, so ist bei Nebel und Dunkelheit größte Vorsicht nötig** (auch südl. des Passes am Ostrand des Vadr. Fermunt ist ein Windgraben; er ist aber kaum gefährlich).

a) Der uralte Übergang wurde früher auch von den Unterengadinern viel benützt, als sie im Ochsental und Vermunt noch große Besitzungen (Alpweiden) hatten und ihr Weidevieh über den Vermuntpaß dorthin brachten. Im Bludenzer Urbar von 1612 heißt es dazu: "So müessen sie doch selbiches Vieh mit höchster gefar über die Gletscher füeren." Das Vieh wurde sogar mit Lederseilen angeseilt und Bretter zum Überbrücken der Spalten mitgeführt! Im heißen Sommer 1911 ist sogar ein Saumpferd aus dem Gletschereis südl. des Passes ausgeapert.

b) Der Name Vermunt (ÖK) oder Fermunt (LKS) bzw. seine Schreibweisen wechselten sehr häufig. Weil auch namhafte Sprachforscher meinten, daß das Wort "in romanischer Zeit zweifellos Val Munt = "Bergtal" " hieß (Hubschmied), so entschied man sich in der ÖK bzw. AV-SiKa für Vermunt. Inzwischen hat aber Finsterwalder (s. R 63) die Herkunft aus "fora (de) mont" = Bergloch überzeugend nachgewiesen; urkundl. schon 1472 Formundt, so daß die Schreibung Fermunt der LKS der Herkunft besser entspricht; vgl. Fora d'Anschatscha bei R 414. Bis zu einer Neuauflage der AV-SiKa halten wir uns jedoch grundsätzlich an die Schreibweise der ÖK, so wie wir auch die schweizerseitige Schreibung Vadret Fermunt der LKS respektieren.

## Piz Mon, 2982 m

**732**

In der LKS 2983 m. Ein unbedeutender aber hübscher Gipfel im westöstl. verlaufenden Hauptkamm und Grenzgrat zw. Vermuntpaß im W und dem unbenannten 2928 m hohen Sattel zw. ihm und Piz Jeramias; s. R 733. Ersteigungsgeschichte unbekannt. Die Anstiege sind durch die Grate gegeben:

a) Vom Vermuntpaß über den W e s t g r a t, 45 Min., zuerst über Blockwerk, dann in hübscher un- bis mäßig schwieriger (I—II) Kletterei am Grat entlang, Ausweichen südseitig, zuletzt direkt über den Grat zur Spitze.

b) Über den O s t g r a t. Der langgezogene Sattel (s. R 733) am Gratfuß kann unschwierig von N oder S erreicht werden. Der kurze Grat weist mehrere senkrechte oder überhängende Stufen auf, die des brüchigen Gesteins wegen nur schwierig (III) direkt zu erklettern sind oder besser rechts im N umgangen werden. 20 bis 30 Min. aus der Scharte unmittelbar am Gratfuß.

c) Auch die z. T. verfirnte oder vereiste Nordflanke kann in der Fallinie des Gipfels erstiegen werden. Am schönsten überschreitet man den Gipfel gratentlang mit Übergang zum Piz Jeramias, vgl. R 734 und R 737 II.

### Fuorcla Mon, 2928 m

**733**

Die langgezogene Einsattlung mit mehreren Scharten zw. Piz Mon und Piz Jeramias ist ohne Namen und wurde manchmal als „Oberer Vermuntpaß" bezeichnet. Ich schlage den Namen Fuorcla Mon vor. Sie wird heute nicht mehr als Übergang benützt, wurde aber am 4. 8. 1894 von den berühmten englischen Alpinisten W. M. Conway und E. A. Fitzgerald überschritten mit den Führern J. B. Aymond und L. Carrel und mit den indischen Gurkhas Karbir und Amor Sing (s. Conway „The Alps from End to End" S. 268).

Die Fuorcla kann vom Nordvermuntfirn (zu Zeiten Bergschrund oder Randkluft), von S über Geröll (Firn) und Schrofen unschwierig erstiegen werden; Zugang: s. R 263 von N. R 423 von S. Sie vermittelt den Zugang zu den Graten der angrenzenden Gipfel, siehe R 732 b und 734.

### Piz Jeramias, 3136 m

**734**

Hübscher Felsgrat im Haupt= und Grenzkamm zw. Piz Mon und Dreiländerspitze und mit beiden durch reichgezackte Grate verbunden. In der LKS ist der höchste Punkt nicht kotiert, wohl aber der Gratpunkt 3087 im SW-Grat, wo der W-Grat zur Fuorcla Mon abzweigt. Aus der Ersteigungsgeschichte ist mir nichts bekannt, auch nichts darüber, wie es zu dem seltsamen Namen kam.

Die Besteigung lohnt mehr als Gratübergang zur Dreiländerspitze etwa vom Vermuntpaß oder vom Piz Mon her oder klettertechnisch noch lohnender von der Dreiländerspitze zum Vermuntpaß. Der leichteste Anstieg:

a) Von Westen aus der Fuorcla Mon unschwierig (I) über blockige und plattige Felsen des Westgrates und über P. 3087 Die Gratzacken können überklettert oder meist in der SO=Flanke auf die Spitze, 3136 m; 0.45—1.15 h von der Fuorcla.

b) Die mäßig schwierige (II) Begehung des Nordostgrates lohnt vor allem in Verbindung mit dem Gratübergang von oder zur Dreiländerspitze, ca. 2 h von Gipfel zu Gipfel, s. Bild 32 Ziffer 6. (Tuoiseite) umgangen werden. Das gilt auch für den SW=Grat der

Dreiländerspitze (Bild 32), wobei man am besten dem Grat mög*
lichst treu bleibt (s. Blodig AVZ 1914 S. 296).

c) Die hochgelegene S c h a r t e zw. Piz Jeramias und Dreiländer*
spitze ist weder kotiert noch benannt, vgl. Bild 32 Ziffer 6. Sie
kann von N über Steilfirn (Bergschrund) und bratschige Schrofen
und brüchige Felsen oder von SO über besser gestufte Felsen mäßig
schwierig bis schwierig (II—III) erstiegen werden, je 0.45—1.15 h
aus den Firnbecken.

d) Die N o r d w e s t f l a n k e des Piz Jeramias kann im Bereich des
HG schräg von rechts unten nach links oben über Firnstreifen und
steile Schrofenbänder erstiegen werden, ist aber bei der wachsen*
den Ausaperung sehr steinschlägig und kaum lohnend. Das gilt auch
für die ständig steinschlagbedrohte SO*Flanke, von der abgeraten
wird.

## Dreiländerspitze, 3197 m

**735**

a) Auf die oro* und geographische Sonderstellung
dieses interessanten Marksteines über die Grenze dreier
Länder — Vorarlberg/Tirol/Graubünden — habe ich
schon unter R 730 a hingewiesen. Damit ist auch sein
treffender Name erklärt, den er von J. Coaz 1865 auf
der SAC*Karte erhalten hat. In älteren Beschreibungen
wird sie auch ‚Großochsenhorn‘ genannt.

In ihr biegt mit dem schwach ausgeprägten Nordgrat
zur Oberen Ochsenscharte hinab die europäische Was*
serscheide Rhein/Donau, die vom Silvretta*Eckhorn an
den Hauptkamm begleitete, scharf nach N ab, zusam*
men mit der Ländergrenze Tirol/Vorarlberg, beide Rich*
tung Bielerhöhe—Zeinisjoch—Arlberg. Vgl. Bild 32
und 20. Die Staatsgrenze dagegen führt über den SW*
Grat und O*Grat des Berges zu den Jamspitzen hin*
über. Ein längerer Westgrat sinkt über P. 2928 in
Vermuntgletscher ab. Die Spitze hat jedoch zwei nahe
beieinander liegende und durch eine kleine scharfe
Einschartung getrennte Gipfel. Der Westgrat endet in
dem wenig niedrigeren Nordgipfel, der O*Grat im etwas
höheren Südgipfel.

b) Anläßlich der ersten bekannten Besteigung des Berges über den
W*Grat am 14. 7. 1870 durch Dr. Th. Petersen mit Otto Morell
und Daniel Barbeuda aus Guarda wurde nur der N*Gipfel erreicht.
Den heute üblichen Aufstieg über die NW*Flanke bzw. über den
N*Grat und den oberen W*Grat führten Blezinger und Stedefeld
im August 1882 aus, wobei erstmals auch der höhere Südgipfel
betreten wurde. Verschiedene nie oder selten wiederholte Flan*
anstiege sind historisch kaum erwähnenswert. Die Ersteigerin des
rassigen O*Grates sind leider nicht bekannt; der erste Bericht
über ihn stammt von Emanuel Strubich. Die erste Skibesteigung (und

1. Winterbesteigung?) erfolgte am 19. 3. 1904 durch Fritz Kurz, J. Ostler und K. Pitzer.

c) Die Rundsicht von der Dreiländerspitze ist dank ihrer zentralen Lage im Herzen der Gruppe und als Kulminationspunkt von vier großen Tälern besonders aufschlußreich. Die Nahsicht bietet hübsche Blicke auf die Umrahmung des Vermuntgletschers und Jamtalferners. Besonders bieten der Silvrettablick nach SW, W und NW: Im WSW der Klotz des Gr. Piz Buin, hinter ihm links die Östl. Plattenhörner. Links davor der breite Piz Fliana über dessen NW=Grat rechts das Flüela=Weißhorn und ferne Albulagipfel vorschauen. Über den SO=Grat des Fliana erkennt man den Gipfel des Piz Linard, links hinter ihm die Vadretgruppe (Albula) Weiter links im SSW in der Ferne die Berninagruppe. Rechts an den Buin schließt das Wiesbadner Grätle an, über ihm Signalhorn und Silvretta=Eckhorn; es folgen nach rechts: Silvrettahorn (davor der Eisbruch des Ochsentaler Gletschers), Schneeglocke. Schattenspitze, Klostertaler Egghörner, über die das Gr. Seehorn vorschaut. Rechts hinter den Egghörnern der Verhupfspitzgrat und Lobkamm und dahinter der gezackte Valgraggiskamm. Weiter rechts über dem Vermuntgletscher das Ochsental, im NW dahinter die Senke des Montafontales, das von den Großwalsertaler Bergen in weiter Ferne überhöht und rechts vom Westferwall begleitet ist. Die Ferwallgruppe zieht sich fast über das ganze nördl. Viertel bis zum Paznauntal=Einschnitt im NNO hin. Im gleichen Raum dahinter schauen die Lechtaler Alpen vor. Der nahe. gerade nach N sich entwickelnde Kamm der Ochsentaler und Bieltaler Berge ist eine Wirrnis wilder Zacken, die ohne Bild nicht zergliedert werden können. Im NO der Jamtalferner, über seine Zunge weg die Jamtalhütte, hinter und über ihr die Gamshörner und der Schnapfenkamm, an den sich rechts das dreigipfelige Fluchthorn anschließt; vor ihm und rechts herüber der massige Augstenberg und die Chalausgruppe mit zahlreichen Gipfeln. Rechts davor die gezackten Jamspitzen und in der Ferne Samnaunberge und die Ötztaler Firne im Osten. Im SO und S ahnt man die Tiefe des Unterengadins, zu dem genau nach S das Val Tuoi hinausführt. Im SO am Horizont die Firnhaube des Ortler und zwischen ihm und der Bernina die Eiskuppel der Cima di Piazzi. Davor her jenseits des Unterengadins die Unterengadiner Dolomiten mit dem Schweizer Nationalpark in der Mitte.

d) **Anstiege auf die Dreiländerspitze.** Der im Sommer und Winter gleich beliebte Gipfel wird heute fast nur über die NW=Flanke und den obersten W=Grat bestiegen, s. R 736. Gute Kletterer sollten sich den rassigen O=Grat oder die schöne Gratwanderung von der Dreiländerspitze über Piz Jeramias und Piz Mon zum Vermuntpaß nicht entgehen lassen, s. R 738, eine großzügige, auch landschaftlich einzigartige Grattour in Verbindung mit dem Ostgrat als Aufstieg.

**736**

**Von der Oberen Ochsenscharte über die NW=Firnflanke (oder den N=Grat) und den oberen Westgrat auf die Dreiländerspitze.** I—II = unschwierig bis mäßig schwierig, 0.45—1.30 h von der Scharte, je nach den sehr wechselnden Verhältnissen; sehr lohnend, vgl. Bild 32 und 20.

a) Zugänge zur Ob. Ochsenscharte von der Wiesbadner H. s. R 265 und Bild 32; von der Jamtalhütte R 287 und Bild 20 und 32, von der Tuoihütte R 423 und Bild 32.

b) Vom Firnsattel der Ob. Ochsenscharte (s. dort) zieht der jetzt großteils felsig ausgeaperte Nordgratrücken direkt zum N=Gipfel hinauf. Man kann zwar direkt entlang diesem N=Grat aufsteigen, dies ist jedoch bei gutem Firn in der NW=Flanke eher zeitraubender und meist oben am N=Gipfel schwieriger als folgender Aufstieg: von der Ochsenscharte (die man, von W kommend, gar nicht zu betreten braucht) halbrechts nach SW, den Nordgratfuß links lassend, in die firn= oder eis= bedeckte NW=Flanke, die man nach Firnlage mehr links oder weiter rechts geradean oder im Zickzack ersteigt und höher oben rechts hält, um die ausgeprägte Schulter im oberen W=Grat zu erreichen; der Firn reicht meist bis auf die Schulter, s. Bild 32. (Steigeisen sind meist nicht notwendig; ist die Firnflanke vereist oder zu hart, so weicht man am besten auf die N=Gratfelsen aus und quert erst ganz oben rechts hinüber auf den W=Grat).

c) Von der Westgratschulter ab klettert man am Grat entlang dicht links bzw. rechts neben der Gratschneide bis auf den N=Gipfel. Jetzt über gutgestufte Felsen kurz rechts nach S h i n a b in die Scharte zw. N und S= Gipfel und zuerst mäßig schwierig auf einem hübschen Band dicht unterm Grat oder über die scharfe Schneide und gratentlang zur Spitze.

a—c ist auch der übliche Winteranstieg, oft mit Ski bis auf die West= gratschulter; gewöhnlich wird nur der Nordgipfel bestiegen, vgl. meinen Silvretta=Skiführer R 58.

d) Von Westen kommend (s. R 265 und 423) kann man auch über den ganzen Westgrat von P. 2928 an (von N und S leicht zu ersteigen) zur Westgratschulter hinaufklettern und weiter wie oben bei c die Spitze erreichen.

## 737

**Von Südwesten auf die Dreiländerspitze II (III)** = mäßig schwierig (schwierig). Man hat zwei Möglichkeiten:

I. Ü b e r d i e W S W = F l a n k e. Aus dem obersten Firnbecken zw. Dreiländerspitze und Piz Jeramias kann man über die (früher hoch hinauf befirnte), jetzt stark ausgeaperte Flanke über Firnstreifen und Felsrippen durch Firn= und Felsrinnen direkt emporsteigen zur

Gipfelscharte, ca. 1 h vom Bergfuß. Zugänge wie bei R 736. (Die Bezeichnung „Westwand" für diese Flanke ist nicht angebracht.) Auch durch die Firn- und Felsrinne der Flankenmitte, die in die Gipfelscharte mündet, ist ein Auf- oder Abstieg möglich.

II. Über den Südwestgrat aus der Scharte zwischen Dreiländerspitze und Piz Jeramias; vgl. R 734 b und c und Bild 32 Ziffer 6. Am besten im Abstieg als sehr interessanter Gratübergang zum Piz Jeramias (2 h) und weiter gratentlang zum Vermuntpaß, 3.30 bis 4 h insgesamt; s. auch R 735 d.

**738**

Über den Ostgrat auf die Dreiländerspitze. III (IV), 1.45—2.30 h von der Jamscharte (R 740). Rassige und interessante Felskletterei in meist festem Gestein. Am obersten Gipfelturm jedoch Vorsicht geboten, weil mehrfach Felsstürze den Ausstieg brüchig verändert haben; die Angaben für den Ausstieg sind ohne Gewähr. — Wie auf Bild 20 gut kenntlich ist der Grat in drei großen Stufen oder „Türmen" aufgebaut, deren untere und obere Stufe in sich wieder mehrfach gestuft und getürmt sind. Zugang zur Jamscharte am Ostgratfuß vgl. R 740. Man steigt, wenn es die Verhältnisse gestatten, ziemlich direkt zur westlichsten Schartenkerbe unmittelbar am Fuß des 1. großen Ostgrataufschwunges empor, ansonst von der östl. Scharte etwa 30 m über den Grat empor, dann links südseitig die folgenden Grattürme umgehend über Platten in die Scharte am Fuß des 1. Aufschwunges. Von der Scharte etwa 10 m südseitig über die Wand empor auf diesen 1. Turm; leichter Abstieg in die nächste Scharte und gegen den nächsten Aufschwung, dessen überhängende Wand links umgangen wird. Der nächste große Gratturm wird zuerst direkt von N, dann unter mählichem Überwechseln nach Süden erklettert. Der vorletzte doppelgipfelige scharfgeschnittene Turm wird nach aufsteigendem Quergang in der Südflanke durch einen kurzen engen Kamin erstiegen. Am Grat bleibend steigt man jenseits etwas ab in eine Schuttrinne und gewinnt, sich SW haltend, zuletzt steil über kurze Bänder und hohe Blockstufen schwierig den höchsten Gipfel, sofern sich dieser Ausstieg nicht durch neue Felsstürze verändert hat.

**739**

Über die Südostflanke. II—III, 1.15—1.45 h vom Vadret Tuoi. Sehr steinschlägig, nicht zu empfehlen. Wie bei R 424 von der Tuoihütte auf den Vadret Tuoi und an Fuß der steilen Firn- und Felsrinne, welche die Flankenmitte durchzieht und direkt in die Gipfelscharte mündet, durch sie sehr steil zur Gipfelscharte und auf die Spitze.

## Jamscharte = Scharte zwischen Dreiländerspitze und Vorderer Jamspitze

**740**

In den Karten weder benannt noch kotiert. Ich nenne sie Jamscharte. Es handelt sich um zwei durch mehrere Grattürme voneinander getrennte Scharten. Die mutmaßlich niedrigste scheint nahe der östl. Scharte zu liegen. Die östlichste Scharte ist von N am leichtesten zugänglich. Die Scharten sind als Übergang nicht bräuchlich.

a) Von Norden. Mäßig schwieriger Zugang aus der obersten westl. Firnmulde des Jamtalferners über einige Felsen und Firn (Blockwerk) zur östl. Scharte, schwieriger zur mittl. Scharte und

meist sehr schwierig zur westl. Scharte, zu Zeiten Bergschrund
oder Randkluft. Von der Jamtalhütte auf R 287 bis nahe der Ob.
Ochsenscharte, dann links nach SO zu den Jamscharten, 2.45
bis 3.15 h. — Von der Wiesbadner H. (und von der Tuoihütte übern
Vermuntpaß, R 423) wie bei R 264 (265) über die Ob. Ochsenscharte unschwierig in die Firnmulde nördl. der Jamscharte und zu
ihr empor, 1.30—2 h.
b) Von Süden. Von der Tuoihütte (2.15—2.45 h) wie bei R 424
auf den Vadret Tuoi und je nach Ziel entweder mäßig schwierig (II)
durch eine steile Rinne (Couloir) zur westlichen Scharte oder unschwierig über schlechte Felsen in die östl. Scharte.

## Vordere Jamspitze, 3178 m

**741**

a) Der schöngeformte Gipfelhelm mit seiner kleinen
Helmspitze beherrscht die südl. Mitte des Jamtalferners,
ja das ganze Jamtal, s. Bild 20 Ziffer 3. Der Gipfel
selbst steht dicht nördl. der Staatsgrenze als ein Pfeiler
im Haupt= und Grenzkamm. Seine früher mit einem
großen silbernen Firnschild geschmückte NO=Flanke
ist fast ganz ausgeapert. Der Nordgratrücken begrenzt
sie im W und sinkt zum markanten Felskopf und Glet=
scherinsel, 2924 m, ab, vgl. Bild 20. Daneben stößt
noch ein NW=Sporn in westl. Jamfirn hinab. Ein SW=
Sporn schließt die Spitze an Verbindungs=Westgrat
zur Jamscharte und Dreiländerspitze an. Das befirnte
Jamjoch trennt die Spitze von der nahen Hint. Jam=
spitze, Bild 20, Ziffer 2.

b) Der Name erklärt sich selbst; in der älteren Literatur noch um-
ständlich Vord. Jamtalfernerspitze oder Jamtalspitze genannt, im
häufigen Gebrauch wurde dann kurz „Jamspitze" daraus, das
genügt.

c) Die mutmaßlich 1. Ersteigung und Überschreitung erfolgte am
21. 8. 1881 durch C. Blezinger und E. Neuner mit R. Reinstadler und
J. Lorenz. Aufstieg übern N=Grat, Abstieg nach S zum Jamjoch.
Ludwig Purtscheller erstieg den Berg am 8. 9. 1886 wahrscheinlich
erstmals über den NW=Sporn. Andere Anstiege wurden nicht veröffentlicht. Die 1. Skibesteigung ist mir leider nicht bekannt; wer
weiß es? Franz Lorenz hat mir erzählt, daß er und sein Bruder E.
Lorenz mit mehreren Gefährten im April 1952 über die steile NO-
Flanke mit Ski abgefahren sind!

d) Der Gipfel gewährt einen einzigartigen Überblick über nahezu
die gesamte Umrahmung des Jamtalferners und ist zur Orientierung
besonders geeignet.

e) Die Anstiege führen alle zuerst über Gletscher
und erfordern mindestens im Sommer (ohne Ski), gute
Seilsicherung. Der kürzeste Anstieg erfolgt vom Jam=
joch, R 742; besonders hübsch ist die Überschreitung

von N nach S; schwieriger sind Begehungen des gan=
zen W=Grates und des SW=Sporns. Die NO=Firnwand
ist infolge Ausaperung sehr steinschlägig und brüchig;
es wird abgeraten. Vom NW=Sporn liegt keine Be=
schreibung vor, die direkte Überkletterung des Sporns
dürfte sehr schwierig sein.

## 742
**Vom Jamjoch, von Süden, auf die Vordere Jamspitze.**
I (II) = unschwierig (mäßig schwierig), 25—35 Min.
vom Jamjoch. — a) Zugänge zum Jamjoch, s. R 745 b.

b) Vom Jamjoch, 3078 m, über einen Firnhang, später
über Schutt und Felsen zum Gipfelgrat, den man von
SW gewinnt; und sofort über eine Firn= oder Schutt=
scharte nach NO überschreitet. Dicht unter dem Grat
entlang an den O s t f u ß des etwas höheren nordwestl.
Gipfelzackens, den man durch einen kurzen Kamin in
brüchigem Fels unschwierig ersteigt (vom direkten An=
stieg von W her auf diesen Gipfelzacken wird abge=
raten, brüchiger Fels, sehr schwierig und gefährlich).

## 743
Über den Nordgrat auf die Vordere Jamspitze. II (III) = mäßig
schwierig (schwierig), 3.15—4 h von der Jamtalhütte; ein inter=
essanter, landschaftlich großartiger Anstieg.

a) Zugänge: es gilt, den Westfuß des unteren Nordgrates zu ge=
winnen, ca. 2950 m und dicht SSW des Firnsattels, der die Fels=
kuppe, 2924 m, mit dem N=Grat verbindet. Von der Jamtalhütte wie
bei R 287 auf den westl. Jamtalferner und entweder bis fast in Höhe
der Ob. Ochsenscharte, dann nach O horizontal über den Firn zum
N=Gratfuß; oder auf den Westfirnhängen des Felskopfes, 2924 m,
direkt nach SO zum Firnsattel und Gratfuß hinauf. Oder schließlich
über die Gletschermitte nach S, Richtung Vord. Jamspitze und von
Osten auf den Firnsattel am N=Gratfuß. P. 2924 kann auch über=
schritten bzw. mitbestiegen werden und belohnt dies mit großartigem
Rundblick.
b) Den Nordgratfuß kann man auch leicht von der Wiesbadner H.
über die Ob. Ochsenscharte erreichen wie bei R 265 (423) und von
der Scharte fast waagrecht nach O hinüber zum Gratfuß.
c) Vom Westfuß des eigentl. Nordgrates, ca. 2950 m, steigt man in
seiner Westfirnflanke an, läßt die zwei untersten Steilstufen links
liegen und ersteigt den leicht befirnten Schuttgrat oberhalb von W
her. Weiter wechselnd über Firn und Fels in mäßig schwieriger Klet=
terei zum Gipfel, den großen Felsriegel in halber Höhe erklimmt
man durch den Einschnitt zw. den beiden Felsklötzen, aus denen er
besteht, kann ihn aber auch auf der Ostseite in Steilfirn umgehen.

## 744
Von Westen und Südwesten auf die Vord. Jamspitze. Mehrere Mög=
lichkeiten.

a) Aus der Firnmulde des westl. Jamfirns nördl. unter die östlichste Jamscharte. Man steigt links nordseitig entlang dem Westgrat über die Steilflanke (s. auch R 264!) auf den SW-Gratrücken empor (oder auch aufs Jamjoch hinüber) und von dort weiter wie bei R 742 b zur Spitze.

b) Von der östl. Jamscharte (die man wie bei R 740 von allen Nachbarhütten unschwierig erreicht) klettert und steigt man entweder zuerst auf der Nordseite, dann auf der Südseite am W-Grat entlang oder man überklettert diesen reichgezackten Grat direkt sehr schwierig (IV) in seiner ganzen Länge bis zum SW-Gratrücken hinauf. Weiter wie bei R 742 b zur Spitze.

## Jamjoch, 3078 m

**745**

a) Hochgelegener Firnsattel auf dem Haupt- und Grenzkamm zw. Vord. und Hint. Jamspitze, eines der wenigen ausgesprochenen Firnjoche der Silvretta, s. Bild 20 zw. Ziffer 2 u. 3. Das Joch verbindet den Jamtalfirn mit dem Vadret Tuoi, d. h. es ist mit der Jamscharte (R 740) eine der zwei direkten Verbindungen zw. Jamtal und Val Tuoi (denn die Fuorcla Tuoi ist ein indirekter Übergang). Ein rätorom. Name für das Joch besteht nicht, die Benennung erfolgte von N.

b) Das Joch ist von beiden Seiten nur über Gletscherfirn erreichbar und vermittelt einen sehr schönen Übergang von der Jamtalhütte zur Tuoihütte (R 289) und umgekehrt (R 424). Die oberste SW-Flanke des Joches zw. dem Firnsattel und Vadret Tuoi, die früher ganz überfirnt war, beginnt ständig stärker auszuapern. — Das Joch vermittelt auch den Zugang zu den beiden Jamspitzen, die von hier aus unschwierig in 15 bzw. 30 Min. erstiegen werden, s. R 747 und 742. —

Man kann das Joch auch leicht aus dem Val Urezzas über das Urezzasjoch erreichen oder auch von der Furcletta her, von S, über die Fuorcla Tuoi. Schließlich vermittelt es den kürzesten direkten Übergang von der Wiesbadner H. ins Val Tasna, s. R 264.

## Hintere Jamspitze, 3156 m, und Piz Tuoi, 3084 m

**746**

a) Die Hint. Jamspitze ist ein ziemlich unscheinbarer Gipfel im Haupt- und Grenzkamm zw. Jamjoch im N und Urezzasjoch im ONO. Im SW-Grat erhebt sich die kleine Rückfallkuppe des Piz Tuoi, 3084 m, eigentlich nur ein Grathöcker. Das gleiche gilt für den Piz Urezzas, mit dem die Jamspitze durch einen überfirnten, Fuorcla Tuoi genannten Rücken verbunden ist, s. R 749. Zum Namen vgl. R 741 b.

b) Der bescheidene Gipfel ist der bequemste, dankbarste und wohl meistbesuchte Gletscher- und Ski-Dreitausender der Silvretta; vgl. meinen Silvretta-Skiführer R 58.

**747**

Vom Jamjoch auf die Hintere Jamspitze. I = unschwierig, 15—20 Min. vom Joch über Firn, einige plattige Felsen und Blockwerk mühelos zur Spitze hinauf. Das Jamjoch erreicht man von der Jamtal- und Tuoihütte gleich gut, nur daß der Nordanstieg eine ausgedehnte Gletscherwanderung ist; s. R 745 b. Wer sich den Sommeranstieg etwas interessanter gestalten will, steigt vom Urezzasjoch bzw. von O auf den östl. Vorgipfel u. über den Gipfelgrat u. HG zum Jamjoch ab.

**748**

Über den Piz Tuoi und SW-Grat auf die Hintere Jamspitze. II = mäßig schwierig, 3.15—4 h von der Tuoihütte. Der einzige etwas interessantere Anstieg. Von der Tuoihütte wie bei R 424 über Plan Furcletta entweder auf den oberen östl. Vadret Tuoi und von dort von NNW über Geröll und Schrofen auf Piz Tuoi; oder Richtung Fuorcla Tuoi und von O bzw. NO über Geröllstufen und Schrofenbänder auf Piz Tuoi. Vom Piz Tuoi gratentlang in mäßig schwieriger Kletterei und brüchigem Fels zur Hint. Jamspitze hinauf.

## Fuorcla Tuoi und Piz Urezzas, 3065 m

**749**

In dem von der Hint. Jamspitze nach SO absinkenden großteils überfirnten Rücken erhebt sich die kleine kaum als Gipfel anzusprechende Kuppe 3065, Piz Urezzas. Über die Schulter dieses Verbindungsgrates zur Jamspitze führt ein interessanter Übergang vom Val Tuoi ins Jamtal (R 424) und umgekehrt. (R 289), weshalb man diese Firnschulter dicht NW des Piz Urezzas (und etwas höher als dieser!) Fuorcla Tuoi genannt hat, um sie ansprechen zu können, 3—3.30 h von den Hütten. Die Firnschulter der Fuorcla Tuoi fällt nach SSW oben ziemlich steil ab auf ein kleines Firnfeld, das auch Vadret Furcletta genannt wird, den Namen aber kaum verdient.

Piz Urezzas kann von der Fuorcla Tuoi in wenigen Minuten am Firn- und Geröllrücken entlang mühelos erstiegen werden.

## Piz Furcletta, 2894 m

**750**

eine kleine hübsche Felspyramide genau N der Furcletta, 2735 m, von der er den Namen hat, s. R 751. Der Piz Furcletta ist von S, W und N in unschwieriger bis mäßig schwieriger Kletterei (I—II) zu ersteigen, von der Furcletta über den Südgrat z. B. in 35 bis 45 Minuten.

## Furcletta, 2735 m

**751**

Zw. Piz Furcletta, 2894 m und Piz da las Clavigliadas, 2984 m. Ein breites geröllbedecktes Joch, das einen bequemen Übergang vom innersten Val Tuoi, ca. 1.30—1.45 h von der Tuoihütte, ins oberste Val Urezzas vermittelt, s. R 425. (Schöne Skitour, s. R 58.)

Furcletta = Verkleinerung von Fuorcla = kleine Furkla oder kleines (niederes) Joch.

## Piz da las Clavigliadas, 2984 m

**752**

a) Der von W nach O und SO gestreckte Felsrücken des Berges dicht südl. über der Furcletta vermittelt einen sehr interessanten Einblick in die Südflanke der Silvretta=Hauptkammes von der Buin=Flianagruppe bis zum Augstenberg=Massiv. — Coaz hat den Berg schon 1849 zu Vermessungszwecken vom Val Urezzas aus bestiegen.

b) Der Name bedeutet nach Hubschmied so viel wie ‚Gemsenfalle‘, abgeleitet von claviglia = Pflock (einer solchen Falle, die vermutlich in einer deshalb ‚Clavigliadas‘ genannten Schlucht vom Val Tasna errichtet wurde). Von ihr wanderte der Name auf den Piz empor.

c) D i e  A n s t i e g e  sind durchwegs unschwierig oder mäßig schwierig. Am besten überschreitet man den Berg von W nach N oder SO, oder von N nach SO, oder auch nach S, denn auch die Süd= f l a n k e , die nicht eigens beschrieben wird, kann über Schutt und Schrofen unschwierig begangen werden. Die Freunde großer Grat= wanderungen finden hier den schönen  G r a t ü b e r g a n g  über den ganzen Fil da Tuoi bis zum Piz Cotschen, wobei man den Schwierig= keiten dicht W unterm Grat entlang ausweichen kann und etwa 2.30—3 h von Gipfel zu Gipfel braucht; klettert man über alle Türme und Höcker, sehr interessant, aber z. T. schwierig (II—III) so benötigt man 3.30—4 h.

**753**

**Von Norden, von der Furcletta.** I = unschwierig, 1—1.15 h oder ca. 2.30—3 h von der Tuoihütte. Wie bei R 425 zur Furcletta, von dort über den Nordgratrücken, Geröllhalden und leichte Schrofen un= schwierig gerade nach S zur Spitze.

**754**

**Über den Westgipfel und Westgrat.** II = mäßig schwierig, 2.30 bis 3 h von der Tuoihütte. Hübsche Grattour. Vom Westgipfel, 2925 m, fallen zwei Felsgratsporne nach NW und SW ab. Über den SW=Sporn steigt man an. Von der Tuoihütte ostwärts Richtung Unterende des Südwestgratspornes empor, über den Gratsporn auf den Westgipfel, 2925 m, und über den Westgrat zum HG hinüber. Abstieg nach N oder SO oder S.

**755**

**Über den Südostgrat.** I = unschwierig, 2.45—3.15 h von der Tuoi= hütte. Den flachen Gratsattel am Fuß des SO=Grates erreicht man entweder (wie im Winter mit Ski) von der Furcletta her unter der NO=Flanke des Berges durch, oder von S und SW her, indem man über Murters und dicht N oder S von P. 2648, dann unter dem ganzen Bergmassiv durch auf den Sattel am SO=Gratfuß steigt. Über den Grat unschwierig in 35—45 Min. zur Spitze.

# Fil da Tuoi, 2855, 2841 und 2867 m

**756**

So heißt der langgestreckte Grat allgemein nord-südlichen Verlaufs, welcher Piz da las Clavigliadas mit dem Piz Cotschen verbindet und dessen Nord- und Mittelgipfel auf der AV-SiKa noch eingetragen sind. Der ganz leicht zu überschreitende Sattel, 2814 m, NW vom Nordgipfel, 2855 m, trennt den Berg vom Piz da las Clavigliadas. Ein ebenfalls unbenannter und unkotierter ca. 2825 (?) m hoher Sattel SO vom Südgipfel, 2867 m, trennt ihn vom Piz Cotschen, s. LKS Bl. 498 bzw. 249.

Der Grat und seine drei kotierten Gipfel können von W (von der Tuoihütte) und aus dem schönen Hochtal Bamvais-ch ganz un-schwierig, von O dagegen in un- oder mäßig schwieriger Kletterei erstiegen oder gratentlang überschritten werden, s. dazu R 752 c.

# Piz Cotschen, 3030,5 m

**757**

a) Nur auf der LKS Bl. 498 bzw. 249; auf der AV-SiKa nicht mehr eingetragen. Trigonometr. Hauptpunkt mit Signal. Der schöne Berg bildet von S und N ein Trapez, von dessen Gipfelgrat-Enden — der Höchstpunkt liegt am Ost-Ende — je zwei Grate genau nach SO u. NO bzw. SW u. NW ausstrahlen. Über alle Grate kann man ansteigen, weniger gut über die Flanken. Zum in-teressanten Gratübergang zum Piz da las Clavigliadas vgl. R 752 c und R 756.

b) Zw. die langen, tief ins Unterengadin absinkenden SO- und SW-Grate ist das schöne Hochtal Murtèra d'Ardez eingelagert. An seinem östl. Oberrand liegt die Chamanna Cler, die schöne Skihütte des SC. Ardez, die auch den besten Ausgangspunkt für die Besteigung bildet, Näheres s. R 430 und 431 (Zugang von Ardez). Der Berg kann aber natürlich auch von der Tuoihütte aus auf R 426 als Zugang bestiegen werden oder direkt von Ardez und Guarda. Besonders lohnend: Über-schreitung von SO nach NW und Übergang zum Piz da las Clavigliadas mit Abstieg zur Tuoihütte, 6—7 h von der Clerhütte zur Tuoihütte.

c) Schon der Zürcher Naturforscher J. J. Wagner erwähnt in seiner Phys. Geographie 1680 einen „Mons ruber" im Unterengadin, an dem Bergkristalle gefunden werden, zweifellos unser Piz Cotschen, denn cotschen ist das rätorom. Wort für das lat. ruber = rot. Der Berg ist nach dem rot angewitterten Gipfelgestein benannt. Er wurde sicher schon sehr früh erstiegen. Die erste Schilderung einer Be-steigung stammt von 1864, wo erwähnt ist, daß er vorher schon öfters bestiegen wurde.

d) **Die Rundsicht** vom Piz Cotschen verbindet alle Elemente eines idealen Aussichtsberges in einzigartiger Weise: den großartigen **Tiefblick** ins Unterengadin auf Boscha und Süs talauf und auf Fetan und Tarasp talab. Dazu die weitreichende **Fernschau** im ganzen Südhalbkreis über die Unterengadiner Dolomiten (mit dem Schweizer Nationalpark) hinweg, mit den Ötztaler Alpen im O, dem Ortler im SSO, den Grosina-Alpen im S und der ganzen übrigen Bündner Bergwelt im SW mit den Engadiner und Bernina-Alpen im SSW, mit Albula und Adula im SW und WSW. Und schließlich der **Nahblick** auf die im Nordhalbkreis mächtig aufgestellte Silvrettagruppe vom Piz Linard im W bis zum Piz Minschun im O mit allen wichtigen Gipfeln des zentralen Hauptkammes.

**I. Von Süden auf den Piz Cotschen.** Es gibt drei Möglichkeiten von der Chamanna Cler, je I—II und je ca. 1.30—2 h von der Hütte.

a) **Über den Südostgrat.** I = unschwierig, der kürzeste und schönste Anstieg, 1.15—1.45 h von der Chamanna Cler. Über Rasen nach O und NO an den SO-Gratrücken hinauf und linksum über ihn immer gratentlang, später über einige Schrofen unschwierig zur Spitze. — Kommt man auf R 431 von Ardez oder Guarda, so kann man schon von Mundaditsch über P. 2076 direkt auf Muot da l'Hom, 2330 m, und von dort über den ganzen SO-Grat in prächtiger Gratwanderung aufsteigen.

b) **Über die Südflanke auf den Südwest- und Gipfelgrat.** Von der Hütte nach SW in die Mitte des obersten Hochkares (Blaisch da Franz genannt) empor und zuoberst halblinks über Steilrasen nach NW in die oberste „Portun" genannte Gratlücke im SW-Grat. Von der Lücke rechts nach N unschwierig auf den Gipfelgrat und über ihn nach O zur Spitze.

c) Über den ganzen Südwestgrat. (I—II), 2—2.30 h von der Chamanna Cler; quer über das Hochtal nach W und über Steilrasen WNW zur Einsattlung „La Sella", 2686 m, im SW-Grat hinauf. Von dort über den Grat, später in mäßig schwieriger Kletterei über einen Vorgipfel hinab in die oberste Gratlücke „Portun", von dort unschwierig weiter wie oben bei b zur Spitze.

d) Die Gratlücke Portun kann man auch von NW aus dem Val Tuoi durch eine Steilrinne erreichen, von der Tuoihütte über Prada Tuoi-Lei Grisch ca. 2.45—3.30 h. Oder von der Tuoihütte wie bei R 426 über La Sella und von dort über den Grat wie oben bei c. Schließlich kann man von Guarda über Alpe Sura und Murtèra (2409 m) und am ganzen SW-Grat entlang aufsteigen, sehr lohnend.

**II. Von Norden auf den Piz Cotschen.** Mehrere Möglichkeiten:

a) Über den Nordgrat. II = mäßig schwierig, 3.15—4 h von der Tuoihütte (über Prada da Tuoi — Lei Grisch) oder aus dem Val Urezzas (durch das Kar Fuora da Bocs) über Rasen und Geröll auf die Lücke am Fuß des NW-Grates. SO von P. 2867 Fil da

Tuoi. Von dort in mäßig schwieriger Kletterei über den Grat auf den Gipfelgrat und über ihn nach O zur Spitze.

b) Auch die Nordflanke und der Nordostgrat dürften in mäßig schwieriger bis schwieriger (II—III) Kletterei zu ersteigen sein.

758/59 Offene Randzahlen für Nachträge.

## Die Augstenberggruppe

**760**

a) Unter dem Begriff Augstenberg faßt man das ganze gewaltige Massiv zusammen, das sich zwischen Fuorcla Chalaus im SW und Futschölpaß im O erhebt. Weil aber das Kammstück zw. Fcla. Chalaus und Urezzasjoch diesem Augstenbergmassiv im SW organisch angegliedert ist, so bilden sie zusammen die Augstenberggruppe zw. Urezzasjoch im W u. Futschölpaß im O, das wohl mächtigste Massiv im Silvretta=Haupt= und Grenzkamm. Die Gruppe ist im N und NW vom innersten Jamtal (Jamtalferner) bzw. vom Futschöltal begrenzt, im S und SO von den Quelltälern des Val Tasna, Val Urezzas und Val Urschai.

b) Der Augstenberg zw. den Augstenköpfen und Piz Futschöl erstreckt sich über ca. 4000 m Gratlänge von Bergfuß zu Bergfuß, von NW nach SO; mit seinen riesigen Graten, seinen Steilwänden und Hängegletschern ist er eines der schönsten und stolzesten Bergmassive der Ostalpen. In der Silvretta hat er kein Gegenstück. Auch seine Südost= und Südabstürze sind höchst eindrucksvoll. Der höchste Punkt der Gruppe ist die Nördl. Augstenspitze, 3228 m, des Augstenberges. Sämtliche benannten Gipfel und alle Hauptkammgipfel sind Dreitausender, ausgenommen zwei=drei untergeordnete Spitzen.

c) Die touristischen Ziele sind dementsprechend ungewöhnlich vielartig von der einfachen Gletscherwanderung auf die höchsten Gipfel bis zu den schwierigsten Gletscheranstiegen und rassigen Gratkletterei en bzw. großen Gratüberschreitungen, an ihrer Spitze die gewaltige Gesamtüberschreitung des Augstenberges von SO nach NW oder umgekehrt. Der SO=Grat des Piz Futschöl ist eine der schönsten Gratkletterei en der Silvretta. Zu diesen vielen Möglichkeiten in Eis und Fels kommen zahlreiche Skifahrten, die in meinem Silvretta=Skiführer beschrieben sind, s. R 58.

d) **Karten.** Die ganze Gruppe ist auf der AV=SiKa trefflich dargestellt mit allen Grenztälern, desgleichen auf der LKS Bl. 498 bzw. 249, dort auch das ganze Val Tasna. Auf der Haug'schen Karte, Beilage zu R 69, ist leider nur der Nordabfall des Augstenberges aus= geführt.

e) **Standorte.** Der einzige gute Tourenstandort für die Gruppe ist die **Jamtalhütte.** Rasche Bergsteiger können aber auch von der Tuoihütte über die Furcletta in die Gruppe vorstoßen, am besten mit Abstieg zur Jamtalhütte. Für die Südanstiege können behelfsmäßig die Alphütten im Val Urezzas, Val Urschai dienen, s. R 435.

f) **Die Erschließung** und Ersteigungsgeschichte sowie die Na= menkunde wird bei den Gipfeln behandelt. Vorweggenommen sei nur die 1. touristisch=topographische Erforschung der Gruppe durch J. Coaz schon 1849, wobei die höchsten Augstenspitzen erstiegen wur= den, wie rings ums Jamtal, die Schwaben die Ersten waren, hier C. Blezinger und E. Renner mit G. und J. Lorenz und P. Reinstadler am 23. 8. 1881 über Fuorcla Chalaus auf die Augsten= spitzen.

g) **Der Name Augstenberg** sei ebenfalls vorweg erklärt, weil er abgewandelt vielen Gipfeln der Gruppe zukommt. „Augstenberge" gibt es viele in den Alpen, weil die Älpler jene Weidehänge der Alp= weiden (Hochalmen), welche erst „im Augst' mit Vieh beweidet, „ge= augstet" werden, allgemein als Augstenberge bezeichnen, so auch die oberen Weidehänge und =hügel im Winkel zw. Jam= und Futschölbach gegen den Pfannknecht hinauf. Von dieser Alpweide Augstenberg wurde der Name auf das Massiv und die Gipfel übertragen. Die übrige Namengebung klärte H. Cranz in der AVZ 1909 S. 226/27. Sie fand Aufnahme in die AV=SiKa, im Wesentlichen auch in die LKS und den SAC=SiFü 1934 (s. R 55). Nur eines müssen wir dort ablehnen. Der Verfasser des Führers schreibt beim Pfannknecht: „Wir nennen ihn romanisch Furniclet." Dies ist in keiner Weise berechtigt. Der Berg liegt ganz auf österreichischem Boden im heute deutschen Sprachbereich und heißt dort Pfannknecht nur so. Er hat nie und wird nie „Furniclet" heißen, so wenig wir etwa den bündnerischen Piz Urschai mit einem deutschen Namen bezeichnen.

h) **Zwei große Silvrettatäler** umgreifen, sich gabelnd, die Augstenberggruppe mit ihren vier Zweigtälern; das Tiroler **Jamtal** und das Graubündner **Val Tasna.**

I. **Das Jamtal** ist vom Jam= oder Kronenjoch gerechnet ca. 14 bis 15 km lang und entwässert außer dem großen Jamtalferner ca. ein Dutzend meist kleinere Gletscher. 500 m NW der Jamtalhütte gabelt sich das Tal ins Jambach=Quelltal mit dem Jamtalferner und in das Futschöltal; vgl. Bild 8, 20 und 21. Das ernste eintönige Tal ist nur auf den Flanken des Osthanges schütter bewaldet. Während die Westseite des typischen Gletschertragtales aus Schichtköpfen in sehr steilen Schrofenwände gebaut ist, dacht sich die Ostflanke mit steilen Weidehängen sanfter ab, über denen ein halb Dutzend ein=

samer Hochtäler und Gletscherkare versteckt liegt, die in Jahrzehnten nie von Touristen betreten werden! — Zum Aufstieg durchs Jamtal s. R 281.

Die eigenartigen Besitzverhältnisse im Tal waren entscheidend für die Namengebung: die Alpen (Almen) links vom Jambach gehören Galtür, jene rechts vom Bach der alemannisch-walserischen Gemeinde Göfis unweit Feldkirch in Vorarlberg als Folge der nachromanischen Besiedlung des Paznauns durch Walser (s. Cranz R 69 S. 214, Finsterwalder R 63 und Flaig R 60 und 61). Die Göfner (Vorarlberger) im Walgau haben aber den Übernamen „Schnapfen", daher die Namen Schnapfenalpe, Schnapfenspitze usw. Außerdem beweisen Namen wie Kühalpeli, Steinmannli usw. eindeutig die walser-alemannische Herkunft und Besiedlung.

Während das oberste Jamtal fast ganz von den Fernern beherrscht wird, ist das wallose Futschöltal nur mehr in den Hochkaren schwach vergletschert und Inbegriff des ernsten großartigen Ödlandes, von gewaltigen Moränenwällen oder Schuttfeldern beherrscht.

II. Val Tasna. Dies gilt z. T. auch für die obersten Hochkare der Zweigtäler des Val Tasna, fürs Val Urezzas und Val Urschai, doch sind diese Hochtäler, die z. T. im leicht verwitternden Bündnerschiefer liegen, stärker begrünt. Ernst und mächtig baut sich die steile zerklüftete SO-Flanke des Augstenberges darüber auf. Das untere Val Tasna dagegen, das vom Tasnan durchflossen und vom Tasnapaß bis zur Mündung in Inn ca. 12—13 km lang ist, erfreut sich des Schmuckes prachtvoller Lärchenwälder, die schon in mehreren Flurnamen mit „Laret" aufscheinen.

i) Die Vergletscherung der Gruppe ist trotz Gletscherschwund noch sehr beachtlich: im N Jamtalferner, Chalausferner, Ob. und Unt. Augstenferner, Futschölferner; im S Vadret d'Urezzas, Vadret da Chalaus und Vadret Futschöl.

k) Der Hauptkamm liegt auch hier nach Klebelsberg vornehmlich in Gneisen und Granitgneisen, am Augstenberg auch Augengneisen. Nach Bearth sind es zumeist glimmerreiche dunkle Gneise, während der O-Grat des Augstenberges aus Hornblendegesteinen besteht. Diese zerklüfteten steilfelsigen Gneis- und Hornblendegrate mit ihren schwarzroten und grünen Türmen stehen im schroffsten Gegensatz zu den weichgeformten Landschaften des Bündnerschiefers, wie sie am Futschölpaß und am SO-Fuß der Gruppe vorherrschen.

## Urezzasjoch, 2906 m (ÖK) oder Fuorcla d'Urezzas, 2907 m (LKS)

**761**

Grenzjoch zwischen Österreich (Land Tirol) im N und Schweiz (Kt. Graubünden) im S; zw. Hint. Jamspitze und Gemsspitze. Grenzstein Nr. 1 der Tiroler/Schweizer Grenze. Eines der wenigen Firnjoche der Silvretta, auf der Südseite aber nicht mehr stark vergletschert, um so mehr auf der Tiroler Nordseite, wo besonders auf der Jamspitzenseite auf gefährliche versteckte Spalten zu achten ist. Das Urezzasjoch ist das einzige vergletscherte Joch, das eine direkte leichte Verbindung zw. Jamtal und Val Urezzas bietet: Übergang von der Jamtalhütte s. R 290, umgekehrt s. R 437, dazu Bild 20 Ziffer 1. (Ein unvergletscherter niedrigerer Übergang ins Val Tasna ist der Futschölpaß, s. dort.) In Verbindung mit der nahen Fcla. Tuoi vermittelt das Urezzasjoch auch einen interessanten Übergang ins Val Tuoi, s. R 289, umgekehrt R 424.

## Gemsspitze, 3114 m (ÖK) oder Gemsspitz, 3107 m (LKS)
**762**

a) Mit einem wildgezackten Südwestgrat aus dunkelbraunroten Gneistürmen steigt der Berg vom Urezzasjoch auf zum Gipfelgrat, der sich im HG 3114 m nach O wendet und in weitem Bogen über einige unbekannte Grathöcker 3067 m und 3035 m (unkotierte, von mir Gemsscharten genannte) Scharten nach NO zu den Chalausköpfen hinüberzieht, s. auch R 765 und 291 f. Ein breiter Felsrücken, durch einen flachen Sattel vom Gipfelgrat getrennt, senkt sich von P. 3093 steil nach NW zum Fußpunkt 2772 hinab. Der Ostfirn des Jamtalferners reicht von N her bis an oder auf den Ostgrat und macht den von hier leicht ersteiglichen Berg zum idealen Skigipfel, s. R 58. Nach SO fallen steilere Schrofen 2—300 m hoch ab.

b) Der Berg, eine Felsinsel in den Gletschern, dient den Gemsen als Zuflucht und wurde daher von den Jägern Gemsspitze genannt. Die Erstersteigung des höchsten Punktes erfolgte am 20. 8. 1883 durch C. Blezinger, L. Petzendorfer, Köhler und Weiß mit J. Walter vom Östl. Jamtalfirn und von NO. Den Südwestgrat beging Dr. E. Buck mit Alfons Lorenz am 31. 7. 1910.

c) Die Rundsicht ist großartig besonders auf die ganze Jamtalferner-Umrahmung und durch das Jamtal hinaus bis Galtür. Im Südhalbkreis herrliche Fernschau bis zum Ortler und zur Bernina.

d) Anstiege sind nur zwei bekannt und üblich. Gute Kletterer überschreiten den Berg sehr lohnend von SW nach N.

**763**
**Von Norden auf die Gemsspitze.** I = unschwierig, 3.45 bis 4.15 h von der Jamtalhütte.

a) Wie bei R 290 a oder b entweder über die Zunge des Jamtalferners oder über den Rußkopf auf den Östl. Jamtalferner dicht S vom Rußkopf. Weiter nach SO und O über die Steilstufe des Östl. Jamfirns in die oberste Firnmulde und im Bogen nach S und SW auf

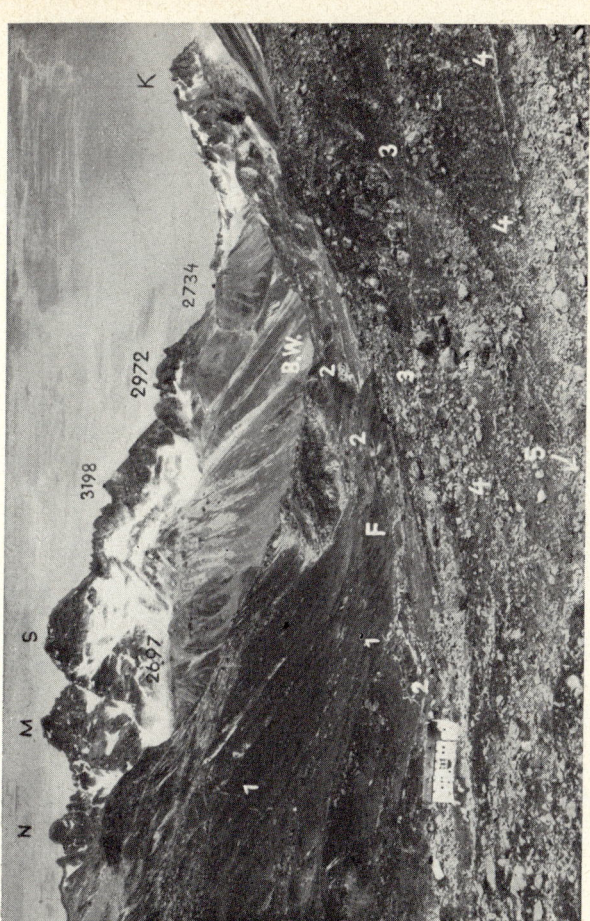

Bild 21  Jamtalhütte (vor 1958) gegen Futschöltal (F) und Weg (2) ins Breite Wasser (B.W.) mit den drei Fluchthörnern (N, M, S). K = Krone.
Erläuterung s. R 6/III

Foto: R. Mathis, Landeck

Bild 22 **Heidelberger Hütte** im Fimbertal gegen Krone (1), Zahnspitze (2), Zahnjoch (3) und Flucht-hörner (4—6)
Erläuterung s. R 6/III
Foto: R. Mathis, Landeck

den flachen Firn- oder Felssattel zw. P. 3093 und dem Gipfelgrat. Über die unschwierigen Felsen der niedrigsten Stelle im linken Drittel kurz auf den Ostgrat und ihm entlang in lustiger Kletterei unschwierig nach W auf den höchsten Punkt.

b) Von Süden erreicht man den obersten Ostfirn des Jamtalferners wie bei R 765 und steigt dann wie oben bei a zur Spitze auf.

**764**

Über den Südwestgrat auf die Gemsspitze. II—III = mäßig schwierig bis schwierig, 1.15—1.30 h vom Urezzasjoch. Von der Jamtalhütte wie bei R 290 (von der Tuoihütte R 424 zum Urezzasjoch, je ca. 3 h. Man steigt nicht direkt am Joch ein, sondern quert kurz links auf der Jamseite (NW) entlang bis zur (vom Joch gerechnet) zweiten Schutt- und Firnrinne, durch die man die Grathöhe des SW-Grates erreicht, dann zunächst dem Felsgrat folgt bis zu dem großen Gratzacken, den man rechts auf der SO-Seite umgeht. Man bleibt in dieser Flanke auf einem breiten obersten Band bis zum südl. Vorgipfelturm. Man kann ihn durch eine Schneerinne und nach kurzem Quergang (zw. Firn und Fels oder auf dem Firn bzw. Schuttrand) durch einen Kamin ersteigen, der bis dicht unter den Vorgipfel führt. Man steigt durch den Kamin wieder herab auf den Firn- oder Schuttrand am Fuß des Turmes und geht ihm entlang bis zu einem Felsenfenster. Durch dieses auf den Grat zurück und ihm nach bis zur letzten kleinen Erhebung vor dem Gipfel, der von SO über steile Felsen gewonnen wird.

## P. 3067 und 3035 und die Gemsscharten

**765**

a) Gemsscharten nenne ich, um sie leichter ansprechen zu können, die drei verschiedenen Einschartungen und Gratsättel zw. Gemsspitze und den südlichsten Chalausspitze, 3068 m. Sie sind durch mehrere Grathöcker darunter die (von NW unschwierig in 2—4 Min. ersteiglichen) Punkte 3067 und 3035 von einander getrennt und von NW, vom obersten östl. Jamfirn alle unschwierig über Firn oder einiges Blockwerk zu erreichen. Zugang von N wie bei R 763. Die Scharten sind teil- und zeitweise gegen SO überwächtet, Vorsicht!

b) Von Südosten, vom Vadr. d' Urezzas sind die Gemsscharten weniger bequem aber auch unschwierig über Firn, Schutt und Schrofen zu erreichen, die östlichste, niedrigste dicht SW von P. 3068, am leichtesten diese auch direkt von der Fcla. Urschai her, d. h. die Gemsscharten vermitteln touristisch wichtige und interessante Übergänge (auch im Winter mit Ski, s. R 58) vom Vadret da Chalaus und d'Urezzas zum Jamfirn, zur Gemsspitze und den Chalausköpfen.

## Chalausköpfe und Südliche Chalausspitze

**766**

a) Von der LKS nicht benannt. Man unterscheidet Obere und Untere Chalausköpfe. Die Oberen liegen alle im Haupt- und Grenzkamm, nach der AV-SiKa: P. 3068, der südlichste, W von der Fcla. Urschai;

P. 3120 der höchste (LKS: 3115 m) und mittlere; und P. 3118 der nördliche (LKS: 3116 m. Nördlich von ihm liegt, dicht S der Fcla. Chalaus, die schulterartige Südliche Chalausspitze, 3096 m; sie entsendet nach SO einen kleinen befirnten Rücken.

Die unteren Chalausköpfe liegen in dem von nördl. Oberen Chalauskopf, 3118 m, nach NW ausstrahlenden Gratrücken, der nach einer etwas befirnten Einsattlung zw. P. 3118 und P. 3104, dem höchsten oder Schwabenkopf, mit einer steilen scharfen Schneide zum P. 3104 aufsteigt und mit einem reichgetürmten NW=Grat absinkt, der sich unten in zwei breite Felssockel teilt, nach W über P. 2940, nach N zu P. 2912. Die verschiedenen Scharten zw. den Chalausköpfen nenne ich, um sie ansprechen zu können, Chalausscharten im Gegensatz zur Fuorcla Chalaus, die nur mehr diesen rätorom. Namen trägt.

b) Der Name Chalaus soll nach Hubschmied von einer Mure oder Rüfe oder wohl besser von den mächtigen Bergsturz= und Moränen= trümmern kommen, welche diese Gipfel umsäumen, abgeleitet vom rätorom. Chalar (ital. calare), bzw. Mehrzahl zu Chalau (ital. calato) = das „Heruntergelassene, Heruntergerutschte" = Geröll= oder Berg= sturzhalde, Mure usw. Im Val Urschai gibt es den Flurnamen Cha= laus (nördl. Alp Urschai).

c) Aus der Besteigungsgeschichte: s. R 1208 im Nachtrag.

## Anstiege auf die Chalausköpfe

**767**

I. Von Norden. Die Zugänge erfolgen a) entweder wie bei R 291 über den Chalausferner bzw. Vadret Chalaus und Urezzas.

b) oder wie bei R 763 über den östl. Jamfirn, von wo aus man ganz unschwierig nach SO direkt zum P. 3068 aufsteigt oder in ca. 2900 m Höhe nach N den Sattel östl. P. 2940 erreicht.

c) Von diesem Sattel östl. P. 2940 ersteigt man unschwierig (feine Skitour, s. R 58!) über Steilfirn sowohl P. 3120 als auch P. 3118 von W und N her bzw. über die untere Chalausscharte zw. P. 3118 und P. 3104, die man auch von N vom Chalausferner über Steilfirn und Bergschründe erreichen kann.

d) Von der Unt. Chalausscharte schwingt sich ein rassiger schwie= riger Ostgrat zum Unt. Chalauskopf, 3104 m, auf. Über seine Be= gehung und Führe ist nichts bekannt, auch nicht über den NW=Grat des P. 3104, jetzt Schwabenkopf, siehe R 1208 im Nachtrag.

II. Von Süden, vom Vadret Chalaus. Zugang von der Jamtalhütte wie R 291 über die Fcla. Chalaus.

a) Die verschiedenen Chalausscharten zw. den Oberen Chalaus= köpfen lassen sich alle unschwierig bis mäßig schwierig (I—II) vom Firn des Vadret da Chalaus über Firn oder Schutt oder leichte Schrofen ersteigen, desgl. die Südl. Chalausspitze von Osten über den Firn= und Schuttrücken und einige Felsen.

b) Von den Chalausscharten in mäßig schwieriger Kletterei auf die verschiedenen Köpfe, auf den Südl. Kopf, 3068 m, auch direkt von der Fcla. Urschai. 15—30—45 Min. vom Firnbecken, je nach Ziel.

**768**

**Fuorcla und Piz Urschai, 2994 u. 3097 m und Piz Chaschlogna, 2939 m**
a) Alle liegen auf Schweizerboden. Die Fuorcla Urschai verbindet den Piz Urschai mit dem südlichsten Chalauskopf, 3068 m, im Grenz=

kamm. Vom Piz Urschai zieht ein Gratrücken über P. 3013 nach SO.
P. 3013 wird mit Piz Urschai dadoura, P. 3097 mit Piz Urschai da=
daint oder kurz Piz Urschai bezeichnet.

Ein langer Gratrücken zieht vom Piz Urschai nach S zum P. 2957
= Piz Chaschlogna zum trigonom. Gratpfeiler 2939.

b) Piz Urschai und Piz Chaschlogna wurden schon 1849 von J. Coaz
bestiegen. Der Name Urschai soll nach Hubschmied mit dem rätorom.
urtia (lat. urtica) = Brennessel zusammenhängen.

c) Die Anstiege von N sind kurz und einfach, von S lang und
mühsam.

d) Auf Piz Urschai. Wie bei R 291 auf Fcla. Urschai bzw. auf
den Vadret da Chalaus und entweder von W von der Fcla. oder von
N, vom Firn unschwierig über Firn, Geröll und Schrofen in 15 bis
20 Min. auf den Gipfel, 3097 m.

e) Den Vadret da Chalaus kann man auch wie bei R 769 b von SO
aus dem Val Urschai über P. 2897 erreichen; weiter wie bei d.

f) Von der Alpe Urschai, 2106 m, kann man auch in der Foura da
Chaschlogna (am Bach entlang) emporsteigen und aus ihrem obersten
NW=Winkel über Schutt und Firn auf das Firnfeld S des P. Urschai
gelangen, von dort leicht auf P. 3013 oder 3097.

g) Piz Chaschlogna, 2957 m, ersteigt man in mäßig schwie=
riger Kletterei (II) über den Nordgrat. Die auf den Karten gut kennt=
liche Scharte am N=Gratfuß erreicht man unschwierig von O aus der
Foura da Chaschlogna wie oben bei f; oder von W aus dem innersten
Val Urezzas bzw. vom Urezzasjoch her.

## Fuorcla Chalaus, 3003 m

**769**

a) Eine Grenzscharte zw. Tirol im N und Schweiz im
S. In der LKS 3004 m und ohne Namen. Touristisch
wichtige Furkla zw. Südl. und Nördl. Chalausspitze;
sie verbindet den Tiroler Chalausferner im NW mit
dem Schweizer Vadret da Chalaus im SO und vermit=
telt den leichtesten Zugang von Norden zu den
Augstenspitzen und anderen Gipfeln des Augstenberges
bzw. des Chalauskammes, sowie zur, bei den Skifahrern
beliebten, aber im Sommer ebenso lohnenden „Großen
(oder Kleinen) Jam=Vier=Gletschertour“, s. R 291, dort
auch der Zugang von N, von der Jamtalhütte.

b) Von Süden aus dem Val Urschai zur Fcla. Chalaus.
I (II) = unschwierig (mäßig schwierig), je nach Verhält=
nissen, 2.30—3.15 h aus dem Val Urschai. Zugänge: s.
R 282 und 292. — Von der Alpe Urschai, 2106 m (s.
R 435) oder von Marangun d'Urschai über den Talbach
auf das Westufer und gegen den Bachgraben hinauf,
der vom Vadret da Chalaus herabkommt. Er ist rechts
im O von einem langen Schutt= und Moränenrücken
— „Gravas“ der Karten — begleitet; über diesen Rücken

NNW empor bis unter die Felsen, dann links davon durch den Steilgraben NW zum P. 2897 hinauf (flache Geröllstufe); die Gletscherzunge bleibt links. Von P. 2897 über Schutt und Firn NW gerade zur Fcla. Chalaus, 3003 m, hinauf.

## Der Augstenberg

**770**
a) Unter „Augstenberg" versteht man das ganze östliche Massiv der Augstenberggruppe im Haupt= und Grenzkamm zw. Fcla. Chalaus im W und Futschölpaß im O mit allen Verzweigungen und Gipfeln; von NW nach SO sind dies: **Pfannknecht,** 2822 m; zwei **Augstenköpfe,** 2966 m; **Signalspitze,** 3159 m; **Nördl. Chalausspitze,** 3161 m; **Nördl. und Südl. Augstenspitze,** 3228 und 3225 m, die Höchstpunkte; und **Piz Futschöl,** 3175 m. Diese Namen erscheinen auch in der AV=SiKa; in der LKS ist nur P. Futschöl benannt, das übrige Massiv unter „Augstenberg" zusammengefaßt. (Vgl. das prächtige farbige Winter-Panorama der Augstenspitzen von der Fcla. Chalaus im „Bergkamerad 1970, Heft 1.)
b) Zum Namen Augstenberg s. R 760 f; der Name gilt nur als Sammelname für das ganze Massiv, nicht als Gipfelname. Gipfelnamen und Topographie sind aus der AV=SiKa so gut ersichtlich, daß weitere Ausführungen unnötig sind. Der kl. Hängegletscher O der Augstenspitzen heißt Vadret Futschöl, der Firn= eisfleck N der Augstenköpfe ist der „Unt. Augsten= ferner".
c) Anstiege: Mit seinen Hängegletschern, düsteren Flanken und riesigen Graten ist der Augstenberg eines der schönsten Hochalpenmassive mit dem seltenen Vor= zug, daß mehrere seiner Gipfel — darunter die höch= sten! — für Geübte unschwierig ersteiglich sind und deshalb auch ideale Skiberge; s. R 58. Andere wieder sind rassige Fels= und Eisfahrten, darunter die schönsten Gratüberschreitungen eines Silvrettamassivs. Besonders großartig die Längsüberschreitungen von O nach NW oder umgekehrt z. B. vom Piz Futschöl (oder den Aug= stenspitzen) bis zu den Augstenköpfen, die W. Flaig allein am 1. 9. 1920 vermutlich erstmals ausführte, mit Aufstieg über den Vadret Futschöl (s. R 782); ferner

die Gesamtüberschreitung von SO nach NW, die E. Strubich am 18. 8. 1921 durchführte, nach der ersten Ersteigung des Piz Futschöl über den SO=Grat (s. R 774/77).

## Augstenspitzen, 3228 m und 3225 m

**771**

a) Die 2 höchsten Spitzen des Massivs und (nach Piz Linard, Fluchthorn, Piz Buin und Verstanklahorn) das fünfthöchste Massiv der Silvretta. In der LKS 3230 und 3224 m. Die 2 Gipfel sind 200 m von einander entfernt und beide trigonometr. Signalpunkte. Der NG ist Grenzgipfel im Hauptkamm, der SG liegt auf Schweizer=boden.

b) Erstersteigung von S und N s. R 760 f. Erster Aufstieg von O und erste Überschreitung nach W durch C. Blezinger und W. Strauß. Über den ganzen O=Grat stiegen Fr. Aign und H. Kreitz am 22. 5. 1921. Wer waren die ersten Skifahrer auf den Augstenspitzen?
c) Rundsicht: **D**ie Fernschau ist gewaltig, weil außer dem wuchtigen Fluchthorn kein höherer Gipfel die Sicht beschränkt: Im O über dem Samnaun die Ötztaler, im SO der Ortler, im SSW Bernina, im SW und W Albula und Adula, Bündner, Walliser und Berner, Glarner und Ostschweizer Alpen, davor der Rätikon; im N das Ferwall da=hinter im N und NO die Lechtaler Alpen. Hauptschaustück ist aber die zentrale Silvretta: im SW der gewaltige Piz Linard links von ihm die Albula bis zur Bernina links dahinter. Rechts vom Linard Piz Fliana. hinter seinem NW=Grat rechts die Doppelgipfel der vier Plattenhörner, vor dem Flianagrat die Jamspitzen, genau über der Vord. Jamspitze der breite Piz Buin. Zw. ihm und der Jamspitze ist die Dreiländerspitze eingeschoben, die rechts zu den Ochsenscharten abfällt. Rechts an den Buin schließt sich die Gruppe des Silvretta=horns an: Signalhorn, Silvretta=Eckhorn, Silvrettahorn, Schneeglocke, Schattenspitze, Klostertaler Egghörner.

d) **A n s t i e g e** auf die Augstenspitzen: Der leichteste Anstieg erfolgt von W und von der Jamtalhütte aus. Die Ostanstiege sind schwieriger. Zu den Überschrei=tungen s. oben R 770 c. Ein direkter Nordanstieg auf die Nördl. Augstenspitze ist nicht bekannt (nur auf die Signalspitze, s. R 780 c).

**772**
**Von Westen auf die Augstenspitzen.** I (II) = un=schwierig (mäßig schwierig), 0.40—1.20 h aus der Firn=mulde des Vadret da Chalaus, 3.30—4.30 h von der Jamtalhütte. Sehr von den häufig wechselnden Ver=hältnissen abhängig; der leichteste (auch mit Ski üb=liche) Anstieg.

a) **Von der Jamtalhütte** am besten wie bei R 291 auf die F. Chalaus und (Wächten!) ganz rechts im S in die oberste nördl. Firnmulde des Vadret da Chalaus. Je nach Firnlage in der Westflanke der Augstenspitzen, die man jetzt ganz übersieht, steigt man über Firn und Steilschutt mehr oder weniger direkt links zur Nördl. oder rechts zur Südl. Spitze auf; oder man erklimmt den Verbindungsgrat und über ihn unschwierig die eine oder andere Spitze, wobei der Felshöcker auf der Gratmitte zw. den Spitzen auf der Westseite umgangen wird. Oft steigt man am besten so an, daß man den Gipfelgrat bzw. Westgrat links (NW) vom Nordgipfel erreicht und dann über den NG zum SG übergeht, denn es lohnt, beide Spitzen (und den P. Futschöl) zu ersteigen.

b) **Aus dem Val Tasna-Urschai** (oder Val Urezzas) gelangt man wie bei R 769 b (oder über den Vadret d'Urezzas und F. Urschai) auf den Vadr. da Chalaus; weiter wie bei a auf die Spitze.

c) Von der Tuoihütte geht man über die Furcletta (R 425), Urezzas Cuortas und F. Urschai und weiter wie oben bei a.

### 773

**Vom Osten auf die Augstenspitzen.** II—III (IV) je nach Führe. 2—3 h und mehr vom Futschölpaß je nach Führe und Verhältnissen. Man hat mehrere Führen zur Auswahl; außer auf den nachbeschriebenen kann man auch von O über den Piz Futschöl auf die Augstenspitzen steigen, s. R 774—776 und 777.

a) **Zugang** zum Futschölpaß von der Jamtalhütte wie bei R 292; von S wie bei R 282; von der Heidelberger H. wie bei R 308, 309.

b) **Übersicht:** Von der Nördl. Augstenspitze senkt sich ein Ostgrat Richtung Futschölpaß hinab, ist aber nur im obersten Drittel ausgeprägt gratartig, weiter unten verliert er sich in die NO-Flanke und war früher dort hoch vom Eiswulst des Vadret Futschöl überwallt; jetzt hat dessen Schwund z. T. eine Felsrampe freigelegt neben dem Eis.

I. **Über die Nordostflanke (Ostgrat)** und die Firnmulde des Vadret Futschöl. Vom Futschölpaß oder besser schon 10—15 Min. nördl. unterhalb bzw. vom Paß nach W über die Stufen und Geröllbänder der NO-Flanke empor, je nach Verh. und Eisfallgefahr (vom Gletscherrand) mehr oder weniger weit links bleiben. Man gelangt so auf die Felsrampe, die oben neben dem Eisrand ansteigend zum Beginn des hier ausgeprägten Ostgrates der Nördl. Augstenspitze führt. Man folgt Rampe und Grat nur so lange, bis man gut links in die obere Firnmulde des Vadr. Futschöl oberhalb seiner Spaltenzone hineinqueren kann. Man durchquert die Firnmulde je nach Firnlage, Spalten und Bergschrund bzw. Ziel entweder direkt gegen die Nördl. oder Südl. Augstenspitze oder auf deren Verbindungsgrat, oder (meist am einfachsten) in Richtung auf den Sattel im Verbindungsgrat zw. Piz Futschöl links und Südl. Augstenspitze rechts, wobei Piz Futschöl leicht noch „mitgenommen" werden kann. Unschwierig über diesen Verbindungsgrat r. nach W zur Südl. Augstenspitze und über den Verbindungsgrat zur höchsten Nördl. Spitze, wobei der Grathöcker links im W umgangen wird.

II. Über den ganzen Ostgrat. Schöner, aber schwieriger als I.; wie dort über die NO-Flanke zum Beginn des eigentlichen Ost-grates hinauf. Auf ihm entlang bis er unter einer plattigen Steilwand-stufe endet. Unter der Wand steil schräg rechts (N) empor auf die oberste Fortsetzung des Ostgrates und über Bänder und Stufen (links südseitig ausweichend) am Grat empor, zuletzt über eine kleine Wandstufe zur Nördl. Augstenspitze hinauf.

III. Über den Vadret Futschöl auf Piz Futschöl und auf die Augstenspitzen. Bei sehr gutem spaltenarmem Firn der kürzeste und einfachste Ostaufstieg auf das Massiv; bei Vereisung und Zer-klüftung sehr bis besonders schwierig (IV—V) und zeitraubend, aber rassige Eistour. — Vom Futschölpaß über die Zunge direkt in die Firnmulde empor, meist am besten anfangs in der Mitte, später mehr links am Fuß der Futschöl-NO-Wand entlang. Der ständig wechseln-den Verhältnisse wegen können genaue Angaben nicht gemacht wer-den, s. R 60 Flaig SiBu S. 23 ff.

Den Ausstieg aus der Firnmulde auf die Gipfel nimmt man wie oben bei I. entweder auf Piz Futschöl oder die Augstenspitzen oder alle drei.

## Piz Futschöl, 3175 m

**774**

a) Piz Futschöl ist streng genommen nur eine weit vor-geschobene aber mächtig gewölbte Schulter im Südost-grat des Augstenberges bzw. der Sdl. Augstenspitze. Mit drei riesigen schwarzroten Türmen besetzt, stürzt dieser SO-Grat ins Val Urschai hinab. Der Dresdner Kletterer Eman. Strubich erstieg ihn erstmals allein am 18.8.1921, s. R 770 c. Die Ostwand begingen im Abstieg R Ham-burger, K. Plaichinger und L. Sinek. — Zum Namen s. beim Futschölpaß.

b) Anstiege: Am einfachsten über den Grat von der Südl. Augstenspitze her. Zwei Ostaufstiege decken sich z. T. mit denen auf die Augstenspitzen, der SO-Grat aber ist ,ganz große Klasse'.

**775**

**Über den Westgrat auf Piz Futschöl.**

I. Am einfachsten von der Südl. Augstenspitze her (s. R 772), über den ganzen Verbindungsgrat (I—II) in 15—25 Min.

II. Von Norden aus der obersten Firnmulde des Vadr. Futschöl über den Bergschrund und einen kleinen Firn- oder Eishang meist ohne Schwierigkeit. Die Firn-mulde gewinnt man vom Futschölpaß her wie bei R 773 I. oder III.

**776**

Vom Futschölpaß über die Ostwand auf Piz Futschöl. III = schwierig, 4 h von der Jamtalhütte. Bisher vermutlich nur im Abstieg begangen. Zum Aufstieg schrieb mir Herr Sinek, die Führe lasse sich „natürlich (und zwar recht vorteilhaft) auch zum Aufstieg benützen, wobei man den Einstieg zw. Felswand und Gletscher dort zu suchen hat, wo an der Grenze zwischen beiden der Anstieg auf steiles Eis und daher auf Schwierigkeiten stößt (dabei ist der seitherige starke Gletscherschwund zu beachten!) Die hier ansetzende Steilstufe der Wand wird zuerst mit Hilfe schmaler Bänder erklommen und in Richtung auf die vom Gipfel bis ungefähr in halbe Wandhöhe herabziehende (unten aufgelöste), Gratrippe durchstiegen". Dieser Rippe entlang steigt man dann vollends mäßig schwierig zum Gipfel hinauf.

**777**

Über den Südostgrat auf Piz Futschöl. III—IV = schwierig bis sehr schwierig. Großartige Kletterfahrt. 6—8 h von der Jamtalhütte (Ersterersteiger Strubich allein 6 h). Strubich schreibt: „Von der Jamtalhütte zum Futschölpaß (s. R 292). Jenseits 8—10 Min. abwärts. Eine breite Schutthalde führt rechts aufwärts gegen den SO-Grat. Über die Schutthalde empor, dann weiter in der (anschließenden) Rinne bis etwa 30 m unterhalb der Gratscharte, dann rechts durch den Kamin und auf kleinen Bändern rechts NO um den 1. Gratturm herum und weiter auf breitem Schuttfleck steil empor in einen breiten Sattel. Von hier links über eine rötliche Platte, die zu einer überhängenden Kaminreihe führt. Vor dieser reichts über die Wand bis man ein schmales Band erreicht, das 15—20 m unterhalb der Gratkante steil rechts hinaufführt. An seinem höchsten Punkt auf schmaler Leiste links zum Kamin und durch diesen auf den Grat. Weiter in die nächste Scharte (Abbruch rechts nördl. umgehen, kl. Hangelriß), jenseits über schräge Plattenwand gegen den 1. der drei großen im oberen Teil des Grates stehenden markanten Türme, die man schon vom Futschölpaß her kennt. An der SO-Kante die 1. Turmes empor und in die nächste Scharte hinab über eine plattige Wand und mit einem Riß an der Kante. Der 2. mittl. Turm wird durch einen Kamin gespalten. Durch diesen empor und über die anschließende Wand zum Gipfel und hinab in die Scharte. Am 3. Turm mittels Riß an der SO-Kante empor, dann auf kl. Band links in die Südwand und über diese auf den Turm. Zurück z. T. auf der gleichen Führe, bis man leichter in die Scharte NW vom 3. Turm klettern kann. Von hier führt der Grat leicht aber brüchig zur Spitze des Piz Futschöl hinauf."

## Nördliche Chalausspitze, 3161 m

**778**

a) In der LKS nicht benannt. Grenzgipfel, in dessen Spitze die von S aus der Fcla. Chalaus heraufsteigende Staatsgrenze gratentlang nach O biegt. Nach NW mit der Signalspitze ist der Gipfel durch einen in sich fast waagerechten Grat verbunden (weshalb die Koten 3170 und 3190 der Haug'schen Karte nicht stimmen können). Der Erstersteiger ist nicht bekannt; s. auch R 780 b.

b) Anstiege: Die Besteigung ist gut mit jener der Augstenspitzen zu verbinden. Zum Gratübergang von der Signalspitze und zur

Nördl. Augstenspitze vgl. R 782 und 780. Von dem schönen Südgrat (SSW-Grat) der reichgezackt von der F. Chalaus aufsteigt, besteht keine Beschreibung. Der einfachste Anstieg erfolgt von S oder O.

**779**

Von Süden auf die Nördl. Chalausspitze. I—II = unschwierig bis mäßig schwierig, 40—60 Min. von der Fcla. Chalaus. Von der Jamtalhütte wie bei R 291 auf die F. Chalaus (s. R 769) und links nach NO und N gegen den obersten NW-Winkel des Vadret da Chalaus, bis man unschwierig über Firn, Schutt und Schrofen halb-links in die oberste Gratlücke des (von der F. Chalaus heraufsteigen-den) Südgrates, d. h. in die erste Gratlücke links südl. der Spitze auf-steigen kann; kurz rechts über den Grat zur Spitze.

**780**

Über den Ostgrat auf die Nördl. Chalauspitze. II (III) = mäßig schwierig (schwierig). 0.45—1.15 h aus der Firnmulde, 1.30 h von der Nördl. Augstenspitze.

a) Im Ost- bzw. Verbindungsgrat zw. Nördl. Chalausspitze und Nördl. Augstenspitze erhebt sich noch ein Grathöcker P. 3124. Die tiefste Gratscharte zw. den zwei Gipfeln scheint W dieses P. 3124 zu liegen. Man ersteigt sie von S über Firn und Schutt und einige Felsen und klettert mäßig schwierig (schwierig) über den Ostgrat zur Spitze.

b) Will man über den ganzen Ostgrat von der Nördl. Augstenspitze übergehen, so klettert man mäßig schwierig über deren Westgrat (WNW-Grat) hinab in die Scharte vor der senkrechten Ostkante des P. 3124, den man links im S umklettert und von der Scharte dahinter wie oben bei a zur Spitze steigt. — Wesentlich kürzer ist der Über-gang, wenn man von den Augstenspitzen in die Firnmulde absteigt, so hoch als möglich nach W quert und wie bei R 779 auf die Nördl. Chalausspitze steigt.

## Augstenberg – Signalspitze, 3159 m

**781**

a) Streng genommen ein Gratgipfel im NW-Grat der Nördl. Cha-lausspitze, wie auch P. 3122 im NW-Grat. Die Spitze trug ursprüng-lich das österreichische Vermessungssignal, daher der Name.

b) Die mutmaßliche 1. Ersteigung und Überschreitung von S nach N machte Ludwig Purtscheller am 8. 9. 1886 von der Fcla. Chalaus (vielleicht über die Nördl. Chalausspitze hinweg?) mit Abstieg über die Nordflanke auf den Futschölferner. Nähere Angaben fehlen.

c) Anstiege. Die Auf- und Abstiegsführen Purtschellers sind nicht genau bekannt, doch dürfte die Südflanke von westl. unter-halb der Fcla. Chalaus über Firn, Schutt, Schrofen und mäßig schwie-rige (bis schwierige?) Felsen zu erklettern sein. Am besten über-schreitet man die Spitze von NW nach SO zur Nördl. Chalaus-spitze oder umgekehrt. Dieser Gratübergang (15—20 Min.) ist eine ganz aussichtsreiche sehr lohnende Grattour, s. R 782.

d) Heute über die N-Flanke (Eis und Fels) auf- oder abzusteigen (s. bei b) wird ganz dringend abgeraten! Infolge starker Ausaperung äußerst brüchig, gefährlich, steinschlägig und vereist und nicht lohnend.

# Über den ganzen Nordwestgrat des Augstenberges

Augstenköpfe — Signalspitze — Nördl. Chalausspitze — Augstenspitzen

**782**

Der größte Teil der Überschreitung ist un= oder mäßig schwierig (I—II), einige Teilstrecken sind schwierig (II). Dieser Anstieg ist gletscherfrei, verbindet man ihn mit dem Ostgrat (R 773), so kann man das ganze Massiv überschreiten ohne Gletscherfirn zu betreten, 5—6 h von der Jamtalhütte auf die Augstenspitzen, 8—10 h über das ganze Massiv. Eine der großartigsten Gratüberschreitungen der Silvretta, auch umgekehrt sehr lohnend, s. unten bei e und R 770 c bzw. 760 c.

a) Von der Jamtalhütte wie bei R 783 auf die A u g s t e n k ö p f e.

b) Von den Augstenköpfen bzw. vom Oberen Augstenfirn e n t w e d e r über den Augstenfirn, dann an günstigster Stelle vom Firn über den Bergschrund und über die NO=Flanke des NW=Grates auf seine Grathöhe, die man aber noch vor dem 1. Steilaufschwung zu erreichen trachtet;
o d e r von der Schulter südl. vom Westl. Augstenkopf immer am NW=Grat entlang. Kleine Steilstufen werden — z. T. schwierig — direkt erklettert, können aber auch fast immer beidseitig umgangen werden, eine erste größere Steilstufe (P. 3105 der Haug'schen Karte) wird meist besser links von N genommen, die 2. Stufe auf P. 3122 (3130 bei Haug) besser von rechts (S), wobei man nach kurzem süd= seitigem Quergang rechts durch einen Kamin auf die Blockstufen der Westabdachung und bei P. 3122 wieder auf den Grat gelangt. Er führt ohne weitere Hindernisse zur S i g n a l s p i t z e, 3159 m, und über den flachen Verbindungsgrat nach SO zur N ö r d l. C h a l a u s = s p i t z e, 3161 m, hinüber.

c) Nun mäßig schwierig über ihren Ostgrat hinab in die Scharte vor P. 3124, der zwar von hier unschwierig zu ersteigen, aber nach O senkrecht abgebrochen ist, weshalb man ihn besser von der Scharte rechts südseitig umklettert in die nächste Scharte östl. von ihm. Von hier ab immer gratentlang mäßig schwierig über den Westgrat auf die N ö r d l. A u g s t e n s p i t z e, 3228 m, s. R 771, 772. (Un= schwierig über die Südl. Spitze zum Piz Futschöl.)

d) Will man geradenwegs zu den Augstenspitzen, ohne dem Grat zu folgen, so steigt man von der Nördl. Chalausspitze nach S hinab bis in die 1. Gratscharte (im Grat zur Fcla. Chalaus) und dann nach SO auf den Chalausfirn hinunter, den man leicht gegen eine der beiden Augstenspitzen überquert und wie bei R 772 die Gipfel gewinnt.

e) A l s A b s t i e g e kann man (außer nach W wie bei R 772 oder nach SW wie bei R 291) zur vollständigen Überschreitung des Massivs den Ostgrat der Nördl. Augstenspitze oder den über den Vadret Fut= schöl wählen, s. R 773. Diese Überschreitung ist auch um= gekehrt sehr lohnend. Die größte Überschreitung von SO nach NW: über den SO=Grat auf Piz Futschöl (wie bei R 777) und über alle Gipfel nach NW wie oben bei a—d aber umgekehrt.

**783**

## Die Augstenköpfe, 2966 m

Augstenköpfe heißt man die Zacken bzw. Köpfe, die nur wenige Meter über die (fast 3000 m hohe nahezu waagerechte) Nordschulter des Augstenberges heraus=

ragen und zw. denen die Zunge des auf dieser Schulter liegenden Oberen Augstenferners hinabhängt. Sie bilden eines der prächtigsten Schaustücke der Jamtalhütte und bieten einen der schönsten Aussichtsbalkone der Jamtalumrahmung. Sie sind von W ganz unschwierig zu ersteigen, von N und NO mäßig schwierig.

a) Von Westen. I = unschwierig, 2.30—3.15 h von der Jamtalhütte. Wie bei R 291 a auf dem Weg Richtung Chalausferner nach S bis etwa in Höhe von P. 2606 (oder schon vorher im Raum zw. P. 2413 und 2606 nach SO weglos empor) und jetzt nach O hinauf über den breiten Rücken der von P. 2606 ostwärts aufsteigt und oben in einen unschwierigen Felsgrat übergeht, welcher beim Westl. Augstenkopf endigt. Über den Grat oder die Schutthalden rechts daneben empor bis auf die geröllbedeckte Schulter des NW-Grates des Augstenberges, dicht SW vom Westl. Augstenkopf.

b) Über die Geröllterrasse der Schulter oder über Firn nach NO hinüber zum SO-Fuß des spitzen Gipfelzackens des **Westlichen Augstenkopfes** und in lustiger Plattenkletterei auf die schmale Schneide seiner Spitze.

c) Hinüber zum nahezu gleich hohen **Östl. Kopf** (eine geröllbedeckte Felskuppe) überquert man, rechts nach S ausholend, den Firn (Vorsicht, Spalten!) nach O. Diesen Östl. Augstenkopf kann man auch mäßig schwierig über seine Ostflanke vom Futschölferner herauf oder besser über seine NO-Flanke vom Sattel 2793 aus ersteigen.

d) Von Norden auf den Westl. Augstenkopf. Schon von der Jamtalhütte aus erkennt man, daß dicht westl. vom Gipfelturm, d. h. rechts von der dreieckigen Nordwand des Berges eine steile Firn- und Felsrinne herabzieht. Durch diese Rinne oder über die Felsen rechts daneben kann man ebenfalls aufsteigen (II—III; 2.45—3.30 h von der Hütte). Zugang wie bei R 784.

## Pfannknecht, 2822 m

**784**

Ein hübscher Felskopf dem Augstenberg nördl. angelagert. Die Überschreitung von S nach N ist eine hübsche kleine Kletterei und Halbtagestour von der Jamtalhütte. Sehr lohnende Rundsicht über das innere Jam, auf die Fluchthorngruppe und die großartige Nordflanke des Augstenberges. Anstiege von W, NW und NO über die Flanken oder Kletterei über den Südgrat, alle ca. 2.30—3.15 h von der Hütte.

a) Von Westen, von der Jamtalhütte übers Stein=
mannli, 2353 m, und durch das Hochtäli SO davon (der
Bach bleibt rechts) empor in das Schuttkar, dann halb=
links auf Steigspuren zum Westgrat und über ihn auf
die Kuppe des Nordgratrückens; ihm entlang in die
Scharte am Nordfuß des Gipfels. Über Blockstufen auf
ein breites Band, das nach S in die Gipfelwand der
NO=Flanke leitet, die dann vollends unschwierig zum
Gipfel führt.

b) Von Nordosten. Vorerwähnte Scharte N des Gipfels kann
man auch aus dem Futschöltal über die NO=Flanke (II) erreichen.

c) Über den Südgrat. II (III) = mäßig schwierig (schwierig).
Den mit roten Felstürmen geschmückten Felssattel am Südgratfuß er=
reicht man entweder von W wie oben bei a durch das Geröllkar und
über den Firnrest des Unt. Augstenferners oder mühsam von O über
steile Schutthalden. Vom Sattel am Grat empor. Der erste schwierigere
Absatz wird wenig links (W) vom Grat über ein Wandl erstiegen,
der zweite durch einen gewundenen Kamin. Es folgt eine glatte Plat=
tenkante (Rücken), die auch links (W) auf schmalem Band umgangen
werden kann, beides hübsche Kletterstellen. Weiter über den Grat
und Vorgipfel zur Spitze.

785—789 offene Randzahlen für Nachträge.

## Der große Vermuntgrat

## Ochsentaler Berge/Bieltaler-Berge/Klein-Vermuntkamm
**790**
a) Als Großen Vermuntgrat fasse ich den gan=
zen reichverzweigten Grat zusammen, der (als wohl
längster der 10 Nordkämme) in der Dreiländerspitze
vom Hauptkamm nach N abzweigt bis zum Gorfen
über Galtür. Nach der Einteilung von H. Cranz von
1909 (s. R 69) wird er aufgeteilt in die **Ochsentaler und
Bieltaler Berge** (Kämme) und in den **Kleinvermunt=
kamm**. Er wird im W vom Ochsental, vom Ober= und
Kleinvermunt, im O aber vom Jamtal begrenzt, im N
vom innersten Paznaun. Die Ochsenscharten trennen
ihn vom Hauptkamm. Obgleich einzelne Gipfel und
Scharten besonders auch im Winter (s. R 58) vielbe=
sucht sind, ist der Grat sommers großenteils noch unbe=
rührtes, ja in gewissem Sinn noch unerforschtes Öd=
land, besonders im nördl. Teil und in der Totenfeldum=
rahmung. Diese Unberührtheit ist nicht von ungefähr,
erheben sich doch in den Ochsentaler und Bieltaler
Bergen und in den Satzgräten einige der wildesten Fels=

grate der Silvretta, die in den Totennadeln geradezu bizarre Formen annehmen. Den unternehmungsfrohen Kletterer erwartet hier ein gewaltiger Tummelplatz in Eis und Urgestein. Hier ist das Reich großer Grattouren, z. B. Überkletterung der Totenfeldumrahmung, eine der gewaltigsten Gratfahrten der Ostalpen.

b) Karten: Die Topographie des Grates entnimmt man unserer Kartenbeilage und der vorzüglichen AV=SiKa, auf welcher der ganze Grat zu finden ist, auch besser als auf der Haug'schen Karte, die sich auch auf den südl. Teil beschränkt; s. unten bei d.

c) Standorte: Der nächste und höchste Standort für die Ochsentaler und die südlichsten Bieltaler Berge von S u. SW ist die **Wiesbadner Hütte**; für die Ost= flanken die **Jamtalhütte**, für die NW=Seite die Unter= künfte auf der **Bielerhöhe**, die sich auch für den Klein= vermuntkamm eignen; sein nördl. Teil wird von Galtür besucht, sofern man nicht vorzieht, in einem der vielen westseitigen Hochtäler oder Hochkare an einem der vielen Seen oder Bäche zu zelten: südl. vom Bieltal= kopf, im oberen Bieltal, am Henneberg, im Roßtal oder auch östl. der Sedelfurgge usw.

d) Die Erschließungsgeschichte und Topographie hat H. Cranz in seinem grundlegenden Artikel 1909 (s. R 69) geklärt, unterstützt von der wertvollen Karte von E. Haug. Dr. Blodig hat diese Arbeit in der AVZ 1921 fortgesetzt (s. R 62). Im übrigen teilen sich Schwaben, Vorarlberger und die Führer von Galtür in die Erschließung, näheres bei den Gipfeln.

e) Täler: Dem Charakter der, grob gesagt, nach W einfallenden Gesteinsformationen entsprechend, bricht der Grat nach O mit Steil= wänden und Steilstufen ab, in die nur im S wenige kurze Hochkare eingelagert sind (Totenfeld, Getschnerkar). Dagegen sind auf der NW= Seite des Grates mehrere größere Hochtäler eingebettet, vor allem das Biel=, Roß= und Sedeltal. Das Bieltal mit mehreren Seitentälern z. B. des Weißen Baches, u. Karen, die eine kleine Wunderwelt für sich sind mit vielen Seen, ungeheueren Moränenfeldern und Bergsturz= halden. Besonders im Bieltal ist — wie im Ochsental — die sog. 1850er Moräne in großartiger Weise ausgeprägt. Das Reich der vielen, vielen Seen, darunter der schöne Radsee im Bieltal, ist ein Dorado für Fotografen. Bieltal, Kleinvermunt und Jamtal sind besonders charakteristische gletschertrogtäler.

f) Die Vergletscherung des Grates ist trotz Gletscherschwund noch beachtlich, wenn auch meist nur mit kleineren Firn= und Eis= feldern, die meist keine deutliche Zunge mehr entwickeln und meist unschwierig zu begehen sind. Man zählt außer dem NW=Firneisfeld des Jamtalferners noch 8 kleine Ferner, deren Namen alle in der AV=SiKa stehen, vom Tiroler Gletscher im S bis zum Roßtalferner im N, 6 auf der West=, 2 auf der Ostseite des Grates.

g) Auch der Vermuntgrat besteht aus Kristallingesteinen. Während im südl. Teil die meist dunklen, grünlichen Hornblende= gesteine noch Anteil an den Gipfelaufbauten haben, herrschen im Mittel= und nördl. Teil die Gneise vor. Prachtvolle Augengneise be= herrschen z. B. das Gebiet um den Henneberg NO vom Weißen Bach, auch „am Hohen Rad sind Augengneise mit Hornblendegesteinen vergesellschaftet" (Klebelsberg). Über den Südrand der Ochsentaler Berge und des Hohen Rades stellt Klebelsberg fest: „Nördl. vom Hauptkamm hingegen zw. Ill=Ursprung (d. i. das Zungengebiet des Ochsentaler= und Vermuntgletschers) und Veltliner Hüsli (d. i. etwa in der Mitte des Ostufers des Silvrettasees) zieht in W—O=Richtung ein breiter Streifen von Hornblendegesteinen hindurch, der hier das Hochgebirge beiderseits der Vermuntgründe und des Jamtals aufbaut und dann auch den größten Teil der Fluchthorngruppe liefert."

## Die Ochsenscharten

**791**

a) Zw. Dreiländerspitze und Ochsenkopf, auf der euro= päischen Wasserscheide Rhein/Donau und auf der Län= dergrenze Tirol/Vorarlberg, s. Bild 32 und 20. Man unterscheidet, wie auf Bild 32 Ziffer 3 und 2 gut kennt= lich, eine höhere **Obere Ochsenscharte** im S unmit= telbar am N=Gratfuß der Dreiländerspitze (Ziffer 3) und eine niedrigere **Untere Ochsenscharte** am S= Gratfuß des Ochsenkopfes (Ziffer 2). Die beiden Schar= ten sind getrennt durch einen ca. 400 m langen Fels= zackengrat mit dem Höchstpunkt 2977 m (zw. Ziffer 2 und 3 auf Bild 32). Von der Ob. Ochsenscharte kann man leicht den nahen südlichsten kleinen Felskopf dieses Grates ersteigen und von dort die Jamseite über= schauen! Achtung: Entlang diesem ganzen Felsgrat, der nach O steil auf den Jamtalferner abstürzt (s. Bild 20) ist auf der W=Seite (Vermunt) ein tiefer Windkolk oder Windgraben eingetieft. Man um= geht ihn westseitig.

Die Obere Scharte ist nur wenige Meter niedriger als der Grat, ca. 2970 m hoch, die Untere Scharte ca. 2920 m. Der Vermuntfirn (Westseite) reicht bis auf oder an die Scharten, d. h. beide Scharten sind von W ganz unschwierig zu erreichen. Nach O aber bricht die Untere Scharte mit einer steilen, steinschlägigen und oft oben überwächteten Fels= und Schrofenflanke 60 m hoch auf den Jamtalfirn ab, d. h. ihre Über= schreitung ist dzt. schwierig u. gefährlich u. abzuraten. b) **Die touristischen Übergänge erfolgen daher heute ausnahmslos im Sommer und Winter über die Obere**

**Ochsenscharte,** weil dort auch der Jamtalfirn ostseitig bis an und auf die Scharte reicht, wobei man wegen der Schartenwächte und Schartenklüften meist vom (zum) südl. Schartenrand mit Vorteil nach S und O ausholt.

Übergänge von der Wiesbadner Hütte zur Jamtal=hütte s. R 265, umgekehrt s. R 287; von der Tuoihütte zur Jamtalhütte s. R 423, umgekehrt R 288.
c) Die Obere Scharte vermittelt auch den Zugang zur Dreiländerspitze von beiden Hütten, s. R 736.
d) Die Untere Scharte vermittelt den Zugang von W zum Ochsenkopf=S=Grat, s. R 795.

e) Der Name stammt aus neuerer Zeit. Früher falsch auch Ochsen=furkel; die Ochsenscharten wurden aber nie zum Viehtrieb benützt. „Ochsenfurka" in diesem Sinne war nur der Vermuntpaß, s. R 731 a!
f) Der Ausblick von der Ob. Ochsenscharte ist zwar beschränkt aber sehr schön und hochalpin. Großartig im WSW der Gr. Buin mit dem Wiesbadner Grätle rechts daneben; rechts dahinter: Signal=horn, Silvretta=Eckhorn, Silvrettahorn, Schneeglocke, Schattenspitze, Schattenkopf, Gr. und Kl. Klostertaler Egghörner, rechts vom Och=sental begleitet. Rechts überm Ochsental im NW der Vermuntkopf und im N der Ochsenkopf. — Auf der Jamseite im OSO die stolze Vord. Jamspitze, links dahinter die Chalausköpfe und der massige Augstenberg. Links hinter ihm die Fluchthörner und der Grat über die Schnapfenspitze zu den Gamshörnern links. In der Tiefe über die Zunge des Jamtalferners hinweg die Jamtalhütte (im Zusammen=flußwinkel von Jam= und Futschöltal).

**792** ## Die Ochsentaler Berge

mit dem Hohen Rad. Unter diesem Namen faßt man den südlichsten Teil des großen Vermuntgrates zusam=men zw. den Ochsenscharten im S und der Totenfeld=scharte im N. In dieses Gratstück eingeschlossen sind also auch die Abzweigungen vom Rauhen Kopf zum Hint. Satzgrat und zum Hohen Rad. Dem Gratstück sind im W 3, im O 2 Gletscher eingelagert: Tiroler Gletscher, Rauhkopfgletscher und Bieltalferner im W. Im O der heute vom Jamtalferner schon fast ganz los=getrennte NW=Firn dieses Ferners mit seiner Firnbucht östl. vom Tirolerkopf, außerdem das Totenfeld (Toten=feldferner) zw. den zwei Satzgräten.

**793** ## Ochsenkopf, 3057 m

a) Der einfachste und nächstgelegene Dreitausender bei der Wiesbadner H. und ein hervorragender Aus=

sichtspunkt auf der Landesgrenze Tirol/Vorarlberg und der europäischen Wasserscheide Rhein/Donau, zw. Unt. Ochsenscharte und Tirolerscharte. Ein Doppelgipfel: die von diesen Scharten aufsteigenden Grate enden im wenige Meter niedrigeren Ostgipfel, der vom West= oder Hauptgipfel, 3057 m, durch eine Scharte getrennt ist. Vom HG zieht ein langer Westgrat zuletzt steil gegen den breiten Schuttsattel vor dem Vermuntkopf hinab.

b) Benennung in neuerer Zeit im Anschluß ans Ochsental und die Ochsenscharten, s. R 791 d und R 700 g.
Der erste Bericht einer Ersteigung über den NO=Grat durch L. Pez= zendorfer mit J. Lorenz lautet auf 9. 9. 1896; die Angaben von Cranz über Fischbacher, 1884, beruhen auf einer Verwechslung mit dem Gr. Piz Buin. Den Westgrat erstieg erstmals G. Handschur allein am 19. 7. 1912. Erste Überschreitung von S nach N durch V. Sohm und K. Eyth am 22. 8. 1901.

c) Der leichteste Anstieg erfolgt von N, wer sichs ganz leicht machen will, ersteigt nur den unschwierigen OG von N oder O. Geübte überschreiten ihn von S nach N oder von W nach O, N oder S.

## 794

**Von Norden auf den Ochsenkopf.** Zugang zum Tiroler= firn bzw. zur Tirolerscharte von der Wiesbadner H. s. R 266, von der Jamtalhütte R 286.

Von N, vom oberen Tirolerfirn und der Tirolerscharte greifen steile Firnhalden, Schuttrinnen und Schrofen= rippen bis auf den dreigipfeligen Gipfelgrat, d. h. er kann praktisch überall unschwierig in direktem An= stieg erreicht werden, am besten aber so:

I. **Auf dem Hauptgipfel:** I (II) = unschwierig (mäßig schwierig), 20—30 Min. vom Tirolerfirn. Wenig rechts westl. der Gipfelfallinie über steile aber meist gut gang= bare Firnhänge bis auf den Gipfelgrat dicht W des HG und kurz links nach O über den mäßig schwierigeren Felsgrat zur Spitze. Auf die gleiche Weise kann man auch weiter westl. von N auf den Grat gelangen.

II. **Über den Ostgipfel auf den HG.** I (II—III), 35 bis 45 Min. von der Tirolerscharte. a) Von der Scharte direkt über den Schrofen= und Geröllgratrücken (NO= Grat, der auch von rechts über Firn und Schuttstreifen gewonnen werden kann) ganz unschwierig auf die Ge= röllschrofenkuppe des OG.

Bild 23 **Alpengasthof Bodenhaus im mittl. Fimbertal gegen die Fluchthörner rechts und Zahnspitze-Krone links.**
Erläuterung s. R 6/III                                        Foto: R. Mathis, Landeck

Bild 24 **Berghaus und Skihütte Idalpe (vor 1960) gegen das innere Fimbertal mit den Fluchthörnern und Larainbergen**
Erläuterung s. R 6/III
Foto: R. Mathis, Landeck

b) Unschwierig über den kurzen Schrofengrat nach W hinab in die Scharte vor dem HG (hierher auch direkt vom Tirolerfirn über Firn und Schrofenrippen; vor dem sehr steinschlägigen und schwierigen Südanstieg zu dieser Scharte dagegen wird abgeraten!)

c) Von der Scharte nach W schwierig (II—III) über steile Felsen direkt oder rechts ausweichend auf den Gipfelgrat und zum Steinmann des HG.

**795**
**Von Süden (und Osten) auf den Ochsenkopf.** I (II) = unschwierig (mäßig schwierig), 30—40—50 Min. von der Unt. Ochsenscharte.

a) Zugang von der Wiesbadner Hütte wie bei R 265, zuletzt aber nicht halbrechts (SO) zur Oberen sondern gerade leicht nach O zur Unt. Scharte (oder, die Scharte rechts lassend, wie unten bei II direkt gegen die Schulter 2996 hinauf).

b) Übersicht: Während der HG mit steilen Wandschrofen nach S abbricht, zieht vom Ostgipfel ein kurzer SO-Grat zur waagrechten mit Felszacken besetzten Schulter 2996 hinab, von dort als Südgrat zur Unt. Ochsenscharte hinunter; s. Bild 32: Zw. Ziffer 1 und 2, das waagrechte Gratstück in der Mitte ist die Schulter 2996.

c) Man hat 3 Möglichkeiten: I. Über den ganzen Südgrat. I—II = unschwierig bis mäßig schwierig, 0.45 bis 1.15 h von der Scharte. Immer am Grat, Ausweichen links (W) nach Belieben, jedoch stets nahe dem Grat bleiben. Unschwierig auf die Südgratschulter 2996 und mäßig schwierig über deren kleine Zacken, die man auch umgehen kann in die kleine Einsattlung nördl. der Schulter (hierher von W oder O, s. unten II.). Vom kleinen Sattel rechts oder links um die erste kl. Steilstufe, dann unschwierig über den kurzen SO-Grat auf den Ostgipfel. Übergang zum HG s. R 794 II.

II. Die kleine Einsattlung nördl. der Südgratschulter, 2996 m (s. oben bei I) kann man von W und O direkt erreichen: von Westen. Man geht nicht bis an die Unt. Ochsenscharte, sondern am Bergfuß entlang in die Geröllbucht zw. der HG-Südflanke links und der W-Flanke der Südgratschulter rechts. Aus der Bucht über Geröll, Firn und Steilschutt, zuletzt über eine kleine Felsstufe mühsam gerade in die Einsattlung links von P. 2996 hinauf. Weiter wie oben bei I.

Von Osten. Von der Jamtalhütte kommend kann man den Umweg über die Obere zur Unt. Ochsenscharte und zum Südgrat-Einstieg vermeiden, indem man vom Jamtalfirn südl. vom P. 2849, am Fuß der Ostflanke des Berges, schräg nach NW und W meist über Firn unschwierig aber zuletzt steil direkt auf die Einsattlung nördl. der Südgratschulter 2996 und von dort wie oben bei I. über den SO-Grat zum OG und HG aufsteigt.

**796**
**Über den Westgrat.** II = mäßig schwierig, 1.15—1.30 h vom Sattel am W-Gratfuß, ca. 2.45—3.15 h von der Wiesbadner Hütte. Leicht mit der Besteigung des Vermuntkopfes zu verbinden, s. R 797.

a) Den breiten Geröllsattel ca. 2780 m zw. Vermuntkopf und Ochsenkopf erreicht man leicht entweder wie bei R 797 bis an W-Fuß des Vermuntkopfes und nordseits um ihn herum; oder wie bei R 266 bis vor die Zunge des Tirolergletschers, dann rechts nach S zum Sattel hinauf; oder mühsam von Süden über Schutt und Schrofen, nicht lohnend, eher im Abstieg.

b) Vom Sattel am Westgratfuß über Blockwerk und Firnflecken auf den breiten Steilaufschwung, den man direkt erklettert (II). Von der Schulter 2973 ab verfolgt man den flachen und meist breiten Grat. Dann hinab zur Scharte vor dem HG, wobei ein Abbruch rechts auf Bändern der Südflanke umgangen wird, die Bänder führen zu einer Rinne (Firn), die man überschreitet und in der SW-Flanke des HG 3057 zur Spitze steigt.

## Vermuntkopf, 2851 m

**797**
Ein hübscher markanter Felskopf im Ausläufer des Ochsenkopf-Westgratrückens; Steigspur bis zum Gipfel (I), s. AV-SiKa. Ein idealer, besonders lohnender Aussichtspunkt zur Orientierung, der nächste bei der Wiesbadner H.; kann noch am Spätnachmittag schnell bestiegen werden, 1.10—1.20 h von der Hütte. Wie bei R 266a hinauf zum äußeren Tirolerbach und wie dort bei b diesseits des Baches rechts nach O empor über den Rücken und nicht links in das Schuttkar sondern weiter Richtung Vermuntkopf auf der Steigspur, quer über einen zweiten Abfluß des Tirolergletschers (innerer Tirolerbach) hinauf an Westfuß des felsigen Gipfelkopfes und dem Steiglein nach über die felsige W-Flanke zur Spitze.

Vom Westfuß des Gipfelkopfes aus kann man den Vermuntgipfelkopf auch umkreisen, links oder rechts

herum zu dem hübschen kleinen See im Sattel an sei=
nem Ostfuß, s. AV-SiKa; sehr lohnender Fotoplatz!
Weil der Vermuntkopf in älterer Literatur und Karten auch fälschlich
als Kaiserkopf oder Dreikaiserkopf erscheint, so sei festgehalten,
daß dieser Name nur „scherzweise" gefallen ist, als nach der Ein=
weihung der Wiesbadner Hütte zufällig drei Wiesbadner namens
Kaiser, darunter der 1. Vorsitzende Ludwig Kaiser, auf dem Kopf
zusammentrafen. Der Scherzname konnte natürlich nicht in die
amtl. Karte aufgenommen werden.

## Tiroler Scharte, 2935 m

**798**

a) Auch Tirolerscharte, weil es bereits ein fester Be=
griff ist; eine Firnscharte zw. Ochsenkopf im S und
Tirolerkopf im N, auf der europäischen Wasserscheide
Rhein/Donau und auf der Landesgrenze Vorarlberg/
Tirol, verbindet den Tiroler Gletscher im W mit dem
NW des Jamtalferners.
b) Die Scharte ist der kürzeste direkte Übergang von
der Wiesbadner Hütte zur Jamtalhütte s. R 266 und
umgekehrt, s. R 286. Rassige Skitour, s. R 58. Der
Tirolerfirn geht von W ganz flach in die verfirnte
Scharte über, während sie nach O auf den Jamfirn in
steilen Firnstufen und Hängen absinkt, deren zweite
untere Stufe im Spätsommer oft stark vereist.
c) Wie der Tiroler Gletscher, so ist auch die Scharte von der Vor=
arlberger Westseite her benannt, weil über beide der „Weg" nach
Tirol führt. Nach Scharte und Gletscher wurde dann der angren=
zende „Tiroler Kopf" benannt, in älteren Karten auch falsch Ochsen=
furggel geheißen. Die erste touristische Überschreitung der Scharte
ist nicht bekannt, die erste mit Ski haben vermutlich W. Paulcke,
Daege und Sternberg mit J. Lorenz Ende Dezember 1908 von O
nach W ausgeführt.

## Tiroler Kopf, 3103 und 3095 m

**799**

a) Ein Doppelgipfel, dessen zwei Spitzen durch einen
250 m langen Gipfelgrat von SO nach NW verbunden
sind und sich zw. der Tiroler Scharte im S und der
Rauhkopfscharte im N erheben. Der Name Tiroler
Kopf der AV=SiKa müßte deshalb besser zwischen
die 2 Gipfel anstatt zum NG gestellt werden. Vom
Süd= und Hauptgipfel, 3103 m, fällt ein steiler Süd=
sporn (Südgrat) zur Tirolerscharte ab, ein weniger stei=
ler Ostgratrücken stößt in die Nordwestbucht des Jam=
firns hinab. Vom NG zieht ein langer Westgrat zu

einer von N befirnten Scharte dicht W von Punkt 2937 hinab und hinaus zu den unbenannten Gratköpfen 2915 und 2869 (nicht 2969, falsch kotiert). Über ihre Besteigung ist nichts bekannt, sie sind aber sicher grat= entlang (II—III) kletterbar. Vom NG sinkt außerdem ein kurzer Nordgrat zur Rauhkopfscharte ab.

b) Zum Namen s. R 798 c; früher falsch Bieltalspitze genannt. Die erste Ersteigung des NG führte E. Renner mit J. Lorenz am 28. 8. 1883 durch die NO=Flanke aus. R. Schweizer stieg mit dem gleichen Führer von der Tiroler Scharte auf den Südgipfel am 24. 6. 1894 und Dr. Bröckelmann ging am 2. 8. 1898 mit J. Lorenz vom NG zum SG über. V. Sohm und K. Eyth überschritten den Berg von S nach N am 22. 8. 1901. Dr. K. Blodig und U. Tschofen stiegen am 26. 6. 1917 über den Westgrat zum HG auf — Die Rundsicht ist wie die des Ochsenkopfes als Übersicht über Jam und Vermunt sehr lohnend.

c) Die Anstiege auf die zwei Gipfel verlaufen ganz getrennt, am besten überschreitet man beide von S nach N oder von W nach O bzw. S oder umgekehrt.

## 800
**Auf den Haupt= und Südgipfel des Tiroler Kopfes,** 3104 m. Der HG kann von S (SW) oder von O (NO) angepackt werden.

a) Von Süden auf den HG. II = mäßig schwierig, 30—45 Min. von der Tiroler Scharte. Zugang s. R 798 b. Von der Scharte quert man am steilen Südspornfuß nach W entlang, bis man leicht von SW her auf den Sporn emporklettern kann. Immer in mäßig schwieriger Schrofenkletterei am gutgestuften Sporn empor bis auf den Gipfel, 3103 m, Ausweichen links in der SW= Flanke.

b) Von Osten und Nordosten auf den HG. II—III = mäßig schwierig bis schwierig, 3.30—4.15 h von der Jamtalhütte. Wie bei R 286 a und e von der Hütte in die oberste Firnbucht des Nord= westfirns des Jamtalferners; von dort entweder von N auf den Ost= gratrücken und über diesen oder direkt über die NO=Flanke (Firn und brüchiger Fels im Wechsel, Steinschlag, nicht lohnend) auf den HG 3103.

c) Der Übergang vom HG (SG) 3103 zum NG 3095 m kann ent= weder schwierig (III) am Grat entlang oder mäßig schwierig (II) in dessen Westflanke genommen werden. 35—45 Min. von Gipfel zu Gipfel.

d) Der Nordgipfel, 3095 m, kann vom Nordrand des mittl. Tirolergletschers auch gerade über steile Geröllhalden und Schrofen= stufen seiner SW=Flanke erstiegen werden, unschwierig aber mühsam direkt zur Spitze.

**801**

Auf den **Nordgipfel**, 3095 m, des Tiroler Kopfes hat man drei Anstiege: Ostflanke, Nordgrat und Westgrat; außerdem von SW s. oben
R 800 d.

a) Von Osten (II). Man geht von der Jamtalhütte wie oben bei
R 800 b in die Firnbucht bzw. wie bei R 286 a und e gegen die Rauhkopfscharte hinauf und steigt direkt über die Ostflanke (Firn u. Fels,
brüchig, steinschlägig, nicht lohnend) auf den Nordgipfel. (Lohnender über den NGrat, s. unten bei b).

b) Über den Nordgrat (III). Wie bei R 803 von der Wiesbadner H. oder von der Jamtalhütte in die Rauhkopfscharte und entweder direkt und schwierig über den ganzen Nordgrat (Ausweichen
meist rechts im W) oder den Schwierigkeiten der Grattürme ausweichend rechts westl. daneben in der Nordflanke (II) auf den Nordgipfel. Zum Gratübergang zum HG s. oben R 800 c.

**802**

Über den Westgrat auf den Nordgipfel, 3095 m, des Tiroler
Kopfes. II (III) = mäßig schwierig (schwierig), 0.45—1.15 h vom
Gratfuß, 2.45—3.30 h von der Wiesbadner H. Wie bei R 269, aber
P. 2701 links lassend, über den Rauhkopfgletscher und nach SO zur
tiefsten Scharte zw. P. 2915 rechts und P. 2937 links oben, dicht am
Westfuß des letzteren; bei gutem Firn mühelos, sonst über einen
Bergschrund in die Scharte. Von hier ab am Westgrat empor, mäßig
schwierig, wenn man die Türme rechts oder links umgeht; rassig und
schwierig, wenn man sie überklettert. Zum Gratübergang vom NG
zum HG s. R 800 c.

## Rauhkopfscharte

**803**

a) Nach Cranz 2960 m, nach der AVSiKa ca. 2980 (?), aber nicht
kotiert und nicht benannt. Zw. dem Tiroler und dem Rauhen Kopf,
auf der europäischen Wasserscheide Rhein/Donau und Landesgrenze
Vorarlberg/Tirol; verbindet den Rauhkopfgletscher mit dem NWFirn
des Jamtalferners und vermittelt einen interessanten aber schwierigeren
Übergang von der Wiesbadner H. (oder von der Bielerhöhe übers
Bieltaljoch) zur Jamtalhütte, s. R 269 oder umgekehrt. s. R 286 e.
Auf der West und Vermuntseite reicht der Firn bis an oder die
Scharte, die manchmal nach O sehr stark und gefährlich überwächtet
ist, weil sie dort zuoberst nach O sehr steil (u. im Sommer z. T.
ausgeapert) abstürzt.

b) Von der Wiesbadner H. geht man wie bei R 269 auf den Rauhkopfgletscher, wendet sich aber (anstatt nach N zum Bieltaljoch) von
P. 2701 oder südl. davon nach O über den ganzen Gletscher empor
Richtung die erste und tiefste Scharte links am NGratfuß des Tiroler
Kopfes, 3095 m. Vorsicht auf die Wächte.

c) Der Ostabstieg ist zuerst steil, dann aber unschwierig über den
Nordwestfirn des Jamtalferners und in weitem Bogen nach SO, S u. S
um den Ostgratfuß des Tiroler Kopfes herum, dann nach SO auf
den Jamtalferner hinab und wie bei R 265 d zur Jamtalhütte hinunter;
d) oder aber als sehr interessante Rundtouren: über die Tiroler oder
Ob. Ochsenscharte zur Wiesbadner H. zurück.

e) Die Scharte wurde nach Cranz schon 1883 von E. Renner erwähnt und am 19. 9. 1895 wohl erstmals überschritten von J. Duhamel
mit Gottl. Lorenz. Zum Namen s. R 804. Sie wird nur selten über

schritten. Mit Ski ist der rassige Ost-Aufstieg bzw. Abfahrt nur im
Frühling oder Sommer sicher ratsam, s. R 58. Erste Überschreitung
mit Ski?

## Rauher Kopf, 3101 m

**804**

Zw. der Rauhkopfscharte im S und Haagspitze im N,
auf der europäischen Wasserscheide Rhein/Donau und
der Landesgrenze Vorarlberg/Tirol. Ein bedeutsamer
Knotenpunkt, weil von ihm der gezackte Ostkamm über
die Totennadeln zum Hint. Satzgrat ausstrahlt und auch
der wasserscheidende Rücken (Rhein/Donau) zum Bieltaljoch absinkt und nicht von der Haagspitze, wie Cranz
u. a. meinen.

Zwar die Landesgrenze Vorarlberg/Tirol geht nach der ÖK über die
Haagspitze zum Bieltaljoch, nicht aber die Wasserscheide! Hier hat
sich zweifellos ein orographischer Irrtum in die Landesgrenzziehung
eingeschlichen.
Der gegen die Rauhkopfscharte ziehende Südgrat senkt sich östl.
der Scharte noch weiter in die Tiefe der Jamseite und fußt nach
Haug auf 2890 m im Jamfirn.
b) Der Verbindungsgrat zur Haagspitze weist genau in der Mitte
eine trennende Scharte auf, weder kotiert noch benannt. Ich nenne sie
H a a g s c h a r t e, s. R 814.
c) Der von den Paznaunern geprägte N a m e Rauher Kopf bedarf
keiner Erklärung. Die abgeleiteten Namen Rauhkopfscharte und
-gletscher wurden auf diese gängigere Kurzform zusammengezogen.
d) Die erste Ersteigung machte Dr. Haag mit J. Lorenz am 22. 6. 1893
übern Südgrat. Erste Überschreitung von S nach N und Gratübergang zur Haagspitze durch V. Sohm und K. Eyth am 22. 8. 1901.
Den Ostgrat von den Totennadeln her beging A. Beilhack allein am
13. 8. 1906.

R u n d s i c h t: **Die schönste weitum – Knotenpunkt über 4 Täler!**

e) Die A n s t i e g e sind durch die Grate gegeben, der
einfachste ist der Südgrat.

**805**

**Über den Südgrat auf den Rauhen Kopf.** I—II = un-
bis mäßig schwierig, 20—30 Min. von der Rauhkopfscharte. Zugang zur Scharte s. R 803, am kürzesten von
der Wiesbadner H., 1.30—1.45 h. Man hält sich gleich
links zur obersten Scharte am Südgratfuß, zuletzt steiler durch eine schmale Firn- und Schuttrinne auf den
Grat und ihm entlang mäßig schwierig zur Spitze;
kleine Steilstufen können erklettert oder auf Bändern
links im W umgangen werden. Man kann auch beliebig
über die W-Flanke auf den Südgrat oder direkt zur
Spitze klettern.

**806**

**Über die Südostflanke.** II = mäßig schwierig, 3—3.45 h von der Jamtalhütte. Kommt man von O in die Firnbucht östl. unter der Rauhkopfscharte (s. R 803), so braucht man nicht zur Scharte hinauf sondern kann direkt durch die Südostflanke auf den oberen Südgrat oder Gipfel klettern.

**807**

**Über den Nordgrat** zur Haagspitze. II—III; 0.45—1 h von Gipfel zu Gipfel. Man bleibt am Grat, kann aber den Schwierigkeiten in der Westflanke ausweichen. Von der Haagscharte in der Gratmitte kann man unschwierig auf den Totenfeldfirn, etwas schwieriger nach der Bieltalseite absteigen.

**808**

**Über den Ostgrat.** II; ca. 30—45 Min. von der Westl. Totennadelscharte am Gratfuß. Beschreibung des Zuganges zur Scharte liegt nicht vor. Vermutlich besser von N, vom Totenfeld als von S vom Jamfirn. Von der Scharte in mäßig schwieriger Kletterei immer am Grat; schwierige Stufen können meist auch umgangen werden.

## Die Totennadeln
**809**

Mehrere schroffe Gneistürme und Nadeln im Verbindungsgrat zw. Rauhem Kopf und Hint. Satzgrat, besonders zwei markante Türme: die höhere Östliche Totennadel, lt. AV-SiKa 2987 m (nach Haug 2950 m). — Erste Ersteigung und Überkletterung (?) durch A. Beilhack allein am 13. 8. 1906 (H. Cranz war Augenzeuge). Anstiegsführe unbekannt, keine Beschreibung.

Die niedrigere **Westliche Totennadel,** ein Doppelturm, ist in der AV-SiKa ohne Kote, nach Haug 2923 m hoch. Erste Ersteigung am 17. 7. 1930 durch A. Buck, H. Moldenhauer und einen Gefährten (OAZ 1933, S. 376). Sie stiegen vom Rauhen Kopf ab über den Ostgrat in die Westl. Totennadelscharte am Westfuß der Westl. Nadel. Von dort auf Bändern in die Westwand (SW-Wand?), über gutgestuften Fels und durch einen kurzen Kamin in die Scharte zw. den zwei Spitzen des Doppelturmes und über den Grat auf die südöstl. Spitze. Zurück in die Scharte und — nach Versuch an der Südkante — unter überhängendem Felsdach in die senkrechte Westwand und über sie auf die nordwestl. Spitze. — Nach Cranz-Beilhack scheint auch ein Gratübergang von der Östl. bis zur Westl. Nadel möglich, sehr schwierig (IV).

## Hinterer Satzgrat
**810**

a) Der Hint. Satzgrat schließt mit dem wildgezackten Verbindungsstück der Totennadeln an den Ostgrat des Rauhen Kopfes an und bildet mit diesen Erhebungen die Südumrahmung des einsamen Totenfeldes (Ferner), das er vom Jamtalferner trennt. Der gewaltige ca. 1 km lange vielgipfelige Berggrat „fällt gegen das Totenfeld schroff ab, gegen den tieferen Jamtalferner sind ihm zwei übereinander liegende durch parallele Schuttwälle

getrennte (im Sommer jetzt meist apere) Schneeter=
rassen vorgelagert. Er weist 5 bedeutendere, durch
Scharten getrennte Gipfel auf, deren höchster (3058 m,
bei Haug 3067 m) von W gerechnet der zweite ist'"
(Cranz). Wie beim Vord. Satzgrat sind nur die öst=
lichsten Gipfel von der Jamtalhütte aus sichtbar, vgl.
dazu R 833 a.

b) Name und Geschichte. Der Name ist eine einheimische
walserische Prägung der Galtürer Jäger. Mit einem „Satz" meinen
sie eine Stufe, einen Absatz, die Satzgrate sind also die absatzreichen
gutgestuften Grate. Die Unterscheidung zw. Vorderem und Hin=
terem Satzgrat ist immer talein gesehen, d. h. von Galtür kommend
gemeint.
Zur Geschichte schreibt Cranz in der AVZ 1909 S. 223: „Erste Er=
steigung des Hauptgipfels durch E. Zöppritz am 12. 7. 1884 mit
J. Lorenz in der Meinung, den Vord. Satzgrat zu besteigen. Erste
Überschreitung aller 5 Köpfe, Aufstieg durch die lange Rinne vom
5. Kopf nach der Zunge des Jamtalferners durch H. Cranz und Ignaz
Lorenz II am 22. 9. 1900. Vollständige Überschreitung mit Aufstieg
über den Nordgrat (richtig: NO=Grat), Überkletterung der höchsten
Totennadel und Überschreitung des Rauhen Kopfes durch stud. A.
Beilhack, München, allein am 13. 8. 1906 (Beobachtung des Ver=
fassers [Cranz] vom höchsten Gipfel aus und briefl. Mittlg.), eine
erstklassige Leistung!" Außerdem berichtet die ÖAZ 1901 S. 272 von
einer Überschreitung von O nach W durch E. Böckler mit Führer.
c) Rundsicht. Die zentrale Lage im Jam bringt eine äußerst aufschluß=
reiche Rundschau über die ganze innere Jam=Umrahmung, vom Flucht=
horn im O bis zum Vord. Satzgrat im N. Dazu hübsche Durch=
blicke übers Urezzasjoch auf Cima di Piazzi und über die Ochsen=
scharten auf die Bernina.

d) Die Anstiege über die Flanken auf den HG
sind kurz und mäßig schwierig, um so großartiger und
schwieriger ist die Gesamtüberschreitung und weiter
über die Totennadeln auf den Rauhen Kopf, s. R 808
und 807.

**811**
**Über die Südostflanke** auf den HG des Hint. Satz=
grates. II = mäßig schwierig, 3.15—3.45 h von der Jam=
talhütte. Wie bei R 286 auf den Nordwestfirn des
Jamtalferners (oder von der Wiesbadner H. über die
Tirolerscharte, R 266, oder über die Rauhkopfscharte,
R 803 b, hierher). Sobald es das Gelände erlaubt, hält
man Richtung Satzgrat nach NO auf die Schuttstufen
am Südostfuß des Massivs. Über diese Stufen und Bän=
der gegen eine Rinne empor, die W vom HG 3058 her=
abkommt. Durch diese Rinne auf den Grat und nach
O zur Spitze.

**812**

Über die Nordflanke auf den HG, 3058 m, des Hint. Satzgrates. II—III = mäßig schwierig bis schwierig, 3—4 h von der
Jamtalhütte. Wie bei R 285 auf das Totenfeld und am Nordrand
empor bis auf ca. 2750 m Höhe, dann linksum nach Süden an
Nordwandfuß ca. 2800 m, SW oberhalb von P. 2721. Jetzt direkt
von N über Steilfirn (Bergschrund), Felsrippen und -stufen auf den
HG, 3058 m.

**813**

Von Nordosten auf den Ostgipfel des Hint. Satzgrates und Überschreitung nach W über alle Gipfel. III (IV) = schwierig (sehr
schwierig), 7—10 h von der Jamtalhütte und zurück. Es liegt keine
Beschreibung der Führe vor, doch wurden schon mehrere Überschreitungen in beiden Richtungen gratentlang durchgeführt; daraus
ergibt sich:
a) Entweder wie bei R 285 auf die Zunge des Totenfeldes oder seines
östl. Vorfeldes; von dort nach S über den Moränenkopf, 2659 m,
an Fuß der NO- und N-Flanke des Ostgrates (NO-Grates). Über
diese gutgestufte Flanke auf die unterste Ostgratschulter (vgl. dazu
R 814 b, dort ganzer Aufstieg sichtbar). Weiter bei c.
b) Oder hierher auch weniger schwierig aber etwas weiter von Süden
vom Westrand der Jamtalfernerzunge (s. R 287 a und b) zw. P 2554
und 2685 über Schrofen- und Geröllstufen gerade nach N auf die
unterste Ostgratschulter.
c) Nun immer über den Grat und alle Gipfel (Ostgipfel, 2957 m,
nach Haug; Mittelgipfel, 3051 m, dicht O vor dem HG, 3058 m)
zum Hauptgipfel, dem 4. von O. Ausweichen beliebig, meist besser
links im S; 4.30—5 h von der Hütte.
d) Der schwierige Gratübergang von HG über den 5. oder Westgipfel und über dessen Westgrat zur Östl. Totennadelscharte hinab
(und zur Östl. Nadel, 2987 m, hinauf) wurde ebenfalls schon gratentlang ausgeführt. Beschreibung fehlt, s. auch R 808.

## Haagscharte

**814**

a) So nenne ich die unkotierte ca. 3000 m hohe Scharte in der
Mitte des Verbindungsgrates zw. Rauhem Kopf und Haagspitze. Sie
ist von O über Steilschutt vom obersten Totenfeldfirn leicht zu erreichen, vom Rauhkopfgletscher mäßig schwierig über Geröll und
Schrofen.
b) Man vgl. dazu das gute Vollbild der Totenfeldumrahmung in der AVZ 1909 S. 224/225. Obgleich der Totenfeldferner inzwischen stark geschwunden ist, ist das Bild doch sehr aufschlußreich: Dicht rechts hinterm Hint. Satzgrat der Rauhe Kopf-Nord-
grat rechts herab zur Haagscharte, dann die Haagspitze zw. Haagscharte und der tieferen Totenfeldscharte rechts; sie ist heute diesseits völlig ausgeapert (Steilschutt), der Firn abgesunken; rechts
von ihr der Totenfeldkopf.

## Haagspitze, 3029 m

**815**

a) Ein hübscher Doppel-Felsgipfel zw. Haagscharte u.
Totenfeldscharte auf der Nordflanke befirnt bis in die

Gipfelscharte zw. den 2 Spitzen. Der in der AV=SiKa kotierte Gipfel, 3029 m, ist der Süd= und Hauptgipfel, der Nordgipfel liegt NW vom HG und nach Haug 1 m niedriger; die sie trennende Gipfelscharte ist ca. 40 m niedriger als die Spitzen. Von der Gipfelscharte senkt sich eine breite kurze Steilschuttrinne (Firnrinne) nach S auf den obersten Totenfeldfirn hinab (ist aber erst ganz oben vom Totenfeld aus sichtbar!) und vermittelt so überraschend einen unschwierigen Zugang vom Totenfeldfirn und in Verbindung mit dem Firnhang der Nordflanke einen mäßig schwierigen Übergang zum Bieltalfirn und umgekehrt: wird besonders auch von Skitouristen anstelle der Totenfeldscharte benützt, s. R 58. — Vom SG zieht ein fast waagrechter Südgrat über die Haagscharte zum Rauhen Kopf; vom NG senkt sich ein getürmter N=Grat zur Totenfeldscharte ab, s. R 814 b. Der Gipfel trägt zwar die Landesgrenze Tirol/Vorarlberg, die in ihm nach W biegt, nicht aber die Wasserscheide, s. R 804!

b) Der Gipfel wurde von Dr. Haag mit J. Lorenz am 19. 6. 1893 über die Nordfirnflanke erstiegen und ‚Bieltaler Spitze' getauft. Da dieser Name zu Verwechslungen führte, benannte die DAV=Sektion Schwaben den Berg 1909 um nach ihrem verdienten Mitglied, dem Ersteisteiger Dr. Haag. Den ersten Gratübergang vom Rauhen Kopf über den Südgrat machten V. Sohm und K. Eyth am 22. 8. 1901. Über den Nordgrat ist nichts bekannt, er dürfte jedoch eine sehr schöne aber schwierige Kletterei bieten. 1. Skibesteigung?

## Anstiege auf die Haagspitze

**816**

a) Der einfachste Anstieg ist von O zum obersten Toten=feldfirn und dann von Süden über Firn und Steil=schutt in die Gipfelscharte (I—II), von wo aus man die beiden Gipfel unschwierig in wenigen Mi=nuten erklettern kann. Zugang von der Jamtalhütte wie bei R 285, 3.15—4 h.

b) Das Gegenstück zu a ist der Anstieg vom Bieltalfirn über die Nordwest=Firnflanke in die Gipfelscharte und von dort auf die zwei Spitzen. II—III je nach Firn=lage, im Hoch= und Spätsommer z. T. vereist, dann sehr schwierig und zeitraubend (Steigeisen nötig!), bei gutem Firn aber sehr lohnend. Achtung: Bei starker Neuschneelage, Naßfirn oder Schneebrettbildung in der Steilflanke sehr lawinig! Vorsicht! Man ersteigt die

Firnflanke mehr oder weniger gerade oder in Kehren zur Gipfelscharte, meist besser rechts (W) als links; notfalls rechts in die Felsen des Nordsporns ausweichen. c) Über den Süd= und Verbindungsgrat von der Haag= scharte bzw. vom Rauhen Kopf vgl. R 807.

### Totenfeldscharte, 2844 m

**817**

zw. Haagspitze im S und Totenfeldkopf im N, ver= bindet den Bieltalfirn mit dem Totenfeldferner. Früher reichte der Firn von beiden Seiten bis auf die Scharte, jetzt ist der Totenfeldferner so abgesunken, daß ost= seitig (oft unter einer großen Schartenwächte!) eine hohe Steilschuttflanke ausgeapert ist, weshalb die früher vielbegangene Scharte jetzt eher gemieden, ja sogar die Überschreitung der Haagspitze vorgezogen wird, siehe R 816a u. b, s. auch R 814b. Geübten Bergsteigern kann der interessante Übergang aber trotzdem ange= raten werden: Von der Jamtalhütte zur Bielerhöhe oder Wiesbadner H. s. R 285, umgekehrt s. R 240 und 267.

Die Totenfeldscharte ist Gruppengrenze zw. den Ochsentaler Bergen im S und den Bieltaler Bergen im N, s. R 792 und R 830. — Die 1. touristische Überschreitung der Scharte erfolgte am 19. 8. 1884 und zwar in beiden Richtungen durch E. Gunser, Tübingen, mit Ignaz Lorenz von O nach W und durch Dr. Tauscher=Geduly und Frau mit Gottlieb Lorenz von W nach O. Der Name ist natürlich von dem „Totenfeld" genannten Ferner, dem lebensfeindlichen Eis= feld, ableitet.

### Bieltaljoch, ca. 2720 m

**818**

zw. dem Rauhen Kopf und dem Bieltalkopf; verbindet den Bieltalferner mit dem Rauhkopfgletscher und liegt auf der europäischen Wasserscheide Rhein/Donau bzw. Landesgrenze Vorarlberg/Tirol. Das Joch ist auf der AV=SiKa dicht unterhalb von P. 2772 zu suchen und mit einem kl. Gletschersee geschmückt. Das besonders als Übergang der Skifahrer wichtige Joch (s. R 58) war unbenannt und wurde auf meinen Vorschlag Biel= taljoch benannt, zugleich der Name Radsattel endgültig für das (manchmal Bieltaljoch genannte) Paralleljoch im NW festgelegt. Das Joch vermittelt einen sehr inter= essanten weglosen aber unschwierigen Übergang von

der Wiesbadner H. zur Bielerhöhe, R 269, und um=
gekehrt R 239; außerdem den kürzesten Zugang von
der Bielerhöhe zum Rauhkopffirn und Umrahmung
(s. R 239) und von der Wiesbadner H. zur Totenfeld=
scharte R 267. Obwohl das Joch ostseitig auf dem kaum
kenntlichen wasserscheidenden Rücken zum Rauhen
Kopf hinauf vergletschert ist, kann doch der Übergang
vom Ochsental ins Bieltal bei entsprechender Führe
ganz gletscherfrei gemacht werden.

### 819
### Bieltalkopf, 2797 m

Ein unbedeutender Felskopf zw. Bieltaljoch und Radsattel im wasser=
scheidenden Grenzkamm Tirol/Vorarlberg. Die teils begrünten, teils
geröllbedeckten Stufen seiner Grate und Flanken, die ihn mit dem
Bieltaljoch und Radsattel verbinden, lassen sich alle ganz unschwierig
in 20—45 Min. von den Jöchern aus ersteigen.

### 820
### Radsattel, 2652 m

Ein südseitig begrünter, flacher und langgezogener Sat=
tel zw. Bieltalkopf und Hohem Rad und deshalb nach
mehrfachem Namenswechsel 1955 endgültig Radsattel
benannt. Er trägt die europäische Wasserscheide Rhein/
Donau und eine Grenztafel der Ländergrenze Vorarl=
berg/Tirol. Er verbindet das Bieltal mit dem Ochsen=
tal und vermittelt mehrere z. T. sehr lohnende Über=
gänge: Von der Wiesbadner H. durchs Bieltal zur
Bielerhöhe R 270 und umgekehrt R 238. Desgleichen
von der Wiesbadner H. über die Radschulter (und
von dort aufs Hohe Rad, s. R 822) zur Bielerhöhe
R 271 und umgekehrt R 237; und schließlich von der
Wiesbadner H. und über die Getschnerscharte zur Jam=
talhütte R 268 und umgekehrt R 284.

Der Radsattel (und die kleine Schulter 2724 NW
des Sattels) sind aber selbst schon **überaus lohnende
Wanderziele der Wiesbadner H. und der Bielerhöhe** mit
großartiger Rundschau über die ganze Ochsental= und
Bieltalumrahmung mit einem Halbdutzend Gletscher.

### 821
### Das Hohe Rad, 2934 m

a) Das Hohe Rad — **einer der schönsten Aussichtsberge
der westl. Ostalpen** — ist ein mächtiges freistehendes
Massiv zw. Bieltal und Ochsental=Silvrettasee. Sein

riesiger von SO nach NW, vom Radsattel zur Bieler=
höhe ziehender Grat mit dem Radkopf im N ist an die
3000 m lang! Er trägt die Landesgrenze Tirol/Vorarl=
berg und die Wasserscheide Rhein/Donau. Die Flan=
kenwände des Gipfelmassivs stürzen nach beiden Seiten
mit Steilwänden ab, die Westflanken wenig gegliedert,
die Ostflanke zweimal gestuft. Auf der unteren Stufe
liegt der schöne R a d s e e, die obere nach O steilfelsige
Stufe bildet die „Radschulter" bei P. 2697, über welche
der R a d w e g R 237 und 271 führt und von wo der
G i p f e l s t e i g ausgeht. Nördl davon ist das wildein=
same Radkar, Urbild unberührten Ödlandes, ein=
gesenkt.

b) Von hohen Standorten im NO und SW wölbt sich der mächtige
Gipfel wie ein „Hohes Rad". Diese Standorte liegen aber so abseits,
daß dies kaum namengebend war. Vom uralten Verkehrsweg aus,
vom Vermunt (Bielerhöhe) gesehen aber zeigt der Berg sich als
schlanke Pyramide, vgl. Bild 17. Die Ansicht von Sepp Bodlak
scheint zutreffend, daß der Name von einem alten Flurnamen „B e i m
H o h e n  R a t" herkommt, d. h. von einem aussichtsreichen Ort
am Nordfuß des Massivs, wo früher die zahlreichen Besitzer der
großen Viehalpen im Vermunt jährlich zu einem „Hohen Rat",
einer Beratung zusammenkamen (s. mein Silvrettabuch). Im „Blu=
denzer Urbar" von 1612 (!) als Markstein und Herrschaftsgrenze und
„ein perg mit namen Radt spiz"! 1783 wird er urkundlich „Ried
Sp." genannt, wohl weil er das große Ried (= sumpfiges Weide=
land von Vermunt) beherrscht.

c) B e s t e i g u n g s g e s c h i c h t e. Die vermutlich ersten Besteiger
(von Osten?) waren 1867 die Montafoner Frühmesser Battlog und
Dr. Tschanun. Die Sektion Vorarlberg veranlaßte schon in den 80er
Jahren die Erstellung des Radweges und Klettersteiges auf den Gipfel
sowie die Herausgabe eines Panoramas, das der AVZ 1888 beilag.
Eine Neuausgabe wäre erwünscht. Von einer Besteigung des Rad=
kopfes, 2751 m, sowie des Nordgrates oder des SO=Grates des
Hohen Rades ist nichts bekannt! W. Flaig beging deshalb am
13. 9. 1957 den SO=Grat mit G. Koulen, U. Mentz und H. W.
Thiess, alle Jungmannschaft DAV Wiesbaden.

Am 28. 8. 1960 begingen R. Lauter und H. Thies (DAV Wiesbaden)
den Nordgrat des Hohen Rades; vermutlich erstmals.

d) D i e  R u n d s i c h t  v o m  H o h e n  R a d

vereinigt das prächtige Panorama der schönsten Silvrettagipfel und
Gletscher in der Nahsicht mit schönen Tiefblicken und weitreichen=
der Fernschau bis zur Adula und Zugspitze. Es wird noch auf das
gute dreiteilige Foto-Panorama verwiesen, das im „Bergkamerad"
1970, Nr. 9 und 10, 1971, Nr. 8 erschienen ist; ferner auf eines, das
der AVZ 1888 beiliegt.

Im Süden genau die beiden Buine, vor dem Gr. Buin das Wiesbadner
Grätle, links davon Vermuntgletscher und =paß. Über den Paß Durch=
blick auf die Cima di Piazzi, 3440 m, in den Grosina=Alpen (Italien).

Rechts vom Grätle der Ochsentaler Gletscher. Rechts hinterm Kl. Buin der Gipfel des P. Fliana, weiter rechts die Fcla. dal Cunfin. Weiter nach rechts: Signalhorn, Silvretta Eckhorn, Silvrettahorn, Knoten 3190, Schneeglocke, Schattenspitze, Schattenkopf, Gr. Klostertaler Egghorn. Hinter seinem rechts absinkenden Grat schaut das Pischahorn (bei Davos) vor. Durch die Lücke zw. Klostertaler Egghorn links und der markanten Litzner-Seehorngruppe rechts (fast genau im W): Durchblick in die Bergwelt von Graubünden und zwar über die Plessuralpen (im Mittelgrund) hinweg in der 1. Hälfte am Horizont die Adulagruppe (Hinterrheingebiet) in der rechten Hälfte Piz Aul, Piz Scopi und die Medelser Berge (Vorderrheingebiet) in der Mitte der Adulagruppe erkennt man bei klarer Sicht zwei höchste gleichartige (links felsige, rechts herab vergletscherte) Spitzen: Rheinwaldhorn und Güferhorn: an ihrem Fuß entspringt der Hinterrhein.

Im Nordwesten: Nach WNW, über den Nordgipfel des Hohen Rades hinweg blickt man durch das äußere Montafontal (rechts am Hang die Siedlung Bartholomäberg über Schruns) hinaus in den Walgau, den Illtalgrund bei der Stadt Bludenz und bei Nüziders. Zw. diesem Illtaleinschnitt rechts und der Litzner-Seehorngruppe links im W erstrecken sich: im Vordergrund jenseits des Klostertales der Lobspitzenkamm, dahinter links der Garnerakamm (Plattenspitzen) und der Valgraggiskamm rechts davon, weiter rechts die Gruppe des massigen Hochmaderers. Dahinter, in Horizont schneidend, die ganze Rätikongruppe: Madrishorn links, Schesaplana in der Mitte (NW) und Zimba rechts, ein Horn. Im 1. Drittel weiter rückwärts am fernen Horizont Glarner und St. Galler Alpen mit der Ringelspitze ganz links (genau im W, mit Gletscher), weiter rechts Glärnisch und Mürtschenstock.

Im Norden: In der Tiefe der Silvrettasee mit Bielerhöhe (Hotel usw.), mit der Silvretta-Hochalpenstraße rechts hinab durch das Kleinvermunt ins Paznaun hinaus mit einigen Häusern von Galtür-Wirl. Durch das rechtshin nach NO sich öffnende unterste Paznauntal und das Oberinntal dahinter: Durchblick auf die Mieminger Berge rechts und das Zugspitz-Massiv links dahinter am Horizont. Zw. der Paznaun-Inntal-Senke im NO und der Montafon-Illtal-Senke im NW (s. oben) sind drei Gebirgsketten hintereinander ausgespannt: im Vordergrund jenseits vom Kleinvermunt, die Nordsilvretta mit der Vallüla fast genau im N. Dahinter quer das ganze Ferwallgebirge mit Pflunspitzen und Kalten Berg im N rechts hinter der Vallüla, weiter rechts der Patteriol (markante Schulter links heraus) und rechts das Riesenmassiv Kuchen-Küchelspitze, ganz rechts der Hohe Riffler. Als dritte Kette (in der ganzen Breite von NW bis NO!) die Lechtaler Alpen: Von der Roten Wand links bis zur Parseierspitze und Muttekopf rechts. In der Mitte (links vom Patteriol) der Valluga; hinter der Vallüla die Roggal-Wildgrubenspitzen bei Zürs-Lech am Arlberg.

Im Osten genau das dreigipfelige Fluchthorn, links davon die Schnapfenspitze und Gamshörner, links davon ziehen der Jamtaler- und dahinter die Lareintaler Kamm links hinaus bis ans Paznauntal. Einige Samnaungipfel schauen darüber herein. Davorher jenseits des Bieltales der Kleinvermuntkamm. — Gerade vor dem Fluchthorn die Madlenerspitze, links von ihr die Getschnerspitzen, dazwischen die Getschnerscharte (Übergang ins Jamtal). Rechts vom Fluchthorn: Paulketurm, Krone, rechts davor der Vord. Satzgrat, rechts dahinter der Grenzeckkopf und rechts davor der massige Augstenberg mit vielen Gipfeln. Davor der Totenfeldkopf und ·scharte überm Bieltalferner, rechts darüber die befirnte Haagspitze. Weiter nach rechts: Rauher Kopf, Tirolerkopf, davor Rauhkopfgletscher. Rechts hinterm Tirolerkopt der Ochsenkopf und hinter ihm die Dreiländer· spitze, rechts von ihr P. Jeramias und Piz Mon, der rechts zum rechts: Rauher Kopf, Tirolerkopf, davor Rauhkopfgletscher. Rechts schließt.

e) Die Anstiege auf das Hohe Rad sind be= stimmt durch die Weg= und Steiganlage über die Ost= flanke zum Gipfel und durch die Gratanstiege. Der Kletterer wird den Berg entweder gratentlang von SO nach N oder umgekehrt überschreiten oder, wenn er von der Wiesbadner H. kommt, über den SO=Grat auf= und über die Ostflanke absteigen, von der Bielerhöhe kommend aber von N auf= und nach O absteigen.

**822**
**Von der Radschulter auf dem Klettersteig über die Ost= wandrippe auf das Hohe Rad.** I = unschwierig, AV= Klettersteig, rot markiert; 35—45 Min. (bis 1 h) von der Radschulter, 3—3.30 h von der Wiesbadner H. wie bei R 271 bis auf die Radschulter; 4.15—5 h von der Bielerhöhe, wie bei R 237 auf die Schulter. Übersicht (von der Radschulter): Wenig südl. des HG zieht vom Gipfelgrat eine schwach ausgeprägte breite Schrofen= rippe durch die Ostwand gegen das Nordende der Rad= schulter herab; sie bricht unten mit einer braunroten kleinen Felsstufe auf, die oft noch schneebedeckten Geröllhalden bei der Radschulter ab. Über diese Ost= wandrippe führt der Klettersteig empor: Vom Südrand der Radschulter kurz waagrecht nach N durch das kleine oft noch schneegefüllte Tälchen, welches die Radschul= ter r. von der Ostwand links trennt (P. 2697 der AV= SiKa). Dann halblinks schräg über die groben Geröll= halden oder Schnee nach NW empor auf zunehmend besserer Steigspur genau an den Fuß der oben erwähn= ten rotfelsigen Wandstufe **am Fuß der Ostwand= rippe**. Am Wandfuß kurz links SW empor, bis man auf schönen Felsbändern zuerst nach rechts, dann links zurück und wieder rechts empor die Höhe der Fels= stufe ersteigen und den Beginn der schuttbedeckten Schrofen der Ostwandrippe erreichen kann. Immer der roten Markierung und der deutlichen Steigspur nach,

erst rechts in längeren, dann kürzeren Kehren empor, später über einige kleine Kletterstellen bis dicht unter den Gipfelgrat. Dann rechts (N) über die Rippe und schräg unterm Grat (der links oben bleibt) entlang zum schon sichtbaren Gipfelkreuz hinauf.

### 823

**Vom Radsattel über den Südostgrat auf das Hohe Rad.** II = mäßig schwierig, je nach Führe auch mit einigen schwierigeren Kletterstellen (III); 1.45—2.15 h vom Radsattel. Der schönste Anstieg für Geübte. Der über 1 km lange Grat zw. P. 2724 und dem Gipfel ist im unteren z. T. begrünten Viertel und in der z. T. schuttbedeckten oberen Hälfte ganz unschwierig zu begehen. Im 2. Viertel dagegen stehen einige Felstürme, die in mäßig schwieriger hübscher Gratkletterei überwunden werden. Ausweichen stets links auf der W-Seite, ausgenommen der Nordabstieg vom 1. größeren Turm, der dicht rechts von der plattigen Gratkante auf hübschen schmalen Bändern erfolgt. Der 2. Turm ist 1969 z. T. zusammengestürzt; er wird über diese Bruchstellen heikel erklettert; desgl. der nächste steile Turm vor dem letzten Aufschwung; kann auch links auf Rasenbändern der W-Seite umgangen werden. Der letzte senkrechte und rotfelsige Turm ist an der Steilkante unersteiglich. Man quert links an seinem W-Fuß entlang bis in eine steile Schutt- und Felsrinne, die nördl. hinterm Turm wieder nach rechts empor auf den Grat leitet, man klettert entweder in der Rinne selber oder im linken Begrenzungsfels empor. Oberhalb über Rasen- und Schuttstufen auf die SO-Schulter und über den langen, z. T. schmalen aber unschwierigen Gipfelgrat und einige kleine Felsstufen auf und ab zum Gipfelkreuz hinüber.

### 824

**Auf den Radkopf und über den Nordgrat auf das Hohe Rad**
II—III, Schlüsselstelle IV, 5.30—6.30 h von der Bielerhöhe. Über den Bielerdamm zu Bergfuß und auf Steigspuren über die untersten Nordhänge des Radkopfes empor, bis der Steig links abzweigt. Weiter gerade weglos über die begrünten Stufen empor gegen den P. 2386 der AV-Silvrettakarte und über den Nordgrat unschwierig auf den Radkopf, 2751 m; etwa 2.50 h von der Bielerhöhe. Vom Gipfel zur Radkopfscharte hinab weicht man dem wandartigen Steilabbruch zuerst einige 4—5 m rechts (W) aus, hält dann wieder links in eine Rinne, durch die man 3—4 m absteigt; dann gerade senkrecht in die Scharte hinab; etwa 30 Min. vom Radkopf.

Von der Radkopfscharte über Schutt 20—30 m, dann in mäßig schwieriger Kletterei etwa 35 m am Grat empor. Eine weitere Seillänge führt halblinks vom Grat hinauf, und anschließend rechts auf eine Kuppe (II—III, 20 Min. von der Scharte). Von der Kuppe eine Seillänge über abwärts geneigte Felsplatten auf einen Absatz (III) unter der überhängenden Gratkante, die man links umgeht und bis zum Beginn eines Risses emporklettert, die letzten 5 m kleingriffig und ziemlich schwierig (IV). 6—8 m durch den Riß, der brüchig ist und nach außen drängt, dann wieder rechts auf die Gratkante, die sich mehr und mehr zurücklegt und mäßig bis unschwierig auf den Nordgipfel führt. Weiter gratentlang zum Hauptgipfel, 2934 m, hinüber.

**825—829 Offene Randzahlen für Nachträge.**

# Die Bieltaler Berge

**830**

Die Bieltaler Berge zw. der Totenfeldscharte im S (s. R 816) und der Roßtalscharte, 2697 m, im N (s. R 861) sind das Mittelstück des großen Vermuntgrates, über den alles Wesentliche unter R 790 gesagt ist. Die Roß= talscharte, 2697 m, liegt genau in der Mitte zw. den Hennebergspitzen und der Bodmerspitze. Der Henne= berg (s. R 850) und das Roßtal mit ihren vielen Seen zählen sommers zu den schönsten und einsamsten Öd= landschaften der Silvretta mit feinen Zeltplätzen. Bester Standort für die Bieltaler Berge ist die Bielerhöhe, für den südlichsten Teil auch die Wiesbadner H.

Der Bergwanderer findet viele leichte, nie besuchte Gip= fel und Scharten, der Kletterer eine Großzahl wildein= samer Grate und Spitzen. In ihrem Bereich liegen auch die schönsten Skigebiete östl. der Bielerhöhe, s. R 58. Vgl. Bild 6, vor Ziffer 2.

## Totenfeldkopf, 2935 m

**831**

a) Ein schlanker, dunkelfelsiger Kegel dicht N der Totenfeldscharte. Die Totenfeldlücken trennen ihn vom Vord. Satzgrat, s. R 832. — Cranz teilte mit, daß der Gipfel „seit 1900 ein Steinmännchen trägt", von wem ist unbekannt. Dr. Blodig bestieg ihn am 25. 6. 1917 allein von W her, Abstieg über den Südgrat. — Nach Cranz bietet der Kopf einen „geradezu unerreicht schönen Blick auf den Hint. Satz= grat und die phantastischen Totennadeln."

b) Zugänge zur Totenfeldscharte bzw. zum Bergfuß von der Wiesbadner oder Jamtalhütte oder Bielerhöhe, s. R 816.

I. Über den S ü d g r a t. II (III) = mäßig schwierig (schwierig), ca. 30 Min. von der Totenfeldscharte. Von der Scharte kurz zu einem markanten Gratzacken, dann hinunter in einen engen Grateinschnitt und von diesem über den gestuften plattigen Grat zum Gipfel.

II. Über die W e s t f l a n k e. II (III), ca. 30 Min. vom Bergfuß. Am besten von dem oben unter I. genannten Grateinschnitt des Süd= grates in die Westflanke ausbiegen und über plattige Stufen und Rinnen zum Gipfel. Oder direkt vom nördlichen Westwandfuß zur Spitze.

## Die Totenfeldlücken

**832**

Zw. Totenfeldkopf und Vord. Satzgrat sind mehrere, durch einige Felszacken und =köpfe getrennte Lücken in den von SW nach NO ziehenden Verbindungsgrat eingeschnitten. Cranz nannte sie „Unt. Totenfeldscharten", was zu Verwechslungen führte und ungenau ist, weil die Lücken höher sind als die Totenfeldscharte. Ich nenne sie daher Totenfeldlücken. Ihre Zugänge decken sich mit jenen der

Totenfeldscharte, s. R 816. Nach Haug ist die nördlichste Lücke am Fuß des OG des Vord. Satzgrates 2827 m hoch, die südliche NO des Totenfeldkopfes ist 2864 m hoch. Die Lücken sind von W vom Nördl. Bieltalferner über Firn und Schutt ganz leicht zugänglich, stürzen aber nach O aufs Totenfeld mit steilen Schuttrinnen und Schrofen ab, durch die sie mäßig schwierig (II) aber mühsam zu er= steigen sind; auf Überwächtung der Scharten im O ist zu achten.

## Vorderer Satzgrat, 3022 m

**833**

a) Ein gewaltiges, vielgipfeliges, 1500 m langes, Massiv mit drei großen Gipfeln im Hauptgrat zw. Biel= und Jamtal und mit einem mächtigen Ostgrat des Ostgipfels (OG) ins Jamtal hinab. Sein massiger Ostpfeiler flan= kiert mit dem Hint. Satzgrat das einsame Hochkar des Totenfeldes wie Stümpfe riesenhafter Torsäulen, eines der schönsten Schaustücke im Panorama der Jamtal= hütte. Der Name Vord. (Vd.) Satzgrat steht in der AV=SiKa entlang dem Ostgrat. Das Hauptmassiv liegt aber NW davon: der OG (bei Haug [s. R 69], 3028 m, in der AV=SiKa nicht kotiert) liegt dicht N der Nördl. Totenfelslücke und dort, wo der Ostgrat vom Haupt= kamm abzweigt, SSO vom Mittelgipfel (MG), 3022 m der AV=SiKa (bei Haug 3026 m), durch eine tiefe Scharte von ihm getrennt. Der Westgipfel (WG) (bei Haug 3025 m) ist durch eine Scharte vom MG getrennt und liegt dort, wo ein deutlicher Nordgrat ins Getsch= nerkar hinab abzweigt. Dieser WG „trägt ein starkes allseitig schroff abfallendes Gipfeltürmchen" (Cranz), woran er leicht kenntlich ist; er fällt nach W in die 2904 m hohe Bieltalfernerscharte (s. R 838) steil ab. Im ca. 1000 m langen Ostgrat stehen mehrere Köpfe und Türme (nach Haug 2961, 2914 und 2775 m hoch).

b) Zum Namen vgl. R 810 b. Die Ersteigungsgeschichte ist verworren, bei Cranz z. T. falsch; der Wahrheit am nächsten scheint: 1. Ersteigung des WG durch Egon Stücklein mit Ignaz Lorenz am 23. 8. 1890. Anfangs scheint nur der WG bestiegen worden zu sein. Anläßlich der 1. Ersteigung über den Ostgrat 1923 fand ich auf dem OG weder Steinmann noch Zeichen, dagegen auf dem WG eine zerbrochene Gipfelflasche mit 5 Karten, darunter diese: „II. Be= steigung von der Jamtalhütte mit Führer Ignaz Lorenz am 26. 8. 1890 bei 2 Fuß hohem Schnee. K. Willner (OAK. Wien)." Beide Aufstiege vermutlich von S oder W her. 1. Überschreitung des WG von S nach N (Nordrinne) durch Dr. Haag mit Ignaz Lorenz am 22. 6. 1893. 1. Ersteigung über den N=Grat auf den WG durch H. Czerny mit Gottlieb Lorenz am 25. 8. 1897. Ob und wann der MG und OG dabei bestiegen wurden, ist nicht klar aber anzunehmen, weil der

Gratübergang nicht schwierig ist. Am 25. 6. 1917 erstieg Dr. K. Blodig allein den WG über den Westgrat, überschritt den MG zum OG und stieg von der Scharte zw. diesen nach S ab. 1. Ersteigung über den Ostgrat, Übergang vom OG über den MG zum WG und Abstieg über den Nordgrat durch W. Flaig und A. Weidle am 2. 9. 1923.

c) Die Anstiege erfolgen am einfachsten von S oder SW oder von N. Am besten überschreitet man alle drei Gipfel von S nach N oder von W nach S. Groß= artig ist die Gesamtüberschreitung von O nach W oder N.

## 834

**Von Südwesten auf den Vord. Satzgrat.** II (III) = mäßig schwierig (schwierig), je nach Führe; 30—45 Min. vom Bergfuß.

a) Zugänge zum Berg bzw. Bieltalferner von der Bielerhöhe (R 240) oder von der Wiesbadner H. (R 267) oder Jamtalhütte (R 285); s. auch R 832.

b) Die in Stufen und Bänder aufgelösten und von stei= len Schutt= und Schrofenrinnen durchzogenen SW= Flanken der 3 Gipfel erlauben Anstiege direkt auf den MG; oder auf den OG entlang der SW=Flanke seines Südgrates; oder durch die Schutt= und Schneerinne in die Scharte zw. MG und OG, die von dort über die Grate unschwierig zu ersteigen sind.

c) Von einem Anstieg direkt über den Südgrat des OG, der in der Nördl. Totenfeldlücke (2887 m, Haug) fußt, ist nichts bekannt.

## 835

Über den Westgrat auf den Westgipfel des Vorderen Satzgrates. II—III = mäßig schwierig bis schwierig, 30—40 Min. von der Biel= talfernerscharte. Zugänge zur Scharte s. R 838. Aus der Scharte über wandartige steile und brüchige Felsen ca. 50 m empor, dann schwierig durch eine Felsrinne (Kamin), die auf eine kl. Plattform dicht unterm schlanken Gipfeltürmlein führen. Über die Gipfelwand direkt zur Spitze. — Will man nach O absteigen, so geht man wenige Meter nach N und steigt dann ostwärts über ein gutgriffiges Wandl auf den Schuttgrat hinab. Übergang gratentlang unschwierig über den MG (3022 m) zum OG.

## 836

**Von Norden auf den Vorderen Satzgrat.**

a) Über die Nordflanken des Ost= und Mittelgipfels führen mehrere Anstiege, wobei aber nur die Firn= rinnen benützt werden, die vom östl. Getschnerferner zum Grat hinaufziehen, vor allem die Rinne zw. OG und MG. Alle Rinnen sind nur im Vorsommer günstig, später vereist. 0.45—1.30 h vom Wandfuß, den man

in 1.30 h von der Jamtalhütte auf dem Getschner=
schartenweg, R 283, gewinnt.

**b) Über den Nordpfeiler des Westgipfels.** III = schwie=
rig, 1—1.15 h vom Einstieg, sehr interessante Bergfahrt.
Der Pfeiler bricht unten glatt ab und wird deshalb ent=
weder von O oder W über seine Abdachung gewonnen.
Die Firnfelder des Getschnerferners erreicht man von
der Jamtalhütte wie oben bei a), s. R 283.
Hat man den Pfeiler erklommen, so folgt man dem
First bis ziemlich dicht unter dem plötzlich senkrecht
aufsteigenden Gipfelbau. Man quert, eine Rinne über=
schreitend, in die Ostflanke, schlüpft durch einen Fel=
senspalt und unter oder über einem Block durch auf
den Geröllhang am Ostfuß des Gipfeltürmchens, das
man von rechts nach links steil aber gutgriffig ersteigt.
Übergang vom MG und OG unschwierig, indem man
vom Gipfelturm zurücksteigt und dem Grat nach O
folgt.

**837**
Über den Ostgrat auf den Vorderen Satzgrat. III—IV = schwie=
rig bis sehr schwierig, 3.30—4.15 h und mehr von der Jamtalhütte.
Man folgt von der Hütte dem Getschnerschartenweg R 283 bis er
in das Kar einbiegt, verläßt ihn dann nach S und steigt über die
Schwelle an, die das Kar vom Jamtal trennt. Man erreicht so den
Ostfuß des Grates von N und kann ihn an beliebiger Stelle ersteigen
oder auf dem zuletzt steilen Firn des Getschnerferners ansteigen und
den Grat weiter oben betreten. Leicht über den Grat und P. 2575
(Haug) zum östl. Vorgipfel. Hier entwickelt sich der Grat zum Ost=
gipfel deutlich mit insgesamt 5 Türmen. Den 1. der östl. Vorgipfel
verläßt man zuerst nach NW und steigt dann über seine Platte schräg
nach SW ab. Turm Nr. 2 und 3 überklettert man direkt, schön aber
schwierig (oder man umgeht sie in den Flanken, sehr heikel). Turm 4
wird aus der Scharte vor dem Turm, zuerst etwas nach NO abstei=
gend, durch eine überdachte Schuttrinne mit originellem Durchschlupf
erstiegen. Er stürzt nach W unbegehbar ab, weshalb man entweder
abseilt oder etwas zurücksteigt in die Südwand hinab bis schmale
Schuttbänder ein Durchqueren nach W erlauben. Man gelangt so auf
das steile Schuttband südl. unterm 5. Turm, den man leicht südseits
zur Scharte vor dem Ostgipfel umgeht. Aus der Scharte zuerst mehr
in der Nordflanke, weiter oben über Bänder und Stufen der Ostseite
und südl. zur Spitze des Ostgipfels. Übergang zum MG und WG
unschwierig am Grat entlang.

## Bieltalfernerscharte, 2904 m

**838**
a) Zw. dem WG des Vord. Satzgrates und der Bieltalfernerspitze,
2950 m (s. R 839); in der AV=SiKa ist die Scharte weder benannt
noch kotiert, nach Haug 2904 m hoch. Die Scharte bietet Geübten
einen interessanten und kurzen Übergang von der Wiesbadner H.

bzw. vom Bieltalferner ins Getschnerkar, kürzer als über die Getschnerscharte. Die Scharte wurde am 25. 8. 1897 von H. Czerny mit
G. Lorenz von S nach N überschritten.
b) Die Scharte kann von beiden Seiten durch gut begehbare (oft
noch schneegefüllte) schluchtartige Rinnen erstiegen werden.
c) Von der Scharte auf den WG des Vord. Satzgrates s. R 835, auf
die Bieltalfernerspitze s. R 839.
d) Z u g ä n g e von der Wiesbadner H. übers Bieltaljoch s. R 269
und 267. Von der Jamtalhütte wie bei R 283 ins Getschnerkar und
nach SW zur Scharte hinauf.

## Bieltalfernerspitze, 2950 m

**839**
a) In der AV-SiKa nicht benannt, aber mit 2950 m kotiert. Die
kleine Spitze steht an der Stelle, wo der vom Vord. Satzgrat her-
überziehende Ostgrat nach N biegt. Sie wurde von Dr. K. Blodig
benannt, nachdem er am 25. 6. 1917 den Berg allein erstmals von N
nach O überschritten hatte.
b) A n s t i e g e. Man überschreitet den Berg am besten in Verbindung mit der Umkletterung des Getschnerkares. Zugänge wie bei
der Bieltalfernerscharte s. R 838 d.
I. Der O s t g r a t (III) von der Bieltalfernerscharte ist mehrfach
getürmt und erfordert ziemlich schwierige Kletterei, vor allem der
1. Turm. 20—30 Min. von der Scharte.
II. Der N o r d g r a t (II—III) bzw. der Verbindungsgrat zur Madlenerspitze bietet eine abwechslungsreiche Kletterei, wobei man dem
Grat meist treu bleibt. 0.45—1 h von Spitze zu Spitze.

## Madlenerscharte

**840**
Unbenannte Scharte etwa in der Mitte zw. Bieltalfernerspitze und
Madlenerspitze; in der AV-SiKa nicht benannt und nicht kotiert;
von mir Madlenerscharte benannt. Nach Cranz 2944 m, was jedoch
falsch sein muß; sie ist lt. AV-SiKa ca. 2870 m hoch. Die Scharte
wurde von Cranz und Haug 1905 überschritten und vermittelt nach
Cranz einen unschwierigen Übergang vom Getschnerfirn in das NO-
Hochkar des inneren Bieltales, von O über Firn, von W über Steilschutt. Zugang von O s. R 283, von W R 240.

## Madlenerspitze, 2969 m,
## und Hintere Getschnerspitze, 2961 m

**841**
a) Die Madlenerspitze ragt, von W und NW gesehen,
mit spitzem Gipfelturm aus der Reihe der Gipfelköpfe
des Kammes hervor wie ein Zuckerhut aus Mehlsäcken,
s. Bild 18 Ziffer 6.
b) Die Hint. Getschnerspitze (Ziffer 5 auf Bild 18)
ist eigentlich eine Schulter im NO-Grat der Madlenerspitze; sie ist in der AV-SiKa nicht kotiert, nach Haug
aber 2961 m hoch.

c) **Name und Geschichte.** Den Namen gab Cranz. Madlener war einer der Erschließer der Vorarlberger Alpen und Vorstand der Sektion Vorarlberg DÖAV, die auch ihre Hütte auf der Bielerhöhe Madlenerhaus taufte. Dr. Blodig schildert in der AVZ 1921 S. 97 eine Überschreitung der Madlenerspitze von NO nach S am 25. 6. 1917. Cranz und Haug erstiegen 1905 mit Clemens Widmoser die Hint. Getschnerspitze von der Getschnerscharte. Sonst ist nichts bekannt.

d) **Die Anstiege** über die Grate und Flanken sind meist unschwierig und mäßig schwierig, weil man überall ausweichen kann. Kürzester Anstieg: die Nordfirnflanke. Besonders schön die Überschreitung von NO nach S oder NW, wobei die Getschnerspitze eingeschlossen wird.

e) **Die Zugänge** zum Berg von der Bielerhöhe (bzw. Wiesbadner H.) oder Jamtalhütte sind die gleichen wie bei der Getschnerscharte s. R 846.

**842**
Über die Nordfirnflanke auf die Madlenerspitze. II (III) = mäßig schwierig (schwierig), 0.45—1 h vom Bergfuß; s. Bild 18 Ziffer 6. Zugang wie Ziffer 10 bis zur Insel 2713, dann direkt über die Firnflanke auf den Grat, links NO vom HG (Ziffer 6) und rechtsum zur Spitze über den Grat und durch die Südflanke. Oder links über den NO-Grat zur Hint. Getschnerspitze hinüber, s. R 843.

**843**
**Von der Getschnerscharte über die Hintere Getschnerspitze und den Nordostgrat auf die Madlenerspitze.** II (III) = mäßig schwierig (schwierig), 1.15—1.30 h von der Scharte. Schöne Gratwanderung, die man am besten mit der Überschreitung der Hint. Getschnerspitze verbindet.

a) **Von der Getschnerscharte** (s. R 846) immer am Grat und über die Hint. Getschnerspitze hinweg weiter am Grat; einige plattige mäßig schwierige Stellen werden mit Vorsicht überklettert; Ausweichen links südseitig, zuletzt von Süden zur Spitze.

b) **Die Hintere Getschnerspitze** kann aus dem Getschnerkar auch über ihre Ostrippe (II) oder schöner aber steiler über die günstigen Schichtköpfe ihrer Südflanke (III) erstiegen werden, 0.45—1 h vom Bergfuß.

**844**
Über den Südgrat (II) oder über die Südwestflanke (I) auf die Madlenerspitze; 30—40 Min. von der Madlenerscharte bzw. vom

Bergfuß; 1 h von der Bieltalfernerspitze; in hübscher Kletterei von Spitze zu Spitze über den ganzen Grat. Alle scheinbaren Schwierigkeiten lassen sich auf Bändern und durch kurze Rinnen umklettern. (Unschwierig aber mühsamer steigt man über die Schrofenrippen oder durch die Geröllrinnen dazwischen über die S ü d w e s t f l a n k e gerade zur Spitze empor.)

**845**

Über den N o r d w e s t g r a t auf die Madlenerspitze. II (III—IV), je nach Führe. 1.15—1,30 (—2) h vom Gratfuß. Siehe Bild 18, der Grat von Ziffer 6 rechts herab. Der lange hoch hinauf ganz unschwierige breite Geröllrücken und Schrofengrat schärft und türmt sich zuoberst stark, kann aber rechts in der steilen Südflanke mühsam umgangen werden. Eine direkte Überkletterung der Türme und Stufen dürfte schwierig bis sehr schwierig sein; Beschreibung dazu liegt nicht vor.

## Getschnerscharte, 2839 m

**846**

a) Zw. Mittl. und Hint. Getschnerspitze, vom Jam ins Bieltal, s. Bild 18 Ziffer 4 von Westen. Eine hochalpine Scharte, die von einem AV=Weg überquert wird, der teilweise als alpiner Steig zu bezeichnen ist und nicht überall als solcher gewegt und kenntlich ist; nur teilweise rot markiert. Bei Nebel, Neuschnee usw. nicht leicht zu finden, nur für berggewohnte Touristen.

b) Von der Bielerhöhe zur Jamtalhütte s. R 241, umgekehrt s. R 283. — Von der Jamtalhütte zur Wiesbadner H. s. R 284, umgekehrt s. R 268.

Dazu auch R 838 = Bieltalfernerscharte beachten; für Geübte kürzer, bequemer und interessanter!

c) Auf der Westseite leicht vergletschert (Madlenerferner, stark geschwunden), im Vergleich zu den Übergängen über die Ochsen= oder Tirolerscharte aber wesentlich einfacher, zumal der Firn (Eis) auch nahezu ganz vermieden (umgangen) werden kann. Der Übergang sei daher jenen Touristen (auch auf der Wiesbadner H.) angeraten, die nicht für die Gletscherübergänge ausgerüstet sind. (Für Geübte: s. auch R 838 a!)

d) Über den Namen und die erste touristische Begehung ist nichts bekannt. Der Getschnersteig wurde 1907 zum 25jährigen Jubiläum der Jamtalhütte eröffnet.

**847**

**Mittlere und Vord. Getschnerspitze, 2965 u. 2975 (?) m**

a) Ein hübsches Gipfelpaar NO der Getschnerscharte, von N und NW her vom kleinen Hennebergferner herauf befirnt bis auf die Gipfelgratscharte hoch zwischen den Spitzen, vgl. Bild 18, Ziffer 2 und 3; nach

S und SO mit steilen Felsflanken in das nördl. Getsch‍nerkar abstürzend.

b) Die Herkunft des Namens ist mir unbekannt. Die Mittl. Spitze NO der Getschnerscharte ist in der AV‍SiKa mit 2965 kotiert, die Vordere (NO von jener) ohne Kote, nach Haug 8 m höher als die mittlere, nämlich 2975 und 2983 m. H. Cranz überkletterte am 23. 9. 1900 mit J. Lorenz II. die Mittl. und Vord. Getschnerspitze von S nach N. Andere Anstiege sind nicht bekannt. Erste Skibesteigung?

c) Die Anstiege von NW sind einfach, die Grate schwieriger. Von NW auch mit Ski, s. R 58. Den Zu‍gang vermittelt wieder der Getschnerschartenweg, siehe R 846 b.

d) Von Norden auf die Getschnerspitzen. I—II (III), 3.15—4 h von den Hütten. Wie bei R 241 a—c von der Bielerhöhe auf dem Getschnerschartenweg bis ans Ende des flachen Talbodens (Bild 18, Ziffer 8) des Weißen Baches (genau bei Ziffer 7 und Pfeil), wo links der Bach herabkommt; ihm entlang (Pfeil auf Bild 18) nach NO auf die Hochstufe des Henneberges und auf ihr rechts nach O über Punkt 2683 auf den Henne‍bergferner, dann über ihn nach Süden empor in die Gipfelscharte (Bild 18 zw. Ziffer 2 und 3). Von hier leicht nach SW auf die Mittlere (2965 m) Spitze oder schwierig (III) über den Grat nach NO, zu‍letzt über eine schwierige Platte auf die Vordere Spitze, die auch von W über die Felsflanke (II—III) erklettert werden kann. Noch einfacher: Links um den Gipfel‍kopf auf den oberen NO‍Grat und über ihn auf die Vord. Spitze.

e) Vom obersten Hennebergfirn kann man auch nach O in die Hennebergscharte (zw. Ziffer 1 und 2 auf Bild 18) und von dort über den schwierigen aber sehr schönen Nordost‍Grat klettern auf die Vord. Spitze (II—III).

f) Die Gipfelscharte zw. den zwei Spitzen kann man auch aus dem nördl. Getschnerkar durch eine steile lange Schutt‍ und Firnrinne mäßig schwierig ersteigen (II).

## Hennebergscharte

**848**

In der AV‍SiKa weder kotiert noch benannt. Zwischen der Vord. Getschnerspitze im S und der südlichsten Hennebergspitze in N. Verbindet den Hennebergferner mit dem Getschnerkar. Kein bräuch‍licher Übergang, s. Bild 18 zw. Ziffer 1 und 2. Von Westen über Firn (s. R 847 d), von Osten aus dem nördl. Getschnerkar (s. R 283) durch eine oben schmale, unten trompetenförmig geöffnete Schutt‍(Firn‍)rinne zu erreichen. Vermittelt den Zugang zu den angrenzen‍den Gipfeln. Ist manchmal auf der Ostseite überwächtet.

# Hennebergspitzen, 2931, 2776 und 2836 m

**849**

a) Hennebergspitzen heißen sämtliche Gipfel im Gratstück zw. Hennebergscharte und Roßtalscharte, 2697 m. In der AV=SiKa sind nur drei Gipfel kotiert: 2931, 2776, 2836, Haug hat sogar 7 Grat= punkte! Am 17. 7. 1892 erstieg E. Stücklein mit J. Lorenz einen (den nördlichen?) Gipfel. Am 23. 9 1900 überschritt H. Cranz mit J. Lorenz sämtliche Gipfel von S nach N.

b) Dies ist auch der einfachste „Anstieg": Man überschreitet alle Spitzen! Der Grat ist großteils unschwierig, sonst mäßig schwierig (II), treu am Grat z. T. auch schwierig (III). Was im einzelnen nicht mehr wiederholt wird. Nach SO und O ins Jamtal fallen die Hennebergspitzen mit steilen Felsen, Rippen und Gratpfeilern ab, doch ist kein Anstieg von O bekannt!

c) Der südlichste bzw. westlichste, in der AV= SiKa nicht kotierte (bei Haug 2935 m (?)) hohe Gipfel erhebt sich nördl. der Hennebergscharte ca. 100 m W vom kotierten Gipfel 2931 der AV=SiKa. In diesem wichtigen Knotenpunkt und nicht in der Vord. Getsch= nerspitze, biegt der Grat kurz nach O durch eine Scharte zu Punkt 2931 ab und zweigt außerdem den Hennegrat (s. R 850) nach NW ab. Dieser Eckpunkt (Bild 18, Ziffer 1) kann von der Hennebergscharte über den S=Grat oder über den NW=Grat (II) oder wie der Gipfel 2931 der Hennebergspitzen — von N über Firn und Schrofen erstiegen werden (I—II). Die Scharte zwischen beiden Gipfeln ist von S und SO aus dem Getschnerkar über ein kleines Hochkar und Schutt zu ersteigen. Von der Scharte mäßig schwierig auf beide Gipfel.

d) Wenig östl. vom Gipfel 2931 der Hennebergspitzen biegt der Grat dieser nach NO und N und sinkt tief ab zu einem unbenannten Schuttsattel. Nördl. von ihm erheben sich ein kleiner Grathöcker, 2776 m, und dann noch drei gleichartige und gleich hohe Köpfe als die drei nördl. Hennebergspitzen oder Henneberg= köpfe, deren mittlerer Gipfel = P. 2836 der AV=SiKa ist. Von S haben sie hübsch gestufte Grate, nach N sind sie sanft abgedacht, Überschreitung daher am besten von S nach N (und leicht weiter über die Roßköpfe zur Bodmerspitze, s. R 860). Auch von W, vom Roßtal und =ferner lassen sich der südl. und mittlere der drei Köpfe unschwierig ersteigen.

# Henneberg und Hennegrat

**850**

Hennegrat nenne ich den langgezogenen Grat, der von NW nach SO von der Hennespitze, 2707 m, über den Hennekopf, 2704 m, zum Grat der Henne= bergspitzen, 2931 m, emporzieht und das Roßtal im NO vom Henneberg und seinen Tälchen im SW trennt. Der Hennegrat ist also dem Henneberg im S vorge= lagert; er setzt sich aus mehreren flachen Hochtälchen, darunter das Weißenbachtal, und Schuttkarmulden zu= sammen, die auf den Hochstufen S und SW des Henne= grates liegen und ins Bieltal bzw. ins oberste Kleinver= munt entwässern. Aus diesen Tälern, d. h. von W, SW und S läßt sich die mehrfach gestaffelte Hochstufe des Henneberges auch überall leicht erreichen, doch emp= fiehlt es sich, am besten den Weg R 241 zum Aufstieg zu benützen. Vgl. Bild 6: „Henneberg" = Schräg rechts über dem „H".

**851**

**Der Henneberg** trägt u. a. folgende markante Rand= kuppen: „Runder Kopf", 2376 m, Punkt 2426, 2464, 2542 und nochmal P. 2464 beim Ombrometer. Sie alle sind sehr lohnende Wanderziele von der Bielerhöhe mit schönen Ausblicken. Die alte, oft mit farbigstem Blockwerk, meist Augengneis, übersäte Hochstufe des Henneberges birgt zahlreiche kleine Seen, die allein einen Besuch lohnen, besonders die drei Henneseen O und NO P. 2542, deren Besuch man am besten mit der Besteigung des unschwierigen Hennekopfes wie bei R 853 verbindet; oder mit der ein wenig schwierigeren Hennespitze R 854. Der Hennekopf ist der nächste, leichteste und lohnendste Gipfel über 2700 m im Be= reich der Bielerhöhe. Den ca. 2630 m hohen flachen Doppelsattel zwischen Hennespitze und Hennekopf nenne ich Hennesattel.

**852**

Von der Bielerhöhe über den Runden Kopf auf den Henneberg.
Im oberen Teil zwar weglos aber völlig unschwierig; bei unsichtigem Wetter ist abzuraten, kein Durchfinden. 1.45—2.15 h.

a) Wie bei R 241 a u. b bis an den Rand des Bach=
grabens des Weißen Baches, ca. 2360 m. Hier verläßt
man kurz den Weg zur Getschnerscharte und wendet
sich links nach N und NW zum nahen **Runden Kopf**,
2376 m (1—1.15 h) leicht kenntlich an der Steinmauer,
die (als Alpweidegrenze) im Bogen über seinen Kopf
zieht. Von hier p r ä c h t i g e r R u n d b l i c k über die
Vermunttäler, Bielerhöhe, die Vallülagruppe und Biel=
talumrahmung; s. Bild 18.

b) Wir kehren zurück auf den Weg am Rande des Weißenbach=
Grabens und wandern ihm entlang nach O talein bis ans Ende des
Tälchens wie bei R 241 c. Vor (W) dem dort erwähnten Felskopf
kommt von links, von NO, ein kleiner Bach herab; ihm links ent=
lang empor über Rasenstufen auf die nächste Hochstufe. Man ge=
langt so zwangsläufig zum ersten Hennesee, dessen Abfluß der Bach
ist; etwa 2550 m, 20 Min = 1.30—1.45 h.

c) Man geht links am See entlang und in gleicher Richtung weiter
zum zweiten See, den man links läßt. Weiter in gleicher Richtung
bzw. genau nach N sanft über die Geröllstufen ansteigend kann man
entweder, zuletzt halblinks, das dritte Seelein erreichen oder, zuletzt
halbrechts, in etwa 15—20 Min. den Hennesattel, um 2630 m, er=
steigen, um einen Blick ins Roßtal zu gewinnen oder den Henne=
kopf, R 853, bzw. die Hennespitze, R 854, zu ersteigen.

d) Den Abstieg vom Henneberg kann man entweder auf dem Auf=
stiegsweg nehmen oder beliebig nach W und NW über die Punkte
2542, 2464 oder 2426 oder durch die Tälchen zwischen ihnen. Sehr
lohnend ist auch der Rückweg über den kleinen Sattel SO des Om=
brometers 2464, südlich des Weißen Baches, wo man die rot mar=
kierte Führe von Weg R 241 d III aufnimmt und bis ins innere
Bieltal verfolgt. Bei den Bergsturzblöcken dort überquert man
den Bieltaler Bach und wandert durchs Bieltal hinaus zur Bielerhöhe
wie bei R 270 h. kann aber auch über den Radsattel zur Wiesbadener
Hütte wie bei R 238.

## Auf den Hennekopf, 2704 m

**853**

Eine leichte und sehr lohnende Besteigung mitten im einsamen Öd=
land des Urgebirges, auch als stramme Halbtagstour von der Bieler=
höhe. 2—2.30 h Aufstieg von der Bielerhöhe. Vgl. Bild 6.

Wie bei R 852 a—c auf den Hennesattel, 1.45—2 h. Vom Sattel
ohne jede Schwierigkeit nach SO empor über die breit gestuften
Schutt= und Grashänge auf den Gipfelgrat und ihm entlang zur Spitze,
15—20 Min.

b) Die Rundschau ist zwar beschränkt, aber besonders schön dank
Durchblicken auf das Fluchthorn im O, die Buingruppe und den Sil=
vretta=Hauptkamm im S und die Litznergruppe im SW. Besonders
gut aufgeschlossen ist das Hohe Rad und die Umrahmung des Roß=
tales. (Noch weitreichender ist der Blick von der Hennespitze, s.
R 854.)

d) Der Hennekopf kann auch von der Gratlücke im OSO des Gip=
fels (die von beiden Seiten leicht ersteiglich ist) entlang dem teil=

weise schmalen Südost-Grat (I) erstiegen werden; 30 Min. von der Lücke. Ausweichen links auf der Südseite. Ungeübten wird abgeraten.

e) Der Hennekopf kann ferner über die sehr steile Rasenflanke der Südseite direkt zum Gipfelgrat erstiegen werden, aber nur von Geübten und sehr mühsam. 30—40 Min. vom Bergfuß.

f) Für den Übergang zur Hennespitze steigt man leicht und in wenigen Minuten vom Hennekopf nach NW zum Hennesattel ab und von dort wie bei R 854 auf die Hennespitze. 0.45—1 h von Gipfel zu Gipfel.

## Auf die Hennespitze, 2707 m

**854**

Der Gipfelgrat der Hennespitze verläuft von O nach W; nach O und N bricht er wand- oder pfeilerartig ab, nach W geht er in den Westgrat über. Am Westende des Gipfelgrates, dort wo er abzusinken beginnt, setzt — durch eine Scharte von ihm getrennt — der Südgrat an den Gipfelbau an und zieht über den Südgipfel, 2674 m, zum Hennesattel hinab. Südgrat und Westgrat vermitteln die besten Anstiege, für Geübte ohne jede Schwierigkeit: Ungeübte seien vor dem tückischen Steilrasen gewarnt, wie er bei allen Anstiegen vorkommt. Vgl. Bild 6. Über dem G und H erkennt man den schwarzen spitzen Schlagschatten der Hennespitze-Nordwand.

a) Vom Hennesattel über den Südgrat auf die Hennespitze; I (unschwierig), 40—50 Min. Hübsche Bergfahrt und Gratwanderung. Wie bei R 852 a—c auf den Hennesattel zwischen Hennekopf und dem Südgipfel, 2674 m, der Hennespitze. Vom Sattel am breiten begrünten Gratrücken empor gegen P. 2674 bis etwa 20 m unter seiner Spitze (die Geübte aber auch leicht überklettern können), dann links in der SW-Flanke auf Steilrasen und Blockstufen querend auf den Verbindungsgrat (Südgrat) zwischen P. 2674 und HG. In schöner leichter Gratwanderung ihm entlang, zuerst links besten auf Grasbändern der W-Flanke bis der Grat stärker zu steigen beginnt mit zwei Steilstufen, die man besser rechts vom Grat ersteigt und dann waagrecht zu der Scharte vor dem Gipfelbau quert. Unmittelbar über der Scharte schwingen sich steile Felsstufen zum Gipfelgrat empor, die man links läßt und dort rechts daneben über steile Rasenstufen ansteigt bis auf den Gipfelgrat; ihm entlang rechts hin nach O zur Spitze.

b) Der Rundblick von der Hennespitze ist noch schöner als vom Hennekopf (s. R 853 b), weil noch der Tiefblick ins Kleinvermunt und auf die Silvrettastraße bis Wirl (Galtür) hinaus dazukommt und der Gesamtblick auf die Vallülagruppe mit der Bielerhöhe und Groß-vermunt.

c) Die Scharte im Südgrat dicht am Gipfelbau (s. oben bei a) kann auch gerade von Westen über sehr steilen Rasen mühsam erstiegen werden, etwa 30 Min. aus dem Kar. Weiter wie bei a zur Spitze.

d) Über den Westgrat auf die Hennespitze. Geübte können auch von P. 2426 her unschwierig über den Westgratrücken aufsteigen, immer gratentlang über einen Grathöcker oder Vorgipfel; ausweichen links (N); etwa 1 h von P. 2426, den man von W und S überall leicht erreichen kann; 1.45—2 h von der Bielerhöhe; s. R 852 d.

855—59 Offene Randzahlen für Nachträge.

a) Kleinvermuntkamm nennt Cranz das nördlichste
Drittel des großen Vermuntgrates von der Roßtal=
scharte bis zum Gorfen (Bild 8), einsamstes Ödland zw.
zwei vielbesuchten Tälern: Kleinvermunt im W und
Jamtal im O. Im N ist das Paznaun bei Galtür die
Grenze, s. AV=SiKa und Bild 6 Ziffer 1. Im W (NW)
sind dem Kamm einige ganz einsame Hochtäler einge=
lagert: Roßtal, Sedeltal, Marktal und zwei unbenannte
Hochkare. Lauter Dorados für Einsamkeitssucher! Aber
auch auf der Jamseite liegt ein nie besuchtes Hochkar
östl. der Bodmerspitze und das einsame Furrebachtal
und =kar (östl. der Sedelfurgge); von ihm zieht eine
Hochstufe ("Trogschulter") nach N. Über diese Ter=
rasse führt vom Gorfen her eine Steigspur, s. AV=SiKa,
die von Galtür her einen Zugang zum Kamm vermittelt.
Im übrigen ist die überaus steile Ostflanke unterhalb
dieser Hochstufe nur schwierig und gefährlich zu be=
gehen, es wird gewarnt.

b) Fürs Roß= und Sedeltal und Umrahmung geht man
von der Bielerhöhe aus, für den Rest von Galtür. Der
Kamm erlaubt dem Geübten schöne Gratwanderungen;
gute Bergsteiger können den ganzen Grat in zwei Tages=
portionen (Roßtalscharte bis Sedelfurgge und Sedel=
furgge bis Gorfen oder umgekehrt) begehen. Man be=
achte; daß zwar große Strecken des Grates ziemlich
zahm, aber vielgipflig und tiefgeschartet sind und daß
der Grat bis zum Gorfen immer wieder steile form=
schöne Gipfel aufwirft.

## Roßtalscharte, 2697 m

Vom Roßtal ins mittlere Jamtal, zw. der nördlichsten Henneberg=
spitze und dem südl. Roßkopf. Angeblich von Einheimischen früher
öfter benützt. In der AV=SiKa kotiert aber leider nicht benannt.
Roßtal, Roßberg (NW der Bodmerspitze), Roßböden = Pferdeweiden.
Von beiden Seiten unschwierig zu ersteigen, aber auf der Jamseite
in einen wilden Tobelgraben absinkend, den man meidet und daneben
auf= oder absteigt. Ins Roßtal dagegen führt aus dem Kleinvermunt
von der Brücke, 1784 m, eine Wegspur (Alpweg) durch den Roß=
bödenwald und am Ostufer des Schreienden Baches empor, s. AV=SiKa.

## Roßköpfe, 2801 m

Zw. Roßtalscharte und Bodmerspitze liegen zwei gleichhohe Köpfe im
Grat, der nördliche ist in der AV=SiKa mit 2801 kotiert, der süd=

liche ca. 2800 m hoch. Um sie ansprechen zu können, nenne ich sie
Roßköpfe bis ein besserer Vorschlag kommt. Sie können aus dem
Roßtal unschwierig über ihre Schutt= und Schrofenflanken erstiegen
oder von der Roßtalscharte gratentlang überschritten werden.

## Bodmerspitze, 2851 m

**863**

a) Der höchste Berg des Kammes, eine stattliche drei=
gratige Pyramide. Dem HG, 2851 m, ist ein (nach Cranz
2838 m hoher) NO=Gipfel vorgelagert. In dem nord=
seits eingelagerten, früher vergletscherten Hochkar
(nach Cranz „Bodmerfurka?"), liegt meist ein großer
Firnfleck bis im Herbst.

b) H. Cranz hat sie (die natürlich schon vorher bestiegen wurde) am
23. 9. 1900 mit J. Lorenz II. **von S nach NO** überschritten. Der
Name kommt wohl sicher von dem alemannisch=walserischen Bodma
Bödma, Büdma = Boden, Mehrzahl von Boden, hier ein schöner
ebener Weideboden einer Alpe (Alm) usw.

c) Die Anstiege sind durch die drei Grate und das
Firnkar im N gegeben. Über die Begehung des NW=
Grates liegt keine Beschreibung vor.

d) **Über den Südgrat.** II, 20—30 Min. von der Süd=
gratscharte, die von beiden Seiten unschwierig zu er=
steigen ist, noch lohnender aber von der Roßtalscharte
über die zwei Roßköpfe erreicht wird, s. R 862. Von
der Südgratscharte immer am mäßig schwierigen Grat
empor.

e) **Über den Nordostgrat.** II—III, 0.45—1.15 h von der
NO=Gratscharte. (NO von P. 2684, am Südgratfuß
der Sedelspitze.) Immer am Grat in hübscher Kletterei
auf den NO=Gipfel und über ihn zum HG 2851 m. Auch
hier kann die schöne Grattour schon auf der Sedel=
furgge (s. R 865) beginnen und die Überschreitung
der Sedelspitze gratentlang von N nach S einschließen,
2.30—3 h von der Furgge zur Bodmerspitze.

f) Von Norden durch das Hochkar „Bodmerfurka". II, 3.30 bis
4 h aus dem Kleinvermunt (direkt ins Sedeltal hinauf) oder 2—2.30 h
von der Sedelfurgge (W unter der Sedelspitze durch) in das Bodmer=
furka genannte Hochkar N des Gipfels und mitten durch das Kar
über Geröll und Firn (Eis) empor in die Firnrinne (Felsrinne), die
nach SO in die Scharte zw. den zwei Gipfeln führt. Von dort in
wenigen Minuten über die Grate auf die Spitzen, zum HG nach
rechts, SW.

## Sedelspitze, 2719 m

**864**

Zw. Sedelfurgge im N und der namenlosen Scharte NO von P. 2684. Vermutlich erste touristische Ersteigung durch E. Zöppritz, 1882. Überschreitung von S nach N durch H. Cranz mit J. Lorenz II. am 23. 9. 1900.

Von der Sedelfurgge, R 865, in 1—1.15 h oder von der Südscharte in 25—30 Min. über die Grate mäßig schwierig (II) zu ersteigen, s. auch R 863 e. Zum Namen s. R 865.

## Sedelspitze oder Sedelfurka, 2494 m

**865**

a) Breite tiefste Einsattelung des Kammes, zw. Sedelspitze und Nördererspitze, angeblich alte Steigspur vom Jam ins Vermunt. Außerdem Steigspur von der SO-Flanke des Gorfen her über die Hochstufe bei P. 2384 östl. unterm Hochnöderer durch, s. AV-SiKa und R 868. Schöne Terrassenwanderung für Geübte. — Die Furgge ist von allen Seiten leicht zu ersteigen, 2.30—3.15 h aus den Talgründen.

b) Sedel, Sedl = Schaf- und Viehleger, wo sich das Vieh nachts oder zum Wiederkäuen niederlegt, nach Finsterwalder aus altdeutsch sëdal = Sitz.

## Nördererspitze, 2677 m, und Hochnörderer, 2754 m

**866**

a) Formenreicher über 2 km langer mehrgipfeliger Grat von SW nach NO zw. Sedelfurgge und Gorfen-Südfurgge (ca. 2430 m), einschließlich Gratpunkt 2640 zwischen den Spitzen und 2687 und 2572 im Nordgrat des Hochnörderer. — Vermutlich erste touristische Ersteigung durch E. Zöppritz 1882. Name?

b) Anstiege: Am besten überschreitet man — sehr lohnend! — den ganzen Grat immer gratentlang in teilweise hübscher Kletterei (II) über alle Spitzen, 2.15—2.45 h von Furgge zu Furgge. Herrliche Tiefblicke ins Jam und Paznaun.

## Der Gorfen oder die Gorfenspitze, 2558 m

**867**

Hübsche schlanke Pyramide, das Wahrzeichen von Galtür, s. Bild 8, Ziffer 5. Wegen seiner Tiefblicke ins Paznaun sehr lohnend. Eine ca. 2430 m hohe Scharte trennt den Gorfen vom Kamm. Steigspur von Galtür über die Ostseite bis in die Südflanke hinauf, s. R 868. Als Schatten- und Lawinenberg bei den Galtürern nicht beliebt. Wurde sicher schon vor Jahrhunderten von Einheimischen bestiegen. Weilenmann, der 1862 oben war, erzählt (s. R 68), der Pfarrer von Galtür sei schon vor ihm oben gewesen. — Was bedeutet der Name Gorfen?

**868**
**Von Galtür auf den Gorfen.** I = unschwierig, 2.45 bis
3.15 h. Weglos; Steigspuren; Ungeübte aber nur mit
Führer! s. Bild 8, Ziffer 5. Von Galtür Ortsmitte
(Kirche) nach SW nach Galtür=Mühl am Bergfuß
unterm Bannwald, s. AV=SiKa. Wie auf Bild 8 mit
Pfeil und G angedeutet durch die Lichtung und schüt=
teren Bergwald W vom Bannwald bzw. zw. den Bann=
wäldern auf dem Steig empor zum P. 1872 = (s. Bild 8,
prächtiger Aussichtspunkt, „Brotkorb" genannt), der
von rechts, von W her gewonnen wird; 0.45—1 h.

# Gipfel und Pässe der Ost-Silvretta

**869**
Auf Steigspur schräg über die Mitte der NO=Flanke
des Gorfen empor (bei Spurteilung ca. 2100 m rechts),
dann nach S und SW ins Oberende des Tobelgrabens
(ca. 2300 m; s. auf Bild 8 oben das G. mit Pfeil), der
von links, von O heraufkommt. Durch ihn nach W
empor und kurz vor Erreichen der Furgge südl. des
Gorfen (ca. 2430 m) rechtsab nach N empor über steile
Grasschrofen durch die Südflanke zur Spitze, 2558 m.

Die Südfurgge ca. 2430 m (und von ihr aus die Südflanke des Gipfels)
können auch v o n  W e s t e n von der Pritzenalpe, 1694 m, am Ein=
gang ins Kleinvermunt (SW Galtür=Wirl) aus erreicht oder dort
hinab überschritten werden.

Die Ostsilvretta erstreckt sich zw. Futschölpaß und Fim=
berpaß entlang dem wasserscheidenden Hauptkamm mit
allen seinen Verzweigungen zw. Paznaun im N und
Unterengadin im S. Dabei ist zu beachten, daß die
Staatsgrenze nur noch auf ein kurzes Stück (bis zur
Krone) mit der Wasserscheide und dem Hauptkamm
sich deckt, um dann jäh nach N und nach 8 km wieder
nach O abzubiegen und so das obere Fimbertal, ob=
gleich es ins Paznaun entwässert, zu Graubünden zu
schlagen; man vgl. dazu die Kartenbeilage, ferner R 24 c
und R 300.

Der höchste und beherrschende Berg der Ostsilvretta,
das Fluchthorn, 3399 m, liegt aber nicht im Hauptkamm,
sondern ist in ähnlicher Weise nach N aus ihm her=
ausgerückt wie der Piz Linard nach Süden.

Durch den erstaunlichen Gesteinswechsel innerhalb der Ostsilvretta, wie er unter R 870 g angedeutet wird, vereinigt sie in einzigartiger Weise die wildesten vergletscherten Gneis- und Hornblendeklippen von der Art des Fluchthorns mit den zahmsten Bergformen der Sedimente des Unterengadiner Fensters, denen die ganze Ost- und Südumrahmung des Fimbertales ihren großen Ruf als einzigartiges Skigebiet verdanken. Hier kann tatsächlich jeder touristische Wunsch erfüllt werden vom harmlosen Jochbummel bis zur rassigsten Kletterei in Fels und Eis.

### Die Fluchthorngruppe
#### mit Kronenkamm, Fluchthorn und Schnapfengrat
**870**

a) Mit dieser Gruppe ist die ganze östliche und nördliche Umrahmung des Futschöltales und rechts des Futschölbaches zusammengefaßt, wie sie orographisch, topographisch und auch touristisch zusammengehört: **der Kronenkamm** vom Futschölpaß im W und Tasnapaß im O bis zum Zahnjoch; **das Fluchthorn** zw. Zahnjoch im S, Larainfernerjoch im N und Larainscharte (3106 m) im W; und schließlich **der Schnapfengrat** (oder **Gamshornkamm**) von der Larainscharte bis zur Schnapfenscharte zw. Schnapfenkuchelspitze, 3135 m und P. 2979.

b) Die Gruppe ist also von folgenden Tälern begrenzt: Im SW von Futschöltal (s. R 760 h I), im S von der obersten Gabel des Val Urschai (s. R 760 h II), im O vom inneren Fimbertal (s. R 930 b) und im N vom herrlichen Talschluß des Larain (s. R 920 e) bzw. von den einsamen Hochkaren nördl. des Gamshorngrates, welche die drei Schnapfenkuchel-Ferner bergen und in den Schreibach bzw. ins innere Jamtal entwässern. Die Gruppe trägt vom Futschölpaß bis zum Tasnapaß die Wasserscheide zw. Paznaun und Unterengadin, bis zum Larainfernerjoch auch die Staats- und Ländergrenze, d. h. die Breite Krone liegt ganz auf Schweizer Boden, der Schnapfengrat ganz in Österreich.

c) Die vielartige Schönheit dieser Gruppe in Fels und Eis kann kaum überboten werden, ist doch das dreigipfelige Fluchthorn der zweithöchste Silvrettagipfel und eine der mächtigsten und schönsten Berggestalten der Ostalpen, seine Überschreitung aber eine der ganz großen schwierigen Grattouren der Gruppe. Dazu kommen die schönen Kletterfahrten im Kronenkamm und Schnapfengrat und dessen wildschöne Nordfirnflanke, während der Grenzeckkopf mit Bischofspitze und Breiter Krone zu den bequemsten Dreitausendern der Alpen zählen und wie das Westl. Gamshorn prachtvolle Aussicht bieten. Der Gang vom Futschölpaß übern Grenzeckkopf zum Kronenjoch und zur Breiten Krone ist die schönste unschwierige Dreitausender-Gratwanderung der Silvretta, der Gratübergang von den Gamshörnern über den Schnapfengrat und die drei Fluchthörner einer der größten und prächtigsten Gratklettertouren der Ostalpen.

d) Karten: Die ganze Gruppe findet sich auf der AV-SiKa bestens dargestellt, ferner auf der LKS Blatt 498 und 499 bzw. 249, wobei allerdings der österr. Anteil kaum noch brauchbar ist. Fluchthorn und Schnapfengrat finden sich außerdem auf der Karte von Haug, der sich mit Cranz (s. R 69) um die topographische Erschließung sehr verdient machte. Die Erschließungsgeschichte wird bei den Gipfeln behandelt.

e) Die idealen Standorte sind vor allem die Jamtalhütte und die Heidelberger Hütte, je nach Ziel. Das innerste Laraintal erreicht man entweder von der Heidelberger H. über die Jöcher im südl. Larainkamm (s. R 306, 305) oder von Galtür bzw. Mathon.

f) Die Vergletscherung und die Spuren ehemals größerer Vergletscherung sind beachtlich, wenn auch die ‚lebenden‘ Gletscher wieder alle erschreckend schwinden, vor allem der Fluchthornferner, Kronen- und Fimberferner (Vadret da Fenga), die im Sommer schon ganz blankeisig sind und keinen Firn mehr zeigen! Noch immer ein sehr schönes Bild zeigt der Larainferner, so sehr er auch geschwunden ist wie auch die drei Schnapfenkuchel, die einsamsten Firnfelder der Silvretta, von deren Dasein die meisten Bergsteiger nur aus den Karten (oder vom Westl. Gamshorn aus) wissen.

g) Die gewaltige Hornblendeklippe des Fluchthorns und die schroffen Zacken des Kronenkammes, aber auch der dunkle Gneis- und Hornblendekoloß der Augstenberges, die alle in so schroffem Gegensatz stehen zu den weichen Formen der Bündner Schiefer (und Liaskalke) am Futschölpaß und Faschalbagrat — wahrlich, sie könnten es nicht eindrucksvoller sichtbar machen, daß sie noch zur riesigen Schubmasse des Silvrettakristallins gehören und **daß daher die Grenze zwischen Silvrettagruppe und Samnaungebirge im Fimbertal** (und niemals durchs Jamtal über den Futschölpaß) zu ziehen ist, s. R 12. Die oben beschriebenen Gegensätze zeigen aber auch in augenfälligster Weise die Grenze zw. dem alten Silvrettakristallin und den jungen Sedimentgesteinen des sogenannten „Unterengadiner Fensters" und nirgends schöner als am Futschölpaß und -tal, oder

434

vom Grenzeckkopf aus. Diese geologische Grenze geht direkt über den Futschölpaß, ja hier „greifen die Bündnerschiefer und Lias= kalke auch an die Nordseite des Hauptkammes ins oberste Jamtal über" (Klebelsberg), „bis in die Nähe der Jamtalhütte hinunter". Sie steigt aber dann wieder nach Osten empor und zieht südl. unter der Krone durch, biegt dann nach N ins Fimbertal ein und ostseitig ums Fluchthorn herum, d. h. alles was südöstl. dieser Linie liegt, zählt zum Unterengadiner Fenster, auch die Tasnagruppe usw. (Klebels= berg, Bearth, Paulcke u. a.).

## Futschölpaß, 2790 m (ÖK)
## oder Paß Futschöl, 2769 m (LKS)

**871**

a) Zw. Augstenberg und Grenzeckkopf im Haupt= und Grenzkamm. Grenzjoch zw. Österreich (Tirol) im N und Schweiz (Graubünden) im S, Grenztafel, Grenz= steine Nr. 2 u. 3. Kleine österr. Zollwachhütte, 2742 m, nördl. unterm Paß. — Die Ursache des Höhenunter= schiedes von 21 m zw. ÖK u. LKS erklärt sich daraus, daß die LKS=Kote die eigentliche tiefste Paßlücke be= zeichnet, die ÖK=Kote aber wohl den Paßhöker dicht WSW der tiefsten Paßlücke.

b) Der z. Z. entgletscherte Paß und sein einfacher Steig, der ehemalige Saumpfad, vermitteln den niedrigsten, kürzesten und einzigen unvergletscherten Übergang aus dem Jamtal ins Val Tasna=Unterengadin: Von der Jam= talhütte nach Ardez s. R 292 und umgekehrt s. R 282. Prächtiger Anblick des Fluchthorns im NNO und des Piz Futschöl im SW; r. neben ihm der schöne Fut= schölpaßferner oder Vadret Futschöl, der einst zu Zei= ten größerer Gletscherstände den Paß zeitweise ver= sperrte. Der Paß ist im Sommer meist beidseits schnee= frei und ganz unschwierig zugänglich. Er verdankt seine milden Formen und starke Eintiefung (dicht neben dem schroffen hohen Augstenbergmassiv) den weichen Bündnerschiefern, die hier unter den harten Gneisen und Hornblendegesteinen des Augstenberges auftauchen. Näheres s. R 870 g.

c) Der uralte Paßübergang hat eine bewegte hochromantische Ge= schichte; über ihn vor allem wurde das innerste Paznaun (Gal= tür besiedelt. Interessierte Leser finden Näheres in meinem Silvretta= buch Seite 37, 71, 133 usw., s. R 60. Der Name Futschöl wird in Galtür Fatschiel gesprochen; urkundlich bei Staffler 1847 Fetschiel= joch; bei Scheuchzer (Karte) 1746: Mons Futschöl; bei Sererhard um 1740: Futschöler=Berg; bei Campell 1573: Mons Föcolius. Nach

Hubschmied kann das Wort zurückgehen auf lat. foce = Schlund, übertragen = Engpaß. Dies wäre vielleicht aus dem typischen Eng= paß von Valmala im Val Tasna zu erklären.

## Grenzeckkopf, 3048 m (ÖK)
## oder Piz Faschalba, 3047,7 m (LKS)

**872**

a) Im Haupt= und Grenzkamm zw. Futschölpaß im W und Kronenjoch im N. In seinem Nordgrat erhebt sich ein winziger Felszacken, **Bischofspitze**, 3029 m, ge= nannt. Westgrat und Nordgrat bilden eine rechtwink= lige Grat= und Grenzecke der Wasserscheide und Staats= grenze; daher der treffende Name Grenzeckkopf.

Der rätorom. Name Faschalba (Fatschalba) kommt nach Hubschmied und Täuber (s. R 55) vom rätorom. fascha alba = weiße Binde (lat. fascia alba; vgl. mundartlich fatschen = einbinden, Fatschen= kind = Wickelkind!), nach einem weißen Firnband, das den flachen breiten West= und Gipfelgrat des Berges bis hoch in Sommer schmückt, als Reste riesiger Gratwächten (Pfister meint dagegen, es komme von einem weißen Felsband am Berg). — Die Bischof= spitze soll wegen ihrer Ähnlichkeit mit einer Bischofsmütze von Otto Steiner, dem verstorbenen Silvretta=Fotografen aus Wien be= nannt worden sein (?).

b) Der leicht ersteigliche Gipfel wurde sicher früher schon bestie= gen. Erster bekannter Ersteiger war Coaz 1849 als Vermessungs= beamter. 1860 war Weilenmann oben, um das Fluchthorn zu er= kunden. Erste Skibesteigung?

d) Die bequemen A n s t i e g e sind durch die zwei Grate gegeben (aber auch über die Flanken möglich) und wegen der herrlichen Aussicht sehr lohnend; die Über= schreitung von N nach W oder umgekehrt ist die schönste leichte Dreitausenderwanderung der Silvretta, ein einzigartiger Höhenspaziergang für jedermann.

I. **Über den Westgrat.** I = unschwierig, 40—60 Min. vom Futschölpaß. Zugang zum Paß s. R 871 b. Man spa= ziert vom Paß, 2790 m, immer am meist breiten Grat entlang über P. 2844, 2930 u. 2987; Ausweichen immer rechts; mit großartigem Rückblick auf den Augstenberg und seinen Gletscher und mit herrlicher Fernschau nach S u. SO. Zuletzt über Blockwerk zur Spitze.

II. **Über den Nordgrat** und die Bischofspitze. I = un= schwierig, 35—45 Min. vom Kronenjoch. Zugänge zum Joch, s. R 873. Vom Joch, 2974 m, am Grat zum kleinen Gipfelzacken der Bischofspitze, 3029 m, die man un= schwierig über= oder umklettert und immer dem später steileren aber breiten Gratrücken folgt. Vorsicht auf

Wächten links nach O, man hält sich eher rechts (W) am Grat.

## Kronenjoch, 2974 m

**873**

a) Im Grenz= und Hauptkamm zw. Krone und Grenz= eckkopf bzw. Bischofspitze, ein Grenzjoch zw. Öster= reich im W und der Schweiz im O, Grenzstein Nr. 7. Das Joch vermittelt — zusammen mit dem Falschen Kronenjoch, 2958 m, und 300 m östl. davon — einen sehr interessanten aber weglosen Übergang vom Jamtal ins Fimbertal, von der Jamtalhütte zur Heidelberger Hütte, s. R 293 und umgekehrt s. R 308.

b) Während das Joch nach W mit steilen Schutthal= den ins Futschölkar abfällt, sinkt es nach SO mit sanften Geröllhängen in ein riesiges Geröllkar hinab, auf dessen oberster Stufe ein leuchtend blaugrünes Seelein liegt. Dieses Geröllkar mündet aber nach S ins oberste Val Urschai — Val Tasna — Unterengadin, d. h. es führt nicht nach Osten ins Fimbertal! Vom Kronenjoch ins Fimbertal muß man fast horizontal nach O zu dem nur 300 m entfernten „Breite=Krone=Joch" oder besser

**874**

**Falschen Kronenjoch,** 2958 m (zw. Krone und Breiter Krone), hinüberqueren, d. h. vom Fimbertal kommend muß man vom Falschen Kronenjoch zum Kronenjoch etwas ansteigend nach W queren!

**Das Kronenjoch ist also eine Art Doppeljoch und er= fordert bei Nebel usw. größte Vorsicht, daß man nicht ins Unterengadin anstatt ins Fimber= oder Jamtal ge= langt** (ins Unterengadin geht man vom Jam bequemer über den Futschölpaß oder vom Fimber über den Tasnapaß).

Das Falsche Kronenjoch ist im NO von den harmlosen Reste der Vadret da Fenga (Fimberferner) leicht befirnt, jedoch nicht so stark wie es nach der AV=SiKa scheint.

## Breite Krone, 3079 m

**875**

Zw. dem Falschen Kronenjoch, 2958 m, und der Fcla. da Tasna = Tasnapaß, 2835 m; nach W zum Falschen Kronenjoch mit einem sanften Gerölldach absinkend, nach O mit einer markanten Gratkante abstürzend, bildet sie eines der Wahrzeichen im Fimbertalschluß. Vom Kronenjoch (R 873) bzw. Falschen Kronenjoch (R 874) in 8—12 Min. leicht über Geröll zu ersteigen, deshalb auch ein beliebter Skiberg, s. R 58, und ein überaus dankbares Wanderziel der Heidelberger Hütte. Prächtige Fernschau nach O u. S. Zugänge s. R 873 a. Von einem Anstieg über den Ostgrat ist nichts bekannt. Erste Skibesteigung?

## Krone, 3188 m (ÖK); 3186 m (LKS)

**876**

a) Eine mehrzackige Felsenkrone schmückt den Doppelgipfel und gab ihm den Namen. Der kurze steile Südgrat und der längere flache und breite Nordgrat enden je in einem Gipfel, die durch eine Scharte getrennt sind. Höchster Punkt des Kammes und daher namengebend (Kronenkamm). Es wird selten bestiegen, im Winter mehr als im Sommer, s. R 58. Vgl. Bild 21 (K) und 22 Ziffer 1 und 23).

b) Erste Ersteigung von SW durch Coaz, der am 23. 7. 1849 ein Vermessungssignal auf den Südgipfel stellte. Erste Ersteigung des Nordgipfels über den Nordgrat am 19. 7. 1887 durch E. Renner mit Gottlieb Lorenz.
Im März 1955 querten K. Holch, V. Gazert und Th. Trübswetter zuerst waagrecht, dann ansteigend in die Ostflanke, die durch eine enge, steile Rinne direkt zum Gipfelgrat erstiegen wurde; vgl. d.
Rundsicht von der Krone: Der leichtersteigliche Gipfel lohnt die Mühe mit weiter Fernschau nach Osten (Samnaun und Ötztaler Alpen), nach Südosten (Ortler) und Süden (Ofenpaß- und Grosinagruppe); und mit großartigen Nahblicken auf Fluchthorn in N und Augstenberg im SW. Im W in der Tiefe die Jamtalhütte, im NO die Heidelberger Hütte.
c) Die Anstiege sind durch Grate und die zahme Westflanke gegeben. Eine sehr hübsche Bergfahrt ist die Überschreitung von S nach N direkt über die Grate.
d) **Zum Anstieg von Osten** ist nicht mehr bekannt als was wir oben unter b) berichten konnten. Der Anstieg dürfte also das ausgeprägte Schrägband benützt haben, das von S gegen N (vom Kronenjoch her) in die Ostflanke emporsteigt, bis man die erwähnte enge Steilrinne als Schlußanstieg auf den Gipfelgrat gewinnt.

**877**

**Über den Nordgrat.** II = mäßig schwierig, 0.45—1 h vom Bergfuß; große Strecken unschwierig (I); der Grat wurde sogar schon hoch hinauf mit Ski (schwierig) befahren. Der Einstieg erfolgt von W, vom Kronenferner (s. Bild 21, K; links herab der Nordgrat).

a) Zugang zum Kronenferner wie beim Zahnjoch, R 882 sowohl von der Jamtalhütte (R 293) wie von der Heidelberger H. (R 308). Unschwierig über den (im Sommer jetzt oft blankeisigen) Ferner, den man auch direkt aus dem oberen Futschölkar etwa über P. 2721 u. 2835 erreichen kann, hinauf in die Scharte am Nord= gratfuß der Krone.

b) Unschwierig am Grat entlang empor, kl. Steilstufen können erklettert (II) oder anfangs im W, höher oben im O umgangen werden; zuletzt steiler (II) auf das Gip= feltürmchen des Nordgipfels (NG).

c) Übergang vom NG zum SG (II). Man steigt we= nige Meter am Grat nach S ab, bis man links nach O in einen Kamin und anschließend durch eine Rinne nach SO absteigen kann. Dann quert man über ein Blockfeld an die Ostwand des Südgipfels, schleift auf Schuttband absteigend nach SO unter ihr durch und steigt leicht nach W auf den Grat zw. den zwei kl. Spitzen des Südgipfels. (Vom Blockfeld kann man auch nach W in die Gratscharte aufsteigen und den SG schräg von W erklimmen, brüchiger Fels.)

**878**

**Vom Kronenjoch über die Südflanke** auf die Krone. Etwa 0.45—1 h vom Joch; mehrere Führen. Zugang zum Kronenjoch von W, von der Jamtalhütte, R 293 oder von O, von der Heidelberger Hütte, R 308; 873a.

I. Über die Westflanke des Südgrates führt ein unschwieriger (I) Anstieg über steiles Geröll und Schro= fen bis in den Winkel zwischen Südgrat rechts und dem Westrücken links; von hier durch eine Rinne auf den Grat südl. des SG und direkt zum Gipfel. Dieser Anstieg wird jetzt auch im Winter benützt, s. R 58.

II. Direkt über den Südgrat. Vom Kronenjoch immer über den Grat in sehr schöner mäßig schwieriger bis schwieriger Kletterei (II—III); die zwei schwierig= sten Steilstufen kann man auch umgehen; s. Bild 21.

**879**

Von Westen auf die Krone. I—II = unschwierig bis mäßig schwie= rig, 1.30—2 h vom Bergfuß im oberen Futschöltal, das man von der Jamtalhütte wie bei R 292 bzw. 293 erreicht. Vgl. die Ansicht der Westflanke auf Bild 21, K.

Übersicht: Vom Gipfelgrat sinken zwei felsdurchsetzte Rücken nach W ab, ein kürzerer nördl. links auf den Kronenferner, ein längerer südlicher mit wandartigem Abbruch oben über P. 2997 ins Futschölkar. Zwischen beiden Rücken zieht eine große Schuttrinne bis in die Gipfelscharte empor.

a) Mühsam durch diese Rinne auf den Grat und rechts durch die brüchige W-Flanke auf den SG. — Zum NG geht man nicht bis in die Gipfelscharte sondern quert vorher links unter ihm durch auf den Nordgrat und über ihn zur Spitze.

b) Anstatt durch die Rinne kann man auch über den obersten Teil des südl. Rückens ansteigen und von SW auf den Südgipfel klettern wie bei R 878 I.

## Paulcketurm, 3072 m

**880**

a) In der LKS 3075 m und ohne Namen. Der Turm steht im Grat zw. Krone im S und Zahnspitze im N, ein bizarrer rotbrauner „Zahn". So heiß er kurz und bündig einst bei den Älplern. Nach ihm wurde die benachbarte Spitze „Zahnspitze" und nach ihr das Zahnspitzjoch, später kürzer Zahnjoch benannt. Cranz hat dann 1909 den „Zahn" nach dem Erstersteiger W. Paulcke (mit F. Fuchs am 6. 9. 1906) getauft. Der Name hat sich so eingeführt, und auch Aufnahme in die ÖK gefunden, daß ihm Vorrang gebührt. (Namen wie Zahnspitzturm oder gar Zahnturm sind widersinnig; vgl. Bild 18 in meinem Silvrettabuch (s. R 60) und das Bild in der AVZ 1909 Seite 24.

b) Zugang wie zum Zahnjoch: Von der Jamtalhütte s. R 294, von der Heidelberger H. s. R 307. Vom Joch bzw. vor dem Joch west- oder ostseitig unter der Zahnspitze durch zum Einstieg in der Südscharte (die Scharte nördl. des Turms wird als **Nordscharte**, die südl. als **Südscharte** bezeichnet).

c) Der Anstieg erfolgt über die Südostflanke. III (IV) = schwierig (sehr schwierig), 35—45 Min. vom Einstieg.

I. Von der Fimberseite in die Südscharte: Direkt durch eine Schnee- und Schuttrinne, wobei man notfalls über die linken südl. Begrenzungsfelsen einsteigt.

II. Von der Jamseite zur Südscharte sind zwei Zugänge: Nähert man sich von W über den Kronenferner dem Turm, so erblickt man S von ihm einen kl. spitzen Vorturm, der durch die Südscharte vom Paulcketurm getrennt ist; über ihn hinweg führt der eine Zugang: man steigt über Firn von W in die Rinne ein, die rechts (S) vom Vorturm herabkommt. In und links von dieser Rinne empor, bis man zu einer erst jetzt sichtbaren kleinen Scharte im Vorturmgipfel aufsteigen kann. Durch diese Scharte hindurch und hinab in die „Südscharte" vor dem Paulcketurm.

Der andere Zugang von W geht über Schutt und Schrofen zur tieferen Nordscharte nördl. des Turmes; jenseits über Schutt einige Meter hinab auf der Fimberseite in die Randkluft zw. Turm und Firn und in ihr rechts nach S zur Rinne, die wie oben bei I. von O zur Südscharte leitet.

d) **Von der Südscharte auf den Turm** zuerst kurz direkt (wenig links haltend) empor, dann über ein gestuftes Band nach rechts (O) bis unter den rechten der zwei hier herabziehenden Risse einer Art Doppelverschneidung. Man kann in beiden Verschneidungen ansteigen, besser aber in der rechten schwierig empor. Dort wo eine auffallende Platte den Riß der Verschneidung überdacht, spreizt man auf die linke Begrenzungsrippe und in den linken Kamin (Riß) hinüber. In diesem dann leicht empor. Dicht unter dem Gipfel Vorsicht wegen des lockeren Gesteins.

## Zahnspitze, 3096 m (ÖK) oder Zahnspitz, 3101 m (LKS) 881

a) Mit steiler West= und Ostwand und wildgezacktem Nord= und Südgrat erhebt sie sich südlich vom Zahnjoch und versteht, sich hier trotz der erdrückenden Nähe des riesigen Fluchthorns noch Geltung zu verschaffen. Siehe Bild 22 und 23; ferner Bild 18 und 19 meines Silvrettabuches, R 60. Der schöne Kletterberg wird leider wenig bestiegen. Zum Namen s. R 880 a.

b) Erste Ersteigung von W über den N=Grat am 31. 8. 1892 durch E. Schaller und O. Fischer mit J. Lorenz. 1. Begehung des schönen S=Grates durch H. Cranz mit Cl. Widmoser 1908. Auch die W= Wand soll durchstiegen sein: Namen und Führe unbekannt. Die prächtige Rundsicht ist jener der Krone fast gleich, s. R 876 b.

c) Zugang zum Berg wie beim Zahnjoch R 882 bzw. beim Paulcke= turm, s. R 880 b.

I. Über den ganzen Nordgrat. II—III = mäßig schwierig bis schwie= rig. 1—1.15 h vom Joch. Direkt am unschwierigen Grat empor bis nach einem waagrechten Teil in der Mitte, den man ganz am Grat oder etwas absteigend in der Ostflanke überwindet, der Gipfelbau sich plötzlich senkrecht mit einer kl. Wand aufwirft. Von hier ab zwei Führen:

a) Entweder über diese Steilwand direkt, mit Hilfe zweier Risse, wobei man vom linken in den rechten Riß überwechselt, und anschließend durch eine steile Schnee= und Schuttrinne in die Ost= flanke des Gipfelgrates empor, dem man über unschwierigen aber schlechten Fels rasch nach Westen erklimmt;

b) Oder durch die obere Ostflanke. Man quert vor der Steilwand links, zuerst ein wenig absteigend, dann steiler an= steigend auf Schnee und Schuttbändern und Stufen in die Ostflanke hinein und hinauf in ein auffallendes Schartel zw. der Wand und einer abgesprengten großen Platte. Durch das Schartel und wenige Meter südl. davon rechtsum westwärts über Stufen und Schutt auf den Gipfelgrat und zur Spitze.

II. Über die Westflanke des Nordgrates wie die Erstersteiger. II—III Nähert man sich dem Berg von W über den Kronenferner, so fällt eine Schuttrinne auf, die genau in der Fallinie des senkrechten Teil= stückes des oberen Nordgrates in den Fuß der Westflanke ein= schneidet und nach 12—15 m schräg links (N) gegen das Nordende des waagrechten Teilstückes des Nordgrates als plattiger Hang empor= zieht. Durch die Schuttrinne und über den anschließenden Platten= hang halblinks auf den Nordgrat und über sein waagrechtes Teil= stück weiter wie oben bei I a oder b.

III. Über den Südgrat. III—IV. Schwieriger aber schöner als der Nordgrat, trockener fester Fels. Die Scharte am Südgratfuß erreicht man von der Fimberseite mühsam durch eine steile Schuttrinne, von der Jamseite entweder direkt über ziemlich schwierigen Fels (Ver= schneidung) oder leichter aber länger, indem man weiter rechts die nächstsüdliche Scharte (von der 1. durch einen Doppelturm ge= trennt) ersteigt und ostseitig absteigend in die Schuttrinne der Fim= berseite einlenkt. Man beachte: der Zugang von der Jamseite ist meist durch eine tiefe vereiste Windkluft im Gletscher erschwert, zu Zeiten unmöglich.

Von der Scharte am Südgratfuß zuerst über wohlgestuften Fels links haltend an den Fuß der ziemlich senkrechten großen Steilstufe des Südgrates. Man erklettert sie schwierig (III) von links unten nach rechts oben derart, daß man zuerst über die freie Wand ansteigt, dann über schmale steile kurze und unterbrochene Bänder nach rechts (O) aufwärts in einen kurzen Kamin (mit schlechtem Fels) quert und durch ihn und über Platten eine größere Terrasse in der Ostflanke des Südgrates gewinnt. Über Bänder und Platten seiner Ostflanke, zuletzt wieder ziemlich dicht am und auf dem Südgrat zur schlanken Spitze. (Man kann auch auf der Terrasse in die Ostflanke bis unter den Gipfel queren und von dort direkt zur Spitze klettern, aber nicht so schön wie am Grat.)

## Zahnjoch, 2945 m

882

a) Zw. Zahnspitze und Fluchthorn; verbindet den Kronenferner (Jam= und Futschöltal) mit dem nördlichsten Restfleck des Vadret da Fenga (Fimberferner) im inneren Fimbertal. Grenzjoch zw. Österreich/Tirol im W und Schweiz/Graubünden im O; Grenzstein Nr. 8.

b) Wichtiger Übergang vom Jamtal ins Fimbertal, von der Jamtalhütte zur Heidelberger H., s. R 294 und umgekehrt, s. R 307; kürzer als das Kronenjoch, s. R 873. Das Joch vermittelt den einzigen direkten Zugang vom Fimbertal, von der Heidelberger H. zum Fluchthorn-Südanstieg R 892.

c) Zum Namen s. R 880 a; in der älteren Lit. als Zahnspitzjoch geführt. Die 1. touristische Überschreitung ist unbekannt. 1. Überschreitung mit Ski erfolgte am 18. 3. 1906 durch die Schweizer P. Schucan und D. Marcuard vom AAC Zürich anläßlich der 1. Ost= West=Durchquerung der Silvretta auf Skiern, wobei sie auch das Fluchthorn bestiegen.

883—889 Offene Randzahlen für Nachträge.

## Das Fluchthorn oder die Fluchthörner

### Südliches Fluchthorn oder Südgipfel (SG), 3399 m
### Mittleres Fluchthorn oder Mittelgipfel (MG), 3397 m
### Nördliches Fluchthorn oder Nordgipfel (NG), 3309 m

890

Das Nördliche Fluchthorn ist in der LKS ohne Kote, denn der P. 3146 (= 4. Gipfel?) kann ihm nicht entsprechen. Der Südgipfel (in der LKS 3398.8 m) ist der höchste und Hauptgipfel (HG), die anderen Gipfel stehen also sozusagen in seinem Nordgrat. Vgl.

Bild 21 u. 22 und die AV=SiKa, darin der Berg ganz trefflich dargestellt ist.

a) Das Fluchthorn ist zwar nur der zweithöchste, dafür der gewaltigste der hohen Silvrettaberge, eine riesige mit 3 Zinnen gekrönte Mauer, genau von S nach N verlaufend. Vom SG und vom NG (bzw. vom Nördl. Vorgipfel) strahlen fast symmetrisch je zwei Grate aus: Südost= und Südwestgrat bzw. Nordost= und Westgrat, welche die düstere Nordwand einschließen. Der West=grat (und der NO=Grat) setzen aber nicht unmittelbar im NG an; vom NG zieht zuerst ein kurzer Nordgrat gegen das Larraintal. In diesem Grat steht dicht N vom NG ein erster riesiger Turm (s. Bild 21 u. 22), den manche auch als 4. Gipfel ansprechen (= P. 3146 der LKS?). Erst im nächsten Gratstück nördl. dieses Turmes gabelt sich der Grat und wendet sich nach W bzw. NO. Die Ost= und Westflanken sind von Rinnen und Schluchten zerrissen. Im O, S und W liegen je ein kleiner Ferner, im N ein größerer zu Füßen des maje=stätischen Berges, der nicht nur die Silvretta sondern auch weitum die Ostalpen beherrscht. Seine Besteigung, auch des weniger schwierigen HG von Süden, ist im=mer eine beachtliche Unternehmung. MG u. NG aber sind rassige, schwierige Bergziele und die Gesamtüber=schreitung seiner drei Gipfel (s. R 893) ist eine der großen und klassischen Bergfahrten im Urgestein der Ostalpen.

b) Zur besseren Orientierung wurden von Cranz **die** Scharten am Fluchthorn also benannt; vgl. Bild 21 und 22, dazu:

Südscharte = Scharte am Oberende der Süd= oder Weilenmannrinne, dort wo der SW=Grat ans Gipfel=massiv anschließt.

Fluchthornscharte = zw. Süd= und Mittelgipfel.

Nordscharte = zw. Mittel= und Nordgipfel.

Larainscharte = 3106 m zw. Fluchthorn=Nordgipfel und Schnapfenspitze, am Fuß des W=Grates des Nord=gipfels.

Das Fluchthornmassiv ist aus den dunklen, vielfach grünlichen Hornblendegneisen aufgebaut, die von einigen rötlich anwitternden (und oft granat=führenden) Paragneisen durchsetzt sind. Die mächtige

Gneisklippe hängt nur durch den schmalen Westgrat mit der übrigen Masse des Silvrettakristallins im W zusammen und ,schwimmt' — wie der Kronengrat — auf den Sedimenten des „Unterengadiner Fensters", dessen südfallende, hellfarbige Dolomitschichten schon am unteren Nordpfeiler des Massivs auftauchen (Bearth, Klebelsberg u. a.).

c) Die N a m e n wie Fluchthorn, Gamsflucht, Gemsfreiheit usw. sind häufig in den Alpen. Jäger bezeichnen damit schroffe Felsberge, auf welchen die Gemsen vor dem Jäger flüchten und meist nicht gejagt werden können. In älteren Karten und Schriften hieß der Berg auch „Breitkopf" oder „Gränzspitz", weil die Grenze über alle drei Gipfel geht.

d) Die E r s t e i g u n g s g e s c h i c h t e  d e s  F l u c h t h o r n s ist wegen der drei Gipfel und ihrer vielen Anstiege sehr umfangreich und verwickelt; hier nur das Allerwichtigste. Ich verweise auf die grundlegende Darstellung in der Auflage 1924 meines Führers S. 347 ff., s. R 56; ferner bei Cranz AVZ 1909. Vor allem aber empfehle ich das köstliche Kapitel nachzulesen über die 1. Ersteigung des HG durch J. J. Weilenmann, St. Gallen (s. R 68, S. 68—155), mit dem Paznauner Pöll am 12. 7. 1861 von S durch die (dann von mir zu seinem Andenken „Weilenmannrinne" benannte) Schneerinne zur Süd-scharte und dem  S ü d g i p f e l , 3399 m; Abstieg auf der glei-chen Führe. Weilenmann hat also auf Anhieb die beste heute noch bräuchliche Führe gefunden, s. R 892. Die 2. Ersteigung erfolgte erst 11 Jahre später durch Weilenmanns Gefährten am Piz Buin (siehe R 707 c) J. A. Specht aus Wien, wieder mit Pöll am 26. 10. 1872. 1876 eröffnete der bergtüchtige Frühmesser Battlogg aus Gaschurn mit mehreren Begleitern einen dann lange bevorzugten Zugang zur Süd-scharte von W (R 892 e).

Nach mehreren Versuchen durch den Schwaben E. Renner (weshalb man sie auch Rennerspitze nannte) erfolgte die 1. Ersteigung des M i t t e l g i p f e l s durch G. Schwarz mit J. Lorenz und G. Walter am 22. 8. 1889 von W durch die Eisrinne in die Fluchthornscharte und von S auf dem MG. Über den ganzen SO-Grat des SG führte Albert Lorenz 1904 oder 1905 einen namentlich nicht mehr bekannten Herrn aus Wien. Am 21. 8. 1896 wurde auch der N o r d g i p f e l erstmals erstiegen durch E. Stücklen mit Ignaz Lorenz, von W durch die Eisrinne in die Nordscharte. Den 1. Gratübergang vom SG übern MG zum NG machte H. Cranz mit J. Lorenz II. am 21. 9. 1900, die 1. vollständige Überschreitung aller 3 Gipfel von S nach N machten die Bregenzer Führerlosen Victor Sohm und K. Eyth am 25. 8. 1901. Die heute übliche Nord-Süd-Überschreitung (R 893) führten erstmals aus F. A. Renner und A. Kemmler mit B. und W. Lorenz am 11. 8. 1903. Die 3 Schweizer E. Frey, Th. Kofler und E. Siegrist überkletterten am 5. 8. 1904 die Gamshörner, Schnap-fenspitzen und die drei Fluchthörner in  e i n e m  Zug. 1899 begingen H. Faber und L. Gundert von der Larainscharte den W-Grat des NG erstmals. 1904 bezwangen K. Oppenheimer und A. Nassauer mit H. Ganahl die Ostflanke des NG und am 17. 8. 1921 durchstieg E. Strubich, Dresden, allein die finstere Nordwand als Erster. Kurz darauf am 16. 10. 1922 erstiegen die Wiener R. Scalay und K. Hau-stein die schöne Westwand des Mittelgipfels erstmals. Am 27. 8. 1923

endlich überkletterten W. Flaig und A. Weidle erstmals „die phan=
tastische Zackenreihe" des vieltürmigen Südwestgrates von P. 2972
über alle Türme zum HG hinauf.

Die 1. Besteigung des Südgipfels durch Skifahrer (und zugleich die
1. Winterbesteigung?) erfolgte am 18. 3. 1906 durch die Schweizer P.
Schucan und D. Marcuard vom AAC Zürich anläßlich der 1. West=
Ost=Skidurchquerung der Silvretta.

# Rundsicht vom Fluchthorn

e) Als zweithöchster Berg der Silvretta und bei seiner freistehenden
Lage bietet das Fluchthorn eine einzigartige Fernschau. Ich beschreibe
das Viertel zw. S u. W, den Blick auf die Silvretta und die rück=
liegenden Gruppen, besonders den schönen Ausschnitt im SW:

Blickt man genau nach Süden, so fällt am Horizont eine
Firngruppe auf: die Cima die Piazzi (Grosina=A.). Genau gleich weit
von ihr entfernt erhebt sich im SSO die Ortlergruppe, im SSW die
Berninagruppe. An sehr klaren Tagen erkennt man zw. Ortler und
Cima d. Piazzi weit in der Ferne die Adamellogruppe. Der Dom des
Ortlers fällt deutlich auf inmitten seiner Trabanten, während die
Bernina eine lange firnweiße Kette bildet. Vor der Bernina her in
2 Kämmen hintereinander die westl. Ofenpaßgruppe (Schweizer Na=
tionalpark), die rechts in das Oberengadin abfällt. Im 1. Kamm nächst
der Bernina die befirnten Spitzen des Piz Quatervals und Diavel. Im
2. Kamm als Eckpfeiler der Piz da Mesdi, an den sich links
bis zur Lischanna (in Richtung Ortler) die wildgezackte Kette der
„Unterengadiner Dolomiten" jenseits des Unterengadins anschließt.
Im SSW, genau Richtung die Senke des Oberengadins steht im Vor=
dergrund der eisbehangene Augstenberg (Silvretta). Von ihm hängt
links der Futschölpaßferner zum Paß herab und über ihm ragt der
Piz Futschöl mit seinem getürmten SO=Grat. Der Augstenberg zieht
sich lang nach rechts herüber, vorgelagert der Futschölferner. Über
der rechten Hälfte des Augstenbergkammes im SW die dunkle Pyra=
mide des Piz Linard. Zw. ihm und der Engadin=Senke spannt sich
dahinter die ganze Albulagruppe: gleich links vom Linard der Piz
d'Err, dann das Trapez des Piz Kesch, davor und links herüber die
Vadret= und Grialetschgruppe, dahinter der Piz Julier und links hin=
ter ihm am Horizont die Bergeller Granitberge. Rechts vor dem
Linard das flache Dreieck des Piz Fliana. Vor ihm die Vord., vor
dem Linard die Hint. Jamspitze, dazw. das Jamjoch, davor der Jam=
talferner, der sich weit rechts herabzieht ins Jamtal. Rechts von den
Jamspitzen die Dreiländerspitze, über ihr der Gletscherkamm und der
Silvrettapaß ganz im Südwesten. Rechts von ihm der klotzige Piz
Buin. Zw. Buin und Linard in der Ferne das Albula=Dreigestirn:
Piz d'Aela und Tinzenhorn der Piz Platta (Hinterrhein). Rechts
hinter dem Buin die Südsilvretta: Plattenhörner, Chapütschin (weiße
Firnhaube) und Verstanklahörner. Rechts von ihnen in der Ferne die
Adula=Rheinwaldhorn=Gruppe (Hinterrheinquelle) und r. u. l. hinter
und über dieser Gruppe am Horizont die Walliser Alpen.

Dicht rechts hinter dem Buin die Fcla. dal Cunfin, zw. ihr sich rechts
die Silvrettahorngruppe entwickelt: Signalhorn, Silvretta=Eckhorn,
Silvrettahorn, Schneeglocke, Schattenspitze, Klostertaler Egghörner.
Über dem Raum Schneeglocke=Egghörner die Berner A. am fernsten
Horizont. Rechts vor dem Buin die Ochsenscharten, rechts an=
schließend der Ochsentaler und Bieltaler Kamm. — Im Ochsentaler

Kamm: Von l. nach r.: Ochsenkopf, Tiroler Kopf, Hint. Satzgrat, Rauher Kopf, Haagspitze, Vord. Satzgrat, über dessen r. abfallendem Nordgrat in der Ferne die weiße Kuppe des Tödi und die übrigen Glarner A.

Rechts vom Satzgrat der Getschnerferner in Richtung darüber die Litzner=Seehorngruppe g e n a u i m W e s t e n. Vor dem Vord. Satzgrat in der Tiefe am Zusammenfluß des Jam= und Futschölbaches die Jamtalhütte DAV. Die übrige Rundschau gibt in großen Zügen folgendes Bild: Im WNW der Rätikon mit Schesaplana, Sulzfluh und Zimba. Rechts dahinter die Säntisgruppe jenseits des Alpenrheintales. G e n a u i m N o r d e n die Hauptmassen der Ferwallgruppe von l. nach r.: Kaltenberg, Patteriol, Kuchenspitze, Seekopf, Riffler. Links davon die Ferwallausläufer und im NW die Klostertaler A. Rechts hinter dem zentralen Ferwall die Lechtaler. Im NO in der Tiefe des inneren Fimbertalgrundes die Heidelberger H. DAV. Nach NO zieht sich die Paznaunsenke hinaus, darüber in der Ferne die Mieminger Berge und links dahinter der Wetterstein (Zugspitze). Im ONO nach dem Samnaun, dessen wuchtigste Gipfel (Stammerspitze, Piz Mondin, Muttler) sich im nahen Osten erheben. Die Ferne des Ostens, ONO und OSO beherrschen ganz die Ötztaler Alpen: l. der lange felsige Kaunergrat, rechts davon g e n a u i m O s t e n die schneeweiße Wildspitze, Weißkugel usw. Die tiefe Senke des Vintschgaus trennt die Ötztaler Alpen links von der Ortlergruppe rechts, mit welcher der Kreis schließt.

## Anstiege aufs Fluchthorn

**891**

Die Masse der Bergsteiger begnügt sich mit dem üblichen Südanstieg auf den HG 3399 m, s. R 892. Gute Kletterer wählen die Überschreitung der drei Fluchthörner von N nach S wie bei R 893, mit Abstieg nach S auf R 892. Von all den vielen anderen Führen lohnen nur noch der SO=Grat (R 896) als nicht zu schwierige Führe und der SW=Grat sowie die Westwand des NG als schwierige Felsfahrten. Fast alle Rinnen oder Couloirs sind infolge Ausaperung eisig, brüchig, steinschlägig und dringend abzuraten. Sinngemäß beschreibe ich zuerst den Südanstieg R 892, dann die Nord=Süd=Überschreitung R 893, dann alle Anstiege von Westen, dann von Osten und zuletzt von Norden.

**892**

**Von Süden durch die Weilenmannrinne und Südscharte auf den Süd= und Hauptgipfel des Fluchthorns**, 3399 m. II—III = mäßig schwierig bis schwierig; 1.30—2.15 h und mehr vom Einstieg, ca. 2950 m; 4.30—5.30 h von den Hütten; sehr wechselnde Verhältnisse und Anstiegszeiten. Der übliche, im allgemeinen mäßig schwierige Anstieg.

a) Zugänge zum Einstieg von der Jamtalhütte wie bei R 294 a—c oder von der Heidelberger H. übers Zahnjoch wie bei R 307 a—c bis auf die Geröllfelder oder Firnhalden am Fuß der Südflankenmitte bzw. Weilenmannrinne.

b) Übersicht: Der vieltürmige SW=Grat des SG schließt in der Südscharte (s. R 890 b) an das Gipfel=massiv an. Von dieser Südscharte ziehen zwei parallele Schnee= und Schuttrinnen herab, die durch eine ausge=prägte Felsrippe voneinander getrennt sind, deren Kopf auch die zwei Scharten der Doppelscharte trennt. Diese Rinnen sind die einzigen breiten, die bis auf den Grat bzw. in die Scharten durchgehen. Die linke westl. etwas breitere Rinne ist die Weilenmannrinne. Durch diese oder (oben) über die Trennungsrippe rechts von ihr vollzieht sich der Südanstieg zur Südscharte. Die andere östl. Rinne kann auch aber schwieriger durch=stiegen werden. (Zur Westführe auf die Südscharte s. unten bei e.)

c) **Durch die Weilenmannrinne in die Südscharte.** Je nach Schneelage steigt man von den groben Blockfel=dern am Flankenfuß der Weilenmannrinne über Block=werk und Schutt oder über Firnschnee gegen den Fuß der Trennungsrippe (rechts neben der Weilenmann=rinne) empor und links von ihren Felsen empor durch die Rinne, bei aperer Rinne an Steigspuren im Schutt mühsam, bei noch gut verfirnter Rinne im Firnschnee bis zur Südscharte. Frühmorgens bei gefrorenem Firn Steigeisen wertvoll. Bei schlechtem, faulem oder lawi=nigem Schnee, aber auch bei ganz aperer Rinne weicht man mit Vorteil in der oberen Hälfte rechts auf die Felsrippe im O aus, sobald man sie gut ersteigen kann. Sie ist in prächtige waagrechte Bänder und Stufen ge=gliedert als eine ideale Felsentreppe, auf der man schräg hin und her querend bequem aufsteigen oder klettern kann bis in die Südscharte bzw. den Felskopf, in dem sie endigt.

(Bei sehr viel Altfirn oder Neuschnee ist die Südscharte nach Süden überwächtet, die Rinne auch durch Schneerutsche, Naß= oder Neu=schneelawinen sehr bedroht, besonders auch im Abstieg nach Beson=nung; es ist dann größte Vorsicht nötig bzw. die Felsrippe unbedingt vorzuziehen! Ungeübte werden auch vor leichtsinnigem Abfahren dringend gewarnt!)

d) Von der linken westl. Südscharte quert man nach O, links (nordseitig) um den trennenden Felskopf herum (oder schwierig über ihn), in die östl. Südscharte und weiter an den Gipfelbau des SG hin, den man in einem Firnwinkel (Schuttwinkel) erreicht. Aus dem Winkel bes= ser n i c h t über ein kl. Wandl links empor sondern einige Meter r e c h t s absteigend zu einem deutlichen Felsspalt. Durch diesen ca. 7 m empor, dann nach rechts queren in eine Rinne, die man überquert und zwei Seillängen über Schuttstufen schräg emporklettert auf das große oft noch schneebedeckte Schuttfeld, das hier in die Südflanke des Gipfels eingelagert und weither kenntlich ist. Von hier 3 Abzweigungen (Varianten): Meistbegan= gen ist Abzweigung I u. II; II ist etwas schwieriger als I aber landschaftlich die schönste; III ist nur dann zweckdienlich, wenn man sich vor kaltem West= oder Nordwind schützen will.

I. Durch die Firnrinne der SW=Flanke. Man steigt über das Schuttfeld (Firnfeld) und die leichten anschließenden Felswandeln, wenig halblinks haltend, empor, bis ein Band mit langem Quergang links nach NW in eine schon von unten auffallende Firn= oder Felsrinne führt. Durch sie (oft steil) auf den Gipfel= grat und nach N zur Spitze des HG.

II. Über den obersten Südostgrat. Man quert schräg rechts empor über das Schuttfeld (Firnfeld), er= steigt die hübschen Felswandeln und durch Rinnen gerade empor. Man gelangt so auf den obersten SO= Grat, der in hübscher Kletterei zur Spitze führt. Eine Steilstufe unterm Gipfel läßt sich leichter als es scheint von r. nach l. aufwärts überwinden. Ein Blockgrat führt dann zur Spitze.

III. Über den mittl. Südostgrat und die Fim= berseite. Schwieriger (III) als I. u. II., nur für Ge= übte. Man quert waagrecht am Unterrand des Schutt= oder Firnfeldes entlang auf den SO=Grat hinaus, den man kurz verfolgt, bis man rechts in die Fimberseite auf ein breites, auffallendes oft noch firnbedecktes Band hinausqueren kann. Ihm folgt man bis unter den Gipfel, den man durch eine steile Rinne mit eingeklemmtem Block direkt gewinnt, aber auch ganz am SO=Grat blei=

Bild 25  **Die Silvrettahütten/SAC — Silvrettahütte und Silvrettahaus — im Mädjitäli gegen Silvretta-gletscher und -paß (5) links und Verstanklagruppe (7—10) rechts**
Erläuterung s. R 6/IV

Foto: Schmelz, Klosters

Bild 26 **Vereinatal mit Berghaus Vereina gegen Vernelatal (V.T.) und Süser Tal (S.T.) mit Verstanklagruppe (1—5), Ungeheuer- und Plattenhörner (6, 7) und Piz Linard (8). Vgl. Bild 27.**

Erläuterung s. R 6/IV                                    Foto: Schmelz, Klosters

ben und zuletzt wie oben bei II. zur Spitze klettern kann.

e) **Über den Fluchthornferner von Westen in die Südscharte.** Siehe Bild 21; die Südscharte liegt am linken Ende des waagrechten Gratstückes links der Ziffer 3398. Dieser Anstieg wurde früher viel benützt, ist aber wegen der Steilheit und Vereisung des oberen Firnhanges außer Gebrauch gekommen. Wir raten, die Führe nur bei gutem Firn und nur im Aufstieg an; sie ist dann mit Steigeisen bequemer als die Weilenmannrinne. Man gelangt entweder wie bei R 893 a auf die NW-Ecke des Ferners, den man gegen SO hin überquert (hierher auch vom üblichen Weg übers Zahnjoch, R 294 a—c, von dem man abzweigt, sobald er die Höhe der Moräne erreicht; man quert links waagrecht um den Fuß des SW-Grates, P. 2972 westseitig herum auf den Ferner hinauf).

Bei guten Verhältnissen und gefrorenem Firn steigt man mühelos mit Steigeisen über den Firnhang zur Südscharte empor. Bei Vereisung wird man mit Vorteil die eingelagerten Schutt- und Felsinseln zum Anstieg verwenden. Von der Südscharte ab weiter wie oben bei d.

### 893 Überschreitung der drei Fluchthörner

Von Norden nach Süden. III (IV) = schwierig (sehr schwierig), 7—8—9 (10—12) h von Hütte zu Hütte für eine gute Zweierseilschaft; Verhältnisse in den Jahreszeiten sehr wechselnd. Eine der schönsten großen Grattouren der Silvretta. Nur für gute ausdauernde Bergsteiger. Früher Aufbruch am Morgen dringend anzuraten: Aufstieg im Schatten bis auf den Grat! Bester Zugang von W, von der Jamtalhütte und von dort aus auch beschrieben. Über Zugänge und Aufstiege aus dem Fimber- oder Laraintal vgl. unten bei g. Es wird nur die heute übliche ideale Gesamtüberschreitung von N nach S beschrieben:

a) **Von der Jamtalhütte auf den Fluchthornferner.** Wie bei R 294 auf dem Futschölweg immer links nördl. des Baches auf die flache Talstufe des „Breiten Wassers", wo bei P. 2344 (von links von NO herab) ein kleiner Seitenbach einmündet aus dem steilen vielfach begrünten Hochtälchen zwischen der alten Stirnmoräne des Fluchthornferners rechts oben im O und den schrofigen Südflanken der Gamshörner links im NW. Durch dieses Tälchen führen Schafsteigspuren empor, über die Grünstreifen rechts vom Bach gegen die Felsköpfe (am Nordende des Moränengehänges), dann links N unter und um diese Köpfe bzw. P. 2697 herum nach O über Geröllstufen hinauf in das moränengefüllte Gletscherkar.

**b) Über den Fluchthornferner in die Larainscharte.** An Moränenseen vorbei nach O und ONO an seinem Nordrand entlang dicht unter P. 2867 (Südfuß der Schnapfenspitze) durch und empor bis in den obersten Firn= oder Eiswinkel in Richtung auf die Felsen unmittelbar unter der Larainscharte (ca. 3100 m?) am Westgratende des Nordgipfels (die Scharte liegt dicht O der Zahl 6 von P. 3106 der AV=SiKa). Hier verläßt man den Ferner und steigt linkshin nach N unter einer Steilwand und über eine Schneezunge in die anfangs sehr brüchigen Felsen ein. Ein gerader Riß bzw. eine Rinne führt auf leichte gestufte geröllbedeckte Felsen und über sie in die Larainscharte (2.15—2.45 = 3—3.30—4 h). Tiefblick ins Laraintal.

**c) Von der Larainscharte auf den Nordgipfel.** Von der Scharte entlang dem W=Grat des NG nach O empor (wobei man stets leicht rechts südseitig ausweichen kann) bis der Grat plötzlich steil nach O abbricht. Links auf der Larain=Fimberseite in einem Riß hinab in die Scharte und weiter über einige Zacken ohne Schwierigkeit an Fuß des letzten, auffallend großen Gratturmes (deshalb auch schon als „4. Gipfel" des Fluchthorns bezeichnet; in ihm biegt der Grat nach Süden um:

Entweder (einfacher, kürzer) rechts auf der Jamseite um den Turm herum in die Scharte vor dem Nordgipfel; oder — schwierig aber schön! — direkt über den Turm in diese Scharte.

Aus der Scharte zwei Führen auf den Nordgipfel, 3309 m: I. schwieriger aber sehr lohnend nach kurzem Quergang links auf der Fimberseite gerade empor in festem Fels auf die Spitze; II. Quergang durch die W= Flanke (Jamseite) in die Scharte dicht S vom NG und linksum über den leichten S=Grat zur Spitze des Nordgipfels.

**d) Vom Nordgipfel durch die Nordscharte zum Mittelgipfel:** I. leicht hinab nach S in eine erste Gratscharte, die mit der tiefsten oder Nordscharte zwischen den zwei Gipfeln durch einen mit kleinen Zacken besetzten Gratkamm verbunden ist. Man umgeht diese Gratzacken rechts, W, auf der Jamseite hinab in die Nordscharte.

II. Südlich von der Nordscharte ragen 3 Türme aus dem Grat: ein spitzer, ein dickerer höherer und ein dritter breiter und stumpfer Turm, die alle drei eben= falls rechts, W, auf der Jamseite umgangen werden. Man gelangt so in eine Scharte am Fuß des Gipfelbaues des Mittelgipfels (oder Rennerspitze), wo von W ein Arm der nördl. Westwandrinne einmündet. Aus dieser Scharte vollzieht sich der Anstieg zum Mittelgipfel an= fangs auf der Fimberseite über steile Felsstufen zu einem Kamin, der sich nächst dem Nordgrat zu diesem emporzieht. Nach Durchkletterung des Kamins über= schreitet man den Grat und gewinnt den M i t t e l = g i p f e l, 3397 m, von der Jamseite aus über gutge= stuften Fels.

e) **Vom Mittelgipfel in die Fluchthornscharte** zwischen MG und SG hinab geht man zunächst in gleicher Rich= tung wie bisher nach OSO und wenig links haltend zu einer auffallend frischen Abbruchstufe. Links des Ab= bruches (NO) einige Schritte absteigend auf kleine lose Gesimse; auf diesen scharf rechts umbiegend (NW) und wieder a n s t e i g e n d zu treppenartig an steiler Wand hinziehenden Bändern und auf diesen entlang bis oberhalb einer Scharte. Von oberhalb der Scharte durch einen senkrechten Riß in diese Scharte und ü b e r einen Gratturm (sich nicht verleiten lassen, fimberseits, O, abzusteigen, Höhenverlust!) und über Geröll ab= wärts. Jetzt 2 Möglichkeiten: 1. E n t w e d e r auf der J a m s e i t e über geröllbedeckten Fels und durch Ka= mine auf eine schuttbedeckte Felsstufe, die bis in die Hauptscharte, Fluchthornscharte, führt. 2. O d e r vom Grat auf der F i m b e r s e i t e ein Stück abwärts, bis man horizontal in die F l u c h t h o r n s c h a r t e zw. MG und SG queren kann.

f) **Von der Fluchthornscharte auf den Südgipfel** quert man entweder auf die Jamseite und von dieser Seite zum Hauptgipfel oder steigt zuerst über den Grat bzw. westlich von ihm teils über Firn, teils über Fels empor bis unter einen Steilaufschwung; dann wieder nach W (zu Zeiten Schnee), bis ein leider fast immer eisgefülltes Felsloch einen Durchschlupf gestattet; schöne Stelle! Dann wieder östl. zum Grat über stufigen Fels und zu= letzt über eine hohe Steilstufe zum Westausläufer des

Gipfelmassivs, über den man leicht und rasch den Süd=
oder **Hauptgipfel**, 3399 m, erreicht.

g) Weitere Zugänge zur Larainscharte bzw. zum Nordgipfel für die
Fluchthornüberschreitung. Außer dem oben unter a u. b beschrie=
benen Zugang stehen dem Geübten noch offen:
I. Über die Schnapfenspitze: Einige Kenner raten, vom Fluchthorn=
ferner anstatt wie oben bei b) zur Larainscharte einfacher und
sicherer wie bei R 901 auf die Östl. Schnapfenspitze zu steigen und
über ihren Ostgrat in die Larainscharte abzuklettern, was zwar etwas
weiter aber ungleich lohnender sei. Von der Scharte weiter wie oben
bei c.
II. Von der Heidelberger Hütte über das Larainfernerjoch (s. R 306)
und wie bei R 899 von Norden auf die Larainscharte; weiter wie
oben bei c.
III. Über den oberen Nordostgrat auf den Nordgipfel wie bei R 897 b
und weiter wie oben bei d.

**894**
**Über den Südwestgrat auf den Südgipfel des Fluchthorns.** III—IV
= schwierig bis sehr schwierig; mindestens 5 h vom Gratfuß auf den
Gipfel. Der längste und schwierigste Gratanstieg auf einen Flucht=
horngipfel. Vgl. Bild 21: vom SG (S) rechts herab der SW=Grat
a) Zugang entweder von der Jamtalhütte wie bei R 294 oder von
der Heidelberger Hütte wie bei R 307 bis an Süd= oder Südostfuß des
Gratvorbaues, 2972 m.
b) Übersicht. Dem SW=Grat ist ein „Vorbau" (= P. 2972 auf
Bild 21) vorgelagert. Zw. ihm und Gratfuß ist ein breiter Schutt=
sattel, der von NW und SO leicht über Geröll (Schnee) erreicht
werden kann, d. h. wer will, kann den Vorbau auslassen; seine Über=
kletterung ist aber sehr hübsch. Über den „1. und 2. Großen Turm"
(= P. 3198) schwingt sich der Grat dann empor zur waagrechten
„phantastischen Reihe" wilder Türme, die jäh in die Südscharte ab=
bricht und dort an den Gipfelbau des SG anschließt.
c) Wie oben bei a an Südfuß des Vorbaues 2972 des Fluchthorn=
SW=Grates, dessen 1. Turm man von hier über seine Südflanke auf
Grasstreifen und Blockwerk, zuletzt in unschwieriger Kletterei er=
steigt. Wenig nach SO absteigend erreicht man am Grat vorwärts
den Fuß des auffallenden „schlanken Turmes" im Vorbau. Der Turm
ist über seine SO=Wand und zuletzt über seine Ostabdachung er=
steigbar. Auf demselben Weg zurück. Der Grat macht einen Knick
und steigt zu einem schuttbedeckten breiten (wohl höchsten) Punkt
des Vorbaues an, von dem man leicht in den mit einem winzigen See=
lein geschmückten Schuttsattel zwischen „Vorbau" und eigentlichem
Grat absteigt. Zum „1. großen Turm" steigt man stets am Grat
empor, kann aber da und dort auch rechts und im mittleren Drittel
auch links (nördl.) ausweichen, was aber beides nicht so reizvoll
ist, wie der Grat. Zuletzt steigt man durch eine sehr brüchige Ver=
schneidung (Vorsicht!) auf den Turm. Sein Steilabsturz zur nächsten
tiefen Scharte vor dem 2. großen Turm wird derart erreicht, daß
man erst nach SO in ein kleines Schartel vor einem kleinen Neben=
turm (Höcker) absteigt und von dort durch einen feuchten, oben
überhängenden Kamin hinabstemmt zur Scharte. Den ersten Teil des
„2. Großen Turmes" packt man, nach Umgehung einiger Zacken in
der Scharte, von NW in der linken Flanke an, wo ein Quergang zu
einer plattigen Rinne und diese auf den Grat führt. Man gelangt so

in ein Schartel am überhängenden Kopf des Turmes. Die plattige Stirnseite ist von einem tiefen Spalt zerrissen, den man von l. nach r. um eine heikle Kante querend erreicht. Dann einige Meter im Spalt und dann über die Platten rechts (S) neben ihm auf die Spitze. Der Abstieg nach NW ist sehr schwierig (Seilhilfe), besser ist es, 6 bis 8 m NW, dann rechtsum nach SO in eine Schneerinne abzuklettern, aber auch sehr schwer (vielleicht ist ein Abstieg vom Gipfel nach SSO möglich?). Die folgenden Türme der „phantastischen Reihe" geht man fast durchwegs von links von N an, überklettert sie und seilt sich (oder klettert) zuletzt in die Südscharte ab. Von der Südscharte weiter wie bei R 892 d.

## 895

**Von Westen auf die Fluchthörner.** Der West-Zugang zur Südscharte wurde unter R 892 e, der zur Larainscharte und zum Westgrat des NG unter R 893 a—c beschrieben. Auch die Südflanke dieses West-grates des NG kann direkt erklettert werden, ist aber kaum lohnend.

a) **Weitere Anstiege** sind möglich durch die beiden West-wandrinnen, welche in die Fluchthornscharte und in die Nord-scharte (letztere oben sich gabelnd, Anstiege durch beide Äste möglich) emporziehen. Beide Rinnen wurden öfters durchstiegen, sind aber durch den Firnschwund zu Zeiten äußerst brüchig, stein-schlägig bzw. schwierig und gefährlich. Es wird dringend abge-raten. Von den Scharten erklettert man die anliegenden Gipfel wie bei R 893.

b) **Über die Westwand des Mittelgipfels** dagegen führt eine sehr rassige und interessante kombinierte Führe. III—IV, 5—7 h von der Jamtalhütte, vgl. Bild 21 mit der Westwand des Mittelgipfels M. Weil man zum Einstieg durch die unterste untere Westwandrinne aufsteigen muß, ist früher Aufbruch wichtig, so daß man vor Be-ginn des Steinschlages aus der Rinne in die Wand einsteigen kann. Wie bei R 893 a auf den Fluchthornferner, den man zum Wandfuß der MG-Westwand überquert und in der rechten südl. Westwand-rinne emporsteigt, bis man oberhalb des Felsspornes links über ein großes steiles Schuttband in die Felsen der Westwand des MG hin-aufqueren kann. Dies Band erweitert sich zu einem mächtigen, drei-eckigen Schuttfleck, der, ebenso wie das große Schuttband, meist mit Firn bedeckt ist (= Schneedreieck auf Bild 21!). Vom nördlichen Eck-punkte der Stufe steigt man durch einen Kamin an der Kante auf eine 10 m höher liegende, kleine Schuttstufe. Über den großen, dach-ziegelförmig geschichteten Plattenschuß anfangs in sehr steiler und äußerst heikler Kletterei schwach rechts aufwärts haltend; gelangt man zu niedrigen Felsstufen, die zum Beginn einer großen eisenfüll-ten Schlucht führen; diese betritt man nicht, sondern quert über ein Schutt- bzw. Firnband nach links auf einen kleinen Grat, den man bei einer tiefen Scharte hinter dem ersten Gratturm erreicht. Die beiden folgenden Grattürme werden in ihrer Südseite in halber Höhe auf einem guten Bande gequert; in derselben Richtung noch 15 m weiter in eine Nische, unter einem steilen nach rechts aufwärts lei-tenden Bande. Man benützt das Band ungefähr 10 m bis zu einem Schutt- bzw. Firnflecken hinter einer Ecke; nun wird links ein eis-erfüllter Kamin bis zu seiner Verzweigung (ungefähr 25 m) verfolgt. Von dort nach links auf den Grat; über diesen, später durch einen schwierigen Kamin, dann über leichtere Schrofen rechts aufwärts haltend, erreicht man von NW den Mittelgipfel.

**896**

**Vom Zahnjoch über den Südostgrat auf den Südgipfel des Fluchthorns.** II—III = mäßig schwierig bis schwie= rig, 2.45—3.30 h vom Joch. Nächst dem Südanstieg, R 892, der kürzeste und leichteste Anstieg zum HG, auch bei Lawinengefahr in der Weilenmannrinne (auch im Winter) der Führe, R 892, vorzuziehen. Vgl. Bild 22 zw. Ziffer 3 u. 4. Vom Joch zunächst unschwierig bis mäßig schwierig über den breiten mit Schutt oder noch mit Firn bedeckten Grat in brüchigem Gestein empor bis zur „Pagode", dem auffallenden Gratturm in der Gratmitte (halbe Höhe; s. Bild 22), den man links südseitig umgeht und so an die wandartige Fortsetzung des Grates gelangt. Nun entweder direkt über diese kl. Wandstufe auf den oberen SO=Grat und ihm entlang z. T. schwierig auf den Gipfel oder wie bei R 892 d III. rechts ostseitig vom Grat über das breite Ostwandband der Fimberseite und von O zur Spitze.

**897**

Von Osten und Nordosten auf die Fluchthörner.

a) Über die Ostflanken des MG und NG sind mehrere Anstiege aus= geführt worden, teils durch die Schnee= und Felsrinnen (z. B. zur Fluchthornscharte hinauf), teils über die Felsrippen und Schrofen dazwischen. Alle diese Anstiege verlaufen in schlechtem Fels und sind oft schon frühmorgens steinschlägig (Ostflanke!); sie werden daher hier nicht beschrieben und davon abgeraten. Eine Führe über den ganzen Nordostgrat auf den Nordgipfel ist leider auch nicht be= kannt, obgleich W. Paulcke 1901 bei einem Versuch (sehr schwierig = IV) über P. 3103 bis auf etwa 3240 m gelangte, so daß ein Durch= stieg möglich scheint [Eintragung im Hüttenbuch der Heidelberger Hütte]. Wohl aber ist ein Anstieg
b) über die Ostflanke auf den obersten NO=Grat und Nordgipfel möglich. III = schwierig, 4.30—5.30 h von der Heidelberger H. Wie bei R 307 Richtung Zahnjoch empor bis man rechts nach W an die Mitte des Wandfußes des Nordgipfels hinaufsteigen kann. Von hier ziemlich gerade aufwärts über ein paar Felsen und Firnflecken zu einer von l. nach r. durch die ganze obere Wand ziehenden Rinne. Teils in ihr teils auf den rechten, nördlichen Begrenzungsfelsen empor bis auf den obersten NO= bzw. N=Grat, den man bei einem Scharti zwischen dem 1. und 2. Gratturm nördl. vom Gipfel erreicht. Den 1. Turm um= geht man auf der Fimberseite links, den 2. rechts auf der Jamseite etwa 12—15 m absteigend. Man erreicht so über ein Band den Gipfel= turm und Nordgipfel (s. auch R 893 c).

**898**

Über die Nordwand auf den Nordgipfel des Fluchthorns. IV (V) = sehr schwierig (besonders schwierig), 4—5 h und mehr vom Ein= stieg bis auf den NG. Zeit des Erstersteigers (allein) 9 h von der Heidelberger H. (bei Vereisung). Eine der schwierigsten kombinier= ten Fahrten der Silvretta, sehr von den Verhältnissen abhängig.

a) Zugang zum Wandfuß wie bei R 306 von der Heidelberger H. übers Larainfernerjoch auf den Larainfirn und über ihn hinüber gegen den tief in den Gletscher herabziehenden Nordpfeiler.

b) Die Führe: Etwa 60 m über seinem Beginn die Randkluft überschreiten und auf schmalem Bande rechts gegen die Kante des Pfeilers. An der linken östlichen Wand desselben empor. Den überhängenden Teil in etwa 150 m Höhe, der von einem Riß durchzogen wird (wenn eisfrei, möglich), links an brüchiger überhängender Wand umgehen. (Sehr schwierig.) Eine Schneerinne leitet weiter auf den weniger geneigten Teil des Pfeilers, der nun gegen einen Turm mit mächtig abfallender Wand führt. Im linken Teil derselben empor durch eine enge Rinne, die gegen den Gipfel dieses Turmes leitet. Vor ihrem Ende (etwa noch 60 m) mittels Risses, dessen überhängenden Einstieg man nach links umgehen kann, durch die linke Begrenzungswand in höher gelegene Rinne, die in die Scharte zwischen dem letzten Turm und dem nächstfolgenden führt. Dieser sowie die nächsten Zacken können westlich umgangen werden. Damit ist die Schlußwand des Nordgipfels erreicht. Über die Wand in anfangs engen Kamin, der sich erweitert und dessen Ausstieg durch großen Block, den man über die rechte Kaminwand umgeht, versperrt ist. Wenig höher links um eine Kante und durch Rinne zum Nordgipfel. (Übergang zum MG und SG s. R 893 d—f.)

## Larainscharte, 3106 m

**899**

auch Fluchthornfernerscharte, welch langen Namen ich zu Gunsten des anderen kürzeren zurückstelle. Zw. Fluchthorn und Östl. Schnapfenspitze, eigentlich eine langgezogene Doppellücke. Die Westl. ganz wenig tiefere Lücke entspricht der Kote 3106 der AV-SiKa und liegt auf einem flachen dreieckigen Gratstück, über dessen breiter Basis im W sich der Grat zur Östl. Schnapfenspitze steil aufrichtet, während die Spitze des Dreiecks nach O in einen schmalen 200 m langen waagrechten mit kl. Türmchen besetzten Grat übergeht zur östlichen Larainscharte, ca. 3110 m (?). Der Schartengrat und die beiden Scharten setzen nach S mit geröllbedeckten brüchigen z. T. sehr steilen Schrofenwänden ca. 120—150 m auf den Fluchthornferner ab, während nach N ein niedrigerer Steilschrofengürtel die oberen östl. Firnmulde des Larainferners gegen den Grat abriegelt. Die östl. Larainscharte unmittelbar am Beginn des Fluchthorn-Westgrates vermittelt den üblichen Zugang von Süden zu diesem Grat und zur Fluchthornüberschreitung, wie bei R 893 a u. b.

b) Für den Zugang von Norden zur Larainscharte über den steilen östl. Larainfirn und den obersten Schrofenriegel liegt eine Beschreibung nicht vor, doch ist der Anstieg zur östl. Scharte sicher möglich, bei viel Firn mäßig schwierig bis schwierig (II—III), bei starker Ausaperung und Vereisung aber sehr schwierig (IV). Zugang von der Heidelberger H. über das Larainfernerjoch wie R 306, dann möglichst hoch unter der Fluchthorn-Nordflanke durch und je nach Firnlage direkt oder rechts ausholend über den östl. Larainfirn und die Schrofenstufe zur östl. Scharte hinauf. Bei Vereisung usw. geht man leichter wie bei R 902 über die östl. Schnapfenspitze und klettert über deren Ostgrat in die Scharten ab.

c) Zum Übergang vom Larain- ins Futschöltal und umgekehrt benützt man nicht die Larainscharten sondern besser den Gipfelsattel zw. den zwei Schnapfenspitzen, d. h R 902 u. 901; für den Übergang vom Larain ins Jamtal s. R 909 (Schnapfenscharte).

d) **Die Larainscharten** trennen auch den S c h n a p f e n g r a t vom Fluchthorn. Cranz hat diesen Grat Gamshornkamm genannt; die niedrigen Gamshörner sind aber nur Anhängsel des Grates, der auch in der Namengebung von den Schnapfenspitzen und Schnapfenkuchl beherrscht wird. Die Schnapfenscharte trennt den Schnapfengrat vom Jamtalkamm, s. R 909. — Die 1. Überschreitung des ganzen Schnapfengrates von W nach O über beide Gamshörner und Schnapfenspitzen (und weiter über die Fluchthörner) machten die Schweizer E. Frey, Th. Kofler und E. Siegrist am 5. 8. 1904.

## Schnapfenspitzen, 3219 und 3179 m

**900**

a) Die Östliche Schnapfenspitze, 3219 m, ist der höchste Punkt des Schnapfengrates. Mit dem ihre Nordflanken bedeckenden Larainferner bilden die Schnapfenspitzen neben dem düsteren Fluchthorn den wunderschönen firnglänzenden Abschluß des Laraintales und von dieser Seite, von N einen der wenigen Firnberge (und einen idealen Skigipfel) der Silvretta. Nach S dachen sie mit steilen Geröllhalden und Schrofenstufen ab, die bei sicherem Frühlingsfirn sogar mit Ski befahren werden, s. R 58. Die Anstiege sind entsprechend einfach. — Ein in den Einsattlungen zw. den zwei Spitzen liegender kl. Höcker (bei Haug 3150 m) wurde auch als ‚Mittelgipfel‘ bezeichnet, was ihm nicht zukommt. Die westl. Spitze, 3179 m ist ein wichtiger Knotenpunkt, weil in ihr der Grat zur Schnapfenscharte und Jamtalkamm abzweigt. — Auf Bild 24 erkennt man rechts rückwärts vom Fluchthorn die beiden Schnapfenspitzen und den obersten Larainfirn.

b) Zum N a m e n vgl. R 760 h I. Er ist, wie so oft, aus dem Tal von der Schnapfenalpe im Jamtal auf die Gipfel gewandert. Die erste E r s t e i g u n g der östl. Spitze von S machte Weilenmanns Führer, der Paznauner Pöll, 1860 allein (s. R 68). Ihm folgte E. Gunßer als erster Tourist mit Ignaz Lorenz am 20. 8. 1885 ebenfalls von Süden auf die östliche Spitze und über die westliche bis in die Östl. Gamshornscharte, Abstieg nach S. Vermutlich erste Ersteigung der westl. Spitze über den NW-Grat am 11. 9. 1936 und 1. Ersteigung der östl. Spitze direkt über die Nordostwand am 2. 9. 1937 durch Krasser und Eickhoff. Vgl. auch R 899 d. 1. Skibesteigung von N? von S?

c) Die R u n d s i c h t über die Larain- und Futschöl-Jam-Umrahmung und der Anblick des Fluchthorns sind ganz großartig und lohnen die Besteigung sehr.

d) Die einfachsten A n s t i e g e erfolgen von S u. SO; bei sehr günstigem Firn aber auch von N nicht schwierig. Sehr lohnend: Überschreitung von N nach S, eine

der schönsten Gletscherfahrten der Silvretta, oder von
O nach W gratentlang.

**901**
**Von Süden auf die Schnapfenspitzen.** I (II) = un=
schwierig (mäßig schwierig); 3.30—4.15 h je nach Führe,
Ziel und Verhältnissen von der Jamtalhütte.

a) Über die Südflanke auf beide Gipfel. Das Ge=
rölldach der oberen Südflanke ist unten von einem
Schrofengürtel gestützt, dessen Mitte in P. 2867 fußt.
Wie bei R 893 a auf den Fluchthornferner. Den Schro=
fengürtel kann man sowohl von links, von SW, wie
von rechts, von SO überwinden; weniger mühsam meist
von SO, d. h. aus dem NW=Firnwinkel des Ferners,
wo oft Firnstreifen die Verbindung mit dem breiten
Rücken, welcher SO= und SW=Flanke trennt, bzw. mit
dem obersten Geröll= oder Firndach herstellen. Man
gelangt so schräg links nach NW haltend unter der
Gipfelwand des Ostgipfels entlang in den Schutt= oder
Firnsattel (ca. 3120 m?) zw. den zwei Spitzen. Von hier
ganz unschwierig nach O über den Firn oder Schuttgrat
auf die höhere östliche und nach W etwas steiler über
den Schrofengrat auf die westliche Spitze. Auf der östl.
Spitze Vorsicht auf große Wächten nach SO hinaus!

b) Die Westliche Schnapfenspitze kann man auch aus der östl.
Gamshornscharte (s. R 903) über den unschwierigen Südwest=
Grat (I—II) in ca. 1 h ersteigen.

c) Über den Ostgrat auf die Östl. Schnapfenspitze. II—III; 3.30
bis 4.15—5 h von der Jamtalhütte. Wie bei R 893 a und b auf die
Östl. Larainscharte (vgl. R 899!) Von dort über den anfangs schma=
len und scharfen Grat schwierig zur breiten Westl. Scharte, 3106 m,
entweder genau am Grat oder bald links, bald rechts ausweichend.
Von P. 3106 gerade über die breite Steilstufe auf eine fast waag=
rechte Schulter, die wieder schmal und schwieriger zum breiten oft
verwächteten Schlußgrat und zur Spitze führt.

**902**
**Von Norden auf die Schnapfenspitzen.** Sehr verschie=
denartige und häufig wechselnde Führen und Verhält=
nisse; ca. 2 h vom Bergfuß, bei Vereisung usw. sehr
viel mehr; prächtige Gletscherfahrt. Außer den unten
beschriebenen Führen können gute Eisgänger je nach
Firnlage noch andere Anstiege z. B. im östl. Teil der
Firnflanke ausführen, s. auch R 899 b.

a) **Zugänge** zum Larainferner entweder wie bei R 306 von der Heidelberger H. übers Larainfernerjoch oder wie bei R 302 von Galtür durchs Laraintal auf den Ferner. In beiden Fällen strebt man dem Westrand des Gletschers zu und dem Bergfuß genau östl. von P. 2972 = Kühalpelispitze.

Man steigt durch die steile westlichste Firnmulde, meist am Bergfuß entlang empor, zuerst fast gegen W (Richtung Schnapfenscharte, die aber rechts bleibt), dann nach SW und schließlich links haltend nach S u. SSO einschwenkend (östl. unter der Gitzischarte durch) bis in die Firnmulde unterm Westgipfel; dann nach SO über eine (manchmal durch einen großen Bergschrund schwierige!) Firnstufe in den Firn= oder Schuttsattel zw. den zwei Gipfeln und über die Grate auf die Spitzen wie bei 901 a. Bei gutem spaltenarmem Firn ist diese Führe nicht schwierig (I—II), bei Vereisung und Zerklüftung schwierig, ja sehr schwierig und langwierig (III—IV); Steigeisen dann unentbehrlich.

c) **Von der Gitzischarte über den Nordwestgrat auf die Westliche Spitze.** II—III (IV); 0.45—1 h von der Scharte, s R 907. Wie oben (bei a u. b aus dem Laraintal über den westlichsten Larainfirn empor bis unter die Gitzischarte, d. h. die tiefste Scharte zw. Westl. Schnapfenspitze links und Schnapfenkuchlspitze (3135 m) rechts. Man überschreitet den oft großen Bergschrund (bzw. Randkluft) und gelangt über Steilfirn in die Scharte. (Ist die Brücke über den Schrund eingebrochen, so weicht man rechts nach NW in die schwierigen Felsen aus.) Von der Scharte schwierig (III) über die oft vereisten (IV) Plattenschüsse des NW=Grates, etwas links nach NO haltend, luftig empor auf die Westl. Schnapfenspitze.

d) **Über die gerade Nordostwand** auf die Östl. Schnapfenspitze. III (IV), 1.30—2 h vom Einstieg. Wandhöhe ca. 350 m; rassige kombinierte Bergfahrt, sehr stark von den Verhältnissen abhängig. Zugang zum Bergfuß auf dem unteren Larainferner wie oben bei a. Man überquert die Gletscherzunge in Richtung auf den Felssporn, der aus halber Wandhöhe in die Fallinie des Gipfels auf den Gletscher herunterzieht. Nach Überschreiten des meist sehr weiten Bergschrundes folgt man über unschwierigen Fels dem Sporn bis in halbe Wandhöhe und gelangt dann auf ein breites und steiles Schuttband, über dem sich die Gipfelwand erhebt. Vom Schuttband zuerst in der Gipfelfallinie etwa 20 m aufwärts über plattigen Fels zu einem Querriß. Von hier quert man dem Riß entlang über Platten nach rechts, bis der Riß sehr breit wird und sich schräg aufwärtsschwingt. Nun an der Außenkante empor und wieder nach rechts (W) querend in eine vereiste Nische. In der Nische setzt ein allseits geschlossener, teilweise vereister Stemmkamin an, den man emporklimmt; sehr schmaler Ausstieg. Dann über eine Rippe wieder nach links (O) queren und über Schrofen, zuletzt über Firn und Schutt zum Gipfel (private Mitteilung der Ersersteiger 1937).

## Östliche Gamshornscharte

**903**

Zw. Westl. Schnapfenspitze und Östl. Gamshorn. Schuttbedeckte Scharte dicht am Fuß des steilen Ostabsturzes des Östl. Gamshorns, ca. 3020 m (?); verbindet die Mittl. Schnapfenkuchl mit dem Futschöltal bzw. mit der Hochstufe W vor dem Fluchthornferner; von dort über Steilschutt und Schrofen mühsam aber unschwierig zu ersteigen. Zugang von der Jamtalhütte wie bei R 893 a. — Über den zweifellos möglichen Anstieg von der Mittl. Schnapfenkuchl ist nichts Näheres bekannt.

## Östliches Gamshorn, 3073 m

**904**

a) Ein markanter Felsgipfel zw. der Östl. und Westl. Gamshornscharte; er stürzt mit steilen Schrofen und Schutthalden in das bei P. 2344 vom Breiten Wasser nach N abzweigende Seitentälchen des Futschölbaches ab und entsendet nach NW einen langen Grat, welcher die Mittl. von der Vord. Schnapfenkuchl trennt.

b) Zum Namen s. R 906 a 1. (?) Ersteigung, nach Cranz, am 7. 9. 1900 durch R. Schweizer mit Ignaz Lorenz.

c) Die Anstiege sind durch die Verbindungsgrate gegeben. Am besten überschreitet man das Horn vom Westlichen her (s. R 906) und zu den Schnapfenspitzen hinüber. Vom Westlichen her am besten immer am oft scharfen Grat über die Schneide und alle Türme, II—III und ca. 1.45—2.30 h und mehr von Gipfel zu Gipfel je nach Führe und Seilverwendung. Auch beim Abstieg über den steilen Ostgrat (Ostflanke) des Östl. Gamshorns bleibt man immer am Grat, kann aber auch — wie schon beim Gratübergang — immer (mäßig schwierig aber mühsam) auf der Südseite, Futschölseite, in die Schuttrinnen und Schrofen ausweichen.

## Westliche Gamshornscharte

**905**

Etwa 2870 m hoch, zw. dem Westlichen und Östlichen Gamshorn, eine Schuttscharte, die von Süden über steile Schutt und Schrofenhänge bzw. Rinnen, von N über Firn (Eis) und Schutthalden ersteiglich ist, je ca. 1.45—2.30 h aus den Talböden.

## Westliches Gamshorn, 2987 und 2996 m

**906**

a) Ein langgezogener Grat, dessen niedriger Westgipfel, 2987 m, ein trigonometrisches Signal 1. Ordnung trägt und das Ziel des AVWeges ist, welcher von der Jamtalhütte bis zur Spitze führt. Der höhere Ostgipfel, 2996 m, dagegen kann nur kletternd erreicht werden.

b) Zum schönen aber z. T. schwierigen Gratübergang über den Ostgipfel zum Östl. Gamshorn, siehe R 904 c.

Nach Norden in das Hochkar der Vord. Schnapfenkuchl (oder ihrer Reste) stürzt der Grat mit steiler Schrofenwand ab. Der Name bedarf keiner Erklärung; Einheimische Jäger und Hirten benennen wildreiche Berge usw. gerne in dieser Art: Hirschberg, Gamskar usw. Die Rundsicht vom WG ist großartig. Neben dem schönen Tiefblick durchs Jamtal hinaus bis Galtür (s. Bild 8, Ziffer 1) gewährt der so leicht erreichbare Gipfel eine prachtvolle Übersicht und Orientierung fast über die ganze Umrahmung des Inneren Jam und des Futschöltales.

c) **Auf dem AV=Steig auf das Westliche Gamshorn,** 1.45—2.15 h. von der Jamtalhütte, 2165 m (s. Bild 21, Ziffer 1). Auf dem Futschölweg nach O talein und über den Futschölbach auf sein Nordufer; nach wenigen Minuten Aufstieg talein in genau 2200 m Höhe Wegteilung (Wegweiser): Man geht links auf dem Steig am Südhang des Gamshorns über die begrünten Schafweiden schräg nach NO in Kehren empor bis P. 2572; 0.45—1 h. Dann nach N steil auf den Südhang des Gipfelgrates und halblinks nach NW zum Signal, 2987 m, hinauf; 1—1.15 = 1.45—2.15 h.

d) Durch die Rinnen der reichgegliederten W e s t f l a n k e kann man den Signalgipfel ebenfalls mäßig schwierig (II—III) ersteigen, nicht lohnend, 2.30—3 h von der Jamtalhütte.

## Gitzischarte

**907**

Etwa 3090 m hoch, zw. Westl. Schnapfenspitze, 3179 m und Schnapfenkuchlspitze, 3135 m. Benennung der Scharte durch Krasser und Eickhoff 1936 (1. Ersteigung der Scharte?), weil ihnen zwei junge Geißen — Gitzi aus dem Larain bis in die Scharte nachgelaufen waren. — Kurzer aber z. T. schwieriger Anstieg von O vom oberen westl. Larainfirn, s. R 902 c. — Nach W bricht die Scharte mit steiler Wand auf die Mittl. Schnapfenkuchl ab. Kein Übergang! Kein Aufstieg von W bekannt. Die Scharte vermittelt den Zugang zum NW=Grat der Westl. Schnapfenspitze, s. R 902 und zum SO=Grat der Schnapfenkuchlspitze, s. R 908 d.

## Schnapfenkuchlspitze, 3135 m

**908**

a) Zw. Gitzischarte im S und Schnapfenscharte im N. In der AV=SiKa nicht benannt. Benennung nach der Mittl. Schnapfenkuchl, die sie beherrscht. Die Eis= oder Firnkuchen der drei kleinen Ferner wurden als „Kuchl" oder „Kuchel" = kleine Kuchen, Küchlein bezeichnet und der Name Schnapfen von den Schnapfenalpe auch auf die Ferner und Spitzen übertragen (s. R 760 h I). 1. Ersteigung im Juni 1905 durch J. Faber mit Ignaz Lorenz II. Überschreitung von N nach W, aber leider keine Beschreibung vorhanden, weder vom Nord=grat=Aufstieg noch von dem Westwand=Abstieg. 1. Begehung des SO=Grates im Abstieg und Gratübergang zur Westl. Schnapfenspitze durch L. Krasser allein am 25. 8. 1938.

Die **Anstiege** sind durch die Grate gegeben, am besten ist eine Überschreitung von N nach SO gratentlang. Die sehr schwierige Westwandführe von Cranz ist nicht bekannt.

c) Über den **Nordgrat**. II—III; 0.45—1 h von der Schnapfenscharte, s. R 909. Zuerst schwierig über plattige Felsen auf eine Schulter, dann mäßig schwierig über die Schulter, später wieder schwieriger über die Schneide zur Spitze. In schneereichen Jahren reicht der Firn des Larainferners bis auf die Mitte des Nordgrates hinauf, der dann dort von O unschwierig zugänglich ist.

d) Über den **Südostgrat**. III = schwierig; 30—40 Min. von der Gitzischarte. Wie bei R 902 c von O in die Gitzischarte und anfangs unschwierig über Firn oder Schutt und den runden Gratrücken empor auf die scharfe und schwierige Schneide des flachen SO=Grates, die man bis zur Spitze verfolgt.

## Schnapfenscharte

**909**

a) Etwa 2925 m, zw. Schnapfenkuchlspitze, 3135 m, im S und Kühalpelispitze, 2979 m, im N, in der AV=SiKa ohne Kote und Namen. Verbindet den oberen westlichen Larainfirn mit der (oben steilen) Hinteren Schnapfenkuchl, deren Firne früher zusammenhingen in der Scharte. Jetzt ist sie sommers meist etwas ausgeapert. Die Scharte vermittelt den hochinteressanten südlichsten Übergang vom innersten Laraintal ins innere Jamtal und umgekehrt, über Gletscherfirn und Ödland in vollkommener Einsamkeit. — 1. touristische Überschreitung von O nach W durch H. Cranz und die Fräulein N. und E. Andersen mit Cl. Widmoser am 26. 7. 1908.

b) Zugang und Aufstieg aus dem **Laraintal** über den Westrand des Larainfirns wie bei 902 a und b, 1.30—2 h aus dem innersten Larain. Meist ganz unschwierig bis in die Scharte, bei Vereisung aber auch recht heikel.

c) Zugang und Aufstieg aus dem **Jamtal** entweder von der Jamtalhütte (2.45—3.15 h) schräg durch die W=Flanke des Gamshorns nach N und auf der ausgeprägten Hochstufe zw. 2300 und 2400 m nach N und NO ins Schreibachtal queren und durch dieses oder übers Kühalpeli ins Kar des Hint. Schnapfenkuchl hinauf und zur Scharte empor. Oder von der Jambachfassung, 1841 m, auf Steigspuren (siehe AV=SiKal) zum Kühalpeli hinauf und weiter wie oben zur Scharte.

910—919 Offene Randzahlen für Nachträge.

## Der Jamtalkamm

**920**

a) Der Jamtalkamm erstreckt sich über etwa 6 km vom Predigberg bis zur Schnapfenscharte genau von N nach S und weitere 3 km bis zu seinem Fußpunkt im Paznaun bei Mathon=Galtür. Er wird im W vom Jamtal, im O vom Laraintal begrenzt. Vom äußersten Nordende abgesehen, wird der schöne einsame Kamm fast nie besucht, obwohl er sowohl leichte Gratwanderungen wie scharfe Gratkletereien in großer Zahl bietet. Die ihm

westseitig angelagerten Hochkare und Stufen — Schaf=
berg, Eggalpe, Schönfurgge (Kar), Schnapfenloch, Fin=
sterkar und Kühalpeli(=kar) — machen seine Gipfel=
flur vom Jamtalgrund unsichtbar.

b) K a r t e: Der ganze Kamm ist auf unserer Kartenbeilage und sehr
schön auf der AV=SiKa dargestellt.

c) S t a n d o r t e: Den südl. Kamm kann man von W von der Jam=
talhütte, von O von der Heidelberger Hütte (übers Larainfernerjoch
oder Ritzenjoch) angehen. Den nördl. Kamm besucht man von Gal=
tür=Mathon aus, bzw. aus dem unteren Jam= oder Laraintal.

d) Der ganze Kamm gehört dem Silvretta=Kristallin und seinen
Gneisen an (Urgestein). Gletscher gibt es keine außer dem Larain=
ferner und Hint. Schnapfenkuchl an der Südgrenze.

e) T ä l e r: Über das Jamtal s. R 760 h. Das 10 km lange genau von
S nach N ziehende Laraintal im O des Kammes ist das Urbild eines
eiszeitlichen Gletschertrogtales, in dessen Hintergrund der Larain=
ferner als Rest dieser Großvergletscherung im moränenreichen Ödland
liegt, während der schluchtartig eingetiefte Talausgang im dichten
Bergwald versinkt und schöne Zeilen herrlicher Wetterbäume — Zir=
ben, Lärchen, Fichten — an den hintere der äußeren Talflanken em=
porklettern. Der finstere Obelisk des Nördl. Fluchthorns und der
silberne Firnmantel der Schnapfenspitzen aber geben in ihren Gegen=
sätzen dem Tal einen so herrlichen Abschluß, daß man kaum einen
schöneren in der Silvretta finden kann, zumal es auch auf seiner Ost=
seite von einer großartigen wildernsten Bergwelt begleitet ist: dem
Larain=Berglerkamm. Ich verweise noch auf Weilenmanns über die
Maßen köstliche Schilderung des Lebens und Treibens auf der La=
rainalpe vor 100 Jahren, s. R 68 Seite 89 und 108.

f) Der N a m e L a r a i n oder Larein, mundartlich larain, kommt nach
Finsterwalder aus dem lat. arena = ,Sand', ,,daher auch hier (urkund=
lich) Erein, Larein = rom. all'arena ,am Sand' denkbar''. Und leicht
erklärlich, weil im inneren Tal zahlreiche sog. ,,Sandr'', Sand= und
Geröllfelder im Gletschervorfeld des Larainferners, zu finden sind
bis zu den Alphütten hinab.

g) Der Schwabe J. Faber hat mit J. Lorenz II. vom 19.—24. Juni 1905
den ganzen Kamm begangen und erforscht. H. Cranz hat das knappe
Ergebnis in der AVZ 1909 festgehalten. Ich folge wie schon 1924
diesen Angaben und beschreibe den Kamm kurz von N nach S.

## Predigberg, 2645 m

**921**

heißt der nördlichste Gipfel, ein idealer Aussichtspunkt
für das Innerpaznaun.

a) Er entsendet nach NW einen Grat, 2575 m, der
unten, 2364 m, in den breiten grünen Rücken des
S c h a f b e r g e s übergeht; so heißt auch seine südl.
Fortsetzung östl. über den Weiden der Eggalpe. Vom
Schafberg aus kann man den Predigberg über seine
Westflanke unschwierig bis mäßig schwierig (I—II) er=

steigen, 2.45—3.30 h von Galtür. Den Schafberg er=
reicht man entweder meist weglos und mühsam von
Galtür—Gaffelar oder von der Eggalpe oder besser vom
‚Alpele‘ im Jamtal auf dem Alpweg über P. 1824 der
AV=SiKa.

b) Der Predigberg entsendet auch einen NO=Grat Rich=
tung Mathon hinab, den **Mathonergrat** (2411 m,
2274 m), unten auch **Vergiel** geheißen (sprich:
Fergi=el). Auch über diesen Grat kann man den Pre=
digberg ersteigen (II—III), **doch lohnt auch der Ver=
gielgrat und der Mathonergrat schon den Besuch mit
herrlichem Blick in Laraintalschluß.** Zugang: Wie bei
R 302 a von Galtür auf dem Larainweg bis zum P. 1722
im Lawinentobel. Hier verläßt man den Larainweg und
zweigt rechts ab auf Steigspuren steil empor durch den
Bergwald. Über der Waldgrenze weglos gerade nach S
empor über Vergiel auf den Grat P. 2274: **Larain=
blick!** Geübte können weiter über den ganzen Grat
auf den Predigberg, II—III, 3.30—4.15 h von Galtür.

Nicht ratsam dagegen sind Aufstiege über die sehr steilen direkten
Osthänge des Predigberggipfels. Wohl aber kann man auf einem ro=
mantischen Schaf= und Jagdsteig, der in der AV=SiKa eingetragen
ist, von der Inneren Larainalpe zum P. 2131 von Vergiel aufsteigen.

c) Der **Gratübergang** zum **Thomasberg** über P. 2612 ist
unschwierig, ein prächtiger Gratgang für Geübte; 1.15—1.30 h von
Spitze zu Spitze.

## Thomasberg, 2630 m

**922**

a) Auch er kann unschwierig bis mäßig schwierig über die Grate
von N (s. R 921 c) oder S und über die Flanken erstiegen werden,
vom Schafberg aus (3—4 h von Galtür) oder aus dem Laraintal,
2.15—3 h.

b) Der Gratsattel zw. Thomasberg u. P. 2650 und der Nordschulter,
2670 m, der Langgrabenspitze heißt Langgraben(=scharte) und ist
ca. 2590 m hoch. Dieser Sattel vermittelt einen unschwierigen Über=
gang vom mittl. Larain ins Jamtal oder umgekehrt, wobei man jam=
seitig wieder den Steig vom (zum) Alpele benützt, s. oben 921 a.

## Langgrabenspitze, 2766 m

**923**

a) Sie ist nach dem unter R 922 b beschriebenen Gratsattel benannt.
Man ersteigt sie von dort, von der Langgraben=Scharte aus, ziemlich
schwierig (II—III) über ihren brüchigen scharfen Nordgrat, d. h. über
P. 2670 und den nach W ausgebogenen Gratpunkt 2727.

b) Noch schwieriger ist ihr Südgrat (III—IV), der durch eine unbe=
nannte Scharte auf den Felskopf, 2799 m, führt, den Nordgipfel der
Schönfurggespitze.

## Schönfurggespitzen, 2799, 2810 und 2841 m

**924**

a) P. 2799 ist der Nordgipfel, P. 2810 der Mittelgipfel, 2841 der Süd-
und Hauptgipfel, der mit einem steilen schwierigen Südgrat in die
(III) in die etwa 2770 m hohe „Schöne Furka" oder heute Schönfurgge abstürzt. Die Überschreitung der 3 Gipfel gratentlang ist
schwierig, 2.30—3 h von der Langgrabenspitze bis in die Schönfurgge.
b) Die Schönfurgge, die Gratscharte, kann vom Larain durch
eine steile Rinne erstiegen werden. 1.30—1.45 h. Die Rinne mündet
dicht unterhalb der Zollwachhütte 2133 in Larainbach. Im W und
NW ist der Schönen Furka ein steiles einsames Hochkar angelagert,
das Schönfurggekar, kurz Schönfurgge genannt, durch das man auch
vom Jamtal zur Furka aufsteigen kann. Cranz schreibt zum Namen:
„Schöne Furka' heißt das Kar nördl. von dem überaus feinschiefe-
rigen Nordwestausläufer der Roten Wand bei den Galtürern, die überhaupt mit dem Wort Furka nur noch den Begriff eines eingeschlos-
senen Hochtales verbinden" (anstatt einer Einsattlung oder Scharte!).

## Rote Wand, 2949 m

**925**

Wie alle weiter nach S folgenden Gipfel des Kammes entsendet auch
die Rote Wand einen langen Grat nach NW. Diese Grate bilden die
vielen Hochkare auf der Jamseite des Jamtalkammes.
a) Von der Schönfurgge (Scharte, s. R 924 b) ist sie über den gut
gangbaren Nordgrat mäßig schwierig (II) ersteiglich, 3.30—4 h aus
dem Jamtal, 3—5.30 h aus dem Larain.
b) Sehr schwierig (IV) dagegen ist der Südgrat, der die Rote Wand
mit dem ebenso schwierigen Nordgrat der Schnapfenlochspitze verbindet.

## Schnapfenlochspitze, 2991 m

**926**

Der Gratübergang von der Roten Wand (s. R 925 b) ist sehr schwierig. Nicht weniger schwierig scheint ihre Besteigung von Süden,
doch liegen genaue Angaben nicht vor. — Ihr Verbindungsgrat zur
Nördl. Finsterkarspitze sinkt nirgends mehr als 20 m unter 2900 m ab,
d. h. es ist keine ausgeprägte Scharte dazwischen. Das Kar „Schnapfenloch" nach dem sie benannt wurde, ist das wildeste dieser Kare
(zum Namen Schnapfen s. R 760 h I).

## Die drei Finsterkarspitzen

**927**

In weitem nach Osten ausgeschwungenem Bogen umfängt dies Kammstück das einsame Finsterkar. In diesem Gratbogen liegen drei Gipfel:
Nördliche Finsterkarspitze, 2943 m, Mittlere (ohne
Kote) etwa 2990 m und Südliche und höchste mit 3012 m, der
einzige Dreitausender im Kamm. Cranz schreibt: „Auf der Südl.
Spitze fand Faber die Trümmer eines hölzernen Vermessungssignals,
doch war in Galtür nichts von dessen Einrichtung bekannt", womit
wieder einmal erwiesen scheint, daß die Vermessungsbeamten einen
Gipfel, wie so oft, schon lange vor den Touristen erstiegen haben.
Anstiege sind wiederum nur vom Kammgrat bekannt: der NW-
Grat der Nördl. Spitze, 2943 m (von der Schnapfenlochspitze her), ist

Bild 27 **Berghaus Vereina gegen Jörital und -gletscher mit Flüela-Weißhorn. Vgl. Bild 26.**
Erläuterung s. R 6/IV

Bild 28 **Tuoihütte SAC. im Val Tuoi gegen Piz Buin-Südwand und Ostflanke und gegen Vermuntpaß.**

Erläuterung s. R 6/IV                    Foto: J. Feuerstein, Scuol

schwierig (III), die Überschreitung der Mittl. und Südl. Spitze ist mäßig schwierig (II).

Im gut kenntlichen Westgrat der Südl. Spitze (unmittelbar westl. vom S des Wortes „Südl." der Karte) ragt ein fast genau 2900 m hoher Grathöcker, den Cranz erstiegen und wegen seiner schönen Aussicht gerühmt hat.

Die hochgelegene D o p p e l s c h a r t e am SO-Gratfuß, dicht N und S vom Schartenkopf, 2950 m, ist ohne Namen. Sie stürzt nach O mit einer Steilwand ab; leichter ist der Zugang von W aus dem Küh-alpeli genannten mit zwei hübschen Seen geschmückten Kar, das auch der südlichsten Spitze des Jamtalkammes seinen typischen Walser-namen geliehen hat:

## Kühalplispitze, 2972 m

**928**

Sie ist in der AV-SiKa ohne Namen, aber einer der schönsten und wohl der schwierigste Gipfel des Kammes mit je einem scharfen Nord- und Südgrat (beide III—IV); aber auch mit einem Ost- und Westgrat, welch letzterer den einfachsten Anstieg vermitteln dürfte. Den Südgrateinstieg erreicht man unschwierig von der Schnapfen-scharte (s. R 909) an seinem Fuß. In ihr schließt der Jamtalkamm an Schnapfengrat an.

929  Offene Randzahl für Nachträge.

## Der Larainkamm

**930**

„Kaum wird ein Anblick einen von eintöniger Post-wagenfahrt im langen Paznauntale ermüdeten Reisen-den so erfrischen, als wenn sich ihm bald nach Ischgl ein Blick nach den überaus kühn aufgebauten, mit kleinen Hängegletscherchen gezierten, von trotzigen Felszacken bekrönten Pyramiden des Berglerkopfes und Dreiköpfels auftut." So schreibt H. Cranz in der AVZ 1909, wo man die einzige Abhandlung über den Kamm findet. Was er da sagt, gilt heute wie ehedem — trotz Postauto. (Nur die Gletscher sind fast weg!) Aber obgleich ich diesen wundervollen Berglergrat im nörd-lichen Larainkamm 1924 in der 1. Auflage dieses Führers höchstes Lob gesungen habe und obgleich in diesem wilden Bergrevier das „Abenteuer Berg" auch heute noch an herrlichen Felsbergen und einsamen Karen zu finden ist, blieb die Berglergruppe bisher — von Strubichs Touren abgesehen — ebenso unbe-achtet wie vor 1909 oder 1924: sie war und blieb das einsamste und wildeste Bergland der Silvretta!

Der L a r a i n k a m m zweigt im Fluchthorn-Nordgipfel ab und zieht sich vom Larainfernerjoch als Trennungsjoch nicht weniger als

12 km nach Norden bis vor Ischgl! Wie die anderen Nordkämme fällt auch der nach O fast ungegliedert ab, entsendet aber nach W und NW viele Seitengrate, die einsamste Hochkare von ungemeiner Wildheit des Ödlandes umschließen, so das Berglerjoch, das Faberkar usw. Auf der Ostseite ist nur ein größeres Kar eingelagert, die „Neugefundene Welt" südl. vom Dreiköpfel, deren poetischer Walser-Name schon die Schönheit dieses Hochtales ahnen läßt.

Im Westen ist der Kamm vom namengebenden Laraintal (siehe R 920 e), im Osten vom 16—17 km langen Fimbertal begleitet. Der Larainkamm und das Fluchthorn geben diesem Tal und vor allem seinem flachen und weiten mittleren und oberen Teil den großartigen hochalpinen Charakter und eine ganz besondere Schönheit, weil diesen schroffen, im dem Kronengrat an die 15 km langen Hochgebirgsmauern die meist sanften Höhenzüge der östl. und südl. Umrahmung des Tales gegenüberstehen. Sie tragen im Winter jenen silberweißen Kristallmantel, der den „Skiparadies Silvretta" zu höchstem Rufe verholfen hat. Das unten schluchtartig eingetiefte und reichbewaldete Fimbertal weitet sich vom „Boden" beim Bodenwirtshaus ab ostseitig talein und in seinem breiten Grund zu einem riesigen sanften, mit grünen Weiden ausgeschlagenen Trog, in dessen hohem Talschluß einzelne Firnflecken herabglitzern und die kühnen Zinnen und Zähne der Fluchthörner und ihrer Trabanten ragen. Dazu gesellen sich viele verborgene Schönheiten in seinen einsamen östl. Seitentälern Vellil-, Id- und Vesiltal. Vgl. Bild 22, 23 und 24.

b) Karten: Der Bergsteiger findet den ganzen Kamm, ausgenommen einen kleinen nördlichsten Zipfel (der sich aber auf unserer Kartenbeilage findet), vorzüglich dargestellt auf der AV-SiKa; s. R 957. Der südl. Teil vom Larainfernerjoch bis zur Gemsbleisspitze oder Paraid Naira trägt die Staatsgrenze und findet sich deshalb auch auf der LKS Blatt 249. Die Grenze biegt dort im rechten Winkel nach O ab, quer übers mittl. Fimbertal. Weil die Alpweiden im oberen Fimbertal oder Val Fenga den Unterengadiner Rätoromanen gehören, so berühren sich auf dem Grenzkamm nicht nur zwei Staaten sondern auch zwei Sprachräume, weshalb die Grenzgipfel meist einen deutschen und einen rätorom. Namen tragen und das obere Tal „Val Fenga" heißt.

c) Standorte. Für den südl. und auch mittl. Teil: die Heidelberger H.; für den nördl. Teil von O das Bodenhaus, von N und W auch Ischgl, Mathon und Galtür. Schließlich kann man versuchen, auf den Larainalpen oder auf der Alpe „Inneres Bergle", 2066 m, notdürftig unterzukommen. Noch besser: zelten, entweder am Eingang ins Berglerloch bei P. 2121 (kl. Seelein, Quelle, Holz von der Waldgrenze) oder beim See 2542 im oberen Berglerloch; ferner im oberen Fabkar (kl. See NW Bidnerscharte), oder im Kar „Neugefundene Welt".

d) Während die Gemsbleisspitze als wichtigster Grenzknoten und der südl. Teil schon früher besucht wurden, war der nördl. Teil (Berglergruppe) bis in die 20er Jahre völlig unerforscht. Dann hat Emanuel Strubich, Dresden, einer der besten Kletterer seiner Zeit, 1920 die Berglergruppe in kühnen schwierigen Alleinfahrten erschlossen. Auf seinen Angaben beruhen die Beschreibungen. Ich verdanke sie meinem lieben Freund Dr. Hans Hofmann, Dresden, aus dem Nachlaß Strubichs, der im Winter 1922 im Stubai in einer Schneebrettlawine den Tod fand.

## Larainfernerjoch, 2853 m

**931**

Zw. Fluchthorn und Larainfernerspitze, ein breites, schutt- und firnbedecktes Grenzjoch zw. Österreich im W und Schweiz im O. Grenzstein Nr. 9. Touristisch wichtiger Übergang von der Heidelberger H. ins innerste Larain und zur Umrahmung des Larainferners, s. R 306. Auch interessanter Übergang von Galtür (R 302) ins Fimbertal und umgekehrt, wenngleich dazu meist das Ritzenjoch, R 935, vorgezogen wird. Zum Namen s. R 920 f.

## Larainfernerspitze, 3009 m, ÖK
## oder Piz Larain, 3009,1 m, LKS

**932**

a) Die hübsche kleine Pyramide vermag sich neben dem massigen Fluchthorn kaum zu behaupten, belohnt die leichte Besteigung aber mit prächtigem Blick auf das Horn und die Talschlüsse von Larain und Fimber. Der Berg erhebt sich als südlichster Grenzgipfel des Kammes zw. Larainfernerjoch und Heidelberger Scharte. Mit beiden ist er durch einen Grat verbunden und entsendet auch nach W und nach O je einen Grat. Die weichen Schuttformen und die Nähe der Heidelberger Hütte machen ihn leicht und rasch ersteiglich und auch zum idealen Skiberg, s. R 58. Der 1. Ersteiger war J. J. Weilenmann am Tag vor seiner Fluchthornbesteigung, 11. 7. 1861 über den N=Grat, um von dort das Flucht= horn zu erforschen. — 1. Skibesteigung?

Anstiege: Im Sommer geht man am einfachsten von einem der Joche aus über den unschwierigen Süd= grat oder den etwas schwierigeren Nordgrat (II), je 2.30—3 h von der Heidelberger H. Noch lohnender: Überschreitung von N nach S. Ganz unschwierig von S auf die Ostschulter und von dort zur Spitze. Auch der Westgrat ist unschwierig zu erklettern.

## Heidelberger Scharte, 2821 m

**933**

in der LKS 2818 m und ohne Namen. Grenzscharte, Grenzstein Nr. 10 Zw. Larainfernerspitze und Heidelberger Spitze. Von beiden Seiten leicht über Schutt und Schneeflecken zu ersteigen, 1.30—2.15 h von der Heidelberger H. weglos genau nach W empor.

## Heidelberger Spitze, 2963 m

**934**

in der LKS 2965 m und ohne Namen. Der von N nach S langgestreckte Grenzgratgipfel erhebt sich zw. Heidelberger Scharte und
dem Ritzenjoch. Er wurde von W. Paulcke im Jahre 1906 von S
nach N überschritten und Heidelberger Spitze getauft.

Der Berg läßt sich von allen Seiten sowohl über die zwei Grate von
den Scharten als über die Flanken (die NW-Flanke trägt ein kl.
Firnfeld) in leichter Kletterei ersteigen (I), wobei eine Überschreitung von N nach S in Verbindung mit den Nachbargipfeln eine sehr
lohnende Gratwanderung bildet; der N-Grat mit P. 2868 ist länger
als der Südgrat. Von der Heidelberger H. zu den Scharten 2—2.30 h,
über den Südgrat 25—30 Min., übern Nordgrat 1—1.15 h.

## Ritzenjoch, 2690 m, ÖK

### oder Fuorcla Larain, 2687 m, LKS

**935**

Zw. Heidelberger Spitze und dem Hohen Kogel. Grenzjoch, Grenztafel, Grenzstein Nr. 1. Touristisch wichtiger Übergang mit markiertem Steig, von der Heidelberger H. ins Mittl. Larain und nach Galtür, s. R 305,
auch kürzester Zugang von Galtür zur Hütte, s. R 302.
Schöner Ausblick vom Joch über das innere Fimbertal und auf die Samnaunberge im O.

## Hoher Kogel, 2817 m

**936**

Ein unbedeutender Grenzgipfel im Grat zw. Ritzenjoch und Gemsbleisscharte; in der LKS 2819 m. Paulcke
überschritt diesen ganzen Grat von S nach N in „anregender Wanderung", vom Ritzenjoch zur Gemsbleisspitze, 2.30—3 h.

## Gemsbleisscharte, 2730 m

**937**

Grenzscharte, Grenzstein Nr. 12 zw. dem Hohen Kogel und der Gemsbleisspitze. Von W über Geröll, von
O über schöne Weidehänge, zuletzt über Schrofen unschwierig zu ersteigen. 2.30—3 h von der Heidelberger
H. Etwas weiter aber ungleich lohnender geht man
zum Ritzenjoch und von dort über den Hohen Kogel
wie bei R 936 in die Scharte (und weiter zur Gemsbleisspitze).

# Gemsbleissspitze, 3015 m, ÖK
## oder Paraid Naira, 3014,9 m LKS

**938**

a) Ein stolzes Massiv, der höchste Punkt und einzige Dreitausender des Larainkammes mit wichtigem trigonom. Signal 1. Ordnung, weil hier die Staatsgrenze von S nach O rechtwinkelig schwenkt und das Fimbertal überquert. Der übrige nördl. Larainkamm liegt also ganz auf österr. Boden.

b) Die große Bedeutung als Grenzecke führte zu frühen B e s t e i ‑ g u n g e n durch Topographen beider Grenzländer: zuerst am 13. 7. 1849 durch den Schweizer J. Coaz, dem vermutlich in den 70er Jahren die österr. Topographen folgten, deren Signal wieder der Schweizer Topograph R. Reber 1884/85 vorfand. 1. Tourist: O. v. Pfister mit J. Ladner am 27. 6. 1890. Sie alle dürften von S oder SO auf‑ und abgestiegen sein. Den langen Westgrat beging E. Strubich allein am 3. 8. 1920. — Die N a m e n — beide schon bei Coaz 1849 — sind leicht erklärbar: Gemsbleisen oder ‑pleisen sind steile begrünte Streifen und Grasschrofen im Felsgelände, auf denen die Gemsen gerne äsen. Paraid Naira, rätorom. heißt Schwarze Wand, von der Gesteinsfarbe.

c) Die R u n d s i c h t von dem Höchstpunkt des Kammes ist sehr umfassend, besonders über die Larain‑ und Fimberumrahmung. Schöne Tiefblicke in beide Täler!

d) Die einfachsten A n s t i e g e erfolgen von S u. SO. Vom Nordgrat von der Bidnerscharte über die drei Gratpunkte 2863, 2890 u. 2913 ist keine Führe bekannt.

**939**

**Über die Ost‑ oder Südostflanke.** II = mäßig schwierig, ziemlich mühsam; 3.30—4 h von der Heidelberger H. Linksseitig talaus etwa 20 Min. auf dem Talweg bis Turratsch, P. 2237, aber vorher halblinks NW empor, dann unter einem Tobelgraben durch gegen den SO‑Fuß des Berges hinauf. 2 Möglichkeiten:

a) direkt gegen den Gipfel, zuletzt durch eine vom Gipfel nahezu südwärts, d. h. dicht am Südgrat entlang herabziehende breite Felsrinne;

b) oder unter die Ostwand hineinqueren und durch die mittlere ihrer drei Rinnen direkt westwärts zur Spitze.

**940**

**Über den Südgrat.** II (III), hübsche Kletterei, 0.45—1 h von der Gemsbleissscharte, die man am besten vom Ritzenjoch über den Hohen Kogel erreicht, s. R 936 oder von O oder W. Von der Scharte dem Grat ent‑

lang zur Spitze, zuletzt schwierig, oder das letzte schwierigere Stück westl. umgehend auf den obersten Westgrat klettern und diesen überschreitend von N zur Spitze.

**941**
Über den Westgrat. Schöne Kletterei „teilweise schwierig", III (IV) etwa 5 h aus dem Laraintal. Zugang von Galtür wie bei R 302 oder von der Heidelberger H. übers Ritzenjoch wie R 305 und bis etwa zum P. 1994 im Talgrund; dann über O Richtung Fabkar über die steilen Schafweiden, P. 2282, später über Schutt empor. Sobald der kl. Firnrest (des ehemal. ‚Schwarzwandfernens') im SO im südl. Fabkar (Gemsbleiskar) sichtbar wird, quert man zu ihm empor und schräg rechts nach S über den Firn gegen den Westgrat. Wo er steil abzufallen beginnt, steigt man in den Felsen ein (2 h vom Talgrund). Durch kurzen Kamin hinan, vor seinem Ende rechts ansteigen und über grobes Blockwerk steil empor in ein scharf eingeschnittenes Schartl (östl. P. 2807?). Über leichte Platten am Grat ostwärts hinauf, den 1. Gratturm rechts umgehen, die folgenden überklettern bis zum Gipfel.

**942**
### Bidnerspitzen, 2871 m und 2850 m

a) Der doppelgipfelige Berg stellt sich als breiter, westöstlicher Querriegel über den Kamm. Von der Bidnerscharte steigt der Hauptkamm nach Norden mit schwach ausgeprägtem Grat zum Ostgipfel, 2850 m, auf, biegt dann nach WNW zum etwa 2860 m hohen, in der AV=SiKa nicht kotierten kleinen Mittelgipfel ab, von dem er wieder nach N mit kurzem Grat zur Dreiköpfelscharte absteigt. Vom MG zweigt ein West= oder WSW=Grat ab, der den höheren Haupt= oder Westgipfel, 2871 m, trägt. Der Name dürfte mit dem walse= rischen „Büdma" = die Böden, Weideböden usw. zusammenhängen (Finsterwalder), s. Bodmerspitze, R 863 b.
b) Der 1. Bergsteiger war E. Strubich am 8. 8. 1920 allein von W nach N, er glaubt, daß der Gipfel „von Jägern wahrscheinlich öfter besucht" wird.
c) Anstiege. Strubich empfiehlt den unschwierigen Nordgrat von der Dreiköpfelscharte aus, die vom Fimber und vom Larain leicht in 2.30—3 h zu erreichen ist, s. R 843. Den brüchigen Westgrat, den er teilweise im Aufstieg beging, empfiehlt er nicht. Vom Laraintal zur Spitze 3.30 h. Strubich ging vom MG der Bidnerspitze über die Scharte zum Dreiköpfl über, schönste Verbindung zweier Führen und Gipfel.
d) Von der Bidnerscharte über den unschwierigen Südgrat ge= langt man zum OG, 2850 m, und von ihm leicht über die Verbin= dungsgrate auf die anderen Gipfel im W.
e) Die Bidnerscharte, 2733 m, erreicht man von O aus dem Fimbertal unschwierig über die hübschen Kuppen bei P. 2551, zu denen von P. 2271 Steigspuren emporführen. Man geht ca. 20—25 Min. von der Heidelberger H. talaus bis zur Grenze im Plan Buër und dann schräg nach NNW zum P. 2271 (Tobelgraben) und weiter wie oben über P. 2551, dann nach W zur Scharte hinauf, 2.30—2 h von der Heidelberger H.
Von W aus dem Laraintal erreicht man die Scharte durch das Fabkar. Zugang und Anstieg bis P. 2282 wie bei R 941 und weiter

nach O empor in das Kar, wobei es sich lohnt, nach N in die oberste Kargrube an dem kl. Karsee vorbei auszubiegen und nach SO zur Scharte hinaufzusteigen, 2.15—2.45 h aus dem Laraingrund.

## Dreiköpfelscharte, etwa 2770 m

**943**

Zw. Bidnerspitze‹MG und Dreiköpfel, nach dem sie auf meinen Vorschlag benannt wurde. Die Kote 2786 der AV‹SiKa liegt ca. 15 m höher auf einem Schartenhöcker 100 m N der Hauptscharte. Sie ist sowohl vom Fimber wie vom Laraintal in ca. 2.15—3 h vom Talgrund zu erreichen, weglos aber unschwierig über steile Schaf‹ weiden und mächtige Geröllfelder, zuletzt kurz über Schrofen. Beide Anstiege führen durch einsamstes Ödland, der von O durch das schöne Hochkar „Neugefundene Welt", ein Paradies urtümlicher Hochgebirgswelt. Man zweigt etwa in Höhe der Brücke, 2008 m (siehe R 301 c), im Fimbergrund ab nach W empor, 45—60 Min. von der Heidelberger H. oder vom Bodenhaus. Die Scharte vermittelt die An‹ stiege zu den Bidnerspitzen über den vielgipfeligen N‹Grat und zum Dreiköpfel von S.

## Dreiköpfel, 2970, 2964, 2934 m

**944**

a) Das Dreiköpfel ist das mächtigste, rassigste und wil‹ deste Felsenmassiv des Kammes. Mit seinen nach NW u. NO ziehenden Graten umrahmt es (mit dem Zirmli und Blauen Kopf) hufeisenförmig das riesige Hochkar „Berglerloch", das zu oberst über ca. 2600 m die Firnreste des ehemaligen Berglerferners birgt.

Mit den ‚drei Köpfeln', die das „Dreiköpfel" im eigentlichen Sinne bilden, sind gemeint: der HG, 2970 m, und je im O und W davon zwei schlanke unkotierte Türme, die aber nicht identisch sind mit P. 2818 und auch nicht mit dem MG oder P. 2964, in welchem der Hauptkamm nach NO abbiegt. Dieser MG ist mit der Dreiköpfelscharte durch einen oben wandartig abgesetzten Süd‹ grat verbunden. Der hammerförmige HG, 2970 m, ist der tollste Gipfelturm, den ich gesehen habe. Er hängt nach NW und nach O über, nach O mit einem so phantastischen Überhang, daß man den Atem anhält, weil man es kaum wahrzuhaben wagt.

Ich nehme, der Landesaufnahme und ÖK folgend, P. 2934 als Ost‹ gipfel dazu. Er ist durch eine scharfgeschnittene Scharte vom Ost‹ grat des MG, 2964 m, getrennt, vom Zirmli durch die Zirmlischarte. Im N‹Grat des HG, 2970 m, stehen noch drei markante Gipfel, der spitze Punkt 2818, der schroffzerklüftete Punkt 2660 und der steile stumpfe Kegel, 2606 m.

Das Dreiköpfelmassiv besteht also aus drei größeren Gip‹ feln: Im W der HG 2970 (der sich seinerseits aus den drei „Köp‹ feln" der namengebenden Türme zusammensetzt) in der Mitte der MG 2964 und im O Punkt 2934 als OG.

b) Der Name ist eindeutig und eine einheimische Prägung. Die Er‹ steigungsgeschichte ist knapp: Vor Emanuel Strubichs Alleinbestei‹ gung von S über den MG 2964 zum HG am 8. 8. 1920 ist wohl kein

Tourist auf dem HG gewesen. Der MG, meint Strubich, sei als Signalgipfel wahrscheinlich schon früher erstiegen worden, auf dem HG fand er keine Zeichen einer Besteigung.

c) **Anstiege.** Es ist nur der von Strubich bekannt, s. b). Über den NO=Grat von der Zirmlischarte her über den OG, 2934 m, zum MG, 2964 m, hinauf liegt keine genaue Beschreibung vor. Strubich beging den Grat vom MG, 2964 m, sehr schwierig entlang der NW=Flanke des Grates bis in die Scharte W vor dem OG, 2934 m, bzw. zurück schwierig entlang der SO= Fimberseite.

Unbekannt ist auch der N=Grat von P. 2606 über P. 2660 u. 2818 um HG. Punkt 2606 kann wohl über seinen teils begrünten steilen Schrofengrat von N (II—III) erstiegen werden.

**945**
**Von Süden auf den Mittelgipfel,** 2964 m, des Drei= köpfels und Gratübergang zum Hauptgipfel, 2970 m. III = schwierig. Von der Dreiköpfelscharte (s. R 843) über den Gratrücken und eine kl. Felswand, dann durch eine schräg links hochziehende Rinne auf den Mittelgipfel, 2964 m. Ein ca. 70 m langer schmaler Grat führt hinüber zum jäh sich aufbäumenden HG, 2970 m. Man verfolgt diesen Verbindungsgrat bis an sein Ende (vor dem riesigen HG=Überhang). Von hier ab zwei Führen:

a) entweder links etwas in die Südseite absteigen und zu einem engen Riß hinüberqueren, der schon vom MG her sichtbar ist. Dieser Riß setzt sich als Kamin fort und endet, oben durch Blöcke versperrt, schwierig (III—IV) am Gipfel.

b) Oder (nicht so schwierig wie a, von Strubich im Abstieg begangen) vom Ende des Verbindungsgrates durch die ganze Südflanke unterm HG nach W durch= queren und durch eine Geröllrinne der Westseite zum Gipfel.

### Zirmlischarte, ca. 2850 m

**946**
nenne ich die enge tiefeingeschnittene Scharte unmittelbar S von P. 2907 dem Zirmli=Südgipfel bzw. am Fuß des NO=Grates des OG 2934 des Dreiköpfelmassivs. Aus dem Berglerloch führt eine schmale, oben sehr steile und sich gabelnde Schneerinne (Couloir) zur Scharte. Nach S stürzt die Scharte mit einer ca. 300 m hohen Felsrinne und =wand ab.

# Zirmli, 2907 m, und Blauer Kopf, 2893 m

**947**

a) Zw. Zirmlischarte (R 846) und Berglerscharte (R 848) erheben sich im schroffen Verbindungsgrat des Dreiköpfelmassivs mit dem Berglermassiv noch drei Gipfel: Im S der Doppelgipfel des Zirmli, 2907 m, als SG und der unkotierte höhere NG (ca. 2925 m?). Im N der Blaue Kopf, 2893 m. Der Name Blauer Kopf von der Gesteinsfarbe ist klar. Der Name Zirmli, ein Walserwort, dürfte ein guter Vergleich des Gipfels mit dem stumpfen Kegel einer Zirbe sein.

b) E. Strubich beging am 13. 8. 1920 den Grat vom Berglerhorn bis zum Zirmli, 2907 m, allein als Erster. Er stieg nach W ins Berglerloch ab. Andere Berichte oder Führen sind nicht bekannt.

b) Anstiege. Die Beschreibung Strubichs für den Gratübergang vom Berglerhorn zum Zirmli lautet:

**948**

Gratübergang vom Berglerhorn über den Blauen Kopf zum Zirmli. III—IV = schwierig bis sehr schwierig. Sehr lange, z. T. sehr schwierige Gratkletterei. Strubich allein benötigte 5 h, eine Zweierseilschaft dürfte also 7—9 h benötigen.

Vom Berglerhorn mäßig schwierig auf die nächste Schulter bzw. den 1. Gratsattel im Süden herab. Weiter nach S auf leichtem brüchigem Grat zur nächsten unbedeutenden E r h e b u n g , 2875 m. Von hier ostseitig durch eine Rinne etwa 50 m hinab und rechts nach S in die Berglerscharte hinüber (s. R 849). Weiter nach Süden über den Grat gegen den nächsten, kühnen spitzen Felsgipfel, den Blauen Kopf. Am rechten Rand einer tiefeingeschnittenen Rinne gerade hinan gegen einen kl. Felsturm. Von hier schräg empor durch die NOFlanke (Fimberseite) zum Gipfel des Blauen Kopfes, 2893 m. Sein Gipfelturm fällt gegen die nächste Scharte steil ab. Von der Spitze wenige Meter südl., dann über die Wand und flache Rinnen und die sie trennenden Felskämme südöstl. etwa 50 m schräg abwärts, dann durch die Wand zur nächsten Scharte queren. Die nächste Erhebung wird unschwierig erklettert. Von hier über Schutthänge südöstl. hinab, dann ohne besondere Schwierigkeit auf einen scharfen Grat und über leichte Platten zu einem Doppelgipfel (nach Strubich ca. 2860 m? Nach der AVSiKa vermutl. ca. 2920 m = ZirmliNordgipfel?). Weiter nach S links abwärts in die nächste Scharte. Zum letzten Gipfel (dem ZirmliSüdgipfel, 2907 m oder OG 2934 des Dreiköpfels?) steigt man auf dem schmalen plattigen im Fimbertal senkrecht abfallenden Nordgrat empor.

A b s t i e g : Über die Westwand auf den Berglerfirn hinab: Vom Gipfel über die Plattenwand gerade hinunter; im unteren Teil etwas rechts halten im Sinne des Abstiegs. Mit Stufen steil über den Firn und Bergschrund, der notfalls übersprungen wird auf den kleinen Ferner und durchs Berglerloch hinaus. (Ob ein Abstieg vom ZirmliSG nach S in die Zirmlischarte möglich ist, geht aus den Angaben Strubichs nicht hervor.)

## Berglerscharte und Berglersattel

**949**

a) Berglerscharte nennt man die etwa 2825 m hohe Doppelscharte zw. dem Blauen Kopf und dem Gratpunkt 2875. Der Zugang über den Grat von P. 2875 ist unter R 848 beschrieben. Über den Zu gang zur Scharte von W aus dem Berglerloch (P. 2537) ist nichts bekannt. Von Osten, von der Fimberseite, dürfte die Scharte von der Hochstufe (um 2725 m, s. unten bei b) mäßig schwierig ersteigbar sein, 2.15—3 h aus dem Fimbergrund.

b) Berglersattel nenne ich den etwa 2825 m hohen breiten Geröllsattel zw. P. 2875 und Berglerhorn, 2888 m.

I. Aufstieg von Osten von der Fimberseite, 2.30—3 h, entweder über die steilen Weiden und Grünschrofen der Bleise „Muttler" oder weiter südl. über die „Steinig Bleis" auf die Geröllstufe in ca. 2725 m Höhe und ihr entlang nach N zum Sattel hinauf; oder hierher wie bei R 852. Die Bleisen findet man in der AV-SiKa.

II. Aufstieg von Westen aus dem Berglerloch mäßig schwierig aber sehr mühsam durch eine steile Rinne, die von W gegen den Sattel hinaufzieht, 2.45—3.15 h vom „Inneren Bergle", 2066 m (Strubich).

## Berglerhorn, 2888 m, und Berglerkopf, 2903 m

**950**

a) Die zwei schönen Gipfel bilden mit ihren Graten nach NO (Hauptgrat des Larainkammes) und NW und mit dem Mittagskopf wieder ein nach N offenes Hufeisenkar wie das Dreiköpfl, und — einen prächtigen Anblick von N. Der Name ist von der Alpe Inneres Bergle über das Berglerloch auf die Gipfel gewandert. Erste Besteigung und erste Überschreitung von N nach SW durch E. Strubich allein am 6. 8. 1920. 1. Aufstieg über die Ostflanke auf das Berglerhorn durch W. Flaig allein am 11. 7. 1952.

b) Die Anstiege von SO u. O sind mäßig schwierig, von N schwierig und sehr schwierig, über die SW-Flanke sehr schwierig.

**951**

Von Süden. I—II; 3.30—4 h aus den Tälern. Wie bei R 849 b.

a) Wie bei R 849 b vom Fimbertal oder vom Berglerloch auf den Berglersattel und unschwierig entlang dem Südgratrücken, zuletzt über Felsbänder der Westflanke mit einer lustigen kleinen Kletterei auf den hübschen Gipfelturm des Berglerhorns.

b) Unschwierig über den Verbindungsgrat nach NW auf den Berglerkopf, 2903 m.

**952**

Über die Ostflanke. I—II; 3.30—4.15 h vom Bodenhaus. Etwa 15 Min. talein auf dem Westuferweg bis P. 1902, wo eine schwach kenntliche Steigspur gerade nach W emporführt in die große begrünte sehr steile Rinne, welche die ganze Ostflanke schon weither kenntlich durchzieht. Die Spur verliert sich. Weglos durch die

Rinne 250—300 Höhenmeter empor bis auf die breite Schulter links im S. Überwechseln in die schmale, äußerst steile Rinne links im S von P. 2569 (der aber auch von rechts NO erreicht werden kann) und weiter durch die Rinne oder über den Gratrücken rechts, über Stufen, Steilrasen, Geröll- und Schneeflecken bis auf den Südgrat des Berglerhorns. Weiter wie oben bei 851 a u. b.

**953**

Über den Nordostgrat bzw. die Nordostflanke. II—III; 4 bis 4.30 h vom Bodenhaus. Strubich meint, aber nur nach Augenschein, daß man (wesensähnlich wie bei R 852) vom Bodenhaus direkt nach W über die ungemein steile NO-Flanke, ihre begrünten Rinnen und Rippen zur Mittagscharte aufsteigen und von dort den mäßig schwierigen Grat über P. 2769 aufs Berglerhorn begehen kann. Diese Angaben sind ohne Gewähr.

**954**

Über die Nordwand. IV = „sehr schwierig und brüchig". Wandhöhe 300 m, vom Einstieg ca. 3.30—4 h. Von der Alpe Inneres Bergle gegen die Nordwand steil hinauf. Drei Rinnen, teilweise schneegefüllt, durchziehen sie. Man strebt der mittleren zu. Anfangs auf ihrer rechten Begrenzungsrippe, dann in der immer enger werdenden Rinne selbst empor. Vor ihrem Ende auf Bändern und Platten links hinaus. Man erreicht so einen östl. vom Gipfelblock herabziehenden Kamin, dessen überhängender Einstieg rechts über eine Wand schwierig umgangen werden kann. Durch den Kamin und anschließende Platten zum Gipfel.

**955**

Über die Südwestflanke. Abstiegsbeschreibung! IV = sehr schwierig. Auch im Aufstieg möglich, dann „Felstour ersten Ranges!" (Strubich). Vom Gipfel die schrofige Südwestflanke abwärts, dann über ein kl. Geröllfeld, dann rechts an den Wänden in eine Rinne ca. 50 m hinab. Nach ihr etwas links halten, bis plattige Abstürze Halt gebieten. Hier nordwärts in die Rinne, die sich unten als Kamin fortsetzt (der Kamin kann rechts auf schmalen Leisten umgangen werden). Dann westwärts in einer neben den Wänden des Westgrates hinabziehenden Rinne auf das Trümmerfeld des Berglerloches hinab, ca. 1 h vom Gipfel (Strubich allein).

## Mittagscharte, 2635 m, und Mittagskopf, 2735 m

**956**

a) Über die Mittagscharte, 2635 m, und ihre Zugänglichkeit ist nichts bekannt, weder über ihre Flanken noch über die Grate zu ihr hin.

b) Der Mittagskopf ist ein kecker Felsturm, der sich nicht in den Kamm fügt und außer dem Südgrat keine ausgeprägten Grate hat. Der Südgrat stürzt zersägt zur Mittagscharte ab.

c) Er heißt Mittagskopf, weil er für Mathon „im Mittag" steht. 1. Ersteigung und Überschreitung von N nach W durch E. Strubich allein am 10. 8. 1920. Nachfolgend seine Berichte:

I. Von Norden. IV (V). Wandhöhe 150 m, ca. 1.30—2 h vom Einstieg. Von der Alpe Inneres Bergle, 2066 m, direkt gegen den kühnen Felskegel des Kopfes. In einem breiten Couloir, das am Nordfuß hinanführt ca. 50 m empor. Dann rechts über große Platte und bei einem kleinen Felsköpfl in rötliche Rinne einsteigen. Diese führt sehr, ja besonders schwierig in eine Scharte zw. Gipfelblock rechts und einem kleinen Nordgratzacken links davon. Rechts nach S über eine steile Platte zum Gipfel.

Auch über den Nordgrat dürfte ein schwieriger Anstieg möglich sein, von P. 2623, den man von O u. W unschwierig ersteigt, gratentlang über P. 2659? Angaben ohne Gewähr.

II. Durch die Westwand. III—IV. Abstiegsbeschreibung! Vom Gipfel, westwärts ca. 10 m hinab, dann links in einem Kamin in gleicher Richtung weiter, anschließend über eine große fast senkrechte Platte, anfangs an ihrer nördl. Kante, zuletzt in der Mitte der Wand auf flachen Bändern, in flachen, teils überhängenden Kaminen und Verschneidungen hinab an Fuß des Berges (nur für sehr sichere Kletterer, teilweise Abseilen an kleinsten Zacken).

## Rauher Kopf, 2479 m, und Tschamatschkopf, 2145 m

**957.** Vgl. unsere Kartenbeilage. Dieses Gratstück ist nicht mehr auf der AV‑SiKa, wohl aber bis zum Tschamatschkopf auf Blatt 170/2, Mathon, der ÖK 1 : 25 000. Vom Nordfuß des Mittelkopfes bzw. seiner Nordgratausläufern bei P. 2494 zieht ein langer breiter höckeriger begrünter Grat durch einen ca. 2385 m hohen breiten grünen Sattel nach NO zum Rauhen Kopf und über ihn zum Tschamatsch‑ kopf hinab, eine wunderschöne Gratwanderung mit prächtigem Blick ins Paznaun und Fimbertal, aufs Ferwall und Samnaun. S e h r   l o h ‑ n e n d ! Man erreicht die Grathöhe:

a) Von NW aus dem Paznaun: von Mathon auf dem Alp‑ weg über die Alpe Außeres Bergle, 2080 m, von wo Steigspuren nach O u. SO auf den Grat führen. Weglos über den Grat. 3—3.30 h von Mathon auf den Grat.

b) Von O u. SO aus dem Fimbertal entweder vom Boden‑ haus nach NNW, oder von der Pirstig‑Alpe nach SW u. W über die steilen begrünten Flanken auf Steigspuren, s. AV‑SiKa bzw. ÖK, 2.30—3 h auf den Grat.

c) Auch direkt von Ischgl, von N, über den bewaldeten Gratrücken führen Steige in 3—4 h je nach Ziel auf den Grat.

**958—959** Offene Randzahlen für Nachträge.

## Die Tasnagruppe mit den südöstlichen Ausläufern

**960** a) Unter diesem Titel fasse ich die ganze Schweizer Südost‑Silvretta zusammen zw. der Fuorcla da Tasna (oder Tasnapaß) und Fimberpaß (oder Cuolmen d'Fenga), weil alle die vielen Grate, die ihr angehören, von Knotenpunkten in nächster Nachbarschaft des na‑ mengebenden Höchstpunktes Piz Tasna, 3179 m, aus‑ strahlen: vom Piz Lavér nördl. und vom Piz Nair südl. von ihm. Die Gruppe ist umgrenzt vom Fimbertal‑ schluß im NW, vom Val Tasna im W, vom Val Chög‑ lias‑Sinestra im O und vom Unterengadin im Süden zw. den Mündungen des Val Tasna und Sinestra.

Von der großartigen Ödlandschaft des innersten Val Fenga oder Fimbertal — Las Gondas/Fenga/Davo Dieu — abgesehen haben wir es mit lauter nach Süden, nach dem Unterengadin ziehenden Tälern zu tun, die ihrerseits aus der warmen südlichen Innlandschaft mit ihren hübschen romanischen Dörfern, aus den herrlichen Lärchenwäldern ihrer Talmündungen emporsteigen bis in die einsamen ernsten aber auch sonnig‑weiten und z. T. mit Seen geschmückten Hochkare: Tschidas Clavigliadas, Muot da Lais, Ils Sulvadis, Champatsch, Spadla, Lavèr, Tardauna und Tiral, Davo Lais und Storta Gronda — einsamste Ödlandschaften der Silvretta von unvergleichlichem Zauber und — winters ein weißwogendes Meer von Skibergen, die ich alle in meinem Silvretta‑Skiführer (mit Karten und zahlreichen Bildern) beschrieben habe, s. R 58.

Von wenigen Graten, etwa am Piz Tasna und Minschun abgesehen, sind diese weichgeformten Gipfelketten alle ganz unschwierig zu besteigen und zu herrlichen Gratwanderungen zu verbinden. Liegen sie doch, diese K a l k ‑ und S c h i e f e r g e b i r g e der Tasnagruppe, in jenen nach Paulcke „jugendlichen Sedimenten und jungen Schiefern" (Bündnerschiefern) des „Unterengadiner Fensters", die mit ihren sanften Formen in so erstaunlichem Gegensatz zu den rotbraunen oder dunkelgrünen Gneisklippen des Silvretta‑Kristallins der Fluchthörner und ihrer Trabanten stehen: „Die mächtigen Lager kalkarmer und kalkhaltiger Tonschiefer, die den Gipfeln in Form und Farbe ein monotones Gepräge geben ..., eine wahre Wüste" des Hochgebirges. In diese Sedimente sind aber auch noch beachtliche Massen Kristallingestein eingeschoben, Tasna‑Granit, Gabbro und schwarzer Serpentin, der dem Piz Nair = Schwarzhorn seinen Namen gab, dazu grüne Granite im Val Tasna bei Sent und Ramosch (Bearth). Die Vergletscherung ist unbedeutend, nur am Piz Tasna ist ein Restfirn und da und dort noch ein Firnfleck zu finden. Der Gesteinswechsel und die klimatische Südlage wirken sich natürlich auch auf die Flora aus, so daß die Botaniker hier durch Vergleichen mit den Pflanzengesellschaften auf dem angrenzenden Kristallin voll auf ihre Rechnung kommen.

**Dies alles schuf ein Bergland voll zauberhafter Gegensätze** der Formen und Farben, üppiger Talschaften und ernster Ödkare, die gerade, ja nur im Sommer erst lebendig werden und auch diese Gruppe zu einem idealen Wanderland des naturverbundenen Bergfreundes machen.

K a r t e : Die ganze Gipfelflur — nicht aber die Talgründe im S u. O — findet man noch auf der AV‑SiKa, durchaus genügend z. B. für den, der von der Heidelberger Hütte oder von den Schlivèra‑Naluns‑Hütten ausgeht, weil auch die Schlivèrahütte noch drauf ist. Wer auch die ganzen Talschaften im S u. O haben will, greift zum schönen Blatt 249 der LKS.

S t a n d o r t e : Abgesehen von den südlichsten (Piz Minschun) und südöstlichsten (Fil Spadla) Kämmen können alle Gipfel von der Heidelberger Hütte besucht werden; im Osten außerdem vom Hof Zuort und Kurhaus Val Sinestra, die ganze Südseite aber am besten von den Schlivèra‑Naluns‑Hütten bzw. von Scuol/Schuls oder den Unterengadiner Dörfern.

Die Gipfel‑ und Flurnamen sind durchwegs rätoromanisch; sie werden bei Bedarf bei den Gipfeln usw. erklärt. Die touristische Erschließungsgeschichte ist nicht von Bedeutung, außer etwa beim Piz Tasna und Minschun, wo sie bekannt ist.

## Fuorcla da Tasna oder Tasnapaß, 2835 m

**961**

Der schöne weite leicht befirnte und von beiden Seiten
leicht zugängliche Paß verbindet das Fimbertal mit
dem Val Urschai=Tasna (s. R 309 u. 437) und über
die nahe Fuorcla Vadret (s. R 962) auch mit dem Val
Lavèr usw.

Nach Weilenmann überschritten die berühmten Brüder Schlagintweit
Ende der 50er Jahre den Paß unter Führung eines Pöll aus dem
Paznaun. — Der Name kommt vom Tal, Val Tasna (urkundlich 1159
„in Tasina", 1369 in Thasna) nach Hubschmied „wohl vorroma=
nisch", nach Täuber „vom rhätischen tas = Baum"?

## Fuorcla Vadret, 2920 m

**962**

d. h. Firn= oder Gletscherjoch. So nenne ich, um sie ansprechen zu
können, die leider unbenannte wichtige verfirnte Einsattlung zw.
Piz Lavèr und Piz Tasna, welche die beiden Firnfelder des Vadret
da Tasna, ferner Val Urschai und Val Fenga mit Val Lavèr ver=
bindet. Sie vermittelt interessante Übergänge, s. R 309—311, 442, 447.

## Piz Tasna, 3179 m

**963**

a) Der hübsche im N leicht vergletscherte Berg aus
Liaskalk ist höchster Punkt der Gruppe. Früher auch
„Fimberspitze", bei Weilenmann 1860 noch „Piz Fa=
schalba", später Piz Tasna, s. R 961. Coaz hat ihn
schon 1849 als Topograph erstiegen. 1. Skibesteigung?

b) Die Rundsicht ist ganz großartig: im O u. NO das Samnaun
und dahinter die Ötztaler. Im SO Ortler, im SSW die Bernina=
gruppe. Die Albulagruppe entwickelt sich zw. der Senke des Unter=
und Oberengadins im SW und der wuchtigen Pyramide des Piz
Linard im WSW. Rechts vom Linard der Piz Fliana und weiter
rechts der breite Piz Buin, hinter dem links das Verstanklahorn und
der Chapütschin vorschauen. Genau im nahen W der prächtige Aug=
stenberg mit seinen Hängegletschern. Die Krone im NW und das
wuchtige Fluchthorn im NNW schließen das prächtige Bild.

c) Die einfachsten Anstiege erfolgen von NW oder
über den Ostgrat.

d) Zugänge: Am besten von der Heidelberger H.
über den Tasnapaß wie bei R 309 oder vom Hof Zuort
durchs Val Lavèr (s. R 447) oder von der Schlivèra=
hütte über F. Champatsch, s. R 442.

e) **Von Nordwesten.** I—II. = unschwierig bis mäßig
schwierig. Wie bei d zum Tasnapaß bzw. über die
Fcla. Vadret (s. R 962) und auf die Nord= und Nord=

westseite (P. 2861) des Berges. Von hier beliebig über die NW≠Flanke oder rechts neben der Nordgratrippe oder von W über den Gratrücken zur Spitze. 1—1.30 h vom Bergfuß oder Paß.

f) **Über den Ostgrat.** II = mäßig schwierig. Wie bei d zum Bergfuß bzw. auf die Fcla. Vadret, 2920 m (siehe R 962), und nach S über Firn oder höher oben etwas links nach SO ausholend über Schutt auf die hohe Ostgratschulter und dem Grat entlang nach W empor bis unter den steilen Gipfelbau, den man unschwierig links südseitig zur Spitze umgeht. 1.15—1.25 h vom Bergfuß.

g) Von Süden. II (III), 1—1.15 h vom Bergfuß
I. Wie bei d, am besten vom Hof Zuort oder von der Schlivèrahütte in den obersten SW≠Winkel von Tiral und zur Scharte zw. Piz Nair und Piz Tasna am Südgratfuß; oder auch aus dem Val Urschai an Fuß der SW≠Flanke und durch diese oder dem Südgrat entlang (P. 3039) umgeht man leicht im W oder überklettert ihn schwierig direkt) gerade zur Spitze oder auf die oberste Ostgratschulter und ihm nach wie bei f zum Gipfel.
II. Lohnender ist der Gratübergang vom Piz Nair; von dessen Gipfel über den kurzen Nordgrat (Ausweichen links im W) in die Scharte hinab und weiter wie oben bei I; 2—2.30 h von Spitze zu Spitze.

## Piz Lavèr, 2984 m

**964**
Wichtiger Knotenpunkt über drei Tälern; in ihm biegt der Haupt≠kamm nach N zum Fimberpaß und zur Samnaungruppe. Von allen Seiten und den drei angrenzenden Scharten in 30—45 Min. unschwie≠rig zu ersteigen. Zugänge wie bei R 963 d bzw. bei R 965.
Sehr hübsche Rundsicht und Dreitälerblick. Rätorom. Name vom Val Lavèr, Herkunft umstritten.

## Fuorcla d'Lavèr, 2851 m

**965**
Zw. Piz Lavèr und Piz Davo Dieu mit der Fuorcla davo Lais der wichtigste Übergang vom obersten Fimbertal nach Davo Lais, Tiral und Val Lavèr, s. R 310, 311, 442 u. 447. Von W ganz leicht, von O etwas steiler aber unschwierig.

## Piz davo Dieu, 2898 m

**966**
a) Zw. F. d' Lavèr (s. R 965) und Fcla. davo Lais (s. R 967) und mit ihnen durch unschwierige Grate verbunden. Von diesen Furklen und über die Flanken von N u. W unschwierig zu ersteigen, von SO

etwas steiler, 30—45 Min. von den Scharten oder Karen. Am besten gratentlang mit den Nachbargipfeln in sehr lohnender Gratwanderung überschreiten.

b) Davo Dieu (wörtlich „Hinter Gott"; wir würden sagen: „Ein gottverlassener Winkel") heißt der öde Talkessel zu innerst im Val Fenga und nach ihm der Piz.

## Fuorcla davo Lais, 2807 m

**967**
In den Karten ohne Namen. Bester Übergang aus dem innersten Fimbertal von Davo Dieu nach Davo Lais und Tiral, Lavèr usw., s. R 310, 311, 442 u. 447.

## Piz davo Lais, 3027 m

**968**
a) Zw. Fcla. davo Lais, 2807 m, im S (s. R 967) und F. d'Ursanna im N (s. R 969). Der nördlichste der drei Dreitausender der Tasnagruppe und mit seinen markanten Graten eines der Wahrzeichen des innersten Fimbertales. Von Davo Dieu (s. R 966), von N u. W über die Grate und Flanken bzw. von der Fcla. davo Lais unschwierig zu ersteigen, 0.30—1.15 h vom Bergfuß je nach Ausgangspunkt. Zugang von der Heidelberger H. wie bei R 308 a. Etwas schwieriger ist der oben von einer kleinen Steilstufe (links umgehen, direkt schwierig) unterbrochene Ostgratrücken von der F. d'Ursanna her.

b) Davo Lais = Hinter den Seen. So heißt die hübsche Seelandschaft am Südfuß des Berges. Piz davo Lais also der „Berg hinter den Seen".

## Fuorcla, Spi und Mot d'Ursanna

**969**
a) F. d'Ursanna nenne ich die Doppelscharte ca. 2850 m zw. Piz davo Lais und dem dreigipfeligen Spi d'Ursanna = Ursannagrat: 2885 m = SG, 2898 m = Mot d'Ursanna und =MG (u. HG) und 2873=NG. Der ganze Hauptkamm bricht hier nach O steil in die tobelartigen Seitentäler des Val Lavèr ab. Aufstiege von dieser Seite zwar möglich aber sehr heikel und schwierig. Dagegen sind Fcla. Spi und Mot d'Ursanna von W u. N über Flanken und Grate vom Talgrund und vom Fimberpaß her ganz unschwierig zu ersteigen (1.30—2.15 h aus dem Fimbergrund) und zu überschreiten, am besten gratentlang und zusammen mit den Nachbarbergen.

b) Rätorom. Mot = Kopf, Spi = Grat (nach Hubschmied vom lat. spicum = Spitze); Ursanna (Bärenalpe) heißen die steilen Weiden am SO-Fuß des Massivs, zweifellos von rätorom. uors und urs (lat. ursus) = Bär, weil hier früher Bären hausten.

# Piz Mottana, 2928 m; Piz Valpiglia, 2849 m; Spi da la Muranza, 2641 m

**970**

a) Im Mot d'Ursanna, 2898 m, biegt der Hauptkamm nach NO und zieht durch eine Einsattlung 350 m weit zu einem unkotierten ca. 2850 m hohen Grathöcker, indem er sich gabelt. Die kaum ausgeprägte Wasserscheide senkt sich vom N über P. 2726 zum Fimberpaß ab, während der Grat nach O zum Piz Mottana hinauszieht und sich dort gabelt, nach NO zum Piz Valpiglia (früher Piz Chöglias), nach NW zum Spi da la Muranza.

b) Auch dieses Gratstück fällt nach S u. O in steilen Schrofen, nach N mit steilen Schutthalden ab und ist von dort, vom Fimberpaß her oder gratentlang unschwierig bis mäßig schwierig (I—II) in 0.45 bis 1.15 h zu ersteigen. Sehr lohnend: Vom Hof Zuort direkt über den Muranzagrat (oder vom Fimberpaß) auf Piz Mottana (II; 3.30—4 h von Hof Zuort) und weiter über alle Grate und Gipfel des Kammes bis zum Piz oder zur Fcla. Tasna; 3—4 h vom Fimber= zum Tasnapaß.

## Fimberpaß oder Cuolmen d'Fenga, 2608 m

**971**

a) Altanerkannter Grenzpaß zw. der Silvrettagruppe im S u. W und der Samnaungruppe im N u. O. Auch touristisch wichtiger Übergang vom Fimbertal (Heidelberger H. u. Bodenhaus) ins Val Chöglias=Sinestra— Unterengadin (zum Hof Zuort, Kurhaus Val Sinestra, nach Sent und Ramosch) und umgekehrt; s. R 312 u. 447. Ein uralter Übergang vom Paznaun ins Unterengadin. Das älteste Gebälk (mit der Jahreszahl 1552!) des heutigen Bodenhauses ist schon 400 Jahre alt und steht natürlich an Stelle einer viel älteren Taverne. Im zu= gehörigen Stall findet man heute noch die Raufen für die Saumtierkolonnen, die den Paß befuhren.

Die rätorom. Namen Fimber, früher Fimba und Fenga gehen nach Hubschmied lt. urkundl. alten Formen (1164 alpis Finua, 1220 Fenua) zurück auf „alpis finua" = Grenzalpe von lat. finis = Grenze, weil diese Alpen im Fimbertal die Alpen an der Grenze des Besitzes der Unterengadiner waren.

## Die Berge zwischen Fimberpaß und Zeblesjoch

**972**

die schon in der Samnaungruppe liegen, aber noch im Tourenbereich der Heidelberger H., lassen sich alle von dieser Hütte, von W, oder entlang der Führe R 313 über die F. da Val Gronda (oder vom Bo= denhaus wie bei R 323) unschwierig oder mäßig schwierig und in 1.30—3 h (3—5 h) je nach Ziel ersteigen: Piz davo Sassé, 2792 m; Piz Fenga Pitschna, 2725 m; Spi da Chöglias, 2926 u. 2904 m und Piz da Val Gronda, 2812 m. Etwas schwieriger und länger ist die Besteigung der Vesilspitze oder Piz Roz, 3097 m über den langen aber schönen

Westgrat vom Vesiljoch oder Fuorcla Roz; oder leichter aber nicht so lohnend über die NW-Flanke vom Zeblasjoch her, je 1.15—1.45 h von den Jöchern.

## Piz Nair, 2966 m

**973**

Piz Nair oder Schwarzer Berg, Schwarzhorn, weil er ein „Trümmer-haufen" aus dunklem Serpentingestein ist und von Tarnuzzer deshalb auch Serpentinhorn genannt wurde (Serpentin = grünes Gestein vulkanischen Ursprungs). Er ist von allen Seiten aus oder mäßig schwierig (I—II) zu ersteigen, am besten über die Grate von S oder N 30—40 Min.; etwas steiler von Osten von der Fcla. da Champatsch 40—50 Min.

Zugang am besten von der Schlivèrahütte, s. R 442 oder vom Hof Zuort, s. R 447. 1. Skibesteigung durch H. Frei u. C. Hitz (Schuls) im Winter 1913.

## Piz Minschun, 3068 m, mit Piz Clünas, 2793 m

**974**

a) Zwar kein sehr berühmter Kletterberg aber doch „von Gestalt ein wilder Geselle mit schroffen Wänden und schartigen Gräten", aus Liaskalk und eines der Schaustücke des Unterengadins und deshalb schon sehr früh touristisch besucht. An seinem SW-Fuß treten Gneise und Granite zutage.

b) Der Name ist umstritten. Nach Täuber = Faulberg, nach Hub-schmied vom lat. mansio, hier = „Wohnung" (des Viehs? Viehstall? Alphütte?).

Oswald Heer hat ihn schon 1835 (s. Piz Linard) bestiegen und 21 Blütenpflanzen am Gipfelgrat festgestellt. Ihm folgte 1849 der To-pograph J. Coaz und 1856 der Geologe Theobald.

Gewaltige Rundsicht und herrliche Tiefblicke ins Unterengadin; be-sonders großartig die Silvretta im W u. N; s. Panorama im SACJ 1896 Seite 392.

c) Die Anstiege über alle Grate und Flanken sind mäßig schwierig bis schwierig (II—III) aber meist inter-essant. Bester Standort: die Hütten von Naluns und Schlivèra, s. R 440, besonders für die Anstiege von O u. S.

d) **Von Südosten** und über den oberen Nordgrat. I—II; 2.15—3 h von der Schlivèrahütte. Über Mot da Ri und durch das steile Schuttkar (Rinne), das links W von P. 2781 (Gratrippe) und dicht SW von P. 2885 auf den Nordgrat führt. Linksum über den Grat zur Spitze.

e) **Von Süden** und über den Südwestgrat. II = mäßig schwierig. Von der Chamanna da Naluns (3.15—4 h) über die Alpe Clünas süd- und westseitig unterm Piz

Clünas durch ins Hochkar zum Lai da Minschun, 2642 m, hinauf und entweder gerade nach N zur Spitze oder besser nach NW auf den SW-Grat und über ihn mäßig schwierig zum Gipfel. Geht man von der Schliverahütte aus, so überquert man entweder den Piz Clünas oder durch das Tälchen und über die Scharte nördl. von ihm in die Südflanke beim Minschun-See hinüber und weiter wie oben.

f) Auch über die West- oder Nordflanke sind unschwierige aber mühsame Aufstiege über Geröll und Schrofen möglich, besser und schöner geht man über die Grate, über den langen mäßig schwierigen bis schwierigen Nordgrat (II—III; 1.45—2 h von der Scharte 2799) oder über den noch längeren und sehr aussichtsreichen West- oder Nordwestgrat (II), den man aus dem Val Urschai ersteigt und durchaus begeht (4—4.30 h).

### Piz Champatsch, 2920 m; Piz Soer, 2917 m; Fil und Piz Spadla, 2868 m, 2926 m und 2912 m

**975**

Diese Kette begeht man am besten in einer großzügigen prächtigen Gratüberschreitung von der Schliverahütte über die Fcla. da Champatsch, 2770 m, wie bei R 442; dann gratentlang über alle Gipfel, wobei besonders der vom Piz Spadla nach SO über Mot da Set Mezdis, 2155 m, absinkende Grat einen idealen Gratgang zum Abstieg nach Sent vermittelt und auch umgekehrt sehr lohnt. 5.30—7 h von der Hütte bis Sent. Fil Spadla: 1. Skibesteigung am 19. 1. 1913 durch H. Frei, Schuls, allein. — Vgl. Bild 11!

**976—979** Offene Randzahlen für Nachträge.

# Gipfel und Pässe der Nord-Silvretta

## Die Vallülagruppe

**980**

a) Die Nordsilvretta umfaßt nur eine Gruppe: die Vallülagruppe. Die zwischen dem Straßenpaß „Bielerhöhe" im S und dem Zeinisjoch im N ganz freistehende Gruppe wird von der West-, Mittel- und Ost-Silvretta im Südhalbkreis umgeben. Sie bildet das Bindeglied zur Verwallgruppe N vom Zeinisjoch. Im W, S und O wird sie von den Vermunttälern umgrenzt: Untervermunt vom Loch bei Partenen bis zum Vermunt-Stausee Obervermunt — aus dem Schweizer und dem Groß-vermunt zusammengesetzt — im S zwischen den zwei Stauseen. Und Kleinvermunt im O von der Bielerhöhe bis Galtür-Wirl. Im N bilden die zwei Zeinisbäche

die Grenze. Bielerhöhe und Zeinisjoch und die Vallüla=
gruppe dazwischen bilden die europäische Wasser=
scheide Rhein=Donau und die Ländergrenze Vorarl=
berg-Tirol, geschmückt mit dem Silvrettasee und Kops=
speicher.

b) **Karten:** Der Leser findet die Gruppe auf unserer
Kartenbeilage und ganz prächtig auf der AV=SiKa mit
allen Grenztälern.

c) **Standorte:** Von Süden die Unterkünfte auf der
Bielerhöhe, R 220. Von Norden jene auf dem Zeinis=
joch, R 335, die durch die Zeinis-Silvretta-Straße mit der
Bielerhöhe verbunden sind. Vgl. auch R 242 und 338.
Außerdem kann man für Ostanstiege von Galtür, von
Westen auch von Partenen ausgehen. Die Gruppe bietet
ganz unschwierige und mäßig schwierige Aussichtsberge
und Grattouren und einige rassige Klettereien, alles in
allem ein kleines Bergparadies trotz dem Straßenring der
es fast ganz umschließt.

d) **Täler:** Die ganz aus den Gneisen des Silvretta=Kristallins aufge=
baute Gruppe umschließt nur ein Tal, das Vallülatal, eines
der schönsten Hochtäler der Silvretta. Beherrscht von der stolzen Val=
lüla birgt es alle Alpenschönheit: Bergwälder, Matten, Hochweiden,
Alpenseen, Ödland, Rundbuckel und Bergsturzhalden usw. Außer dem
Zugang von Partenen und den Wegspuren vom Zeinisjoch her über
das Kopser Jöchle ist das Tal von der unteren Alpe Vallüla ab meist
weglos, daher nur Berggewohnten zu empfehlen.

### 981

**Von Partenen in die Vallülatäler;** zur Unt. Alpe Vallüla 2 h, zum
Vallülasee 3.15—3.30 h, zum Sattel auf dem Sagg 4 h, s. Bild 4.
a) Vom Kirchplatz in Partenen auf der Silvrettastraße ca. 15 Min.
talein bis die Straße im sog. Loch die Ill zum zweiten Mal über=
schreitet und scharf rechtsum nach S ins Untervermunt einbiegt. An der
Biegung bei den Schuppen der Förderbahn verläßt man die Straße
nach links, nach O. Hier beginnt der Fußweg ins Vallülatal und
steigt im Zickzack nach NO u. O über die Wiesen empor am Wald=
rand, P. 1195 der AV=SiKa. Der Weiterweg ist nicht zu fehlen.
Immer in zahllosen Kehren über P. 1386 gerade steil nach O durch
den herrlichen Bergwald zur rauhem Bergpfad empor. Höher oben,
wo der Wald sich lichtet und verflacht und einen prächtigen Durch=
blick auf die Vallülaspitze freigibt, betritt man die ersten Talboden
der Vallülaalpe. Man geht nach S u. SO talein an einem Gebäude
der Illwerke (1702 m) links vorbei bis zur Talgabelung kurz vor der
Unteren Vallülaalpe (1746 m). Wegteilung:
b) **Ins Tal des Unteren Vallülabaches** geht man auf der
gleichen Talseite weiter westseitig an der Alphütte vorbei meist weg=
los nach Süden empor bis hinauf in das Hochkar oberhalb der Tal=
stufe. Von hier aus kann man unschwierig die Bielerspitze, ca. 2550 m,
erreichen, s. R 338. Geübte können auch über die Bielerspitze zur
Bielerhöhe übergehen. Nach Süden kann man den Krespersattel

484

ersteigen, nach Osten die Scharte zw. Großer und Kleiner Vallüla erreichen und diese Gipfel besteigen, s. R 985, 987.

c) **Zur Oberen Vallülaalpe,** durch das Tal des oberen Vallülabaches und zum Sattel auf dem Sagg überschreitet man bei der Wegteilung unweit der Unt. Vallülaalpe den Vallülabach unmittelbar unterhalb der Vereinigung der beiden Bäche (Brücke) und nun auf Steigspuren talein nach O links nördlich vom oberen Vallülabach entlang, später durch Legföhren steiler empor zu den Hütten der Oberen Vallülaalpe, 1890 m. Von hier aus kann man nach NO empor auf das Kopser Jöchle zw. dem Breiten Spitz und dem Saggrat und zum Zeinisjoch, s. R 242. **Zum Vallülasee** aber geht man weiter links- oder rechtsseitig des Baches talein und an schönen Gletscherschliffen vorbei zum breiten mit mehreren kl. Seen geschmückten aussichtsreichen Sattel „Auf dem Sagg" zw. Vallüla rechts und Ballunspitze links. Geübte können beide Gipfel von hier aus besteigen, s. R 989, 990 und 992 IV. Besonders lohnend ist auch der Besuch des aussichtsreichen P. 2343 am Südrand des Sattels und der einzigartigen Bergsturz- und Gletscherschlifflandschaft (Rundbuckel) bei P. 2323 am Nordfuß der Vallüla mit ungeheuren roten Bergsturzblöcken, vgl. mein Silvrettabuch S. 193 ff.

d) **Der Abstieg vom Sattel** „Auf dem Sagg" über „Budi" und den „Sonnenberg" ins Kleinvermunt ist sehr steil und nur für trittsichere Bergsteiger (s. R 990).

e) **Vom Zeinisjoch ins Vallülatal,** s. R 338, von der Bielerhöhe, s. R 242.

## Bielerhöhe, 2071 m

**982**

a) Über die Unterkünfte (Hütten, Hotel und Gasthof) an der Bielerhöhe, ihre Zufahrten usw., s. R 220. Über die Silvrettastraße s. R 100—104.

b) Man bezeichnet mit dem Namen Bielerhöhe (richtig: Büalerhöhe, Ton auf dem ü) heute zwei Landschaftsräume: die Paß- und Hügellandschaft gleichen Namens bzw. deren Höchstpunkt, 2071 m, nördl. vom Nordrand des Silvrettasees. Außerdem meint man damit den Straßenpaß selber, dessen höchster Punkt der Silvretta-Hochalpenstraße, 2032 m, ca. 100 m westl. vom Hotel Silvrettasee liegt.

c) Die Bielerhöhe ist das Herzstück von Vermunt. Vermunt ist das Herzstück der österreichischen Silvretta und eine der erdgeschichtlich, natur- und heimatkundlich merkwürdigsten Landschaften im ganzen Alpenraum. Ich habe dem Bergraum Vermunt in meinem Silvrettabuch ein umfangreiches Kapitel gewidmet und darf dorthin verweisen. (5. Auflage 1961, S. 150: „Vermunt—Antlitz und Geschichte eines Bergraumes", mit mehreren Bildern.)

Bielerhöhe: Die Nomenklaturkommissionen sind übereingekommen, die zwei Worte (regelrecht: Bieler Höhe), z u s a m m e n zuschreiben, weil das Wort **ein Begriff** geworden ist. Die richtige Aussprache der Montafoner „Büahler=Höhi" erklärt die Herkunft vom walserischen Büahl, Bühel, Büel = Hügel, Anhöhe.

## Bielerspitze, ca. 2545 m

**983**

a) Die Kote 2506 der AV-SiKa bezeichnet einen kl. Sattel 200 m NO des rund 20 m höheren Gipfels (in der alten ÖK 2544 m), der auf der Steiganlage und Führe, R 242 a u. b ganz unschwierig zu ersteigen ist. Er wird daher jenen weniger geübten Besuchern der Bielerhöhe empfohlen, die einen schönen alpinen Aus= sichtspunkt rasch und nicht zu schwierig erreichen wol= len. (Vor einer Besteigung der schwierigen Vallüla durch Ungeübte wird ausdrücklich gewarnt!)

b) D i e R u n d s i c h t von der Bielerspitze ist nicht sehr weit= reichend aber ganz großartig: in der Tiefe der Silvrettasee, dahinter links das Ochsental (zur Wiesbadner Hütte), rechts das Klostertal (zur Roten Furka an der Schweizer Grenze). Zw. den 2 Tälern der vergletscherte Silvrettahorn=Kamm mit Schattenspitze und Egghörnern. Links davon, hinten im Ochsental, der Ochsentaler Gletscher mit dem Gr. u. Kl. Piz Buin, 3312 m, an der Schweizer Grenze (Grau= bünden). Links vom Ochsental das Hohe Rad und links von ihm das Bieltal mit den vergletscherten Bieltaler Bergen im Hintergrund; links anschließend jenseits vom Tal Kleinvermunt (Richtung Galtür im NO) im O der Kleinvermuntkamm.

Rechts vom Silvrettasee und Klostertal die Lobspitzen mit der Berg= sturzhalde an der Vd. Lobspitze rechts. Im SW hinter dem Tal Groß= vermunt (mit der Silvrettastraße nach W hinab und rechts hinunter ins Montafon nach Partenen) und hinter dem Kromertal ragt der schroff gezackte Valgraggiskamm und der massige Hochmaderer ganz rechts. Rechts davor der nahe Schattenkopf und Kresperspitz. Im NW u. N jenseits des Vallülatales und Montafon=Talschlusses die Ferwall= berge über Partenen=Gaschurn. Im NO die Kl. u. Gr. Vallüla.

c) D i e A n s t i e g e auf die Bielerspitze sind unschwie= rig oder mäßig schwierig.

d) **Von der Bielerhöhe direkt auf die Bielerspitze** siehe R 242 a u. b; 1.15—1.30 h.

e) Vom Krespersattel, 2445 m, kann man mäßig schwierig über den W e s t g r a t auf die Bielerspitze steigen, 25—35 Min., s. unten f. Besonders lohnend für Geübte ist die Gratwanderung zum oder vom Schattenkopf, schwieriger dagegen der Gratübergang zur Kl. Vallüla, s. R 985.

f) K r e s p e r s a t t e l, 2445 m, heißt der Sattel zw. Bielerspitze und Schattenkopf. Von N zum Sattel, s. R 981 a u. b u. R 338.
Von Süden von der Bielerhöhe zum Sattel 1.15—1.45 h über Steilrasen und Schrofen. Besser nicht direkt zum Sattel hinauf sondern rechts **oder** noch besser aber weiter links zw. P. 2213 u. 2231 (Kote 2213

falsch kotiert, muß 2313 heißen!). Man gelangt so auf die Hochstufe, 2200 m und von dort nach NO zum Sattel.

## Schattenkopf, 2654 m; Kresperspitz, 2620 m

**984**

a) Die 2 Gipfel bilden eine Einheit trotz der trennenden Scharte. Man überschreitet sie am besten zusammen über die Grate von W nach O zum Krespersattel und weiter zur Bielerspitze, sehr lohnende Gratwanderung. II = mäßig schwierig, 3.30—4.15 h über alle vier bzw. drei Gipfel von der Bielerhöhe: Auf der Silvrettastraße nach W bis P. 1999, dann W von P. 2241 schräg links nach WNW auf den Westgratrücken des K r e s p e r s p i t z hinauf, ca. 2300 m, 1 bis 1.15 h (oder vom Seespitz beim Obervermuntwerk am Vermunt-Stausee über P. 2040 hierher, 1.20—1.40 h). Weiter immer am W-Grat steil und plattig (Ausweichen links) über den Kresperspitz (2620 m; 0.45—1 h) zum Schattenkopf (2654 m; 0.45 h) und zum Krespersattel hinab, hier Ausweichen rechts; 30 Min. unschwierig weiter zur Bielerspitze, s. R 983 e.

b) Auch die Steilschrofen der Südostflanke des Kresperspitz zur oberen Westgratschulter hinauf wurden schon durchklettert. Vorsicht wegen Kreuzottern im heißen Gewände!

c) Über den NW-Grat des Schattenkopfes liegt keine Beschreibung vor.

d) Z a f e r n e r (Zaferna): Der nach Norden ziehende ungemein reich getürmte vielfach begrünte Grat heißt **Zaferner**. Ton auf dem a! Der kotierte Gipfel, 2333 m, läßt sich von S u. O mäßig schwierig ersteigen. Von den übrigen Gratpunkten und Türmen sind keine Führen bekannt.

## Kleine Vallüla, 2643 m

**985**

Ein hübscher ganz selten besuchter kl. Felsgipfel.

a) Über den S ü d g r a t, II—III; 2—2.15 h von der Bielerhöhe. Wie bei R 242 in den Gratsattel, 2506 m, zw. Bielerspitze und Kleiner Vallüla und von dort dem anfangs breiten und flachen, später schmäleren Gratrücken entlang, zuletzt in schwieriger Kletterei zur Spitze. Ausweichen meist links.

b) Über den N o r d g r a t, II—III; 2.15—2.30 h. Wie bei R 987 bis unter die Scharte zw. Kl. u. Gr. Vallüla und weglos zur Scharte hinauf und linksum über den Nordgrat, ausweichen rechts, zur Spitze.

## Große Vallüla, 2813 m

**986**

a) Meist kurz V a l l ü l a, sprich Fallüla. Die schöne Pyramide ist das Wahrzeichen des inneren Montafons, s. Bild 1, 3 u. 4. Ein idealer Aussichtsberg mit sehr hübschen Anstiegen vom Klettersteig für Geübte bis zum sehr schwierigen NW-Grat. Zu seinen Füßen die romantische Öd- und Seelandschaft der Vallülatäler.

b) Der 1. bekannte T o u r i s t war 1866 der bergfrohe Frühmesser Battlogg von Gaschurn. Aufstieg von Süden. Er war noch oft oben und hat auch eine Nacht auf der Spitze verbracht. Auch die Nordflanke wurde bald öfter durchstiegen. Den Ostgrat erstiegen erstmals H. Seyffert, Dr. Dittmann und Pfarrer Engelhardt am 10. 8. 1900. Den schwierigen NW-Grat überkletterte Emil Gretschmann am 27. 8. 1921.

c) Der Name des als Grenzmark wichtigen, früher auch manchmal Flammspitze genannten Berges ist wieder sehr alt. Er erscheint im Bludenzer und Landecker Urbar 1610 u. 1612 als „Vallül"spitz, 1778 Vlüllner Berg, so wie die Montafoner auch heute noch „flülla" sprechen. Nach Finsterwalder „regelrecht aus rom. vallucula = ‚Tälchen' entstanden". Also etwa = Tälispitz.

d) Die Rundsicht von der Vallüla ist durchaus einmalig: 1. weil man nur von diesem Gipfel sowohl das Montafon wie das Paznaun ganz überblicken kann; und 2. weil der ganze Silvretta-Hauptkamm im Südhalbkreis wie ein künstliches Panorama aufgestellt ist:

Im O der Vermuntkamm, dahinter der Jamtaler und hinter ihm der Larainkamm. L. u. r. über dem Larainkamm mehrere Samnaungipfel, Vesilspitze links und Muttler-Stammerspitze rechts. Dahinter am Horizont im O mehrere Ötztaler Gipfel.

Im OSO die Bieltaler Berge und dahinter links das markante dreigipfelige Fluchthorn, rechts der breite Augstenberg, dazwischen rückwärts die Tasnagruppe. Hinter dem Trog des Bieltales die Bieltaler-Ochsentaler Gletscher und Berge. Rechts vom Bieltal das Hohe Rad (runde Felskuppe) und dahinter (dicht rechts über dem tief vergletscherten Vermuntpaß) der massige Große Piz Buin, rechts daneben die Kleine, genau im Süden. Rechts hinter dem Hohen Rad und jenseits des Ochsentales der Silvrettahornkamm, rechts davon das Klostertal bis zur Rotfurka hinauf, darüber herein die Platten- und Ungeheuerhörner in der Südsilvretta und rechts dahinter am Horizont die Albulagruppe in Graubünden.

Rechts W vom Silvrettasee die Lobspitzen, rechts dahinter Groß-Litzner und Seehorn. Von dort nach rechts im SW u. W bis ins Montafon herab in 4—5 Kämmen hintereinander die Westsilvretta bis zum massigen Hochmaderer im W. Dahinter die Rätikongruppe weithin nach rechts bis NW: ganz links im W die Madrisagruppe bei Gargellen, in der Mitte weiter rechts die befirnte Schesaplana und noch weiter rechts das Felshorn der Zimba. Dahinter im WSW u. W im Durchblick die Glarner und St. Galler Alpen. — Im Nordhalbkreis zw. Montafon links und Paznaun rechts: vorne die Ferwallgruppe in ein bis zwei Kämmen, dahinter schauen Lechtaler Kalkalpen vor.

e) Die Anstiege auf die Vallüla weisen alle Grade vom II. bis IV. Grad auf. Jeder Anstieg ist in seiner Art lohnend. Ungeübte seien ausdrücklich davor gewarnt, sich durch die Steiganlage (nur bis zum Einstieg!) täuschen zu lassen! — Die Scharte im Südgrat am Oberende der Einstiegsrinne (R 987) heißt Vallülascharte.

**987**

**Von Süden auf die Vallüla.** I—II = unschwierig bis mäßig schwierig; 2.45—3.15 h von der Bielerhöhe. Steiganlage bis zum Einstieg („Halberstädter Weg"), teilweise Tritt- und Steigspuren auch am Berg selber.

Wegen der steilen, meist noch schneegefüllten (ver=
harschten oder vereisten) Einstiegsrinne (Schlucht) zu
Zeiten schwierig (III) und gefährlich und nur mit Berg=
schuhen und für Geübte oder mit Führer!
a) Wie bei R 242 a auf die begrünte Hochstufe des
Maißboden, ca. 2350 m und weiter in gleicher Rich=
tung auf dem „Halberstädter Weg" nach N, zuerst waag=
recht, dann sanft ansteigend unter der Kl. Vallüla durch
gegen den Sattel zw. ihr und der Gr. Vallüla empor.
b) Der Sattel wird aber nicht betreten. Der Weg biegt
vorher rechts unter dem 1. Turm des Vallüla=Südgrates
durch nach O ab und um ihn herum in das dahinter
liegende Kar am Fuß der SO=Flanke des Berges hinauf.
Durch dieses Kar empor (wo sich der Weg am Berg=
fuß verliert) bis in den höchsten Winkel, wo eine
steile Rinne oder Schlucht in die Vallülascharte im
Südgrat hinaufführt. Die oft sehr steil mit Schnee ge=
füllte Rinne wird bis in die Scharte hinauf durchstiegen
(und auf diese Weise die unteren Südgrattürme um=
gangen).
c) Von der Vallülascharte wenige Schritte jenseits nach
W hinab, dann rechts empor und durch eine Rinne
oder kl. Kamin und über einige kl. Stufen wieder
rechtshin auf den Südgrat. Man überschreitet den Grat
in die SO=Flanke hinüber. Der Weiteraufstieg vollzieht
sich in dieser eingebuchteten SO=Flanke auf deutlich
ausgetretenem Klettersteig und über die steilen begrün=
ten Felsflanken in kurzen Kehren empor bis zum
Gipfel.

**988**

Über den Südgrat auf die Vallüla. II—III = mäßig schwierig
bis schwierig, 3.15—3.30 h von der Bielerhöhe. Hübsche Kletterei,
die schönste der leichteren Führen.
Wie bei R 987 a bis unter die Scharte zw. Gr. u. Kl. Vallüla. Der
1. Turm des Vallüla=Südgrates kann noch auf dem Vallülaweg rechts
ostseitig umgangen werden, dann links nach W auf den Grat empor,
dessen nächste Türme alle rechts ostseitig auf Rasenbändern und
Schrofen umgangen werden, aber auch überklettert werden können,
z. T. schwierig (III). Auch der vorletzte überhängende Turm wird
rechts auf einer Platte umgangen in die Scharte vor dem letzten
Turm. Er ist direkt aus der Scharte nicht zu ersteigen. Man klettert
deshalb eine Seillänge auf einem breiten Band links westseitig hinab,
steigt dann rechts auf eine Platte über, die schräg links dann hori=
zontal gequert wird, bis man gerade empor die Westkante des Turmes
gewinnt. Über Platten in die Vallülascharte hinter dem Turm. Hier
mündet von rechts, O, die S=Führe, R 987 ein. Man kann ihr (wie

dort bei c) folgen, klettert aber ungleich schöner, wenn auch schwieriger, weiter über die hübschen **kl.** Türme des direkten Südgrates
zum Gipfel; 1.30 h vom Einstieg.

### 989

Über die Nordflanke. II (III), 1.30—2 h und mehr von der
Vallülganda (2323 m), sehr von den Firnverhältnissen abhängig; bei
Ausaperung oder Vereisung nicht ratsam, Steinschlag! Zugang wie
bei R 338 oder 981 oder 990. Bemerkung: Das Wort Ganda der
AV-SiKa muß genau 10—12 mm nach N gerückt werden, dann
steht es auf der richtigen Vallülganda, dem ungeheuren Bergsturz-
Trümmerfeld am Fuß der Nordflanke. Durch diese Flanke zieht
wenig östl. von der Gipfelfallinie eine unten breite steile Schneerinne
(Couloir) empor. Durch diese Rinne steigt man gerade empor, zw.
dem a und n von ‚Ganda' gegen das ü von ‚Vallüla' so hoch als es
der Firn erlaubt. Dann schräg links hinaus und hinauf auf den
obersten Ostgrat und über ihn rechts zur Spitze. Auch als Abstieg
geeignet, bei gutem Firn und Auslauf abfahren möglich!

### 990

Über den Ostgrat. II—III, 2 h vom Einstieg, 5—6 h von Galtür.
a) Von Galtür wie bei R 228 ins Kleinvermunt bis zu den Vermunt-
seen. Von hier schräg westl. am Hang empor, Steigspur über P. 1901
und über „Budi" (auch „Sonnenberg") in den Gratsattel **„Auf dem
Sagg"** (um 2300 m) zw. Vallüla und Ballunspitze. (Hierher auch
von W wie bei R 981 oder von N, vom Zeinisjoch, s. R 338.)

b) Von der Sattelhöhe (ca. 2300 m) links nach S. über P. 2343 zum Fuß
der Nordflanke des Ostgrates. Durch eine Geröllrinne, später über Fels-
zu einem Firn- (oder Schutt-)feld, das man links oberhalb oder überquert, dann über Felsblöcke auf die Ostgratschneide, die über verschiedene Stufen und Türme hinweg oder da und dort in die Flanken
ausweichend bis zum Gipfel gratentlang verfolgt wird.

### 991

Über den Nordwestgrat. IV = sehr schwierig, 5—6 h vom
Einstieg. Prächtige aber sehr schwierige Urgesteinskletterei, weitaus
schönster Anstieg für gute Kletterer. Zugang am besten von der
Bielerhöhe über die Vallülascharte. Wie bei R 987 in die Scharte
und jenseits in das Kar hinab nach NW. Hierher natürlich auch von
W aus dem Unteren Vallülatal, s. R 981 oder vom Zeinisjoch, siehe
R 338.

b) Von hier auf Gemswechsel in die Scharte NW vor dem allein-
stehenden Turm des NW-Grates. Man ersteigt den Gipfel des
Turmes wendeltreppenartig bis zum höchsten Punkt. Leicht in die
Scharte vor dem nächsten Turm hinab. (Links im NO riesige Plattenschüsse.) Auf der Steilkante des Grates direkt empor in schwieriger Plattenkletterei. Von der Spitze des Turmes schwierig in die
nächste Scharte. Dann nicht rechts, SW ausweichen, sondern links
auf der noch abweisenderen Nordostseite bleiben. Weil der glatte
2 Mann hohe Überhang nicht abwärts geklettert werden kann, steigt
man links im NO durch eine Verschneidung hinab, etwa 10 m, dann
10 m schräg aufwärts querend und sich um die Ecke herumdrückend,
dann über eine Platte auf den sehr scharf sich zusammenschnürenden
Grat, der nun den Zugang zum nächsten Turm freigibt. Immer noch
schwierig über den nächsten Turm, direkt an der Gratkante sich
haltend zum höchsten Punkt der Vallüla.

## Ballunspitze, 2671 m

**992**

a) Was die Vallüla fürs Montafon, ist die Ballunspitze fürs Paznaun: das Wahrzeichen von Galtür. Das prächtige Horn bietet einige hübsche Kletterführen und einen schönen Paznaunblick auf Galtür, aufs Zeinisjoch, ins Kleinvermunt und z. T. auch in Richtung Montafon.

b) Weilenmann berichtet, der Pfarrer von Galtür habe den Berg (vor 1861) schon bestiegen. Die 1. verbürgte Besteigung erfolgte von N am 6. 7. 1882 durch E. Zöppritz mit Ignaz Lorenz d. Ä. Den NO-Grat beging St. Bock am 28. 8. 1901, den SW-Grat erkletterte E. Schlemmer 1925, einen neuen Anstieg von NO fand Eickhoff am 2. 9. 1938 und von SO H. Walter und L. Krasser ebenfalls 1938.

c) Ballun (Ton auf dem u) heißt der Heimathof der Bergführerfamilie Lorenz (daher mit dem Übernamen ‚Balluner') in Galtür. Wirl am Fuß des Berges. Nach diesem Hof wurde der Berg benannt. Ballun (urkundl. schon 1624, später Wollun) nach Finsterwalder zweifellos aus rätorom. Vallun = Lawinenzug.

**993**

Die Anstiege sind sich ziemlich ähnlich. Die rassigste aber auch schwierigste Führe ist die über den SW-Grat.

I. **Von Nordwesten her.** II, 2.45—3.30 h vom Zeinisjoch. Vom Joch über die Kopser Alpe bis unter die Nordhänge des Saggrates empor und dann links nach O an Bergfuß. Über steile Schutthänge und Felsbänder mühsam direkt zum Gipfel.

II. **Von Nordosten.** III = schwierig, 3.15—3.45 h von Galtür. Es gibt zwei verschiedene Führen von Nordosten:

a) **Über den Nordostgrat.** Von Galtür über Wirl die Hänge schräg SW empor bis unter die Südflanke des NO-Grates. Über steile Schrofen zum Grat, der dort erreicht wird, wo sich ein Überhang zum Ostgipfel aufschwingt. Zunächst nach links über plattige Schrofen in die Südwand hinaus und über Blöcke zu einem etwa 5 m langen schmalen Gesimse, das einen Quergang nach rechts zu einem griffarmen Kamin vermittelt. Durch diesen und einen folgenden etwas kürzeren Kamin zu einem kl. Überhang empor und über leichtere Schrofen auf den Ostgipfel; ohne Schwierigkeit zum wenig höheren Hauptgipfel hinüber.

b) **Durch die NO-Flanke.** Von Wirl über Rasenhänge direkt auf den NO-Grat zu. Unterhalb der 1. runden Gratkuppe biegt man rechts in die NW-Flanke aus. Dicht unter dem Grat steigt man über Schutt, dann durch eine große Rinne und zuletzt über eine Plattenflucht gegen den Sattel unter dem Überhang der Gipfelwand an. Von dort steigt man links haltend über grasdurchsetzte Schrofen des NO-Grates zu einem auffallenden Block. Im weiteren Quergang nach links in die NO-Flanke etwas absteigend zu einigen ausgesetzten Blöcken. Über diese gerade empor ins die Scharte zw. Ost- und Hauptgipfel, dann über leichten Fels erreicht (Eickhoff).

III. **Von Südosten.** II—III, 3—3.30 h von Galtür. Wie bei R 228 ins Kleinvermunt bis zum Gr. See. Nun über steile Rasenhänge NW empor, dann nach N haltend bis zu einer auffallenden Schulter im

SO=Grat. Von hier über sehr steile rasendurchsetzte Schrofen direkt zum HG.

IV. Über den Südwestgrat. III—IV = schwierig bis sehr schwierig, 1 h vom Einstieg. Zugang zur Scharte am Gratfuß zw. Saggrat und Ballunspitze entweder von N oder von S, von N unschwierig, von S vom Sattel „Auf dem Sagg" (s. R 981 und R 990 a!) schwierig über P. 2576 oder leichter links (W) um ihn herum und zur Scharte hinauf.

**Von der Einstiegsscharte in schöner aber schwieriger und ausgesetzter Kletterei immer am SW=Grat entlang bis zur Spitze.**

## Saggrat, 2498 m und 2363 m
## Breiter Spitz, 2203 m; Birkhahnkopf, 2213 m

**994**

**a)** Der Saggrat W der Ballunspitze kann über die Grate und da und dort auch über die Flanken z. B. von N auf P. 2498, erstiegen werden. Näheres nicht bekannt.

**b)** Der Breite Spitz im W und der Birkhahnkopf im O der Alpe Kops sind beliebte Skimugel und auch im Sommer sehr lohnende Aussichtspunkte. Vom Zeinisjoch oder Galtür, 1.15—2.15 h je nach Weg und Ziel.

## Zeinisjoch, 1842 m

**995**

Auf der europäischen Wasserscheide Rhein/Donau und der Ländergrenze Vorarlberg/Tirol. Wasserscheide und Grenze liegen etwa gut 1 km östl. vom Zeiniswirtshaus bzw. Alpkogelhaus. Alles Nähere über diese beiden Berggasthöfe als Standorte, ihre Zugänge usw. s. R 335 bis 339.

Das Zeinisjoch ist ein sehr alter Übergang zw. dem Paznaun und Montafon, Tirol und Vorarlberg. Das eigentliche Joch, 1842 m, bietet eine sehr seltene orogr. Merkwürdigkeit, eine sog. B i f u r k a t i o n, d. h. eine verkehrte Bachgabel: der von N direkt zum Joch herab= fließende Zeinis=Quellbach gabelt sich nämlich a b w ä r t s dicht N vom Joch, so daß der eine kleine Wasserlauf (ein und desselben Baches!) nach O in die Donau, der andere nach W in den Rhein fließt! Die Bifurkation ist in der AV=SiKa eingetragen.

996—999 Offene Randzahlen für Nachträge.

# Gipfel und Pässe der Süd-Silvretta

**1000**

a) Das Verstanklator trennt die Südsilvretta von der Mittelsilvretta und vom Haupt- und Grenzkamm ab. Ihre Süd- und SW-Grenze, Flüelapaß und Wolfgangpaß, decken sich mit der Gruppengrenze, s. R 12. Ein Blick auf unsere Kartenbeilage oder das Übersichts- kärtchen bei R 11/12, Seite 34, zeigt also, daß die Südsilvretta ganz auf Schweizerboden liegt, ja so weit nach S aus dem Hauptkamm heraus und damit von der österr. Silvretta, d. h. von den AV-Hütten abgerückt ist, daß sie praktisch überhaupt nicht mehr im Bereich eines „Alpenvereinsführers" liegt. Rein theoretisch betrachtet, könnte man sie also ganz weglassen, so wie dies umgekehrt der SAC-Clubführer (s. R 55) für die Nordkämme der österr. Silvretta getan hat. Dies wäre aber in unserem Falle eine schlechte Lösung, nicht nur weil einige Gipfel noch von AV-Hütten aus erreichbar sind, sondern vielmehr deshalb, weil der höchste Gipfel der Sil- vretta, der Piz Linard, 3410 m, dort liegt und außerdem noch einige berühmte und sehr lohnende Berge, darunter die vielleicht stolzesten Silvrettaberge, die Verstanklagruppe, ferner die wilden Ungeheuer- und Plattenhörner, das edle Flüela-Weißhorn im prächtigen Jöri- Flüelagebiet und der „billigste" Aussichtsberg der Südsilvretta, das Pischahorn. Vgl. Bild 25—27, 31.

b) Wir wählten deshalb einen Mittelweg: Wir be- schrieben die Standorte der Südsilvretta, R 350 ff., **ganz eingehend und für jedermann,** vor allem Berghaus Vereina (R 352) und die Linardhütte (R 370), sowie Marangun-Lavinuoz, R 410, Flüela-Gasthöfe, R 121.

c) Für die Gipfeljäger aber werden die wich- tigsten Gipfel und deren dankbarste Anstiege heraus- gehoben — aber auch dies in knappster Sachlichkeit — alle übrigen aber kürzer behandelt. Wer sich sehr ein- gehend mit diesen (meist untergeordneten) Bergen be- fassen will, findet sie in der 1. Aufl. 1924 dieses Führers, notfalls in alpinen Büchereien u. im SAC-SiFü R 55.

d) Karten: Die Übersicht über die ganze Südsilvretta findet sich auf unserer Kartenbeilage und auf der Übersichtskarte R 49, die als Wanderkarte genügt. Die ganze Verstanklagruppe und derVereina- kamm mit dem Vernelatal sind noch auf der AV-SiKa trefflich dar- gestellt. Man findet sie außerdem, wie die übrige Silvretta (für die sie unentbehrlich ist) auf der LKS (s. R 51) und zwar auf den Blättern 497 (Pischa-Flüela) und 498 (Verstankla-Linard) bzw. 248 und 249.

e) Täler: Während die kleine Linardgruppe in jeder Hinsicht eine Sonderstellung und ihre eigene Hütte beansprucht, aber auch im **Val Glims, Val Sagliains und Val Lavinuoz-Muntanellas** ihre eigenen ihr ebenbürtigen Täler besitzt, ist die ganze übrige Südsilvretta in schlechthin idealer Weise im Südhalbkreis um das prächtige V e r - e i n a t a l und seine vielartigen einzigschönen Quelltäler geordnet: **Vereinatal, Süsertal, Jörital, Eisentäli** (und Novaier Täli). Sie alle laufen im Bereich des Standortes **Berghaus Vereina** zusammen und sind daher auch von dort aus mit all ihren Umrahmungen zugänglich, ja sogar noch die Linardgruppe von W, nämlich über den Vereinapaß. Während das Vernelatal und das oberste Val Sagliains Inbegriffe wildschöner hochalpiner Ödlandschaften sind, sind das Süser und das Jörital Typen alpiner Weide= und Alplandschaften unter den Firnen, das Jörital außerdem mit den schönen Jöriseen geschmückt.

f) Die ganze Südsilvretta liegt im Bereich des „Urgesteins" des Sil= vretta=Kristallins: Gneise aller Art, Schiefergneise (Fleß=Flüela=Ge= biet), Granitgneise (Verstanklagruppe) und Hornblendegneise (Li= nard=Platten= und Ungeheuerhörner) bauen diese Berge auf. Die Vergletscherung ist (außer im Nordosten um die Verstanklahörner) zwar gering aber trotz Schwund noch immer ein schöner Firnschmuck der Nordflanken der meisten Talschlüsse und Gipfel.

## Die Verstanklagruppe und der Vereinakamm

**1001**

bilden eine Einheit, einen langen west=östlichen Kamm, der im Verstanklahorn, 3289 m, als Höchstpunkt kurz nach S geknickt ist, im N vom Verstanklator, im S von der Fuorcla Zadrell begrenzt. Die Wintertäli=Furgge, 2751 m (zw. Bürgenkopf und Östl. Wintertälikopf, 2825 m), trennt die Verstanklagruppe vom Vereina= kamm, der seinerseits im N u. S von ernsten Hochtälern begleitet ist: Wintertäli, Roggentäli, Augstboden (mit schönen Seen!) und Ochsentäli — einzigartige Land= schaften für Einsamkeitsfanatiker!

a) In der **Verstanklagruppe** stehen die wildesten und schwierigsten Silvrettaberge, im **Vereinakamm** eine Großzahl einsamer unschwieriger und sehr lohnender Aussichtsberge, also: für jeden etwas. Die ganze Ver= stanklagruppe besteht aus Granitgneisen, daher die schroffen Formen.

b) Das Verstanklator wurde bereits unter R 697 beschrieben.

## Torwache, 3186 m

**1002**

a) „Das verkleinerte Ebenbild des Verstanklahorns", mit dem sie durch den Verstanklasattel verbunden ist. Von W u. O ein kühnes Horn, von N u. S eine breite turmreiche Gratwand über den Gletschern (s. Bild 25, Ziffer 8). Wegen ihrer oft vereisten Flanken fast immer ein ernstes Unternehmen, die Überschreitung aber eine rassige Bergfahrt in gewaltiger Umgebung.

b) Den schönen Namen gab ihr Coaz: die Wache am Verstanklator. Die ersten Bergsteiger waren keine Geringeren als unser Ludwig

Purtscheller, Heinrich Heß und Carl Blodig am 5. 9. 1888 über den SO=Grat. 1. Ersteigung von N vom Tor und 1. Überschreitung zum Verstanklahorn: F. Malcher und M. Pfannl am 30. 7. 1905.

c) Z u g ä n g e : Zum Nordfuß bzw. auf Paraid alba am SO=Gratfuß am besten von den Silvrettahütten/SAC (s. R 400—402) oder von der Wiesbadner H. (R 260) oder von der Tuoihütte (R 422 u. 401) oder von Marangun=Lavinuoz wie bei R 413.

d) A n s t i e g e : Am besten überschreitet man die Torwache von SO nach SW zum Verstanklasattel oder umgekehrt. Abstieg vom Verstanklasattel nur nach SO zu empfehlen (III), Vorsicht auf Wächte! Nach und von NO zum Sattel sehr schwierig, infolge Ausaperung heikel und steinschlägig (IV). Großartig aber sehr schwierig: Übergang zum Verstanklahorn.

e) V o n N o r d e n auf die Torwache II—III = mäßig schwierig bis schwierig, 1.30 h vom Verstanklator. Man quert vom Tor schräg rechts (W) empor gegen die Wand, steigt über eine erste kl. Felswand zu einer Geröllstufe (Firn) hinauf und weiter in mäßig schwieriger Kletterei, bei Vereisung schwierig, gerade empor durch die Nordwand zum Gipfel.

**1003**

**Überschreitung der Torwache** von SO nach SW und Übergang zum Verstanklahorn. III—IV =schwierig bis sehr schwierig; 3—4 h vom Einstieg zum Verstanklasattel, weitere 2.30—3 h aufs Verstanklahorn. Großartige Gratkletterei.

a) Wie oben bei c von N oder S auf Paraid alba, die dem SO=Grat vorgelagerte Schulter. In anregender aber nicht zu schwieriger Kletterei auf den östl. Vorgipfel. Von hier steigt man auf der Südseite in ausgesetzter Kletterei ein wenig ab und quert dann wieder rechts nach W zum Grat, der unter Umgehung einiger Zakken auf deren Nordseite, weiter verfolgt wird. Zuletzt über eine Platte auf den Gipfel.

b) Vom HG, 3186 m, immer am Südwestgrat in prächtiger luftiger Kletterei und über einen kl. Zwischengipfel in den Verstanklasattel hinab. Zum Abstieg vom Sattel nach S, s. oben bei 1002 d.

d) **Über den Nordostgrat auf das Verstanklahorn** (III—IV), 2.45 bis 3.15 h; s. Bild 25 von Ziffer 9 links herab. Von der Scharte die ersten 20 m sehr schwierig an der Gratwand empor, dann über den steil aufsteigenden Grat in teilweise schwieriger Kletterei bis zu einem Gratturm. An ihm so hoch als möglich empor, bis ein Überhang nach rechts drängt. Hier nicht schwierig in eine steile Rinne und durch diese auf den Turm. Jenseits hinab und über den Grat zur obersten Wand des nächsten Aufschwunges. Nach rechts hinaus und wieder zurück auf den Grat, dann über steile Platten und einen Überhang zum Gipfel des Verstanklahorns (s. 1004 u. 1005b für den Abstieg).

**1004**

a) Was die Dent Blanche für das Wallis, ist das Ver=
stanklahorn für die Silvretta: der rassigste, schwierigste
Gipfel von wildestem Ansehen, besonders von N, NO
u. NW. Seine finstere Nordwand bildet mit jenen der
Verstanklaköpfe die düsteren Verstanklawände, das
Schaustück der Umrahmung des Silvrettagletschers und
der Cudèra. Das Horn ist nach dem Linard, Fluchthorn
und Buin der vierthöchste Gipfel der Silvretta. Der
Verstanklasattel trennt das Horn von der Torwache,
die Verstanklalücke, 2978 m, von den Verstanklaköpfen,
der Vernelasattel, 3135 m, vom Chapütschin. Vgl.
Bild 25, Ziff. 9 und Bild 26 Ziffer 4.

b) Der Name ist aus dem Verstanklatal emporgestiegen, nach Hub=
schmied einst Val stancla, vom rätischen ,stankel', Bezeichnung für
eine dürre Wettertanne, die dort zahlreich zu finden sind; also das
,,Wettertannental'' und sein Berg. Nach Finsterwalder heißen die
Verstanklahörner (womit das Horn und die Torwache gemeint sind)
im Unterengadin ihrer Gestalt wegen auch Yal und Yalina = Hahn
und Hennel

c) Aus der überreichen **Ersteigungsgeschichte** nur das Wichtigste:
1. Ersteigung über die SO=Flanke am 7. 9. 1866 durch die Schweizer
J. Jacot und Landammann Florian Brosi mit dem berühmten Führerpaar
Jann und Jegen aus Klosters. 1. Ersteigung von SW (Vernelaseite)
durch Führer L. Guler allein am 20. 8. 1881. Am 17. 8. 1880 führten
Jann und Guler ihren Herrn R. v. Rydzewski, erstmals von N zum
Verstanklasattel und durch die N=Flanke des NO=Grates zur Spitze.
Durch die sehr schwierigen Verstanklawände auf den unteren NW=
Grat und über ihn zur Spitze stiegen W. Paulcke und W. v. Frerichs
am 28. 8. 1897. Den ganzen NO=Grat (s. R 1002 b) begingen F.
Malcher und M. Pfannl 1905 erstmals. Die 1. Ersteigung über die
finstere Nordwand gelang W. Flaig und E. Fritsch am 14. 8. 1923.

d) Die Fernschau von diesem hohen Gipfel, den nur der Piz
Linard wenig überragt, ist natürlich gewaltig und umfaßt die ganzen
westl. Ostalpen und östl. Westalpen, von den Ötztaler Alpen im O
bis zu den Walliser und Berner Alpen im W, vom Ortler, Adamello,
Bernina und Bergell bis zu den Lechtaler Alpen im N, von der
Adula=Rheinwaldgruppe im SW bis zu den Ferwallbergen im N.
Ganz Graubünden, die Ostschweiz, die Glarner und St. Galler
Alpen, die Vorarlberger und Westtiroler Alpen sind ringsum auf=
gestellt.

e) Die Anstiege sind durchwegs schwierig oder doch
sehr wechselnd, weil sie vielfach über Firn und Firn=
rinnen führen. Der einfachste Anstieg ist der von SW,
s. R 1005. Gute Kletterer überschreiten den Berg von
NO oder NW nach S und am besten weiter über den
Chapütschin in die Fcla. Zadrell.

f) Die Führe über den NO=Grat wurde unter R 1003 beschrieben, der Zugang dazu und zum Verstanklasattel unter R 1002 c u. d.

g) Über den vieltürmigen **N o r d w e s t g r a t**, III (IV), steigt man von der Verstanklalücke (s. R 1011) in ca. 3—4 h zur Spitze (vgl. Bild 26, von Ziffer 4 links herab). Die Überkletterung aller Türme ist sehr schwierig (IV) und zeitraubend, man umgeht deshalb die großen Türme und Schwierigkeiten (wie schon den Vorturm vor dem 1. Aufschwung) am besten links nordseitig.

h) Durch die **S ü d o s t f l a n k e** führen mehrere schwierige bis sehr schwierige Anstiege (III—IV), je ca. 2.30—3 h vom Einstieg am Vadret da las Maisas:

I. Entweder durch das große Firncouloir in der linken SO= Wand= hälfte bis dicht untern Gipfel, dann links über die Felsen zur Spitze. Nicht sehr zu empfehlen, Steinschlag in der Rinne!

II. Oder in der Fallinie des Gipfels über die Felswände rechts vom vorgenannten Couloir sehr schwierig zur Spitze, besser aber schwie= riger als I.

## 1005
**Von Südwesten auf das Verstanklahorn übern Ver= nelasattel und Südgrat.** II—III (IV) = mäßig schwierig bis schwierig (sehr schwierig), 2.15—3 h vom Bergfuß, 5.30—7 h vom Berghaus Vereina. Anstiegszeiten und Schwierigkeiten sehr wechselnd! Vgl. Bild 26, Ziffer 4.

a) Wie bei R 1008 b auf die linke nördl. Scharte des Vernelasattels. Von dort über Geröll und mäßig schwie= rige Felsen auf den Südgrat (SSW=Grat) und auf ihm entlang bis ein markanter Steilaufschwung den Grat abriegelt. Jetzt links in der Westflanke querend bis zu einem steilen meist schneegefüllten Couloir. Man überquert es so hoch als möglich und steigt dann mäßig schwierig schräg empor über plattige Felsen und Block= werk zum Gipfel.

b) Bei Vereisung des Westcouloirs zum Vernelasattel hinauf kann man auch links davon in die Felsen der SW=Flanke ausweichen. Einstieg über eine kleine schwierige Wandstufe links am Beginn des Couloirs, dann auf einer Felsrippe empor bis man eine zum Gipfel ziehende Schneerinne erreicht (s. oben bei a). Man überquert sie nach links an schmalster Stelle und steigt links nördl. neben der Rinne an der jenseitigen Rippe zum Gipfel. Auch im Abstieg zur Umgehung des vereisten Vernelasattels geeignet.

## 1006
**Von Osten auf den Vernelasattel und übern Südgrat.** II—III (IV); 2.30—3 h vom Bergfuß, 6.30—7.30 h von den Silvrettahütten (Zu= gang s. R 401) oder von der Tuoihütte (R 422 u. 401) oder Wies= badner H. (R. 260).

a) Von all diesen Standorten über Paraid alba auf den Firn des Va= dret da las Maisas und zum Fuß der steilen Firn= und Felsrinne, die zum Vernelasattel, 3135 m, hinaufzieht (s. R 1008 a1). Durch diese Rinne sehr steil über Firn und Felsen in den Sattel hinauf. Man ge=

langt so in die südl. Scharte des Doppelsattels, Vorsicht beim Ausstieg, oft große Wächte nach Osten heraus.

b) Der Felskopf, der die Südscharte von der Nordscharte des Vernelasattels trennt, wird links westseitig über Fels und Steilfirn (Eis, oft schwierig!) umgangen in die Nordscharte. Weiter wie bei R 1005 zur Spitze.

## 1007

**Über die Nordwand aufs Verstanklahorn.** IV (V) = sehr schwierig (besonders schwierig), 5 h vom Einstieg, 400 m Wandhöhe, vgl. Bild 25. Mit der Fluchthorn-Nordwand die schwierigste der Nordwände und eine der schwierigsten Wandkletterein der Silvretta, nur bei ganz trockenem Fels kletterbar! Vgl. Erlebnisbericht (und Bild 20) in meinem Silvretta-Buch S. 91 (R 60).

a) Wie bei R 402 über die Krämerköpfe auf den Verstanklafirn und gegen den Wandfuß.

Übersicht: In der Gipfelfallinie steigt der Verstanklafirn im Halbkreis am höchsten gegen die Wand. Die Felsen, die ihn rechts begrenzen, sind etwa in der Mitte des senkrechten Teiles reicher gegliedert (als die übrige, meist plattige oder überhängende, kaum ersteigliche Umrandung). Dort am Westrand des Firnhalbkreises ist auch die mächtige Randkluft am besten zu überschreiten. (Im Spätsommer kann sie aber den Einstieg auch ganz vereiteln, während im Frühsommer der Steinschlag in der Wand stärker ist.)

Die Führe: Man gewinnt den Einstieg meist am besten im untersten Teil der gegliederten Felspartie und erklettert diese parallel zum Eisrand geradean bis zu einer großen Schuttstufe, die sich unter glatter Wand rechts hin (W) bandartig fortsetzt und von einem **auffallenden gelbroten Erker** (25—30 m höher in der Wand) überragt ist. Man verfolgt das Band bis zum rechten (westl.) Ende und erklettert die dort aufsteigende Rippe, wobei eine sie sperrende Platte sehr schwierig durch einen die Platte spaltenden Riß erklommen wird. 8—10 m rechts (westl.) an dem genannten **gelbroten Erker** vorbei steigt man immer in der Fallinie an, bis die Rippe rechts von einer Eisrinne begleitet wird, die man in den obersten Metern zum Aufstieg benützt bis auf eine Blockstufe. Jetzt quert man auf gutem Band links (östl.) um eine Ecke, steigt schräg links in die folgende Rinne empor. Sie ist von einem weitvorspringenden auffallenden Pfeiler (Erker) begrenzt, der oben gegen die Wand mit scharfer Kerbe absetzt. Diese Kerbe gewinnt man, indem man mit Rissen die dort schräg links emporziehenden Platten erzwingt. (Auf dem Erker Steinmann.) Von der Kerbe auf ausgeprägtem Plattenband steil rechts (westl.) empor bis fast an das Bandende. Dann über schwierigen Fels wenig links, dann geradean zu einer kleinen Schuttstufe. (Bei ihr setzt eine steile in ihrem Winkel von einem Riß durchzogene Verschneidung an und zieht zu einem roten Überhang empor.) Man quert auf die sie rechts (westl.) begrenzende steile Rippe sehr schwierig hinaus, steigt an ihr empor, bis man die genannte Rinne auf die letzten paar Meter links hin erreichen kann. Durch sie unter dem Überhang und schräg rechts (westl.) empor in steilem (sehr schlechtem!) Fels auf eine hier überraschend auftauchende waagrechte **Mooskanzel** (Steinmann mit Flasche und Zettel). Von der Kanzel rechts in eine Rinne und in ihr empor; Überstieg rechts in leichten aber schlechten Fels, der schließlich an den (meist ganzjährig) in der Wand hier liegenden (schon vom Wandfuß) **auffallenden Schneefleck** führt.

Man quert von seinem Unterende auf breitem Schuttband waagrecht nach links (östl.), bis das Schuttband ansteigend in eine steile Schutt» rinne übergeht, die (meist schnee» oder eisgefüllt), auf eine Felsrippe leitet. Auf der Rippe und zum Teil in der sie östl. begrenzenden Rinne (die die Rippe vom Ostgrat scheidet) empor bis dicht unter den Gipfelgrat und auf Blockband links (östl.) um den westl. Gipfel» zacken oder in der die Gipfel spaltenden Rinne auf den Grat und Gipfel.

## 1008

**Vernelasattel,** 3135 m, zw. Verstanklahorn und Chapütschin. Kein Übergang, nur Zustieg zum Verstanklahorn»Südgrat und Chapütschin» Nordgrat. Ein Doppelsattel mit einer tieferen Südscharte und einer höheren Nordscharte, die durch einen dreihöckerigen Sattelgrat (Fels) getrennt sind. Der Übergang der Süd» zur Nordscharte erfolgt westseitig, oft schwierig.

a) Der Anstieg von Osten erfolgt zur Südscharte (s. R 1006). Einstieg links (S) von dem Felssporn, der vom Sattelgrat in den Maisas»Firn hinabstößt. Die Rinne ist im Spätsommer oft vereist oder aper und steinschlägig, die Scharte ostseitig oft gefährlich über» wächtet. Vorsicht!

b) Der Anstieg von Westen dagegen ist meist schwieriger: ein breites oben steiles Firncouloir, das allerdings bei Vereisung recht bös sein kann und ohne Steigeisen dann langwierige Stufenarbeit fordert. Manchmal großer Bergschrund am Unterrand des Couloirs. Will man zum Verstanklahorn, so hält man links in die Nordscharte, zum Chapütschin oben rechts in die Südscharte.

Vom Berghaus Vereina wie bei R 364 durchs Vernelatal bis ins Kessi (die „Schwarze Wand" bleibt links, doch kann man auch links von ihr gerade hinaus empor) und über „Auf den Bürgen" links aus» holend auf den Vernelagletscher, dann direkt nach O Richtung Ver» nelasattel über den Firn zunehmend steiler empor, über oder (l. oder r.¹) um den Bergschrund und eher links haltend zu den Scharten hinauf. 4.30—6 h vom Berghaus je nach Verhältnissen.

## Chapütschin oder Schwarzkopf, 3232 m

### 1009

**a)** Einer der eigenartigsten Silvrettaberge. Besteigung und zumal Über» schreitung von N nach S sehr interessant und lohnend. Für gute Kletterer: mit Verstanklahorn verbinden! — Prachtvolle Rundschau. Der Berg trägt auf seinem schräg nach O abgedachten Gipfel einen flachen kl. Firn. Auch in der Westflanke ist ein kl. steiles Firnfeld eingelagert, s. Bild 26 Ziffer 5. — Chapütschin = Kapuziner.

b) Über den Südgrat. II = mäßig schwierig; 5.30—6.15 h von Berghaus Vereina (Bild 26 von Ziffer 5 rechts herab). Wie bei R 364 (oder von O wie bei R 412) zur Fcla. Zadrell 3.30—4.15 h. Der Grat besteht deutlich aus 3 Teilstücken. Ein steileres plattiges Stück führt von der Fcla. direkt nach NO auf das flache breite Mittelstück, das westl. von P. 3076 nach NW biegt. (P. 3076 kann auch über den SO»Sporn, Zugang von S, mäßig schwierig erklettert werden.) Das Mittelstück ist mit dem Gipfeldach durch ein schmales Verbindungs» stück verbunden, dessen Grat über einige Höcker und durch eine Scharte mäßig schwierig (II) auf das breite flache Firndach führt, über dieses leicht zur Spitze (die eben erwähnte Scharte kann durch eine Firnrinne direkt von SW erreicht werden).

c) Über den **N o r d g r a t**. III—IV; 1.30 h vom Vernelasattel. Wie bei R 1008 in die Südscharte des Vernelasattels. Vom Sattel zunächst über kleinere Absätze und Zacken zu einem markanten Felszahn ca. 30 m über den Sattel, ziemlich genau der Kante nach. Der folgende jähe Abbruch wird schräg aufwärts erklettert, dann auf kurze Strecke wieder die Schneide verfolgt; ein mächtiger, überhängender Block zwingt hierauf zum Verlassen der Gratschneide. Auf einem schmalen Gesimse etwa 5 m links in die Ostwand horizontal querend, gelangt man an das untere Ende eines Kamins, der hier in der glatten Wand ausläuft; durch den Kamin steil und ausgesetzt mit sehr kleinen Griffen wieder auf den Grat, dessen oberster Teil nun leicht begehbar ist. Das Gipfelplateau wird an seiner nördlichsten Ecke betreten und der höchste Punkt jetzt ohne Mühe erreicht.

**1010**

**Fuorcla Zadrell** oder Vernelapaß, 2752 m, zw. Chapütschin und Piz Zadrell, Grenze zw. Verstanklagruppe und Vernelakamm. Wichtiger **touristischer** Übergang vom Vereinagebiet ins Val Lavinuoz (R 364) und umgekehrt (R 412) aber auch für den einzigen nicht zu schwierigen direkten Übergang zum und vom Silvretta-Hauptkamm, zu den Silvrettahütten/SAC, zur Wiesbadner oder Tuoihütte und umgekehrt. s. R 365, 401, 260 u. 422 mit 401. Vgl. Bild 26, Ziffer 11.

**1011**

**Verstanklalücke**, 2978 m, zw. Verstanklahorn und Verstanklaköpfen. (Vgl. Bild 26, Ziffer 3.) Als Übergang nicht zu empfehlen, nur Zugang zum Verstanklahorn-NW-Grat (s. R 1004 g) und zu den Verstanklaköpfen von O (R 1012).

a) Von Süden: Wie bei R 1008 b auf den Vernelagletscher und unschwierig nach N zur Lücke, 3.30—4.15 h von Vereina.

b) Von Norden: III = schwierig, steinschlägig, brüchiger Fels, nicht ratsam (Bild 25 zw. Ziffer 9 und 10). Von den Silvrettahütten (3.30—4 h) wie bei R 402 auf den Verstanklafirn und über ihn nach S am Fuß der Firnrinne, die von der Lücke herabkommt, durch sie empor, oben rechts auf die Felsrippe und über Wandstufen zur Lücke.

**1012**

**Die Verstanklaköpfe** (WG 2993, MG 3058, OG 3039 m) und ihre zerklüfteten Nord- oder Verstanklawände bieten von N einen großartigen Anblick (vgl. Bild 25, Ziffer 10!) und gratentlang eine sehr lohnende Überschreitung von O nach W: II—III, 2.30—3 h über alle Gipfel. Von der Verstanklalücke (s. R 1011 a) über den Ostgrat in prächtiger Kletterei (ein schwieriger Aufschwung wird mit einem überdachten Spalt überlistet, sehr hübsche Stelle!) auf den **O s t g i p f e l**, 3039 m. Weiter immer über den Grat auf den HG und **M i t t e l g i p f e l**, 3058 m. (Er kann auch von SW direkt erstiegen werden, II). Über den Grat weiter in die Scharte vor dem WG und rechts in die Nordwand ausweichend auf den **W e s t g i p f e l**, 2993 m (vgl. Bild 26, Ziffer 2). Mäßig schwierig nach SW ins Vernelatal hinab oder über den **Bürgenkopf**, 2923 m; von ihm unschwierig in die Wintertälifurgge, 2751 m, hinab (im Aufstieg 30 Min.).

**1013**

# Der Vereinakamm

ist das ideale Feld für einsame Kammwanderungen und Gratkletereien. Man überschreitet den Kamm am besten in 2—3 Teilstücken von W nach O und umgekehrt.

a) Die **Anstiege von Süden** und SW auf die Gipfel und Scharten sind meist unschwierig oder mäßig schwierig, ca. 2.30—4 h vom Berghaus Vereina je nach Ziel und Führe.

b) **Die Zugänge von Norden** aus dem Sardascatal sind länger (5—6 h) und mühsamer, aber sehr interessant (reines Urgebirge und Ödland) meist weglos.

c) Nur ins **Roggentäli** (von rocca = Fels) führt eine Steigspur durch den steilen Waldgürtel zum Taleingang empor: S von Alp Spärra über die Brücke, 1575 m des Verstanklabaches und über P. 1938 **zur Hütte** 1943. Von dort ab weglos aber unschwierig durch die zwei Hochkare, in die sich das Tal teilt:

d) Durch das westliche zum **Ochsentälifürkli, 2659 m,** oder zum **Roggenhorn** (von NW, zuletzt über Firn). Das Roggenhorn kann auch vom Augstboden (schöne Seen!) über die SW-Flanke erstiegen werden.

e) Oder durch das östl. Kar, das eigentliche **Roggentäli** (s. AV-SiKa) zum Sattel, 2672 m, und leicht nach S querend zur **Roggenfurka** (ca. 2750 m?) **zw.** Rothorn, 2806 m und P. 2816 m; von hier unschwierig aufs **Rothorn,** das auch vom SW vom Augstboden unschwierig ist. Bild 26 Ziffer 1. — Der Grat von der Roggenfurka (NW vom Rothorn) über die Punkte 2816 (schwierig und heikel) und 2837 und weiter zum Roggenhorn ist das einzige teilweise etwas schwierigere Stück im Kamm, doch kann man den Schwierigkeiten meist im S oder N ausweichen.

f) Die Köpfe 2822 und 2825 östl. vom Rothorn heißen **Wintertäliköpfe.** Man kann sie in prächtiger Gratwanderung von der **Wintertälifurka,** 2751 m, d. h. von O nach W zum Rothorn bzw. zur Roggenfurka überschreiten. I—II; ca. 1.30—2 h von Furka zu Furka, die beide in je ca. 3 h vom Berghaus Vereina erreicht werden.

g) **Das Vereina-Weißhorn,** 2832 m, auch „Weißhorn am Stutz" oder Ochsentälihorn, läßt sich vom Berghaus Vereina durch das Ochsentäli und über die Südflanke am SW-Sporn und ihm entlang mäßig schwierig ersteigen. 2.45—3.15 h von Vereina. Noch schöner ist sein etwas schwieriger Ostgrat, 1 h vom Ochsentälifürkli, 2659 m, 3—3.30 h von Vereina zum Gipfel. Sein Nordgrat endlich vermittelt einen hübschen Übergang zum Canardhorn, 2607 m; entweder z. T. schwierig über die Schneide oder mäßig schwierig mit Ausweichen meist links westseitig.

1014—1019 Offene Randzahlen für Nachträge.

## Der Vernelakamm

**1020**

sprich Fernela. Man meint damit das Hauptkammstück der europäischen Wasserscheide von der Fuorcla Zadrell bis zum Vereinapaß, und seine westliche Abzweigung zw. Vernela- und Süsertal über die gewaltigen Plattenhörner zu den schroffen Unghürhörnern. Südgrenze Fcla. dal Linard. Der Kamm ist nicht mehr auf der AV-SiKa, nur auf der LKS, s. R 1000 d. Der Kamm begleitet und beherrscht das ganze Vernelatal mit seinen düsteren Mauern.

**1021**

**Piz Zadrell,** 3104 m (auch Pillerhorn) ist der östlichste Gipfel des Kammes zw. Schwaderlochfurka, 2920 m, im W und Fcla. Zadrell im NO. Sein Ostgrat gabelt sich im P. 2978 nach NO zur F. Zadrell und nach SO zum Piz Sagliains.

a) **Die Schwaderlochfurka,** 2920 m, kann von NW aus dem Vernelatal über Schutt und Firn (des ehemal. Schwaderlochgletschers), von S über Geröll und Steilfirn des westl. Vadr. Sagliains erstiegen werden, I—II = un bis mäßig schwierig, 4 bzw. 5 h vom Berghaus Vereina.

b) Von der Schwaderlochfurka steigt man anfangs in hübscher Kletterei (II), zuletzt aber über Geröll des W e s t g r a t e s auf den Piz Zadrell, 1—1.15 h.

c) Von NO u. O auf den Piz Zadrell: Von der F. Zadrell (3.30—4 h) über P. 2849 u. P. 2978 an Ostgratfuß (oder westseitig unterm Grat entlang) oder direkt von N oder S in diese Scharte am Gratfuß, W von P. 2978 und immer über den vieltürmigen brüchigen O s t g r a t z. T. schwierig (III) zur Spitze.

**1022**

**Piz Sagliains,** 3101 m. Ein besonders lohnender Dreitausender; einzigartiger Linardblick und prächtige Kletterei. Name nach dem Val S. dem „Tal der springenden Wasser" (Wasserfalltal) vom rätorom. saglient = Wasserfall, lat. (aquae) salientes = springende Wasser, Springbrunnen (nach Hubschmied).

a) Z u g a n g von W vom Berghaus Vereina übern Vereinapaß, s. R 361 u. 363, 3.30—4.15 h.

b) Mäßig schwieriger (II) Aufstieg v o n W e s t e n (0.45—1 h) durch die Rinne, die rechts vom HG in die Scharte dicht links N vom markanten Südgratturm führt, von dort unschwierig links nach N übern Grat zur Spitze.

c) Übern NWGrat (2—2.15 h) von P. 2978 mäßig schwierig (II) über den ganzen Grat. Auf P. 2978 von der Scharte dicht W des Punktes, die man von S oder N ersteigt, s. R 1021 e; 4.30—5 h vom Vereina.

d) Über den Südgrat von der F. Linard, 2—3 h prächtige z. T. schwierige Kletterei (III) immer am Grat, ein plattiger Turm in der Gratmitte wird ostseitig, der große markante Turm vor dem Gipfel aber westseitig abseilend umklettert.

e) Landschaftlich ganz einmalig: über den Ostgrat. II (III), von MarangunLavinuoz (R 412) ins Val Muntanellas und sobald als möglich auf den unten breiten begrünten Ostgrat; über ihn zum GipfelSteilaufbau, der mäßig schwierig bis schwierig (II—III) direkt über Stufen und Bänder erklettert wird.

## Die Plattenhörner

Vorderes Plattenhorn: WG 3216.8 m, trigonometr. Signalpunkt: OG u. HG 3220 m, höchster Punkt.
Hinteres Plattenhorn: SG 3200 m, NG 3188 m

**1023**

a) Das gewaltige 4gipfelige Massiv, eine im ganzen von O nach W verlaufende Mauer zw. der Schwaderlochfurka, 2920 m, im O und der Steintälischarte, 2788 m,

im W, ist überaus harmonisch gegliedert: 2 Doppelgip=
fel — das Vordere Horn im W, das Hintere im O —
die durch eine Doppelscharte getrennt sind. Diese ca.
3045 m hohen östl. und westl. Plattencharten
sind durch den 3101 m hohen Schartenkopf ge=
getrennt. Von den Scharten bzw. vom Hint. Platten=
horn schießen nach N die Firncouloire der zwei Plat=
tentobel ins Vernelatal nach S steile Fels=, Schutt=
und Firnrinnen ins Schneetäli hinab. Zw. dem WG des
Vord. Horns und dessen nördl. Vorgipfel, 3034 m, der
LKS klebt ein Firnschild oder Eisnollen.

Die Hornblendegneise der Hörner dachen sich nach SW plattig ab,
daher der Name; nach N u. NO brechen die Schichtköpfe steil ins
Vernelatal nieder. Vgl. Bild 10 wo links der Schartenkopf und die
Hint. Plattenhörner (Ziffer 1) sowie deren NO=Grat zur Schwader=
lochfurka (2) sichtbar sind. Auf Bild 26 ist der WG des Vord. Horns
(7) von W sichtbar.

b) Kurze Ersteigungsgeschichte: 1. Ersteigung des OG des Vord.
Horns durch Dr. Schläpfer mit Jann und Jegen am 16. 7. 1866; 1. Er=
steigung seines WG durch Hoffmann=Burkhardt und Landammann Brosi
mit Jann und Jegen am 25. 7. 1868. 1. Ersteigung des Hint. Horns:
A. v. Rydzewsky mit L. Guler und J. Jegen am 1. 8. 1890. Die kühnen
Anstiege von N wurden alle von P. Schucan und seinen Kameraden
vom AAC Zürich 1903 u. 1904 ausgeführt: Schucan, Hößli, Escher,
Herzog und Th. Rofler über die N=Wand des Vord. Horns, über die
NW=Wand des Hint. Horns und über den NO=Grat des Hint. Horns
(im Abstieg) sowie über den Ostgrat des Vord. Horns.

c) Die Rundsicht ist vom HG bzw. WG des Vord. Horns ganz
prachtvoll, erstens durch den einzigartigen Tiefblick ins Innerprätigau
von Klosters bis Luzein=Küblis hinaus und zweitens durch die Lage
genau in der Mitte der Südsilvretta; dazu Fernblicke über die ganzen
Ost=Westalpen=Grenzgebiete.

ä) Die Anstiege von S u. SW sind mäßig schwierig bis schwierig
und meist trocken, jene von N u. NO schwierig bis sehr schwierig
und oft vereist. Die Nordfirncouloire der zwei Plattentobel zu den
Plattenscharten hinauf sind im Spätsommer meist vereist, oft schwie=
rig; im Frühsommer mit Steigeisen aber ideale Aufstiege. Die verbin=
denden Grate sind mäßig schwierig bis schwierig, der NO=Grat sehr
schwierig. Ganz große Klasse aber sehr langwierig und z. T. sehr
schwierig (III—IV) ist eine Gesamtüberschreitung aller vier Gipfel
von O nach W, 6—8—10 h. Für die einfacheren Anstiege von S u.
SW rechne man ca. 4.30—6 h von Vereina je nach Ziel und Führe.

e) Zugänge von Vereina: von S s. R 360/61, 363; von N s. R 364.

## Anstiege aufs Vordere Plattenhorn
**1024**

a) Von SW auf den Westgipfel. Mäßig schwierig (II
bis III) aber mühsam. Aus dem Süsertal, P. 2131, rechts
vom Steintälibach empor ins Steintäli und in seinen
obersten SO=Winkel bis man (den W=Grat links über

sich) in seiner SW=Flanke über Schrofen und Schutt=
stufen nach SO auf die Hochterrasse SW des Gipfels
steigen kann. Linksum nach NO zum WG, 3216 m.

b) Über den Westgrat auf den WG. II—III, schwie=
riger und 1 h länger aber lohnender als a. Wie dort ins
Steintäli und zur Steintälischarte, 2788 m. Am W=Grat
(oder später links auf die Vernelaseite ausweichend)
auf P. 3034; dann über den Hochfirn des Eisnollens
nach S an W=Gratfuß des WG und über den Grat in
hübscher Kletterei zur Spitze.

c) Von Norden u. über den Westgrat auf den WG. III = schwie=
rig. Von Vereina (4.30—5.30 h) ins Vernelatal bis zur Hirtenhütte,
2200 m, dann nach SO ins geröllige Hochkar unter den Plattenschar=
ten. Dort rechtsum nach SW und über Geröll, Schrofen, Schutt=
stufen (von rechts, von NW her) auf den markanten Pfeiler, der r.
N vom Hochfirn des Eisnollens herabstößt. Über den Pfeiler auf den
Hochfirn bei P. 3034 und weiter wie oben bei b über den W=Grat
zur Spitze.

d) Über den Ostgrat auf den WG, 3216 m. II—III; von S aus
dem Süsertal (Miesböden) an Südfuß, durch die Rinne (oben rechts
halten) in die Gipfelscharte zw. WG u. OG des Vord. Horns, und
links über den wandartigen Ostgrat zur Spitze.

e) Von S u. W auf den HG, 3220 m. II (III); wie bei d in die Gipfel=
scharte, von dort kurz nach O am Westgrat, dann rechts in
die SW=Flanke und durch sie zur Spitze.

f) Über den Ostgrat auf den HG, 3220 m. III = schwierig.
I. Von Norden: Entweder direkt durch das westl. Firncouloir (Plat=
tentobel) in die westl. Plattenscharte (oder in die Östl. und wie unten
über den Schartenkopf in die Westliche). Nun über die Scharte immer
am Ostgrat empor, nur eine plattige Steilstufe der Gratmitte wird
dicht rechts nördl. umklettert.
II. Von Süden ins Schneetäli und über Schutt und Firn in die Öst=
liche Scharte (Steinschlag, früh aufbrechen!); dann über den getürm=
ten Schartenkopf zur Westl. Scharte, wobei der höchste Turm links
südseitig umklettert wird.

## Anstiege aufs Hintere Plattenhorn

**1025**

Bei gutem Firn von N (NW) und S (SW) unschwierig
zu ersteigen.

a) Von N u. NW. I—II (III), je nach Firn (Eis).
Von Vereina durchs Vernelatal in die östl. Firnrinne
(Plattentobel) hinauf und kurz vor der Scharte links
nach O in die Firnmulde des Plattenfirns zw. den Gip=
feln, die von hier beide unschwierig zu ersteigen sind;
oder von der Östl. Plattenscharte über den W=Grat
zum Südgipfel und leicht zum NG hinüber.

b) Von S u. SW (W). II (III); vom Süsertal (Miesböden) ins Schnee=
tali und entweder zur Ostl. Plattenscharte hinauf und über den
plattigen W=Grat zuerst rechts dann links ausweichend zum Gipfel=
bau; links um ihn herum und von N durch eine Rinne auf den
schmalen Gipfelgrat des Südgipfels unschwierig zum NG hinüber.
Oder nicht ganz zur Scharte und schon vorher rechts durch die
SW=Flanke, durch eine Rinne und einen Kamin auf den SG.
c) Über den NO=Grat auf den Nordgipfel. III—IV, rassige und
schwierige Gratkletterei, 1.15—1.30 h von der Schwaderlochfurka,
2920 m. Zur Furkla von N oder S 3.30—4.15 h von Vereina. Man
beachte, daß der Grat durch eine scharf eingeschnittene Lücke zwei=
geteilt ist. Der untere Teil bis zum Gratkopf vor dieser Lücke bietet
im 1. Drittel von der Schwaderlochfurka keine Schwierigkeit, das
2. Drittel baut sich steil über einer kl. Lücke auf und wird direkt
erklettert. Wo nötig ausweichen rechts in die Nordflanke. Dann über
loses Gestein und Schutt auf den Kopf vor der großen Lücke und
in diese hinein. Man steht nun vor der 2. Grathälfte, deren 1. Auf=
schwung man rechts in der N=Seite auf gestuftem Band umgeht.
Weiter am Grat zum nächsten Aufschwung. Auf schmalem Band in
die Nordwand und durch sie unschwierig empor, dann rechtshin
hangelnd auf ein schmales Plattengesimse, das wieder auf den Grat
leitet oberhalb des Abbruches. Weiter direkt am Grat (oder links in
der O=Flanke) auf den Nordgipfel, 3188 m, unschwierig zum SG
hinüber.

## Unghürhörner, WG u. HG, 2994 m; OG, 2992 m
## 1026

a) Ungeheuerhörner, in Prätigauer Mundart und
in der LKS: Unghürhörner. Eine schwarzgrüne mit
2 trotzigen Gipfeltürmen besetzte finstere Mauer aus
Hornblendegneis, die ihren Namen verdient.

Zw. den zwei Gipfeln die Unghürscharte, von der nach N der
düstere, oft eisige Unghürtobel, nach S eine steile unten breite
Schuttrinne herabschießt. Ein riesiger Westgrat zieht zum Dürrberg,
2387 m, hinaus, ein kurzer Ostgrat zur Steintälischarte, 2788 m hin=
ab. Vgl. Bild 26 Ziffer 6 mit dem ganzen W=Grat, Licht und Schat=
ten trennend, verkürzt gegen den Beschauer bzw. Dürrberg herab.
Zur Rundsicht, s. R 1025 c, die sehr ähnlich ist.
b) 1. Ersteigung des HG von S um 1870 durch Landammann Brosi
und E. v. Oheimb mit Chr Jann. 1. Ersteigung des OG von S durch
A. Naef mit L. Guler 1895. 1. Ersteigung über den W=Grat durch
E. Dietz und R. Richter mit E. Punz 1912. 1. Ersteigung von N 1930
durch H. Picker und H. Fitz.
c) Die Anstiege von S her sind mäßig schwierig, 4—5 h von
Vereina. Am schönsten: eine West=Ost=Überschreitung, prächtige
Gratkletterei.
d) Von Süden auf den Westgipfel. II, 4.15—5 h von Vereina durchs
Süsertal ins Steintäli (s. R 1024 b) durch die breite Schuttrinne
gegen die Gipfelscharte (Unghurscharte) hinauf bis man leicht
links nach W über die breite Geröllstufe auf den obersten W=Grat
und über ihn zur Spitze klettern kann.
e) Von Süden auf den Ostgipfel. II; wie bei d in die Südschutt=
rinne hinauf bis sie sich rechts hinauf gabelt. Durch den rechten

Ast über glatte Platten und eine abschüssige Terrasse in eine Rißver=
schneidung und auf den Grat dicht O vom OG, über den Grat links
zur Spitze.

f) Über den Westgrat. II (III) und Überschreitung nach O.
Von W oder S auf den Dürrberg (so heißt die unterste Westschulter
des Grates) und über den ganzen Grat und alle Türme in prächtiger
meist mäßig schwieriger bis schwieriger Kletterei (II—III), 5—6 h von
Vereina zur Spitze des WG. — Überschreitung nach Osten;
die z. T. sehr schwierigen Ostgrate beider Gipfel klettert und seilt
man nach O ab bis zur Steintälischarte, weitere 2—3 h. Von dort
leicht nach S ins Steintäli.

g) Auch von N gibt es schwierige Aufstiege über den Pfeiler links
(O) vom Unghürtobel; oder z. T. sehr schwierig und steinschlägig
durch den Tobel selber.

1027—1029 Offene Randzahlen für Nachträge.

## Piz Linard, 3410 m

**1030**

Der höchste Gipfel und die formschönste Berggestalt
der Silvrettagruppe. Das Idealbild eines Berges im har=
monischen Ebenmaß der vierseitigen vierkantigen Pyra=
mide. Wie sein Gegenstück, das Fluchthorn im NO,
so ist der Piz Linard im SW aus dem Silvretta=Haupt=
kamm nach SO heraus und ganz in das Einzugsge=
biet des Inn gerückt, dessen Talsohle bei Lavin=Susch
— um 1400 m — er als das Wahrzeichen des Unter=
engadins zw. Zernez und Susch um genau 2000 m un=
mittelbar überragt — s. Bild 10! — während sich seine
Ostflanke in einem glatten Schwung 1400 m aus dem
Val Lavinuoz zum Gipfel schwingt. Siehe Bild 31 und
Bl. 498 der LKS.

Die ganze gewaltige Pyramide besteht aus dunklen Hornblendegneisen
die steil von O nach W einfallen, so daß die Westwand und der
SW=Grat plattig abgedacht, die Ostwand wie die NO= u. SO=Grate
aber schichtkopfstufig aufgebaut und außerdem von hellen Glimmer=
gneisbändern durchzogen sind. In der Fuorcla Linard durchquert ein
Ganggestein, Diabas, die Hornblendegesteine und bildet den Schar=
tenturm (Bearth). — Zur Flora am Linard s. R 1031 u. R 1105 im An=
hang. Die unten z. T begrünte Ostwand ist sehr wildreich; Hoffmann=
Burkhardt zählte 1868 vom Gipfel aus in der Ostwand drunten ein
Rudel von 46 Gams.

a) Die vier Grate verlaufen genau nach NO, NW, SO u. SW.
Vgl. Bild 10: SW=Grat links und SO=Grat rechts herab; Bild 26:
und Skizze bei R 1038: SW=Grat rechts und NW=Grat links herab.
Bild 31: SO=Grat links und NW=Grat rechts herab, NO=Grat zum
Beschauer.

Der Nordwestgrat fällt zur Fuorcla dal Linard, 2940 m, also
400 m hoch ab, wo er über den Piz Sagliains an Hauptkamm an=
schließt. Der Nordostgrat fällt zw. Val Muntanellas und La=
vinuoz rund 1000 m tief hinab, der Südwestgrat sinkt ins Val

Sagliains ab, zweigt aber in der Mitte eine Südwandrippe („Südgrat") zur Fuorcla da Glims, 2802 m, ab ist also rund 600 m hoch. Die Fuorcla (s. R 362 u. 373) trennt ihn vom **Piz Glims**, 2868 m (spr. Ljims), der von der Fuorcla in 15—20 Min. unschwierig übern N-Grat zu ersteigen ist.

Der Südostgrat des Linard schließlich sinkt vom Gipfel über den schulterartigen **Linard Pitschen** (2974 m; = Kleiner Linard) und **Sassauta** (2495 m; = Hohenfels) bis Tartèr ob Lavin an die 1500 m ab.

b) Die 4 Grate schließen also die genau nach der Windrose orientierten **v i e r   W ä n d e** ein: die runde 450 m hohe Südwand ins Val Glims (s. Bild 10); die rund 600 m hohe Westwand ins Val Sagliains (s. Bild 26 und Skizze bei R 1038); die rund 1300 m hohe Ostwand ins Val Lavinuoz und die 600 m hohe Nordwand ins Val Muntanellas, beide auf Bild 31. — Zur Beachtung: Auf unserer Kartenbeilage ist die Lage des Linard richtig dargestellt aber einige Sekundärgrate sind viel zu stark ausgeführt.

c) Damit sind auch die wesentlichen Anstiege und ihre Höhen gegeben: 4 Wandanstiege und 4 Gratführen. Die leichteste niedrigste Wand ist die unschwierige Südwand, die schwierigste die mittelhohe Nordwand. Die Westwand und die Ostwand liegen wertmäßig dazwischen, nur daß die Ostwand doppelt so hoch (dafür aber leichter) wie die Westwand ist. Die Grate sind sich sehr ähnlich aber verschieden lang, meist mäßig schwierig bis schwierig. Der dankbarste Grat ist der Südostgrat über den Linard pitschen.

## 1031

**Namen und Ersteigungsgeschichte des** — auch in dieser Hinsicht einzigartigen — Piz L i n a r d steigen aus so sagenhafter Frühzeit empor und sind so reich und romantisch, daß sie hier nur angedeutet werden können, doch findet der interessierte Leser ausführliche Darstellungen meist mit vielen Quellenhinweisen:

1. in meinem Silvretta-Buch (1954) S. 56—69;
2. in der AVZ 1923 S. 21—34;
3. in den SAC Alpina 1923, Nr. 9.
4. in der Auflage 1924 dieses Führers S. 252—262.

Hier nur das Allerwichtigste: Der N a m e ist ganz „dunklen Ursprungs" ungeklärt und umstritten. Bei Campell 1572 noch Cacumen Chuonardi = Piz Chünard, angeblich nach einem Personennamen Chuonard (nach Hubschmied vielleicht aus dem gallischen Kunareto = Höhe, Berg?). Dieser Chuonard soll nach Campell den Gipfel unter großen Mühen erstiegen und ein goldenes Kreuz oben angebracht haben.

„Linard" dagegen soll er nach einem wahr- oder sagenhaften (?) Ersteiger Linard (rätorom. für Leonhard) Zadrell heißen. Nach anderer Quelle 1804 soll dieser Ersteiger aber Jon Klos Zodrell geheißen haben. Irrungen-Wirrungen ohne Ende. Dies ist nur ein Ausschnitt. Ich bin überzeugt, daß diese sagenhaften buntfarbigen Früchte der Überlieferung mit ihren oft sehr präzisen Angaben ernste Wahrheitskerne in sich tragen.

Nach anderen Berichten hieß der Berg bis um 1890 im Prätigau Lavinerhorn, im Engadin früher Piz da Glims, das Campell 1572 „Lgyms" schreibt und als Vergleich mit dem Götterberg Olymp deutet!

Die erste verbürgte E r s t e i g u n g erfolgte 1835 noch immer sehr früh für den hohen und damals schwierigen Berg durch den Schweizer Professor **Oswald Heer** mit Führer **Johann Madutz** von Susch über die Westflanke. Führe nicht genau bekannt, aber ein riesiger von Lavin mit Fernrohr sichtbarer Gipfelsteinmann ‚dokumentierte' den mißtrauischen Engadinern seine Besteigung.

Oswald Heer, der Botaniker, ermittelte damals die **Gipfelflora** des Berges, die seither noch oft untersucht und verglichen wurde, so daß der Linard auch ein „in seiner Art einzig dastehendes Experiment der Gipfelfloren=Veränderung" erlaubt. **Die Besteiger des Berges werden deshalb dringend gebeten, am ganzen Bergmassiv des Linard keinerlei Pflanzen zu pflücken, zu zerstören!** Gipfel=Pflanzenliste s. R 1105!

Am 1. 7. 1858 erstieg Weilenmann den Berg auf neuer Führe allein (weil sein trinkfreudiger „Führer" versagte), teils über die westl. Süd= flanke („Weilenmannrinne" s. R 1035 b), teils über den SW=Grat, worüber er uns wieder einen köstlichen Bericht hinterlassen hat, s. R 68. Wenig später fand Führer Christian Jann, Klosters, die heutige Westwandführe durch die Mittelrinne und damit den Anstieg von Vereina her. 1878 stiegen die berühmten englischen Alpinisten C. Taylor und R. Pendlebury mit dem österr. Führern Brüder Spechten= hauser gerade über die Ostwand ins Val Lavinuoz ab. Nach Weilen= mann soll dies aber früher schon der Gemsjäger Planta aus Süs (durch die große nördl. Ostwandrinne) getan haben.

1882 kletterten die berühmten Alpinisten Brüder Otto und Emil Zsigmondy, Wien, über die Südwandrippe auf den SW=Grat, und übers Hörnli zur Spitze. 1887 fand unser Ludwig Purtscheller, Salz= burg (allein), einen neuen Anstieg durch die nördl. Westwandrinne. Den NW=Grat begingen die Schweizer Führerlosen R. Helbling und H. Litscher **am 6. 10. 1898** erstmals. Den NO=Grat **erstieg der** Schweizer A. Küenzle=Enger mit Chr. Guler 1899. Die österr. Führer= losen Victor Sohm und Karl Huber begingen am 15. 8. 1905 den ganzen Südostgrat über den Linard pitschen, den der Führer Vixer aus Zernez schon vorher begangen haben will. Damit waren alle Wände und Grate durchstiegen, ausgenommen die finstere Nordwand. Ein freundliches Geschick schenkte mir, der ich dies wußte, den dazu nötigen guten Kameraden Dolf Weidle aus Memmingen i. A. und das ebenso nötige Bergsteigerglück: am 22. 8. 1922 durchstiegen wir diese Nordwand erstmals direkt über den Nordwandpfeiler zur Spitze. — 1. Winterbesteigung am 4. 3. 1920 durch die Unter= engadiner Hermann Frei, Luzius Campel, Valentin Regi und Johann Zill durch die Weilenmannrinne und über den SW=Grat.

## Rundsicht vom Piz Linard

**1032**

Die Rund= und Tiefschau vom Piz Linard gehört zu den schönsten und weitesten der Alpen. Man lese Weilenmanns wundervolle Be= schreibung; s. R 68.

Wir beginnen im S ü d e n , wo sich dem Blick das Unterengadin (Inn= tal) prächtig öffnet und Z e r n e z im Grünen liegt. Der T a l g r u n d verschwindet dann herwärts (bei Susch, nicht sichtbar) hinter den Vorbergen des Linard und kommt weiter links im SO bei L a v i n wieder hervor. Der Inn (rätorom. En) bleibt sichtbar bis S u e r n , einem kleinen Dörfchen S des Inn. Weiter talaus sieht man über die Ausläufer der Silvretta=Südseite noch die Kirche von Fontana auf der rechten Talseite und links daneben das Schloß Tarasp. Jenseits dieses großen Bogens des Unterengadins zwischen Zernez im S und der verschwimmenden Talweite im O baut sich die wildgezackte wechselvolle Kette der (Unter=)Engadiner Dolomiten auf, überragt von Adamello=, Ortler=, Ötztaler Alpen; und zwar: Links über Zernez als westl. Eckpfeiler die schöne Gruppe des Piz d'Arpiglia und Piz Mesdi (links davor). Rechts zieht sich hinter dieser Gruppe das Spöltal von Zernez nach SSO und über dem ganzen leuchtet schwach in der Ferne die Eiskuppe der Adamellogruppe. Links (östl.) vom Piz Mesdi zieht Val Zegnina herab, vom Piz Nuna überragt. Links hinter ihm der Piz Laschadurella. Weiter links die Gruppe des Piz Plafna und dellas Plattas und Piz Nair. Über dem Raum zwischen Piz Nuna und Piz Nair die helle Kette der Ortlergruppe mit dem klotzigen Firnhelm des König Ortlers in der Mitte.

Links vom Piz Nair etwas zurück die breitgebänderten Westwände des Piz Pisoc und rechts neben ihm Piz Zuort und Piz Minger. Gleich links hinter den Piz Pisoc schieben sich der vergletscherte Piz Sesvenna (links dahinter der Rosengarten!) und weiter links Piz Lischanna. Hinter ihnen ahnt man die Tiefe des Vintschgaus.

Den Osten beherrschen die Ötztaler Alpen: Von r. nach l. Weiß= kugel, Hinter=Eisspitze, Fluchtkogel, Weißseespitze, Großvernagtspitze und Glockturmkamm. Im Vordergrund Silvretta und Samnaun. Von der Silvretta: Piz Champatsch im Vordergrund, Piz Cotschen und Minschun dahinter. Weiter links über dem Piz Tasna die spitze Pyramide des Muttler im Samnaun. Links von ihm der Zackengrat der Stammerspitze, dann wieder die Silvretta mit dem mächtigen Augstenberg und der Jamtalumrahmung links davor. Dahinter das gewaltige vierzackige Fluchthorn. Es folgt jenseits des Tales der Piz Fliana, rechts hinter ihm die Gruppe der Dreiländerspitze und links über seinem Westgrat der große und der kleine Buin, mit dem zerklüfteten Vadret Tiatscha links davor. Gerade links über dem Kl. Buin in der Ferne der Riffler (Verwall). In der Richtung über dem Tiatscha=Eisbruch die breite Masse der Küchel= und Kuchenspitze (Verwall). Der Tiatschafirn (Cudera) selbst ist vom Signalhorn überragt. Links über ihm in der Ferne die Patteriol, dann Silvretta= horn und die mehrfach gezackten Eckhörner. Davor die Torwache mit dem zerklüfteten Maisasgletscher links herab. Weiter links das schwarze Verstanklahorn und links neben ihm der Chapütschin mit seiner weißen Firnglatze. Diesen Raum im N nehmen in der Ferne die übrigen Verwallberge und die Lechtaler und Allgäuer Alpen dahinter ein.

Links vom Chapütschin: Groß=Litzner und Groß=Seehorn und die kleinen Seehörner, hinter denen die Plattenspitzen hervorschauen. Vor dieser Gruppe die Verstanklaköpfe, hinter ihr aber ahnt man die Tiefe des Montafons, und in weiter Ferne den Bodensee und Oberschwaben. Jenseits des Val Sagliains die gewaltigen schwarzen Zacken der Plattenhörner im WNW. Über sie hinweg „öffnet sich ein lieblicher Blick auf die grünen Triften des Prätigau hinunter". Rechts über dem Prätigau der ganze Rätikon von der Madrisagruppe bis zum Falknis, mit den Massen der Sulzfluh—Drusenfluh und der Schesaplana in der Mitte. Über dem Rätikon ist bei Föhnklare auch der Bodensee sichtbar!

Über dem weiterhin engen Talschnitt des Prätigau schimmert ein Stück Rheintal mit dem Rhein und (Fernglas!) den Häusern von Ragaz. Dahinter die Churfirsten und links davon die Tiefe des Wallensees.

Links von den Plattenhörnern die Ungeheuerhörner und (jenseits von Vereina) „die Pischa" und das Gorihorn g e n a u i m W e s t e n. Über ihnen die schimmernden Glarner Alpen von r. nach l.: Ringelgebirge (darüber der Glärnisch), Scheibe, Vorab, Hausstock, Selbsanft und der weißköpfige Klotz des Tödi im W. Links von ihm die duftige Senke des Vorderrheins, über dem in der Ferne der Dammastock und links hinter diesem zwischen Gorihorn und Flüela-Weißhorn die fernen Berneralpen (Finsteraarhorn rechts und Aletschhorn links) glänzen. Den SW füllen die Berge um den Vorder- und Hinterrhein, Rheinwaldhorn und Adula und dahinter am fernen Horizont einige Walliser Viertausender! Vor dem Flüela-Weißhorn mit seinem Jöri-Gletscher und den Jöri-Seen das erste Piz Fleß und links von diesem der Piz Murtera. Links vom Flüela-Weißhorn das Flüela-Schwarzhorn und links daneben die Albulaberge: der breite Piz Kesch und vor ihm die eisige Masse des Piz Vadret. Über der Flüelagruppe und dem Piz Kesch die westliche Albula, Piz d'Aela, Piz Platta, Piz d'Err, dann die Cima da Flix und der Piz Ott.

Links hinter den Albulabergen schimmert die Albigna im Bergellgranit und der Rest unserer Rundsicht bis zum Vereinapaß im S ü d e n über der Inntalsenke füllt die märchenschöne, ganz silbern schimmernde Berninagruppe, von l. nach r.: Piz Cambrena, Piz Palü, Piz Zupo, Bernina und Piz Morteratsch, ihm zur Rechten die scharfkantige Pyramide des Piz Tschierva, Piz Roseg, Piz Corvatsch.

## Anstiege auf den Piz Linard

**1033**

Man vgl. dazu zuerst R 1030 c. Von der Linardhütte aus empfehle ich dem Geübten die Überschreitung SO-Grat (oder SW-Grat) als Aufstieg, Abstieg über die S- oder W-Flanke. Wer von W, von Vereina kommt und dorthin zurück will, wird eine Westwandführe oder den SW-Grat als Aufstieg, den NW-Grat als Abstieg wählen oder umgekehrt. Großartig sind die Abstiege über die Ostwand oder NO-Grat ins Val Lavinuoz. Die Krone aber für erfahrene Hochtouristen ist die Überschreitung Nordwand-Südflanke oder Westwand. Führe R 1034 durch die Südflanke darf von Ungeübten nicht unterschätzt werden, weil Purtscheller sich erkühnte, eine Schafherde hinaufzutreiben. Bei viel Firnschnee in der Flanke ist die Abrutschgefahr für Ungeübte groß. Geübte aber können fast über die ganze Flanke abfahren, wie ich dies selbst getan habe.

**1034**

**Über die Südwand.** I—II = unschwierig bis mäßig schwierig, 2.15—3 h vom Wandfuß, 3—4 h von der Linardhütte. Besonders als Abstieg geeignet. Vgl. Bild 10; obgleich das Bild bei Neuschnee aufgenommen

ist, erkennt man auch dort wie schon von der Linard=
hütte aus in der Wandmitte über der Felsstufe des
Wandfußes eine oft noch firnbedeckte Geröllhalde,
zu der von links unten nach rechts oben zwei auffal=
lende rinnenartige Steilbänder emporziehen. Durch die
rechte östl. Rinne erfolgt der Einstieg.

Von der Linardhütte in ca. 1 h über Rasen und Geröll
an Fuß der Rinne, die oft noch schneegefüllt, zu
Zeiten auch steinschlägig und im Spätsommer oft ver=
eist ist. Durch die Rinne auf die linke untere Ecke der
Geröllhalde bzw. des Firnfeldes in der Wand. Bei
Steinschlag oder Vereisung kann man in die Felsen
rechts neben der Rinne ausweichen. (Außerdem kann
man noch weiter rechts gerade über schwierige Felsen
gegen die Wandmitte aufsteigen.)

Über das Geröll= oder Firnfeld bzw. durch die an=
schließende Rinne weiter gerade empor und entweder
über den unschwierigen obersten SW=Grat oder rechts
davon durch die Schrofen der Südflanke zum 1. Stein=
mann auf dem südl. Gipfelgrat und über ihn zum 2. u.
Gipfelsteinmann, 3410 m.

**1035**
Über die Südwandrippe („Südgrat") und den oberen SW=Grat. II
(III) = mäßig schwierig (schwierig), 2.30—3.15 h von der Fcla. da
Glims, 3.30—4.30 h von der Linardhütte. Hübscher aber etwas weiter
und schwieriger als Führe 1034, vgl. Bild 10 und die Skizze bei
R 1038. Wie bei R 373 auf die Fcla. da Glims.
a) Von der Fcla. gerade (oder von rechts, von SO durch eine Rinne)
auf die Gratrippe und über sie empor; ein größerer Gratturm im
oberen Drittel wird rechts im O auf schmalem Band umgangen. Die
Gratrippe mündet bei einem kl. Turm auf den SW=Grat. Weiter
über ihn zum Gipfel wie bei R 1036.
b) Anstatt über die Südwandrippe kann man auch links W daneben
durch die Weilenmannrinne auf den SW=Grat klettern. Weiter
wie oben.

**1036**
Über den ganzen Südwestgrat. II—III; 2.45—3.15 h vom Ein=
stieg. Schöne Gratkletterei. Der Grat sinkt nicht zur Fcla. da Glims
ab sondern W davon in die Sagliainsflanke. Im oberen Teil stehen
einige Türme, ils Chejelets = die Kegel, genannt; der höchste davon
(in der alten LKS 3307 m) heißt auch „Hörnli", s. die Skizze
bei R 1038.
a) Wie bei R 373 über die Fcla. da Glims an Gratfuß (oder wie bei
R 362 aber wesentlich weiter von W hierher) und immer am Grat
zunehmend schwieriger empor, die „Kegel" (Türme) des Grates,
die gipfelwärts steil abbrechen, werden rechts südseitig umklettert
oder abseilend überstiegen. Höher oben münden von links die West=

wandrinnen, von rechts die Weilenmann= und die Südwandrinne ein.
Nach Überwinden des Hörnli leicht zur Spitze.

**1037**
**Über den Südostgrat.** II—III, 3.30—4 h (bis 5 h) von der
Linardhütte; s. Bild 10 u. 31. Der schönste Gratanstieg
von Süden her.

**Übersicht:** Der Grat wird jetzt nicht mehr über den
Linard Pitschen erstiegen, sondern aus der tiefsten Scharte
vor dem eigentlichen Gipfelaufbau.

a) Von der Linardhütte durch die ganze Val Glims
rechts empor, zuletzt genau N Richtung die Scharte. Man
steigt durch die mittlere der drei am höchsten in den Fels
hinaufreichenden Geröllzungen empor, zuletzt durch eine
meist z. T. schneegefüllte Rinne in die Scharte am Fuß
des eigentlichen Bergmassivs, 1.30—2 h. Weiter am besten
direkt über den Grat bis zum letzten großen Aufschwung,
der links im W umgangen und dann wieder die Gratschneide bis zur Spitze verfolgt wird.

b) Der **Linard Pitschen**, 2973,8 m, kann über seinen SO-Grat (III)
erstiegen werden. Ein Abbruch SO vom Gipfel wird heikel (IV) ostseitig umquert; 2.30—3.15 h von der Hütte.

**1038**
**Über die Westwand auf den Piz Linard.** II—III, 2.30 h
vom Wandfuß. Der übliche Anstieg von W, von
Vereina her. Je nach Firnlage oder Vereisung der Rinnen wert= und zeitmäßig sehr verschieden; s. die Skizze
nebenan und Bild 26 Ziffer 8.

a) Auf beiden Abbildungen ist gut kenntlich, daß die
plattige Wand von mehreren Schutt= und Firn= oder
Eisrinnen durchzogen ist: in der Mitte (Ziffer III) die
große Westwand= oder J a n n r i n n e. Von ihr rechts
abzweigend die südl. Westwand=Eisrinne, Ziffer IV.
Und links die P u r t s c h e l l e r r i n n e, Ziffer II. Üb-
licher Anstieg: Durch die Jannrinne, Ziffer III.

b) Z u g a n g von Vereina wie bei R 361 bzw. 363 und
an Westwandfuß (oder von der Linardhütte wie bei
R 373 ins Val Sagliains und an Wandfuß).

c) D u r c h die J a n n r i n n e. Wie auf der Skizze neben
durch die größte mittl. Rinne III empor, wegen Stein-
fall sich links an die Felsen halten, bis man in mehr als
halber Höhe links fast waagrecht in die plattige Wand
hineinqueren kann. Man setzt den Quergang so weit
als möglich fort und gewinnt so rechts oberhalb wohl=

Bild 29 Die Litzner-Seehörner-Gruppe (1, 3, 6) im Abendlicht mit Litznergletscher (I), Seegletscher (II), Kromer- und Schweizer Gletscher (III und IV). Erläuterung s. R 6/V

Foto: G. Lutz, Tübingen

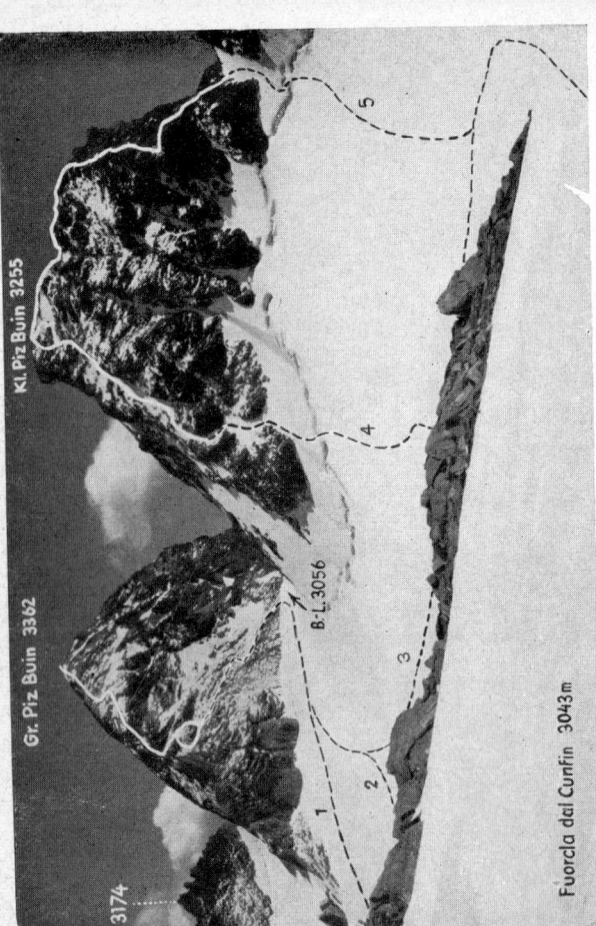

3174

Gr. Piz Buin 3362

Kl. Piz Buin 3255

B. L. 3056

Fuorcla dal Cunfin 3043m

Bild 30 Großer Piz Buin (Westflanke) und Kleiner Piz Buin (Nordflanke und Westgrat) von der Fuorcla dal Cunfin (Gr. Piz Buin 3312 m, nicht 3362 m!).
Erläuterung s. R 6/V

Foto: Rhomberg, Dornbirn

gestuften Fels, über den man — oben oft noch über Schnee — schließlich etwas links haltend den oberen NW=Grat gewinnt und rasch rechts über ihn zum Gip= fel steigt.

d) Durch die Purtschellerrinne, die linke nördl. Eisrinne. Zum linken nördl. Westwandfuß und hinauf in die Purtschellerrinne (Ziffer II der Skizze), die unter Steilwänden endet, links Platten und Bänder, rechts Stufen. Man klettert rechts über die Stufen steil an, gewinnt so die Führe 1038 c etwas oberhalb des linken Endes des dort beschriebenen Querganges und folgt dieser Führe wie oben zum Gipfel. (Man kann auch schon weiter unten links über sehr schwie= rige Plattenbänder auf den NW=Grat hinaus.)

e) Durch die südl. Westwand=Eisrinne. III (IV) = schwierig (sehr schwierig), 3—4 h vom Wandfuß, oft steinschlägig, bei starker Vereisung oben kein Durchstieg. Aus dem Val Sagliains gegen die Jannrinne hinauf (Ziffer III), aus deren unterstem Teil rechts die schmälere und kürzere Südrinne abzweigt (Ziffer IV der Skizze). Durch die Rinne bis ans Oberende. Zu Zeiten am besten in der Kluft zw. Eis links und Fels rechts. Vom Oberende schräg links über Firn, Eis oder Platten empor bis sich die Verschneidung der Rinne rechts zurücklegt und man in die Scharte auf den SW=Grat aussteigen kann. Weiter wie bei R 1036.

## 1039

Über den Nordwestgrat. III (IV); 2.30—3.30 h vom Einstieg. Schöne Kletterfahrt, den Westwandführen vorzuziehen, kein Stein= schlag. Vgl. die Skizze bei R 1038 u. Bild 31. Von Vereina wie bei R 363 (oder aus dem Val Lavinuoz=Muntanellas) auf die Fcla. dal Linard, wobei man in die südl. Scharte steigt direkt am Gratfuß. Dann über den zuerst waagrechten, später ansteigenden Grat an den Fuß des 1. Aufschwungs, den man erklettert oder links im O umgeht. Es folgt ein langes weniger steiles Gratstück zum 2. Aufschwung. Kleinen Steilstufen wird stets links im O ausgewichen. Den 2. arg zerborstenen großen „Turm" (Aufschwung), der durch seine rote Farbe auffällt, umklettert man auf einem überhängten Band links östl. (das Band ist durch eine von der Wand abgespaltene Platte ge= bildet). Dahinter steigt man rechts wieder auf den Grat. Rechts oder links ausweichend gewinnt man rasch an Höhe und steht bald vor dem letzten großen Aufschwung, den man rechts im SW über eine Steilplatte umgeht und mit einem Band schräg links zum Grat zurück steigt. Über ihn zur Spitze.

## 1040

Über die Ostwand. II = mäßig schwierig; 4—5.30 h und mehr vom Wandfuß. Die riesige Wand ist in zahlreiche waagrechte Stufen und Bänder aufgeteilt. In der Senkrechten ist sie von mehreren riesi= gen Lawinen= und Steinschlagrinnen zerschnitten, deren größte in der rechten Hälfte, zwei weitere in der linken Wandhälfte herab ziehen. Man benützt am besten die zwischen den Rinnen die Wand mitte bildenden breiten Rippen und steigt über sie an. Der erfahrene Bergsteiger wird durch kluge Wegführung ohne jede Schwierigkeit. emporfinden. Im Frühjahr, bei feuchtem oder Neuschneewetter is. Vorsicht vor Lawinen geboten, die Rinnen wird man, vor allem in, unteren Teil, stets meiden. Am besten wird man die hohe, mühsam

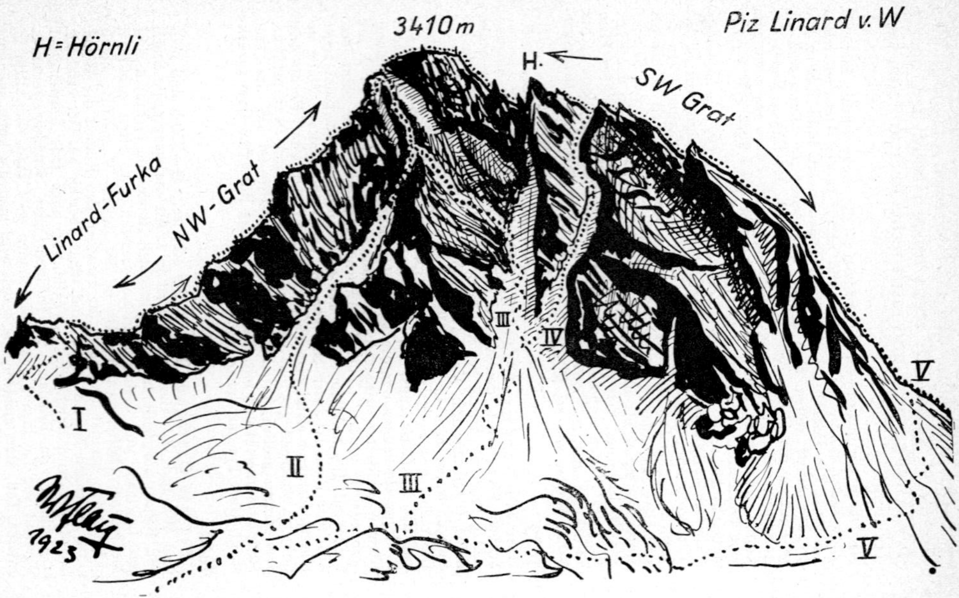

Piz Linard v. W

SW Grat

H.

3410 m

H = Hörnli

Linard-Furka

NW-Grat

V

V

IV

III

III

II

I

514

Piz Linard von Westen.

II = R 1032. IV = R 1038 d III = IV = R 1038 e. V = R 1036.

Wand im Abstieg nehmen und so zu einer genußreichen, landschaftlich großartigen Bergfahrt machen.

## 1041

Über den Nordostgrat. II = mäßig schwierig, 5—6 h von Marangun—Lavinuoz. Landschaftlich großartige, im übrigen (klettertechnisch) einförmige aber eigenartige Bergfahrt. Schöner Einblick in Ost- und Nordwand. Im Abstieg besonders lohnend. „Technisch leichtester, aber ziemlich hoher Anstieg (höher als alle außer der Ostwand). — Man steigt von Marangun wie bei R 1042 ins Val Muntanellas hinauf, überquert den unteren tobelartigen Teil (durch den man m ü h s a m auch g e r a d e ansteigen kann), aber schon in etwa halber Höhe, d. h. sobald man am jenseitigen Fuß des NO-Grates den Aufstieg auf den Grat als möglich erkennt. 1.30—2 h. Nun in leichter Kletterei ohne jede Schwierigkeit in etwa 3 h zum Gipfelgrat und über ihn südl. zum Steinmann.

## 1042

Über die Nordwand. III—IV = schwierig bis sehr schwierig, ca. 6 h vom Einstieg. Dorthin: von Marangun 1.30—2 h, von Vereina 3—3.30 h. Weitaus schönster aber auch schwierigster Wandanstieg des Linard. Nur im Aufstieg anzuraten. Trockenes, steinschlagsicheres Wetter nötig. Im Spätsommer besser. Man benützt von Marangun-Lavinuoz aus den Weg zur Fuorcla Zadrell (R 412) und zwar solange, bis er nach einigen Zickzacks, mit denen er erst links (S) dann rechts (N) des unteren tobelartigen Muntanellastales ansteigt, sich nach rechts (NW) vom Tälchen abwendet. Hier verläßt man den verfallenen Pfad und steigt über Gras links SW ins Val Muntanellas empor. Die steilen Grashalden rechts N neben dem Tobel gehen in immer spärlicher begrünte Schutthalden und schließlich in den steilen Kamm einer Moräne über, die aus einer „größeren" Zeit des Muntanellasgletschers stammt. Auf ihr empor an einen abschließenden Felsriegel und links auf die steile Gletscherzunge bzw. Moränenhänge, die man emporklimmt und möglichst bald wieder rechts auf die Hochfläche des Muntanellas-Gletschers. Von hier übersieht man den ganzen Anstieg ziemlich genau.

Die Wand zeigt deutlich zwei riesige Eis- und Lawinenrinnen (Couloirs) links und rechts. Dazwischen ein schwarzer Pfeiler, der in seinem untersten Drittel mit einer glatten Wand abgeschnitten ist. Diese Wand ist durch ein großes Band von links oben (wo der Pfeiler ansetzt) nach rechts unten (wo die rechte Eisrinne ausmündet) schräg begrenzt. Dies Band heißt es erreichen und zwar auf dem einzigen ziemlich steinsicheren Weg, d. h. entlang dem Kaminriß, der die (untere) Pfeilerwand m i t t e n durchzieht.

Zwischen den Streukegeln der Eisrinnen durch über den Bergschrund und die Randkluft an das Unterende dieses Kamins. In ihm (oder nach wenigen Metern mit Linksschleife außerhalb) empor auf eine Schuttstufe, durch die sich der Kaminriß als Rinne fortsetzt. Rechts neben ihr empor an die nächste senkrechte Steilwand (Steinmann), in welcher der jetzt feinere Riß weiterzieht. Nun mit Links-Schleifen ausholend zwei Seillängen östl. neben dem Riß empor und oben (sehr steil!) an sein Oberende zurück auf ein kleines Band (Steinmann). Jetzt Spreizschritt über den Riß nach rechts (W) auf glatte schräge Platte, über die man unter Überhängen auf das oben erwähnte große Band aufsteigt (Steinmann).

Das Band ist bergseits rinnenartig eingeschnitten und vereist. Am
Außenrand (besser!) oder in der Rinne immer dem Bande nach über
plattige Stufen und zuletzt über einen senkrechten Absatz 5—6 m
links (O) empor auf die erste Kanzel am Pfeileranfang (Steinmann
mit Zettel), 2.30—3 h. (Hierher auch über das ganze große Band
von der Mündung der rechten Eisrinne — Steinschlag! — bis zum
Pfeileranfang.)
Von jetzt an mit wechselnder Schwierigkeit in festem und bald
schlechtem Fels an den Pfeiler straks empor je nach 2—2.30 h
mit vorgereckter spitzer Kanzel (Steinmann) unter der mit einem seltsamen, weit heraushängenden gelbroten Erker geschmückten Schlußwand endet. Auf Schutt- (auch Schnee- und Eis-)band halbe Seillänge
nach links (Osten) und dann geradean durch die Schlußwand, auf
einer festen Rippe, eine kleine Eisrinne rechts neben sich. Man erreicht den NW-Grat wenige Meter vom Schnitt der Grate und über
den Gipfelgrat den Steinmann.
1043/44 Offene Randzahlen für Nachträge.

## Die Flessgruppe

**1045**
Dies kleine Bergparadies zw. Val Sagliains im O und Val Fless-Torta
im W ist im N durch den seltsamen Doppelpaß Fless-Vereinapaß begrenzt und mit dem Hauptkamm verbunden. Über die beiden Pässe
und ihre Übergänge s. R 355 u. 360/61, s. Bild 26. Val Fless = ge-
bogenes oder gebrochenes Tal, Val Torta = gewundenes Tal. — Man
findet die kleine Gruppe auf unserer Kartenbeilage, auf Karte R 49
und auf Bl. 498 der LKS; nur der Südgrat ist etwas beschnitten.
Unter den 4 Gipfeln der Gruppe sind immerhin 2 Dreitausender; sie
lohnen die Besteigung mit ganz prächtiger Rundschau auf den Vernelakamm und Linard und Fernschau im Südhalbkreis bis zum Ortler
und zur Bernina und — vom Piz Murtèra und Chasté — Tiefblick
ins Unterengadin!
Bester Standort ist Berghaus Vereina, doch kann man auch von
Susch oder Lavin ausgehen, vgl. R 360/61 u. 355, die auch die Zugänge bilden. Der 1. Ersteiger des Piz Fless dürfte der Topograph R.
Reber 1884 gewesen sein. Die ersten Ersteiger des Piz Murtèra sind
nicht bekannt; seinen rassigen Nordgrat überkletterten W. Flaig und
A. Weidle am 25. 8. 1922.
Die Gruppe fällt steil nach O ab, sanfter nach S u. W, wo Hochkare
unschwierige Anstiege vermitteln. Gute Kletterer überschreiten die
ganze Gruppe als Tagestour in sehr hübscher Kletterei (II—III je
nach Führe) vom Vereinapaß oder vom Piz Valtorta her über Piz
Fless—Murtèra bis zum Piz Chasté.

**1046**
Piz Fless, 3020 m, unmittelbar S vom Vereinapaß (s. Bild 26 Ziffer 9;
Z = P. 2950), läßt sich von dort über P. 2950 und den Nordgrat
mäßig schwierig (II) und lohnend erklettern. 4.15—5 h von Vereina.
a) Noch einfacher (und als Abstieg sehr geeignet) ist der Aufstieg
vom Flesspaß über den kl. Firn der Vadr. Valtorta in die Scharte
W vom Gipfel und zur Spitze.
b) Oder von SW aus dem Val Fless der Alpe Fless Dadaint auf
Steigspur ins Hochtälchen Val Gross (SW vom Piz Fless) und unschwierig direkt oder über den oberen Südgrat zur Spitze.
c) Aus dem Val Gross bzw. dem kl. Parallelkar im NW läßt sich
auch der Piz Valtorta, 2957 m, mäßig schwierig (II) von SO er-

steigen und von dort über den Verbindungsgrat (2.30—3 h) zum Piz
Fless klettern (II).

**1047**

Piz Murtèra, 3044 m ist der höchste Berg der Gruppe; mit seinem kl.
Firnschild im NO bietet er vom oberen Val Sagliains ein sehr hüb‹
sches Bild, ist aber (wie sein Name Murtèra = Steinwüste verrät) nur
die zerklüftete Ruine eines Berges. Man besteigt ihn am einfachsten
von W; wie bei R 1046 b ins Val Gross und über die Westflanke
zur Spitze, I—II, 2.30—3.15 h. Kurz aber rassig und sehr hübsch
(III) ist der Nordgrat.
Die Grate zu den Nachbargipfeln können mäßig schwierig bis schwie‹
rig (II—III) überklettert werden, ausweichen westseitig. Die leichte
Gratwanderung zum Piz Chasté, 2849 m (der von SW auch un‹
schwierig direkt zu ersteigen ist) lohnt sich auch wegen des schönen
Engadinblickes.

**1048/49**  Offene Randzahlen für Nachträge.

**1050**              Die Flüelagruppe

ist die südwestlichste Untergruppe der Schweizer Süd‹
silvretta, zw. Flesspaß im O, Flüelapaß im S und Wolf‹
gangpaß im W. Höchst‹ und Angelpunkt der Gruppe
ist das Flüela‹Weißhorn, 3085 m, ihr einziger und der
letzte und südlichste Dreitausender der Silvretta, der
schönste Berg der Gruppe, der hübsche Klettergrate
mit herrlicher Fernschau verbindet. Von ihm strahlen
im spitzen Winkel die zwei Hauptgrate der Gruppe
nach NO zum Flesspaß und nach NNW zum Gat‹
schieferspitz und Lauizughorn bis vor Klosters.
a) Fast alle Gipfel können von Berghaus Vereina
(R 352) oder von den Flüela‹Gasthöfen (R 351) erstie‹
gen werden, die westlichsten und nördlichsten Aus‹
läufer auch von Davos oder Klosters. Die Grate um‹
schließen das wunderschöne Jörital (und Vereinatal),
während in NW das stillschöne Mönchalptal in die
Gruppe hinaufgreift.
b) Man findet die Gruppe auf unserer Kartenbeilage und auf der
Übersichtskarte R 49, die für Wanderer durchaus genügt und den
Vorzug hat, daß die ganze Gruppe drauf ist, während auf dem
schönen Blatt 497 der LKS der Süd‹ und Ostrand der Gruppe fehlt.
c) Im Kamm vom Weißhorn zur Gatschieferspitze liegen die meist
unschwierigen idealen Aussichtsberge wie das Pischahorn und Gat‹
schieferspitz. Für Geübte bietet der Kamm einzigartige große Grat‹
wanderungen, im Hauptkamm wie auf den westlichen Seiten‹
kämmen. Die ganze Gruppe ist auch ein prächtiges alpines Skigebiet,
s. R 58. Pischabahn (Luftseilbahn), Pistenkarussell; siehe R 1209.

**1051**

Im Roßtäligrat zw. Flesspaß im NO und Jöriflesspaß im SW liegen
einige selten besuchte aber sehr hübsche Gipfel, die von W aus dem

Jörital (aber auch vom Flesspaß her) alle unschwierig zu ersteigen sind. Zugänge zu den Pässen s. R 355 u. 359/60.

a) Das Kirchli, 2770 m, läßt sich unschwierig aus dem Roßtäli ersteigen (3 h von Vereina) oder vom Flesspaß her über den Ostgrat und den Gemsspitz, 2752 m, dazwischen gratentlang mäßig schwierig (II) 1 h vom Paß. Am besten setzt man die Gratwanderung (I—II) fort nach S u. SW über den Grat zum

b) Roßtälispitz, 2929 m, und Muttelhorn, 2826 m, zw. denen die Rote Furgge, 2743 m, eingesenkt ist: 2.30—3 h bis zum Jöriflesspaß. Ganz unschwierig sind die Anstiege von W aus dem Jörital 3.30—3.45 h von Vereina; oder vom Jöriflesspaß übers Muttelhorn zum Roßtälispitz. Ausweichen westseitig. Zum Jöriflesspaß vgl. R 359 u. 355.

**1052**

Piz Champatsch, 2945 m, früher auch Munt da la Bescha, in dem vom Weißhorn=Nordgrat nach O ausstrahlenden Grat. Vom Flüela=Hospiz in 2—2.30 h unschwierig über die Westflanke oder von Vereina (3.30—4.15 h) übern Jöriflesspaß und von NW über P. 2886 und den Gipfelgrat zur Spitze.

## Flüela-Weißhorn, 3085 m

**1053**

a) Der schöne Berg bildet den prächtigen firnbeglänz= ten Abschluß des Jöritales, s. Bild 27, und erhebt sich dicht N vom Flüelapaß gegenüber dem Flüela=Schwarz= horn S des Passes (Albulagruppe), die beide ihrer Ge= steinsfarbe wegen so benannt sind, das Weißhorn nach dem hellen Flüelagneis, das Schwarzhorn nach dem dunklen Amphibolit. Während die Weißhorn=Süd= flanke meist kahles Ödland überragt, schmücken der Jörigletscher und die Jöriseen mit den Matten des Jöri=Vereinatales seine Nordseite. (Jöri = mundartlich für Georg. Über die Jöriseen s. SACJ 1902 S. 89.)

b) Die ersten Ersteiger sind nicht genau bekannt, denn O. Schuster, A. Rzewuski und Dr. B. Tauscher und Frau, deren Karten A. Ludwig 1891 am Gipfel fand, werden kaum die Ersten gewesen sein. Interessant ist die erste Skibesteigung, die schon am 12. 1. 1902 erfolgte durch C. Nußberger mit Christ. Guler, die mit Schneereifen (die Skier tragend) vom Flüela=Hospiz in 6 h zur Spitze gestiegen und auf Skiern ins Vereinatal abgefahren sind.

c) Die Rundsicht vereinigt in fast vollkommener Weise den Nahblick auf die mächtigen Silvretta= (und Albula=)gipfel im O, NO u. N (S) mit den Tiefblicken ins Jöri=Vereinatal, in die Flüelatäler und ins Unterengadin; dazu die große Fernschau auf die Ortler=, Grosina= und Bernina=Alpen und auf die Albula=, Adula=Rheinwald-Alpen im Südhalbkreis; auf die Bündner, Ostschweizer, Glarner und Berner Alpen im Westhalbkreis, auf die Rätikongruppe im NW, die Ferwall und Lechtaler Alpen im Nordhalbkreis.

d) Die Anstiege erfolgen entweder von der Flüela= seite ein wenig kürzer oder von der Vereinaseite etwas

länger, aber angenehmer. Vgl. die Zugänge von S,
R 354/355, von N, R 357/59. Die schönste Überschrei=
tung ist NO=Grat — NW=Grat oder umgekehrt, be=
sonders lohnend in Verbindung mit der wunderschönen
„Seetour", d. h. entlang allen Jöriseen; vgl. dazu
R 359 u. R 355 I.

Von der Flüelaseite empfehlen sich Süd= oder West=
grat als Aufstieg, NW= oder NO=Grat als Abstieg. Ich
schildere nur die wichtigsten Führen. Der Berg bietet
zahlreiche Abwandlungen dazu über alle Grate und
Flanken.

Man beachte zur Besteigung über die Grate die eigenartige Topo=
graphie des Berges: alle 3 Hauptgrate des Berges — Nordost=, Nord=
west= und Südgrat — sind durch Scharten unmittelbar am Gipfel=
massiv zweigeteilt. Man begeht meist nur die Schlußgrate von diesen
Scharten aus, den NW=Grat von der Winterlücke (nicht von der
Jöriflüelafurka, wo er eigentlich endigt); den Nordostgrat von der
Scharte SW P. 2941, nicht vom Jöriflesspaß, wo er endigt. Beim
Südgrat ist es ähnlich. Die Winterlücke, ca. 2850 m LKS, hieß und
heißt auch Jörifürkli oder Weißhornlücke.

**1054**

Über den Nordwestgrat. I (II) = unschwierig (mäßig
schwierig), 0.45—1.15 h von der Winterlücke (Jöri=
fürkli). Der übliche Anstieg. Wie bei R 358 von Vereina
(3.30 h) oder wie bei R 354 III. von Flüela (2.30 h) bis
zur Lücke, ca. 2850 m, s. Bild 27, der besonnte Grat
rechts herab vor dem beschatteten Westgrat. Von der
Lücke in hübscher unschwieriger Kletterei immer am
wohlgestuften Blockgrat empor auf den kl. Vorgipfel.

Der ganze Nordwestgrat von der Jöriflüelafurka (s. R 357 bzw. 354)
über P. 2771, 2784 und 2818 erfordert gratentlang ca. 1.30—2 h mehr
und teilweise schwierige Kletterei.

**1055**

Über den Nordostgrat. I (II); 4—4.30 h von Vereina,
3.30—4 h von Flüela. Ebenso hübsch wie R 1054; siehe
Bild 27, vom Gipfel links herab. Wie bei R 358 Rich=
tung Winterlücke aber vor der Lücke links nach SO in
die Scharte unmittelbar NO vom Gipfelmassiv (bzw.
SW von P. 2941), die man von Flüela entweder über
die Winterlücke (R 354, III) oder weglos von S u. O
erreicht. — Aus dieser Nordgratscharte direkt über
den steilen aber unschwierigen Grat auf den Vorgipfel
und mäßig schwierig nach S zum HG hinüber.

Der ganze NO=Grat kann schon vom Jöriflesspaß (bzw. schon vor=
her westl. unterhalb nach S empor) über alle Gratgipfel erklettert

werden, mäßig schwierig ca. 2 h mehr, s. Bild 27, der Grat links
vom Weißhorngipfel.

**1056**
**Weitere Anstiege aufs Weißhorn.** Auch der S ü d g r a t kann von der
Flüelaseite in ganzer Länge (II—III) oder nur im obersten Teil be=
gangen werden; 3.30—4.30 h vom Hospiz. Schließlich gibt es eine
Kletterführe über die O s t w a n d (I) und eine über den W e s t g r a t
oder Westwandpfeiler in luftiger Kletterei (II) auf den oberen Süd=
grat und über ihn zur Spitze, je ca. 3.30 h vom Hospiz Flüela.

## Gorihorn, auch Eisentälispitz, 2986 m

**1057**
Zw. Jöriflüelafurka, 2725 m, im S und Eisenfürkli, 2766 m, im NW.
Im Gegensatz zum Pischahorn ein mehr schroffer Gipfel mit hüb=
schen Klettergraten, die von den zwei genannten Furkeln (s. R 356
und R 357 von N, R 354 I u. II von S) angepackt werden, je ca.
2.30—3.30 h von Vereina oder Flüela. Aber auch die Flanken sind
von SW leicht oder mäßig schwierig zu begehen (I—II).
a) Beim S ü d g r a t folgt man dem Grat.
b) Beim N o r d w e s t g r a t umgeht man den 1. Aufschwung links
im N, folgt dann dem Grat bis zur Gratecke („Westl. Eckpfeiler"),
quert dann südseitig zum Gipfelbau, den man durch einen kurzen
Kamin und über Schrofen ersteigt. — „Gori" und „Jöri" sind mund=
artliche Formen für Georg.

## Pischahorn, 2979 m

**1058**
a) Von den einheimischen Bergfreunden meist kurz
„die Pischa" genannt, eine hübsche, fast 3000 m hohe
Felskuppel, die sich über einem halbdutzend in ihr zu=
sammenlaufender Grate wölbt und mit kleinen sil=
bernen Firnschilden bis hoch im Sommer geschmückt
gipfel und durch eine kl. Scharte zur Spitze herüber.
ist. Der etwas schroffere Südgrat endet im Eisenfürkli,
2766 m, der NW=Grat zieht weithin zum Gatschiefer=
spitz und über den Westgrat zum H ö r n l i, 2444 m, und
S e e h o r n überm Davoser See. Er vermittelt Geübten
eine der schönsten Gratwanderungen der Silvretta be=
sonders lohnend als Abstieg, so wie der Berg auch sonst,
besonders von W u. S ganz unschwierig zu ersteigen
und daher ein sehr bequemer Aussichtsberg 1. Ranges ist.
Ausgangspunkte sind Berghaus Vereina (R 352) im O,
die Flüela=Gasthöfe im S (s. R 121 u. R 351) und außer=
dem Davos (R 120) im W für die Westanstiege. Die
Wege die von Davos=Dorf oder Wolfgang oder Laret
ins Mönchalptal bzw. Flüelagebiet führen, entnimmt
man der LKS. Pischabahn! R 1209 nachlesen!

b) Der **Name** Pischa stammt von der Hochalpe (Kar) Pischa im W des Gipfels her. Pischa ist nach Hubschmied Hauptwort zum rätorom. pischar (ital. pisciare, franz. pisser, deutsch pissen), das hier im übertragenen Sinne für „Wasserfall'' gebraucht ist oder „Gießbach'', wie auch einer von Pischa zum Mönchalp=Innersäß 1993 m hinab= stürzt.

c) Aus der Ersteigungsgeschichte ist nur bemerkenswert die 1. Ski= besteigung und Überschreitung (l) von Vereina nach Davos schon am 13. 1. 1902 durch C. Nußberger mit Chr. Guler.

d) Die **Rundsicht** ist natürlich jener vom Flüela=Weißhorn sehr ähnlich, z. T. aber auch überlegen, so mit dem Tiefblick ins Prätigau im NW, mit dem ganzen Rätikon hintern Prätigau. Im N, NO u. O die ganze Silvretta von der Fergengruppe bis zu den Flucht= hörnern und zum Linard. Rechts an ihn anschließend im Südhalb= kreis die ganze Bergwelt Graubündens von den Unterengadiner Dolo= miten im OSO (dahinter Durchblicke auf Ortler=Adamello) über die Grosina= und Bernina=Alpen, über die ganze Albulagruppe bis zu den Plessuralpen und dem Adula=Rheinwaldgebiet dahinter im WSW. Im Westhalbkreis außerdem Fernblicke über die St. Galler=, Glarner= und Ostschweizer Alpen bis zu den Berner Alpen. Dazu die Tief= blicke auf Davos, ins Flüelatal, ins Vereina=Vernela= und Süsertal, so daß sich gewaltige Nahbilder wie die Plattenhörner und der Linard mit großer Fernschau und lieblichen Talblicken harmonisch ver= mählen.

## 1059

**Anstiege aufs Pischahorn** gibt es mindestens ein Dut= zend, über jeden Grat und durch jedes Hochkar rings= um (I—II). Der Geübte kommt überall durch. Gutes Wegnetz der Pischabahn s. R 1209! Pflanzenschutzgebiet! Für die Anstiege aus dem Flüelatal rechne man 2.45 bis 3.30 h, von Vereina 3.30—4.30 h, von Davos her 4.30 bis 5.30 h. Mit der Pischabahn: 2 h ab Bergstation, s. R 1209.

### I. Vom Berghaus Vereina, von Osten und Nordosten.

a) Durchs **Eisentäli**. Wie bei R 356 durchs Eisen= täli zum Eisenfürkli und übern Südgrat (II) oder schon vorher aus dem mittl. oder oberen Eisentäli nach W beliebig auf den Südgrat bzw. direkt zur Spitze.

b) Durch die zwei **Hafentäli**, von Vereina, durch das kleine südl. oder durch das große nördl. Hafentäli (das in der LKS den Na= men trägt), zu oberst im Täli jeweils rechts auf die Grate u. Spitze.

### II. Vom Flüelatal, von Süden und Südwesten.

c) Wie bei R 354 aufs Eisenfürkli und übern Südgrat.

d) Oder durchs Matjestäli auf den Südgrat rechts oder auf den SW=Grat links und zur Spitze. Siehe R 1209!

e) Oder übern **Flüelaberg** und Westgrat.

### III. Von Davos her, von Westen.

f) Über den **Westgrat**, am besten als einzigartige Abstiegsgratwanderung (I) über den Grat hinab und hinaus zum Hörnli, 2444 m, wo er sich gabelt. Man kann nach SW über oder südseitig entlang dem Seehorn nach Davos=Dorf, oder nach NW über die Alpe Drusatscha zum Davoser See hinab.

g) Durchs **Mönchsalptal** auf Alpweg und Steigspur (links am Sonnenhang, nördl. vom Bach) über „Pischa" (Hochkar) und direkt zur Spitze; oder über den NW=Grat oder über den Westgrat.

## 1060
**Gatschieferspitz,** 2676 m, auch Mönchalptälispitz oder Mückentäli= spitz. Er bietet einen einzigartigen Tiefblick ins Inner=Prätigau, der die Besteigung oder Überschreitung lohnt. Von allen Seiten unschwie= rig oder mäßig schwierig über die Flanken oder Grate:

a) Von **Vereina** durchs Novaier Täli, 3.30—4 h.

b) Von **Davos** (Laret) durchs Mönchsalptal und über den West= gratrücken oder von SW bzw. S direkt zur Spitze 4.30—5 h.

c) Von **Klosters** 5—6 h über Schwaderloch=Gatschieferalpe und nach SO durch das Kar auf den Grat beim „**Gitzispitz**" = P. 2466 der LKS. Von hier nach SW auf den Gatschieferspitz oder

d) links nach NO auf das **Lauizughorn,** 2469 m. Man kann es auch aus dem Novaier Täli unschwierig von S ersteigen. Es belohnt mit einem großartigen Tiefblick in Prätigau und hat seinen Namen von den Lawinen= oder Lauizügen, die seine Nordflanke zerfurchen und (wie sein Gipfelgrat) auf Bild 9 in der rechten oberen Ecke noch sichtbar sind.

1061—1099 Offene Randzahlen für Nachträge.

# V. TEIL: ANHANG

## Zur Natur der Silvretta

> *„Gebirge sind dem Wesen*
> *und der Erscheinung nach*
> *etwas Geologisches."*
>
> R. v. Klebelsberg

Im „Hochtourist" Bd. IV, 1926

**1100**

Die gebirgsbildenden Gesteine sind daher das tragende
Element in der Natur der Silvretta. Jede, auch die un=
schwierigste Gipfelbesteigung wird in ihrer „Technik"
vor allem durch diese Gesteine, ihre Wesensart, ihr Ent=
stehen und Vergehen, ihre Schichtung und Lagerung,
Zerklüftung und Zerfall bestimmt. Die kurzen Hin=
weise, die ich — aus bescheidenstem Wissen und dank=
bar ganz auf den Forschungen der Fachwissenschafter
fußend — dazu jeweils den Einführungen in die
Untergruppen beigefügt habe, dienen deshalb ausschließ=
lich praktischen und bergsteigerischen Zwecken, vom
Laien zum Laien gesprochen. Die übrige „Natur" der
Silvretta mußte dem gegenüber zurückstehen. Sie ist berg=
steigertechnisch praktisch fast bedeutungslos. Außerdem
fehlten mir sowohl der Raum als auch die Mittel, Fach=
gelehrte dafür zu gewinnen, nachdem ich mich selbst
dazu nicht berufen fühle.

Ich muß die Leser daher bitten, mit kurzen einführenden Bemer=
kungen und einigen wenigen Literaturhinweisen vorlieb zu nehmen.
Auch diese Hinweise und Quellen sind n i c h t fachwissenschaft=
licher sondern mehr allgemeiner Art, wie dies auch dem Wesen eines
Alpenvereinsführers entspricht.

# Allgemeine Literatur zur Naturkunde der Silvretta

**1101**

Es wird zunächst auf jene Schriften hingewiesen, die bereits unter der „Standard-Literatur" R 55 ff. aufgeführt wurden und zusammenfassende Inhalte zur Naturkunde der Silvretta haben. Siehe besonders R 57, 60 und 61 (Flaig), R 65 (Krasser).

a) D a v o s e r  Silvretta: „Festschrift d. Schweiz. Naturf.-Ges. in Davos 1929 (Geol., Bot., Zool. usw.).

b) D Ö A V: „Alpines Handbuch", Leipzig 1931 (Geol., Fauna, Flora).

c) F r ü h, J.: „Geographie der Schweiz", St. Gallen 1930.

d) H e l b o c k, A.: „Heimatkunde von Vorarlberg", 12 Hefte, Wien 1929—1935. Alle Gebiete der Natur- und Heimatkunde (Montafon/Silvretta).

e) „Junk's Naturführer" Bd. Tirol von Prof. K. W. v. Dalla Torre, Berlin 1913.

f) K r e b s, Norbert: „Die Ostalpen und das heutige Österreich", Stuttgart 1928.

g) S c h w a r z, Artur: „Heimatkunde von Vorarlberg", Bregenz 1949. Alle Gebiete d. Natur- u. Heimatkunde (Montafon/Silvretta).

h) T a r n u z z e r, Dr. Chr.: „Aus Rätiens Natur- und Alpenwelt", Zürich 1916.

i) T h e o b a l d, G.: „Naturbilder a. d. rhätischen Alpen", 3. Aufl. Chur 1893.

k) T r e n t i n a g l i a, Jos. Ritter von —: „Das Gebiet d. Rosanna u. Trisanna". Wien 1875 (orogr., glazial., bot., zool., geognost. u. meteorol. Verhältnisse).

# Zur Gesteinswelt der Silvretta

**1102**

Die Silvrettagruppe ist nur ein kleiner Baustein in der 2000 km langen Alpenmauer, aber auch nur ein Teilstück in der sog. „S i l v r e t t a d e c k e" oder des „S i l v r e t t a k r i s t a l l i n s", das seinerseits schon einen größeren, entstehungsgeschichtlich sogar bedeutsamen Raum im Alpengebäude und in eine jener großen Faltendecken bildet, aus denen dies Kettengebirge zur Zeit der Alpenhauptfaltung im Tertiär, d. h. also in der Erdneuzeit aufgefaltet und — in unserem Falle — von S nach N überschoben wurde, um in den folgenden rund 50 Millionen Jahren bis heute zum größten Teil wieder abgetragen zu werden. Denn was wir heute als „Alpen" oder „Silvrettagruppe" vor uns haben, ist nur ein Rumpfrest.

Diese sogenannte Silvrettadecke besteht im Wesentlichen aus G n e i s e n verschiedenster Art und Herkunft, d. h. aus sogenannten K r i s t a l l i n g e s t e i n e n, daher kurz „Silvrettakristallin" im Volksmund aber „Urgestein" genannt. Man unterscheidet dabei die meist helleren Orthogneise, z. B. Granitgneise, die magmatischen Ursprungs, d. h. aus der Tiefe emporgestiegen (und also echte „Urgesteine") sind, während die meist dunkleren Paragneise bereits eine langwährende Umwandlung oder Metamorphose und Ablagerung hinter sich haben (und deshalb auch eine meist deutlichere Schichtung und Schieferung zeigen), so z. B. die in der Silvretta sehr mächtigen, oft dunkel= und hellgrün gebänderten Hornblendegneise oder die glimmerreichen Schiefergneise. Fluchthorn und Linard sind z. B. solche dunkle Hornblenderiesen, während Piz Buin—Silvrettahorn—Dreiländerspitze—Augstenberg aus (helleren) Granitgneisen und Augengneisen, das Flüela=Weißhorn aber aus dem hellen Flüelagneis gebaut sind. Wenn sie trotzdem oft rötlich=dunkelbraun erscheinen, so ist das sozusagen rein äußerlich, weil diese oft eisenhaltigen Gneise rostbraun anwittern, auch oft mit dunklen Flechten bedeckt sind. Wo sie frisch angebrochen sind, tritt jener herrliche rauhe glimmernde Granitgneis zutage, der das Entzücken des Kletterers ist und wie elektrisierend auf Haut und Auge wirkt.

Die besondere entstehungsgeschichtliche Eigenart der „oberostalpinen Silvrettadecke" (die keineswegs nur der Silvrettagruppe zukommt sondern als ein Teil der kristallinen Zentralalpen der Ostalpen z. B. auch die Ferwallgruppe, den Osträtikon, die Albulaberge usw. bildet) ist aber, daß sie nicht an Ort und Stelle ‚gewachsen' ist sondern bei der Auffaltung der Alpen von S nach N „überschoben" wurde, wobei nach dem berühmten Schweizer Geologen Albert Heim gerade bei der Silvrettadecke „die Überschiebungsbreite bis 120 km" beträgt! Aber nicht genug damit, die Silvrettadecke wurde dabei über jüngere Gesteine geschoben, über „unterostalpine" Sedimentgesteine, Meeresablagerungen aus Kalk, Dolomit, Ton usw., z. B. Liaskalke, Bündnerschiefer usw. Diese Sedimentgesteine, die zeitlich eigentlich über dem Silvrettakristallin liegen sollten, treten in den tiefen Einschnitten der Erosionstäler am Südostrand und im SW der Silvretta in sogenannten geologischen Fenstern, im Unterengadiner und im Gargellner Fenster und im Prätigau zutage und beweisen so, daß die Silvrettadecke auf ihnen „schwimmt" und mindestens dieser Teil der Alpen ein Falten= und Deckengebirge sind.

Kaum irgendwo in den Alpen können diese erstaunlichen erdgeschichtlichen Vorgänge auch vom Laien schöner beobachtet werden wie hier. Der Gesteinswechsel, der vor allem in der Südostsilvretta (von der Fluchthorn=Kristallinklippe zur Tasna=Sedimentmasse) auffällt, ist aber nun wieder bergsteigertechnisch und skitouristisch gesehen von größter Bedeutung; das Nähere findet man bei den genannten Gruppen angedeutet. Auch hier bringt also schon bescheidenes Wissen große praktische Einsichten.

Mit einem ganz kurzen Hinweis sei noch auf den ungemein reichen Formenschatz der Silvretta an Spuren ehemals größerer Vergletscherung von den Eiszeiten bis in die jüngste Zeit hingewiesen. Die meisten Silvrettatäler sind nicht nur geradezu klassische Muster für eiszeitliche Trogtalbildungen, sondern sie bergen auch einzigschöne Moränenbeispiele z. B. vom Gletschervorstoß vor gut 100 Jahren, vom sog. 1850er Stand, Moränen weit vor den heutigen Gletscherzungen, die besonders im Ochsental, Bieltal, Klostertal, Jamtal und Kromertal usw. auch vom Laien leicht zu erkennen sind.

Einmalig in den Alpen ist die Glaziallandschaft der Bielerhöhe auf der europäischen Wasserscheide Rhein=Donau, wo die rechte Seitenmoräne des Illgletschers aus den Schluß=eiszeitlichen Gletscherständen [die jetzt im sog. Bielerdamm für die Stausee=Abdämmung mit verwertet ist (s. die Skizze bei R 220)] den ursprünglichen Lauf der Ill nach Ost ins Paznaun, d. h. in die Donau nun ablenkte und zum Abfluß nach Westen in den Rhein gezwungen hat. Die junge Ill ist also wechselnd in beide Flußsysteme geflossen!

Von welch bergsteigerischen Bedeutung das Wissen um geologische Erscheinungen ist, zeigt die Tatsache, daß die im wesentlichen West-Ost (also parallel dem Silvretta-Hauptkamm) bzw. WSW-ONO verlaufenden Gesteinszüge der Silvretta nach W (SW) „einfallen", d. h. — ganz grob gesagt! — nach Westen plattig abgedacht, abgeschrägt und sanfter geneigt sind, während sie nach Osten über ihre Schichtköpfe steil abgebrochen sind. Der Bergsteiger, der diese Erkenntnis noch aus dem Kartenbild der trefflichen neuen Karten (AV-SiKa und LKS) ergänzt, kann sich daraus schon „ein Bild" vom verschiedenen Charakter der Ost- und Westanstiege machen, zumal die west-einfallenden Flanken noch in lange Westgrate und Westkare aufgelöst sind, wofür der Valgraggiskamm, der große Vermuntgrat vom Ochsenkopf bis zum Gorfen, der Jam- und Larainkamm, der Vernela- und Vereinakamm und besonders auch der Piz Linard geradezu klassische Beispiele liefern.

## Literatur zur Geologie der Silvretta

**1103**

Ich verweise vor allem auf die entsprechenden Kapitel in meinem Silvrettabuch 1961 (s. R 60) S. 150 ff, ferner in meinem Artikel im AVI 1955 S. 8—14 (s. R 61), im „Alpenpark Montafon" (s. R 57) unter den dortigen Randzahlen 23—89. Außerdem R 1101 a—k. — Eine geologische Bibliographie der Silvretta findet man in der „Geol. Bibliogr. d. Ostalpen" (Innsbruck 1937) von Dr. R. v. Srbik im 19. Abschn. „Silvretta" S. 43—47.

a) Arbenz, P.: „Über die Faltenrichtungen in der Silvrettadecke Mittelbündens". Separatdruck 1920.

b) Bearth, Dr. P.: „Geolog, Notizen" (zur Silvretta) in R 35 Seite 28 ff.

c) Bearth, P.: „Die Diabasgänge der Silvretta", 1932.

d) Blaas, J.: „Geolog. Führer durch die Tiroler Alpen usw.". Innsbruck 1902.

e) Blumenthal, M. M.: „Das Fenster von Gargellen (Vorarlberg)", Ecl. geol. Helvetiae, Vol. XX, Nr. 1, 1926.

f) Blumenthal, Dr. M. M.: „Der Bergsturz von Monbiel bei Klosters a. d. Jahre 1770" (Bündner Monatsblatt, Chur, 1925).

g) Blumenthal, M. M.: „Zur Tektonik des Westrandes der Silvretta usw.", Jhber. d. Naturf.-Ges. Graubündens, Neue Folge. LXIV. Bd. 1925/26.

h) Börner, H.: „Über Wasserscheidenverlegungen zw. Silvretta u. Nördl. Kalkalpen" (Festschrift AVS Wiesbaden 1932).

i) Börner, H.: „Vergl. Talgeschichte von Montafon und Paznaun". Z. f. Geomorphologie, Bd. 7, 1932 S. 109 (mit Quellen).

k) Cadisch, Joos: „Geol. Beob. i. Gebirge zw. Unterengadin u. Paznaun (Tirol)." Ecl. geol. Helvetiae, Vol. 21 Nr. 1, 1928.

l) Flaig, W.: „Der Alpeltispitz, Maske u. Antlitz eines Berges", Kosmos 1937, S. 197 u. 232.

m) Flaig, W.: „Das Gletscherbuch", Leipzig 1938.

n) Flaig, „Lawinen! Abenteuer u. Erfahrung, Erlebnis u. Lehre", Wiesbaden 1955.

o) H e i m , Albert: „Geologie d. Schweiz", II, 2. Aufl., Leipzig 1922.
p) K l e b e l s b e r g , R. v. —: „Geologisches über die Silvretta".
„Hochtourist" IV. Bd., Seite 16 u. 71 ff., Leipzig 1926.
q) K o c h , G. A.: „Erläuterungen zur Geol. Aufnahmekarte d. Sil=
vrettagebietes". Verh. d. Geol. Reichsanstalt, Wien 1877. S. 137
u. 202.
r) K o c h , G. A.: „Die Abgrenzung u. Gliederung d. Silvretta=
Gruppe", Wien 1884.
s) K r a s s e r , L.: „s. R 65 u zahlreiche Schriften zur Geologie u.
Gletscherkunde d. Silvretta, die in meinem Silvrettabuch S. 235 u.
im Montafon=Führer S. 158 (R 60 u. 57) aufgezählt sind.
t) S e i d l i t z , W. v. —: „Geol. Unters. im östl. Rätikon". Frei=
burg 1906.
u) S t r e c k e i s e n , A.: „Geologie u. Petrogr. d. Flüelagruppe", 1928.
v) T a r n u z z e r , Dr. Chr. u U. Grubenmann: „Geologie des Unter=
engadins, Beiträge z. Geol. Karte d. Schweiz. N. F. 23. Lfg. 1909.
w) T a r n u z z e r , Dr. Chr.: „Geol. Übersicht von Graubünden" im
Supplement=Band d. Bündnerführers SAC, S. 1—52 (Chur 1916)
x) W e n k , E.: „Beitrag z. Petrogr. u. Geol. des Silvrettakri=tallins",
Schweiz. Mineralog. u. Petrogr. Mitt. 1934 a.

## Zur Pflanzenwelt der Silvretta

**1104**

Die Freunde der Alpenpflanzen seien nur kurz auf den Florawechsel
im Zusammenhang mit dem unter R 1102 angedeuteten Gesteins=
wechsel in der SO=Silvretta usw. hingewiesen, sowie auf die großen
klimatischen und botanischen Unterschiede zwischen den westoffenen,
niederschlagsreichen Buchenbezirken des Montafons und Prätigaus
im NW und W und dem zentralalpinen niederschlagsarmen Föhren=
bezirk des Unterengadins im SO, wo eine Fülle seltener Pflanzen
dieses Bezirkes vorkommen. Als charakteristisch für die Flora im
Kristallingestein (Gneis) der Hochsilvretta sei hier die Flora des
höchsten Silvrettagipfels, den Piz Linard, aufgezählt, die seit über
100 Jahren laufend beobachtet wurde, wie ich es bei R 1031 schon
erwähnt habe. Diese Flora kann auch als charakteristisch für die
übrigen Gneisgipfel der Silvretta gelten.

**1105**

**Die Flora des Piz Linard.** Für die meisten Pflanzen gibt Braun „die
Südostwand" des Piz Linard an, die es aber nicht gibt. Es wird die
pflanzenreiche Ostwand gemeint sein: Es wurden folgende Pflanzen
am Bergleib des Linard gefunden:
Cystopteris fragilis. Juniperus communis. Agrostis tenella. Agr. alpina.
Agr. rupestris. Trisetum spicatum. Sesleria disticha. Poa alpina. Poa
laxa. Festuca Halleri. Festuca pumila. Elyna myosuroides. Carex cur=
vula. Luzula spadicea. Luzula spicata. Salix herbacea. Salix retusa
Polygonum viviparum. Silene acaulis. Cerastium pedunculatum. Cer.
cerastoides. Minuartia sedoides. Minuartia verna. Arenaria biflora. Ra=
nunculus glacialis. Cardamine resedifolia. Draba fladnizensis. Dr.
dubia. Sedum alpestre. Sempervivum arachnoideum. Semp. montanum.
Saxifrage oppositifolia. Sax. aizoon. Sax. aspera. S. Seguieri. S. mo=
schata. S. exarata. Potentilla frigida. Sibbaldia procumbens. Sieversia
reptans. S. montana. Epilobium alpinum. Vaccinium vitis idaea. Pri=

mula hirsuta. Androsace alpina. Gentiana brachyphylla. Veronica
alpina. Pedicularis Kerneri. Phyteuma pedemontanum. Ph. hemisphae-
ricum. Campanula Scheuchzeri. Erigoron uniflorus. Antennaria dioica.
A. carpathica. Gnaphalium supinum. Achillea moschata. Chrysante-
mum alpinum. Artemisia Genipi. Artemisia laxa. Homogyne alpina.
Senecio incanus. Leontodon pyrenaicus. Taraxacum officinale alpinum.

## 1106

**Literatur zur Botanik der Silvretta.** Vgl. R 55, 57, 60, 65 und
R 1101 a—k, die zahlreiche botanische Hinweise und Abschnitte enthalten. Eine Pflanzenmonographie der ganzen Silvretta gibt es leider
nicht.
a) B r a u n , Josias: „Die Hauptzüge der Pflanzenverbreitung in
   Graubünden" im SAC-Bündnerführer, Supplement-Band S. 53—98,
   Chur 1916.
b) B r a u n - Blanquet, J. u. E. Rübel: „Flora von Graubünden",
   2 Bde., Bern 1931, 1933.
c) B r a u n - Blanquet, Jos. u. W. Schibler: „Botanische Notizen" in
   R 55, S. 30.
d) K i l l i a s , E.: „Die Flora des Unterengadins". Jahresber. d. Naturf.-Ges. Graubündens 1887/88.
e) M u r r , Prof. Dr. Jos.: „Neue Übersicht über die Farn- u. Blütenpflanzen von Vorarlberg usw.", Bregenz 1923.
f) S c h i b l e r , W.: „Die Flora des Davoser Landwassertales über
   2600 m" (Südsilvretta) in R 1101 a S. 93.

# Zur Tierwelt der Silvretta

## 1107

Einige Angaben findet der Leser im „Alpenpark Montafon", R 57.
Die Kleinfauna und Insektenwelt sind viel zu umfangreich, um hier
auch nur angedeutet zu werden. Allgemein kann gesagt werden, daß
der Bergwanderer abseits der Modewege allen jenen Alpentieren
(Säugetiere, Vögel, Reptilien und Insekten) begegnen kann, die uns
Laien besonders auffallen, von der Gams bis zur Gipfelmaus, vom
Bergfinken bis zum Schneehuhn und Adler, von der Kreuzotter bis
zum Alpensalamander und vom Apollofalter bis zum Gletscherfloh.
Durch die seit 1958 geplante Wiedereinführung der Steinböcke in
der Westsilvretta (s. R 452, i) und in der Linardgruppe kann selbst
dieses edle Wild wieder beobachtet werden.

## 1108

**Literatur zur Fauna der Silvretta.** Es wird auf die unter R 57, 60, 65,
R 1101 a—k genannten Schriften verwiesen, die auch Abschnitte und
Hinweise über die Tierwelt enthalten. Die bekannten Werke von
Helmich, Tschudi, Zschokke usw. werden hier nicht einzeln aufgeführt.
a) D a v o s e r Silvretta (s. oben R 1101 a) S. 129: E. Himmelsbach
   über die Vogelfauna von Davos; S. 133: J. P. Wolf, Über Schnek-
   ken von Davos u. S. 149 Paul Kessler, Die Großschmetterlinge
   von Davos.
b) E r h a r d , Dr. Hubert: „Die Tierwelt der Alpen" im „Alpinen
   Handbuch" des DOAV 1931 S. 107—204 **mit umfang-
   reichem Literaturverzeichnis,** S. 194—2041
c) G u g g i s b e r g , C. A. W.: „Das Tierleben der Alpen", Bern 1955.
d) K r e i s , Dr. H.: „Die Jöriseen und ihre Tierwelt". SACJ 55. Bd.,
   1902, S. 89—103.

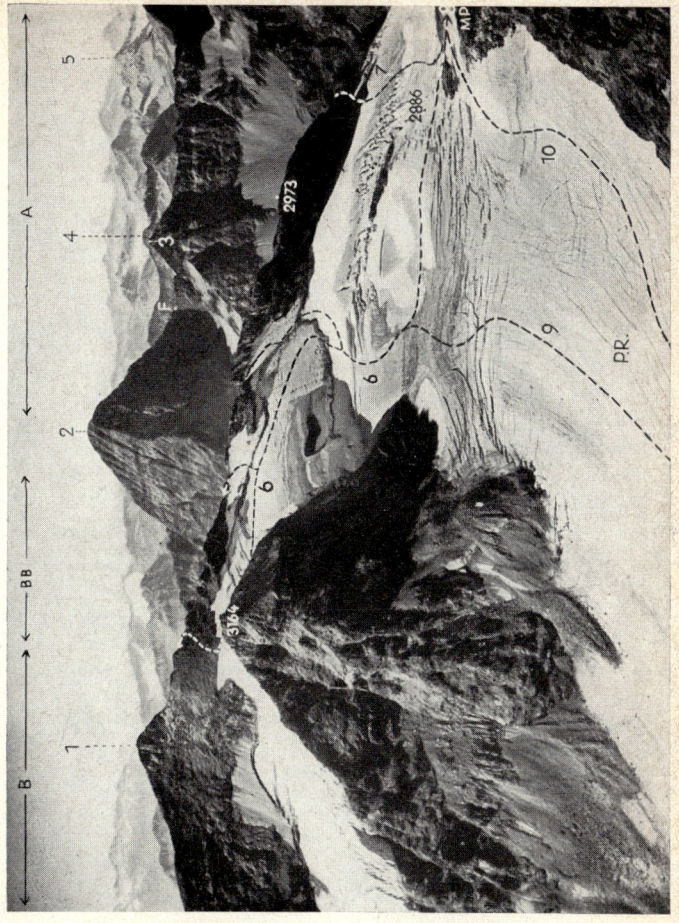

Bild 31 **Die Bergwelt Graubündens vom Gipfel des Piz Buin gegen Mittagsplatte (MP; rechts), Plan Rai (P.R.; vorne), Piz Fliana (1) und Piz Linard (2).**

Erläuterung s. R 6/V                    Foto: J. Feuerstein, Scuol

Bild 32 Die Ochsenscharten, Untere (2) und Obere (3), zwischen Ochsenkopf (1) und Dreiländerspitze (5) von Westen, vom Ochsentaler Gletscher gegen Vermuntgletscher.

Foto: Rhomberg, Dornbirn

# Zur Erschließungsgeschichte der Silvretta

**1109**

Die rein bergsteigerische Erschließungsgeschichte von den frühesten Anfängen bei Campell u. Coaz bis zu den letzten großen Fahrten Strubichs 1921/22 und Flaigs 1922/23 oder etwa der Grazer AV-Jungmannen Huber und Zeitler 1950 in den Wänden des Gr. Piz Buin ist bei den einzelnen Gipfeln in groben Umrissen angebracht, weil die Bergfreunde diesen Daten großes Interesse entgegenbringen. Dagegen erlaubt der Raum diesmal keine zusammenfassende Darstellung wie ich sie in der Ausgabe 1924 dieses Führers (s. R 56) S. 5—12 brachte. Sie erscheint aber nicht nur deshalb entbehrlich, weil sie dort schon erschienen und auch heute noch gültig ist, sondern auch deshalb, weil sowohl zur touristischen Erschließungsgeschichte wie zur Siedlungsgeschichte genügend und meist leicht zugängliche Veröffentlichungen bestehen. Ich verweise auf untenstehende Liste, vor allem aber auf die entsprechenden Kapitel in Silvrettabuch 1970, S. 124 (s. R 60) und in meinem Artikel im AVJ 1955 S. 14—26 (R 61). Die erste und wichtigste Arbeit der bergsteigerischen Erschließung der Silvretta war das sog. „Silvretta-Itinerar" des SAC von E d u a r d  I m h o f  sen. 1898 (R 1110), ein Vorläufer des „Clubführers" (R 55) der mit ebensoviel Fleiß wie eigener Orts- und Sachkenntnis aber auch hochtouristischer Leistung zusammengetragen ist und die Grundlage aller späteren Führer bildet.

**1110**

Literatur zur alpinen Erschließungsgeschichte der Silvretta. Als wichtigste Ergänzung und Voraussetzung wird auf die Schriften unter R 55—70, bes. R 67 u. 64, ferner unter R 1101 b, 1112 a—h verwiesen.

a) A c a d . A l p e n c l u b Zürich: „Skiführer für die Silvretta und Berninagruppe" (Chur 1913) mit wichtigen Daten u. Quellen.

b) C o a z , J.: „Das Silvrettagebirge". SACJ III Bd. 1866 S. 21—46.

c) I m h o f , Eduard sen.: „Silvretta- u. Ofenpaßgruppe oder die Gebirge des Unterengadins". Itinerarium des SAC Bern 1898.

d) I t i n e r a r i u m in die Exkursionsgebiete des SAC 1865 (zur SAC-Silvrettakarte, Chur 1865). (J. Coaz.)

e) P a u l c k e , W.: „Durchquerung der Silvrettagruppe von Ost nach West", Ski-Chronik 1908/09 S. 305.

f) P f i s t e r , O. von —: „Die Silvrettagruppe" in „Die Erschließung der Ostalpen", 2. Bd. S. 3—36, Blin. 1894.

g) S c h u c a n , P.: „Quer durchs Silvrettagebiet von Landeck nach Klosters" im „Ski" Jhb. des SSV 1909 S. 63.

h) S t u d e r , G.: „Über Eis und Schnee", Bd. III, 2. Aufl., Bern 1898.

i) Z a n g e r l e , Hans: (Hans von der Trisanna) „Das Paznauntal und dessen Bergwelt", Landeck 1912.

# Zur Namengebung in der Silvretta

**1111**

Wie schon bei der Bearbeitung der Alpenvereins-Silvrettakarte 1955 (s. R 50) ging ich auch hier vom Grundsatz aus, daß die Namen der amtlichen Karten Österreichs (ÖK und AV-SiKa) und der Schweiz (LKS, s. R 51) die Grundlage jeder Namengebung bilden müssen. Nur bei Grenzgipfeln sind Ausnahmen möglich. Im übrigen ist darüber

Grundlegendes gesagt in meinem Artikel im AVJ 1955 S. 18—20 (s. R 61) und in dem Artikel „Namen und Siedlung in der Silvretta" von Karl Finsterwalder, Innsbruck, im gleichen Jahrbuch S. 29—41, (s. R 63).

Wenn sich dort bei einigen Namen, z. B. beim Wort Silvretta und „Vermunt" Widersprüche zwischen den Ausführungen Dr. Finsterwalders und den meinigen ergeben, so nur aus dem bedauerlichen Grunde, daß zwar Herrn Dr. F. meine Ausführungen bekannt waren, nicht aber mir jene des Herrn Dr. F. Das heißt, ich mußte mich wohl oder übel an die mir bis dahin bekannten fachmännischen Angaben, für die Silvretta jene Hubschmieds (s. unten bei R 1112 c) halten. Ich bin ja kein Namenforscher (und habe es wahrlich nie sein wollen), sondern ein Alpenschriftsteller, der es sich zur Aufgabe machte, diese gerade hier an den Sprachgrenzen so fesselnde und romantische Namengeschichte unserer Berge den Alpenfreunden nahe zu bringen, von denen ich weiß, daß sie mit größtem Interesse davon lesen und wissen wollen.

Es wäre mir — wenn man sie mir nur zur Kenntnis gebracht hätte! — eine selbstverständliche Pflicht gewesen, diesen neuen und überzeugenden Erkenntnissen des Fachgelehrten Raum zu geben, bzw. auf sie zu verweisen, zumal wenn sie sich mit meinen Auffassungen decken. Aber ich hatte bis zum Erscheinen des AV-Jahrbuches 1955 keine Kenntnis von ihnen. Diese feststellende Aufklärung war nötig, damit der Leser sich kein falsches Bild und Zweifeln enthoben wird. **Montafon/Montavon.** Die Vorarlberger Landesregierung ordnete mit Erlaß vom 18. Mai 1956 die Schreibweise Montavon mit v an und führte sie bei allen Amtsstellen usw. durch. Die Bewohner der Talschaft Montafon aber lehnten dies fast geschlossen ab, pochten auf ihre demokratischen Grundrechte und — blieben bei der Schreibweise Montafon mit f.

Die Leidtragenden in diesem „Montafoner Buchstabenkrieg" waren wir Publizisten! Wir konnten es keinem recht machen und haben daher **b e i d e** Schreibweisen verwendet.

Als aber der Führer bis auf diesen letzten Bogen ausgedruckt war, hat die Regierung Ende 1957 ihren unglücklichen Erlaß wieder aufgehoben und die Schreibung Montafon mit f wieder amtlich gemacht. Für dieses Buch leider zu spät.
Ende 1957.

W a l t h e r   F l a i g

Nachschrift 1966: Die amtliche Schreibweise „Montafon" wurde in der 7. Auflage möglichst einheitlich durchgeführt.

## 1112

**Literatur zur Namenkunde,** Kultur- und Siedlungsgeschichte der Silvretta. Es wird auf die Schriften unter R 55—70 und 1110 a—i verwiesen.

a) B o d l a k , Sepp: „Bilder u. Sagen aus dem Vermunt". ‚Heimat', Bregenz 1924 S. 163.

b) F i n s t e r w a l d e r , Karl: „Namen u. Siedlung in der Silvretta", s. R 63.

c) H u b s c h m i e d , J. U.: „Über Ortsnamen des Silvretta- und Samnaungebietes" in R 55 S. 421 ff.

d) K ü b l e r , A.: „Die romanischen und deutschen Örtlichkeitsnamen des Kanton Graubünden", Heidelberg 1926.

e) **Pfister**, O. v. —: „Das Montafon mit dem oberen Paznaun", München 1911.

f) **Ringler**, Dr. Josef: „Kunstgesch. Streifzug durch das Paznaun-tal". „Tyrol" Nr. 4, Innsbruck 1954, S. 43.

g) **Salis**, Ulysses v. —: Zum Namen Selvretta im N. Bündt. Sammler VI., S. 343.

h) **Stolz**, O.: „Histor.-polit. Landesbeschreibung von Nordtirol". Archiv für österr. Gesch. Bd. 107, 1926.

**Nachtrag zu R 50:** Karte der „Silvretta-Hochalpenstraße" mit den Werksanlagen der Vorarlberger Illwerke-AG 1 : 50 000, Ausschnitt-Verkleinerung der Karte R 50 bzw. der AV-SiKa.

1113—1199  Offene Randzahlen für Nachträge.

# NACHTRAG

**1200**

Dieser Nachdruck der 7. Auflage 1966 erlaubte nur in seltenen Fällen wenigstens die wichtigsten seit 1966 angefallenen Nachträge an ihrem Ort einzuschalten. Sie werden daher hier im Nachtrag zusammengefaßt. Durch den jeweiligen Hinweis auf die Randzahl, zu der sie gehören, bzw. durch den Hinweis dort auf den Nachtrag hier sind diese Nachträge leicht am gegebenen Ort einzufügen. In der 8. Auflage wird dieses Führerwerk dann neu aufgebaut. Ich bitte die Leser um freundliches Verständnis für diese Notlösung.

**1201**

**Signale für die Rettung mit Flugzeugen** (Rettungsflugwacht). In Ergänzung der Notsignale unter R 35/36 geben wir hier die international vereinbarten Signale der Flugrettung bekannt: gelbe oder rote Anoraks, Biwaksäcke usw., Rauchsignale oder Schriftzeichen im Schnee erleichtern das Auffinden aus der Luft. Bei Sichtverbindung mit dem Flugzeug sind Armzeichen und farbige Leuchtzeichen festgelegt:

| | |
|---|---|
| Beide Arme schräg hoch | = JA auf Fragen. |
| oder | Hier landen oder |
| grünes Lichtzeichen | Wir brauchen Hilfe. |
| Linker Arm schräg hoch, | = NEIN auf Fragen. |
| rechter Arm schräg abwärts | = Nicht landen oder |
| oder rotes Lichtzeichen | = Wir brauchen keine Hilfe. |

Die Armzeichen leiten sich bei JA vom Y des englischen „YES" ab, bei NEIN vom NO = N. Das Grün und Rot ist der internationalen Luftfahrt entnommen, wo es gleiche Bedeutung hat.

**1202**

**Von der Versettlabahn-Bergstation zur Tübinger Hütte,** 5—6 h. Durch den Bau der Versettlabahn (s. R 170) sind die Zugänge zur Tübinger H. (s. R 181/83) um einen großartigen Zugang bereichert, mit Einschränkungen: besser mit leichtem Gepäck und nur bei gutem Wetter und Sicht. Teilweise Gratweg, daher bei Schlechtwetter sehr windig bzw. kalt. — Natürlich eignet sich dieser Höhenweg auch als prächtige Schlußtour und Abstieg von der Hütte nach Gaschurn oder Garfrescha—St. Gallenkirch. Fotografen seien besonders auf den „Seeweg" hingewiesen, s. R 474.

Im Winter mit Ski kann dieser Höhenweg nur bei ganz sicheren Verhältnissen und nur von erfahrenen Skihochtouristen befahren werden. — Wegbeschreibungen:

a) Versettlabahn — Matschuner Joch s. R 474.

b) Matschuner Joch — Tübinger Hütte s. R 476.

**1203**

**Die Klostertaler Hütte der Sektion Wiesbaden DAV.** Um 2360 m ü. M. Im Silvretta-Klostertal unweit P. 2362 der AV-Sika (vgl. R 233 und 235) auf einer ausgeprägten Bergrippe und Felsstufe — genau gegenüber vom Bachgraben des Verhupftälis im W — hat die Sektion Wiesbaden des DAV eine neue Hütte im Bau. Sie ist idealer Stützpunkt für Berg- und Skifahrten in der ganzen Umrahmung des Klostertales und des Verhupftälis. Die Besteigungen dieser Gipfel und Joche, soweit sie bisher von der Bielerhöhe aus bestiegen und berechnet wurden, ermäßigen sich um rd. 2 h. Die Berggruppen ringsum sind beschrieben unter R 570—624 (Litznergruppe, Lobkamm) und 651—697 (Silvrettahorngruppe und Egghörner).

Im Herbst 1970 war das Erdgeschoß im Rohbau fertig. Ob und wann die Hütte ausgebaut und eröffnet sein wird, kann hier nicht gesagt werden. Auch über die Größe und Einrichtung sind Angaben derzeit nicht möglich. Auskünfte erteilt die Sektion Wiesbaden des DAV.

**1204**

**Der Zugang zur Klostertaler Hütte** (etwa 2—2.30 h von der Bielerhöhe) ist im Klostertal für den Materialtransport als einfacher Fahrweg ausgebaut und nicht zu fehlen, s. R 235. Man kann von der Bielerhöhe entweder rechts, westufrig, wesentlich kürzer oder links, ostufrig, ¹/₂ h weiter um den See oder, noch kürzer, mit dem Motorboot ans Südende des Sees und von dort ins Klostertal. Sofort nach Betreten des oberen Klostertal-Einganges erblickt man die Hütte talein auf der untersten Schulter links überm Bacheinschnitt. Auf dem Fahrweg bequem zur Hütte.

**1205**

**Heimbühltürm** (2499 m). Siehe R 455. Die fünf kleinen Türme wurden am 16. 8. 1964 von den Brüdern Franz und Rudolf Hauleitner (Wien) von allen Seiten bestiegen. Sie bezeichneten die Türme richtig als „einen herrlich gelegenen Klettergarten". Hier einige knappe Andeutungen für Nachfolger: die Erstersteiger raten wegen brüchigem Fels von allen Südanstiegen ab. Sie beziffern die Türme von W, vom Heimbühljöchli her, nach O:

1. Turm. 4 Anstiege, alle II. Grad, z. B. NW-Kante oder Ostseite.

2. Turm. 3 Anstiege (II und II—III), z. B. NW- oder NO-Kante.

3. Turm. Anstieg Nordseite (II). Die mögliche SW-Kante (III+?) dürfte vermutlich die schönste Kletterei an den Türmen sein.

4. Turm unbedeutend, brüchig. Anstieg NO-Grat (I).

5. Turm, der höchste (2499 m), und brüchigste, gespalten, Anstieg Nordseite (II—III): man stemmt sich zwischen einem kl. Vorturm und Nordflanke auf ein Band; dort nach links in den Spalt und hinauf zum Gipfel.

**1206**

**Ritzenspitzen-Nordgipfel (2548 m) über den Nordgrat** (I—II) mäßig schwierig; vgl. zuerst R 502. Am 18. 8. 1964 stiegen die Brüder Franz und Rudolf Hauleitner (Wien) aus dem Vergaldnertal von NO auf das Schießhorn (2043 m) und weiter über den Nordgrat auf den Nordgipfel, 2548 m, der Ritzenspitzen. Sie finden diesen Aufstieg sehr lohnend und kürzer als den Normalanstieg von O. Hier ein Auszug aus ihrem Bericht: Aus dem Vergaldnertal über zuletzt sehr steilen Rasen in die Scharte zwischen Schießhorn und Ritzenspitzen. Anfangs über einige Grasschrofenhöcker und begrünte Schrofen am Nordgrat empor zum Beginn des felsigen Teiles. Über drei niedere, aber scharfe Graterhebungen (II) etwas ausgesetzt in einen breiten Sattel. Hier endet der eigentliche Nordgrat unter der brüchigen Nordflanke des Nordgipfels. Man steigt deshalb rechts durch die Flanke zu einer auffallend spitz eingeschnittenen Gratscharte im NW-Grat hinauf, rund 100 m unterm Gipfel, gr. Steinmann. Ab hier „in anregender herrlicher Kletterei mäßig schwierig zum Gipfel". 1.30—2 h von der Scharte am Schießhorn, etwa 3 h aus dem Vergaldnertal.

**1207**

**Hochmaderer-Südostpfeiler** (IV—IV+); s. R 564. Laut „Bergkamerad" 1969 Heft 1, S. 42 wurde der 350 m hohe Südostpfeiler am 15. 9. 1968 durch den Vorarlberger Werner Huber und den Südtiroler Leo Breitenberger erstmals erstiegen. Eine Beschreibung der Führe wurde leider nicht veröffentlicht, mir auch nicht angeboten. — Ich habe schon mehrmals darauf hingewiesen, daß die eindrucksvollen Südabstürze des Hochmaderers mit ihren prächtigen Pfeilern und gewaltigen Kaminschluchten vermutlich noch mehrere neue rassige Anstiege in schönem Fels anbieten.

**1208**

**Schwabenkopf,** 3104 m; bisher Unterer Chalauskopf; vgl. zuerst R 766. 1968 wurde dieser Gipfel unter Führung von Bergführer Walter Grimm „durch die Kletterkursteilnehmer der Bergsteigergruppe der Sektion Schwaben" des DAV auf mehreren Führen vermutlich erstmals bestiegen, anschließend **„Schwabenkopf"** getauft und „aus Anlaß des 100jährigen Bestehens der Sektion" 1969 ein schmiedeeisernes Gipfelkreuz errichtet (Nachrichten der S. Schwaben DAV 1970 Heft 1, 2 und 4). Zugang von der Jamtalhütte über den Jamtalferner etwa 3 h zum Einstieg. Der normale Aufstieg erfolgt über das steile, W des Gipfels liegende Schneefeld auf die rechte Scharte am Fuß des Westgrates. — Anstiege:

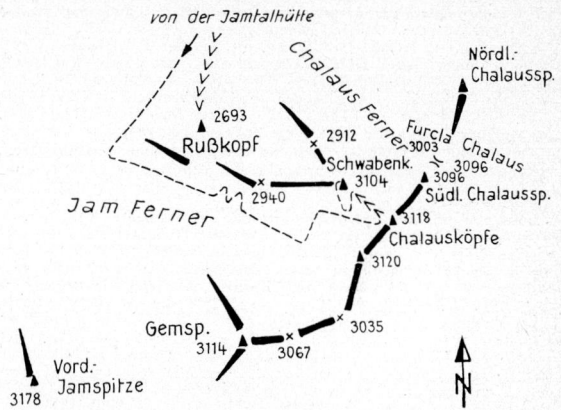

**Über den Westgrat:** Zuerst 4 m östl. vom Grat, dann direkt über den ausgesetzten Grat (II) zum Gipfel; ¹/₂ st vom Einstieg.

**Über den Ostgrat:** 8 m über eine glatte Platte, Haken (V). Anschließend in Genußkletterei (II—III) immer auf dem Grat zum Gipfel.

**Über die Südwestwand:** Vom Schneegrat SO des Gipfels auf die Scharte zwischen Vor- und Hauptgipfel. 4 m nach links, von hier auf einem darüber liegenden Band 2 m nach rechts in einen Riß (Haken) und in ihm zum Gipfel (III).

### 1209
**Die Pischabahn bei Davos und ihr Wegnetz am Pischahorn.**

Durch den Bau und Sommerbetrieb der Pischabahn ist nicht nur die Besteigung des Pischahorns (s. R 1058/59), des idealen, fast 3000 m hohen Aussichtsberges sehr erleichtert, es ergeben sich auch lohnende „Bergfahrten abwärts" oder mehrere schöne Aufstiegswege zur Bergstation mit anschließender Talfahrt. — Beste Karte: LKS 1:50 000 Bl. 248 Prättigau; für Skifahrer auch „mit Skirouten".

**Achtung:** Ich rate, vom Verkehrsverein Davos CH-7270 Davos-Platz (Tel. 083/3 51 35) den Sommerprospekt kommen zu lassen mit guter farbiger Vogelschaukarte auch des Pischahorns mit Pischabahn, Wegnetz, Flüelastraße usw.

**I. Pischabahn.** Luftseilbahn, Pendelverkehr. Sommerbetrieb von Ende Juni bis Ende Sept. tägl. zwischen 8 und 17 Uhr. Zubringer von

Davos: Pischabus, gleiche Betriebszeiten; außerdem Postautokurse Davos — Flüela. „Talstation Dörfji", 1800 m, mit Parkplatz im Flüelatal wenig unterhalb vom Ghf. „Alpenrose" an der Flüela-Paßstraße, 5 km und 250 m Steigung = 8—10 Autominuten von Davos-Dorf, 1560 m. — „Bergstation Pischa", 2485 m, mit Restaurant, auf dem Westgrat des Pischahorns zwischen Flüela- und Mönchalptal.

II. **Wanderwegnetz der Bergstation Pischa** (2485 m): Steig aufs Pischahorn 2 h Aufstieg. Abstiegs-Wanderwege: 1. Pischa-Dörfji (Talstation) 1.15 h. 2. Pischa—Tschuggen (Ghf. an der Flüelastraße) 1.30 h (vom Tschuggen über Dörfli-Wasserfall nach Davos-Dorf Wanderweg 1.30—2 h). 3. Pischa-Pedraberg — Drusatscha — Wolfgang 3—3.30 h. 4. Pischa — Hüreli — Chaltboden — Steinschlagwald — Davos-Dorf 3.30—4 h. 5. Pischa — Mönchalptal — Laret (Bahnstation) 4—4.30 h. **Im Aufstieg** ist für alle diese Wege etwa $^1/_3$ Zeit mehr zu rechnen.

III.**Pischabahn im Winter:** Schönes Skigebiet und Pistenkarussell, 2 Skilifte usw.; siehe Winterprospekt von Davos.

## 1210

**Schwarze Wand, um 2830 m; Südostwand und Ostkante.** Vgl. R 605/6.
Vor Jahren schon habe ich auf diese Wand und Kante als sicher sehr rassige Führen in schönem Fels hingewiesen, aber erst 1966 erfolgten die ersten Begehungen und bestätigten meine Vorhersage. Die Vorarlberger Franz Rüf und Josef Kathan aus Götzis erstiegen am 2. 10. 1966 die SO-Wand und am 23. 10. 1966 die Ostkante erstmals. 1968 errichtete die Ortsgruppe Götzis der Sekt. Vorarlberg ÖAV ein Gipfelkreuz auf der Schwarzen Wand. — Mit diesen zwei Anstiegen im IV. und V. Schwierigkeitsgrad sind zwei der schönsten Felsfahrten der Silvretta eröffnet. — Die Einstiege erreicht man aus dem inneren Klostertalgrund bzw. von der Klostertaler Hütte über Geröll und begrünte Schrofen in etwa 35—45 Min.

## 1211

**Schwarze Wand, 2830 m, über die Südostwand** (IV und V);
Wandhöhe 200 m. Von 5 Haken wurden 3 belassen.
3 h vom Einstieg, ungefähr in der Wandmitte bei verwitterten, glattgescheuerten Platten. Die Führe beginnt mit herrlichem Fels zuerst gerade hinauf, dann Quergang unter einem Dach nach rechts und über einen Überhang zu Stand. Ein feingriffiger Quergang führt nach links zu einer Verschneidung, durch diese zu Stand. Der folgende Überhang in der Verschneidung kann links umgangen werden, dies ist aber nicht so schön. Dann folgt leichtes Gelände bis unter die Schlußwand. Durch eine 20-m-Verschneidung hinauf, dann fallender Quergang nach links und wieder schräg rechts empor über eine Kante zu Stand an einer Platte. Nun nach links in eine Verschneidung, nach einigen Metern aus ihr heraus auf ihre linke Kante. Nach 15 m wieder nach rechts in eine Verschneidung und durch sie zu Stand auf einer Platte. Über eine schöne Stelle hinauf zum Grat und über diesen zum Gipfel.

## 1212

**Schwarze Wand, 2830 m, über die Ostkante** (IV, V, Schlüsselstellen V+). Sehr rassige Führe. Kantenhöhe 220 m. Der Fels ist meist sehr gut. Haken oft schwierig anzubringen, 7 wurden belassen. Einstieg: Nicht direkt an der Kante sondern links von gelben Dächern bei einer Verschneidung. Die Führe: Zuerst einige Meter in der Verschneidung, aber so bald als möglich auf die linke Kante hinaus und über diese hinauf. Dann Querung nach rechts und schräg rechts aufwärts zu gutem Stand. Von hier über schwierige Stufen gerade hinauf unter ein gelbes Dach, dann ausgesetzt nach rechts queren und gerade hinauf zu Stand. Nun auf schmalem Band nach links (rechts ein Verhauer) und einem grasigen Riß folgend über einen Überhang zu Stand. Die nächste Seillänge führt nach rechts aufwärts zu der (sich hier steil aufschwingenden) Kante. Nun an der Kante entlang unter ein großes gelbes Dach. Weiter der Kante folgend, dann durch eine Verschneidung zu schlechtem Stand. Nun immer der Kante entlang in freier Kletterei bis zum Gipfel.

1213—1249  offene Randzahlen für Nachträge.

# Bilderverzeichnis

**1250**

Dieses Verzeichnis will nur den Standort der Bilder angeben. Die Erläuterungen findet man unter R 6.

Erste Einbandseite: Jamtalhütte mit Jamferner.

# Stichwortverzeichnis

Bitte beachten: **Alle Zahlenhinweise beziehen sich nur auf die Randzahlen!** — Bei Bild= und Seiten= Hinweisen steht immer das Wort „Bild" oder „Seite" voran. — I und J werden getrennt verzeichnet; Sch und St werden ebenfalls getrennt, nach dem S geführt.

# Hotel Silvrettasee

(2040 m ü. M.)

an der herrlichen SILVRETTA-HOCHALPENSTRASSE, die das Montafon (Vorarlberg) über die Bielerhöhe mit dem Paznaun (Tirol) verbindet.

60 Zimmer mit Bad oder Dusche, gemütliche Aufenthaltsräume. Restaurant — Bar.

Das komfortable Hotel mit seiner heimeligen Atmosphäre empfiehlt sich für Ferienaufenthalte, Wochenendfahrten und Tagungen.

Prospekt gerne auf Anfrage.
A-6794 Partenen, Telefon (0 55 58) 246 und 247.

552

# Höhenluftkurort Gargellen

**IM ALPENPARK MONTAFON (VORARLBERG)**

**1400 bis 1600 m ü. M.**
**(Gargellen ist auch ein hervorragender Wintersportplatz)**

Ruhige Lage — Erholung — Sessellifte (700 Höhenmeter) — geheiztes Schwimmbad (27°) — Tennisplätze — Reitmöglichkeiten — Forellenfischen — Bergtouren.

In der Vorsaison die schönsten Blumen, in der Nachsaison das verläßlichste Wetter — und billiger!

**Gargellen ist zu erreichen:** Von der Schnellzugstation Bludenz (an der Arlbergbahn) mit der elektrischen Bahn in 40 Min. nach Schruns, dem Hauptort des Montafons. Von dort mit Pkw oder mit Autobussen der österreichischen Post in weniger als einer Stunde Fahrt nach Gargellen. Zu den Hauptsaisonzeiten führen täglich 4 Kurse von und nach Schruns, 2 direkt von Bludenz-Bahnhof nach Gargellen, bzw. von Gargellen nach Bludenz. In den Zwischenzeiten täglich zwei Postkurse nach Gargellen.

**Was bietet Gargellen:** Durch seine ruhige Lage in einem Seitental (kein Durchgangsverkehr!) vor allem Ruhe und Erholung. Landschaftlich ist es besonders reizvoll: Wälder, Wiesen, kleine Seen, Alpenmatten, sanfte Berge, kühne Gipfel in Kalk (Rätikon) und Urgestein (Silvretta). Viele Spazierwege erschließen die nähere und weitere Umgebung.

**Der Sessellift** führt in eine Höhe von 2100 m, er kürzt Touren um eine Wegstunde ab und führt in ein herrliches Alpenrosengebiet.

**Das Schwimmbad** hat eine wunderbare Lage.
Wildreichtum (Steinbock-Kolonie!), Fischgewässer, reiche Alpenflora, Gargellner Fenster (eine geologische Besonderheit) erfreuen den Naturfreund."

Zur Unterhaltung der Gäste: Lichtbildervorträge mit volkskundlichen Erläuterungen, Trachtengruppen, Tanz, Autoausflüge, Bergwanderungen mit geprüftem Bergführer.

Die Hotels, Gasthöfe, Appartementhäuser, Pensionen und Privathäuser vermögen zusammen über 750 Gäste zu beherbergen. In den verschiedensten Preislagen ist vom einfachen gemütlichen Zimmer bis zum Raum mit allem Komfort (Hotels mit Hallenbad, Sauna, Massage, Kegelbahn) für jeden Geschmack gesorgt.

**Auskünfte und Prospekte durch den Verkehrsverein Gargellen,** Telefon 0 55 57 / 303.

# Alpengasthof Piz Buin

2046 m, an der Silvretta-Hochalpenstraße auf der Bieler Höhe (Tirol-Vorarlberger Grenze). Neuerbauter Berggasthof mit 80 Betten und 20 Matratzenlagern. Neuzeitlich eingerichtet. Idealer Stützpunkt für sämtliche Berg- und Skifahrten in der Silvretta.

## JAMTALHÜTTE

2164 m
der Sektion Schwaben
des DAV
70 Betten — 120 Lager

Bewirtschaftet v. 10. 2. bis
20. 5. (auch Pfingsten)
und 1. 7. bis 1. 10.
Pächter:
Franz Lorenz, Bergführer
Galtür/Tirol
Tel. 0 54 44 - 24 16

# Helfen Sie mit

Helfen Sie mit, daß die letzten Plätze unberührt gebliebener Natur, nämlich Seen, Wälder und Berge, nicht auch noch der Industrialisierung geopfert werden müssen!
Durch Ihren Beitritt zum Bund Naturschutz unterstützen Sie die Arbeit der Vertreter unserer Naturschutzwünsche.

Freunde und Interessenten aus dem bayerischen Raum erhalten genauere Informationen durch
Bund Naturschutz in Bayern e.V.
8 München 22, Ludwigstraße 23, Rgb.

# NOTIZEN

# KLEINES ALPINES WÖRTERBUCH

Diese Zusammenstellung alpiner Begriffe und Fachausdrücke möchte die Verständigung zwischen Bergsteigern verschiedener Nationen erleichtern. Das Verzeichnis bringt nur die wichtigsten alpinen Ausdrücke, vor allem solche, die in den üblichen kleinen Wörterbüchern meistens fehlen. Der deutsch-fremdsprachliche Teil ist in einem Alphabet zusammengefaßt, die fremdsprachlich-deutschen Teile schließen in der Reihenfolge englisch — französisch — italienisch an.

## Deutsch-fremdsprachlicher Teil

| deutsch | englisch | französisch | italienisch |
|---|---|---|---|
| Abkürzung (Weg-) | short cut | raccourci | scorciatoia |
| Absatz | platform | interruption | terrazzino |
| abseilen | to abseil to rope down | descente, en rappel | discesa a corda doppia |
| absteigen | to descent | descendre | scèndere |
| Abstieg | descent | descente | discesa |
| Absturz | fall, precipice | chute | apicco, caduta |
| abwärts | downward | vers la bas | verso il basso |
| Achtung! | attention! | attention! | attenzione! |
| Almhütte | cottage, cabin | chalet | capanna, casera |
| aper | snow-free | dénudé | senza neve |
| Aufstieg | ascent, rise | montée, ascension | salita |
| aufwärts | upward | en haut | verso l'alto |
| ausgesetzt | exposed | exposé | esposto |
| Ausstieg | escape | issue | uscita |
| Band | shelf, ledge | vire | cengia |
| Bergführer | mountain guide | guide | guida alpina |
| Bergkrankheit | alpine climber's malady | mal de montagne | mal di montagna |
| Bergschrund | rimaye | rimaye | crepàccio perifèrico |
| Bergschuhe | climbing boots | chaussures montagne | scarponi |
| Bergsteiger | mountaineer | alpiniste | alpinista |
| Bergsturz | rockslide | éboulement | franamento |

1

| deutsch | englisch | französisch | italienisch |
| --- | --- | --- | --- |
| Biwak | bivouac | bivouac | bivacco |
| Biwakschachtel | fixed bivouac | cabane de bivouac | bivacco fisso |
| Block | block, log | bloc | blocco |
| Bohrhaken | bolt | piton à expansion | chiodo a pressione |
| brüchig | brittle, fragile | pourri | friabile |
| Brücke | bridge | pont | ponte |
| Dach | roof | toit | tetto |
| Decke | cover | couverture | coperta |
| Drahtseil | wire rope | câble | fune metallica |
| Einsenkung | saddle | selle | depressione |
| Einstieg | beginning of climb | point d'attaque | attacco |
| Eis | ice | glace | ghiaccio |
| Eisbruch | ice-fall | seracs | serraccata |
| Eisgrat | ice-ridge | crête de glace | cresta di ghiaccio |
| Eiswand | ice-face | paroi de glace | parete di ghiaccio |
| Erfrierung | frostbite | gelure | congelamento |
| Ersteigung | ascent | ascension | ascensione |
| Fallinie | fall line | pente directe | perpendicolare |
| Fausthandschuh | mitten | moufle | guanto a manopola |
| Fels | rock | rocher | roccia |
| Felsblock | block | bloc de rocher | masso di roccia |
| Felsnase | rock spur | becquet | roccia sporgente |
| Felsturm | rock tower | clocher rocheux, clocheton | torre, torrione |
| Felswand | rocky wall | paroi de rocher | croda, parete |
| Firnfeld | snow field | névé | nevaio |
| Firnschnee | perpetual snow | neige de printemps | neve vecchia |
| Firnschneide | snow ridge | arête de neige | cresta nevosa |
| flach | flat, plain | plat | piano |
| Führe | route | itinéraire, voie | itinerario, via |
| Führerknoten | guide knot | noeud de guide | nodo da guida |
| Gebirgskette | chain of mountains | chaîne de montagnes | catena di montagne |
| gefährlich | dangerous | dangereux | pericoloso |
| Gefahr | danger | danger | pericolo |

| deutsch | englisch | französisch | italienisch |
|---|---|---|---|
| Geröll | rubble, scree | éboulis | detriti, pietrame |
| Gestein | rock, stone | roche | roccia |
| Gipfel | summit, top | sommet, cime | cima, sommità |
| glatt | smooth | lisse | liscio |
| Gletscher | glacier | glacier | ghiacciaio |
| Gletscherspalte | crevasse | crevasse (sur glacier) | crepàccio |
| Gletscherzunge | glacier snout | langue glaciaire | lingua del ghiacciaio |
| Graben | ditch, trench | ravin | fossa |
| Granit | granite | granit | granito |
| Grat | ridge | arête | cresta |
| Gratabbruch | break in the ridge | cassure de l'arête | salto della cresta |
| Gratturm | gendarme | gendarme | sperone |
| Griff | grip, hold | prise de main | appiglio |
| Hängegletscher | hanging glacier | glacier suspendu | ghiacciaio pensile |
| Haken | peg | piton | chiodo |
| Hammer | hammer | marteau | martello |
| Hang | slope | pente | pendio |
| Harsch | crusted snow | neige cassante | neve crostata |
| Hilfe | help | secours | soccorso |
| Hochebene | tableland | haut-plateau | altopiano |
| Höhe | height, altitude | altitude | altezza, livello |
| Höhenmesser | altimeter | altimètre | altimetro |
| Höhenpunkt (d. Karte) | survey point | cote | quota |
| Höhenschichtlinie | contour line | courbe de niveau | linea, isoipsa |
| Höhle | cave | caverne | caverna, grotta |
| Holzkeil | wooden wedge | coin de bois | cuneo di legno |
| Hütte | hut | refude, cabane | rifugio |
| Joch | mountain-ridge | col | passo, forcella |
| Kalk | chalk | calcaire | calcare |
| Kamin | chimney | cheminée | camino |
| Kamm (Berg-) | crest, ridge | crête | crestone, catena |
| Kante | edge, brim | arête, carne | spigolo |

3

| deutsch | englisch | französisch | italienisch |
|---|---|---|---|
| Kar | gorge, ravine | combe | catino, circo |
| Karabiner | crab | mousqueton | moschettone |
| Karrenfeld | bare and rocky alpine tract | lapiaz | campo solcato |
| Karte | card | carte | carta |
| Klamm | gorge | gorge | chiusa di rocce |
| Klemmblock | chockstone | bloc coincé | blocco incastrato |
| Kletterer | climber | grimpeur, varappeur | arrampicatore, scalatore |
| klettern | to climb | grimper | arrampicarsi |
| Knoten | knot | noeud | nodo |
| Kompaß | compass | boussole | bussola |
| Kuppe | notch | calotte | calotta |
| Landkarte | map | carte | carta geografica |
| Lawine | avalanche | avalanche | valanga |
| links | on the left | à gauche | sulla sinistra |
| markiert | marked | repère | segnavia |
| Moräne | moraine | moraine | morena |
| morsch, brüchig | rotten, frail | pourri, caduc | friàbile, marcio |
| Mulde | depression | combe | avvallamento |
| Nadel | needle | aiguille, pinacle | ago, guglia |
| naß | wet | mouillé | bagnato |
| Nebel | fog, mist | brouillard | nebbia |
| Neigung | inclination | inclinaison, déclivité | inclinazione, pendenza |
| Neuschnee | fresh snow | neige fraîche | neve fresca |
| Nische | niche | niche | nicchia |
| Norden | north | nord | nord |
| Notsignal | signal of distress | signale d'alarme | segnale di soccorso |
| Osten | east | est | est |
| Paß | pass | col | passo, col, colle |
| Pfad | path | sentier | sentiero |
| Pfeiler | buttress | pilier, éperon | pilastro |
| Pickel | ice axe | piolet | piccozza |
| Platte | slab | plaque | lastra, placca |
| Pulverschnee | powder snow | neige poudreuse | neve farinosa |

**4**

| deutsch | englisch | französisch | italienisch |
|---------|----------|-------------|-------------|
| Quelle | source, fountain | source, fontaine | fonte, sorgente |
| Quergang | traverse | traversée | traversata |
| Randkluft | rimaye, schrund | rimaye | crepaccio marginale |
| rechts | to the right | à droite | sulla destra |
| Reepschnur | belay rope | anneau de corde | cordino |
| Reibung | rubbing, friction | adhérence | attrito |
| Richtung | direction | direction | direzione |
| Rille | (small) groove | cannelure | piccola gola |
| Rinne | channel, groove, gutter | couloir | canale, canalone, gola |
| Rippe | rib | côte | costa |
| Riß | crack | fissure | fessura |
| Route | route | voie | via |
| Rucksack | ruc-sac, pack | sac à dos | sacco da montagna |
| Sattel | saddle, col | selle | sella |
| Saumpfad | mule-track | sentier, chemin muletier | mulattiera |
| Scharte | gap | brèche | forcella |
| Schiefer | slate | schiste | schisto |
| Schlafraum | dormitory | dortoir | dormitorio |
| Schlüsselstelle | key to climb | passage clé | punto chiave |
| Schlucht | gorge, ravine | ravin, gorge | gola |
| Schlund | mouth of a cave, cannon | gouffre | abisso, baratro |
| Schnee | snow | neige | neve |
| Schneebrett | snow stab | plaque à vent | lastrone di neve |
| Schneebrücke | snow bridge | pont de neige | ponte di neve |
| Schneeverwehung | snow-drift | congère de neige | mucchio di neve |
| Schrofen | broken rocks | rochers brisées | roccia facili |
| Schulter | shoulder | épaule | spalla |
| Schuttkegel | cone of debris | cône de déjections | detritico, coniforme |
| Schuttrinne | gully filled with scree | pente d'éboulis | canalone detritico |
| Schutzhütte | shelter | refuge, cabane | rifugio |

| deutsch | englisch | französisch | italienisch |
|---------|----------|-------------|-------------|
| Schwierigkeit | difficulty, hardness | difficulté | difficoltà |
| Schwierigkeits-grade | grade of difficulty | degré de difficulté | scala delle difficoltà |
| leicht | easy | facile | facile |
| mäßig schwierig | moderate | peu difficile | poco difficile |
| ziemlich schwierig | suitable difficult | assez difficile | considerevole difficile |
| schwierig | difficult | difficile | difficile |
| sehr schwierig | very difficult | très difficile | molto difficile |
| äußerst schwierig | very severe | extrênement difficile | estremamente difficile |
| Seil | rope | corde | corda |
| Seilbahn | cable-car | téléphérique | funivia |
| Seillänge | pitch | longueur de corde | lunghezza di corda |
| Seilschaft | roped party | cordée | cordata |
| Seilschlinge | sling | anneau de corde | laccio di corda |
| Seilzug | | | tiro |
| Seite (Nord-) | side, direction (north-) | versant (nord) | lato, fianco direzione (nord) |
| Selbstsicherung | self-securing | auto-assurance | autoassicurazione |
| Senke | depression | dépression | depressione, abbassamento |
| senkrecht | vertical | vertical | verticale |
| Sessellift | chairlift | télé-siège | seggiovia |
| Sicherheit | security, safety | sécurité | sicurezza |
| Sicherung | securing, fuse | assurance | assicurazione |
| Spalt, Riß | split, fissure | fente, fissure, crevasse | fessura |
| Spitze | point | pointe | punta |
| Sporn | spur | éperon | sperone |
| Spur | trail, scent | trace | traccia |
| Stand | stance | emplacement | posto |
| Standplatz | halting-place | relais | posto d'assicurazione |
| Steigeisen | crampons | crampon | rampone |
| steil | steep | raide | ripido |
| Steilhang | steep descent | pente escarpée | pendio ripido |
| Stein | stone | pierre, caillou | sasso, pietra |

6

| deutsch | englisch | französisch | italienisch |
|---|---|---|---|
| Steinmann | cairn | cairn | ometto |
| Steinschlag | stone fall | chute de pierres | caduta di sassi |
| Stufe | step cut, notch | gradin, marche | terrazzino |
| Stunde | hour | heure | ora |
| Süden | south | sud | sud |
| | | | |
| Tal | valley | vallée | valle |
| Taschenlampe | pocket-lamp | lampe de poche | pila, lampadina tascabile |
| Terrasse | terrace | terrasse | terrazza |
| Tour | trip, tour | course | giro, escursione |
| Träger | carrier, porter | porteur | portatore |
| Tritt | tread, step | prise de pieds | appoggio |
| Trittleiter | pair of steps | étrier, pédale | staffa |
| trocken | dry | sec | asciutto |
| | | | |
| Übergang | passage, crossing | passage | passaggio |
| Überhang | overhang | surplomb | strapiombo |
| Überschreitung | crossing | traversée | traversata |
| Ufer | shore, bank | rive | riva, sponda |
| | | | |
| Verbandszeug | first aid kit | trousse de secours | materiale di pronto soccorso |
| vereist | glaciated | verglacé | ghiacciato |
| Verschneidung | corner | dièdre | diedro |
| Vorgipfel | secondary | antécime | anticima |
| Vorsprung | ledge of a rock | promontoir | sporgenza |
| | | | |
| Wächte | cornice | corniche | cornice di neve |
| Wand | face | paroi, mur | parete |
| Wasserfall | waterfall | cascade | cascata |
| Weg, Pfad | way, path | chemin, sentier | via, sentiero |
| Weggabelung | forking, bifurcation | bifurcation | bivio |
| Wegweiser, Wegtafel | fingerpost | poteau indicateur | cartello indicatore |
| Westen | west | ouest | ovest |
| | | | |
| Zelt | tent | tente | tenda |

# Alpine terminology english — german

to abseil = abseilen
alpine climber's malady =
   Bergkrankheit
altimeter = Höhenmesser
altitude = Höhe
ascent = Aufstieg, Ersteigung
attention! = Achtung!
avalanche = Lawine
bank = Ufer
bare and rocky alpine tract =
   Karrenfeld
beginning of climb = Einstieg
belay rope = Reepschnur
bifurca = Weggabelung
bivouac = Biwak
block = Felsblock
bolt = Bohrhaken
bridge = Brücke
brim = Kante, Ecke
brittle = brüchig
broken rocks = Schrofen
buttress = Pfeiler
cabin = Hütte
cable-car = Seilbahn
cairn = Steinmann
cannon = Schlund
card = Karte
carrier = Träger
cave = Höhle
chain of mountains =
   Gebirgskette
chairlift = Sessellift
chalk = Kalk
channel = Rinne
chimney = Kamin
chockstone = Klemmblock
clasp = Haken
to climb = klettern
climbing boots = Bergschuhe

climber = Kletterer
col = Sattel
compass = Kompaß
cone of debris = Schuttkegel
contour line = Höhenschichtlinie
corner = Verschneidung
cover = Decke
crab = Karabiner
crack = Riß
crampons = Steigeisen
crest = Kamm (Berg-)
crevasse = Gletscherspalte
crossing = Überschreitung
crusted snow = Harsch
danger = Gefahr
dangerous = gefährlich
depression = Senke, Mulde
descent = Abstieg, absteigen
difficult = schwierig
difficulty = Schwierigkeit
direction = Richtung
ditch = Graben
dormitory = Schlafraum
downward = abwärts
dry = trocken
east = Osten
easy = leicht
edge = Kante, Ecke
escape = Aufstieg
exposed = ausgesetzt
face = Wand
fall = Absturz
fall line = Fallinie
fingerpost = Wegweiser
first aid kit = Verbandszeug
fissure = Spalt, Riß
fixed bivouac = Biwakschachtel
flat = flach
fog = Nebel

forking = Weggabelung
fountain = Quelle
fragile = brüchig
fresh snow = Neuschnee
friction = Reibung
frostbite = Erfrierung
fuse = Sicherung
gap = Scharte
gendarme = Gratturm
glaciated = vereist
glacier = Gletscher
glacier snout = Gletscherzunge
gorge = Schlucht, Kamm
grade of difficulty =
   Schwierigkeitsgrad
granite = Granit
grip = Griff
groove = Rinne
(small) groove = Rille
guide knot = Führerknoten
gully filled with scree = Schuttrinne
gutter = Rinne
halting-place = Standplatz
hammer = Hammer
hanging glacier = Hängegletscher
hardness = Schwierigkeit
head = Kuppe
height = Höhe
help = Hilfe
hold = Griff
hut = Hütte
hour = Stunde
ice = Eis
ice axe = Pickel
ice-face = Eiswand
ice-fall = Eisbruch
ice-ridge = Eisgrat
inclination = Neigung
key to climb = Schlüsselstelle
knot = knoten
leader = Bergführer
ledge = Band

ledge of a rock = Vorsprung
on the left = links
log = Block
loose knapsack = Rucksack
map = Landkarte
marginal crevasse = Randkluft
marked = markiert
mist = Nebel
mitten = Fausthandschuh
moderate = mäßig schwierig
moraine = Moräne
mountaineer = Bergsteiger
mountain guide = Bergführer
mountain-ridge = Joch
mouth of a cave, cannon = Schlund
mule-track = Saumpfad
needle = Nadel
niche = Nische
north = Norden
notch = Stufe (Kuppe)
overhang = Überhang
pair of steps = Trittleiter
pass = Paß
passage = Übergang
path = Pfad
peg = Haken
perpetual snow = Firnschnee
plain = flach
platform = Absatz
pitch = Seillänge
pocket-lamp = Taschenlampe
point = Spitze
porter = Träger
position = Stand
powder snow = Pulverschnee
precipice = Absturz
ravine = Kar, Schlucht
rib = Rippe
ridge = Grat, Kamm
to the right = rechts
rimaye = Bergschrund
rise = Aufstieg

9

rock = Fels, Gestein
rock spur = Felsnase
rock tower = Felsturm
rockslide = Bergsturz
rocky wall = Felswand
roof = Dach
rope = Seil
roped party = Seilschaft
rotten = morsch, brüchig
route = Führe, Route
rubbing = Reibung
rubble = Geröll
ruc-sac = Rucksack
saddle = Sattel, Einsenkung
safety = Sicherung
scent = Spur
scree = Geröll
secondary = Vorgipfel
securing = Sicherung
security = Sicherheit
self-securing = Selbstsicherung
shelf = Band
shelter = Schutzhütte
shore = Ufer
short cut = Abkürzung (Weg-)
shoulder = Schulter
side (north-) = Seite (Nord-)
signal of distress = Notsignal
slate = Schiefer
slab = Platte
sling = Seilschlinge
slope = Hang, Neigung
smooth = glatt
snow = Schnee
snow bridge = Schneebrücke
snow drift = Schneeverwehung
snow field = Firnfeld
snow free = aper

snow ridge = Firnschneide
snow stab = Schneebrett
source = Quelle
south = Süden
split = Spalt, Riß
spur = Sporn
stance = Stand
stone = Gestein
steep = steil
steep descent = Steilhang
step = Tritt
step cut = Stufe
stone = Stein
stone fall = Steinschlag
suitable difficult = ziemlich schwierig
summit = Gipfel
survey point = Höhenpunkt
tableland = Hochebene
tent = Zelt
terrace = Terrasse
top = Gipfel
tour = Tour
trail = Spur
traverse = Quergang
tread = Tritt
trench = Graben
trip = Tour
upward = aufwärts
valley = Tal
vertical = senkrecht
very difficult = sehr schwierig
very severe = äußerst schwierig
waterfall = Wasserfall
way = Weg, Pfad
west = Westen
wet = naß
wire rope = Drahtseil
wooden wedge = Holzkeil

# Terminologie alpine français — allemand

adhérence = Reibung
aiguille = Nadel
alpiniste = Bergsteiger
altimètre = Höhenmesser
altitude = Höhe
anneau de corde = Reepschnur
antécime = Vorgipfel
arête = Kante, Grat
arête de neige = Firnschneide
ascension = Ersteigung, Aufstieg
assez difficile = schwierig
assurance = Sicherung
attention! = Achtung!
auto-assurance = Selbstsicherung
avalanche = Lawine
becquet = Felsnase
bifurcation = Weggabelung
bivouac = Biwak
bloc = Block
bloc coincé = Klemmblock
bloc de rocher = Felsblock
boussole = Kompaß
brèche = Scharte
brouillard = Nebel
cabane = Hütte, Schutzhütte
cabane de bivouac =
  Biwakschachtel
câble = Drahtseil
caduc = morsch, brüchig
caillou = Stein
cairn = Steinmann
calcaire = Kalk
calotte = Kuppe
cannelure = Rille
carne = Kante, Ecke
carte = Karte, Landkarte
cascade = Wasserfall
cassure de l'arête = Gratabbruch
caverne = Höhle

chaîne de montagnes =
  Gebirgskette
chalet = Almhütte
chaussures de montagne =
  Bergschuhe
chemin = Weg, Pfad
chemin muletier = Saumpfad
cheminée = Kamin
chute = Absturz
chute de pierres = Steinschlag
cime = Gipfel
clocher rocheux, clocheton =
  Felsturm
coin = Ecke
coin de bois = Holzkeil
col = Joch, Paß
combe = Kar, Mulde
cône de déjections = Schuttkegel
congère de neige =
  Schneeverwehung
corde = Seil
cordée = Seilschaft
corniche = Wächte
côte = Rippe
cote = Höhenpunkt (d. Karte)
couloir = Rinne
courbe de niveau =
  Höhenschichtlinie
course = Tour
couverture = Decke
crampon = Steigeisen
crête = Kamm (Berg)
crête de glace = Eisgrat
crevasse = Spalt, Riß
crevasse (sur glacier) =
  Gletscherspalte
danger = Gefahr
dangereux = gefährlich
déclivité = Neigung

degré de difficulté =
  Schwierigkeitsgrad
dénudé = aper
dépression = Senke
descente = Abstieg, abseilen
dièdre = Verschneidung
difficile = schwierig
difficulté = Schwierigkeit
direction = Richtung
dortoir = Schlafraum
à droite = rechts
eboulement = Bergsturz
éboulis = Geröll
emplacement = Stand
en haut = aufwärts
épaule = Schulter
éperon = Sporn, Pfeiler
est = Osten
étrier = Trittleiter
exposé = ausgesetzt
extrêmement difficile =
  äußerst schwierig
facile = leicht
fente = Spalt, Riß
fissure = Riß, Spalt
fontaine = Quelle
à gauche = links
gelure = Erfrierung
gendarme = Gratturm
glace = Eis
glacier = Gletscher
glacier suspendu = Hängegletscher
gorge = Klamm, Schlucht
gouffre = Schlund
gradin = Stufe
granit = Granit
grimper = klettern
grimpeur = Kletterer
guide = Bergführer
haut-plateau = Hochebene
heure = Stunde
inclinaison = Neigung

interruption = Absatz
issue = Ausstieg
itinéraire = Führe
lampe de poche = Taschenlampe
langue glaciaire = Gletscherzunge
lapiaz = Karrenfeld
lisse = glatt
longueur de corde = Seillänge
mal de montagne = Bergkrankheit
marche = Stufe
marteau = Hammer
montée = Aufstieg
moraine = Moräne
moufle = Fausthandschuh
mouillé = naß
mousqueton = Karabiner
mur = Wand
neige = Schnee
neige cassante = Harsch
neige fraîche = Neuschnee
neige poudreuse = Pulverschnee
neige de printemps = Firnschnee
névé = Firnfeld
niche = Nische
noeud = Knoten
noeud de guide = Führerknoten
nord = Norden
ouest = Westen
paroi = Wand
paroi de glace = Eiswand
paroi de rocher = Felswand
passage = Übergang
passage clé = Schlüsselstelle
pédale = Trittleiter
pente = Hang
pente directe = Fallinie
pente escarpée = Steilhang
pente d'éboulis = Schuttrinne
peu difficile = mäßig schwierig
pierre = Stein
pilier = Pfeiler
pinacle = Nadel

piolet = Pickel
piton = Haken
piton à expansion = Bohrhaken
plaque = Platte
plaque à vent = Schneebrett
plat = flach
pointe = Spitze
point d'attaque = Einstieg
pont = Brücke
pont de neige = Schneebrücke
porteur = Träger
poteau indicateur = Wegweiser,
  Wegtafel
pourri = morsch, brüchig
prise de main = Griff
prise de pieds = Tritt
promontoir = Vorsprung
raccourci = Abkürzung (Weg)
raide = steil
ravin = Graben, Schlucht
réfuge = Hütte
réfuge bivouac = Biwakschachtel
relais = Standplatz
repère = markiert
rimaye = Bergschrund, Randkluft
rive = Ufer
roche = Gestein
rocher = Fels
rocher brisées = Schrofen
schiste = Schiefer

sec = trocken
sac à dos = Rucksack
sécurité = Sicherheit
secours = Hilfe
selle = Sattel, Einsenkung
sentier = Weg, Pfad
seracs = Eisbruch
signale d'alarme = Notsignal
sommet = Gipfel
source = Quelle
sud = Süden
surplomb = Überhang
téléphérique = Seilbahn
télé-siège = Sessellift
tente = Zelt
terrasse = Terrasse
toit = Dach
trace = Spur
traversée = Quergang,
  Überschreitung
très difficile = sehr schwierig
trousse de secours = Verbandszeug
vallée = Tal
varappeur = Kletterer
verglacé — vereist
vers la bas = abwärts
versant (nord) = Seite (Nord)
vertical = senkrecht
vire = Rand
voie = Route, Führe

# Terminologia alpina italiano — tedesco

abbassamento = Senke
abisso = Abgrund
ago = Nadel
alpinista = Bergsteiger
altezza = Höhe
altimetro = Höhenmesser
altopiano = Hochebene
anticima = Vorgipfel
apicco = Absturz
appiglio = Griff
appoggio = Tritt
arrampicarsi = klettern
arrampicatore = Kletterer
ascensione = Ersteigung
asciutto = trocken
assicurazione = Sicherung
assicurazione di sè stesso =
  Selbstsicherung
attacco = Einstieg
attenzione = Achtung!
attrito = Reibung
autoassicurazione = Selbstsicherung
avallamento = Mulde

bagnato = naß
baratro = Schlund
bivacco = Biwak
bivacco fisso = Biwakschachtel
bivio = Weggabelung
blocco = Block
blocco incastrato = Klemmblock
bussola = Kompaß
caduta = Absturz
caduta di sassi = Steinschlag
calcare = Kalk
calotta = Kuppe
camino = Kamin
campo solcato = Karrenfeld
canale, canalone = Rinne
canalone detritico = Schuttrinne

capanna = Almhütte
carta = Karte
carta geografica = Landkarte
cartello indicatore = Wegweiser,
  Wegtafel
cascata = Wasserfall
casera = Almhütte
catena = Bergkamm
Catena di montagne = Gebirgskette
catino = Kar
caverna = Höhle
cengia = Band
chiodo = Haken
chiodo a pressione = Bohrhaken
chiusa di rocce = Klamm
cima = Gipfel
circo = Kar
col, colle = Paß
congelamento = Erfrierung
considerevole difficile =
  ziemlich schwierig
coperta = Decke
corda = Seil
cordata = Seilschaft
cordino = Reepschnur
cornice di neve = Wächte
costa = Rippe
crepàccio perifèrico = Bergschrund
crepàccio = Gletscherspalte
creppaccio marginale = Randkluft
cresta = Grat
cresta di ghiaccio = Eisgrat
cresta nevosa = Firnschneide
crestone = Kamm (Berg-)
croda = Felswand
cuneo di legno = Holzkeil
depressione = Senke, Einsenkung
destra = rechts
detriti = Geröll

detritico coniforme = **Schuttkegel**
diedro = Verschneidung
difficile = schwierig
difficoltà = Schwierigkeit
direzione = Richtung
discesa = Abstieg
discesa a corda doppia = **abseilen**
dormitorio = Schlafraum
escursione = Tour
esposto = ausgesetzt
est = Osten
estramemente difficile =
    äußerst schwierig
facile = leicht
fessura = Spalt, Riß
fianco direzioni (nord) =
    Seite (Nord-)
fonte = Quelle
forcella = Scharte
fossa = Graben
franamento = Bergsturz
friàbile = morsch, brüchig
fune metallica = Drahtseil
funevia = Seilbahn
ghiacciaio = Gletscher
ghiacciaio pensile = Hängegletscher
ghiacciato = vereist
ghiaccio = Eis
giro = Tour
gola = Schlucht, Rinne
piccolo golo = Rille
granito = Granit
grotta = Höhle
guanto a manopola = **Fausthandschuh**
guglia = Nadel
guida alpina = Bergführer
inclinazione = Neigung
isoipsa = Höhenschichtlinie
itinerario = Führe
laccio di corda = Seilschlinge
lampadina fascabile = **Taschenlampe**
lastra = Platte

lastrone di neve = Schneebrett
lato = Seite
linea = Höhenschichtlinie
lingua del ghiacciaio =
    Gletscherzunge
liscio = glatt
livello = Höhe
lunghezza di corda = Seillänge
mal di montagna = Bergkrankheit
marcio = morsch, brüchig
martello = Hammer
masso di roccia = Felsblock
materiale di pronto soccorso =
    Verbandszeug
molto difficile = sehr schwierig
morena = Moräne
moschettone = Karabiner
mucchio di neve = Schneeverwehung
mulattiera = Saumpfad
nebbia = Nebel
nevaio = Firnfeld
neve = Schnee
neve crostata = Harsch
neve farinosa = Pulverschnee
neve fresca = Neuschnee
neve vecchia = Firnschnee
nicchia = Nische
nodo = Knoten
nodo da guida = Führerknoten
nord = Norden
ometto = Steinmann
ora = Stunde
ovest = Westen
parete = Wand
parete di ghiaccio = Eiswand
passaggio = Übergang
passo = Joch, Paß
pendenza = Neigung
pendio = Hang
pendio ripido = Steilhang
pericolo = Gefahr
pericoloso = gefährlich

perpendicolare = Fallinie
piano = flach
piccozza = Pickel
pietra = Fels
pietrame = Geröll
pila = Taschenlampe
pilastro = Pfeiler
placca = Platte
poco difficile = mäßig schwierig
ponte = Brücke
ponte di neve = Schneebrücke
portatore = Träger
posto d'assicurazione =
    Stand, Standplatz
punta = Spitze
punto chiave = Schlüsselstelle
quota = Höhenpunkt (d. Karte)
rampone = Steigeisen
rifugio = Schutzhütte
ripido = steil
riva = Ufer
roccia = Fels, Gestein
roccia sporgente = Felsnase
roccie facili = Schrofen
sacco da montagna = Rucksack
salita = Aufstieg
salto della cresta = Gratabbruch
sasso = Stein
scala delle difficoltà =
    Schwierigkeitsgrad
scalatore = Kletterer
scarponi = Bergschuhe
scèndere = absteigen
schisto = Schiefer
scorciatoia = Abkürzung (Weg-)

seggiovia = Sessellift
segnale di soccorso = Notsignal
segnavia = markiert
sella = Sattel
sentiero = Pfad, Weg
senza neve = aper
serraccata = Eisbruch
sicurezza = Sicherheit
sinistra = links
soccorso = Hilfe
sommita = Gipfel
sorgente = Quelle
spalla = Schulter
sperone = Sporn, Gratturm
spigolo = Kante, Ecke
sponda = Ufer
sporgenza = Vorsprung
staffa = Trittleiter
strapiombo = Überhang
sud = Süden
tenda = Zelt
terrazza = Terrasse
terrazzino = Absatz, Stufe
tetto = Dach
tiro = Seilzug
torre, torrione = Felsturm
traccia = Spur
traversata = Quergang, Überschreitung
uscita = Ausstieg
valanga = Lawine
valle = Tal
verso il basso = abwärts
verso l'alto = aufwärts
verticale = senkrecht
via = Weg, Pfad